中国文史哲汇通

⊙谭家健 著

齊魯書社

目　　录

第一编　中国文化史专题

第二编　中国认识论述略

第三编　中国文学史精读

第一编

中国文化史专题

第一章　古代称谓

古代亲属关系

中国古代是宗法制社会,很注意分辨亲属关系的亲疏远近。所谓“九族”、“三党”、“五服”就是常见的亲属关系概念。“九族”有两种解释:一是纵向的,从玄孙到高祖共计九代;二是横向的:父族四、母族三、妻族二。合为“九族”,分开来也就是“三党”。“五服”是基于亲疏远近不同而规定的不同丧服标准。

先说“九族”的具体称呼。

从自身向上数。父亲叫考,母亲叫妣。古代可用于在世父母,后世只用于已故父母,汉以后也可称先考、先妣。父亲如果多妻,则有嫡母(正妻)、庶母(妾)、生母(亲生母亲)、继母(父亲后娶之正妻)之分。口头上称呼父亲,各地方言不同,有爸爸、爷、爹爹、大等等。口头称呼母亲,有妈、妈妈、娘、姆妈、妈咪等等。

父亲的哥哥,称为伯、伯父,口头称伯伯、大爷、大大。父亲的弟弟称为叔、叔父,口头称叔叔、阿叔。伯父之妻称伯母、伯娘、大娘、大妈。叔父之妻称婶母、婶娘、婶婶。大娘、大妈、大婶也可用于泛称。伯叔之子女为堂兄、堂弟、堂姐、堂妹。父亲的姐妹,古代简称姑,今称姑母,其丈夫称姑父、姑爷,其子女为姑表兄弟姐妹。

父亲的父亲为祖父,古称王父、大父,今称爷爷。祖父之妻为祖母,古称王母、大母,今称奶奶。祖父之兄弟姐妹称伯祖父、叔祖父、姑祖(姑奶奶)。古称从祖父、从祖姑。伯叔祖之子女称堂伯、堂叔、堂姑;其子女为从堂兄弟姐妹。姑奶奶之子女为表叔、表姑。

祖父的父母为曾祖父、曾祖母。曾祖父的兄弟为曾伯祖、曾叔祖。其子则为族伯祖、族叔祖。其孙则为族伯、族叔。其曾孙则为族兄、族弟。讣告中习称曾祖父母为四代大父、大母。

曾祖父的父母为高祖父、高祖母。讣告中习称五代大父、大母。再往上则称世祖或远祖。

与自己平辈的亲属,有兄、弟、姐(姊)、妹。口头称哥哥、弟弟、姐姐、妹妹。称别人的兄弟姐妹则加“令”字。合称人兄弟则用“贤昆仲”。庶母所生之子女为庶兄弟姐妹,口头称呼不加区别。兄之妻称嫂或嫂嫂,弟之妻为弟媳或弟妇,姐妹之夫为姐夫、妹夫。兄弟之子女为侄儿、侄女、古代称犹子、从子。兄弟之孙称从孙。姐妹之子女为外甥、外甥女。

己所生男称为儿子、儿、子;己所生女称女,女儿。子之妻称媳,或媳妇、儿妇。女之夫为婿,在他人面前自称其婿为小婿,称对方之婿为令坦(用王羲之坦腹东床典故)。

子之子女为孙、或孙男、孙女,其配偶为孙媳、孙女婿。孙之子女为曾孙、曾孙女。曾孙之子女为玄孙、玄孙女。这是自身所能见到的第五代。以下依次称第“×”代孙。

所谓父之族四,据汉代《白虎通》的说法,指父亲五代为一族(高曾祖父己)、姑母嫁人者为一族,姐妹嫁人者为一族,己女嫁人者为一族。

以上是父系,下面再说母系。

母之父母为外祖父母,古称外王父母,口头称外公外婆,北方称姥爷、姥姥。外祖父的兄弟姐妹称外伯祖、外叔祖、外祖姑。外祖母的兄弟姐妹称舅外公、舅外婆、姨外公、姨外婆。外祖父之父母称外曾祖父母。

母之兄弟称舅、舅舅、舅父、舅爷,其妻为舅母、舅娘、舅妈,其子女为舅表兄弟姐妹。母之姐妹称姨、姨母、姨妈,古称从母。其夫称姨父、姨丈、姨爷,其子女为姨表兄弟姐妹。母之堂兄弟为堂舅,古称从舅,母之堂姐妹为堂姨。

姑表兄弟姐妹，舅表兄弟姐妹，姨表兄弟姐妹，通称中表，通常互称表兄表弟表姐表妹。其中以姑表亲最亲，因为同属父系血统。在古代，中表关系可以结婚，当代中国禁止中表通婚，因为血统太近。

所谓母之族三，指的是母之父系一族，母之母系一族，母之姐妹嫁人者为一族。

再说妻族。

妻，古称妇。如今口头称呼极多，老婆、堂客、媳妇、婆娘、婆姨、内当家……今人所用“爱人”一词，外延很不严密，无法区分男女及已婚未婚，不如用“太太”好。妻称夫，古代多用郎、郎君、夫君、相公、夫子，今俗称当家的、掌柜的。对他人自称其夫多用先生。古代夫称妻多用卿、娘子，妻自称多用妾。

妻之父母古称外舅、外姑，南北朝始称丈人、丈母，唐以后称岳父、岳母、岳丈、岳翁。书面语，女婿致岳父自称姻子。岳丈致女婿自称姻外舅，今多称外父。称他人之岳父为泰山，据说是从唐代张说起。玄宗开元三年，封禅泰山，张说为封禅使。事毕参与其事者皆加一级，而其婿郑镒竟由从九品升为五品。玄宗问郑有何功，张说无以对，伶人黄某奏曰：“此泰山之力也。”（见晁补之《晁氏客话》）后世遂成典故。

妻之兄弟为内兄、内弟，亦称舅，或妻舅，以别于母舅，俗称小舅。其子女为内侄、内侄女。妻之姐妹亦称姨，或小姨，以别于母之姐妹。姨之夫称姨夫，自己与姨夫关系为连襟，互称襟兄襟弟，姨之子女亦称外甥、外甥女。

妻称夫的父母为翁姑或舅姑或姑嫜，后世称公婆，或公公、婆婆或家婆，今则称爸爸妈妈，一如其夫。称夫之兄为伯或大伯子，称夫之弟为叔或小叔子，称夫之姐妹为大姑、小姑，称夫之嫂为姒或姒妇，亦可称嫂，称夫之弟媳为娣或娣妇，今称弟妹。妻与她们之间关系为妯娌或娣姒。

妻之父母与夫之父母互称亲家或亲家翁、亲家母（亲字读第四声qìng），书面互称姻兄、姻弟。

所谓妻之族二，指的是妻之父系一族，妻之母系一族。

以上是对“九族”的解释。

下面说说什么是“五服”。

在九族亲属中，如果有人死去，与之有亲属关系的人要行不同时间不同服装的丧礼。这种丧礼分为五类，叫做“五服”。其中第二类又分四个等级，所以又叫“五服八等”。

现按清代规定略述如次：

第一类，斩衰(cuī)。以粗麻布为衣，不缝边，手执粗竹杖(俗称哭丧棒)，脚穿草鞋，丧期三年。这是最重的丧礼，通常适用于子女为父母(包括继母、嫡母)、承重孙为祖父母、妻妾为夫。

第二类，齐衰(zī cuī)。其中又分四等：

齐衰杖期(jī)。粗麻衣缝边，执削杖，丧期一年。适用于：夫为妻、嫡子为庶母。

齐衰不杖期。手不执杖，其余同上。适用于孙为祖父母、侄为伯叔父母、已出嫁女为父母、男子为兄弟。

齐衰五月。适用于曾孙为曾祖父母。

齐衰三月。适用于玄孙为高祖父母。

第三类，大功。衣用熟麻布，色白，丧期九月。适用于已婚姑、已婚姐妹、堂兄弟，已婚女为伯叔父母及兄弟。

第四类，小功。衣用较粗熟布，丧期五月。适用于伯祖、叔祖、堂伯叔父、从堂兄弟。

第五类，缌麻。衣用精细熟麻布，丧期三月。适用于外祖父母、岳父母、表兄弟。

同一高祖的子孙，有互相服丧的规定。亲属关系超过五代，不再为之服丧，叫做出服，或出五服。近代有些地区，同姓可以结婚，但必须出五服才行，以防血统太近。

五服八等的丧制，十分繁琐。主要目的是区别血缘关系的亲疏远近。其中还有关于已嫁、未嫁、改嫁、过继、有子、无子、嫡出、庶出等等分别，带有明显的重男轻女色彩。早在战国时期，墨子对这一套礼制之繁琐十分讨厌，连孔门弟子也认为三年之丧太久。后世实际上难于严格遵行。三年之丧遂改为二十七个月。

古代姓名字号

先说姓。

姓本来是一个人的符号。现代人看得比较轻，可以自由改名换姓，随便用笔名，子女可以从父姓，也可以从母姓。古代看得比较重，因为它与宗族、宗法、门阀、身份等制度有密切关系。于是研究姓氏也就成为一门学问。

姓起源于母系社会，姓是一个母系氏族或部落的标志，所以"姓"字从"女"加"生"。"生"表示所从生，生而只知其母不知其父，故从"女"。远古的大姓，如姜、姚、姬、姒、妫等，都从"女"。由于古代同姓不婚，所以娶妻必先知其姓。如果买妾而不知其姓，就要问卜。可见姓的最初作用是代表氏族并区别婚姻。

某个大姓后代繁衍多了，于是又分出若干家庭，赐以支姓，这支姓也就是所谓"氏"。随着母系社会发展为父系社会，姓氏便由女性中心发展为男性中心。随着阶级和国家的产生，姓氏的确立逐渐和宗法制相联系。天子分封子弟为诸侯，诸侯再分封子弟为卿大夫，都要赐"氏"，亦即新的家族称号。例如，商人的祖先是子姓，后世又分为宋氏、殷氏、来氏……鲁人的祖先是姬姓，三桓之后又分为孟氏、仲氏、季氏。可见"氏"是用来代表家族和分辨贵贱的。

先秦时期，一般说来，天子有姓而无氏，诸侯、卿大夫有姓有氏，平民、奴隶无姓无氏，只有名。汉以后，姓氏逐渐合一，统称为姓或姓氏，平民开始有姓（日本平民至近代才有姓）。

姓氏名称的来源不一，大致有以下情况：

一、以动物为姓，如马、牛、羊、龙、熊、鹿……可能就是该氏族的图腾。

二、以封国封地为姓，如虞、夏、商、周、齐、鲁、吴、楚、宋、卫、韩、赵、魏、燕、秦、陈、蔡、薛、滕等是。

三、以官职为姓，如司徒、司马、司空、上官、侯、尉、帅等是。

四、以职业为姓，如贾、陶、车、裘、巫、史、祝等。

五、以祖先爵位或谥号为姓，如公孙、王孙、文、武、穆、庄等。

六、以居住地方特征为姓，如东郭、南宫、西门、江、池、杨、柳、李、林等。

七、少数民族多复姓，盖来源于译音；如独孤、呼延、慕容、贺兰、尉迟、长孙等。

古代汉族也有复姓，如端木、夏侯、诸葛、皇甫、欧阳……后代有的简化为单姓，也有的不简化。

古代也可以改姓，情况有：

一、少数民族受汉族影响而改姓，如北魏鲜卑族拓跋氏改姓元。

二、皇帝为笼络少数民族或奖励功臣而赐姓，如汉末赐南迁匈奴族姓刘（刘渊、刘聪）、唐末赐沙陀族姓李（李克用、李存勖）、唐初功臣徐勣赐姓李，明末郑成功赐姓朱。

三、因避祸而改姓，如汉代韩信之后改姓何，明初黄子澄之后改姓田。

四、未成年子女随母改嫁而改姓，成年后也可以再改用原姓。如范仲淹小时随母改嫁姓朱，后来恢复姓范。这种情况叫“归宗”。

五、女子未嫁时用父姓，出嫁后增加夫姓。如张王氏、李赵氏、刘王立明……

和尚不用俗姓，只用法名，名前往往冠以“释”字，也可以不加。道士一般用俗姓。

中国的姓究竟有多少？通常说“百家姓”，其实远不止此。清人张澍研究，得五千余个。《中国人名大辞典》统计为 4129 个，最近统计是五千多个。

再说古人的名。

古人生三月而命名，男子年二十行冠礼而后取字，女子年十五行笄礼而后取字。正式命名之前有乳名，又叫小名。如曹操小名阿瞒，刘禅小名阿斗，刘裕小名寄奴。如今农村还有起小名的习惯，为了容易养育，避免娇贵，多以贱物为名，如阿狗、阿毛、锁柱、铁蛋等等。

正式命名多有祝愿和纪念意义。如鲁国叔孙克敌，获长狄乔如，因名其子为乔如。郑庄公因寤生而得名。苏洵曾为此而作《名二子说》。也有皇帝赐名的，如杨国忠本名钊，朱全忠本名温。

多子女者命名时讲究兄弟排行。先秦时期分为伯仲叔季，即老大老二老三老末，如伯夷，叔齐，仲由，季札等是。后世讲究某字辈。由宗族统一规定几句话若干字，作为辈分次序，同宗子孙皆依其先后命名。以谭姓为例，我只记得两句话十个字："承祖德尚善，家运庆修祯。"以清王室为例，康熙为玄字辈，雍正为胤字辈，乾隆为弘字辈，嘉庆为颙字辈，道光为旻字辈，咸丰为奕字辈，同治、光绪为兄弟，皆属载字辈，宣统为溥字辈。代表辈分的字，双名通常在当中，如张学良、张学思、张学铭。也有放在第三字的，如宋庆龄、宋霭龄、宋美龄。如果是单名，则用偏旁表示同辈，如苏轼、苏辙，贾赦、贾政、贾敬，贾珍、贾琏、贾珠、贾环，贾蓉、贾兰、贾芸、贾蔷。女子可用男子相同的字辈，也可以另用其他字排行。有的家族，除规定同一字辈外，还要求第三字用同一偏旁。如明代皇族，泰昌帝朱常洛、其弟福王朱常洵，天启帝朱由校、其弟崇祯帝朱由检、弘光帝朱由崧、永历帝朱由榔等是。这样一来，命名只有半个字的选择余地，故而不得不用怪字僻字。

再说古人的字。

字是名的补充解释，是和名相表里的，所以叫做"表字"。名与字含义大多有联系。如孔子弟子冉耕，字伯牛，牛可耕田。孔子之子孔鲤，字伯鱼，鲤属鱼类。苏轼字子瞻，轼是车前横木，乘车人可凭轼而瞻望。苏辙字子由，辙是车印，是驾车人所遵由的轨迹。陆机字士衡，机衡为北斗二星名。曾巩字子固，巩与固同义。赵云字子龙，取云从龙之义。

唐寅字伯虎，取寅属虎之义。也有名与字义相反的，如管同，字异之。朱熹，字元晦，熹是光明，晦是黑暗。有的名与字皆取自古书上某句话，如钱谦益，字受之，取自《尚书》“满招损，谦受益”。一般人只用一名一字，也有一名二字，如蒲松龄，字留仙，又字剑臣。还有三字的。

再说号。

号，又叫别号，是一种固定的别名。名和字通常由长辈所定，号则由本人决定，往往表示自己的志趣爱好或住所特征，通常爱用别号的多是文化人。如陶渊明自号五柳先生，杜甫号少陵野老，李白号青莲居士，苏轼号东坡居士，欧阳修号六一居士。“六一”是一万卷书，一千卷古金石文，一张琴，一局棋，一壶酒，加上本人一老翁。有的人别号具有特殊含义，如宋末元初郑思肖号木穴国人，木穴合写即宋字，表示不忘故国。

别号以二字较多，三、四、五字皆有。如明高启号青丘子，李梦阳号空洞子，清袁枚号随园老人，屈复号金粟道人，高鹗号红楼外史，文康号燕北闲人，张文虎号天目山樵，刘鹗号洪都百炼生。还有以室名为别号的，如冯梦龙号墨憨斋主人，凌濛初号即空观主人，黄遵宪号人境庐主人，梁启超号饮冰室主人。别号大多表示清高、雅致，往往带有佛教和道家的色彩。别号可以有多个，如唐寅即有三个别号。有些人别号比本名更为人所熟悉。如苏东坡，王阳明，孙中山。

绰号也是别号，又叫外号，多为他人所起，有褒有贬，用以概括其性格或形状特征。如《水浒传》中的绰号，及时雨、智多星、小李广、神行太保，皆为褒义。而像笑面虎、中山狼、好好先生、曾剃头、黎菩萨等等，则属于贬义。也有中性、无褒无贬，多属取笑，如花和尚、黑旋风等等。

再说代称。

代称是死后由他人所拟，或习惯性称呼，有以下几种情况：

一、以籍贯地望或任职地区为代称。如韩昌黎（韩愈）、柳河东（柳宗元）、张江陵（张居正）均为籍贯，吕衡州（吕温曾任衡州刺史）、贾长沙（贾谊曾任长沙王太傅）。习惯上由某人使用某地作为代称成为专有名词后，其他人就不能再用。

二、以官职或封爵为代称。如嵇中散、马伏波、王右丞、韩吏部、杜工部、蔡中郎、班定远、沈隐侯、王荆公、文信国……通常是，一个人担任过多种官职者，只取其中最高者为代称，而不能随意取用其他官职。

三、谥号，是贵族死后由帝王按其功德而赐予的美称。先秦各国卿大夫死后由诸侯赐谥，如赵文子、韩献子、藏文仲、孟武伯等是。唐以后直至清末，规定三品以下无谥，三品以上大臣由朝廷赐谥。如韩文公、范文正公、苏文忠公、包孝肃公、岳武穆公、左忠毅公、纪文达公、左文襄公、彭刚直公……文臣多用“文”字，武臣多用“武”字，以“文正”为最荣耀。也有处士而由门人私谥的，如陶潜谥靖节先生，王通谥文中子。

四、尊称。死后由弟子或后人拟定。如周濂溪、吕东莱、陆象山、归震川、王船山、黄梨洲、顾亭林等（以上多为地名之后加先生）。

五、以数字为名号。以叔伯兄弟辈大排行为序，多盛行于唐，如元九（稹）、李十二（白）、白二十二（居易）、董大、卫八等是。宋代也有，如秦七（观）、黄九（庭坚）。后世稀见。

六、几个人合用的特称。同姓并称如：大小戴、大小阮、大小谢、大小杜、二陆、二程、三张、三苏、三袁。异姓并称如：孔孟、老庄、班马、王谢、李杜、韩柳、元白、程朱、陆王、顾黄王、曾左彭胡等等。皆属习惯性称呼，约定俗成之后，不能用于其他人。

再说说古人自称和称他人姓名的习惯。

先秦时期，男子对尊贵者皆自称臣或仆，后世只有官吏对帝王称臣，清代满大臣对皇帝自称奴才。官场中，下属对上司自称卑职。老百姓在地方官面前自称小民、小人。仆是古代平辈的自谦称，此外还有鄙人、不才等。对年长者自称晚生、后学，对年轻者自称老朽、愚。写信给别人时，自署用名，不用字号。

古代称呼他人，一般不直呼其姓名。通常平辈称字或号，下级对上司称大人。晚辈对长辈或称亲属关系（叔、伯、爷、舅），或称某老、某爷、某翁。长辈称晚辈用“尔”、“汝”，自称“吾”、“余”、“我”。古代尊称男性年长者为“丈”，称平辈为“子”。“×子”是后人对有学问的古人的尊称。“公”、“君”、“先生”，可用于长辈或平辈，可以单用，也可以与姓连用，这几个称谓使用时间最长，尤其是先生，口头及书面皆适用。还有“足下”，多用于平辈。“阁下”，多用于对有地位者的尊称。

古代帝王称号

夏商周三代，中国最高统治者皆称王。战国时期，各国诸侯先后称王。当时人们传说，远古帝王有三皇五帝，比王更尊贵。于是秦王政统一中国后，不满足称王，而改称皇帝，同时规定自己是始皇帝，儿子是二世皇帝，孙子是三世皇帝，如此以至无穷。然而事与愿违，不过二世而亡国。但从此以后，中国历代最高统治者都称皇帝。

为了区别于其他朝代，每一新王朝开始建立时，都首先要确立国号。宋以前的国号皆以地为名，元明清三代则用抽象意义的字。每个王朝的每一代新皇帝即位后，为了区别于前代皇帝，必须有自己的称号或标志。第一件事就是建立新的年号。中国历史上首先使用年号的是汉武帝，第一个年号是建元。其元年相当公元前140年。以后每位新皇帝即位都要改用新年号，叫做改元。有的皇帝在位期间改元多次。如汉武帝在位54年，改元11次。武则天称帝之后在位15年，改元14次。改元的原因多是发生了值得纪念的事件。如汉武帝的“元封”是纪念封泰山，“元鼎”是纪念得宝鼎，“元狩”是纪念得麒麟。明清两代，一位皇帝只用一个年号（个别除外），这样，年号即等于帝号，如洪武、永乐、正德、万历、崇祯、康熙、乾隆、道光、咸丰等是。当时，百姓即习惯于以年号称当今皇帝。年号一般用二字，也有三字，如梁武帝“中大同”；四个字如宋太宗“太平兴国”；最长的六个字，如西夏景宗“天授礼法延祚”。

皇帝在位时，群臣要上尊号。如武则天称大周皇帝之后，加尊号曰“圣神皇帝”，三年后又加“金轮”二字，次年又加“越古”二字。唐中宗尊号为“应天神龙皇帝”，唐玄宗为“开元神武皇帝”。唐代上尊号尚未成为定制，宋代则规定每年大祀之后，群臣皆上尊号，以歌功颂德。宋以后基本上停止这种做法。

历代皇帝对禅位于他的前代皇帝皆上尊号为太上皇，对母后则上尊号为皇太后，祖母则称太皇太后。如果是过继的，生父不能上尊号，如光绪之生父奕谖，宣统之生父载沣，不能上尊号。

年号和尊号是皇帝在位时就有的，而谥号和庙号则是死后才有的称号。

谥号起于西周。周初的文、武、成、康诸王，都是谥号。周代谥法规定很严，大致可分三类，一是美谥，如文、武、元、平、康、景、惠、宣、成、献等等；二是恶谥，如幽、厉、灵、炀；三是夭谥，如悼、哀、怀、愍、闵等。后世几乎只有美谥而很少有恶谥。

汉以前多用一字谥，汉代用二字，其中一字必是“孝”，如孝文帝、孝武帝……唐以后谥号字数加多，如唐太宗初谥文皇帝，后来改为“文武大圣大广孝皇帝”，清代乾隆的谥号为“法天隆运至诚先觉体玄立极敷文奋武钦明孝慈神圣纯皇帝”，共二十三字，其中最主要的是区别于其他皇帝的最后一个字，故乾隆谥号简称为纯皇帝。

开国皇帝对已故父祖都追封为皇帝，亦上谥号，唐代甚至追封老子李耳为“太上玄元皇帝”。

汉以后，后妃也有尊号，最初用一二字，后代越来越长。慈禧太后那拉氏的尊号长达十八字：“孝钦慈禧端佑康颐昭豫庄诚寿恭仁献熙显皇后”，其中最主要是前四字，故那拉氏又简称孝钦后或慈禧太后。西太后则是俗称。

所谓庙号，是和宗法祭祀制度相联系的一种称号。皇帝死后，根据他在皇族中的世系，奉入太庙祭祀，追尊为某祖某宗，以显扬其在皇族世系中的地位。所谓庙号即已故皇帝在太庙中的称号。这种办法始于殷代，如殷王太甲称太宗，太戊称中宗，武丁称高宗等是。汉承其制，尊刘邦为“太祖高皇帝”，太祖即庙号，高皇帝之高即谥号，后世简称为汉高祖。汉文帝刘恒称太宗孝文皇帝,汉武帝刘彻称世宗孝武皇帝。最初规定,第一代开国皇帝称祖,第二至五代皇帝称宗,六代以下不再称宗。事实上并未按这个规定去做。汉魏六朝时期的皇帝,有的称宗,有的不称,所以人们习惯以谥号称呼为某帝,而不用庙号称呼某宗。唐以后每代皇帝非祖即宗,所以人们习惯上皆用庙号而不用帝号。元明清三代不止一祖。元代有太祖,世祖(实为第五代),且有二帝(孝定、顺)。余皆称宗。明代二祖(太祖、成祖),除建文帝外皆称宗。清代三祖(太祖、世祖、圣祖),余皆称宗。

历代皇帝各有陵墓,各有陵号。如唐太宗的昭陵、唐高宗的乾陵,汉武帝的茂陵,明代的孝陵、长陵、定陵等是。陵号有时也用来代指过世皇帝,一般用于本朝。

关于避讳

避讳是中国封建社会一种特有的历史文化现象。臣民对于帝王、长官、父祖及古圣贤之名。不但不能直呼,而且对其中某个字在说话和写字时,也不能直接使用,必须用各种变通的办法回避,叫做避讳。避讳是封建礼制的重要内容之一,如果违犯了避讳的规定,就是大不敬,轻则受处分,重则充军杀头。

避讳起源于周,汉以后渐趋完备,唐宋以后更加严密。避讳的对象有四类:

一是国讳,即当代皇帝及本朝历代皇帝之名,有时甚至包括皇后之名。在外交场合,互相尊重对方国讳,是重要礼节之一。

二是圣讳,即孔子孟子之名,金代甚至包括周公之名,宋代讳黄帝之名。

三是家讳,即父母、祖父母之名,与他人交往时,应避对方家讳,否则是失礼。

四是宪讳,下属不得直接使用长官本人及其父祖之名。这一条虽无明文规定，但在官场流行。

下列几种情况无须避讳：

一、讳名不讳姓，多数情况下不讳字。

二、不讳同音字。也有例外，如唐人李贺之父名晋，有人认为他不应举进士。韩愈曾作文为之辩解。

三、名有二字不兼讳，通常避其中一个字，如唐太宗李世民，只讳民而不讳世。不过也有个别例外。

四、君前无私讳，直接对皇帝说话或上奏章时，不讳自己父祖之名。

五、不讳诗书。指儒家经典，一般图书不在其内。

六、已祧不讳。天子七代祖以上要迁入另外的庙堂，叫做祧。因年代久远，可以不讳。

七、祭天地神祇(qi)时不讳。

以上这些规定不是绝对的，有的朝代严，有的朝代宽。老百姓因为害怕犯禁，宁可从严，不敢稍有疏忽。

避讳的办法大致如下：

一、改用同义字或同音字。如汉武帝名彻，蒯彻改为蒯通。汉文帝名恒，恒山改常山。汉宣帝名询，荀卿改孙卿。唐太宗李世民，民改人。唐高宗李治，治改理。

二、加减字的笔划。孔子名丘，改为𠀉或邱。康熙帝名玄烨，改为玄。宋太祖名匡胤，胤改为亂。

三、换成同义词或近义词。吕后名雉，雉改称野鸡。李渊祖父名虎，虎改称猛兽。隋文帝祖父名忠，改侍中为侍内，中书为内史。

四、以"某"或□回避。读至应讳之字时改念作"某"，如孔某、孟某。写字时则空格或写作□。

五、以近音代读。如林黛玉之母贾敏，凡遇敏字黛玉皆读作密。此外，还可以将平声读作上声，去声读作入声。

避讳造成语言文字严重混乱，妨碍其交际工具的作用，古代有识之士(如颜之推、韩愈)早就表示不满。辛亥革命以后即被废除。

传统信函礼貌用语

中国传统信函有一套固定的书写格式和礼貌用语。辛亥革命后,破除封建陈规,这种习惯随之简化,但仍流行于文化群体和社会上层。解放以后,进一步通俗化,人们不再讲究了,可是在台港和海外华人当中,某些传统仍然保留。

下面仅就信函常见礼貌用语择要介绍如次:

信函开头礼貌用语

对至亲长辈,称谓之上勿加名字,称谓之下可加"大人"及"膝下""膝前"字样。如"父母亲大人膝下","祖父母大人膝前"。其他父辈不用"膝下"、"膝前",如"岳父母大人"、"伯(叔)父母大人"、"舅(姑、姨)父母大人"。也可以简化直接使用现代语,如"父母亲"、"爸爸"、"妈妈"、"爷爷"、"奶奶"、"叔叔"、"姑姑",但不可古今混杂,将口头称呼与"大人"相连,如"爸爸大人"、"奶奶大人",那就闹笑话了。叔伯姑舅通常不可称名,但可称排行,如"大伯"、"三叔"、"二姑"。姑、姨如果未婚,不可称"母"。

对一般尊长,熟悉的,称名或字,然后加"世伯"、"世叔"、"吾师"、"老师"、"仁丈",再加"尊前"、"尊鉴"。如"××世伯尊前"、"××仁丈尊鉴"。不太熟悉的称姓名,然后是对方职衔,再后是"先生",再后是"赐鉴"、"尊鉴"、"懿鉴"(高年女性),如:"××局长先生赐鉴"、"×××经理先生尊鉴"。如对方无职务或职务不太重要亦可省去。对师长,可用"道鉴"、"丈前"、"道席"。

对一般平辈,熟悉的不用姓而称名,不太熟悉的用姓名。然后用"先生"、"吾兄"、"仁兄"。同学则用"学兄"、"学长",同姓则用"宗兄"。不论年纪大小,均可用"兄"以表示尊重。有职称学位的可用"教授"、"博士"、"律师"、"医生"等。职称之后用"大鉴"、"台鉴"、"雅鉴"、"尊鉴"、"左右"、"足下"。文教界可用"讲席"、"道席"、"文席"、"道鉴"。军政界重要人物可用"勋鉴"、"钧鉴"、"座下"、"麾下"。经常写作的人可用“撰席”、“砚右”。对工商界，通常用姓名加职务加先生再加“惠鉴”。对宗教界，常用法号加“禅师”、“法师”、“道长”，再加“清鉴”、“慧鉴”、“坛席”。

对晚辈，子女称名而后加“吾儿”、“吾女”，对侄甥辈，称名而后加“贤侄”、“贤甥”，对弟妹，称名而后加“贤妹”、“贤弟”，而后加“如面”、“如晤”、“如握”。对学生及部属，称名而后加“吾弟”，而后加“青鉴”、“惠鉴”。

合称对方夫妇，尊辈可用“××先生暨夫人”、“××教授暨夫人”，平辈可用“××先生伉俪”，“××学长伉俪”，再后面可用“同鉴”、“均鉴”。

受信人称谓应写在信纸第一行顶格，称谓之后要说的话另起一行低两格开始。过去还有“敬禀者”（长辈），“敬启者”（平辈）、“敬陈者”之类，现在均已略去。

信函末尾礼貌用语

对父母、祖父母，用“敬请”、“敬叩”，低两格占一行，再另起一行顶格，用“金安”、“福安”。对一般长辈，用“敬请”、“敬候”而不用“叩”，后面用“崇安”、“尊安”、“教安”，或用“敬颂”、“敬祈”，后面用“道祺”.“福祉”。“请”、“候”与“安”连用，“颂”与“祺”、“祉”连用。

对一般平辈，用“耑此布达”或“耑此”，然后是“即颂”、“即请”、“顺候”、“顺颂”（顺是顺便的意思，不能用于长辈）。然后是“大安”、“近安”、“台安”、“时祺”、“时绥”、“日绥”。文教界用“文祺”、“道祺”，工商界用“筹安”、“财祺”，军政界用“公绥”、“钧祺”、“钧安”、“勋祺”。问候对方夫妇用“俪安”，祝全家用“阖府康泰”。

对晚辈，用“匆此”、“手此”，然后是“即问”、“顺祝”、“祝”，然后是“安好”、“康吉”、“近佳”、“顺遂”。

春节、新年用“春禧”、“新禧”、“年禧”，平时用“春安”、“夏安”、“暑安”、“秋安”、“冬安”。

发信人署名在信纸右下角（西方人信函则在左下角），次序是本人身份、姓名、启告语、年月日。

对父母、祖父母，自称儿或男、女、孙、孙女。然后加名（双名不加姓），然后是“叩上”、“敬禀”、“敬叩”。对一般亲属，自称弟、妹、侄、侄女、甥、甥女、表兄弟、表姐妹，连襟则自称襟兄、襟弟、姻兄、姻弟，女婿则称小婿。对老师，自称学生、弟子、受业。对一般长辈，自称世侄、晚生、晚。一般平辈，自称弟。然后是“上”、“敬上”、“启”、“敬启”、“谨启”、“拜启”。对子女，自署“父示”、“母示”，不加姓名。对侄辈用“愚叔”、“愚舅”、再加“白”、“草”。对上司，自称“职”，下用“呈”。对下属，自称姓名，之前不加职务，之后加“白”。如果是复信，平辈或长辈酌用“敬复”、“谨复”、“拜复”、“敬启”、“敬呈”。

信函当中礼貌称呼

称对方亲属常加“令”字。称对方父亲为“令尊”、“令严”、“尊翁”，母亲为“令堂”、“令慈”、“令萱”；此外有令兄、令弟、令侄、令亲等等。称对方儿女为“令郎”、“令爱”、“公子”、“女公子”、“令千金”，称对方夫人为“尊夫人”、“嫂夫人”（比较亲密者）。

向对方称自己的亲属常加“家”字，如“家父”、“家严”、“家大人”、“家母”、“家慈”、“家兄”、“家姊”，弟妹则称“舍弟”、“舍妹”，儿女则称“小儿”、“小女”。称自己妻子常用“内人”、“内子”、“拙荆”。一般亲属则称“舍亲”、“敝亲”。已故亲属则加“先”字，如“先父”、“先母”、“先祖”、“先伯”。已故兄弟加“亡”字。

信函中称对方老师为令师，自己老师为业师；称对方同学朋友加“贵”字，自己同学朋友加“敝”字；称对方学生为“高足”，称自己学生为“门人”。称对方所在部门加“贵”字，如贵校、贵处、贵公司，称己方则加“敝”字。上司对下属部门用“你处”、“你公司”，而自称“本处”、“本公司”。单人互称同僚或部属为“袍译”或“同袍”，典出《诗经·无衣》。

传统信函当中，父辈称子侄常有“尔”、“汝”、“你”，自称“余”、“吾”、“我”。称对方为“老师”则自称“学生”，称对方为“世伯”“世叔”则自称“世侄”。一般平辈，称对方为“兄”、“先生”，则自称“弟”、“晚”、“鄙人”。

信函称谓通俗化是大势所趋，但传统用语亦应有所了解。

附:当代常用称谓

辛亥革命以后,中华民国政府明令废止“大人”、“老爷”等旧称谓。

互称同志,开始于同盟会、国民党以及共产党内部,五十年代以后流行于全社会。

小姐、太太,五六十年代废止,80 年代又流行,多适用于城市。

先生本是成年男性常用称谓,五六十年代,适用共产党以外的民主党派及高级知识分子中,80 年代后渐广。

师傅,原为徒弟对师父的专称,五六十年广泛用于工人或城市劳动者。70 年代,因为工人宣传队进驻上层建筑各领域,掌握大权,所以“师傅”比“同志”更受到尊重,并广泛流行于全社会。

老师,本限于教育界以及有师生关系者。80 年以后,扩大为对学术界、演艺界、新闻界、出版界以及有一定文化的人士的统称,认识或不认识皆可以老师相称。

老赵、老钱、小张、小李的“老”、“小”,是近五十年来中国人最常用的口头称呼。老、小的界限并不十分严格,有人二十多岁即被称为“老”,有人四十多岁仍被称为“小”,随习惯而定。“老板”近代已通用,50 年代中期以后,随着私营工商业公私合营而被废除。80 年代以后又随着私营企业的兴起而恢复。

老总,原用于称呼旧军人,尤其是士兵。80 年代以后,常用于称呼大中型企业总经理、总工程师。前面加姓,如“唐总”、“王总”。

本章主要参考文献:

(清)梁章钜《称谓录》(依内容分类),天津古籍出版社 1987。

鲍海涛、王安节编著《亲属称呼辞典》(依内容分十类),吉林教育出版社 1988。

费海林编著《中国古今称谓全书》(依笔划排列),黑龙江教育出版社 1991。

吉常宏主编《汉语称谓大辞典》(依音序排列)河北教育出版社 2001。

马振亚、张振兴《中国古代文化概论》,吉林大学出版社 1988。

谭家健《传统信函礼貌用语》,光明日报 1996 年 3 月 22 日、5 月 8 日。

附录 九族亲属系统简表

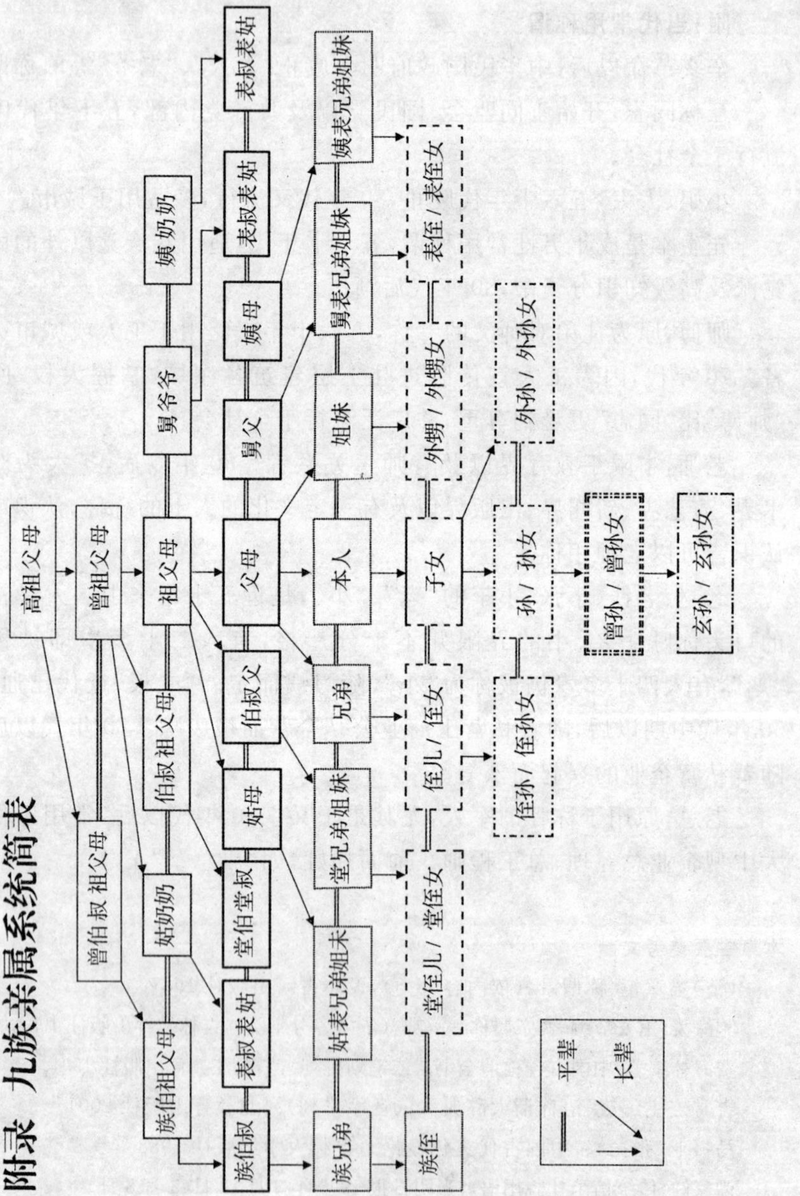
高祖父母
曾祖父母
曾伯叔祖父母
祖父母
伯叔祖父母
姑奶奶
族伯祖父母
舅爷爷
姨奶奶
父母
伯叔父
姑母
堂伯堂叔
表叔表姑
族伯叔
舅父
姨母
表叔表姑
表叔表姑
本人
兄弟
堂兄弟姐妹
姑表兄弟姐妹
族兄弟
姐妹
舅表兄弟姐妹
姨表兄弟姐妹
子女
侄儿 / 侄女
堂侄儿 / 堂侄女
族侄
外甥 / 外甥女
表侄 / 表侄女
孙 / 孙女
侄孙 / 侄孙女
外孙 / 外孙女
曾孙 / 曾孙女
玄孙 / 玄孙女
平辈
长辈

第二章 科举考试

科举制度是中国封建王朝选拔官吏的一种考试制度，从隋唐至清末，一直实行了一千三百多年，其全盛和完备则在明清时期，本章的介绍以明清为重点，其他从略。

明以前的科举考试

两周官吏选拔制度，春秋以前主要是世袭制，即"世卿世禄"制。奴隶主贵族凭血统关系，世代为官。战国时期，逐渐流行客卿制，将相往往由国君从平民中提拔任命；中下级官吏则通过"养士"和"军功"培养。两汉时期，有所谓察举制。朝廷提出某类人才的名目，如"贤良方正"、"孝悌力田"、"孝廉"、"秀才"等，由大臣郡守国相考察推荐，每年举若干名到中央政府，先试用，后授官。这实际上是一种保送制，往往名不符实，当时民谣即有"举秀才，不知书；察孝廉，父别居"的讥讽。

魏晋南北朝实行九品中正制。从魏文帝曹丕起，由中央王朝向各地委派专门负责鉴别和选拔人才的官员，郡叫"中正"，州叫"大中正"，负责把当地人士按照品德才识分别评定为上上、上中、上下、中上、中中、中下、下上、下中、下下九等，以备国家量才录用，其办法叫"九品官人法"。其品评人物着眼于门第出身高低，并不看重实际才能。选官的权力由世家大族控制，形成了所谓"上品无寒门，下品无势族"的局面，一般平民百姓很少有做官的可能。在实行"九品中正制"的同时，两汉时期的察举办法，如举贤良、孝廉、秀才等，魏晋南北朝时期也继续采用。这两种办法并存,而以“九品官人法”为主。

因为“九品中正制”妨碍了中小地主阶级人士的进身之路,引起了他们的强烈反对,对于加强封建中央集权也不利。于是从隋唐起,便改行开科考试取士的办法,这是科举制度的开始。隋炀帝大业年间始设进士科,以文学取士,唐代又增设秀才、明经、明法、明算、明书等许多科目。秀才科从唐高宗李治以后就废除了。明经即明晓经书,明法就是懂得法律,明算就是通晓算术,明书则侧重书法。其中最重要的是进士和明经两科,进士又高于明经。

唐时科举考试每年一次,考前各地举子先向礼部报名,投递履历表,叫做“投状”,所以后来进士第一叫做状元。进士科主要考试诗赋和时务策,录取与否既看成绩,也靠名人推荐。进士考试最初由吏部主持,后来改归礼部,所以称礼部试。礼部试及格后,有时皇帝还亲自考一次,这是殿试之始。新进士录取后,照例在长安杏园举行宴会,叫做探花宴,选进士中年少俊秀者二三人为探花使或探花郎(后来以此称殿试第三名为探花),又在长安慈恩寺雁塔题名以资纪念。唐时中了进士,只是取得做官的资格,要想得到实际的官职,还须经过吏部的“选试”,如果选试通不过,只好等待或者到地方官那里去当幕僚。例如韩愈中进士以后,就曾经三次“选试”不曾通过。考试中姓名弥封、进场搜身等保密措施,唐代已开始实行。

宋代基本上沿袭唐制,又有所发展:一是多科并为一科。宋初科目比唐时还多,除进士、明经等外,又有九经、五经、三史、三传、三礼等十来个科目。王安石变法,并其他科目为进士一科。二是考试内容侧重经义。唐时以诗赋取士,王安石认为浮华不切实用,改试经义,即解释五经的意义,实际上就是后来八股文的始俑。三是考期定为三年一届。唐至宋初,每年一次,间或两年一次,宋英宗以后固定为三年一次,元明清三代遂为定制。名额也扩大许多,唐时每科进士不过二、三十人,宋时通常在二三百,最多达到五六百人。四是进士分列等级。唐时尚未分,宋以后分为一甲二甲三甲四甲五甲,每甲无定数。元顺帝以后只分一二三甲，一甲限三人。五是殿试成为定制，并且一概录取。唐时殿试仅偶尔为之，宋时成为必须经过的阶段，由皇帝主考，所以进士称为“天子门生”。唐至宋初，通过礼部试后，殿试如不及格，尚有落选的可能。宋仁宗以后，改为殿试不再黜落，而且一经取中，便可做官，不再经吏部选试淘汰。六是增设乡举一级考试。唐时应进士试的人，由学馆或地方推举，通称举子，或者举人，并不一定通过地方考试。宋以后，应礼部试之前，必先试于本乡州府，元代也是如此。不过和明清乡试不同的是，宋元乡举及格之后，并不成为一种固定的身份，举子如应礼部试不及格，下一届还必须应乡举考试，而明清时期乡试及格成为举人之后就不再参加乡试了。

元代蒙古贵族有做官的特权，无须通过考试，所以开国之初不重科举。中叶以后，为了笼络汉人，才开科取士。但分为左右两榜。蒙古人、色目人为右榜，只考两场，题目容易。汉人、南人为左榜，要考三场，题目较难，所以元代汉人通过科举取得官职比较困难。

明清科举制度更加完备、严密，在考试等级上固定为院试、乡试、会试三级，分别录取秀才、举人、进士；在试考内容上以八股为主；在保密手续上更加复杂繁琐。下面就分别介绍。

关于秀才的考试

秀才是明清时期参加最初一级科举考试及格后所取得的资格，正式称呼是生员，又叫诸生、庠生，俗称秀才，不过和汉唐时期的秀才含义已大不相同。

考秀才，首先要经过两次预试：即县试、府试，统称童子试，又叫小考，及格后称童生。

在没有取得生员资格以前仅仅通过县试的考生，不论年龄大小，从十几岁到五、六十岁，一律称为童生，所以有“白发苍苍老童生”的笑话。

县试由知县主持，考期多在每年二月。考生先向本县衙门礼房报名，填写姓名、籍贯、三代履历，并且由同考的五个童生具连环保，叫做“五童结”。还要由本县秀才中的廪生具保，叫做“廪保”，保证不是冒籍、匿丧，保证出身清白，不是娼优皂隶的子孙，才能参加考试。因为每县每次录取秀才的名额有限，所以本县人总是严防外地人冒籍参加考试，为此常常引起纠纷甚至打架，叫做“打冒籍”。按照封建礼节，遇有父母之丧，二十七个月内不得参加科举考试，违者叫“匿丧”。在封建社会，娼妓、戏子、奴仆的子孙，被认为出身卑贱，不得参加科举考试。五童结和廪保就是保证没有上述现象，如果发现问题，廪保将被取消廪生资格。

县试共考五场，第一场考八股文两篇，五言六韵试贴诗一首。诗文写法有一定格式，清早进场，即日交券，不得点灯，姓名弥封，以防舞弊。阅卷人由知县及其幕僚担任，不得委派本县学官或书院院长，以防徇私。

由于县试只是预试性质，一般录取从宽，第一场及格后即可参加府试。第二场以后各场，考生可以自愿参加，带有参考性质。县试及格称“出案”，第一名称为“县案首”。

府试由知府主持，考期多在四月，一般须经县试及格后方能参加，但因故未参加县试者，于府试前补考一场也可参加府试。其报名、具保、考试办法与县试大体相同。也是考一场，及格后即可参加院试，第二场以后各场自愿参加。府试第一名称为“府案首”。

考秀才的正式考试称为院试，由中央政府委派的学政主持。明清时代学政全称为提督学院，简称学道，俗称学台。由中央政府各部进士出身的官员担任，三年一任，每省一人。由于考试工作特别重要，所以不论学政原来品级高低，地位与本省总督、巡抚平等。学政职务除考试童生外，还包括考试秀才和学官。

学台衙门在省城，但院试并不在省而在府。学政依次到省属各府分别考试童生和生员叫做“案临”。应试童生与县试、府试一样履行报名、具保等手续，除五童结、廪保之外，还另加派保，保人也须是廪生。

在童生点名入场时，派保须站在一旁，唱名时当面答应，发现问题立即追究。考生进场搜查甚严，不许带片纸只字，进场后对号入座。考桌为长条木桌，每桌十人。考题不印，口头宣读后贴在木牌上，举示全场。

院试基本上是两场，第一场为正场，考八股文两篇，五言六韵试贴诗一首。第二场为复试，考八股文一篇，试贴诗一首。院试分县录取，每县名额因各县钱粮人丁多少而不同。清代最多时大县五十名，中县三十名，小县二十名，后来时有变化。对于少数民族，如苗族、瑶族，另有专门名额，汉族不得冒占，以示优待。

院试及格，就取得了秀才资格，被送入县学或府学学习，身份叫做县学生员或府学生员，文雅的说法叫"游泮"(因为学宫门前有半圆形池水叫泮水)，通俗的说法叫"进学"，第一名叫"院案首"。进学之后就换上秀才的制服，明代戴方巾，清代帽尖用银顶，身着蓝袍，俗称蓝衫。进学之后，秀才要拜学官为老师，接受学官的教育和管理。

此后，生员还须参加学政所举行的检查性考试。学政到任第一年为岁考，第二年为科考，即为参加乡试而举行的预试。两种考试均按成绩分为六等：三等以上有奖，四等以下受罚。后来稍宽，很少有五六等。生员欠考五次即革去资格。

生员依照成绩，分为贡生、廪生、增生、附生、监生等不同名目。贡生是贡献于朝廷送入国子监学习的生员，分为拔贡、优贡、岁贡、恩贡、副贡，统称五贡。

拔贡，清代十二年选择一次，每县一人，由学政、总督、巡抚三院会考。

优贡，三年一选，于学政离任前举行，每省不过数人。

岁贡，凡廪生十年，挨次出贡，谓之岁贡。县学二年一人，州学三年二人，府学一年一人。

恩贡，凡遇国家庆典，如皇帝登极、大寿、大婚之年，临时增加一次选送贡生，叫做恩贡。

副贡，为乡试之副榜，即举人的备取生，可以不经学政选考，直接送入国子监读书，有多少送多少，名额不受限制。

廪生是廪膳生员的简称，凡新取生员一等，或岁考科考一等的，明代每月给米六斗，清代每年给银四两，性质类似奖学金，这种秀才叫做廪生。童生应试须请廪生具保，保人可以收取一定保金。

增生为廪生以外增加的名额。因为廪生名额有一定数量，太体上是府四十名，直隶州三十名，县二十名。如果考一等的生员多于此数，那就得依次递补，额外者叫做增生。增生没有银米，也不能担任廪保。

附生即附学生员的简称，也就是一般秀才。监生即国子监生员，包括荫监和捐监等。

关于举人的考试

明清时期的举人是参加全省范围的科举考试及格后所取得的资格。文雅的称呼叫做孝廉，其实和汉代的孝廉性质并不一样。

举人的考试叫做“乡试”，因为在秋天举行，又叫“秋闱”，乡试每三年举行一次，遇有国家庆典，临时增加一次，叫做恩科。乡试之年叫大比之年。

乡试的考官，与学政同样须从进士出身的各部官员和翰林中选任，不过品级比学政要高。同样必须回避原籍省份。每届每省派正副主考各一，为临时性出差，谓之考差。事毕回京，与学政一任三年不同。各省巡抚为乡试监考官，叫做监临。还从省内进士出身而非本省籍贯的知县、州判中临时抽调一二十名为同考官，即阅卷官，又称房官。此外还有大批事务官员，如受卷、誊录、巡查等，规模之大，远非秀才考试可比。

参加举人考试的必须是秀才，包括贡生、廪生、增生、附生、监生等等。捐监和荫监虽然没有参加秀才考试，但由于出钱买了生员身份或因为先辈的荫庇，也可以参加举人考试。前者如《儒林外史》中的周进，后者如《红楼梦》中的贾宝玉就是。

乡试报名系采取集体报名办法，由学政开列名单报送主考。凡科考在四等以下的生员不得参加乡试。

乡试地点在各省省会贡院。贡院的外墙很高，上植荆棘，所以贡院又称“棘闱”。贡院内除阅卷等办公室外，有许多考棚，分为几十条小胡同，依次以千字文编号，每号分为几十间小房子，叫做号舍。整个贡院有号舍几千乃至上万间。每一号舍高六尺，深四尺，宽三尺，仅容一人起坐，连躺都躺不下。

乡试共考三场，每场三天，与秀才考试一天一场不同。搜查制度比院试更加严格。进场时两名士兵搜查一名考生，如同对付囚犯一般，摘帽，脱鞋，解衣，散发，衣服被褥，一切用具通通抖开，毡毯无里，皮衣无面，笔管镂空，板凳单层，蜡台不能过高，砚池不能过厚，点心饽饽都要切开。搜查后，考生科头跣足，手挽考篮，像叫花子一样领卷进场，对号入房。号门一锁，不得出入，每号由若干名号卒看守，就像小鸟关进了鸟笼。考试期间，贡院棘墙外日夜有人巡逻，附近居民禁止抛砖扔石，释放鸽鹞，鸣放鞭炮，以防利用这些手段给考生递送东西。

乡试的第一场在八月初九，第二场在八月十二，第三场在八月十五，第一场考八股文七篇（《四书》三题、《五经》四题），第二、三场考表、判、策、论及试帖诗各若干题篇。考前刻印题目，不得多印一份。考卷姓名弥封，稿纸每页骑缝处都要盖印。为了防止阅卷官认识考生字迹，考生亲笔写的考卷（叫做墨卷）并不直接送给考官，而由专门的誊录人员用朱笔誊写（叫做朱卷），再由专门的校对人员对读无误，签字后方送主考。主考用抽签的办法分送各房同考官评阅。同考官阅后写上评语，认为可以录取的便推荐给主考官，叫做荐卷。

各省每届乡试取中举人的名额皆有定数，依各省钱粮人丁多少而有差别，最多的顺天取一百六十多名，最少的贵州取三十名。正式举人属于正榜。还有备取生，叫做副榜，不算举人，也有定额，最多的顺天二十名，最少的贵州四名，后来改为按各省正榜五分之一的比例录取副榜。副榜即副贡。

主考官取中后,会同监试官、同考官等按朱卷号码核对墨卷,然后再拆开弥封,填写姓名籍贯。写榜时先空下前五名不填,从第六名写起,写到最后一名,再写第五、四、三、二、一名。写榜时贡院门外挤满了等候消息的人群,每填一名,就有人把一张小纸条从门缝递出去,外面得了消息,就赶快回去报喜,敲锣打鼓放鞭炮,讨喜钱,喝喜酒,热闹非常。榜写好后,用巡抚关防,张挂于巡抚衙门前。因为正是桂花开放时节,所以又叫"桂榜"。

乡试第一名叫做"解元",原是解送朝廷之意。放榜后,新科举人应邀参加巡抚衙门的宴会叫做鹿鸣宴。然后新贵们就纷纷拜老师,认同年。一般称主考官为座师。称同考官即阅卷官为房师。所谓同年是同年中举的意思,二十岁和五十岁也算同年。每一新科举人由政府发给衣帽旗匾银二十两。清制:进士、举人帽用金顶,宗祠可以树旗杆,挂匾额。

中举以后,就算正式进入统治阶级。其地位为秀才所望尘莫及。一般秀才不能做官,虽然贡生肄业期满可以做学官,但考试很严,机会很少,通常只能教书成为乡村知识分子,所以人们往往叫穷秀才。举人就不同,可以参加会试,以求上进。会试一次不中,可以要求担任教职,做学官。会试三次未中,可以参加大挑,候选知县。所谓大挑并非经过考试,而主要是看相貌,多取体貌丰伟,年富力强者;其次是看口才,多取言语清楚、应对敏捷、熟悉吏治者。挑上的人,常常发往急需用人的地方,例如治河工程之类,以候补知县试用。即使不出去做官,在家也可以称乡绅,交结官府,包揽词讼,横行乡里,欺压百姓。例如《儒林外史》中的范进,中举之前,没人瞧得起,中举之后,就被称为老爷,知县、地主都和他交朋友,还有送田产的,送房屋的,送奴仆的,几个月间,就成了大财主。

关于进士的考试

宋元明清时的进士，是参加全国范围科举考试及格后所取得的资格，也是所谓科甲出身的最高身份。

进士考试称为“会试”。每三年一届，在乡试的次年三月举行。时届春季，所以又叫“春闱”或“礼闱”。

参加会试的必须是举人，已仕未仕均可。清制：各省举人进京会试，分别由当地政府发给一、二十两银子作路费，落第举人回家也给适当盘缠，以示照顾。

会试考官由皇帝钦命，主考官叫做总裁，正总裁一人，副总裁三人，由一、二品大员担任，均须进士出身。同考官十八人，叫十八房，由翰林进士出身的司官、科道担任。此外，还有两名监考官，叫做知贡举，由一、二品大员担任。其余事务官员，如提调、监场、搜查、受卷、弥封、誊录、对读等官，制度大体与乡试差不多。

会试也是三场，每场三天，三月初九为首场，十二为二场，十五为三场。考试地点在北京贡院今中国社会科学院院内。由皇帝亲自出试题。其进场搜查，场内规矩，分墨卷朱卷，以及阅卷荐卷等办法，与乡试大致相同。

会试取中名额最初没有固定数目，清代最多的一届进士为四百零六名，最少的一届九十六名，大体上二十名举人取一名。后来改为分省定额，最多的省二、三十名，少的十余名或八、九名。

会试放榜在四月十五日，因为正是杏花开放时节，所以叫“杏榜”。榜用礼部印，张挂于礼部大堂前。会试取中后叫做“贡士”。第一名叫“会元”（请注意，不等于状元）。

会试之后接着举行殿试。殿试虽然没有取不取的问题，但十分重要，因为它是皇帝亲自主持的考试，状元、榜眼、探花等名次由此产生，所以人们特别重视。

殿试地点不在贡院而在保和殿。殿内备有考桌，高尺许，仅能盘腿而坐，书写不便，一般自带可折叠式小桌置于其上，又自备考箱，置笔墨用具，兼代板凳。虽说是皇帝主考，其实皇帝并不亲临考场，只是虚设御座。行礼如仪后，由大臣宣读考题。明清时：殿试只出一题，不试八股而试策论，要求回答关于时事政务方面的一个问题，例如吏治、财政、边防、河工、礼、刑、农、工等。一般要求千字左右，当日交卷。策论有一定程式，开头结尾都是颂圣之辞，中间谈实质性问题往往空泛。殿试一般不重内容，却很看重书法，状元并不见得有真才实学。

殿试无主考官，因为主考即是皇帝。有监试官，清代多由亲王担任。提调官例由礼部尚书担任。由进士出身的大学士和部院大臣八人为读卷官，即阅卷大臣。每份试卷八大臣轮流批阅，分别作记号，写批语，然后由首席读卷大臣商定名次，首先拟出前十名人选，进呈皇帝亲自决定一至十的名次。前三名通称一甲，一甲第一名称状元，又称殿元，一甲第二名俗称榜眼，一甲第三名俗称探花。一甲三名统称鼎甲。第四名即二甲第一俗称传胪。前十名名次决定之后，皇帝首先接见，叫做“小传胪”。第十一名以下名次由读卷大臣排列，分为二甲、三甲两类。然后皇帝于太和殿接见全体新进士，叫做“大传胪”。礼节特别隆重，全体文武大臣都要出席。除御旨宣布全部名次外，同时宣布一甲赐“进士及第”，二甲赐“进士出身”，三甲赐“同进士出身”，统称“进士”。然后，鼓乐仪仗，将新进士名单以黄绫榜公布，张挂于长安街，所以老百姓把中进士叫做“金榜题名”。如果有人乡试、会试、殿试都取第一，集解元、会元、状元于一身，就叫做“连中三元”，那是莫大的荣耀。

大传胪之后，礼部赐宴，叫做“恩荣宴”，又叫“琼林宴”。还要到圣庙拜谢孔老夫子，叫做“释褐”。每科进士名单由礼部出钱刻石立碑于太学，叫做进士题名碑。明清两代这些碑现在都保存于原首都图书馆孔庙旧址内。中了进士，宗祠可以树牌坊，并由礼部发给牌坊银三十两，一甲三名另外加五十两。此外，也有拜老师、认同年等等习俗，与乡试相同。

殿试之后还有朝考,目的是分配官职。状元例授翰林院修撰,榜眼、探花例授编修,其余按会试、殿试、朝考三项总成绩分别授翰林院庶吉士、各部主事和知县等职。庶吉士为学习研究性官员,三年期满再举行散馆考试,然后授实职。进士朝考后授主事带有实习性质,三年后才转为正式主事。朝考后授知县的,则分发各省尽快候补,叫做"榜下即用",不像他人那样往往要长期候缺。

进士出身,叫做两榜出身;举人出身,叫一榜出身:统称科甲出身,被明清读书人认为是最荣耀的做官道路,被称为正途。其他途径如捐班、恩荫、杂佐等等,则称为异途,迁升提拔远非正途出身所能比拟。

从唐代以后,科举科目除文科外,还有武科。清代有武院试、武乡试、武会试、武殿试。武院试由驻防军派参将或副将会同学政主持考试,及格者为武秀才。武乡试由巡抚主考,及格者为武举人。武会试由兵部主持,及格者为武进士。武殿试以后也依成绩分为武状元、武榜眼、武探花。各级考试内容分别有骑射、步射、舞刀、掇石和默写武经七书(《孙子》、《吴子》、《司马法》、《尉缭子》、《李卫公问对》、《黄石公三略》、《姜太公六韬》)等,也有一套防止舞弊的制度。顺治年间,武状元授参将,武榜眼授游击,武探花授都司,二甲授守备,三甲授署守备。

科举考试于1905年由清政府下令废止。1904年举行最后一次会试。最后一名会元是谭延闿,曾参加辛亥革命和北伐,20年代末任国民政府主席。最后一名状元是刘春霖河北肃宁人,状元及第后,被派留学日本东京法政大学,回国后曾任直隶法政学堂校长、中央农事试验场场长。1937年以后,拒绝为日本侵略者效劳,1942年逝世。

中国的科举制度影响邻国。日本在奈良—平安前期(710—894),仿唐朝科举制,通过考试录取秀才、进士、明经、明法,然后授予不同官职。新罗王朝于公元788年开始选官考试制度,主要考儒学和汉语。高丽王朝于985年实行科举考试,悉仿唐制。越南黎氏王朝初期(相当于中国明代初期)实行科举考试,三年一考,分地方乡试和国都会试两级。乡试初试及格称秀才,复试及格称举人,会试初试及格称进士,复试及格称翰林。科举及第后,可以分任各级官吏。

本章主要参考文献:

商衍鎏《清代科举考试述闻》,中华书局 1962。作者是清代最后一名探花。

谭家健《科举史话》(一)(二)(三),连载于《历史知识》1980 年 3 期、1980 年 4 期、1981 年 1 期。

王道成《科举史话》,中华书局 1988。

阴法鲁、许树安主编《中国古代文化史》(3),北京大学出版社 1991。

第三章 历代学制

中国是历史悠久的文明古国，很早就重视教育，设置了各类学校，制订了有关制度。了解古代学校制度，是学习和研究中国古代文化的重要内容之一。

周代国学与乡学

在殷墟甲骨文中，有关教学活动的记述相当多，证明殷商时期学校肯定已经产生，但其学制已不可知。到了周代，随着社会经济的发展，教育事业更加发达，正式形成了中央王朝和诸侯办的国学以及地方办的乡学。

据古书记载，古代25家为闾，闾有塾；500家为党，党有庠；2500家为州，州有序；12500家为乡，乡有校。这些都属于乡学。周王朝京城有辟雍，诸侯国都有泮宫，二者属于国学中的大学。国学中还有小学，设在宫廷的南边。辟雍设在城外西郊，四周以水环绕，中间岛形陆地上的建筑就是辟雍的学宫。天子有时来这里射箭或泛舟，所以又叫“射庐”或“大池”。它的东面有东序，西面有瞽宗，北面有上庠，南面有成均，因在辟雍之四门，又叫四门学，都属于大学，是辟雍的组成部分。大学同时是养老、祭祀和举行各种典礼的场所。泮宫形制大致与此与相同而略小。

周代负责教育的官员兼教师，有师氏、保氏，其中又分大师、小师。又有大司成、大乐正、小乐正、大胥、小胥等。乡学教师由年老而有德者担任。国学学生主要是贵族子弟。王太子 8 岁入小学，15 入大学；世子及公卿大夫元士之子 13 入小学，20 入大学；平民子弟 15 入小学。大学生称为“国子”。

大学的教育内容主要是诗、书、礼、乐。据《周礼·地官司徒》记载，师氏教国子以三德，保氏教国子以六艺，即：五礼、六乐、五射、五御、六书、九数。还有六仪，即关于祭祀、宾客、朝廷、丧纪、军旅、车马之仪节。大司乐教国子以乐德、乐语、乐舞。乡学的教育内容是“六德”、“六行”、“六艺”等等。男女学生所学内容各不相同。

大学课程安排大致是：春夏学干戈，秋冬学羽籥。春诵，夏弦，秋学礼，冬读书。各门功课分别有主讲教师和辅导教师，如小乐正教干，大胥赞助之；籥师教戈，籥师丞赞助之。有的教师（如大司成）还要讲论评说。

大学有隔年考查的制度。第一年看其析句分段能力和学习志向，第三年看其对学业是否专心，与同学是否和睦，第五年考查知识是否广博，对老师是否亲近，第七年考查研究问题的本领和识别朋友的能力。符合标准的叫“小成”。第九年要求做到认识事物触类旁通，政治上成熟，立场坚定，这就叫做“大成”（参见《礼记·学记》）。毕业时如果达不到上述要求，小胥和大胥、小乐正把那些不听教导的学生报告大乐正，大乐正还要报告天子，然后给以不同处罚。学生学习好的有奖励。乡学择其优秀者升之司徒叫做选士；司徒择选士之优秀者升之大学叫做俊士，这些人可以不服徭役，又叫造士；大乐正择造士之优秀者呈报于王，而升之司马，叫做进士；司马择进士之贤者，量才而授官。

古代大学学习生活是严肃认真的。大学开学时，主管官员带领全体师生向先师敬礼，以表示尊师重道。学生吟诵《诗经》中的《鹿鸣》、《四牡》、《皇皇者华》三篇，为的是首先学习如何从政。学生听到鼓声打开书箱，以示重视课业。学校里有体罚用的棍棒，以维持校纪。老师在教学中经常观察学生，并不立即回答问题，为的是培养独立思考能力。此外还要求：按时进行正课教学，下课后要完成课外作业。大学教育方法强调:在学生不良行为发生之前注意预防,抓住适当机会及时因势利导,循序渐进而不能赶进度,同学之间要提倡互相帮助观摩(以上均见《礼记·学记》)。这些经验至今仍有不少可取之处。

春秋战国时期,周王室的国学逐渐衰落,教师们纷纷跑到各地,出现所谓"天子失官,学在四夷"。民间开始出现私人办的学校,孔子是其首创者,据说弟子多达三千。其后墨子、庄子、孟子、荀子都广招门徒,形成不同学派,也是流动性的学校。这时诸侯办的国学仍然存在,如鲁僖公曾立泮宫,齐宣王创稷下学宫(后者兼有研究性质)。乡校也有其他社会活动,例如《左传·襄公三十一年》记郑人多聚集在乡校议论执政之善否,执政大臣子产并不禁止。可见学校的社会作用已有所发展。

汉代太学和郡国之学

汉代太学创始于汉武帝时,是以传授知识研究学问为主要目的的最高学府,隶属于太常。太学教官为"五经"博士,博士长官叫做仆射,东汉时改称祭酒。各经博士始为 7 人,宣帝以后增至 14 人,各专一经,如《鲁诗》、《齐诗》、《韩诗》、大小夏侯《尚书》、大小戴《礼记》、孟氏《易》、严氏《春秋》等等,都属于今文经学派。至于古文经学派,未得正式立于官学。西汉时用征聘或荐举的办法,选择名流学者担任博士。东汉须进行考试,年龄在 50 以上,没有严重疾病,品行端正,合于四科(淳厚、质朴、谦逊、节俭)的标准才能任博士。博士祭酒年俸六百石(月 70 斛谷),博士比六百石(月 60 斛)。东汉还有都讲,是博士的助手。

西汉太学生称"博士弟子",东汉称"诸生"或"太学生"。正式生有太常选择的 18 岁以上仪状端正的贵族子弟,有直接因"父任"而入学的青年。地方保送的称"受业弟子",属于特别生,不规定名额。前者有官费,后者自费。因而有的太学生还要搞勤工俭学,如倪宽曾靠帮助同学做饭以自给。太学创立后不久,规模迅速扩大,西汉始设时名额只有 50 人,昭帝时学生增至 100 人,宣帝时 200,元帝时 1000 人,成帝时

3000，王莽时扩建校舍能容 1 万人。东汉迁都洛阳，不断修建学校，学生越来越多。顺帝时校舍已有 1800 间，质帝时令六百石以上官员皆得遣子入学，太学生人数多达 3 万。还附设童子科，收 12 至 16 岁能通一经的少年入学，相当于大学预科性质。

太学的教学内容主要是儒家经典。弟子随所从师博士专攻一经。《论语》、《孝经》是公共必修课。教学方式一是大班上课，二是高年级学生辅导低年级学生。东汉太学有内外讲堂，可容数百人听讲。由于教师少学生多，故主要靠自学。开始规定每年一考，叫岁试，其办法一是口试，一是射策——即抽签择题而后笔答，并依成绩高低分为甲乙两科。能通一经以上者，可补文学掌故之类小官，高材生可任郎中（年俸比三百石）。平帝时规定甲科 40 人为郎中，乙科 20 人为太子舍人，又设丙科 40 人补文学掌故。东汉改为两年一试，分上中下三等，不及格者开除，后改为可以补考。太学学习年限不固定。

太学生除所学专经外，可兼习他经。东汉时鼓励通材，通经愈多将来职位愈高，所以不少人能博通“五经”。有的学生还研究自然科学，如张衡、崔瑗。

太学讲究家法、学派。当时各家讲经，分成许多学派。弟子必须严守师教，不得兼师他家。经师们讲经，常常爱钻牛角尖，以示其渊博，有说一经达百万言，解一字用数万字者，十分繁琐，培养出来的往往是一些“章句之儒”，为有识者所不满。太学生之间也常常研讨学术问题，议论社会政治。哀帝时发生了我国第一次大学生运动。其时外戚专权，阻贤用私，司隶鲍宣因耿直敢言而被捕入狱。太学生王咸奋起营救，诸生会者千人，上街拦住丞相车子，又伏阙上书皇帝请愿，结果鲍宣得免于死。东汉后期，宦官当朝，政治腐败。太学生领袖郭泰、贾彪与比较正直的名士陈蕃、李膺等人结合，评论国是，褒贬人物，制造社会舆论，以期改良朝政。他们得到一部分公卿士大夫以及各地郡国官学学生的支持，形成一股政治势力，对宦官造成严重威胁，于是被诬为“党人”，两次遭到镇压，太学生先后被捕者达千余人，史称“党锢之祸”。

东汉灵帝时立鸿都门学，是我国历史上第一所国立文学艺术专科大学。它和一味攻读儒家经典的太学不同，仅习辞赋、小说、绘画、书法、尺牍等技艺。学生多取没有名望的庶族地主子弟，出来以后很快委以重任。由于鸿都门学政治上受保守势力支持并与太学生运动对抗，历来对它褒贬不一。其实，它在艺术教育史上是有一定贡献的，为唐代的各种专门学校开辟了先路。

汉代郡国官学不受重视。第一个创办者是蜀郡太守文翁，对开发四川培养了不少人才，引起汉武帝注意，而后下令在全国推广。平帝时规定：郡曰学，县曰校，乡曰庠，聚曰序。学、校各置经师一人，庠、序各置《孝经》师一人。地方学校教材以识字为主，如元帝时史游所作《急就章》，就是以七言韵语讲述衣着、饮食、农艺、器用乃至飞禽、走兽等应用字汇，类似后世的《千字文》、《三字经》。此外，《论语》、《孝经》是必读教科书。

汉代民间私学很盛，学生多者上千。有的相当于大学，叫“精舍”或“精庐”；有的相当于小学，叫“蒙馆”或“书馆”。教师中有不少是属于古文经学派的著名学者，如马融、郑玄等。他们的治学方法严谨，作风朴实，重视考据训诂，后世所谓“汉学”，即以他们为主要代表。

周代的辟雍，汉代还存在，但只作为天子讲礼及祭祀先师先圣的场所，不再是大学性质。

唐代专科学校

魏晋南北朝时期，政治动荡，战乱频仍，文教事业荒废，是中国教育史上的低潮。值得注意的有以下几件事：一是西晋于太学之外另立国子学，收五品以上官员子孙，于是太学便成为六品以下子弟学校，后世“国子学”的名称即由此开始；二是南朝宋文帝立儒学、玄学、史学、文学四馆，相当于大学下属四个系，明帝设“总明观”总揽上述四科，这是唐代分科教学的滥觞；三是北魏的禁止私学，规定了大、中、小郡学校博士、助教及学生的不同数额，这对后世地方教育有一定影响。

隋初文帝提倡学校，置国子寺，相当于后代教育部，这是中国中央政府设立专门教育行政机构之始。下辖五学，即国子学、太学、四门学、书学、算学。另有律学，属大理寺（最高法院）。但不久各学均皆罢废。

唐代是中国教育史上的黄金时代，尤其太宗——玄宗时期，突出特点是分科办学，专业比较广泛，而不像汉晋那样仅限于儒学，充分显示出盛唐文化普遍繁荣的局面。

唐代中央所办各类大学情况大致如下：

国子监（教育部）所属有：①国子学，学生300，收三品以上子孙；②太学，学生500，收五品以上子孙；③四门学，学生1300，其中500为七品以上子孙，800为庶人之俊异者。以上三学，以学习《周礼》、《仪礼》、《礼记》、《春秋左氏传》等为专业课，兼习《周易》、《尚书》、《公羊传》、《谷梁传》，而以《孝经》、《论语》为公共课，《国语》、《尔雅》、《说文》等为选修课；④书学（书法学院），学生30，收八品以下子弟及庶人之通书者，以石经、《说文》、《字林》为专业，兼习其他字书；⑤算学（数学院），学生30，招生范围同上，学习《九章》、《周髀》、《缀术》等；⑥律学（法学院），学生50，招生范围同上，以律令为专业课。这些学校的学习年限：律学6年，算学11年，其他9年。入学年龄：律学18—25岁，其他为14—19岁。诸生通三经或五经者，经考试及格，送尚书省录用：愿意继续学习的，四门生可补太学，太学生可补国子学。各学毕业生皆可参加相应的科举考试，如进士、明经、明法、明算等。

此外，门下省所属学校有弘文馆，东宫所属有崇文馆，教师称学士，由著名学者担任，收三品以上及贵戚子弟各30人，学习经史书法。两馆皆兼研究和教学双重任务。

又有广文馆，为考进士者补习之所。有京师学，为专门研究《五经》之地。有崇玄学，是专门的道教学院，研习《老子》、《庄子》、《列子》等书。

太医署所属学校有医学，其中分医科、按摩科、针科、药科，学生结业后，可分别考取医师、医正、医工等职。

司天台（天文台）所属有天文学、历数学、漏刻学。太仆寺所属有兽医学。军队系统的屯营、飞骑也有学校。

以上各学，皆收日本、高丽、高昌、吐蕃子弟留学。唐代学制，影响邻国。日本天武天皇时（673－685 年）在京城设大学，收官员子弟入学；在地方设国学，收郡司及庶人子弟，稍后设弘文院、劝学院收平民子弟，教师称博士、助教、教授儒家经典。新罗、高丽先后曾建立国学和国子监，至今韩国仍有成均馆大学，是著名学府之一，其校名即来自中国《周礼》。

唐代各学皆有考试制度，分旬试、月试、岁试和升补试（毕业试）。有旬假、田假（五月）、授衣假（九月）。旬假前一日即旬试日。一考背诵记忆，以帖经方式出题，二考理解，每题经文 2000 字，问大义一道。岁试考全年所学专业，问大义 10 道；对 8 题为上等，6 题为中等，3 题以下不及格。3 次岁试不及格或不能按期结业者，令其退学。

各学教学方法以分经讲授为主，有的教师很有学问，如徐文远“多立新义，先儒异论，皆定其是非，然后诘驳诸家，又出己意，博而且辩，听者忘倦”。陆德明“随端立义，众皆为之屈”。唐代学校风气不同于汉儒之死守章句和家法，是颇富于创新精神的。

唐代地方州府之学分为经学和医学两种，学生名额依各地人口多少而有差异。经学生分别为 60 至 40 名，医学生分别为 20 至 10 名。县学只设经学，名额 50 至 20。州县学生通一经者可升入四门学。

各类学校教师分为博士、助教、直讲，品级待遇和人数皆因学校的不同而有区别。博士自正五品至从九品，月俸自 25 贯至 2 贯，助教自从六品至从九品，月俸 5 贯至 1 贯。各学学生入学时皆须送束脩，品种和数目因学校不同而分别多少，包括绢、酒肉等。全部束脩，博士得 3/5，助教得 2/5。

唐代政府鼓励私人办学，因而教育比较发达。一些著名学者，或先授徒讲学而后做官，如颜师古、孔颖达；或先做官退职后再讲学，如刘焯；或既做官又讲学，如韩愈、柳宗元。这些人所设“学馆”虽无正规学校形式，实际上培养了不少人才。

宋代国学三舍和书院

宋代官学制度基本承袭唐代。国子监所属有国子学（收七品以上子弟）和太学（收八品以下及庶人子弟），废四门学，存律学、书学、算学、医学。仁宗时设武学（军事学院）、军监学（军工学院）。徽宗时设画学（美术学院），课业有人物、山水、花木、鸟兽、屋宇等。另为皇族幼童设宗学。地方除州县之学外，在外侨集中的广州、泉州设“蕃学”。

宋代重科举轻学校，上述各学繁盛期都不长。所以北宋大臣曾先后三次提出兴学，即范仲淹的庆历兴学，王安石的元丰兴学和徽宗时的蔡京兴学。以王安石较有成效。其兴学的内容首先是创立三舍法以严格升级考试制度。初入太学为外舍生（初级班），定额 2000 人，日后依考试成绩逐步升班。考试分月试、岁试和毕业试，试题为经义、策、论等，二或三年毕业。外舍生于岁试后，取第一、二等者升入内舍（中级班），定额 200 人；内舍生两年后，考试成绩优、平，操行合格者升入上舍（高级班），定额 100 人。上舍生学习两年后，由政府派员举行毕业试。凡操行与学业俱优者为上等，资格与科举考试之进士相同；一优一平为中等，可免尚书省试；俱平或一优一否为下等，免乡试；不及格者除名。这样就把养士和取士的职能皆归之于学校。地方上的县学生通过考试可升入州学，州学生三年后优秀者可贡入太学。

王安石兴学的另一内容是更新教材。宋初教国子以《五经》，义多驳杂。王安石为培养变法人才，改用他所主编的《诗经》、《尚书》、《周官》三经新义，反对繁琐章句之学，注重义理之学，为变法寻找理论根据。王安石变法虽然失败了，但三舍法和重义理的作风一直沿袭下来。

宋代民族矛盾阶级矛盾十分尖锐，太学生对国家安危十分关心。钦宗时，金兵围汴京，抗战派大臣李纲被投降派李邦彦排挤而遭罢黜。

太学生陈东带头上书，要求李纲复职，怒斥李邦彦为“社稷之贼”。城中军民声援者数万人，群众围住皇宫，痛打卖国贼，钦宗只好让李纲起复。南宋时国学生杨宏中等六人，上书支持正直大臣赵汝愚，批评权奸韩侂胄，结果被遣送远方，当时天下号为“六君子”。

宋代最盛的是新型学校书院。它是在汉代“精舍”、唐代“学馆”基础上发展起来的。北宋著名书院有：①江西庐山白鹿洞书院，原为南唐李善长创立的学馆，至北宋太平兴国二年(977 年)学生达数千人；②湖南长沙岳麓书院，北宋初年潭州太守朱洞始建；③湖南衡阳石鼓书院，原为唐人李宽读书之处，北宋至道年间李士真于其旧址建立书院；④河南登封嵩阳书院，后周始建，北宋初曾赐名太室书院；⑤河南商丘应天府书院，北宋真宗时郡民曹诚所建，后来捐献给政府；⑥江苏南京茅山书院，北宋仁宗时候遗所建。南宋时书院越来越多，全国有五十余所，主持人有朱熹、陆九渊、吕祖谦、真德秀等著名学者，影响大大超过官学。

书院最初都是民办，后来演变为民办公助或者官办。一般皆有固定的学田作为经费来源，有一批私人捐赠或国家颁赐的图书作为教材，有聘任的教学和行政管理人员。主持人称山长、洞主或堂正，还有副山长、助教、书讲等。教师多是名流学者，招收学生不问家庭出身，因而吸引了大批中小地主子弟。书院教学特点是：①教学与研究相结合，不少书院往往是一个地区或某个学派的学术中心，有些书院的教材后来成为重要的学术著作；②经常开展不同学派间的学术交流，叫做会讲，求同存异，以文会友，风气相当民主。如朱熹曾邀请陆九渊到白鹿洞讲学，吕祖谦曾主办著名的鹅湖之会；③注意奖掖后进，有利于年轻人锻炼成长；④既读经，也学文史；既读古籍，也看当代著作；⑤强调创新，鼓励独立思考，注重学行结合，提倡师生间、同学间互相诘难。这些经验至今仍然可贵。

宋代书院订有学规，即学生守则，对学生的学习生活、言行举止提出要求。如朱熹的学生董铢、程瑞蒙所定学规要求：“凡学于此者，必严朔望之仪，谨晨昏之令。居处必恭，步立必正，视听必端，言语必谨，容貌必庄，衣冠必整，饮食必节，出入必省。读书必专一，写字必楷敬，几案必整齐，堂室必洁净，相呼必以齿，接见必有定。修业有余功，游艺有适性。”(《程董二先生学则》)每一条目之下往往还有详细的说明。这些学规中有不少合乎教育科学的精华。

宋代以书院为基地，形成一代学风，后人称为宋学。它不同于汉学的重训诂考据，而注意义理阐发，对中国古代学术文化的发展有所推动。然其弊则易流于空疏，脱离实际。

辽和金的学校多仿宋制，有国子监及太学，习经史诸子等书。元代有国子学、蒙古国子学等，由大司农掌管，始分三斋(即三舍)，后扩充为六斋，依学习成绩以次递升，对汉人严，而对蒙古人、色目人宽。地方各路设有蒙古字学，以推广蒙古文字。

明清国子监

明清时期，不再分国子学和太学，也没有唐宋那样多的专科学校。这时中央办的大学采用一个名称，即国子监。明代有北京、南京两监，清代只有北京一监，这样国子监的职能就大为缩小，不再相当于教育部。

明清国子监长官为祭酒，副长官为司业，皆由翰林中选拔。其下有监丞(训导长，正七品)、博士 5 人、助教 15 人(皆从七品)、学正 10 人、学录 7 人(皆正八品)等。明清国子监生员，没有唐宋那样的出身和年龄限制，其来源，一是秀才中的贡生，包括岁贡、优贡、拔贡、恩贡、副贡，都是经过各地科举考试产生的，总称贡监；二是三品以上官员子孙，称为荫监或荫生；三是捐钱买得入监读书的资格，称为例监；四是举人入监，称举监(明万历以后很少有)。以上四类，明代统称监生，清代有时专指例监为监生。入学名额，清初为 250 人，分属率性、修道、广业、诚心、正义、崇志六堂，每堂由一名学正管理。后来增至 300，最多时 400，也收外国留学生。学生全部公费，已成家的还有家庭补助费。

国子监教学的主要课程是程朱学派注释的“四书”、“五经”和《性理大全》、《通鉴》以及律令、书、数、御制大诰等。八股文当然是必修课。教学活动有教师“会讲”，自博士至学录，每月分别讲书一次，内容各不相同。还有学生“复讲”、“背书”，亦有互相讨论叫做“轮课”。明代修业期四年。通“四书”未通经者居正义、崇志、广业三堂为初级班；一年半以后考试，文理通顺者升修道、诚心二堂为中级班；又一年半以后，经史兼通文理俱优者升率性堂为高级班，再一年结业。考试采用积分法，一年积八分为及格，再派到吏部实习三个月叫做“历事”，最后按成绩分别任命正式职务，如州判、县丞，主簿、教谕、中书之类。清代改四年为三年，课程除经史外，增“治事”一类，包括兵刑、河渠、乐律等实际知识，每生各习一项。考试分月试、季试，其余与明代相同。

明清当局对国子监学生思想控制极严，没有言论、结社和上书陈事的自由，否则严加惩处，所以从国子监中很少培养出优秀的人才，而只能造就俯首帖耳的俗儒。

清代除国子监外，另设“宗学”、“八旗官学”，以教育皇族和八旗子弟。初期除读书外，尚有骑射之类课目，后来徒具形式。

明清各地有府、州、县学，名为学校，实际上是秀才的管理机关，非秀才不得入学。府学学官为教授，州为学正，县为教谕，副职都称训导，分别为七或八品。按制度，入学生员须专治一经，并分习礼、射、书、数四科，学官每月一讲，生员每季一考，无故不到者要受罚。实际上老师懒得讲，学生懒得听，有的甚至经年不进校门，只有触犯刑律时才被送到学校来查办，管理比国子监松弛得多。

明清时期书院仍在发展。由于其中自由讲学和议论政治的风气以及不同学派的自成体系，对封建专制统治不利，于是屡遭禁限。明代嘉靖、万历、天启年间曾先后发生四次毁书院事件，最严重的一次发生在无锡东林书院。主持人顾宪成、高攀龙等，崇尚气节，批判诈伪，讽议朝政，裁量人物，把矛头指向专权的宦官头子魏忠贤。从而吸引很多人士前来听讲，影响极大，被宦官们视为眼中钉。诬为“东林党人”，罗织罪名，矫旨镇压。东林学者被大批逮捕流放，各地书院同时一扫而光，其害较东汉“党锢之祸”尤烈。清代初年，书院稍有恢复，有的成了传播反清复明思想的基地，统治者十分害怕，曾明令禁止。雍正十一年（1733年），才下令各省省会设一书院，并拨银1000两为办学费用，以考课为中心，以八股为专业，为科举做准备。这样的书院，已变质为省立大学，与宋明书院名同而实异了。但是，也还有少数民办书院仍然保持研究学问的传统。其中一类是重视义理与经世之学的，如李二曲主讲的关中书院，颜元主讲的漳南书院；一类以词章诗文为重点，如姚鼐主讲的钟山书院，沈德潜主讲时的紫阳书院；一类是注重考据训诂之学的，如阮元主持的诂经精舍，惠栋主讲时的紫阳书院。这些书院都不重八股，其中第三类影响尤大，他们继承汉学传统，并发展成为清代“朴学”，取得了许多重要学术成果。

明清两代，民间尚有蒙馆、家塾、族学等，都相当于小学性质。

戊戌变法以后，废除科举考试，兴办新式学校。北京设立京师大学堂（即北京大学前身），各省以省会大书院为高等学堂，府城书院为中学堂，州县书院为小学堂。1901年定学堂章程，学制为寻常小学堂三年，高等小学堂三至四年，中学堂四年，高等学堂（相当于大学预科）三年，大学院（分科大学）三至四年。1903年又另立章程，蒙养（幼儿园）至初小五年，高小四年，中学五年，高等学堂三年，大学堂三至四年，其上还设通儒院，相当于研究生院。民国初年，定初小为四年，高小三年，中学四年，大学预科三年，大学本科三至四年。

第四章　历代官制

研究中国古代官职名称和制度方面的情况，懂得有关知识，对于了解古代政治经济、文化教育以及社会生活等等，是十分必要的；尤其对于研究历史人物的仕宦经历、社会地位、政治变迁，更是必不可少。本章主要介绍中国古代各个朝代中央常设官制及其变化；至于地方官和武官，将在下面几章结合地理和兵制分别介绍。

周秦两汉官制

我国夏代即已具备国家雏形，但尚无文字可考。商代甲骨文、金文中，已经发现许多官名，如“臣正”、“宰”、“士”、“吏”、“尹”、“史”等等。但其制度如何，不甚清楚。

西周官制，《周礼》一书作了系统的记述。有三公，即太师、太傅、太保；三孤，即少师、少傅、少保；都是天子的顾问。政务官员有六卿（又称六官）：①天官冢宰，为六官之首，总理国政，有大宰、小宰、宰夫和其他许多属官，统称为“治官”；②地官司徒，有大司徒、小司徒、乡师等职，掌民政教育，称为“教官”；③春官宗伯，有大宗伯、小宗伯、肆师等职，掌祭祀礼乐，称为“礼官”；④夏官司马，有大司马、小司马、军司马等职，掌军事征伐，称为“政官”；⑤秋官司寇，有大司寇、小司寇、士师等职，掌刑法狱讼，称为“刑官”；⑥冬官司空，掌百工土木。现存《周礼》亡佚冬官，汉人以《考工记》代替，其实不是一回事。所有官员的爵位分为卿、大夫、士三级，再分上中下三等。《周礼》六官之六大部门，排列之整齐，组织之严密，体制之完备，甚至超过汉魏，所以学者多怀疑其可靠性，认为可能经过后人的想象补充。

另据金文及比较可靠的文献记载，周王室的主要职官，有傅、师、保，即所谓三公；有“卿士寮”，卿士是最高政务官，总理行政、军事、外事，其下有司徒、司马、司空、司寇、大行人等；有“太史寮”，其中有太史、内史、御史、太卜、乐师等。总管王家事务的称宰或太宰，其下有膳夫、缀衣、太仆、趋马等。负责王宫警卫的称师氏，卫士称虎贲，近侍称小臣，宦者称寺人。他们的职掌大体明确，但分工尚较粗略。

春秋时期，中原各国官制大体与周相同而规模略小。总领国政者泛称执政，治民官称司徒，治军官称司马，掌刑狱之官称司寇，掌土地及建筑之官称司空（或司工）。此外，史官有太史、内史，乐官有太师，祭祀之官有太祝，外交官有行人等等。爵位亦皆分为卿、大夫、士三等九级。只有楚国别具一格。中原诸侯国君分别称为公、侯、伯、子、男，而楚国的国君则称王，行政长官称令尹，军事长官称司马（战国时改为柱国），还有左徒、司败（即司寇）等，基本上不设大夫。战国时期，中原各国最高行政长官皆称相或丞相，秦国秦孝公时称大良造，惠文王以后也称相；最高军事长官称将或将军，秦国后期称国尉，有的将军是临时派遣，不是固定职务。此外还有御史、司寇、内史、少府等职，各国很不一致。

秦统一中国后，建立了高度集权的封建帝国。其中央官制，大体上是行政、军事、监察三权分立体制。设丞相（又叫相国）以掌全国政务，太尉（国尉）掌军事，御史大夫掌监察兼秘书（相当于副丞相），合称“三公”，地位都相当于后世的宰相，而又互相制约。“三公”之下有九卿，即奉常（掌祭祀礼仪）、郎中令（掌宫殿掖门）、卫尉（掌警卫）、太仆（掌车马）、廷尉（掌刑罚）、典客（掌少数民族及对外事务）、宗正（掌皇族事务）、治粟内史（掌财政）、少府（掌税收）。以上九种官职，多数属于宫廷服务性质，少数属于行政事务性质，互相有交叉和联系。秦代虽然短暂，但其官制对后世影响甚为深远。

两汉官制基本承袭秦代，而又稍有损益。于“三公”之上设太师、太傅、太保，作为大官的荣誉头衔，并非实职。“三公”的名称也屡有改易，汉武帝时改太尉为大司马，西汉末改丞相为大司徒，御史大夫为大司空。东汉去掉上述两个“大”字，并恢复太尉。建安时期，曹操掌权，又改司徒为丞相，由他自己担任。

汉代九卿名称较秦代有所不同，奉常改太常，郎中令改光禄勋，廷尉改大理，典客改大鸿胪，治粟内史改大司农，职掌基本不变。只有少府的属官尚书，到东汉时期由原来仅仅给皇帝传递文书的事务官变成处理具体问题的政务官，有尚书令、尚书仆射、尚书郎等大批官员，并分曹办事，地位虽然不高，但实权不小，当时就有“政归台阁”的说法。“台阁”就是尚书在宫廷中的办事处。

除九卿外，汉代又增设一些官职，如将作大匠（负责修建宫室宗庙）、水衡都尉（负责山林园囿）、詹事（负责太子事务）、执金吾（负责京师治安）等等。还有一批无专职、无定额的官，如议郎、中郎、侍郎、郎中等，统称郎官。这些人的任务是陪从、护卫皇帝，备顾问，举建议，或供临时差遣。还有太中大夫、中大夫（光禄大夫）、谏大夫等，都以议论政事为职，不专任行政事务。又有博士，为教学官及学术顾问官，也参加朝政讨论。以上这些统称内朝官，可以出入内廷。而行政官员（如九卿、将作大匠、水衡都尉等等）则称外朝官，须加侍中等名号才有出入宫廷之权。

魏晋南北朝官制

曹丕代汉，因其父曹操曾任丞相，所以改丞相为司徒而不再另置，后来或称相国；增设中书监及中书令，即皇帝的秘书长，权位也相当于宰相。吴、蜀仍设丞相。曹魏设御史台，以原御史大夫之副职御史中丞为主官，仍掌监察，但地位比秦汉之御史大夫低，不再相当于副宰相。

从曹魏开始，将百官分为九个品级，如相国为一品，尚书令为三品，御史中丞为四品，太守五品，县令六七品等等。这种九品制，一直沿用至清。又在汉代基础上，定王、公、侯、伯、子、男等爵位，侯再分县侯、乡侯、亭侯。

晋代中央大员有所谓八公、三省、九卿。八公包括太宰、太师、太傅、太保、司徒、司空、大司马、大将军，地位最高，但不一定有实权。宰相无定名，无定员，无定职，制度上无此官，而实际上则有其人。三省首长都可以成为宰相，而真正总揽事权的一定带“录尚书事”称号。

三省即尚书省、中书省、门下省。尚书省萌芽于东汉少府之尚书，经过曹魏的扩充，到两晋时机构日益庞大，势权越来越重，成为最高政务机关。尚书省设尚书令为长官，尚书仆射为副长官，下设分曹尚书六人：即吏部、殿中、田曹、五兵、度支、左民，合尚书令、仆射共称八座。其下再设尚书郎，最多达 35 人，分别为六曹尚书统摄，以执行具体事务。这就大体相当于后世的六部了。中书省即曹魏之中书监，典掌文书，设中书令一人，中书侍郎、中书舍人若干人。门下省亦起源于曹魏，集中侍从顾问之官，以“尽规献纳，纠正阙违”，设侍中四人，给黄门侍郎、散骑常侍若干人。

由于尚书省总揽政务，秦汉以来的九卿，至魏晋而渐渐成为闲散职位，与实际政务关系不太密切了。

魏晋时主管太子事务的詹事府比汉时扩大，有詹事、詹事丞、太子中庶子、太子庶子、太子中舍人、太子洗马等官，虽无实权，但一旦太子即位，这些人便很快擢升。

南朝官制与两晋大致相同，唯陈朝操事权者为中书舍人，相当于实际上的宰相。北魏官制初期带有少数民族特点，设八部大人，相当于八座，后来逐渐接近于南朝。北齐以侍中为宰相，尚书令、仆又次之。北周一度曾实行《周礼》中的三公、六卿等制度，复古色彩严重，但时间很短。

魏晋南北朝时期朝廷大臣和地方官的重要僚属有主簿（相当于办公室主任）、参军（相当于秘书或参谋）等，权力很大，但往往不在正式任免的官职之内，而由长官自行征聘，和后世由上级委任的做法有所不同。

隋唐官制

隋文帝统一南北后，建立了一套比较完备的官制，重要者有三师、三公、五省、三台、九寺等。

三师即太师、太傅、太保，不管事，无僚属，纯属荣誉职。三公即太尉、司徒、司空，参议国家大事，置府僚，但无实权，属顾问职。

五省是：①尚书省，为全国政务总汇，设尚书令及左右仆射、左右丞，下辖吏部、兵部、礼部、工部、都官、度支六尚书。再下分二十四曹，相当于后来的司，由三十六侍郎负责（有的一曹两侍郎），相当于后来的郎中。②门下省，是一切侍从官的总汇，主官为纳言二人，即晋之侍中，属官与晋同。③内史省，即魏晋之中书省，主官为中书令二人，属官与晋同。④秘书省，掌艺文图籍，有秘书监、秘书丞、秘书郎等。⑤内侍省，是纯粹宦官的机构。

三台是：御史台，设御史大夫一，御史中丞二，御史若干；都水台，掌水利、水运，主官为都水使者；谒者台，掌通政。九寺是：太常寺、光禄寺、卫尉寺、大理寺、鸿胪寺、司农寺、太府寺（以上主官为卿）、国子寺（掌学校，主官为祭酒）、将作寺（主官为大匠）。

唐代承袭隋制，而又有所补充。在宰相制度上，隋代的尚书令、中书令、侍中共同执行宰相职务，中书省取旨，门下省审议，尚书省执行。唐代大体如此，除三省首长外，皇帝还常委派其他官员参与其事。这样，宰相就不是一人，而是由多人组成的小集体。有的时候，皇帝委派的官员竟成为事实上的核心人物，即真正的宰相，而三省长官往往只有空名。所以，唐代大部分时期以“同中书门下平章事”为宰相头衔，简称“同平章事”，不过，并没有机构，也没有僚属，遇事只能以皇帝名义发布命令。有的“同平章事”由三省长官以外擢升，品级比三长还低。

唐代尚书省，固定为吏、兵、户、礼、刑、工六部，以后这六部名称一直沿用至清。尚书令因李世民曾任，所以不设，而以尚书左右仆射为尚书省首长。六部每部设尚书（部长）一人，侍郎（副部长）二人。每部之下辖四司，每司设郎中（司长）一人，员外郎（副司长）一人，主事（处长）若干人。这些官职也沿用至清而未改变。

唐代改内史省为中书省，改门下省之纳言为侍中；秘书省、内侍省未变。新设殿中省，管理皇帝日常生活，主管为殿中监。九寺、三台大体如隋制。新设翰林院，置翰林学士、待诏若干人，主要任务是代皇帝起草文件，虽无实权，但地位清要，许多宰相即由翰林学士中擢升，所以最为仕人羡慕。

唐代还扩大詹事府，有詹事、少詹事，为太子事务总管。有太子宾客，为太子之辅导。置左春坊以比门下省，主官为左庶子。置右春坊以比中书省，主官为右庶子。

五代官制大致与唐代相同。

唐代官制曾影响邻国，新罗和日本、越南。日本从公元646年开始“大化革新”，中央设二官、八省（即八部，其中有民部、兵部、刑部、大藏等）、一台（弹正台，相当于唐代的御史台），在地方设国、郡、里各级地方政权组织。越南从黎氏王朝（相当于中国明代）起，中央政府设六部。

宋辽金元官制

宋代官制最为繁杂，但基本上是唐代的扩展。

关于宰相，宋代常以同平章事为首相，参知政事为副首相。其具体名称先后曾有五次变化，至于什么人来担任这两个职务，并无常员。三省首长（尚书令、中书令、侍中）不常设，有时以尚书左仆射兼门下侍郎行门下侍中职，或称左相；以尚书右仆射兼中书侍郎行中书令职，或称右相。由于尚书仆射已等于宰相，所以原来相当于尚书省秘书长的尚书左右丞便成为尚书省的实际长官，从而升格为执政官。

宋代中央要柄操于二府——中书省和枢密院。前者掌政权，后者掌兵权。枢密院主官为枢密使，地位相当于同平章事，副长官为枢密副使，相当参知政事。北宋有时宰相兼枢密使，称使相。南宋成为常例。

宋代学士之官比唐代多，提高翰林院地位，使与三省、枢密院平等。新增若干殿阁学士，如观文殿学士、龙图阁学士、天章阁学士等，学士之下又有直学士，都是皇帝的顾问官或侍从官，有时用作封赠的虚衔。

宋代官职交叉重叠现象十分严重，常以临时设置代替正式机构。如设三使司，负责盐铁、度支、户部，以期变法，从而代替了户部职权。枢密院代兵部，礼仪院代礼部，审刑院代刑部。结果造成互相推诿，工作效率很低。

宋代官员的职务分官、职、差遣三类。“官以寓禄秩，叙位著；职以代文学之选；而别为差遣以治内外之事”。前两项是虚衔，只有差遣才能真正行使权力。例如包拯的头衔是“吏部郎中龙图阁学士知开封府事”。“吏部郎中”是本官，据以取俸禄；“龙图阁学士”是职，表示有学问，而且最荣耀；“知开封府事”是差遣，是他当时所主管的具体工作，所以他有权处理京城吏民一切不法行为。有的官员仅有官职，而不得差遣，那就无事可干，所以宋代冗员特别多。

辽代官制分为北面、南面两大系统。北面官又称辽官，是契丹自立的制度，是统治契丹等族的行政机构。主要官职有：于越，位在百僚之上，类似公师，但无具体职掌。有南北宰相府，设北府左右宰相、南府左右宰相，佐理军国大政。有北院枢密使，掌契丹军政；南院枢密使，掌契丹民政。又有南北大王院，南北宣徽院等。南面官又称汉官，是统治汉人的行政机构，制度多仿唐宋，亦有三省、六部、台、院、寺、监等官。

金代官制初期多用女真族名号。其长官皆称勃极烈，意为治理众人，最高治理官称都勃极烈。又有国论（意为贵）勃极烈，类似宰相；忽鲁（意为总帅）勃极烈，是军事统领官。此外还有乙室、阿买、昊迭等名号。太宗以后渐用宋制，熙宗以后女真名号大多废止。

元代官制，在入主中原之后始臻完备。其中央政枢，只有中书省，不常设尚书省和门下省。有中书令，往往以太子兼任。有左右丞相（以右为上),其下有平章政事、参知政事等。有枢密院,与中书省对掌军务、政务。以上都相当于宋代的宰执。六部与宋同,权力较集中,取消了一些交叉兼代机构。

元代进一步扩充翰林院,兼修国史。新设宣政院,管理少数民族事务。扩大将作台为将作院,以加强手工业。设大禧宗禋院,作为管理宗教事务的总机构。

元代丞相例由蒙古人担任。一般中外军民官署皆设“达鲁花赤”,蒙古语为镇压者、制裁者,转译为监临官、总辖官,均由蒙古人担任,汉人一般只能任副职。

明清官制

明清两代官制大同小异,所以合并介绍。

明清皆有三公(太师、太傅、太保)和三孤(少师、少傅、少保),合称宫保,都是荣誉性虚衔,用以封赠大臣。

明清均不设尚书省、中书省、门下省。明初曾设置丞相,洪武十三年以后取消,其部分职权渐由内阁代替。内阁成员是大学士,最初仅仅充当皇帝的顾问或秘书,品级也不高(正五品)。因为是皇帝的近臣,权力日益扩大,地位逐渐提高,成为事实上的宰相。通常大学士有六人,明代冠以四殿(中极殿、建极殿、文华殿、武英殿)、二阁(文渊阁、东阁),清代冠以三殿(文华殿、武英殿、保和殿)、三阁(体仁阁、文渊阁、东阁),而以文华殿大学士为首辅。内阁成员俗称阁老,雅称中堂,也有拟古称为相国的,明代后期和清代都是一品大员。清代又设协办大学士二员,满、汉各一,从一品,从六部尚书中简派兼任。清代自雍正以后,设军机处,有军机大臣、军机章京若干人,协助皇帝处理机要事务,权力很大,内阁的地位几乎为其所取代。

明清六部直接对皇帝负责,六部之上不再设尚书省和尚书令、仆射。吏部为六部之首,俗称天官,拟古称大司徒。其次是户部(大司农)、兵部(大司马)、礼部(大宗伯)、刑部(大司寇)、工部(大司空)。六部尚书俗称部堂,明正二品,清从一品。六部侍郎左右各一,拟古称少司徒、少司农、少司马等,明正三品,清正二品。每部辖四司,户部十三司,每司设郎中一人(正五品)、员外郎二人(从五品)、主事若干人(正六品),都是实际政务官。

明清改御史台为都察院,又叫宪台,长官为左都御史,雅称总宪(右都御史为各省总督座衔),正二品或从一品,与尚书平级。副长官为左副都御史,拟古称中丞(右副都御史为各省巡抚座衔),与侍郎平级。下有左右佥都御史(正四品)、十五道监察御史(五、六品),俗称巡按。清代又将六科给事中(正五品)并入都察院。上述官员职务均为监察百官,检举不法,合称科道,俗称都老爷。

清代设理藩院,负责少数民族事务,相当于元代的宣政院,设尚书、侍郎、员外郎等,长官例用满人。

明清均有通政使(正三品)、副使(正四品),负责内外奏疏封驳之事。明清翰林院多以大学士兼掌院学士,其下为侍读学士,侍讲学士(均为从五品),再下为侍读、侍讲(正六品)、修撰(从六品)、编修(正七品)、检讨(从七品)等,其地位最为清要。内阁大学士多由翰林出身。

明清均有詹事府。詹事(正三品)兼侍读学士衔,少詹事(正四品)兼侍讲学士衔,左右春坊庶子(正五品)兼侍读、侍讲衔,左右中允(正六品)兼编修衔,左右赞善(从六品)兼检讨衔。这些人往往是大官的预备队。

明清均有六寺:大理寺(掌审判)、光禄寺(掌典礼)、鸿胪寺(掌交际)、太常寺(掌祭祀)、太仆寺(掌车马)、司农寺(掌仓廪),各寺长官称卿(从三品或正四品),副长官称少卿(从四品或正五品)。又有二监:国子监,长官祭酒,正四品;副长官司业,正五品。钦天监,即中央天文台。还有宗人府,掌皇族事务;内务府,掌宫廷事务。清代二府长官例用满人。明代负责京城治安的是九门提督,清代是步兵统领。明清均不设枢密院。

明代封爵,宗室有一字王(如楚王、豫王、福王)、二字王(如永安王、东平王),外姓一般只封公、侯、伯,有岁禄而无封邑。清代宗室封亲王、郡王,初期有异姓王,三藩之乱以后,除蒙古族外,汉人概不封王,仅有公、侯、伯、子、男五等爵。

附带介绍古代官职任免升降的一些术语:

一、关于任职授官的有:任、授、除、拜、封(用于爵位)、赠(用于追封已故者),征、辟、荐、举(多用于布衣任官),点(用于口语)。

二、关于提升职务的有:擢、升(用于由低级到较高级),进(用于较高职务),加(在本官之上加更高官衔),起复(恢复原职务),超迁(越级提升)。

三、关于降级免职的有:罢、免、解(因非严重过失而解除职务),贬、谪(因过失而降级),革、褫(撤职查办),开缺(奉命或自请解职),致仕(带职退休),左迁(降级使用)。

四、关于调动职务的有:移、调、徙、迁,量移(调比原职稍好之地任职),补(由候补而正式任命)。

五、关于兼职的有:领(以本官兼较低他职),摄(暂时兼代比本官更高的职务),权(临时代职),行(代行某职而尚无某官衔),署(代理无本官的职务),护(原官短期离职,临时守护印信)。

现代中央政权机构

辛亥革命推翻了帝制,建立民国。这以后的中央政权机构,许多方面模仿西方代议制。

北洋政府时期,有大总统、副总统(段祺瑞统治时称临时执政,张作霖统治时期称大元帅),为国家元首。有国会,分参议院、众议院;有议长、议员,为最高立法机关。有国务院,为最高行政机关,类似西方的内阁;设国务总理,下设内务、外交、陆军、海军、财政、司法、教育、农工等部,各部设总长、次长。部以下分为若干司,设司长;司以下设科。又有大理院,为最高审判机关;有肃政院,为最高监察机关。两院皆设院长。

南京国民政府1927—1947年间，最高国家元首称国民政府主席，1948—1949年，改称总统，并有副总统。实行五院制：①行政院，是全国政务中枢，有院长、副院长，下设内政、外交、国防、教育、财政、经济等部；有部长、次长，部以下有司局，再下有科，较少设处；②立法院，负责立法；③司法院，负责审判；④考试院，负责官吏考选、铨叙；⑤监察院，负责监察。后四院均设院长、副院长、委员，不辖部。五院之外，又有若干委员会，如军事委员会，经济委员会、蒙藏委员会等，均设委员长、委员。军委会下设军令部、军政部、政治部等。

北洋政府和南京国民政府的文官分为四等：①特任官，部长、直辖市长、省长；②简任官，各部司局长、各省秘书长、厅长、市长；③荐任官，市政府秘书、科长、县长；④委任官：县政府之科长、秘书、局长。各级政府之秘书地位重要，约相当于后来的秘书长。

本章主要参考文献：

翟蜕园《历代官制概述》，（清）黄本骥《历代职官表》前言，上海古籍出版社1980。

谭家健《历代职官简说》，卫文选《中国历代职官简表》前言，山西人民出版社1987。

吕宗力主编《中国历代职官大辞典》，北京出版社1994。

王超《中国历代中央官制史》，上海人民出版社2005。

陈茂同《中国历代职官沿革史》，百花文艺出版社2005。

第五章　历代兵制

中国古代兵制，不如文官制度完备，而且经常变化，往往多种兵制并存。这里主要介绍各个时期的主要兵制及武官官职的大致情况。

征　兵　制

中国殷商时期已有军队，据说殷王曾有右、中、左三师，但其制度无可详考。西周已有军役制度，其时规定，男子自 20 岁至 60 岁皆有当兵作战义务，半年或一年轮替。军队的核心是王室与贵族子弟，基干力量是由平民组成的甲士。周代作战多用战车，每辆车上有驾车、持干戈和执弓箭的战士三人，称为“三甲士”。两侧与车后随有步兵 72 人，人夫 25 人，共计百人，合为一乘（音剩）。天子有兵车万乘，故称“万乘之君”。军队的编制，据《周礼》所记：五人为伍，有伍长；五伍为两，有两司马；四两为卒，有卒长；五卒为旅，有旅帅（相当下大夫）；五旅为师，有师帅（相当中大夫），五师为军，有军将（相当于卿）。天子六军，大国三军，中国二军，小国一军。以上记载不完全可靠，有些可能是后人的臆想。

春秋时期，天子式微，五霸迭兴，各国诸侯不断扩充实力，兵制也发生变化。齐桓公改革行政和军制，使兵民结合。以 5 家为轨，家出 1 丁，故 5 人为伍；10 轨为里，故 50 人为小戎，四里为连，故 200 人为小卒；10 连为乡，故 2000 人为旅；五乡为师，故万人为一军。齐国有三军。晋文公作上中下三军，各军皆设将佐，中军将称元帅，即国之上卿。楚国有左中右三军。泌之战，楚庄王的战车队分左右广，15 乘为 1 广，

1广有125人的预备队。

战国时期,各国开始建立常备兵制度,多数士兵经过考试挑选,训练十分严格。如秦之锐士,齐之技击,魏之武卒。后者要求着三层之甲,执数百石拉力之弓和50支箭,荷戈,佩剑,戴盔,负三日之粮,在半天内行走百里,这是非有强壮身体不可的。入选之兵,可免全家赋税徭役。其时受北方民族影响,战术由车战为主发展为骑战为主。由于兼并战争激烈,各国兵员皆以10万计。据《战国策》记,燕带甲(步兵)数10万,骑6000匹;赵带甲数10万,骑万匹;魏武士20万,苍头(以青巾裹头之士卒)20万,奋击(突击队)20万,厮役(干杂活的)10万,骑5000匹;齐带甲数10万;楚带甲百万,骑万匹;秦奋击百万。这些数字虽然不无夸张,但那时的常备兵数无疑大大超过春秋。

秦统一中国后,在全国普遍推行征兵制。征兵以郡县为单位,农民是兵员的主要来源。秦代兵役、劳役都很繁重,当时全国人口约两千万,常被征发的就有二三百万人。秦于中央设太尉掌全国军事。京都之兵,置卫尉、中尉率领。地方之兵,由郡尉率领。

汉承秦制,规定不分贵贱,男子从23至56岁皆得服兵役两次,一次在当地,习骑射战阵,称"正卒";一次在边疆或京城,称"戍卒"或"卫士",每次皆为一年。京师有南北两军:南军之兵征自各地,属卫尉,负责守护皇宫;北军之兵征自京畿三辅,属中尉,负责保卫京城。汉武帝时,分北军为中垒、屯骑、步兵、胡骑、越骑、长水、射声、虎贲八校尉,各军皆由招募;又于南军置羽林、期门二军,期门由陇西等六郡良家子弟中挑选,羽林由死于国事之军人子孙中挑选,并从小培养,是后代世兵制之始。以上为中央军。至于地方军,则分设轻车、骑士(骑兵,用于陇西等平地)、材官(步兵,用于巴蜀等山地)、楼船(水兵,用于会稽等水泉之地),各随其地所宜,而皆有定额。农时耕种,秋后讲习、操练并检阅。此外尚有屯田兵,置于朔方、河西等地,戍边兼耕种。

东汉时期,南军设五官中郎将、虎贲中郎将、羽林中郎将,皆主殿内宿卫;省北军八校尉为五校尉。后期允许应征入京师南北军者可纳钱谷代免。桓、灵之际，军权由宦官窃夺，于是京师武备遂弛。又将郡国之材官、骑士悉皆罢遣，而地方之军力大为削弱。黄巾起义后，各地实力派以勤王为名，大量招募士卒，扩充地方武装，实行割据和兼并。其下则坞堡林立，土著豪强纷纷霸占农民作为依附他们的部曲，很多壮丁成了地主的家兵。于是全国性的征兵制度便无法实行而自然废止。

两汉时之军职多称校尉，高级军职则称将军，一类是常设的，如车骑将军、卫将军、左右前后将军等；一类是临时的，如伏波将军、渡辽将军等。少数人曾加大将军称号，如霍光、梁冀等是。将军的僚属有长史、司马、从事中郎等。将军所领军队分为若干部，置校尉；部之下分曲，置军侯；曲下分屯，置屯长。

世兵制和府兵制

三国时期，进一步推行世兵制。世兵就是父子世代为兵，其户籍不归郡县，而由军府管理，称为“军户”。世兵社会地位低下，只有得到放免才能取得平民身份。魏承汉制，于京师置南北两军，为中央军，由中领军及中护军统率。州置都督，掌地方军，又增征东、征西、征南、征北、镇东、镇西、镇南、镇北等将军称号。蜀置五军，吴则多置舟师。

晋初，于京师置中、后二卫及左军、右军、前军、后军、骁骑，共七军，皆有将军，而由中领军(中军将军)总领之，仍设五校尉，各领千兵为营。平吴以后，为防止地方势力膨胀，大减州郡兵备，大郡不过100人，小郡50。为加强宗室，命各王国皆得制军，大国5000，次国3000，小国1000，结果诸王拥兵自重，酿成八王之祸。东晋初期，正值永嘉乱后，各地或勤王，或自卫，纷纷成立地方武装。中央王朝用兵，或发“奴兵”，即地主之部曲家兵，或由将帅自募，如谢玄之“北府兵”。这样，就逐渐形成州郡军力庞大，朝廷武备薄弱，尾大不掉的局面。东晋兵权主要为王、谢、庾、桓诸大族及地方军阀所掌握，先后有王敦、苏峻、桓玄发动叛乱。至于南朝，四代开国皇帝都是由地方军阀起家而后夺取中央政权的。因此这个时期的军职特别重要，军中将军称号很多，除四征、四镇外，常常加各种大将军称号，一些担任中央和地方文职的要员，虽然并不领兵，也加将军头衔，以提高其地位。权位最高的大将出征时往往加以“假黄钺”称号，意即代表皇帝亲征。地方军政长官加“使持节”称号，给以诛杀中级以下官吏之权；次一等的加“持节”，得杀无官职的人；再次的加“假节”得杀犯军令者，武职的幕僚多称参军或参军事。

北魏初期，实行部落兵制，鲜卑族全民皆兵。孝文帝实行均田制，采用征兵制，建羽林军、虎贲军。东魏、北齐，实行坊兵制。西魏、北周，始创府兵制。宇文泰于大统九年(543年)，广泛招募各地汉族豪强地主从军，通过他们的从属关系带来大批家兵、部曲等私人武装，政府根据这些人所带军队的众寡，授予不同的爵位。这样，就使得地方割据势力转化为中央统一的军队，不但加强了朝廷力量，同时使鲜卑部落兵制与汉族封建兵制逐渐结合起来。具体做法是：将这些武装人员与民籍分开，专门从事训练和征战，不负担其他赋役，不归州郡管辖，而隶属于军府，故称府兵。其编制是：全国设军府一百，每府置郎将一人；百府分属二十四军，每军设开府一人，一大将军统二开府，一柱国统二人将军。全国共有六柱国十二大将军，总领者称加持节都督。

隋初沿用府兵制，而略有变化。改军府为骠骑府，改郎将为骠骑将军，炀帝时又改称鹰扬郎将，下有副郎将、坊主、团主，逐层统治。军人称卫士，直接由民间征聘。府兵编入户籍，受田从事农业生产，免租调。

唐初疆域扩大，全国共分10道，置634军府，其中261军府在关内道，目的是内重外轻，加强中央兵力。中央军分设12卫(左右卫、左右骁骑、左右武卫、左右威卫、左右领军卫、左右金吾卫)，每卫设大将军一人，上将军一人，将军二人，其下有司马、长史等僚属。改隋之鹰扬府为折冲府，改鹰扬郎将为折冲都尉，负责训练所辖军府之兵。折冲府分为三等，上府兵1200人，中府兵1000，下府兵800。设府之处，男人自20至60岁，皆有充当府兵的义务，平时务农，冬季训练，并根据特长，分为越骑和步兵两种。征发时自备武器资粮，或定期戍守边境，或轮番宿卫京师,或抗敌御侮。战争结束,兵还其乡,将归于朝,不得专兵。军队组织是:10 人为火,有火长;50 人为队,有队正;300 人为团,有校尉。又有别将、兵曹、左右果毅都尉,皆为折冲都尉之僚佐或下属。

唐代府兵制是和均田制相联系的。到了玄宗时代,均田制逐渐破坏,府兵制也弊端百出。府兵长驻一地,往往逾期不换,士兵皆有家室资业之累,精神涣散,训练值戍松弛而流于形式,甚至大量逃亡。玄宗时连京师宿卫之士也疲老不能充任,于是依宰相张说之议,招募京畿附近蒲、同、岐、华、京兆等州逃亡之府兵及白丁壮夫 13 万人,号曰彍骑、长从宿卫,以代替府兵定期轮流宿卫制度。开元二十五年,又下令各军镇招募长期驻边的军防健儿,其家口愿同去者各给田地屋宅。后来由此组成边兵,归各镇节度使掌握,这实际上已是募兵制。

节度使始设于唐睿宗时。玄宗天宝年间,沿北方边塞设九节度使,最初主要掌军务,后来总揽区内二三州至十余州军民财政大权,并由边境而普遍设置于内地。有的还自立军号,如潞泽之昭义军,鄂岳之武昌军,魏博之天雄军,徐泗之武宁军等。中唐以后,河北及河南、安徽等处一些节度使纷纷拥兵自大,不听从朝廷号令,死后传位于子孙及部下,形同割据,世称藩镇。其所辖兵丁皆来自招募。

唐代后期,中央政府所恃仅为禁卫军,又称衙兵,皆来自募兵。南衙兵分隶 12 卫,由宰相管辖;北衙兵有羽林军、龙武军、神策军等十军,归皇帝直辖。各军置大将军、将军。又设护军中尉及中护军,实为禁军统帅,以宦官充任。遇有战事出征,除主帅外,多以宦官监军,最高的称“观军容宣慰处置使”,简称“观军容使”,实际上握有最高指挥权,目的是防止诸将专兵,结果军制更加混乱腐败。

五代时,后周置殿前司,以都检点、副都检点为正副长官,即禁军统帅。赵匡胤曾担任后周殿前都检点,由于掌握军权进而发动陈桥兵变夺取了政权。

募兵制和部落兵制

募兵制古已有之，至北宋成为全国的主要兵制。当时共有四种不同的军队：①禁军，是皇帝的亲兵，中央正规军，来源于全国招募以及选自厢兵、乡兵中的健壮者，负责守卫京城兼备征伐；②厢兵，是各州募集的地方军，很少进行训练，不能作战，只供地方政府服杂役；③乡兵，除招募外，也于当地征发，教之武事，防守地方；④蕃兵，招募少数民族充当边境屯戍守军。以上皆隶属于殿前都指挥使、侍卫亲军都指挥使、马步军都指挥使等三司。京师设环卫营，共 16 卫，有大将军，上将军等，与唐代 12 卫相同。其下有指挥使、统制、都头等军职。

宋代的地方各路军事长官为都监，掌本路禁军屯戍、训练、边防等军务。州府亦设都监或押监，掌本城厢兵屯驻，训练、军器、差役等事务。宋代鉴于唐末五代藩镇之弊，规定兵将不得专属，遇有征伐，皆临时派遣，兵不知将，将不知兵。军事要塞由禁军戍守，一年一换，谓之番戍。时间一长，训练荒疏，武备薄弱。到用兵西夏时，禁军已失去战斗力。神宗时，王安石变法，不得不裁减禁军，改番戍之制，设置将之法，每路及要冲皆设将，各统一军，以加强训练。全国共置将 92 员，另编马军 13 指挥。又行保甲法：以 10 家为保，有保长；50 家为大保，有大保长；10 大保为都保，有都保正；每户有二丁者，以其一为保丁，每日轮派五人以备盗。教保长以弓弩战阵，再转教保丁，使渐习为兵，有事即可征发。保甲法含有寓兵于农之意，然而不久即废。宋南渡以后，又将禁军分立为御前五军，称神策军，隶属枢密院。宋代仍有节度使，名为军职，实际上不能指挥统率军队，只是各州行政长官的加衔。

辽之主力是部族兵，分为：①御帐亲军，②宫卫军，③大首领部族军（亲王大臣私兵），④部族军。以上所属虽然各异，但都以部族为基础，全族皆兵。此外还有京乡丁军，属民兵性质，以耕稼为主。又有属国军，不归辽国直接指挥，仅战时派少数部队配合助威，以张声势而已。

金代女真族亦实行全族皆兵的部落兵制。部落之首领称为“孛堇”,行军时称为“谋克”,意为百户长,辖三百户。大部族首领称“猛安”,意为千户长,辖十“谋克”。“猛安”之上设军帅,军帅之上设万户,万户之上设都统,而以都元帅为总领。金太祖起兵之后,亦以“谋克”,“猛安”之职授予归降之辽人、汉人。熙宗以后,不再新授,而专以兵权归其本族。

元代初期,实行部落兵制,主力是蒙古军。凡蒙古男子15岁以上70岁以下全部当兵,下马屯而牧养,上马征伐攻战。又有探马赤军,为其所吞并之部族军队。占领中原后,征发百姓为兵,叫做汉军。规定富家每户出一名,称“独军户”;贫家二、三户合出一名。有“正军户”。与“贴军户”之分,正户当兵,贴户补助供应。又取工匠从军,称为匠军。灭南宋所得宋军,号为新附军。还有相当于宋之乡兵者,如辽东之乣(音查)兵,云南之寸白军,福建之畲军等。元朝军队的指挥系统是,世祖以后于中央王朝设中、前、后、左、右五卫,以统宿卫诸军,每军设亲军都指挥使,下设万户统率一万人,千户统帅千人,百户统帅百人,牌头统率十人。外地镇戍军则于万户之下置总管,千户之下置总把,百户之下置弹压。万户、千户、百户、牌头皆世袭职。全国军事由枢密院总领。

宋、元时期武器有很大变化。唐代后期已将火药用于战争,在宋与西夏、金、元的战争中,各方皆曾使用火炮,名叫震天雷,或蒺藜火炮,霹雳炮。著名的采石矶之役,南宋大将虞允文曾用霹雳炮攻击金兵。13世纪已有管状火器“突火枪”,能发射子弹(当时叫“子窠”),就是后世的火铳。元代除以骑兵、步兵为主外,又专门设立了炮军、弩军、水手军等特种兵。

卫所制和旗兵制

明代实行的卫所制,来源于元代而又有所发展,兼有世兵制和府兵制的性质。士兵皆有军籍,父子相继为兵,平时驻防或屯田,遇有战事,朝廷命将，领兵征战。战争结束，将还帅印，兵归卫、所。卫、所是军队的两级组织。每府设一所，数府或要冲之地设一卫，每卫设指挥使，副职称指挥同知，统辖士兵 5600 人。卫之下有千户所，辖士兵 1120 人，长官为千户长、副千户长。千户之下有百户所，有士兵 112 人，长官为百户长。百户之下有总旗 2 人，小旗 10 人。卫、所军官多世袭。京畿附近立 26 卫，为天子亲军，叫做上直卫。每省设一都司（相当于省军区），长官称都指挥使，副职称都指挥同知，统辖省内卫、所。全国统兵权归五军都督府（大都督府），征伐调遣权归兵部。京城附近驻军最多，集中各卫、所之精锐部队。成祖时设 3 大营，景帝时于谦又编练 10 团营，英宗复辟后又扩充为 12 营，皆取各地精锐。至于边防要地，有 9 处驻扎重兵，称为九边（辽东、宣府、大同、延绥、宁夏、甘肃、蓟州、太原、固原），每边镇设镇守总兵官等武职。明中叶以后，无论卫、所军或团营军都陷于隳败。各镇将均养家兵，又有将帅招募士卒，重新编练，如戚继光之戚家军，俞大猷之俞家军等。在镇压明末农民起义时，还不得不起用地主武装，如秦良玉之“竿子军”。

清兵入关之前，主力是八旗军。以女真部落为单位组成“旗”，是军政合一组织。旗丁平时为民，战时当兵，与蒙古之部落兵制性质相近。最初仅有满州旗兵，分正黄、正白、正红、正蓝四旗。以后势力扩大，又加镶黄、镶白、镶红、镶蓝四旗，所以叫八旗军。征服蒙古后，又立蒙古八旗。后来又将收降的汉人编为汉军八旗，共 24 旗，全军约 20 万人。每旗设都统一人，副都统二人，下辖参领 5 人，一参领又辖 5 佐领，一佐领辖 300 人。入关以后，八旗兵驻防京师者，称禁旅八旗；驻防各地者，叫做驻防八旗。旗兵皆世袭，在城近郊者皆占据膏腴之地，不与汉人共居处，一兵受饷，全家坐食，不事生业。统一全国后，以汉人为基础组成绿旗军，简称绿营。绿营兵制跟征兵制、募兵制都不同，是土著的世业兵制。以当地人为主，在当地服役，平时不随将帅的调动而转移，兵籍掌于兵部，士兵出缺于兵家的余丁中拔补，很少有另募于民的。所谓“余丁”是绿营收养的营兵子弟，是后备兵，每月有饷钱 5 钱。绿营兵有马兵、步兵、守兵之别。马兵月饷 2 两,步兵 1 两 5 钱,守兵 1 两。混合编队,并不分开,有如后世之上等兵,一等兵,二等兵。最多时全国达 60 万人。绿营的指挥系统是:每省设提督(从一品),重要地区设将军。每道设总兵(正二品),其下有副将(从二品)、参将(正三品)、游击(从三品)、都司(正四品)、守备(正五品)、千总(正六品)、把总(正七品),总归各省巡抚或总督节制。绿营兵的编制为镇、协、营、汛。总兵所辖称镇,副将所辖称协,参将、游击、都司、守备所辖称营,千总、把总、外委所辖为汛。19 世纪中叶以后,八旗、绿营均已腐败。太平天国起义,清廷无力应付,只好准许各省招募地方武装,叫做乡勇,如曾国藩之湘军,李鸿章之淮军。其编制:步兵 100 人为哨,5 哨为营。马队 50 人为哨,5 哨为营。高级军官多与曾、李有乡亲或师友关系,封建宗法性很强。士兵得随将帅转移,实际上成为私兵。最初清廷限定乡勇不得出省,后来绿营被彻底打垮,只好以湘军为对付太平军之主力。太平天国失败后,湘军不久即被遣散。

明清时期火器之使用更加普遍。明代已有同时发射数十支火箭的武器叫"一窝蜂";再安装在独轮车上自由运动,叫做"架火战车"。明代的神机营,清代的火器营,都是皇帝的禁卫军之一,全营均使用枪炮等火器。清代除陆军外,水师较前代扩大。最初分内河、外海两部分,分属沿海、沿江各省。清末又成立五支水师,其中最大的是北洋水师,属北洋通商大臣(直隶总督兼),其次是南洋水师,属南洋通商大臣(两江总督兼),福建水师属闽浙总督,广东水师属两广总督,长江水师专设水师提督,中央政府设海军衙门总管。皆曾购置西式舰船,新法操练。中日甲午之战,北洋水师全军覆没,从此海军一蹶不振。

清末统治者深感旧式军队之不足恃,于是决心改革兵制,大裁绿营和乡勇,以其军饷编练新军。最初,张之洞练自强军于湖北,始用西洋方式。1896 年,袁世凯于天津小站附近,督练新建陆军 6 镇,每镇 7000 人,士兵来自招募,皆简选精壮,加饷重练。每镇包括步队、马队、炮队、工程队等。后来扩大到全国,共立新军 36 镇。镇相当于后来的师,其下分协(旅)、标(团)、营(营)、队(连)、棚(排)。长官分别镇统(又叫统制)、协统(又叫统领)、标统(又叫统带)、管带、队官、棚官。

民国初年,北洋政府的兵制略同清末新军,唯名称改变。其编制是:三排为连,三连为营,三营为团,三团为旅,二旅为师。每师除二步兵旅外,另有炮兵团、骑兵团、工兵营、辎重兵营。后来又有合数师而为军,或合数军而为集团军者,皆无定制。军官有军衔,分将、校、尉三级,每级再分上、中、少三等。民国初年已有海军。唯空军则自南京国民政府始得正式成立。至于征集兵员办法,民国初期仍用募兵制,自 1933 年起,实行征兵制,规定男子 18 岁至 45 岁皆得服兵役。国民政府之军衔与建制大致与北洋政府时期相同。

本章主要参考文献:

郭汝瑰等《中国军事史》第三卷(兵制),解放军出版社 1987。

《中国军事大百科全书》之《军事史分册》,军事科学院出版社 1998。

第六章 地理沿革

狭义的地理沿革，主要指行政区划沿革；广义则可包括一般地名演变和疆域沿革。本章所述主要限于狭义。

夏商周秦地理

中国作为一个国家的初步形成是夏代。据说夏禹的儿子启建立了一个世袭制的、高出于众小邦之上的中央王朝，都于安邑（今山西安邑县西）。夏王朝的下属邦国如有仍氏、有穷氏、有易氏等，实际上是一些部落，还算不上政区。夏朝的疆域及各小邦的地区已不可确考。

商汤灭夏，都于亳（读 bó，今山东曹县）。十世后盘庚迁于殷（今河南安阳小屯村）。据记载，商王朝曾分封子弟，以国为姓，如殷氏、来氏、宋氏、空桐氏、目夷氏等，“氏”亦即“国”。除同姓国外，还封了许多异姓国。这些国有侯爵（如周侯、杞侯、犬侯），有伯爵（如倪伯、蚁伯），有子爵（如箕子、微子）。商朝周围的部族叫做“方”，如鬼方、土方、井方、盂方等。许多国家的方位今天大致可以找得出来，但其具体区域已难于详考。

西周都于丰镐（今陕西岐山县）。武王克殷以后，大封子弟功臣为诸侯，属国数以百计。这些国家依其政治地位的尊卑分为公、侯、伯、子、男五等。其领地面积据说是：公、侯一百多里，伯七十里，子、男五十里（后来远不止此）。当时重要的国家有晋（今山西境内）、鲁（今山东曲阜)、郑(今河南新郑)、卫(今河南淇县)、吴(今江苏苏州)、宋(今河南商丘)、齐(今山东淄博)等等。平王东迁洛邑(今河南洛阳)以后,天子成为名义上的共主,诸侯大肆兼并,逐渐形成几十个半独立性的大小国家。到了战国,又合并为十来个,其中最大的"七雄"是:秦(都咸阳,今陕西长安县东)、楚(都郢,今湖北江陵)、齐(都临淄,今山东淄博)、魏(都大梁,今河南开封)、韩(都新郑,今河南新郑)、赵(都邯郸,今河北邯郸)、燕(都蓟,今北京市附近)。

春秋时期,各国的地方行政单位:小国有邑,大国有县。其长官:鲁、卫称邑宰,晋称县大夫,楚称县令尹。邑、县大小不等,贵族往往还有私邑。春秋末年,各国开始在边地设郡,面积比县大。战国时在郡下又分设若干县,于是逐渐形成郡统辖县这样两级行政区划制度。郡的长官称守,县的长官称令,由国君随时任免,不再世袭,奉行统一的政令,这就是后世所谓的郡县制。所有郡、县都是直属于国君的政区,有别于贵族的封邑。

秦灭六国后,全面推行郡县制,把全国分为三十六郡,后来又增加闽中、南海、桂林、象郡,共四十郡(秦末有五十郡)。郡以下辖县。郡置郡守掌行政,郡尉掌军事,御史掌监察。县设令或长。县以下有乡,如陈涉起义的大泽乡。乡以下有亭,如汉高祖刘邦,当过亭长。

这里要说说"九州"问题。据《尚书·禹贡》等古书记载,夏禹把中国分为九个行政区域,即冀、兖、青、徐、扬、荆、豫、梁、雍九州,进行政治统治和经济支配。这是不可靠的。从考古发掘看,当时生产力发展远没有达到《禹贡》所描写的那样高度发达、分工细致的程度。现在多数人认为,"九州"是战国学者的设想,反映了当时取消分裂,要求统一,把中国看成一个整体的心愿。"九州"说对后世行政区划影响很大,但"九州"的名称先秦各书记载颇不一致。《吕氏春秋·有始览》有幽州而无梁州,《周礼·职方》有幽、并而无徐、梁,《尔雅·释地》有幽、营而无青、梁。至于各州的地域,记载也互有出入。大体上说,冀州在今河北南部、山西南部;兖州、青州的中心在今山东;徐州中心在今皖北、苏北一带；扬州包括今淮南、苏南、浙江、江西等地；荆州包括今两湖地区；豫州在今河南；梁州约在今川东北、陕南；雍州包括今陕西、甘肃；幽州在今河北北部、辽宁南部；并州包括今山西北部、河北北部、内蒙南部。

汉魏六朝地理

西汉时，由于疆域逐渐扩大，郡不断增多，从武帝元封五年（前106年）起，分全国为十三刺史部，即豫州、兖州、青州、徐州、冀州、幽州、并州、凉州、益州、荆州、扬州及交趾、朔方。不久朔方并入并州，交趾改称交州。京城附近称为司隶校尉部。这样的划分，显然是先秦"九州"的具体化和进一步发展。十三刺史部各置刺史一人，加上司隶校尉部长官即司隶校尉，他们主要掌监察。西汉时期"州"的主要性质是监察区。刺史级别低于郡守。成帝以后，刺史权力逐渐扩大，兼有黜陟之权，东汉末年，兼掌军事和民政。"州"事实上已经成为郡以上一级行政区。郡为二级政区，县为三级政区。

汉时，州刺史又称州牧，僚属有别驾、治中等。郡守改称太守，郡尉改称都尉。县仍设令或长，还有县丞掌文书并佐理县政，县尉掌军事和治安。

西汉时与郡同级的行政区有王侯国，辖地大者数郡。七国之乱后，通过不断削藩，各侯、王领地逐渐缩小，大的王国相当于郡，次一等的侯国相当于县。各侯、王仅有封号，实权由皇帝任命的国相或内史行使。魏晋以后，有的国连侯、王也没有了，可是某些地区仍习惯地称为王国或侯国。这种现象直到隋朝才完全结束。

汉时与郡国相等的还有属国，用以安置内迁少数民族，如辽东属国、张掖属国等，长官是属国都尉。两汉均曾在西域设都护府，管辖西域地区事务。

三国时期，正式形成州、郡、县三级体制。大致说来，魏约得东汉13州中之9州（析为12）；吴得扬、荆、交3州，后来又分交州为交、广二州;蜀汉得益州。

西晋全盛时有 19 州,即除汉 13 州及吴所增广州外,又新设平、秦、宁、梁(平蜀后从益州分出)4 州,司隶校尉部改称司州。西晋末又增置江州、湘州。

东晋初期,由于北方士族大批南迁,人民流徙。为了安置他们,在南方一些地区设立侨州、郡、县。有幽、冀、青、并及南兖、南徐等州,并设各级文武官职,大多由北方人担任。侨寄法造成州中有州,郡中有郡,行政系统和地理区划严重紊乱。南朝宋孝文帝曾下令废止侨寄法,实行"土断",即把行政与地域合而为一。可是到南齐时又有所恢复,直到隋统一后才完全取消。

南朝统治者为了笼络南北士族,尽可能让他们做官,于是大肆增设州、郡。梁初天监十年(511 年),共有 23 州,350 郡。梁武帝尚嫌不够,一次又一次析置,到公元 540 年竟有 107 州。有的一个村子即设郡县或州,有 20 余州根本不知道在什么地方,是有名无实的虚州。

北朝行政区划以北魏为代表,也是州、郡、县三级,但没有"国"。据《魏书·地形志》记:北魏末年共有 113 州,其中包括侨州郡县和虚州。北周大象二年(580 年),北方通计有 211 州、508 郡、1124 县。加上南朝陈的 42 州,全国共计 253 州,600 多个郡,平均一州辖二三郡,一郡辖二三县。尽管名义上还是三级制,却只有州刺史和县令到职理事,郡太守往往并不上任,只是领干薪,实际上变成了二级制。

隋唐宋辽金地理

隋朝结束了 270 年的分裂局面。鉴于原来州、郡、县三级机构重叠,体制过于分散,不利于中央王朝统一管理,隋开皇三年(583 年),取消郡一级建制。炀帝即位,又改州为郡,恢复秦和西汉的郡县两级制,全国共设有 190 郡,1255 县。西域地区也分设鄯善、且末、西海、河源四郡,其下各辖若干县。隋时郡官仍称太守,另设司隶和刺史 15 人,分部巡察，以纠郡守，一如西汉。隋刺史纯是监察官员。继起的唐代，改郡为州，太守改称刺史，僚属多称参军。为了笼络归附群雄，唐初州的数目比隋大为增加。太宗贞观元年（627 年）开始裁并，至贞观二十三年（639 年），还有州（府）358，县 1551。众多的州直属中央政府，显然不便管理，于是分全国为十道，即关内道、河南道、河东道、河北道、山南道、陇右道、淮南道、江南道、剑南道、岭南道。玄宗开元二十一年（732 年），再分为十五道，即从原关内道分出京畿道，河南道分出都畿道，山南道析为山南东道、山南西道，江南道分为江南东道、江南西道、黔中道。每道置采访使，职责为检察非法，类似西汉的刺史，乾元元年（758 年）以后改称观察使，兼理民政，事实上行使部分行政职权，僚属有行军司马、判官、推官、掌书记等。

安史之乱以后，全国逐渐形成了以掌兵权的节度使兼作地方行政长官的制度。一个节度使管二三州，或十余州，其辖区也叫道或镇。元和时全国共有 48 镇，逐步形成镇、州、县三级行政体制。以前的 15 道的采访使、观察使后来慢慢撤消，但 15 道作为地域名称仍然使用。

唐代在边境设有都护府，在重要地区设都督府，主要是军事区，有时也兼理民政，长官称都督。开元以后把一些重要的州升为府，如京兆府、太原府、成都府等，全国共计十府，长官称府尹，僚属有长史、别驾、司马等。

唐时在少数民族地区设有羁縻州府，由中央政府任命当地各族首领为都督或刺史等官，实行世袭，地方贡赋不入国库，自治权很大。此外还为内迁少数民族设置侨府州县。这些都有利于促进民族关系的发展。唐代在西域地区设有北庭、安西两大都护府，又设安东都护府辖东北，安北都护府辖漠北，单于都护府辖漠南，安南都护府辖越南北部及桂西滇东。下辖若干都督府及县，行使地方行政职权。

五代行政区划与唐代基本相同。

北宋初年，将唐代的 15 道改为 15 路，神宗年间又分为 23 路，徽宗时全国共有 24 路。路的性质与道略有不同，最初是为征收赋税转运漕粮而划分的财政区，后来逐渐具有行政区划性质。一路不归一个机构一个长官统辖，而是按职权分属好几个机构，转运使掌财赋（简称漕），另设安抚使掌兵政（简称帅司），提点刑狱司掌司法（简称宪司）。此外又有提举常平、茶盐、坑冶等司，分管一路粮储和官营专利企业。各州的行政长官遇事仍可直达中央政府。严格地说路的性质只是介乎行政区和监察区之间的一种区划。南宋时仅16路，分路以安抚使为主。

宋代在路以下设州、府、军。北宋末年有243州、38府、52军。军是由唐代的军事区演变而成为地方行政区，一类军与州、府同级，隶属于路；另一类军与县同级，隶属于州、府。军的长官称知军。宋代没有太守和刺史的官职，州的长官全称知某某州事，简称知州。

州、府辖县，不辖县的军即等于县。县的长官称知县。宋代也有羁縻州府。

北宋除路、州、府外，有四京府，比一般的府重要，即：（1）东京开封府，又称汴梁或汴京，是北宋首都；（2）西京河南府，治所在今河南洛阳市；（3）南京应天府，治所在今河南商丘；（4）北京大名府，治所在今河北大名县。南宋首都临安府，称为行在所，即临时首都之意。

中国行政区划影响邻国。日本在相当于唐朝时期分地方政府为国、郡两级，分别设国司和郡司为行政长官。现在日本分都、道、府、县，名称皆来源于中国。越南相当北宋时期的李氏王朝，分全国为24路（后称府），其下设州、县、乡、甲，军事上设禁军（中央驻军）和地方军。明代时黎氏王朝，全国分为13道，道下设府、县、州。朝鲜则分全国为道、郡、面、里，至今仍然如此。泰国则分全国为府和县两级。

辽建国比宋早，其行政区划与唐接近，大致是道、州（府）、县三级。全国共分五京道：（1）上京道，治所临潢府，在今内蒙巴林左旗南；（2）东京道，治所辽阳府，在今辽宁辽阳市；（3）中京道，治所大定府，在今内蒙宁城；（4）南京道，治所析津府，在今北京市附近；（5）西京道，治所大同府，在今山西大同市。道下辖州（府），州（府）下辖县。诸州长官，或为节度使，或为观察使，或为团练使，或为防御史，或为刺史，地位各有高下。

金代行政区划承袭辽、宋，大致分为路、州(府)、县三级，它把辽的五京道改为五路，所辖全境共17路，路的长官称总管，府称府尹，州县长官与辽同。

元明清地理

元代实行省、路、府(州)、县四级制。

一级政区是行省。元代以中书省为中央政府，又在各地设11行中书省，意即中书省办事处或中书省行署，简称行省。11省的名称是：岭北、辽阳、河南、陕西、四川、甘肃、云南、江浙、江西、湖广、征东。此外，山东、山西、河北直属中书省，叫做腹里。西藏地区属宣政院辖地。行省的长官有平章政事、参知政事等。

二级政区是路，全国共185路。少数直属于省的府、州和诸王地、称海宣慰司、西南地区宣慰司也相当于路。

三级政区是府、州。一般的说，其上属路，其下辖县。元代共有府33，州359。此外安抚司、招讨司大致相当于州、府。

四级政区是县以及不领县的州。元代有1127县。与县同级的还有长官司、军民司等土司。

元代个别地区甚至有五级的，即省领路，路领府，府领州，州领县。还有的地方只有三级，即省领路，路领县。这属于特殊情况。元代基本上取消了军的名称(全国仅四军)。

路、州、府、县长官都叫“达鲁花赤”，由蒙古人担任。另派汉人分任总管、州尹、府尹、县尹，作为达鲁花赤的助手。

明代实行省、府(州)、县三级制。

明初撤消中书省，改各地行中书省为布政使司，全国府、州分统于两京13布政使司。两京是：京师(即北直隶)、南京(即南直隶)；13布政使司是：山东、山西、河南、陕西、四川、湖广、浙江、江西、福建、广东、广西、云南、贵州，简称13司，俗称13省。以上共计15个政区，又称

15 省。省民政长官即布政使，下属左右参政、左右参议，分司各道，谓之分司道。各省又有监察长官称按察使，军事长官称都指挥使。这三个衙门（布政使司、按察使司、都指挥使司）合称三司。此外，明代在黑龙江流域设有奴儿干都司（都指挥使司的简称），在康藏地区设有乌思藏都司和朵甘都司，既是军事区，又行使地方行政管理职权。

明代省下辖府，大多数府由元代的路改称。全国共有府 140。府的长官称知府，拟古称太守；副职有同知、通判，俗称二府、三府，拟古称司马、别驾。直属于省而又下辖县的州与府同级，称直隶州，长官称知州。也有少数州上属府而又下辖县，地位在府、县之间。与府同级的还有少数民族地区的宣慰司等。

府下辖县，县长官称知县，副手有县丞、主簿、典史等。明代共有 1138 县。不辖县的州叫做散州，地位与县同。边境地区的安抚司、招讨司、长官司等大致与县同级。

明代在边境和要害地区设置行都指挥使司，有实土，既是军事区而又兼理民政；其下设卫，叫做实土卫，如金州卫、复州卫、海州等，也相当于县。

清代地方行政体制继承明代。

清初把长城以南明朝故地分为 18 省，即除明之 13 省外，北直隶改为直隶省，南直隶改为江南省（后来又分为江苏、安徽两省），陕西分为陕西、甘肃两省，湖广分为湖南、湖北两省，共 18 省。边境地区分别设将军、都统、大臣管辖，原不置省。清末，把原奉天、吉林、黑龙江三将军辖区改为省，俗称东三省，原福建省的台湾道升为台湾省，原伊犁将军辖区改为新疆省。这样，全国共有 23 省。清代省的长官是巡抚，掌一省军民财政和监察大权，俗称中丞或大帅。清代的布政使则成为协助巡抚管理民政的助手，俗称藩台。按察使是协助巡抚掌监察的助手，俗称臬台。有的两省设一总督，如湖广总督、两广总督、云贵总督、闽浙总督等。两江总督则辖江苏、江西、安徽三省。也有一省设一总督的，如直隶、四川。总督俗称制台、制军。总督权力往往比巡抚大。湖广、两广、两江等名称是习惯性地区称呼,不是正式行政区域。清代相当于省的地区还有察哈尔、热河(均设都统管辖)、绥远(设将军)、青海、西藏(均设办事大臣管辖)和内、外蒙古。

省以下是府和直隶州。府、州以下是县和散州。长官与明代相同。

清代一般在新开垦的地区设厅,直接隶属于省的厅与府同级,散厅与县同级。厅的长官为同知。

在省和府之间还有道,是监察区,长官称道员,俗称道台,拟古称观察。个别的道是行政区,如上海道、天津道、台湾道。还有的道是军事区,如兵备道。有的是经济区,如督粮道、盐法道。

明清两代在西南少数民族地区逐步实行"改土归流"政策,即把原来世袭的土司统治地区改行随时任命的流官统治制,并奉行与内地相同的政治、经济、军事制度。这一措施有利于中央政府对少数民族地区的统一领导,加强了全国的统一。

明清古籍中,凡涉及地理名称时,有几点必须注意:一是明清文人爱用古地名,以示典雅,如南京称金陵,扬州称广陵之类,其实这些名称早已不用了。二是爱用习惯性地域名称代替行政区划名称,如以山右代指山西,岭南代指广东等等,三是写籍贯往往只举省县(如明清进士题名碑即是),而不像唐宋人之举州县,汉魏六朝人之举郡县。这些常识不仅适用于明清,读其他时代的著作也是应该了解的。

现代行政区划

辛亥革命以后大体上是省、专区、县三级体制。

1912 年至 1927 年北洋政府时期,除清代 23 省外,又设立相当于省的 4 个特别区,即热河、察哈尔、绥远、川边。另外还辖有青海、西藏、外蒙古三地方。从 1913 年起,全国废除府、州、厅的名称,散州、散厅一律称县,县直隶于省。不久,因每省辖县过多,又在省下分设若干道。省的长官称督军,道称道尹,县称县知事。

1928 年以后的国民政府时期，迁都南京，改直隶省为河北省，奉天省为辽宁省，又新设宁夏省。青海、热河、察哈尔、绥远均改称省，川边特区改为西康省。这样全国共有 29 省（包括台湾省在内）以及西藏、蒙古二地方。此外还设立了直属中央政府的直辖市，有上海、南京、北平、天津、青岛、西安等。各省还有一批省辖市。省、市、县的行政长官分别为省长、市长、县长。

1928 年取消道级政区，1932 年以后又陆续在省以下分设若干专区，由行政督察专员（简称专员）领导，其机构名称是行政督察专员公署，作为省政府的派出机关。严格地说，专区还不能算是正式政区。县以下设区，区以下设乡。分别由区长、乡长领导。

本章主要参考文献：

顾颉刚、史念海《中国疆域沿革史》，商务印书馆 1936。

谭家健《略谈历代行政区划沿革》，《学习与思考》1982 年 2 期。

谭其骧《历代行政区划略说》，见《中国古代文化史讲座》，中央广播电视大学出版社 1984。

周振鹤《中国地方行政制度史》，上海人民出版社 2005。

第七章 历代俸禄

所谓俸禄,实质上是指历代中央政府为各级官员所付出的劳绩心力而给予相应的物质报酬,约相当于现代所谓薪金或工资福利。不过现代授薪对象范围甚广,而古代俸禄主要给予有品级的官员;在相当长的时期内,并不包括政府低级职员和杂役,更不包括社会机构和民间工商业。

中国历代俸禄制度,为适应不同政治需要、经济水平和财政收入状况,经历了逐步建立、发展变化、渐趋完备的过程。

夏商俸禄无可考。西周和春秋实行世官世禄制。周天子及各诸侯国设官分职,按职授禄。各级官员分别具有卿、大夫、士三种爵位,其中又分上中下共九等。根据不同爵位,给予不同俸禄。俸禄的内容不是钱财、谷物,而是采邑,即一定数量的土地连同土地上的劳动者,以田或邑为单位。西周金文中常出现锡(赐)某某田若干的文字,《左传》多有某国君赐某某邑若干的记录。这种田和邑是世袭的,由邑主人派家臣管理其行政、财税甚至武装,实际上是大大小小的独立庄园,中央王朝及各国国君不能干涉其内部事务。周室如何班爵禄,孟子已不得其详,只能述其大略。他以耕田百亩的农夫所能供养的人口为参数,说下士之禄可以供 9 人,中士 18 人,上士 36 人,大夫 72 人,卿四倍于大夫即 288 人。天子之三公十倍于卿即 2880 人。这或许是计划指标,实际上各国授禄随意性很大,不可能如此整齐划一,各级卿大夫之间应有差别。孟子说资料不足,他只能笼而统之估计而已。

到了战国,分封制及世禄制均已崩坏,于是出现新的由政府统一掌控的可随时变动的俸禄制,此后由秦汉而行至明清。大体而言,又可分为秩石制和品级制两大阶段。

秦汉魏晋南北朝秩石制

秩石制(按:石,今读担,是容量单位,等于10升;又是重量单位,等于120斤),起于战国之秦国,至秦汉王朝成为全国性制度。

秦国从商鞅变法起,设二十等爵位,以赏功劳。一公士、二上造、三簪袅、四不更(以上相当于周之士,秦称为卒)、五大夫、六官大夫、七公大夫、八公乘、九五大夫(以上相当于周之大夫),十左庶长、十一右庶长、十二左更、十三中更、十四右更、十五少上造、十六大上造、十七驷车庶长、十八大庶长(以上相当于周之卿,食邑300家),十九关内侯(食税关内,无国邑)。二十彻侯(食县)。二侯位比周之诸侯。秦制与西周不同是受爵者不一定是贵族,主要靠军功,且不能世袭。

至于行政官员的俸禄,据《商君书》、《韩非子》、《史记》等书记载,有五十石之官、百石之官、千石之令,以及八百石、七百石、六百石、五百石的说法。既是年俸也是级别。

秦国支付俸禄的标准谷物是粟。此为当时北方主要农作物,粟去壳成为小米。据今人计算,秦一升合今342.5克,约7市两。五十石得小米为1712.5公斤,可供五口之家一年口粮,也许是最低的俸禄。千石之官可得小米34250公斤,生活相当优裕了。(参看黄惠贤、陈锋主编《中国俸禄制度史》25页)因为粟是计禄的统一标准,故粟成为禄的代称。战国秦汉史籍中常见千钟粟、万钟禄的提法,一钟等于十釜。按月支取,当时谓之月食。

秦时官员除俸禄外,有公家分配的役使劳力和车、牛。百石之官有"仆养",即官府奴隶一人。高级官员更多,这是后世力役之滥觞。

汉承秦制又有所补充改进。其官员秩别,西汉成帝时有二十级:万石(三公)月俸米350斛,钱60000;中二千石(御史大夫、九卿,"中"是满的意思)米180斛,钱20000;东汉米72斛,钱9000;二千石(司隶校尉、州牧、郡守)米 120 斛,钱 16000,东汉米 36 斛,钱 6500;比二千石(郎将、都尉、校尉)米 100 斛,钱 12000,东汉米 34 斛,钱 5000;千石(长史、监、丞、万户县令)米 90 斛,东汉米 30 斛,钱 4000;比千石(中大夫)米 80 斛,八百石及六百石(太子家令、郡丞、中县令)米 70 斛,钱 6000,东汉米 21 斛,钱 3500;比六百石(诸寺属令丞)米 60 斛,钱 3000,东汉米 50 斛;四百石(小县长)米 50 斛,东汉米 15 斛,钱 2500;比四百石,(诸侍即)45 斛,东汉 40 斛;三百石(小县长、大县丞)45 斛,东汉 12 斛,钱 2000;比三百石(诸郎中),米 37 斛,东汉同;二百石(县尉、各令史)30 斛,钱 2000,东汉米 9 斛,钱 1000;比二百石(屯长)27 斛,钱 1200,东汉 4 斛 8 斗,钱 800;一百石(乡三老)16 斛,钱 720,东汉 4 斛 8 斗,钱 800;斗食,11 斛,钱 600;佐史,8 斛。(以上数字参考卫文选《中国历代官制简表》203 页,西汉俸钱依照《中国俸禄制度史》55 页,有的官员钱数两书均空缺)。其中中二千石、二千石、比二千石,相当于高级官员;千石、六百石、比六百石,相当中级官员;四百石至比二百石为低级官员;一百石以下为小吏。汉时之钱指五铢钱,谷指粟。

汉代保留秦之封爵和食邑制,用以封赠二千石以上大臣,多为列侯和关内侯。封邑户数相差很大,列侯最多的 15000 户(萧何)。关内侯约为 1000—500 户。邑主享受每户应交国家的田租。汉时税轻,三十税一。据《史记》估算,每户每年约缴纳 200 钱。汉之食邑与西周春秋采邑的区别是,不能世袭,没有治民权和土地所有权。

汉时已有"致仕"即退休制度。《礼记·曲礼》说:"大夫七十而致仕",实际情况可以伸缩。比二千石以上者,得享原俸三分之一,终其身。千石以下者,少数人才有此殊荣。

魏晋南朝实行官品制与秩石制双轨并列,后来逐渐统一。其特点:

第一,是俸禄等级划分从秩石向品级过渡。从魏文帝曹丕开始,创九品官人制,但只有品级而无俸禄之规定。整个魏晋南朝没有留下关于俸禄等级标准的完整资料,只有零散的记载。据《隋书·百官志》所列,陈代一品官有秩万石、秩中二千石两级,三品官有中二千石、二千石两级，四品官有中二千石、二千石、千石、六百石四级，五品官有中二千石、二千石、千石、八百石、六百石五级，六品官有二千石、千石、八百石、六百石、四百石五级，七品官有二千石、千石、六百石、四百石、二百石五级，九品官有六百石、四百石、二百石三级。这种交叉跨度很大的现象说明是以秩石为主，品级为辅。这种双轨制实行到陈末。

第二，俸禄的内容多样化，以实物为主。首先是粮食作物，西晋以粟为主，东晋以稻米为主，称禄米或秩米，是脱壳的白米。其次是布帛绢。从曹魏开始，百姓每户每年交纳绢二匹绵二斤，称为户调。此项税收后来通行于南北朝。与之相应，官员以布帛为俸禄的内容。再次是钱币。战争年代，商品流通停滞，交换多用实物，曹魏曾废钱用谷。太平时期，经济相对稳定，户调可以折钱交纳，官吏俸禄亦用钱币。《南齐书》、《梁书》有月给钱二万、五万、十万的记载。此外，俸禄还包括劳力，称为“禄力”或“力”。《宋书·沈庆之传》说他致仕之后，“月给钱十万，米百斛，卫史五十人”，“卫史”即“禄力”。《梁书·萧伟传》记，萧伟任光禄大夫，有“亲信四十人，岁给米万斛，布绢五千匹，药直240万(因为他长期患病)厨供20万，并二卫两营杂役200人，倍先(是先前的一倍)；置防阁、白直、左右职局(皆杂役名目)一百人”。这条资料可以反映南朝贵族高官俸禄的基本情况。

第三，京官与外官俸禄标准及内容不一致。一般说来，外官正俸比京官要薄，为了补偿，外官有禄田，又叫公田，所有权属于朝廷，而租税为州郡县长官所有。据有关记载，大致是：州十顷，郡五顷，县三顷。若以每亩租米1.6石计，县令每年从禄田可得米480石，郡守可得800石，刺史可得1600石。(见《中国俸禄制度史》102页)据说陶渊明任彭泽县令时，“公田悉令吏种秫稻，妻子固请种秔，乃使二顷五十亩种秫，五十亩种秔”。(《宋书·陶渊明传》)二顷五十亩加五十亩，正好是三顷。

各地还有“杂供给”，刘宋以后纳入俸禄。主要征收土特产，包括鸡、鸡蛋、鱼、盐、香料、蜂蜜、杨梅等等。有的官员不收实物而要折成米。齐时某零陵郡守“别杂调”4000石，是其正俸800石的五倍。继任的范云改为2000石，“百姓悦之”。可见这是一项严重负担。

地方官员到任离任，例有“送故迎新”的资费。据史料记载，吴郡太守“常有送迎钱数百万”，长沙郡“送钱五十万”，永嘉郡“故旧送钱20万”。少数清廉者去官时一无所取，受到百姓赞扬。

第四，有些官职有薪酬而无俸禄。史籍称这些官员为“不言秩”者，例如参军、书记、录事、别驾、从事、主簿、功曹等等。多是六品以下低级官员，是服务于将军府、王公府，以及郡县长官的秘书、参谋、助理人员，当时统称“府佐”。他们由府主聘用，其薪酬由中央部门以及地方政府从办公费用中支付，不纳入中央官俸支出范围。这种现象，唐宋元明清到民国时期一直存在（清代称为幕僚或师爷），只不过后代的职务和品级越来越低。

十六国及北魏前期无俸禄记载。北魏太和八年班禄，十七年发布《职员令》，分官员为九品，各有正从，共18级。这是一个划时代的变化，可以区别所有官员职位的差异，并以之作为给禄的标准，从而完全抛弃秦汉以秩石定级与官职不相适应的旧制，从唐宋一直沿用至明清。

目前所能看到的北朝完整的俸制资料是保存在《隋书·食货志》中的北齐俸禄格，大致如下：

正一品，岁禄帛800匹，折粟为岁3200斛；从一品，帛700匹，折粟2800斛；正二品，帛600匹，折粟2400斛；从二品，帛500匹，折粟2000斛；正三品，帛400匹，折粟1600斛；从三品，帛300匹，折粟1200斛；正四品，帛240匹，折粟960斛；从四品，帛200匹，折粟800斛；正五品，帛160匹，折粟640斛；从五品，帛120匹，折粟480斛；正六品，帛100匹，折粟400斛；从六品，帛80匹，折粟320斛；正七品，帛60匹，折粟240斛；从七品，帛40匹，折粟160斛；正八品，帛36匹，折粟144斛。从八品，帛32匹，折粟128斛；正九品，帛28匹，折粟112斛；从九品，帛24匹，折粟96斛。北朝虽以帛为俸给单位，但是具体支付时，三分一为帛，三分一为粟，三分一为钱。地方官俸优于京官。

北齐官员有“公田”，数量无考。有“永业田”，正三品以上可受相当于100人的永业田；七品以上，相当于80人；八品以下，60人。此外还有力役，一品三十人，以下或五人为等，或四人、三人、二人、一人为等差。

魏晋南北朝保留王、公、侯、伯、子、男六等爵位，和食邑万户至数百户的旧制。实际上只表示身份地位，其经济实利越来越微弱。

隋唐宋元明清品级制

隋代俸制有以下特点：

第一，京官依品级高下给禄。正一品年禄900石，从一品800石，正二品700石，从二品600石，正三品500石，从三品400石，正四品300石，从四品250石，正五品200石，从五品150石，正六品100石，从六品90石，正七品80石，从七品70石，正八品60石，从八品50石。分春秋二季分发。

第二，外官之刺史、郡守、县令以所领户数按等级给禄，州郡县皆分上中下三等。州刺史最高620石，最低300石；郡守最高340石，最低100石；县令最高140石，最低40石。

第三，京官中食封者（即有爵位者）和散官（即不判事者），以及正从九品官、郡县之僚佐，不给禄。

第四，隋代有职田。一品500亩，二品450亩，三品400亩，四品350亩，五品300亩，六品250亩，七品200亩，八品150亩，九品100亩，不分正从。又有公廨田，用于办公费开支。还有永业田，自诸王以下至于七品，自100顷至40亩各有等差。

唐代全盛期（贞观—开元）之俸禄，包括禄米、月俸钱、职田、力役等项：

一、禄米。正一品年给700石，从一品600石，正二品500石，从二品460石，正三品400石，从三品360石，正四品300石，从四品260石，正五品200石，从五品160石，正六品100石，从六品90石，正七80

石，从七品70石，正八品67石，从八品62石，正九品57石，从九品52石。外官低于京官。

二、月俸钱，包括食料杂用等。一品48贯，正从二品及正从三品34贯，四品21贯，五品18贯，六品10贯，七品7.5贯，八品5贯，正从九品2.7贯。（参看卫文选《中国历代官制简表》第207页）

三、职田，比隋代增二三倍。一品1200亩，二品1000亩，三品900亩，四品700亩，五品600亩，六品400亩，七品350亩，八品250亩，九品200亩。外京比京官多100至50亩。职田采取租佃经营，租额虽有官定比例，但各地可以自由增减。外官禄米虽比京官低一等，在职田方面却得到了弥补。唐代公廨田之收入明确规定可以公私两用。永业田较隋代略多一些，可以传子孙。

四、力役。唐代应服力役之百姓也可以纳资代役，谓之“资课”。这笔钱可以由官员本人支配。京官力役称为防阁、庶仆，各级人数及月纳资课级差如下：一品96人，纳钱20000文；二品72人，纳钱15000文；三品48人，纳钱10000文；四品32人，纳钱6600文；五品24人，纳钱5000文；六品12人，纳钱2200文；七品8人，纳钱1600文；八品3人，纳钱625文；九品2人，纳钱417文（《中国俸禄制度史》第200页）。外官之力役称为白直、振衣，各品人数如下：二品58人，三品48人，四品36人，五品25人，六品16人，七品13人，八品8人，九品7人。至于武官，则多以士兵供役使。

中晚唐俸制随着政治腐败，藩镇割据而日趋混乱。其特点，一是外官俸厚而京官薄，二是职田由于战争和土地兼并而荒废，在整个俸体系中逐渐无足轻重，三是力役中的纳资代役已经普遍化。

唐代俸制还有几种特殊情况：高官兼两职者可以有双俸，员外官和检校官（临时代理）可以与正官同禄，同样有禄米、月俸钱，其中部分官员没有职田和杂用钱，五品以下官员致后，禄米给半，无月俸。

北宋前期，官俸仅唐时一半。仁宗以后逐步增加，神宗时颁《元丰新禄格》,成为北宋定制。宋代官员有官、职、差遣三种身份。俸禄主要依据本官和差遣,不完全依据品级。同一品级往往俸禄各异,俸禄的内容以钱币为主,以绵帛、职田为辅,反映了当时商品经济的发展。

宋代官员有正俸。包括俸钱、衣赐、禄粟三类,分为41个等级。这里不一列出,仅举其中十几个等级:三公(虚衔)月俸400贯,岁衣赐(绢罗等)120匹,月粟150石;宰相,月俸300贯,衣赐100匹,月粟100石;知枢密院事月俸200贯,衣赐60匹,月粟100石;太尉月俸100贯,衣赐50匹,月粟100石;御史大夫、尚书月俸60贯,衣赐55匹;侍郎月俸55贯,衣赐55匹;郎中月俸35贯,衣赐27匹;观察使、防御使月俸200贯,衣赐20匹,月粟100石;团练使月俸150贯,衣赐10匹,月粟70石:诸州知事月俸100贯,月粟50石。留守判官、京府判官月俸30贯,衣赐36匹,月粟4石;节度及观察判官月俸25贯,衣赐12匹,月粟3石;掌书记、推官月俸15—20贯,衣赐10匹,月粟3石;各地县令依所辖人口多少,地位轻重而定俸多少,月俸72—12贯,月粟5—3石。(参看卫文选《中国历代官制表》第209页,黄惠贤等《中国俸禄制度史》第252页)。

宋代又有加俸(多给职事官),包括:①职钱(岗位津贴),京官月1000贯至16贯;②侍从衣粮,以人计,大官70人,小官1人;③餐钱,月50贯至2贯。还有茶酒厨料盐炭薪柴等实物,依品级定多寡。

宋代职田仅给外官。藩镇40—35项,防御、团练使30顷,上中下知州事20—15顷,上中下知县事10—7顷,州长史20—10顷,通判8—6顷,判官5—3顷,主簿、县尉3—2项。熙宁以后,职田收入折钱支给。

宋代的军俸,因禁军、厢军、乡兵、蕃兵的分配而相差悬殊。宋代封爵是虚衔,有官品而无俸禄。所受食邑为虚封,所加实食封400户才一贯钱。

史学家多认为宋代俸禄优渥。黄惠贤等《中国俸禄制度史》具体分析说,五品以上高官确实高得惊人,低级官员连维持日常生活也有困难,高下相差可达百倍,何况宋代物价飞涨,不少官吏叫苦连天。

元代初期无俸禄,以掠夺为生活来源。后来逐渐学习汉人制度。

世祖至元二十二年(1285 年)定禄制,内外文武职官基本上以官品定俸禄,文官以月计,以银两为标准单位,多用纸钞,间用白银。通货膨胀时用米支付,或部分用银或钞,部分用米。

至元二十年之百官月俸等级如下:从一品 300 两,正二品 225 两,从二品 200 两,正三品 175 两,从三品 150 两,正四品 125 两,从四品 100 两,正五品 90 两,从五品 80 两,正六品 70 两,从六品 65 两,正七品 60 两,从七品 55 两,正八品 50 两,从八品 45 两,正九品 40 两,从九品 35 两。各级官员之禄米,多者月 15 石,少者 1 石。吏员 8 斗至 6 斗。

地方官普遍给职田。北方的路达鲁花赤、路总管 16—14 顷,散府尹 12 顷,州府达鲁花赤、州尹、府尹 10—6 顷,县尹 4 顷,县丞 3 顷,县主簿、县尉 2 顷。江南人多田少,路州府县职田皆少于北方,约为其一半。

武官月俸:万户府达鲁花赤及万户 80—60 两,副万户 70—50 两,千户 50—40 两,副千户 40—30 两,百户 17 两,府、所之吏员:镇抚、弹压、经历、案牍、都目,月俸 40 至 8 两不等。

明代仍依九品正从定俸禄,主要内容包括:实物(米、布、绵等)和货币(钞、钱、银)。明代除宗室和有爵位者外,官员都取消了职田。明代俸制最大特点是实行"俸钞折色"制。最初俸禄全给米,由于粮储不足,后来间以钱钞,而后渐行折色。或以钞折米,或以布折钞,或以银折布,折来折去,多数官员不能按规定标准获得俸禄,大打折扣,收入单薄,直接导致贪污腐败等现象滋生。

明洪武二十五年(1392 年)百官俸禄基本标准是:正一品月俸米 87 石,从一品 74 石,正二品 61 石,从二品 48 石,正三品 35 石,从三品 26 石,正四品 24 石,从四品 21 石,正五品 16 石,从五品 14 石,正六品 10 石,从六品 8 石,正七品 7 石半,从七品 7 石,正八品 6 石半,从八品 6 石,正九品 5 石半,从九品 5 石。

洪武时,米一石,抵钱一千,钞一贯。永乐时,官俸是米钞兼支,一石米折钞 10 贯,说明纸钞贬值十抵一(一贯原本等于一千文),因而代之以银。成化时定官员俸禄,分“本色”与“折色”两部分。本色之中又分月米(不论官员大小每月给米一石)、折绢米(绢一匹当银六钱)、折银米(银六钱五分折米一石)。折色之中又分本色钞(钞银十贯折米一石)和绢布折钞(绢一匹折米二石,布一匹折米十石)。各级官员“本色”“折色”比例又依次递增,正一品本色占十之二三,从九品占十之六七。(以上参看《中国历代官制简表》211页)

明代俸禄支银的增加与赋税中“金花银”的出现和“一条鞭”法的实行有必然联系。从实物税转转向货币赋税,由支发实物俸禄到支发货币俸禄,是一种历史的进步。至于由折色导致俸薄,那又另当别论。(参看《中国俸禄制度史》462页)

明代文武官员70岁致仕成为通例。致仕后无俸禄,家贫不能自给者,五品以上岁给五石,实在少得可怜。

明代吏员即不入流的低级职员为数甚多。据有人统计,正德年间全国吏员是文官的一半,有椽史、令史、书史、司史、典吏、通吏、狱典、攒典、提控等十多种名目,遍布于中央和地方各级衙门。他们待遇很低,月俸二石五斗。也是从最初支米到折钞到钱钞兼给,这些人员向百姓敲诈勒索是常有的现象。

关于明代的封爵。宗室王不断增加,许多王爷岁禄10000石,少数数千石,最少1000石(靖江王)。他们的庄园不计其数。明代异姓爵位仅有公侯伯三等,其岁禄大致是公3000－2500石,侯1500－1000石,伯1000－700石,也有少数爵爷低到600－240石(刘基)。(参看《中国俸禄制度史》434－436页)亦实行米钞折色制。

清代俸制较明代有如下变化:

一、清代俸禄虽说是银米双支,但以银为主,克服了明代俸钞折色的诸多弊端,避免了银钱双本位制下比价波动而导致的官员利益受损,使他们能获得实际标准的收入。

二、清初俸禄依然微薄,乾隆时期财政好转,正俸之外有恩俸、双薪，外官和武官还有养廉银，高出正俸许多倍，以后形成定制。

三、满族文官政治地位高于汉官，但俸禄使用同一标准，这一点和元代有所不同。武官之八旗与绿营薪俸的差别很大，其中有民族因素和历史渊源。地方官因地区不同而养廉银多寡有别，有其合理性。

四、清代宗室与旗员在俸禄之外授田，形式上与前代职田制相似，实质上是满族入关前计丁授田制的遗存，带有部落分配制的特点。汉官则取消了授田。

顺治十三年(1656)所定文官正俸等级如下：

一品岁银180两，岁米180石。二品银155两，米155石。三品银130两，米130石。四品银105两，米105石。五品银80两，米80石。六品银60两，米60石。七品银45两，米45石。八品银40两，米40石。九品银33米，33石。(以上数字根据《中国俸禄制度史》541页，若依卫文选《中国历代官制表》231页，俸银要高一倍，禄米则相同)

乾隆以后，外官和武官皆有养廉银，各省不同。总督年15000两至20000两，高出正俸64－96倍。布政使5000－9000两，高出32－58倍。按察使3000－6000两，高出23－64倍。道员1500－4000两，高出14－57倍。知府1000－4000两，高出9－38倍。知州500－2000两，高出6－25倍。知县400－2200两，高出8－50倍。同知400－1600两，高出5－20倍。(《中国俸禄制度史》551－552页)县丞、主簿、县尉以及吏员皆有不同数额的养廉银。

这笔巨大的养廉银来自地方税收的“耗羡”，即银米损耗而加收的税费。“耗”即征粮时的“米耗”(借口雀鼠损耗而加收者)和“火耗”(借口碎银熔化有减量而加收者，多者一两加二钱)。所谓“羡”指上述两项加收后与实际应收数相低后之盈余。雍正以前各地官员自收自用，不入国库，各地区极不平衡。雍正以后，规定各地耗羡一律归公，然后由朝廷按规定发还各地作为养廉银，避免各地区之不同，但是羊毛还是出在羊身上。

乾隆元年起，在京大小文官一律给双俸。一部分官员双银双米，另一部分双银单米，致仕后，有食全俸，食半俸和不食俸之别。

清代禁旅八旗将领俸制是：都统岁银 180 两，米 90 石；副都统、统领 155 两，77.5 石；一等侍卫、参领银 130 两，米 65 石；二等侍卫、副参领、佐领 105 两，米 52.5 石。三等侍卫 80 两，40 石。前锋校，护军校，骁骑校 60 两，30 石。(《中国俸禄制度史》582－583 页)八旗将领授田，从 150 亩到 30 亩不等。乾隆以后，绿营将领俸制：岁银(包括俸银、蔬菜、烛炭银、纸张银)提督 605 两，总兵 511 两，副将 377 两，参将 243 两，游击 231 两，都司 141 两，守备 90 两，千总 48 两，把总 36 两。(《中国俸禄制度史》588 页)

八旗和绿营将领养廉银，从将军、提督 2000 两到把总 90 两不等。同一品级八旗高于绿营，边境高于内地。

清代宗室俸禄优厚。顺治十年(1653 年)定制是：亲王岁银 10000 两，郡王 5000 两，贝勒 2500 两，贝子 1300 两，镇国公 700 两，辅国公 500 两，镇国将军 410－360 两，辅国将军 310－260 两。奉国将军 210－110 两。另有庄园和各种赏赐。公主、郡主、县主等宗亲女眷也有俸银。三藩之乱后，异姓不封王。异姓公爵岁银 7000 两至 6660 两。米 350－335 石。侯爵银 435－360 两，米 217－190 石。男爵银 335－260 两，米 167－130 石。

1911 年至 1949 年的中华民国时期，政府实行薪金制，以法币按月支付。部长、省长 800 元，次长、厅长、司局长、市长 680 元—430 元，处长、科长、县长 400 元—180 元，科员、办事员、事务员 200 元—55 元，共四等 37 级。(参看李唯一《中国工资制度》第 8 页)其间各有伸缩跨度，不同单位之秘书科长、科员薪金差别很大。

本章主要参考文献：

黄惠贤、陈锋主编：《中国俸禄制度史》，武汉大学出版社 1996。

卫文选《中国历代官制简表》，山西人民出版社 1987。

第八章 古代岁时历法

研究古代岁时历法，需要具备一定的自然科学和社会科学知识。这里仅就人们在阅读古书时和社会生活中经常遇到的一些问题，简单介绍有关这方面的一般常识。

关于纪年

中国是一个农业古国，古人对于时间概念的认识和划分，往往以农作物的生长成熟期为标准。《说文》说："年，熟谷也。"这意味着"年"是指一般禾谷成熟的周期，大致相当于地球绕太阳一周的时间，即现代所谓太阳年。现代天文学把以太阳回归周期（回归年）为单位的历法叫做阳历，以月相的圆缺周期（朔望月）为单位的历法叫做阴历。中国从辛亥革命以后至今主要采用阳历；而在此前所使用的是阴阳历，因其便于农事，又叫农历，至今仍在农村使用。

阴历 1 年为 354 天（平年），阳历 1 年为 365 天（闰年），二者相差 11 天。阴阳历既要把月相变化 1 周作为 1 个月，又要使 1 年的平均长度等于太阳运行周期，还要保持名义上 1 年 12 个月的习惯，因而采取设置闰月的办法，3 年后插入 1 个月来消除这种误差。插入的这个月叫做闰月，这一年叫做闰年，闰年有 13 个月。3 年 1 闰还要多几天，逐年累积起来，季节就会错乱。于是改为 5 年 2 闰，但又少了几天。经过摸索，确定为 19 年 7 闰。这样，19 个回归年的天数和 235 个朔望月的天数便非常接近了（实际相差 2 时 9 分 36 秒）。中国历法从殷周时代已经知道置闰，最初放在岁终，称为“十三月”；后来改为附加于某月之后，如闰三月，闰四月等等。古代历法对什么时候置闰非常重视，当闰而不闰叫做“失闰”。

一年从什么时候算起？古代有所谓“三正”，即：夏历以建寅之月（含立春之月，即农历正月；北斗星斗柄所指曰建，亦称斗建）为岁首，殷历以建丑之月（农历十二月）为岁首，周历以建子之月（含冬至之月，农历十一月）为岁首。这未必是夏、商、周三代历法的不同，而只是春秋战国时期3个不同部族地区历法的区别。晋为夏墟，故建寅；宋为殷墟，故建丑；鲁为周后，故建子。秦和汉初，曾以建亥之月（农历十月）为岁首。由于建寅的夏历划分春夏秋冬合于农时，便于农事，所以从汉武帝元封七年（前104年）改用《太初历》，以建寅之月为岁首之后，2000多年来基本上都采用夏正，所以旧历也叫夏历。春秋战国时期，由于历法制度不统一，不同古籍所记时间往往有差异。如《春秋》、《孟子》多用周历，《左传》、《吕氏春秋》和楚辞多用夏历，《诗经》因来自不同地区，故各篇历法颇不一致，需要具体分析。

古代历法家的纪年法，有所谓岁星纪年法、太岁纪年法和干支纪年法。

岁星纪年法。古代天文家把黄赤道带1周天分为12等分，由西向东命名为星纪、玄枵、诹訾、降娄、大梁、实沈、鹑首、鹑火、鹑尾、寿星、大火、析木等12次。古人认为，岁星（即木星，简称“岁”）由西向东12年绕天1周，每年经行1个天次。假如某年岁星运行到“星纪”范围，这一年就记为“岁在星纪”，第二年岁星运行到“玄枵”范围，就记为“岁在玄枵”，其他以此类推，12年周而复始。如《国语・晋语》记：“君之行也，岁在大火。”《左传・襄公三十年》记：“于是岁在降娄。”就是岁星纪年之例。

太岁纪年法。古代天文家有所谓12辰的概念，大抵是沿天赤道将一周天分为12等分，由东向西配以子、丑、寅、卯、辰、巳、午、未、申、酉、戌、亥等12地支，其安排方向和顺序正好和上述12次相反。岁星由西向东运行，与人们所熟悉的 12 辰顺序相反，所以岁星纪年法在实际运用中并不方便。为此，古代天文家便设想出一个假星叫太岁，让它和真岁星背道而驰，这样就和 12 辰方向顺序一致，并以之纪年。例如某年岁星在星纪，便认为太岁在析木，相当于 12 辰之寅，这一年就是“太岁在寅”。第二年岁星运行到玄枵，便认为太岁在大火，相当于 12 辰之卯，这一年就是“太岁在卯”，其余以此类推。

由于岁星并非完整地每年走一个星次，而是稍多一点，积至 86 年，就要多走 1 个星次；所以岁星纪年法和太岁纪年法并不能反映逐年的实际天象，人们就废而不用，改用干支纪年法。这是一种和天象没有联系的抽象计算方法。干指 10 天干，即：甲、乙、丙、丁、戊、己、庚、辛、壬、癸。支指 12 地支，即：子、丑、寅、卯、辰、巳、午、未、申、酉、戌、亥。我国使用干支纪日起源甚早，而正式使用干支纪年一般认为始于东汉光武帝建武三十年(54 年)。其方法是将 10 天干配 12 地支，如：甲子、乙丑、丙寅、丁卯、戊辰、己巳、庚午、辛未、壬申、癸酉、甲戌、乙亥、丙子、丁丑、戊寅、己卯……共得 60 组，称为 60 甲子，60 年周而复始。从东汉起，至今不曾间断。古人称 60 岁为“花甲”，即“花甲子”的简称。因为天干与地支插花着配合，所以称“花”。大约从东汉起，民间还把 12 地支附会为 12 种动物，叫做 12 生肖，即：子鼠、丑牛、寅虎、卯兔、辰龙、巳蛇、午马、未羊、申猴、酉鸡、戌狗、亥猪(见王充《论衡》的《物势》篇及《言毒》篇)。后世亦以此纪年，敦煌经卷中已有马年、兔年的说法，至今仍在民间流行。

此外，还有历史家的纪年法。历史家最早以帝王纪年，例如周庄王元年，鲁桓公十七年之类，以元年、二年、三年……顺序递记，直到旧君出位为止。在一般情况下，于新君即位之次年重新纪年。春秋战国时期，周王纪年和各国诸侯纪年各成体系，《春秋》和《左传》以鲁君纪年，《国语・晋语》以晋君纪年，《竹书纪年》始以夏、商、周王纪年，周幽王以后以晋君纪年，三家分晋以后以魏君纪年。

从汉武帝开始，采用年号纪年。第一个年号是建元，建元元年相当于公元前 140 年。此后凡老皇帝去世或禅位，新皇帝即位都要更改年号，叫做改元，一般多于次年开始，重新按元年、二年、三年……计算。遇有重大事件，往往改元以志纪念。有时一个皇帝改元好几次，如汉武帝曾改元 11 次，武则天改元 18 次。明清两代较简便，基本上是一个皇帝一个年号（仅明英宗，清太宗各改元一次）。所以明清人往往用年号代称皇帝庙号，如称明成祖为永乐皇帝，明武宗为正德皇帝，清圣祖为康熙皇帝，清高宗为乾隆皇帝等等。如果同一时期存在两个以上政权，则分别采用不同年号纪元，如三国时期，南北朝时期，宋辽金时期等是。除封建王朝用年号纪年外，历代农民起义政权也曾多次建元纪年，如隋末窦建德之“五凤”，唐末黄巢之“金统”，元末徐寿辉之“治平”，明末李自成之“永昌”等等。

辛亥革命以前一段时间，一些革命报刊曾采用黄帝纪元。《皇帝魂》以光绪二十九年（1903 年）为黄帝纪元 4614 年，《民报》以光绪三十一年（1905 年）为黄帝纪元 4603 年。辛亥革命以后，以中华民国纪元。中华人民共和国成立以后，采用世界通行的公元纪年。中国历史上的准确年代计算，是从西周共和元午（前 841 年）开始的（始见于《史记·十二诸侯年表》），迄今不曾中断。而在那以前的年代，均为约数。今天阅读古书，要想知道中国古代某朝某帝某年相当于公元哪一年，可查阅方诗铭编《中国历史纪年表》（附在上海辞书出版社 1979 年出版的《辞海》之后），万国斯编《中国历史纪年表》（中华书局 1978 年重版），荣孟源编《中国历史纪年》（三联书店 1957 年出版）等书。

四季、十二月和二十四节气

中国古代对四季的认识有一个过程。商周以前，一年只分春秋二时。春秋可以代表一年，所以古代的历史书多称为“春秋”。后来又加上冬夏，合称“春冬秋夏”（见《墨子·天志》、《管子·幼官图》）。再往后才依时序调整为春、夏、秋、冬四季，亦可称四时。古人很重视四季在农业生产中的作用，所谓春生、夏长、秋收、冬藏之说，就是从农业生产的几个重要环节说的。后世还附会许多政治的、伦理的色彩，并与五行四方干支等相配合。古人认为，春之神在东方，属甲乙木，其色青；夏之神在南方，属丙丁火，色赤；秋之神在西方，属庚辛金，色白；冬之神在北方，属壬癸水，色黑。这些说法虽属迷信，但影响很大，在后世文学作品及社会生活许多领域中都有所反映。古人还将1季分为孟、仲、季3个月。按照夏历，1月为孟春，2月为仲春，3月为季春，4月为孟夏，5月为仲夏，6月为季夏，7月为孟秋，8月为仲秋，9月为季秋，10月为孟冬，11月为仲冬，12月为季冬。"季"也可作"暮"，如"暮春三月"，即季春三月。如果是殷历，则四季皆提前一个月，周历则提前两个月。四季的划分大致是以当时中原地区平均气温为准，如果从各地实际温度来看，南方北方四季的长短和温度是不尽相同的。

农历所谓月，是指朔望月，即以月相的圆缺周期作为1个月，也就是月球绕地球运行1周的时间。其平均长度为29日12时4分2.9秒，所以农历的月分为大月小月，大月30天，小月29天（阳历的月和月相没有联系，大月31天，小月30天）。农历纪月一般用顺序法，从正月、2月……到12月。以天干地支配合纪月见于《史记·历书》，与之同时也有采用地支纪月的。由于汉武帝以后一直采用夏正，故古人皆以正月为寅，2月为卯，3月为辰，4月为巳，5月为午，6月为未，7月为申，8月为酉，9月为戌，10月为亥，11月为子，12月为丑。旧时过年，有的人家在门楣上贴"斗柄回寅"，意思是北斗星的斗柄又回到寅的方位，表示正月来临，一年复始。古时还有用音乐上的12律配合12月的（见《礼记·月令》），正月太簇，2月夹钟，3月姑洗，4月中吕，5月蕤宾，6月林钟，7月夷则，8月南吕，9月无射（yì），10月玄钟，11月黄钟，12月大吕。所以古人又以12律的名称代指12月。此外，12月还有一些别称，1月称为元月，元是首之意；又称正月，正读征，据说因秦始皇名政，为避其讳而改读。2月为杏月，3月为桃月，4月为槐月，5月为蒲月，又叫端月，6月为荷月，7月为桐月，8月为桂月，9月为菊月，10月为梅月，又叫小阳春，11 月为葭月，12 月为腊月。命名多以植物为标志，反映了农业民族的心理习惯。

古人对于月相，有一系列专门的描述，每月初一称为朔，朔通苏，意即月亮复苏了。先秦时国君每月初一要到庙里设祭，叫做“告朔”。哪一天是朔日，从月相上看不出来，要靠推算。在周代，王室每年要把什么时候是 1 年的开始（正），什么时候是 1 月的开始（朔），通知各国诸侯，各国即据以确定历日，叫做“奉正朔”。每月 15 日或 16 日称为望，意即满月，最圆。每月最后一天为晦，意即月尽无光。古人把一个月的月相变化大致分为 4 个阶段：初吉——月牙初露到半圆，其中初三称为朏（音非），表示月亮将要出来；既生霸（霸读 pò，亦作魄，指月亮发光的部分）——月亮从半圆到满圆，其中初八为哉（初）生霸；既望——从月满到半圆；既死霸——月亮从半圆到消失，其中 23 日为哉死霸。后来，月相的名称较为通俗形象了。初四、初五，月相如娥眉，叫娥眉月。初七、初八，月相上缺如弓弦向上，叫上弦。这以后可以看见月面的大部分，叫凸月。十五、十六日之月，叫望月，满月。这以后月面始亏，可见之明亮部分逐渐减少，叫残月。到二十三四日，月相半明半暗，是下弦。再往后，二十六七日，又是娥眉月。这些名称，至今仍然使用。

古人把每个月分为两个节气，月首叫“节气”，月中叫“中气”，两者相隔半个月。每节设立专名，称为 24 节气。其顺序是：立春、雨水、惊蛰、春分、清明、谷雨、立夏、小满、芒种、夏至、小暑、大暑、立秋、处暑、白露、秋分、寒露、霜降、立冬、小雪、大雪、冬至、小寒、大寒。殷和周初，只确定了春分、夏至、秋分、冬至 4 个节气。在战国末期成书的《吕氏春秋》里，已有了 8 个节气，增加了立春、立夏、立秋、立冬。所谓“四时八节”的“八节”，就是指上述八个节气。到汉初的《淮南子·天文训》，24 个节气都齐备了（另一说，24 节气首见于《逸周书·时训解》，早于《淮南子》）。夏至之日白天最长，冬至之日白天最短，古人还把春分叫日中，秋分叫宵中，因为这两天昼夜长短相等。24 节气的确立划分是十分科学的，至今仍是农业生产的重要气候依据。它是中国历法的独特发明，外国至今只有二分、二至。24节气是按照太阳在黄道上运行的位置而划分的，在阳历中几乎每年固定，最多只差一两天，在农历中却是不固定的。这是由于农历1个月比2个节气之间的平均天数少一两天，所以"节气"和"中气"在农历的月份中要逐渐推迟。这样就会出现有的月只有"节气"，没有"中气"；或者有的月只有"中气"，没有"节气"。从汉武帝时的《太初历》起，规定一年中没有"中气"的月份作为上一个月的闰月，这样每个"中气"就都在固定的月份里了。

和24节气相联系的还有"三伏"、"数九"等概念。"三伏"是一年中最热的时期。民间以夏至后的第三个庚日起的10天为头伏，夏至后第四个庚日起的10天或20天为中伏，立秋后第一个庚日起的10天为末伏。"三伏"共计30天或40天。"数九"天是一年中的低温季节，从冬至开始数起，每9天为一"九"。在黄河流域，"三九"、"四九"是一年中最冷的日子。"九九"数尽，也就是艳阳天，和暖的春天到了。南方还有所谓"入梅"、"出梅"，因为南方夏天梅子成熟时多雨，气候湿热，俗称"梅雨季节"。"伏"、"九"、"梅"等概念起源甚早，可能与24节气同时产生，在古代历书上，对这些日子都有相应的规定。

古人把10日称为1旬，1个月分为上旬、中旬、下旬，后世又称上浣、中浣、下浣，浣意为洗。唐时规定10日一休息沐浴，故每月初十、二十、三十这三天称为休沐日。中国古代没有7天为一星期的概念，这一规定是近代西方历法传入之后才有的。

关于纪日和纪时

上古时代纪日，不是像现在这样，以初一、初二、初三……十一、十二、十三……二十一、二十二、二十三……的顺序纪日，这是稍后才使用的方法。最早是用天干纪日，如夏代后期几个帝王使用"孔甲"、"胤甲"、"履癸"等名号，即可为证。殷代已使用干支配合纪日法。河南安阳小屯村出土的殷墟甲骨文中，有一块武乙时期(约公元前13世纪)的牛胛骨，上面刻有完整的六十甲子，很可能就是当时为计算日数所使用的干支表。据考证，春秋时期第一次日食发生在鲁隐公三年（前720年）二月己巳，现经科学推算，这个日期是准确的。而从那以后，各代史书都使用干支纪日法，一直延续下来，没有间断。而民间则主要使用顺序纪日法。

近人还有使用韵目纪日法的。取平水韵之106韵目依次分别代表一个月中的某一天，如：一东、二冬、三江、四支、五微、六鱼、七虞、八齐、九佳、十灰等等。一般多用于电报，如1927年5月21日，许克祥在长沙发动反革命政变，因为21日的韵目代日是“马”字。所以人们称这次事变为“马日事变”。

要知道古书上所记干支之日是农历该月的第几天，相当于阳历的几月几日，可查陈垣编的《二十史朔闰表》（有中华书局1962年修订本）和薛仲三、欧阳颐编的《两千年中西历对照表》（三联书店1957年出版），前者以中历为主体，后者以西历为主体，均可互相换算。

古人对日期先后的概念相当明确。今日称今，昨日称昨，明日称翌（yì）日，明早称诘朝，三天前的日子称前日，过去的日子称昔、昔者、曩者，三天后的日子称后日，一旬以外的日子称为来日。

古人对一年中一些特殊日子作出特殊规定，称为节日，各有不同的风俗习惯活动。如：

元旦——正月初一，又叫元日，元者首也，农历新年的庆祝活动多集中在这一天，一向极为隆重，叫做过年，现在叫春节。从五代起有贴春联的习俗。还有贴门画（神荼、郁垒或秦叔宝、尉迟恭像）、贴年画、放鞭炮、舞龙、舞狮等风俗。

人日——正月初七，据传说，正月初一为鸡日，二日为狗日，三日为猪日，四日为羊日，五日为牛日，六日为马日，七日为人日。

上元——正月十五日，又叫元宵节、灯节，民间多张灯为戏，举行灯会、花会、灯谜会。据说最初始于汉代，而盛于隋唐以后。

社日——立春后之第五个戊日，在春分前后，为农家祭社（土神）祈年之日。立秋后的第五个戊日为秋社，在秋分前后。

花朝——二月十二日，据说是百花生日。

寒食——在清明前二日，民间禁火三日，据说起源于晋文公纪念介之推。

清明——即24节气中之清明日，古人往往要祭祖，扫墓，至今许多地区仍然如此。

上巳——三月三日，人们多至郊外春游，水边宴饮，以祓除不祥，叫做踏青。

浴佛节——四月八日，据说是释迦牟尼的生日，各寺庙皆有盛大佛事活动。

端午——五月五日，又叫端阳节，人们都要吃粽子、划龙船，据说是为了纪念屈原或伍子胥。还有门前挂菖蒲、白艾，洒饮雄黄酒，襟前挂衣香粉荷包等习俗，据说可以避瘟疫。

伏日——一般约指初伏第一天，农家要歇伏避暑，举行酒宴。

七夕——七月七日，据说是夜牛郎织女鹊桥相会，人们陈酒脯瓜果于庭中，妇女结彩缕向月穿七孔针，穿过者为得巧，据说始于汉时。

中元——七月十五日，迷信的人认为是鬼节，佛家于是日举行盂兰盆会，源于目连救母传说。"盂兰盆"是天竺语，是解民倒悬之立意。

中秋——八月十五日，月明而圆，潮水最大，是赏月和观潮的盛大节日。有祭月、吃月饼、吃团圆饭，供兔儿爷等民间习俗。

重阳——九月九日，又称重九，人们带茱萸囊，登高山，饮菊花酒，以避邪气。始于战国，而盛于南北朝和唐宋。

冬至——即24节气中的冬至之日，古人认为冬至一阳生，所以也当作重要节日之一。

腊日——汉代以冬至后第三个戊日为腊日，要祭祀百神。南朝宗懔《荆楚岁时记》以十二月初八为腊日，简称腊八，民间至今尚有喝腊八粥的习惯；又是"佛成道日"，据说释迦牟尼于是日得道成佛。

除夕——一年的最后一天叫做岁除，要吃丰盛的"年夜饭"。其夜叫除夕，俗称大年夜，儿童有守岁不睡以迎接新年的习俗。

20世纪50年代以来，中国的节日大致可分为两类：一类是政府规定放假的节日和不放假的节日，包括元旦（放假一天）、春节（即农历新年，放假三天）、三八妇女节（女职工放假一天）、劳动节（放假一天）、五四青年节、六一儿童节、八一建军节、教师节（皆不放假）、国庆节（放假两天）。

另一类是民间节日，不是法定节日，但社会上有活动。如元宵节、清明节、端午节、中秋节、重阳节。商家皆有应节促销措施。但节日活动内容均已大大简化。

海外华人和台港流行的中元节，在大陆已经罕见，在新加坡和马来西亚，有长达一个月的酬神活动。西方传来的圣诞节，在一部分信教群众中有规模不等的活动。

中国各少数民族皆有自己的传统节日，如藏族的藏历新年、穆斯林的开斋节、壮族的三月三、傣族的泼水节等。仍保留，甚至有新发展，当地往往同时有重要的文化和商贸活动。

21世纪初，为促进旅游，用倒休的办法把春节、五　、十一放假集中为七天。从2008年起，把清明、端午、中秋规定为放假的节日。五一改为放假一天。

古代关于一日之内的时间划分，相当细致，名称很多。

古人根据天色把一昼夜划分为若干时段。一般地说，天将亮时为昧旦、昧爽，天已亮时为平旦、平朔，日出时为旦、朝、晨，太阳正中时为日中、日极，民间叫正午、中午，将近日中时为隅中，太阳西斜时为日昃、昃，日将落时为日曛、日入、日夕、暮，日落之后为黄昏、昏，黄昏以后是人定，夜晚叫宵或夕，半夜称为子夜，意即夜半子时。

古人多一日两餐，早饭叫朝食，又叫饔（音涌），在日出之后，隅中之前，约上午9点左右，这段时间叫食时或蚤（通早）食；晚饭叫飧（音孙），在日昃之后，日入之前，（约下午四点左右）这段时间叫哺（或铺）时。

古人将一昼夜划分为十二个时辰，以十二地支表示。子时＝晚上

11—1 点，丑时＝1—3 点，寅时＝3—5 点，卯时＝5—7 点，辰时＝7—9 点，巳时＝9—11 点，午时＝11—午后 1 点，未时＝午后 1—3 点，申时＝午后 3—5 点，酉时＝午后 5—7 点，戌时＝晚上 7—9 点，亥时＝晚上 9—11 点。后来又将一个时辰分为初、正，如子初即等于晚上 11 点，子正即等于晚上 12 点。这样就和现在的 24 小时制大体对应起来了。所谓“小时”，也就是古代半个时辰的意思。

古人将一夜分为五段，即：甲夜、乙夜、丙夜、丁夜、戊夜，后来又称五更、五鼓，每更约两小时。夜间报更要击鼓，称为更鼓。二更半为半夜，五更将近天明。

古人最初将一昼夜分为 100 刻，后因 100 刻与 12 时辰不相合，乃改为 96 刻，平均每个时辰 8 刻，与现代每小时 4 刻正好相合。

古人最早以圭（音归）表测时。设一圆盘，斜面朝西，正中立一时针（称为表），沿盘周分别划出 12 时辰和 96 刻度，有如今之钟表表盘，依太阳照射时针产生的阴影所在位置来确定时刻。今故宫及北京天文馆均有日晷实物陈列。

从周代起，已使用漏壶计时器。上置漏水壶，下置承水箱，箱中有一条插着竹箭的小船，箭杆上刻有时辰刻度。漏壶中的水定量均匀地向下滴漏，承水箱中水位逐渐升高，箭杆随着逐步上升，到一定时刻，即显示出一定刻度。漏壶最初只有一个，后来发展到两个，甚至四五个成套使用。后世多用铜制，故习惯称“铜壶滴漏”。故宫中和殿曾有漏壶计时器实物陈列。

汉代以后，中国计时器不断发展。东汉张衡制造一种活动日历，叫做“瑞乾蓂荚”，从每月初一起，每日转出一片木板，到地平线上，15 日则出现 15 片，然后每天转入 1 片，到月底落完为止。隋代已有钟车、漏车、鼓车，是可以移动的报时器。唐代梁令瓒制作了水力推动的“水运浑天铜仪”，其中包括计时器，每刻有一木人自动击鼓，每时辰有一木人自动敲钟。宋以后越来越精巧，韩公廉设计的“水运仪象台”，其中已具有相当于现代钟表的关键部件“擒纵器”。元代科学家郭守敬所制“大明殿灯漏”,更为复杂,自动化程度更高。明末清初,西方以发条为动力的机械钟表制造法传入中国,从此计时器进入了新的时代。

本章主要参考文献:

王力主编《古代汉语》下编,第一分册,古代文化常识之天文、历法部分,中华书局 1963。

海上《中国人的岁时文化》,岳麓书社 2005。

杨景震《中国传统岁时节日风俗》,西北大学出版社 2006。

常建华《岁时节日里的中国》,中华书局 2006。

第九章 中国民间信仰

中国的民间信仰在远古时代即已产生,直到现代,有的消失了,有的变化了,有的发展了,始终不曾断绝。

信仰不同于宗教,但往往为宗教所吸收和利用。民间信仰比宗教信仰范围更广泛,有的已经渗透在风俗习惯之中。

民间信仰有别于官方信奉。有的信仰流行于民间而为官方所认可或默许,有的作为迷信被官方所禁止和限制。民间信仰与宗教崇拜、风俗习惯、迷信活动等等之间的关系十分错综复杂。它是一种特殊的文化现象,是一个民族文化特征中最引人注目的组成部分。

为了叙述方便,下面分自然神信仰、社会神信仰和其他神灵信仰三方面来介绍。

自然神信仰

对天地的信仰

从中国古代到近现代,从上层社会到民间基层,最普遍最崇高的信仰莫过于对天的信仰。中国历代帝王都自称天子,秉承天命,统驭天下,所以历代帝王莫不崇拜天,朝廷最大的祀典就是祭天。北京的天坛,是明清两代皇帝祭天的场所,在京城 7 坛之中规模最大。其次才是地坛、日坛、月坛、社稷坛、先农坛等等。这些正是帝王对自然神崇拜的具体体现。

50 年前,在中国农村及中小城市,各家各户都在正厅供奉着一块牌位，写着“天地君亲师”5个大字，表示崇敬的次序。其中的“君”字在辛亥革命以后改为“国”字，但也有些偏僻地方一仍其旧。

几千年来，中国人发誓，最主要的鉴证者就是天。古代叫做“指天发誓”。近现代叫做“对天发誓”。在民间，最严厉的诅咒就是“呼天喊地”，即请天地来惩罚恶人、罪人。遇有喜庆，首先要致谢的对象就是天地。凡逢年过节、结婚、生子、升官、中科举……举行庆祝活动时，节目中第一项就是拜天地，其次是拜祖宗，再次是拜父母……

值得注意的是，中国人的天地信仰，不是人格神的信仰，而是自然神的信仰。尽管从墨子到董仲舒，历代不少理论家把天说成有感情，有意志，能赏善罚恶，决定个人和国家的命运，描绘得活灵活现。但始终不曾出现有名有姓的天之神、地之神。古人称“皇天”、“后土”，今人喊老天爷，都是泛指。并不像佛教的释迦牟尼那样成为完全人格化的神。天无处不有，地无处不在，所以人们也无需为天神、地神修殿堂，盖祠庙。

对日月的崇拜

在中国古代神话中，日神名羲和或东君，月神之驭者名望舒，月中有嫦娥、三足蟾等等，这属于神话，并未成为民间信仰的神灵。民间崇拜太阳、月亮，只是作为自然力，而不是作为自然神。民间最流行的有天狗吃日、天狗吃月的传说。两者指的是日食和月食，古人不知道这是天体运行现象，以为有天狗来侵犯，于是地上的人们要设法驱逐天狗，办法是击鼓敲锣以吓退天狗，这种风俗一直流传到本世纪40年代。中秋拜月也属于风俗，与神灵崇拜不同。在佛教庙宇里，药师佛两旁侍立有日光菩萨和月光菩萨，他们是佛教之神，一般民众并不十分熟悉。

对星辰的崇拜

北斗七星中的第四星为文曲星，第六星为武曲星，均为民间所信仰的掌功名利禄的星神。文曲星又名文昌星，其信仰至迟在战国时已流行，后世各地多建有文昌宫以祀之，唐以后常与四川梓潼帝君合而为一。

魁星,又作奎星,即二十八宿中西宫七府中的第一宿。汉时已流传奎星主文章,旧时学宫、士人多祀之。神像作鬼形,持斗,蓝面,赤发。魁星点斗,中者得高科。

太岁,是民间信仰中的凶神,或以为即八大行星中第五位之木星,即岁星。木星每12年循环一周,正与地支相合,古人用地支记其方位。如甲子年即太岁在子位,乙丑年太岁在丑位。民间认为,太岁所在之方向为凶方。民间每兴土木建筑,或迁徙,必先问明当年太岁在何方,避免与其相对,招灾惹祸。宋以后,太岁星人像化,元明清皆列入祀典。

北斗星君、南极仙翁、太白金星,是道教把星辰神化的产物,均作老人像,着神仙道服,常常下界帮助善男信女消灾解难。

彗星。中国民间叫做扫帚星,因其有长尾如扫帚而得名。一旦出现,预示将有灾难发生,所以认为是不祥之兆。

流星,民间认为是发生火灾的预兆。

对气象的崇拜

雷神。雷电是自然界中恐怖而又无法预知的现象,所以人们想象为神怪。在《山海经》中,雷神呈兽形,状如牛,而无角,一足,出入水则必风雨,其光如日月,其声如雷。《楚辞》称“雷师”,名“丰隆”。后代雷神又叫雷公,形状不一,大抵半人半兽。清代黄斐默《集说真诠》说:“今俗所塑之雷神,状若力士,裸胸袒腹,背插两翅,额具三目,脸赤如猴,下颏长而锐,足如鹰鹯,而爪更利,左手持楔,右手持槌,作欲击状。自项至膀,环悬连鼓五个,左足盘蹑一鼓。称曰雷公江天君。又塑电神像,其状如女,貌端雅,两手各持镜,号曰电母秀天君。”雷公的来历,有人说是黄帝大臣力牧,有人说是六朝后期雷州刺史陈文玉。雷公不仅能代天行罚,击杀有罪之人,而且能分辨善恶,主持正义,甚至降妖伏魔。所以雷公形象虽怪,并不可怕。后世雷神不止一位,而有36部之多,合称雷部。

雨神。在上古,认为雨师是28宿的毕星所主。汉以后,称雨神为屏翳、玄冥。魏晋以后 ,传说龙能降雨,故求雨多祈祷龙王,而雨师遂被人们淡忘。

风神，亦称风伯，上古以为28宿中的箕星所主。《楚辞》以飞廉为风神。状如有翼之怪兽。唐宋以后，其形象为“白须老翁，左手持轮，右手持箑，若扇轮状”。（《集说铨真》）

对山川的信仰

高山峻岭，生草木，藏禽兽，兴云雨，亦能成险阻；长江大河，供灌溉，利舟楫，出鱼虾，也能发洪水，溺人畜。所以人们崇拜，信仰，求福禄，保平安，寄托美好的愿望。

山的崇拜莫高于五岳。五岳的观念是逐渐形成的。东岳指山东泰山；西岳指陕西华山；北岳指河北恒山；中岳指河南嵩山；南岳，汉时指安徽霍山，唐以后指湖南衡山。汉以后，即各建岳庙祭祀，秩比三公。唐开元以后，封五岳神为王。宋真宗以后，皆封大帝。民间或称圣帝。地位越来越高，官方祀典越来越隆重，民间信仰也越来越笃诚。五岳之神，除了兴风雨，主水旱之外，还能与天相通，主宰官吏的仕途和百姓的生死祸福。

东岳大帝。东岳泰山是五岳之首，从战国末年起，就成为君王告成于天的封禅之地。帝王每逢应天受命，易姓改制，必于泰山封禅。泰山高而峻，向来被认为与天相通的登仙之路。东汉时民间传说，泰山之神掌阴府，招人灵魂，知人生命短长，又是治鬼之所。魏晋以后，泰山神被人格化，泰山府君有子有女，掌阴曹如同官府。唐宋时，泰山神封天齐王或东岳大帝，东岳庙亦称天齐庙。明清以后，东岳大帝信仰与佛教阎罗王信仰基本合流，两位神灵往往并存于东岳庙中，民间或以为东岳大帝是阎罗王的上司。自从《封神演义》流行以后，民间相信小说家的说法，认为东岳大帝是商纣王大臣黄飞虎。

西岳华山，地近长安，在五岳中地位显著。其人格化始于东汉，唐玄宗时封金天王，于岳上置道观。其神之来历，有说是少昊，有说是皋陶，有说是浩元仓。

南岳大帝。唐太宗定衡山为南岳，地位不甚显著，盖因南方开发较晚。唐玄宗封南岳神为司天王，宋真宗又加封为司天昭圣帝，地位越来越重要。南岳之神最早是祝融，后来说是伯益，《封神演义》则以商纣王臣崇黑虎为南岳大帝。

北岳大帝。在五岳中地位不高，自汉至明，祀北岳恒山于河北曲阳，清顺治以后改在山西浑源，而称河北恒山为大茂山。北岳之神一说是颛顼。

中岳大帝。在嵩山，包括太室山、少室山，因临近长安洛阳，历代帝王祭礼甚勤，很早就人格化。唐时封中天王，宋时封中天崇圣帝，地位仅在东岳之下。

五岳之外，各地大山均有山神，其地位和庙宇大小不一。最小的山神庙如土地庙。

长江之神。因为江流太长，所以各流域之神有所不同。蜀地江神名奇相，楚地江神为湘夫人，属洞庭。又有长江三水府之说，宋时九江马当山为上水府，太平采石为中水府，镇江金山为下水府。

河神。先秦称河伯，是白龙或大鱼。后来人格化，名冯夷。战国时有河伯娶妇的传说。后世黄河无统一的河神。

四海龙王。民间认为龙王是海中的最高神，四海各有一龙王，东海龙王名敖广，南海龙王名为敖润，西海龙王名为敖钦，北海龙王名敖顺，以八月十八日为四海龙王神会日。龙能行雨，所以各地都向龙王求雨，龙王庙凡有江河处皆可见，不仅在海边。

浙江有潮神。据说是春秋时吴国伍子胥和越国文种。

湖神。洞庭湖、鄱阳湖、太湖均有湖神。各地较大的湖泊亦祭祀湖神。

动植物崇拜

谷神。周人祖先后稷被奉为五谷之神，一直由国家致祀，社稷坛即其祭坛。

蚕神。从周秦至明清，均祭蚕神。有人认为，即黄帝之妻嫘祖。民间流行马头娘的传说。本为民女，以马皮裹身，悬于大树，遂化为蚕。

四川蚕神为青衣神，即蜀先王蚕丛氏，常服青衣巡行，教民蚕事。江浙一带信奉蚕姑。

大树信仰。南北乡村多有。乡民以为大树有灵，或有灵物寄在树中，遂有人烧香许愿，系红布，以示不同于其他树木。

牛神。宋以后有牛王，牛首人身，为耕牛保护神。各地有牛王庙。或以孔子弟子冉伯牛为牛王，其庙画百牛以像之。

马神。周代已祀马神，民间称马王，其像四臂三目，为马匹保护神。北京西部有马神庙，在今首都师范大学附近。

龙。是一种想象的神灵动物。在先秦，指巨大的爬虫，据说夏代有养龙的官和吃龙的习惯。后来成为能伏能飞能蓄水的灵物，如“潜龙”、“飞龙”、“应龙”。春秋时被当作雨神来祭祀，秦汉以后成为祥瑞，能化身为天子或伟人。龙的形象愈来愈复杂，东汉以后逐渐定型。身似蛇，首似马，角似鹿，眼似蛙，须似羊，尾似鱼，爪似鹰，掌似虎，四足，全身有鳞，能兴风雨，驾云雾。现代研究者认为，是华夏各部族许多图腾的集合物，后来成为帝王的象征。但民间并未完全使之尊严化，民间有神龙，也有恶龙，可以降龙、舞龙、戏龙、有龙船、龙灯、龙舞、龙旗，龙可以成为各种装饰物，并非神圣不可侵犯。世界华人对龙有特殊感情，皆称本民族是龙的传人。

凤。是一种想象的灵鸟，百禽之首，形状像孔雀。汉代的《说文解字》说它：“麐前鹿后，蛇颈鱼尾，鹳颡鸳思，龙文龟背，燕颔鸡喙，五色备举。”非醴泉不饮，非梧桐不栖，非竹实不食，有道乃见，见则天下太平。雄为凤，雌为凰。《诗·大雅·卷阿》正义引《白虎通》佚文说：“雄鸣曰‘节节’，雌鸣曰‘足足’，小音中钟，大音中鼓。”民间有百鸟朝凤之说。凤是吉祥的象征，而未成为崇拜的对象。

麟，又叫麒麟，想象的灵兽。《尔雅》说它如麇如鹿，独角而牛尾，全身有鳞。古代认为是吉祥的象征，称为仁兽，瑞兽，有王者则至。孔子因为鲁人误杀麟，预示国之将亡，而使《春秋》辍笔。后世以麟为雄，麒为雌。民间有麒麟送子的传说，常用作装饰物。当代研究者认为，其原形为“四不像”。

龟,是古代的神物,甲族之首。很早就用来占卜,称“灵鬼”、“神鬼”,以为能通人情,知吉凶,可以充当人神之间的媒介。又因其生命力强,拟于长寿者,遂有龟鹤延年的成语和艺术品。

石敢当。在中国民间,多以小石碑或小石人立于村口或桥道要冲之处,上刻“石敢当”或“泰山石敢当”以镇压不祥。此种风俗以南方为盛,南洋亦常见。新加坡火城社公庙左角,即立有一通“泰山石敢当”石碑。石敢当之名,最早见于西汉史游《急就章》,“狮猛虎,石敢当,防不侵,龙未央”。或以为石乃姓氏,敢当表示所向无敌,碑取其意以镇邪。或以为此俗乃古代灵物崇拜之遗风,以巨石有灵遂赋予辟邪镇鬼之神力,压于地下,后又借用“石敢当”句以状其声威。至清初,冠以“泰山”,借泰山之力以加深其镇邪阻煞的作用。

社会神信仰

社会神指承担某些社会职能的人格神,他们不同于将自然力量人格化的自然神,而是将社会职能寄托于神秘力量或历史人物,是人们企图解决某些社会问题的愿望而以幻想的形式来表现。

家庭保护神

门神。家门的守护神,目的是防止妖魔鬼怪、邪恶势力侵扰住宅的安宁。早期门神是神荼、郁垒。王充《论衡》引《山海经》说:“上有二神人,一曰神荼,一曰郁垒。主阅领万鬼。恶害之鬼,执以苇索而以食虎。于是黄帝乃作礼,以时驱之。立大桃人,门户画神荼郁垒与虎,悬苇索以御凶魅。”(按此条文字不见今本《山海经》)汉魏六朝,门神多作金甲武士像。唐以后,门神绘成黄脸秦叔宝,黑脸尉迟恭。据说唐太宗患病,常听到鬼魂呼叫。秦叔宝、尉迟恭自愿戎装守门,鬼不再来。于是太宗命画工作二将军像于门上,从此平安无事。这个故事经《西游记》渲染,逐渐普及于民间,至今不衰。

灶神，先秦已有灶神。《礼记》已将祭灶列入天子七祀诸侯五祀之中，庶人立一祠，也要祭灶。或以其主炊事，故神作老妇之状。汉以后，灶神职掌扩大，由主炊事而兼掌家人的寿夭祸福，甚至充当上天派驻百姓家中的监察员。东汉郑玄说灶神是“小神之居人间，司察小过，作遣告者尔”。（《礼记·祭法》郑玄注）西晋葛洪说：“月晦之夜，灶神亦上天白人罪状，大者夺纪，纪者，三百日也；小者夺算，算者，三日也。”（《抱朴子·微旨》）因而灶神成了重要的家宅之神，俗称灶王爷。居于灶后小木龛内，或纸绘或木雕，黑面长须朝服端坐，额曰“一家之主”。民间传说，灶王爷姓张，有夫人和子女。中国传统习俗，每年腊月二十三或二十四，灶王爷上天之前夕，有送灶之仪，供奉灶王爷，把酒糟抹在灶门上，谓之醉灶；或将粘糖封住灶王爷的嘴，目的都是使他不能在上天说这家人的坏话。还有的在灶神像两侧贴上两句话：“上天言好事，下界保平安。”宋代诗人范成大有《送灶诗》，把当时祭灶风俗作了生动的描绘。送灶之后七日，即除夕之夜，人们还要举行迎灶仪式，把灶王爷接回家。

财神。民间多以赵公明为财神。据晋人干宝《搜神记》、梁人陶宏景《真诰》等书记载，可知本为道教信奉之神，元明以后道书及民间相传，赵公明因护张天师丹炉有功，封玄坛元帅，所以又称“赵公元帅”或赵玄坛。买卖求财，能使之宜利和合。并能驱雷役电，呼风唤雨，除瘟翦虐，救病祛灾。《封神演义》说赵公明是峨山仙人，因助纣抗周身亡，被姜子牙封为财神，据说有四位下属：招宝、纳珍二天尊、招财使者、利市仙官。民间还有传说他是回教徒。其形象为武将，骑黑虎，至今到处可见。民间又有文财神为比干、武财神名关羽之说。东南亚华人多以关羽为财神及保护神。中国北方有祭财神习俗，除夕之夜将财神请回家中。在厅堂悬挂其画像，摆设供品，举行祭祀，祈求来年招财进宝。明清以后，江南民俗以五路神为财神，意即出门五路皆得财。一说五显神亦财神。宋元以后，北方供利市仙官，每届新年，商家专绘其像贴于门上，或财神之旁。

福神。宋时民俗以真武为福神。后世民间多大书一福字或“福星高照”四字于中堂。广东及南洋华人,往往故意将福字倒贴,表示“福到了”。近代流行“天官赐福图”,表示吉祥,并不奉供祭祀。

福禄寿三星。是民间常见的吉祥物,而非供奉的神灵。福星肥胖,手执元宝,身旁有多个子女。禄星着朝服冠带,为高官模样。寿星为白发老翁,头角甚长,前额突出,拄一弯曲拐杖。有人指南极老人星为寿星,然而民间并不深究其属何星宿,只取其象征意义,与星宿崇拜有所不同。

行业保护神

木匠泥瓦匠之神是鲁班,据说即战国时公输盘,与墨子同时,为著名巧匠。民间关于鲁班的传说甚多,不少地方建有鲁班庙或殿。

铁匠之神。有的地方奉太上老君为炉火之神,因为他善于炼丹。有的地方奉唐代名将尉迟恭为铁匠神,因为他当过铁匠。

梨园神。戏剧界保护神,称相公或老郎,有人说是唐代宫廷乐师雷海青,有人说是唐玄宗,有人说是后唐庄宗,因为这两位皇帝都喜欢戏剧,并亲自扮演。

屠户之神。有的地方奉张飞为屠宰行业之神,因为张飞当过屠户,不少地方有张飞庙。

商业神。不少商人以孔子弟子子贡为商业保护神,因为他善于经商。

药王。古代或以神农为药王,或以扁鹊为药王,唐以后奉孙思邈为药王,不少中药集散地有药王庙。

黄道婆。是松江、太湖一带棉农、织工的保护神。据说是元代松江人,少年流落崖州(今海南岛),从黎族妇女学得纺织技术,后回乡推广传授有关轧籽、绣花、织机等知识与技艺,使当地纺织业有很大发展,故后人建祠纪念。

地方保护神

土地。中国各地村镇普遍建有土地庙,是基层地区的保护神。他来源于古代的后土和社神。后土是抽象化的总司土地的大神，由帝王专祀，其地古称太社或王社，是一个四方形土坛，周围植松柏桧栗。各地诸侯邦国，祭祀本地区的土地之神——社神。其地称国社或侯社。与祭祀谷神之处合称社稷，是国家政权的象征。古代民间25家为1社，称为里社。秦汉以后，分封制改为郡县制，代表诸侯政权的国社侯社不再存在，改为县社。社神逐渐失去自然神崇拜性质，转化为具有多种社会职能的地区保护神，人化现象日显，名称则由社神改为土地神。最早的记载见于西晋干宝《搜神记》卷五，其中说：汉末广陵人蒋子文，为秣陵尉，击贼受伤而死。东吴初年，蒋子文托梦传言："我当为此土地神，以福尔下民。尔可宣告百姓为我立祠。不尔将有大咎。"吴主孙权遂封蒋子文为中都侯，成为钟山的土地神。南北朝以后，土地神往往由有功德于当地的历史人物充任，传说萧何、韩信、韩愈都被封为土地神。宋以后，土地神简称土地，其信仰普遍流行，几乎村村有土地庙。由于城市供奉城隍，管辖府州县；土地则成为其下属，管辖乡里村镇。其官职卑小，威力不大，在《西游记》里，是常被妖魔所欺负而为孙悟空所呼唤询问的小神，实际上是乡村基层小吏的缩影。其形象为白发老翁，和蔼可亲。有的地方塑成对偶神，称土地公公土地婆婆。其庙最小，往往建在村口或路旁，不过数尺高的石龛而已。据新加坡学者邱新民研究，东南亚华人所立土地庙，亦称福德祠或大伯公祠。在新加坡有多处，如龟均大伯公庙，水廊头大伯公庙，水仙门大伯公庙、梧槽大伯公庙、芽笼大伯公庙、源顺街海蜃福德祠、丹戎巴葛福德祠、合洛津福德祠等（见邱新民著《新加坡风物外纪》）。

城隍。是城市保护神。本义为保护城墙及护城河。其名称始见于《北齐书·慕容俨传》。南北朝时局限于南方少数地区信奉。隋唐五代，随着城市的发展而推广开来。宋以后几乎天下府州县城，皆立城隍庙。元代有天下都城隍，成为国家保护神。城隍的职掌由守护城池而扩大到保境安民，主管当地水旱吉凶，及阴间事务，设公堂，审案子，兼掌科举仕禄，并定期于清明上元出巡四乡，俨然成为一个地区的最高神灵，是州县长官的折影。道教把城隍纳入自己的神系，赋予他主持公道，监察吏民，翦除凶顽，救病抗灾以及总管一方亡灵等使命。有的地方的阎王殿附设在城隍庙里。其庙规模比土地庙大得多，其神比土地威风得多，建筑仿佛州县衙门。城隍之下有判官，差役。明初，朝廷规定各级地方长官赴任时，得向城隍宣誓就职。各地也有将某个历史人物附会为某城隍的。如春申君为苏州城隍，文天祥为北京城隍，纪信为镇江城隍。新加坡亦有都城隍庙，在柏城街(丹绒巴葛地铁站附近)。

其他神灵信仰

玉皇大帝。是中国民间诸神中最高的天神，实际上是人间帝王在天上的缩影，其形成有一个历史发展过程。殷周时期已有“皇天”、“上帝”等称呼，但并无具体形象。历代之祭天，天皆为抽象化的非人格化的概念。东汉纬书以北极星为天皇上帝，总领天地群神，仍然比较模糊。至六朝和唐代，民间出现了以凡人充当的上帝。如梁殷芸《小说》中的“张天帝”，唐段成式《酉阳杂俎》中的“张天翁”。所以后世一直认为玉皇大帝姓张。梁陶宏景在其道教著作中，已有“玉皇”、“玉帝”的称呼，是两位神，列为三清之下属。在唐代道教著作中，玉帝是天尊中的第九位。唐代诗人常提到玉皇，但不甚尊严。久而久之，民间的“天帝”与道教的“玉皇”逐渐合而为一。宋真宗时，玉皇列入国家祀典。宋徽宗时，把传统祀典中的昊天上帝与玉皇结合而称为“昊天玉皇上帝”，但为时短暂。以后一直到清代，国家祭天大典中并无玉皇，只有昊天上帝。在多数道教经典中，玉皇地位仍在三清之下，四御之一，并未确立最高神的地位。唯在民间信仰中，玉皇大帝突破国家祀典和道教经典的限制，成为至高无上的天神，总领三界十方四生六道。在《西游记》中，太上老君地位不及玉皇，佛祖只管西方极乐世界，顶多与玉皇平起平坐。其下属各位，全是人间帝王身旁大臣的模样，玉皇的宫殿逐渐普及全中国，南洋一带至今香火不断。新加坡有多处神殿，奉祀玉皇大帝或玉皇上帝。

太上老君。即老子，东汉以后，道教把他塑造为神仙。葛洪《抱朴子·杂应》篇说他，“身长九尺，黄色，鸟喙，隆鼻，秀眉长五寸，耳长七尺，额有三理上下彻，足有八卦。以神龟为床，金楼玉堂，白银为阶，五色云为衣，重叠之冠，锋鋋之剑，从黄童百二十人”。号为“老君”。民间传说，从其母左腋而生，生于李树下，因以为姓。北魏时出现“太上老君”称呼，梁陶宏景《真灵仙位图》以元始天尊为众仙之首，太上老君位居第四阶。至唐，因老子姓李，遂加封为“太上玄元皇帝”，全国各地立庙奉祀。宋真宗尊为混元皇帝。但在道教诸神中，只是三清之末位。在民间，其地位不及玉皇大帝，始终为一民间老道士形象，骑青牛，携八卦炉炼丹，有童子随侍。各地方老君庙堂甚多，但均简朴，完全没有帝王气象。

真武大帝。道教大神，又名玄武，即灵龟，本为北方之神。西汉末，其形象除龟外又加上蛇。北宋更玄武为真武。朱熹说：“玄，龟也。武，蛇也。此本虚、危星形似之，故因而名（二十八宿中）北方七星。”明以后，民间信奉极广，南北各地均有真武庙、真武殿。其神像为一武将，一足踩龟，一手持蛇。或旁塑龟蛇二将。中国现存最大的真武庙在湖北武当山。

王母娘娘。本来是古代神话人物，后来成为道教中的女仙之首和民间信仰中的最高女神。最早出现在《山海经》里，名叫西王母，是一个虎齿豹尾而善啸的怪物，性别是男是女不清楚。到了《穆天子传》，已是雍容平和，能吟唱歌谣，对周穆王彬彬有礼的贵妇人。到《汉武内传》，成为年约三十许，容貌绝世的女神，把三千年结一次果的蟠桃赐给汉武帝。至《神异记》，则说，昆仑山上有仙人九府，有大鸟，左翼覆东王公，右翼覆西王母，相距一千九百里，二人一年一聚。以上皆属于神话。在后世道教徒和小说家的笔下，西王母演变为王母娘娘，住在瑶池仙宫，每当三千年蟠桃成熟时，大开宴席，诸仙都来为她上寿。民间往往建瑶池宫、蟠桃宫专门奉祀。据说王母娘娘能消灾解难，增福添寿，保佑婴儿,其影响浸及戏曲小说。

观音菩萨。是中国民间最受欢迎的菩萨,她已超出原属佛教的范围,成为社会各阶层的普遍信仰。观音原出梵语,初译作观世音,又译作观自在,唐以后简化为观音。菩萨,属佛教第二果位,地位仅次于佛,是未来的佛。观音菩萨的全称是“大慈大悲救苦救难观世音菩萨”。据说,遇难众生不分贵贱贤愚,只要念诵观音的名字,诚心向善,便可得其解救。消灾祛病,驱魔除暴,施财救急,变化多端,无所不能。在印度佛教中,佛与菩萨本是无生无死,没有性别的。他们在世人面前可以根据需要而呈现不同化身。故南北朝时期的观音菩萨,或为男性,或为女性。唐代以后,则逐渐成为女身,并具不同形象。常见的有:(1)杨枝观音,为中年端庄女性,手持杨枝,净瓶,戴女式风帽与披肩长巾,这是最常见的观音标准像。(2)鱼篮观音,脚踩鳌鱼,手提盛鱼竹篮。(3)持莲观音,坐莲花瓣中或莲叶上,两手持莲花,多为少女像。(4)圆光观音,背后出现炽盛火焰圆光环。(5)滴水观音,作右手斜持净瓶洒水状。(6)送子观音,手抱小男孩,作中年妇人像。(7)千手千眼观音,身后手分五层或十层散开如孔雀开屏。(8)十一面观音,前后左右有各种面孔,或笑或怒或作慈悲像。后两种多在大型寺庙中塑立,前面几种形象有大有小,或为图绘,或制成木、石、牙、瓷、铜等雕像,有不少实际已是艺术品,不只是膜拜对象,不仅供奉于佛寺,也深入民间宅院、厅堂、案头。明清以后,观音菩萨身边常有善财童子和龙女胁侍,是汉代以后所附会。专祀观音有寺、庙、殿、堂、庵等,主道场在浙江舟山普陀。

禹王。本是传说中的远古帝王和治水英雄,曾疏九河,放洪水。后来,中国各地凡江河险隘之处,都附会为大禹所开凿,于是纷纷立庙纪念。逐渐神话化、神仙化,各种灵验之说不断产生,历久不衰。今存最大的庙宇在浙江会稽禹王台附近,有胜迹名叫禹穴。

关帝。蜀将关羽,本来是历史人物,后人因其忠义,而立祀纪念,进而演化为尊神。宋初封真君,宣和间封“义勇武安王”,明代封“三界伏魔大帝,神威远镇天尊,关圣帝君”。清代封武圣,立武庙,与供奉孔子的文庙并列。道教封关羽为关圣帝君，假托其名义著《关帝觉世真经》等通俗劝世文字。佛教亦封关羽为护法伽蓝，于十八罗汉旁塑关羽像供奉。明清以降，由于小说《三国演义》和三国戏的推动，关羽的故事妇孺皆知。关帝庙逐渐遍及城乡，香火之盛，无与伦比。最大的关帝庙在关羽家乡山西解州。其坟在洛阳，称为关林。关帝庙以关羽为主尊，赤面长髯或立或坐，或作观《春秋》状，关平、周仓旁侍。关帝的职能包括：驱妖降魔，诛除暴逆，扶助忠义，去病消灾，延年益寿，升官发财等等。其影响远及南洋、日本。在新加坡、马来西亚，供奉关帝的小神龛几乎每个华人店铺和住宅皆可见到。其像或为彩塑，或为图绘。除关羽本人外，桃园三结义也成为一些人信仰的对象（如马六甲之青云亭），有的地方的关帝庙，关羽与刘备、张飞同时供奉。

岳王。即南宋民族英雄岳飞。因为他英勇抗敌，有大功而无辜被诬，屈死风波亭。民众纪念他、同情他，进而逐渐神化。南宋末年有的地方已奉岳飞为土地神。明代传说岳飞与关羽均为佛寺护法伽蓝。清代则与关羽共同享祀武庙。有的书还说岳飞是东岳庙速报司之神。岳王庙全国有多处，最大的是杭州西湖的岳坟。与岳飞事迹同时盛传于民间的是岳母刺字，是绘画和雕塑中常见的题材。

天后。浙、闽、粤、台沿海一带，称为妈祖，信奉甚笃，以为能保佑航海平安，并能送子。其来历，或以为福建莆田林氏女，或以为浙江温州方士林灵素女，或以为闽中蔡氏女，北宋人。从南宋起，成为泉州一带海上保护神。元代加封天妃，准在各地建庙，明代封碧霞元君。清代以后，不仅沿海，凡江河较大码头之处，即有天后宫。祀妈祖、天后的习俗，流传至新加坡、马来西亚、印尼各地。每年三月二十三日，庆祝妈祖生日，节目十分丰富。

二郎神。一说是秦国蜀郡太守李冰之子，因修都江堰有功于世而封为神。一说姓杨名戬，住在灌口，又称灌口二郎。法力无边，能伏魔捉怪。在《西游记》里，连孙悟空都打不过他。各地民间有专祀二郎神之庙宇，不止在四川。

钟馗(kúi)。民间捉鬼之神。传说唐明皇梦见大神,着破帽,穿蓝袍,腰系长带,足踏朝靴,在宫中捉小鬼而食之。自称是终南进士,因应考落第,触阶而死。唐明皇醒后,命著名画家吴道子绘其图像于宫中,这就是有名的《钟馗捉鬼图》。故事从宫中流传到民间,道教将其纳入自己的神系,钟馗也就成为民间普通供奉的神灵。宋以后,民间往往于除夕夜悬其像于门,近代改为五月五日端阳节悬钟馗像于中堂以驱疫。其貌甚丑恶,而其心极善良。戏曲中有《钟馗嫁妹》,盛演不衰。

阎罗王。俗称阎王爷,原为古印度神话冥世之主,佛教称之为地狱王,属下有十八层地狱,由十八判官主管。佛教传入中国后,与民间原有冥世信仰结合,从而带有中国特色。从唐代起,阴曹地府分为十殿,每殿有一阎罗王主管。人死后灵魂都要到阎罗殿报到受审,行善者超生转世,成为官员、财主;作恶者按其罪行轻重,分别受应得刑罚。或割心肝,或剁手足,或锯身躯,或喂蛇蝎,或罚来生做牛做马。十殿阎罗之中,第五殿最凶狠。十八层地狱中,阿鼻狱最可怕。中国的阎罗王,通常没有专门庙宇,而是附属在城隍庙内。今山西蒲城县和四川丰都县皆有巨型阴曹地府模拟建筑。新加坡之虎豹别墅中曾有大型雕塑长廊显示。

瘟神。古代对于无法控制的流行病,通称瘟疫,以为有瘟神作怪。瘟疫有多种,所以古代瘟神有五等,称为五瘟神。道教把瘟神纳入自己的神系,以五月五日祭之。宋时民间传说张大王主瘟部。明代小说《封神演义》封吕岳为瘟神。近代民间有送瘟神习俗,以纸船载明烛及祭品顺水流而送之。西藏民俗以二月十九日送瘟神,又叫打牛魔王。

本章主要参考文献:

《中国文化史三百题》,上海古籍出版社 1987。

阴法鲁、许树安主编《中国古代文化史》(3),北京大学出版社 1891。

马书田《中国民间诸神》,团结出版社 1997。分九类,不包括佛教道教诸神。

第十章　古代体育、杂技和游艺

古代体育

我国古代各种体育活动源远流长，品类繁多，具有我们自己的民族特色。

武术

民间称为“武艺”、“武功”、“功夫”，民国以后称为“国术”。其起源至迟不会晚于春秋战国。荀子说，“齐人隆技击”。班固《汉书·艺文志》著录有《手搏》6 篇，《剑道》36 篇，当属武术教材。后世不断发展，明清达到高潮。其内容可分为徒手拳术和持械演练两大类。武术流派很多。如少林派，根据地在河南嵩山少林寺，从唐代起，寺僧即有习武传统，其武术包括拳术（大小洪拳、罗汉拳、梅花拳、七星拳等）、器械（以棍术最著名），以及气功、散手等。武当派根据地在湖北均县武当山，以道教徒为主体。峨眉派主要流行于四川。拳术据说不下百种，主要可分内家拳、外家拳。目前流行的有：长拳，属外家拳，包括查拳、花拳、炮拳、红拳等，现代长拳已基本上规范化。南拳，起源于明代，流行于南方各地及东南亚。南拳是一个统称，各地区所含内容不一，包括许多拳法。形意拳，传说始于南宋岳飞，据考证，为明代山西蒲州人姬隆丰所创，又叫心意拳、六合拳，以五行拳为基本拳法。螳螂拳，以模仿螳螂捕蝉而得名，其北派相传为明代山东即墨王朗所创，其南派相传为广东周亚南所创。猴拳，以模仿猴子各种动作而得名，明代名将戚继光所著《纪效新书》中的《拳经捷要》即有猴拳的记载。鹰爪拳，吸收鹰的形、意和出击动作而形成，起源于河北雄县，后流传至南方各地。醉拳，模仿醉汉酒后形态，麻痹敌人，貌似散乱，其实严格，形醉而意不醉。八卦掌（属内家拳），又称八卦连环掌，是一种以掌法变换和行步走转为主的拳术，清末河北文安董海川所创。器械类讲究“十八般兵器”，主要有：剑术，练法有行剑、势剑、双手剑、长踤剑、双剑、反手剑等。隋唐以前击剑多用于格斗，隋唐以后在军旅中剑为刀所取代，民间的舞剑多用于健身，所以古代文人亦常爱舞剑。刀术，包括单刀、双刀、长柄大刀等。枪术，有标枪、大枪、花枪、钩镰枪、长矛等。棍术，有大棍、齐眉棍、三节棍等。还有九节鞭、流星锤之类软兵器，均流传至今。武术的演练方法分为套路和散手两类。套路是按一定规格和要求把许多动作组合成固定的系统的程式。散手又叫散打，属于两人对抗，“拳打不相知”，必须随机应变，运用技术，战胜对方。

气功

又叫“导引”、“行气”、“服气”，已有两千多年历史。《庄子·刻意》篇提到，“吹响呼吸，吐故纳新，熊经鸟申”，可以长寿。传世战国文物“行气玉佩”有铭文45字，简述行气的过程及功用。1973年出土于长沙马王堆的帛书《导引图》，其中一部分是气功的图像，并有文字说明。我国最早的医书《黄帝内经》中的《上古天真论》，详细记述了气功的原理。东汉荀悦《申鉴》提出了“气沉丹田”的理论。晋代葛洪《抱朴子》阐述了“胎息”的行气方法。唐代道士司马承祯《天隐子》以“吐纳之诀”为修仙的重要手段。宋代陈希夷创造了“二十四势”和“十二月坐功”。明代新创了一些导引术式，如著名的“易筋经”包括“内壮”与“外壮”两方面，于古代导引行气中增加了“外功”锻炼。清代以后气功之术得到进一步的充实。气功要点有三：调身（端正姿势）、调心（调整意念）、调息（均匀呼吸）。气功的方法很多，有以练呼吸为主的吐纳功，以练站桩为主的站桩功，以讲求入静为主的静功，以动静结合为特点的动功（鹤翔功、行功等）。从用途讲，有医疗气功、保健气功、武术气功等。近十三年，气功在全国迅速发展，出现了许多名目花样，有的宣传其作用如何神奇，已令人难以置信。

太极拳

是拳术与气功相结合的一种体育活动。有人认为是明末清初河南温县陈家沟陈王廷所创编，也有人认为，清代乾隆年间山西武术家王宗岳用《周易》太极阴阳的哲理来解释拳理而著《太极拳》，此后因而得名。它属于内家拳系。其主要特色是以静制动，以柔克刚，避实就虚，借力反击，后发先至。这种原则体现在推手和套路动作中。经过长期演变，分为陈氏、杨氏、孙氏、吴式、武式五大流派，但要领大同小异。1. 静心用意，呼吸自然。2. 中心安舒，动作缓慢，如行云流水。3. 姿势圆匀完整，如太极相抱，以腰为轴，上下相随。4. 连贯协调，虚实分明，重心保持稳定。5. 轻灵沉着，刚柔相济，外柔内刚，富有弹性。它特别适合年老体弱者锻炼，故普及率很高。

摔跤

古代叫角抵、角力，晋宋人叫相扑，后世又叫掼跤等等。角抵最初是一种头载牛角，模仿野牛相斗的游戏，后来发展为体育竞技活动。汉时角抵之风颇盛，当时又名捽胡。南北朝常举行各地区各民族间的摔跤比赛。唐代相扑定于正月十五、七月十五举行，宫中有“相扑朋”，即专业队。宋代职业摔跤手叫“内等子”，属军队编制，约一百人，分上中下三等。民间有“角抵社”，常举行擂台赛，叫“露台争交”。著名相扑手有“撞倒山”、“韩铁柱”、“曹铁拳”、“王急快”等外号，还有女子相扑手。《水浒传》所描写的浪子燕青与擎天柱任原相扑，大致反映了宋元时摔跤情况。明代军中列为训练项目，民间于清明踏青时在郊外摔跤，叫“浪子相扑”。清初宫中有“善扑营”，康熙皇帝曾利用他们擒拿权奸鳌拜。清代满蒙大臣贵戚都喜欢摔跤，经常比赛，其活动属于“官跤”。民间则有“私跤”。清代习惯，摔跤手着特制短上衣，叫“褡裢”，系宽腰带；穿长裤。比赛时可以抓衣带，全身可以握抱，但不许抓辫子，不许击打，不许使用反关节动作。三点（两脚加一手）着地为失败，三摔两胜，时间不限。摔跤活动在我国少数民族中，以蒙古族、哈萨克族、彝族为最盛。唐时相扑传到日本，至今仍用“相扑”之名，其装束、规则亦循唐制。

举重

古代常以此作为衡量一个人体力的主要标志。春秋时有“翘关”和“扛鼎”。“关”是城门上的巨型木门栓,“翘”就是持其一端将关木举起,这需要很大的臂力和腕力。鼎有两耳,在两耳之间穿一木为横梁,手握横梁将鼎举起,叫做“扛鼎”。也有人不用横梁双手提鼎耳翻举过头(见徐州博物馆收藏汉画像石)。秦国力士乌获、秦汉之际楚霸王项羽皆称“力能扛鼎”。先秦用扛鼎来测试武士,汉晋时成为“百戏”之一。唐代武则天始设武科举,其中有一考试项目为“翘关”。规定关木长1丈7尺,径3寸半,双手握木端不得过1尺,连举10次。这是为了测试使用马枪所需的臂力。唐代,扛鼎改为扛铁,即铁制物件。宋代举重具有娱乐性,临安有专业举重艺人,善举石球、石礅作表演。《水浒传》所描写的武松在安平寨举石的情景,是宋元时举石的真实反映。明代抗倭名将俞大猷以力举200斤选武士。戚继光曾铸300斤重的铁人,命兵士负之行1里,以锻炼体力。清代武科举考试,要求举石和舞大刀,刀有重80斤、100斤、120斤3种,石有重200斤、250斤、300斤3种。还规定,掇石必须去地1尺,或上膝、上胸。在民间,则有举石锁、石担。石锁形如古代铁锁,单手提梁上举。石担为两个圆形磨状,中间连以木杠,类似现代举重杠铃。这些实物今天还有保留者。

足球

古代叫“蹴(cù促)鞠”,传为黄帝所创,至迟战国时已盛行。《战国策·齐策》记齐国都城临淄百姓很喜欢“蹴鞠”。《汉书·艺文志》著录有《蹴鞠新书》。汉代足球场地叫“鞠域”,长方形,四周有墙,两端各有六个“鞠室”,即进球区。也有只设鞠室而无围墙的。比赛分两队,每个鞠室有人防守,有队长,有裁判,以踢进对方鞠室的球数多少定胜负。东汉李尤《鞠城铭》记其情景颇细。早期足球用皮制成,以毛填充。唐初用八片尖皮缝制外壳,以动物膀胱为内胆,充气成球。又叫气球,唐人仲无颜有《气球赋》记比赛情况。唐时球场设两个球门——竖两根长竿,上面结网,下面是球门。也有不设球门的表演赛。一人表演叫做

“打毬”，可用肩、背、臀、胸、腹、膝代替脚踢。二人对踢叫“打二”，三人轮踢叫“转花枝”，四人踢叫“流星赶月”，八人踢叫“八仙过海”。还有女子足球，以踢高和花样多者为优胜。宋代皇帝如太祖、太宗、徽宗都爱踢球。高俅本是苏轼书童，因善踢球而被徽宗委以高官。宋代足球比赛是两队攻一个球门，球门架于高三丈的空中，直径约一尺，称为“风流眼”，以球通过“风流眼”为得分。宋时民间的足球团体叫做“圆社”或“齐云社”，皆许女性参加。元代妇女踢球成为一种供观赏的娱乐活动。明代，两队相争的赛法衰落，改为多人相踢，并禁止军中踢球。清中叶以后足球逐渐绝迹，到了近代，遂为西方足球取代。

马球

始于东汉，盛于唐宋。球用质地坚固而弹性好的木头制成，大小如拳，中间挖空，外面涂上朱红色的漆。打法是运动员骑在马上用杖击球，杖长数尺，木制，杖头似月牙，颇类今之冰球杆。赛场置于宽阔之地，有单球门，是一堵木板墙，墙下开一个直径一尺的洞，加网。有双球门。在球场两边各设 1 门，门用两根木桩加上横梁构成。比赛时有守门员、裁判员，队员多少不固定。场周围插 24 面红旗，击球入门为得分，得 1 分增 1 旗，失 1 分减 1 旗。唐人著作中描述马球者甚多。据记载，唐玄宗就是马球高手，他为临淄王时，曾与吐蕃选手比赛，以唐队 4 人对吐蕃 10 人而获胜。北宋太宗制《打球仪》，即打马球的规则。南宋孝宗以马球为训练军队的科目，以备北伐，常在宫中大明殿前比赛。辽圣宗、金世宗皆喜马球，元代马球场设在大都常武殿。明代每逢端午和重阳，皇太子与诸王常在西华门内或东苑赛马球。采用单球门，轮流击球进门，性质已由军事体育演变为娱乐活动。清代禁止民间养马，马球逐渐失传。

射箭

我国原始社会已流传神射手（后羿）的传说。西周时，“射”是贵族子弟必修课，所谓“六艺”之一。官方专门规定有“射礼”，城市乡村皆定期举行射箭比赛。春秋时楚国著名射手养由基能百步穿杨。当时限于步射。战国时，赵武灵王学习胡人长处，教民胡服骑射，于是有了骑射。秦以后，射礼渐废，为实战而习射的目的更明确。西汉设有专门负责训练骑射的军官叫“射声校尉”。《汉书·艺文志》著录射书有8种。魏晋时军中以弓箭为主要武器，善射为重要武艺。南北朝时北方妇女亦能步射、骑射，如李波小妹即是。唐代十分重视射箭活动，唐太宗曾选拔善射官兵来京比赛，给优胜者以重奖。宋代考核士卒，对步射、骑射、弩射应达标准有详细规定。宋时北方民间有“弓箭社”、“射弓踏弩社”、“射水弩社”等组织。辽时有“射兔”活动，以木兔为靶，分两队驰马射之。金有射柳之戏，于五月五日，插柳两行，骑者以无羽箭射之。明清军民皆常习骑射，尤其军户和八旗子弟，须幼习弓马，入伍时通过考试，合格者方可继承父业。民间射箭活动有“射鹄子”、“射月子”、“射香火”等。在少数民族如蒙古族、藏族、鄂伦春族中，射箭一直是传统体育活动之一。近代以后，汉族地区则逐渐衰落。

拔河

春秋时叫“牵钩”，是楚国训练士兵的一种方法，多用于水战，以竹皮制成索，设法拖住对方船只。后来演变为民间体育活动，由南方传到北方。唐时始名为“拔河”，常在正月十五举行比赛，意在祈求丰年。据唐人封演的《封氏见闻记》，以大绳长四五十丈，两头分系小绳数百，牵者分两队，两头反向牵引，当中立一大旗为界，却者为胜，就者为负。唐中宗时，宫中举行拔河比赛，七相二驸马为东队，三相五将军为西队，仆射韦巨源、少师唐休璟以年老，随绳倒下，久不能起，皇帝大乐。唐玄宗时，一次拔河达千人，助威呼声震天。唐人薛胜有《拔河赋》述其盛。唐以后，宫廷拔河罕见记载，但民间一直流传至今。

龙舟竞渡

又叫“龙舟赛”、“划龙船”，起源不会晚于汉代，有关传说甚多。南朝宗懔《荆楚岁时记》说：“五月五日竞渡，俗谓屈原死汨罗日，伤其死，故并命舟楫以拯之。”《隋书·地理志》记：“屈原以五月望日赴汨罗，土人追至洞庭，不见。湖大船小，莫得济者。乃歌曰：‘何由得渡湖’！因而鼓棹争归，竞会亭上。习以相传，为竞渡之戏。”民间传说百姓为打捞屈原尸体而制龙舟，鸣锣击鼓以驱水中蛟龙，遂有龙舟之戏。龙舟通常为梭形，船首如龙头。参赛人数多少不限，船头一人击鼓，船尾一人掌舵，其余划桨。数舟齐发，以先到目标者为胜。唐代张建封有《竞渡歌》，宋代著作《东京梦华录》对竞渡夺标和标杆设置有具体描述。宋代《溪蛮丛笑》记湘西端午竞渡名曰“爬船”，船分五色。元人王振鹏有《龙舟夺标图》。明代著作《赤雅》记桂林竞渡，10 年一大会，5 年一小会，舟高 10 丈，多人扮演古代名将，于舟上持兵器表演。明人王济《君子堂日询手镜》记，潢川地区竞渡之舟有 15 只，狭长七八尺，首尾刻龙形，每舟五六十人，着红衣绿衫短裳，其中鸣钲数人，掌旗一人，余为划手，舟行如飞，胜者赏酒肉红帛。清代宫廷内侍演龙舟于圆明园福海，供皇帝观赏。民间尤盛，除汉族外，还普及于南方各少数民族。现代已成为国际性体育活动。

棋类

古代通称棋艺为“博弈”。“弈”指围棋，“博”是象棋的前身。博由二人对局，各执六枚棋子，故又称“六博”，分为一枭（主将）五散（卢、雉、犊、二塞）。棋盘呈方形，又称曲道。行棋时互相进攻逼迫，以杀死对方的枭为胜。楚辞《招魂》中的“象棋”指的就是六博。南北朝时，在六博基础上出现了象戏，棋子有上将、辎车、天马、卒等。将可横行四方，车能进不能退，马走日，但无别马脚的规定，卒每次走一步。棋盘纵横 8 道、64 格。棋子分黑白，置于格内。当时人认为棋子有象征意义，故名“象戏”，并非有“象”才叫象棋，象和炮是唐以后才出现的。北宋晁补之《广象戏图序》记载，北宋象棋棋子为 32 枚，棋盘纵横各 11 道，把双炮放在车侧，并有“河界”，走法与今基本相同。宋元时象棋十分流行，名臣如范仲淹、司马光、文天祥，都是高手。宫廷有专职棋手“棋待诏”，并有女性担任。明代象棋已区别将与帅、相与象、士与卒，出现大批象棋著作，对开局和残局有深入的研究。清代象棋有九大流派，名家辈出，象棋比赛遍及穷乡僻壤。

围棋产生比象棋略早,春秋战国已流行。因其以围占地盘分胜负,故名。由于具有很高深的战略战术思想,所以历来是军事教育内容之一。早期围棋有 11 道、15 道、17 道几种,汉末以 17 道为主,黑白棋子各 150 枚。今所用 19 道棋盘约在南北朝时普及,后来定为 361 枚。三国时将棋手分为 9 等,最高者称"入神",颇类今日围棋的 9 段。梁武帝时评定棋手等级,入品者 278 人。这时已称围棋为"手谈"。北周时围棋传入朝鲜,隋唐时传入日本。唐代棋艺愈臻成熟,武则天设有"棋博士",唐人王积薪提出《围棋十诀》,千百年来一直受推重。宋代都市有棋园,有专业的"棋工"。当时号称棋圣的刘仲甫曾著《棋诀》。元代有晏天章、严德甫等高手,他们所著《玄玄棋经》,收棋势三百余型。明代出现围棋"冠军"称号,形成了京师派、永嘉派、新安派等流派。清代围棋名家尚著书立说,如范西屏《桃花泉谱》,施襄夏《奕理指归》等,具有很高价值。清末以后,围棋水平下降。近年开始兴旺,技艺逐渐提高。

古代杂技

我国至迟在春秋战国时代已有杂技。《国语・晋语》记有"侏儒扶卢",意为矮艺人爬长竿。《庄子・徐无鬼篇》记有"宜僚弄丸",据说宜僚姓熊,善弄丸,即抛手球,能双手同时抛接 9 丸,1 丸在手,8 丸在空中。《庄子・达生篇》记一驼背老人,能在竹竿顶端累五丸而不堕。《史记・孟尝君传》记齐国孟尝君门下有口技能手,善为鸡鸣,引得半夜群鸡皆鸣,从而使孟尝君逃出秦国关卡。这些都是早期杂技的萌芽。

汉代杂技已相当发达,盛行于宫廷,称为"百戏",常与乐舞共同表演,以供皇室娱乐并招待外国使者。元封三年(前 108 年),汉武帝曾在长安平乐观举行大规模百戏演出,集天下技艺于一堂,吸引 300 里内之人聚观。《史记・大宛列传》、《汉书・西域传》和东汉李尤《平乐观赋》、张衡《西京赋》都有关于杂技的记述。近年山东、河南、内蒙、辽宁、四川、江苏等地发现的大量汉代画像砖石、壁画、陶俑，有不少关于杂技表演的形象刻绘。山东沂南出土的东汉画像石上，有一幅百戏图，有 54 名演员。开头是“跳剑”，一位须发飘拂的老人正抛接 4 支短剑，脚旁放着 5 个圆球，是他下一个节目抛弄的“丸铃”。接着是“顶竿”，一名中年男子，上身赤膊，下身短裤，赤足，额顶十字长竿，左手扶竿。竿顶端为圆盘，一小儿伏圆盘上，两手张开作旋转状。竿中系横竿，横竿两头各有一小儿，东边小儿以双足钩住横竿，身子倒悬，抬头，两手张开如翼。右边小儿一手抓竿，倒挂，一手伸开，抬头，两足举过竿，动作难度很大。另一男子在弓步起舞，面前有七盘，他的舞名即汉晋时流行的“七盘舞”。再后面是大型乐队，乐队之后是“走索”，在地上立两个三脚架，横系一根粗绳，绳上有三位女艺人，均着垂如燕尾之服，其中两人分别持戟和木杆从两端向绳中走去，中间一人双手撑绳倒立，绳下直立四把刀剑。紧接着是乔装动物表演，有“龙马负图”，二人蒙皮作龙马状，马背有瓶状高台，台上有小儿舞长竿表演，马前有一人持鼗鼓引导。旁有“豹戏”，一人着豹皮伏地作豹跃，另一人化装成大雀，手持方旗。最后是马戏和车戏，艺人在奔驰的车马上耍弄各种兵器或翻跟斗。这幅百戏图反映出当时杂技已经系列化，具有相当大的规模。

山东济南无影山汉墓出土的一组杂技俑，有四人表演倒立，其中二人双手撑地倒立，一人向后反弓，一人胸部着地双手反弓过背，两手扶脚，如同现代杂技中的“叼花”。此外，当时还有叠案倒立，最多叠 12 案。还有在两鼓上倒立，鼓是滚动的。

河南南阳出土的汉画像石有“冲狭图”，即钻圈。一名头上发髻丛立，身着束腰长袖衣的女子，引颈侧身，疾速向插着利刃的狭圈中冲去。张衡《西京赋》以“冲狭燕跃，胸突铦锋”来形容这种表演。

汉代已有魔术，文献多有“吞刀”、“吐火”、“鱼龙曼衍”的记载。江苏徐州铜山汉墓出土的三幅百戏图中，有一组大型魔术表演。首先是一座巨大的动物模型行至台前，突然在其背上出现一座仙山，继而出现象征吉祥的怪兽“舍利”，由人披兽皮扮演，于庭院水池边跳跃击水。忽而化为一条比目鱼，跳跃不止，并抬头吐水，顿时水雾弥漫，遮天蔽日。刹那间比目鱼又变成八丈长的黄龙，出水游戏，光彩夺目。这是一套设计精巧、组织严密的变形术。

东汉末年著名方士左慈其实是魔术师。《后汉书·左慈传》记，一次曹操大宴宾客，珍馐皆备，就是缺少东吴松江鲈鱼。左慈当即讨来盛水铜盘，用竹竿向盘中垂钓，顷刻钓起一条鲈鱼，举座皆惊。曹操说一条不够吃，左慈又连钓数条，皆长 3 尺。曹操即命烹烩，厨人说最好用蜀中生姜，左慈又马上变出生姜。这已经类似现代的钓鱼魔术。

晋代杂技较汉代进步。晋人陆翙《邺中记》说当时表演顶竿的艺人，已能将长竿从额头移至牙齿。晋人傅玄《正都赋》所描写的小艺人爬竿，能“缘修竿而上下”，“忽跟挂而倒绝，若将坠而复续”，“杪竿首而腹旋”，如“虬萦龙蟠，委随纡曲”，技术水平超过以往。

南北朝时期，北方杂技多豪放粗犷。《魏书·乐志》记，北魏都平城时，于天兴六年(403 年)，命太乐“增修杂伎，造五兵、角抵、麒麟、凤皇、仙人、长蛇、白象、白虎及诸畏兽、鱼龙、辟邪、鹿马仙车、高絙百尺、长桥、缘橦、跳丸、五案，以备百戏。大飨设之于殿庭”。据《洛阳伽蓝记》，北魏都洛阳时，长秋寺四月四日有佛像游行，“辟邪狮子，导引其前。吞刀吐火，腾骧一面。踩橦上索，诡谲不常。奇伎异服，冠于都市”。同书景乐寺条记，汝南王元悦，“召诸音乐，逞伎寺内。奇禽怪兽，舞抃殿庭。飞空幻惑，世所未睹。异端奇术，总萃其中。剥驴投井，植枣种瓜，须臾之间皆得食。士众观者，目乱睛迷”。所谓“辟邪狮子”，“奇禽怪兽”，都是扮演的。所谓“剥驴投井”，亦即《后汉书·西南夷列传》所记“支解易牛马头”的换头幻术。当时南方的杂技风格，则倾向柔媚奇丽，典雅婉转。节目如东晋的“挂树白雪”、“神龟抃舞”，刘宋的“凤皇衔书”，齐梁的“天台山伎”、“舞出前溪”等，具有江南水乡的特色。

隋唐国力强盛，杂技艺术臻于鼎盛。《隋书·乐志》记，隋炀帝在位时，每年正月都举行百戏演出，分为“拟兽伎”、“空中伎”、“呈力伎”、“丸剑伎”、“掷倒伎”等门类，节目有鲸鱼化黄龙的“黄龙变”，绳上舞蹈，双竿对跳，跳弄车轮，石臼，大瓮，以及戴竿、扛鼎、幻人吐火之类，戏场绵延8里，演出人员多达3万。

武则天时，新的杂技节目有人体悬空、人马变形、缸中遁人、踩大球等。还有大型“变字更衣”魔术。为祝贺武则天生日，由140名少女组成舞蹈队，不断变换队形，递次组成“圣超千古，道泰百王，皇帝万年，宝祚永昌”16个字。舞蹈中，全体演员服装突然变化，时而由朱红变为绿色，时而由绛紫变为大红。一千二百多年前能做到这种程度，实为奇迹。

唐玄宗常在兴庆宫勤政殿楼前举行宴会，楼下大道上百戏杂陈，走索、弄丸、舞剑、寻橦，无所不有，而以大型舞马、驯犀牛、大象为压轴戏。当时杂技高手辈出，顶百尺竿的王大娘，竿上置木山，山中有小儿出入其间。还有耍剑器的公孙大娘，叠罗汉的胡大石等，均留下了姓名。在日本所收藏的一件唐代漆绘弓背上，画着一组百戏图，其中一男子踏肩叠罗汉，以双手双肩托起3层4人。又一男子顶十字竿，竿上共有4人，中部横竿两端各挂一人，下部攀竿一人，顶端圆盘中盘坐一人，似在表演说唱。其技艺较沂南汉画像石又前进了一大步。在传世文物《信西古乐图》中，有双人抓肩倒立，有一人头戴木杈，杈的两端各有一人倒立。为前所未见。

唐代驯马术已很成熟。据记载，唐玄宗曾命教习舞马400蹄，马能随乐曲奋首鼓尾，纵横应节，甚至屈膝衔杯，劝客饮酒，这个节目当时叫“倾杯乐”。1970年出土于西安的唐代银壶上，壶身两侧各雕一骏马，颈系飘带，口衔酒杯，作蹲踏状，正是其形象的再现。

宋代杂技逐渐由宫廷走向民间，演出遍及城乡，尤其集中在大城市的娱乐场所“勾栏”、“瓦舍”之中。宋人所著《东京梦华录》、《都城纪胜》、《繁胜录》、《梦粱录》和《武林旧事》等书，于汴京、临安两地杂技活动有详细的记述。包括节目内容、服装、道具、表演状况等。我们从节目名称即可窥知其技艺水平：有踢瓶、踢磬、踢缸、踢笔墨、弄碗、弄花钱、弄花鼓、弄花球、弄斗、捽跤、翻筋斗、踏索、七竿、打弹、过刀门、过圈子、壁上睡、打硬、藏人、藏剑、吃针、吞剑、吐五色水、烧烟火、火戏儿、水戏儿、老鸦下棋、教熊使棒、教鱼跳刀门、猴逞百戏、使唤蜂蝶、追呼蝼蚁等数十种。其中不少已经失传。当时有位著名魔术师杜七圣，能表演杀人复活把戏，这个节目就叫“七圣法”。此外，任小三、李外宁弄“傀儡”，林遇仙善“撮弄”（幻术），赵喜、姚润长于“杂耍”，都留下了姓名。《东京梦华录》记述一场精彩的马术表演，有执旗挺立鞍上的“立马”，有以肩着鞍桥，双脚向上的“马上倒立”，有用双手挂定镫跨，身子从后鞦来往的“跳马”，有以身离鞍，屈右脚挂马鬃，左脚在镫，右手把鬃的“献马”，还有身横鞍上，轮大刀，舞利剑、双刀等等。据宋元之际《事林广记》载，当时魔术已能够：“剪成人物能吹火，画出鱼儿也上竿，白纸自然成黑字，明珠立地走金盘。”可见多么神奇。

记录明代杂技的图书资料颇多。如明人所绘《宪宗元宵行乐图》中，有魔术、钻圈、倒立后蹬人，倒立后双脚蹬车轮，轮上还有一小儿吹笛。有仰卧用双脚夹住高竿，竿上有小儿攀附举旗表演，其旁有锣鼓伴奏。明代小说《隋炀帝艳史》中有一幅杂技插图，图中一赤身老汉，仰卧高桌上，双脚蹬一大瓷缸，缸口坐一女孩，手打竹板在说唱，缸上另一女孩单腿直立，口吹横笛（按，这个节目流传至今，吴桥杂技团 1995 年在天津杨柳青森林公园演出，中央电视台曾转播）。又一中年男子，着背心，赤足，伸手准备钻上下相叠的双圈（这个节目亦流传至今）。又如明人所绘《南都繁会图卷》，在闹市中心的长街之上，杂技演出一直排列延伸到城外。有一人单腿站立，在抬起的另一只脚上放一大元宝，一小儿在元宝上倒立。一男子头顶坛子，一小儿在坛上倒立。有两小儿分别用肩顶梯子之双腿，梯上有一小儿做钻梯级表演。有一小儿在大人单手托举的算盘上奔跑。有一人头顶弯杆，杆上有水果盘子，另一手在舞转盘……这些节目，有的已失传。

清代杂技不受重视，认为不登大雅之堂，故脱离宫廷，活动于民间。艺人走江湖，跑码头，生活没有保障，社会地位低贱。有的艺人参加农民起义，如清中叶王聪儿参加白莲教起义。由于广大艺人苦苦坚持，杂技表演艺术仍有不少新的创造，如单杠、吊环、反腰动作、“九连环”、幻术等等。某些特技（如林嗣环所记《口技》），达到很高水平。清末，国门渐开，欧美日本杂技师陆续来华，中国杂技家也出国演出，尤其在东南亚很受欢迎。中外交流，促使传统杂技增添了不少新的内容，如形体运动，四肢技艺，化学幻术，自行车技，以及多样化驯兽，西洋乐器伴奏，表演中穿插丑角作滑稽动作等等。中华人民共和国成立以后，流落各地的杂技艺人组织成国营杂技团，生活有可靠保障，社会地位明显改变，技艺水平在继承传统的基础上不断提高，现在已成为文化艺术中的重要组成部分。

古代游艺

放风筝

据《墨子》和《韩非子》记载，墨翟和公输般分别作“木鸢”、“木鹊”，能飞三日或一日，那实际上就是风筝。又叫“纸鹞”、“风鸢”。传说汉初韩信曾用它作军事测量工具。据《独异志》记，梁武帝时京城被围困，用纸鸢向外发信求援。《唐书·田悦传》也有同类记载。通常用竹篾为骨架，扎成飞鸟状，糊上绵纸或薄绢，系以长线，利用风力鼓其上升，飘游空中，而以线控其高下和方向。五代时李邺在纸鸢头上加竹笛，风吹如筝鸣，于是叫“风筝”。后世虽不安笛，但仍用其名。宋时盛行于宫廷及民间，已有专门制作风筝的艺人，如周三、吕偏头皆是高手。宋徽宗编有《宣和风筝谱》，宋苏汉臣《百子图》、明方氏墨《九子图》曾描绘群儿放风筝情景。明代作家徐渭有咏风筝诗 37 首，可见其兴趣之浓。清代成为清明节活动之一。相传为曹雪芹所著《南鹞北鸢考工志》是关于风筝的专门著作。近代风筝工艺愈来愈精巧，形式愈来愈复杂。除常见的燕、鹰、蝴蝶、蜻蜓、蜈蚣、龙睛鱼之类外，又有人物风筝，如白娘子、孙悟空、文天祥……都可以上天飘荡；还有杂物风筝，如花瓶、宫灯、水果、蔬菜等等。山东潍坊市近十年来定期举办国际风筝节，已引起世界各国人士的浓厚兴趣。

打秋千

据说春秋时齐桓公伐山戎，把秋千这种少数民族的游戏带到中原。汉武帝有《后庭秋千赋》(已佚)，据说当时是为了祈千秋之寿，所以宫中有秋千之戏。南北朝叫"打秋千"(见《荆楚岁时记》)。唐代贵族称之为"半仙之戏"，文人描写荡秋千的诗赋甚多。王建有《秋千词》，高无际有《秋千赋》，王维、杜甫均有诗咏其事。通常把秋千设在庭院或户外，立两个三脚架，上端横以梁，梁上系两根长绳，绳下端连以木板。也有在两株大树之间系秋千的。弄秋千者坐或立于木板上，两手握绳，来回摆动。荡得越高越好。可以单人，也可以双人，还可以在空中做出各种动作。又有纺车秋千，其架如大纺轮，绳在轮上升降，多人握绳作此起彼落之戏。又有磨盘秋千，立一柱，柱顶为平面轮盘，盘周系四绳，四人握绳作空中旋转之戏(至今体育场仍有这类活动器材)。《东京梦华录》记，宋徽宗时有水秋千，架在船上，人从秋千上腾空而起，翻跟斗后跃入水中，类似现代的高台跳水。元明清打秋千多有女性。明代的《三才图会》有妇女荡秋千图。清代民歌《百戏竹枝词》有《秋千架》诗。清代著作《帝京岁时纪胜》有"新正元旦至十六日，……士女白塔寺打秋千"的习俗。除汉族地区外，吉林朝鲜族、云南阿昌族也有打秋千的传统。

踢毽子

最早见于唐代《高僧传》，说有一小沙门能一连踢毽子五百下。宋代临安已有毽子作坊。明代有"杨柳儿活，抽陀螺；杨柳儿死，踢毽子"的民谣(见《帝京景物略》)。清代南北皆盛。北京琉璃厂有双人同踢毽子，互接不坠，"内外拖枪佛顶珠，一身环绕两人俱"(见无名氏《燕台口号一百首》)。传说光绪皇帝的瑾妃是宫中踢毽能手。广州元宵节时，人们到五仙观踢毽子，市井人踢大毽，富贵子弟踢小毽(见屈大均《广东新书》)。现代有鸡毛毽、皮毛毽、线条毽、布条毽、纸条毽等。最简单的办法是用一小块布包上一枚铜板，扎住铜板，把布剪成条状即成。由于制作简便，不拘场地，男女老少皆宜，所以受到群众普遍喜爱。

舞狮

汉代画像石中有舞狮图。汉代百戏，南北朝佛诞节均有舞狮表演。唐代发展成为伴有鼓乐，应以节拍的大型民间娱乐活动。后世分为南北两派。北方以河北双狮、皖北青狮最著名。一狮由二人共扮，一人戴狮头，一人躬腰为狮身，皆匿藏狮皮之中。狮头用木雕或纸壳糊制，眼珠、下颚均可活动。狮身用布绸彩绘装饰，有时舞者四条腿亦作狮腿状。表演时有雌雄二狮对舞，另有一人举彩球戏弄，使作跌扑、翻滚、跳跃、搔痒、踩绣球、上高台、过独木桥等动作，均伴有打击乐器，讲究演员互相协调，浑然一体。南方舞狮多流行于广东，有双人狮，单人狮，或大狮（双人）与小狮（单人）共舞。近代民间舞狮团体叫"醒狮社"，象征中华民族正在觉醒。今东南亚华人仍保持这类活动，除传统节日外，还应邀为店铺开张、生子、祝寿等喜庆场合表演。

舞龙

中华民族称为龙的传人，以龙为本民族的图腾。舞龙起源很早，流传地区最广。古代舞龙分为五色：黄、青、白、赤、黑，分别代表金、木、水、火、土。遇旱灾则舞水龙，遇水灾则舞火龙，以求消灾解难，风调雨顺。平时在元旦至元宵之间活动，用竹木为龙头、龙尾，以布绸饰其外。分若干节，古时多达一二百，近代减少，最少为九节，以彩绘布绸连缀各节为龙身。每节内有灯，故又称龙灯，亦可无灯。通常有两条龙对舞，另有一人举红绸彩球在龙头前戏弄，二龙围绕彩球盘旋、翻滚，做出各种花样，称"二龙戏珠"。舞龙队伍多达数十人，选用青壮年男子，着统一服装或上身赤膊。伴奏的乐队比舞狮更多。舞龙舞狮都无固定场所，往往走村串巷，送吉祥、致庆贺。近代传到国外许多华人地区。

闹花灯

北方又叫社火，是重大节日举行的系列性大型民间杂戏活动的统称。节目均为进行式，边走边演。内容包括很广，参加人员很多。除舞龙、舞狮外，主要还有：踩高跷——起自春秋。《列子·说符》篇说："宋有兰子者，以技干宋元，宋元召而使见。其技以双枝长倍其身，属其胫，并趋并驰，弄七剑，迭而跃之，五剑常在空中。”晋谓之“乔人”，南北朝叫“长跃”，宋叫“踩跷”，清叫“高跷”。近代高跷以木棍或竹竿绑在双腿上，高数尺至丈余不等。多人表演，皆扮成各种戏剧人物或特殊造型，不断行走、扭动，耍弄刀枪或做各种动作。划旱船——又叫跑旱船，以竹木札成船形，蒙以彩色布绸，系在舞者（多为年轻妇女）腰间，船随舞者行走摆动，如在水中。另一人扮艄公，持桨在船外，与船中妇女齐舞或对唱。唐代已有，至今犹盛。跑驴——用竹制成驴或马，系在腰间，作骑驴行走状。另一人赶驴，二人共舞，常扮成夫妻回娘家，边舞边唱，歌用民间小调。打太平鼓——多流行于北方，明清时用单鼓，演者左手持鼓，右手持鼓鞭，边打边摇，边走边唱。方以智、王夫之等人著作均有记述。后来包括堂鼓和腰鼓。堂鼓分大鼓（四人合击）、小鼓（二人合击），皆车载以行，其声洪亮浑厚，配有锣镲。腰鼓用绸带系于腰侧，双手交替击鼓，数十人组成腰鼓队，队形整齐，节奏鲜明。最早见于南朝《荆楚岁时记》，十二月八日腊日村民作金刚力士状，击细腰鼓。宋代苏东坡《惜花》诗写道，清明时“腰鼓百面如春雷”，可见声势之雄壮。扭秧歌——流行于陕北、晋北、河北、胶东等地，是大型集体舞蹈。表演者数百十人，化装成各种人物，也可以统一着装，腰系绸带，手持扇子或绸帕，边舞边行进，不断变换队形。除了上述节目外，花灯队伍中常出现神话和戏剧中人物，如八仙过海、唐僧取经、哪吒闹海、观音降魔、桃园三结义、济公和尚、大头娃娃、胖媳妇等等。或徒步，或乘车，可以不作表演，不唱不说。有时还穿插丑角，其行走位置不固定，可前可后，随时与表演者或观众逗笑。

放烟花

又称“烟火”、“焰火”或“放花”。始于隋唐，盛于宋以后。隋炀帝有咏烟花的诗句：“灯树千光照，花焰七枝开。”南宋著作《武林旧事》说：元夕之夜，“宫漏既深，始宣放烟火百余架，于是乐声四起，烛影纵横。”明代北京灯市大街常放烟火，有的放在架上，有的藏于盒内。帝王与百官则于正月间在午门城楼观看烟火。清代皇帝在圆明园与中外臣民看烟火。据说能呈现宫殿、山水、葡萄等图画，最后空中竟出现“天下太平”字样。最奇怪的是，有数十只鸽子喜鹊藏在花盒内，随烟花一起飞出。（见《簷曝杂记》）现代烟花愈变愈奇，主要有：平地小烟花（包括地面烟花、水面烟花、手持烟花、吊线烟花、造型烟花等）和空中大烟花（包括高空烟花、低空烟花、旋转升空烟花等），品种近千。今称“礼花”，重大节日由专门部队用礼炮施放。

冰嬉

是古代冰上运动的统称，也叫“冰戏”。起源甚早。据《隋书》所记，居住在大兴安岭林区的室韦族人“骑木而行”。元人注解此句说：“木马如弹弓，长四尺，阔五寸，一左一右，系于两足，激而行之冰中雪上，可以及奔马。”可知即今之滑雪板。唐时出现“冰嬉”名称，宋沈括《梦溪笔谈》记北方有“凌床”，即今之冰爬犁。明代冰嬉成为宫廷娱乐活动。明末努尔哈赤有专门的滑冰部队，滑板叫“乌拉滑子”，曾以炮架冰爬犁，一日夜行七百里，解某地之围。乾隆时宫廷画师所绘《冰嬉图》，显示的主要有花样滑冰和冰上杂技。清代军中有“跑冰”比赛，每年冬十月，从八旗中每旗选善冰行者200人，着冰鞋，服马褂，背小旗，依八旗次序在太液池表演速滑、花样滑、冰上射球等，分等授奖。（见《清朝文献通考》、《燕京岁时记》、《帝京岁时纪胜》等书）民间冰戏更是繁盛。清人宝竹坡《冰戏》诗云：“朔风卷地河水凝，新冰一片如砥平。何人冒寒作冰戏，炼铁串韦当行滕。铁若剑脊冰若镜，以履踏剑镜面行。其直如矢矢逊疾，剑脊镜面括有声。”“剑脊”指鞋底冰刀，其时已有单刃、双刃之分。“串韦”指牛皮制的冰鞋。

斗鸡

《左传·昭公二十五年》记，春秋时鲁国贵族季氏与郈氏斗鸡，季氏于鸡头着小铠，郈氏以金属为鸡后爪，季氏鸡不胜，两家为此事结冤仇。《列子》曾记纪省子训练斗鸡之术。汉高祖刘邦之父喜斗鸡。三国魏明帝为斗鸡而专门修筑斗鸡台。唐代，为宫廷娱乐服务的教坊有专事斗鸡的青年数百人，其中贾昌的事迹被编成传奇故事。李白诗中多次写到斗鸡。明代作家高拱有《书博鸡者事》，记元末袁州一位以斗鸡为业的侠士，发动群众为受诬陷的好官鸣冤的壮举。直到本世纪 90 年代，北方农村仍有此类活动，有电影描述其事。此外，以动物相斗取乐的还有斗牛、斗羊、斗蟋蟀等。

斗牌

北宋宣和年间出现牙牌，以象牙制成，长方形，共 32 张，一面雕刻圆点和各种形象。4 人戏，每人 8 张，使牌互相配合，各自成对，变化多端。明代改为骨面而竹木为背，又名骨牌，后来演化为“牌九”。明时又有“叶子戏”，用硬纸制成牌，仿牙牌、骨牌绘上各种花样和点数，称为“马吊”，今南方乡村仍流行。清代演化为麻将牌，又叫麻雀牌，共 138 张，4 人各取 13 张，以先配合成四组另一对者为胜。叶子戏很早传入欧洲，后来演化成现在的扑克牌。斗牌可以锻炼智力，但往往流于赌博，故历代政府有不同程度的禁令。

打灯谜

春秋战国时称“隐语”、“廋辞”。《荀子》有五篇隐语赋，谜底分别是云、蚕、针、礼、智。西汉东方朔有蚊谜，东汉末孔融有姓氏谜，南朝鲍照有“井”、“龟”、“土”三物谜，刘勰《文心雕龙·谐隐》篇始出现“谜语”一词，宋代王安石、苏轼都是制谜高手。南宋以后，城市出现以说谜语为职业的艺人和专供猜谜的场所。从这时起，常将谜语字条贴在彩灯上，故称灯谜。明末阮大铖的戏剧《春灯谜》和清代李汝珍的小说《镜花缘》均有关于猜灯谜的生动描写。清末出版了许多灯谜著作，如《俞曲园灯谜大观》、《灯谜品话》以及《百二十家灯谜钞》等，后者收灯谜 10 万条。制作灯谜有许多格式，如拆字、谐音、象形、会意、暗示、替代等等，有的须在谜面注明。灯谜常在节日群众娱乐场所张挂，猜中者有奖。也有时在文人相聚或一般文娱活动时作为一种文字游戏。

本章主要参考文献：

刘秉果《中国体育史》，上海古籍出版社 2003。分别介绍 20 种古代体育活动。

《中国文化史三百题》，上海古籍出版社 1987。

马振亚、张振兴《中国古代文化概论》，吉林大学出版社 1988。

傅起凤、傅腾龙《中国杂技史》，上海人民出版社 2004。

第十一章 古代的“机器人”

机器人是现代科学技术高度发达的产物，是一种由机械与电子相结合组成的具有类似人的部分功能的极其灵巧的机器。在欧洲，最初叫做“似人自动机”。在中国古代，虽不可能有现代意义上的机器人，但是，我们的祖先很早就制作了各式各样模拟人的形状和某些行为、能够自己活动的机械，叫做“木人”、“机关木人”、“偶人”或其他名称。有的比较简单，有的相当复杂。应该承认，它们正是现代机器人的始祖。

从俑和铜人到各种“木人”

春秋战国时期，有一种殉葬用的“俑”，是最早的机器人的雏形。据《礼记·檀弓》，孔子“谓为俑者不仁”。郑玄注：“俑，偶人也，有面目机发，有似于生人。”皇侃疏：“机械发动踊跃，故谓之俑也。”孔颖达正义：“刻木为人，而自发动，与生人无异，但无性灵知识。”又《孟子·梁惠王》：“仲尼曰：始作俑者，其无后乎？为其像人而用之也。”焦循《孟子正义》：《广雅》引（张揖）《埤苍》云：“俑，木人，送葬设关而能跳踊，故名之。”“为其像人者，谓为其像人之转动跳踊也。”可见“俑”就是由简单机械发动能够自己转动跳跃的木人。

据汉人传说，先秦已有一种自动木人，能驾驭木车木马走得很远。王充《论衡·儒增》篇记：“犹世传言曰：‘鲁般巧，亡其母也。’言巧工为母作木车马、木人御者，机关备具，载其母上，一驱不返，遂失其母。”这个传说，反映了当时人们以机器人代替人力、畜力的幻想。

秦汉之际，出现了能演奏各种乐器的铜人。据旧题西汉刘歆撰《西京杂记》(疑为东晋葛洪伪托)：汉高祖入咸阳宫，见宫中有“铜人十二枚，座皆高三尺，列在一筵上，琴筑笙竽，各有所执，皆点缀花綵，俨若生人。筵下有二铜管，上口高数尺，出筵后，其一管空，一管内有绳，大如指。使一人吹空管，一人纽绳，则众乐皆作，与真乐不异焉”。这12枚铜人，在绳索拽动空气鼓吹之下，能演奏出与真乐一样的各种声音，可见其构造已经比较复杂。又据唐段安节《乐府杂录》转述“自昔传云”，汉高祖为匈奴困于平城，陈平“即造木偶人，运机关，舞于陴间，阏氏望见之，谓是生人”。段安节认为，这就是后来的“傀儡子”，即木偶戏。后世学者多从此说。唐人谢观把这个故事敷衍为《汉以木女解平城围赋》，描写为提线木偶(见《全唐文》卷758)。但当代有的学者认为，傀儡戏未必有这样早；此处既说是“运机关”，也可能是某种模仿人的形状动作的简单机器人。

三国时期，著名巧工马钧制造了会表演各种杂技的木人。《三国志·魏书·杜夔传》注引傅玄序说，有人献百戏于魏明帝，能设而不能动。马钧受命加以改制，“以大木雕构，使其形若轮，平地施之，潜以水发焉。设为女乐舞象，至令木人击鼓吹箫。作山岳，使木人跳丸掷剑，缘绠倒立，出入自在，百官行署，舂磨斗鸡，变巧百端”。这一组机器木人，构造已相当精巧，基本原理是用水力带动机械运转。傅玄是西晋大臣、著名学者，距马钧生活时代不过三四十年，所记当是大致有据的。

大约成书于两晋之际的《列子·汤问》篇记，周穆王西巡，途遇巧工偃师献上所制“倡者”，“趋步俯仰，信人也。……颔其颐则歌合律，捧其手则舞应节，千变万化，唯意所适。王以为实人也，与盛姬内御并观之。技将终，倡者瞬其目而招王之左右侍妾。王大怒，立欲诛偃师。偃师大慑，立剖散倡者以示王，皆傅会革木胶漆白黑丹青之所为。王谛料之，内则肝胆心肺脾肾肠胃，外则筋骨支节皮毛齿发，皆假物也。而无不毕具者。合会复如初见，王试废其心则口不能言，废其肝则目不能视，废其肾则足不能步，穆王始悦而叹。”这个人工制造的演员，用材已不限木料，而兼采皮革胶漆，外部器官与内部器官有对应关系，并能拆卸组装，不但能歌善舞，而且调戏妇女，至于以假乱真。这样高的自动化，不但周穆王时不可能，即使魏晋时期亦不可能，今天也很难达到，显然出于幻想。钱钟书怀疑《列子》此节源于佛经，如西晋月支沙门法护译《生经》卷三《佛说国王五人经》第二即有相似故事。若能肯定《列子》成书在法护之后，则受其影响是可能的。稍后，还有一些佛经提到"机关木人"，如北凉昙无谶译《大般涅盘经·如来性品》第四之二，东晋译本《华严经·菩萨明难品》第六，后秦鸠摩罗什译《大智度论·解了诸法释论》第十二等等。在当时社会生活中，必定已经有了机关木人，才会在翻译佛经时出现这个术语，否则人们是难以理解的。

两晋时期，不同功能的机器人相继出现。这些机器人，有的已不是玩具，而带有实用性质。如晋孙盛《晋阳秋》所记，东晋元帝太兴年间，衡阳有区纯者，甚有巧思，"造作木室，作一妇人居其中。人叩其户，妇人开户而出，当户再拜，还入户内，闭户。又作鼠室于中，方丈余，有四门，门内有一木人。纵四五鼠于中，欲出门，木人辄推木掩之，门门如此，鼠不得出。又作指南车及木奴，令舂谷作米。中宗闻其巧，诏补尚方左校"。这个看门的机器女人，已能作平行、上下、转向等四个连续动作。至于捕鼠木人，又见托名陶潜的《搜神后记》，文字大同小异。关于舂米木人，当时其他书中亦有记载，如晋陆翙《邺中记》：后赵"石虎有指南车及司里车，又有舂米木人，及作行碓于车上，车动则木人踏碓舂，行十里成米一斛，……车止则止。中御史解飞、尚方人魏猛变所造也。"这种舂米车属于凸轮机构，当时是可以做到的。至于司里车上，也有自动木人。晋崔豹《古今注》："大章车，所以识道里也，起于西京，亦曰记里车。车上为二层，皆有木人。行一里，下层击鼓；行十里，上层击镯。尚方故事有作车法。"又《晋书·舆服志》："记里鼓车，驾四，形制如司南，其中有木人执槌向鼓，行一里则打一槌。"此外，《南齐书·舆服志》、《隋书·礼仪志》、《旧唐书·舆服志》、《新唐书·车服志》、《宋史·舆服志》均有记述，有的还详细写出了式样和部件尺寸。

这时有些机器人是为宗教活动服务的。据《邺中记》：“（石）虎至性好佛，众巧奢靡，不可纪也。尝作檀车，广丈余，长二丈，安四轮。作金佛像坐于车上，九龙吐水灌之。又作一木道人，恒以手摩佛心腹之间。又十余木道人，长二尺余，皆披袈裟，绕佛行。当佛前，辄揖佛。又以手撮香投炉中，与人无异。车行则木人行，龙吐水；车止则止。亦解飞所造也。”这是利用齿轮传动作圆周和上下运动的机器人，和舂米木人、司里木人原理是一样的。

从成套玩偶到大型水转百戏

南北朝时期，北方南方都有机器人问世。据《太平广记》引《皇览》：“北齐有沙门灵昭，甚有巧思。武成帝令于山亭造流杯池，船每至帝前，引手取杯，船即自住。上有木小儿抚掌，遂与丝竹相应。饮讫放杯，便有木人刺还。上饮若不尽，船终不去。”船上木人的各种动作都由水力带动。在这之前，后秦道略译《杂譬喻经》第八曾提到，“北天竺有一木师大巧，作一木女，端正无双，衣带严饰，与世女无异，亦来亦去，亦能行酒看客，唯不能语耳”。木师宴请朋友画师，“便使木女行酒擎食，从旦至夜，画师不知，谓是真女”。灵昭也可能受到佛经的启发。灵昭还为北齐胡太后造七宝镜台，“合有三十六室，每户有一妇人执锁，才下一关，三十六户一时自闭。若抽此关，诸门皆启，妇人各出户前”。（见《太平广记》，又见俞安期《唐类函》卷 172 引《三国典略》）这 36 个妇人，就是一组同时动作的机器人。又据《太平广记》卷 225 引《朝野佥载》：“北齐兰陵王有巧思，为舞胡子，王意欲所动，胡子则捧盏以揖之，人莫知其所由也。”这个“舞胡子”也是个自动木人。

北齐还有个崔士顺，官至黄门侍郎，曾在邺都华林园内造室作堂，“周回二十四架，以大船浮之，以水为轮激。堂为三层：下层刻木人七：弹筝、琵琶、箜篌、胡鼓、铜钹、拍板、弄盘等，衣以锦绣，进退俯仰，莫不中节。中层刻木僧七人，一僧执香奁立东南角，一僧执香炉立东北角，五僧左转行道，至香奁所，以手拈香。至香炉所，其僧授香炉于行道僧，僧以香置炉中，遂至佛前作礼。礼毕，整衣而行。周而复始，与人无异。上层作佛堂，旁列菩萨卫士，帐上作飞仙右转，又刻紫云左转，往来交错，终日不绝。”（见元葛逻禄乃贤《河朔访古记》卷中，又宋必选《古迹类编》及《彰德府志》、《临漳县志》所记大同小异）

南朝亦有水转百戏。据《酉阳杂俎》卷一，后魏李同轨、陆操聘梁，梁主宴之于乐趣苑，“殿上流杯池中行酒具，……图像旧事，令随流而转，始至讫于坐罢，首尾不绝”。许多研究者指出，这随流而转的“图像旧事”，就是以水力带动的木偶作各种表演。又据《南史》卷三十六《江禄传》记载，江禄曾撰《井挈皋木人赋》，“井挈皋”即汲井之桔槔。可见其时已有能自动提水的机器人，惜其赋不传。

又《陈书·长沙王叔坚传》记，陈叔坚“好数术”，因为和后主陈叔宝有矛盾，“不自安，稍怨望，乃为左道厌魅以求福助，刻木为偶人，衣以道士之服，施机关，能拜跪，昼夜于日月下醮之，祝诅于上”。这种自动拜跪的木人当时是完全可以做到的。

隋唐时期，机器人越来越精巧。隋杜宝《大业拾遗记》说，隋炀帝尝为“水饰”，“有七十二势，皆刻木为之。或乘舟，或乘山，或乘平洲，或乘盘石，或乘宫殿。木人长二尺许，衣以绮罗，装以金碧，及作杂禽兽鱼鸟，皆能运动如生，随曲水而行。又间以妓航，与水饰相次。亦作十二航，航长一丈，阔六尺。木人奏音声，击磬，撞钟，弹筝，鼓瑟，皆得成曲。及为百戏，跳剑，舞轮，升竿，掷绳，皆如生无异。其妓航、水饰亦雕装奇妙，周旋曲池，同以水机使之。奇幻之异，出于意表。又作小舸子，长八尺，七艘。木人长二尺许，乘此船以行酒。每一船，一人擎酒杯立于船头，一人捧酒钵次立，一人撑船在船后，二人荡桨在中央，绕曲水池。……酒船每到坐客之处，即停住，擎酒木人于船头伸手。遇酒客取酒，饮讫还杯，木人受杯，回身向酒钵之人取杓斟酒满杯。船依式自行，每到坐客处，例皆如前法。此并约岸水中安机。”这组机器人是黄衮设计的，由水力带动，比三国马钧和北齐灵昭、崔士顺所制更复杂了。杜宝说，他本人曾奉敕撰水饰图经及检校良工图画，并与黄衮"于苑内造此水饰，故得委悉见之"。看来言之凿凿。《隋书·经籍志》史部地理类有《水饰图经》二十卷，子部小说类有《水饰》一卷，可证上述记载不全是夸饰。同书又记，隋炀帝造观文殿，为书堂各12间，"每三间开一方户，户垂锦幔，上有二飞仙。当户地口施机，舆驾将至，则有宫人擎香炉，在舆前行。去户一丈，脚践机发，仙人乃下阁，捧幔而升，阁扇即开，书厨亦启，若自然，皆一机发动。舆驾出，垂闭复常"。这些人工造的自动"飞仙"还会写文章，"属辞比事，条贯有序，文略理畅"，而且"抄写真正，文字之间，无点窜之误"。后者显然是不可能的。另据《北史·柳䛒传》记，柳䛒深得隋炀帝宠爱，"帝每与嫔后对酒，时逢兴会，辄遣命之至，与同榻共席，恩比友朋。帝犹恨不能夜召，乃命匠刻木为偶人，施机关，能坐起拜伏，以像䛒。帝每月下对饮酒，辄令宫人置于座，与相酬酢，而为欢笑"。自动木人竟能陪皇帝喝酒，可见已十分逼真。有人疑为由人操纵之傀儡，似无根据。

唐代开元年间，有个马待封(又名吴赐)，好道术，善为机巧，曾为皇后造梳妆台。"中立镜台，台下两层，皆有门户。后将栉沐，启镜奁台，台下开门，有木妇人手执巾栉至。后取已，木人即还。至于面脂妆粉，眉黛髻花，应所用物，皆木人执，继至，取毕即还，门户复闭。如是供给皆木人。后既妆罢，诸门皆阖，乃持去。其妆台金银彩画，木妇人衣服装饰，穷极精妙焉。"他又与崔邑令李劲造酒山，"酒山立于盘中，其盘径四尺五寸，下有大龟承盘，机运皆在龟腹内。盘中立山，山高三尺，峰峦殊妙。……山南半腹有龙，藏半身于山。开口吐酒，龙下大荷叶中有杯承之。杯受四合，龙吐酒八分而止。当饮者饮之，饮酒若迟，山顶有重阁，阁门即开，有催酒人具衣冠执板而出。于是归盏盘中，龙复注之，酒使乃还，阁门即闭。如复迟者，使出如初"。(《太平广记》卷二百二十六引《纪闻》)又有洛州殷文亮，"性巧，好酒，刻木为人，衣以缯采，酌酒行觞，皆有次弟。又作妓女，歌唱吹笙，皆能应节。饮不尽，则木小儿不肯把杯；饮未竟，则木妓女歌管连催"。(《太平广记》卷二百二十五引《朝野佥载》)。

还有一位官至将作大臣的杨务廉,“甚有巧思,尝于沁州市内刻木作僧,手执一碗,能自行乞,碗中钱满,关键忽发,自然作声云:‘布施!’市人竞观,欲其作声,施者日盈数千。”(同上书)同一故事又见唐李冗《独异志》,杨务廉作“杨行廉”,当是一人。还说“钱满五十于手,则自倾泻下瓶口”。让机器人发出“布施”二字声音,也许是利用钱的重力作用带动弹拨机械来实现的。

又《太平广记》卷二百三十七引《杜阳编》:“元和八年,大轸国贡重明枕,……长一尺二寸,高六寸,洁白逾于水精,中有楼台之状,四方有十道士,持香执简,循环无已,谓之行真道人。”十个可以活动的道人,竟能置于小小枕头之中,不知是用什么做动力。

唐代已有用机器人表演戏文的。据唐人封演《封氏见闻记》卷下:“大历中,太原节度使辛景云葬日,诸道节度使使人修祭,范阳祭盘最为高大,刻木为尉迟鄂公突厥斗将之戏,机关动作,不异于生。祭讫,灵车欲过。使者请曰:戏数未尽。又停车,设项羽与汉高祖会鸿门之象,良久乃毕。”有的学者认为这是傀儡戏,疑有演员在幕后操作。但唐时傀儡多为提线木偶,如梁锽《傀儡》诗所说:“刻木牵丝作老翁,鸡皮鹤发与真同。”此处既谓“机关动作”,故有的学者以为是机器自动木人。

据《新五代史》卷三十一《周臣传》,后周时陶穀曾作“木偶耕人”之颂,可见当时已造自动木人从事耕种,可惜这篇文章没有流传下来。

天文仪器中的司辰“机器人”

唐宋时期的机器人,更多趋向实用化。唐代天文仪器中,已装有能自动击鼓报时的木人。开元时著名科学家一行和梁令瓒所制水运浑天铜仪,置木柜以为地平,铜仪半在地上,注水激轮,令仪自转,一日一夜,天转一周。又立二木人于地平上,其一人前置鼓以候刻,至一刻则自击鼓。另一人前置钟以候辰,至一辰亦自撞钟,都由水力带动。(参见《新

唐书·天文志》)

宋代天文仪器中,报时机器人的自动化程度越来越高。太平兴国时,巴蜀人张思训作浑仪,“为楼数层,高丈余,中有轮轴关柱,激水以运轮。又有直神摇铃扣钟击鼓,每一昼夜周而复始。又有十二神,各值一时,时至则自执牌盾,环环而出报时刻,以定昼夜之长短。至冬水凝,运行凝涩,则以水银代之”。(苏颂《新仪象法要》)这架机器现已复原陈列于中国历史博物馆。

宋元祐初年,苏颂和韩公廉制作水运仪象台,为木阁三层,第一层钟鼓轮上装有“拨牙”(相当于凸轮的传动部件),每一时辰开始,即有服绯衣木人于左门内摇铃。每一刻至,即有服绿衣木人于中门内击鼓。每一时正,即有服紫衣木人于右门内扣钟。又在木阁第四层设有夜漏金钲轮,上设夜漏更筹箭,每筹施一“拨牙”。每更筹至,皆有木人击金钲。(参看苏颂《新仪象法要》及《宋史·天文志》)这和张思训所制都是利用水的恒定流转,发动水轮做间歇运动,带动仪器运转。这架机器也已复原陈列于中国历史博物馆。

此外,宋代还有其他功能的机器人。沈括《梦溪笔谈》卷七记:“庆历中,有一术士,姓李,多巧思。尝木刻一舞钟馗,高二三尺,右手持铁简,以香饵置钟馗左手中。鼠缘手取食,则左手扼鼠,右手运简毙之。”这比东晋区纯的捕鼠木妇人更先进了。

宋代各种傀儡戏很发达,其中有“水傀儡”,是古代水转百戏的发展,由水力带动木偶表演各种动作。如《东京梦华录》卷七:“又列两船,皆乐部。又有一小船,上结小綵楼,下有三门,如傀儡棚,正对水中乐船。上参军色致语,乐作,綵棚中门开,出小木偶人。小船子上有一白衣人垂钓;后有小童举棹划船,缭绕数回,作语,乐作,钓出活小鱼一枚。又作乐,小船入棚。继有木偶筑毬,舞旋之类。亦各念致语,唱和,乐作而已。谓之水傀儡。”这种表演比以前的水转百戏复杂,有乐队伴奏,有真人说白,道具也多了。有的学者认为其中木人运动,似乎由演员暗中操纵。而从文字看,水力运转显然是重要动力,所以仍可认为是机器人的族类。

元代颇重视手工业，各种机械制作技艺较前代有所提高。元初，著名科学家郭守敬曾制作大型水运自动钟，名叫“大明殿灯漏”，高一丈七尺，灯毬杂以金宝为之，内分四层：上层列置四神，旋当日月参辰之所在，左转日一周；次层为龙虎鸟龟之象，各据其一方，依刻跳跃，铙鸣以应于内；再次一层周分百刻，上列十二神，各执时牌，至其时四门通报，又有一人当门内，常以手指其刻数；下层四隅钟鼓钲铙各一人，一刻鸣钟，二刻击鼓，三刻敲钲，四刻击铙。时初时正皆如是。“其机发隐于柜中，以水激之。”（参看《元史·天文志》）这比宋人所造报时木人动作更复杂。元顺帝也是一位颇为能干的机械师。据元人陶宗仪《元氏掖庭记》：顺帝曾“自制宫漏，约高六七尺，为木柜藏壶其中，运水上下。柜上设西方三圣殿，柜腰设玉女捧时刻筹，时至辄浮水而上。左右列二金甲神人，一悬钟，一悬钲。夜则神人能按更而击，分毫无爽。钟鼓鸣时，狮凤在侧飞舞应节。柜旁有日月宫，宫前飞仙六人，子午之间，仙自耦进，渡桥进三圣殿，已，复退位如常。”顺帝还自制水晶刻漏，备极机巧，中设二木偶人，能按时自击钲鼓。可惜元亡后朱元璋以其无用而打碎了。（见《明史·天文志》）

又元人伊世珍所著《瑯环记》卷上引《禅林实语》，有云：“譬如两木人，分作男女根，设机能摇动，解衣共嬉戏。”原是和尚的说偈，意在比喻，恐未必实有此种机器人。

元末明初有个詹希元，他觉得水漏至天寒冰冻不能运行，乃制五轮沙漏，以沙坠落的重力推动齿轮运转。“轮与沙池皆藏几腹，盘露几面，旁刻黄衣童子二，一击鼓，一鸣钲，亦运衍沙使之。”（见宋濂《五轮沙漏铭》）明人焦周《焦氏说楛》提到，“近有发陆逊墓者，丛箭射出。又闻某墓，木人运剑杀人”。这是一个能舞剑杀人的机器人，但不知“某墓”为何时所造。

会干农活的木偶和会演戏的“铜伶”

明代中叶以后，欧洲科学技术逐渐传入中国。一些中国学者努力汲取西方文化，并使之与中国古代文化相结合，相继制造了一批新的机器，其中包括机器人。著名机械工程师王徵，陕西泾阳人，天启二年进士，及第前曾与徐光启、李之藻以及意大利传教士利玛窦等有所交往，并于52岁时受洗礼加入耶稣会，不久在瑞士传教士邓士函帮助下编写了一本《远西奇器图说录最》，介绍西方各种机器。他自己制造了自转磨、虹吸、鹤饮等提水器及刻漏、水镜、连弩、代耕、轮壶诸器，邑人以为诸葛孔明复出。据说他在未成进士之前，曾于家乡每年春夏耕播时，“多为木偶，以供驱策。或舂者，簸者，汲者，炊者，操饼杖者，抽风箱者，机关转捩，宛然如生。至收获时，辄制自行车以捆载禾束，事半功倍。”（道光十年张鹏翂重刻《奇器图说》序）有的研究文章认为，他可能利用了齿轮和弹簧，能源可能有水力和风力。这些传说也许经过夸张，但王徵把半自动的机器人应用于农业生产，则是有可能的。

又明姜准《岐海琐谭》卷七记：“山人黄子复，擅巧思，制为木偶，运动以机，无异生人。尝刻美女，手捧茶托，自能移步供客。客举瓯啜茗，即立以待，瓯返于托，即转其身，仍向内而入。又刻为小者，置诸席上，以次传觞。其行止一视觞之举否，周旋向背，不须人力。其制同于大。刻木为犬，冒以真皮，口自开合，牙端攒聚小针，衔人衣裔，挂齿不脱，无异于真。”这比南北朝时的木女行酒更巧，前者为水力发动，此则不知以何为动力。然而时代较近，且言之凿凿，似乎不无一定根据。

清人也有同类记载。据光绪重纂《邵武府志》卷二十四：“陈岚，字石村，号紫谷，有巧思，作木偶，如垂髫好女，衣以缯帛，含睇凝笑，行走如生，客至捧茶，次第无失仪。仿佛殷文亮饰木妓以传觞也。”殷文亮为唐人，其事已见前引。

清代初年，江宁人吉坦然吸收西方钟表技术制造了有机器人自动报时的自鸣钟，外形如塔，又叫通天塔，共三层，置于架上。"塔之下层，中藏铜轮，互相带动，外不得见。中层前开一门，有时盘，正圆如桶。分为十二项，篆书十二时牌，为下轮所拨动，与天偕运，日一周于天，而盘亦返其故处矣。每至一时，则其时牌正向于外，人得见之。中藏一木童子，持报时牌，自内涌出，于中层之上鸣钟一声而下……钟之前有韦驮尊天象，合掌向外，左右巡视。"这种自鸣钟的材料全用铜铁，由发条和齿轮组成，可以拆装，原理与现代钟表十分接近。此事记载于《广阳杂记》，作者刘献廷与吉坦然认识，而且亲自打开看过这座自鸣钟。吉坦然少年时随亲人扈从南明永历帝至云南，永历八年中举，授南明大明府知州，后改任姚州知州。

清代还有一位科学家黄履庄（1656—?），原籍不可考，十岁以后寓居江苏扬州。据他表哥戴榕《黄履庄小传》（见《虞初新志》卷六）记，他从小就"喜出新意，作诸技巧"，后来学习"泰西几何、比例、轮捩、机轴之学，而其巧因以进"，先后独立制作了"验冷热器"（温度计）、"验燥湿器"（湿度计）、"千里镜"（望远镜）、"瑞光镜"（探照灯）等。据说八岁时自制"自动木人，长寸许，置桌上，能自动行走，手足皆自动，观者以为神。"有的研究者分析，其制造原理可能与今天的儿童玩具铁皮"企鹅"相似。但也有人怀疑可能装有简单的发条，因《小传》说黄履庄已经掌握了发条制造技术。此外，他还制成自动木狗，"置于门侧，卷卧如常，惟人入户，触机则立吠不止，吠之声与真不异"。为此，他曾受到大数学家梅文鼎的称赞。（见陈琰《旷园杂识》卷下）黄履庄又作有木人擎扇的"自动驱暑扇"，"不烦人力而一室皆风"。还有"双轮小车一辆，长三尺余，约可坐一人，不烦推挽，能自行。行止，以手挽轴旁曲拐，则复行如初，随住随挽，日足行八十里"。这已是现代自行轮椅的雏形了。还作木鸟，"置竹笼中，能自跳舞，飞鸣，鸣如画眉，凄越可听"。这些自动装置，当时很受欢迎，可惜全都没有留传下来。

清代中叶，外国机器人开始传入中国。据袁枚《新齐谐》卷二十三记："乾隆二十九年（1764 年），西洋贡铜伶十八人，能演《西厢》一部。

人长尺许，身躯耳目手足，悉铜铸成，其心腹肾肠，皆用关键凑接，如自鸣钟法。每出插匙开锁，有一定准程，误开则坐卧行止乱也。张生、莺莺、红娘、惠明、法聪诸人，能自行开箱着衣服，身段交接，揖让进退，俨然如生，唯不能歌耳。一出演毕，自脱衣卧倒箱中。临值场时，自行起立，仍上戏毯。”能演《西厢记》，说不定有中国人合作或改造过。同书又记有自动木犬木鸡：“叶公文麟言，在京师到某比部家，甫叩门，有狮毛恶犬咆哮而出，状若噬人者。叶大怖，主人随出喝之，犬卧不动。主人视客笑吃吃不止。问何故，曰：此木犬也，外覆以狮毛，中设关键，遂能吠走。叶不信，主人更出一鸡，黄羽绛冠，申颈报晓。拨毛视之，亦木所为。”这两件东西都与黄履庄所制极其相近。但不知它们的发声器官是如何装置的。

据国外文章介绍，欧洲的机器人是距今 200 多年前出现的。现在瑞士的沙特尔市保存了三个机器人，是瑞士钟表匠皮埃尔·雅凯——德罗兹和他的两个儿子于 1768—1774 年设计制造的，材料主要是木头和黄铜，动力主要是发条。其中两个机器人一个像三岁的男孩，一个像十六七岁的少女，分别会写字、画铅笔画、弹钢琴。皮埃尔曾经带着它们到各国表演。在这之前，他还在时钟上安装了装饰性的自动机械：手拿锤子按时出来敲钟报时的小人和会鸣叫的小鸟等。（参看《环球》1983 年第 2 期，詹姆斯·汉森：《最早的机器人》）他们的制造时间与袁枚所记正好相同。

从以上所举事实可以看出，中国古代的“机器人”是源远流长，品类繁多的。有的是玩具或装饰品，有的具备一定实用价值。自动化程度简繁不一，能源来源不同。各种古籍所载，有的比较真实可信，有的出于夸张幻想，还有的真假参半。尽管语焉而不详，无法究其底蕴，但有一点是可以肯定的：即中国确实早有机器人，虽然是原始的，但在世界科技史上曾经处于领先地位。目前对这方面的研究还很不够，有些问题也许存在不同理解，相信经过学术界的努力探讨，必将会有更多的发现。

本章主要参考文献：

刘仙州《中国机械工程发明史》，科学出版社 1962。

谭家健《中国古代的机器人》，《文史哲》1986 年 4 期。

朱大渭《中国古代“机械木人”始创年代及其机理考实》，收入朱渭著《六朝史论续编》，学苑出版社 2008。

附：机器人发展史（摘录） 作者林贵琴

江户时代中期（公元 17、18 世纪）日本的竹田近江利用钟表技术发明了自动机械玩偶，最有名的是“敬客小姑娘”，身穿和服，双脚装上轮子，上发条后托着茶盘边走边敬客，直到客人将茶碗取走才停下来。

1738 年，法国工程师鲍康逊（1709－1782），制造了齿轮转动的自动机器鸭，能震动翅膀嘎嘎叫，会喝水、啄谷子。后来又制造出自动“吹笛少年”和“鼓手”。

1773 年，瑞士人杰克德雷斯父子制造出“写字机器人”，能手指握笔、描画；“弹风琴机器人”可以按动琴键奏音乐。如今还存放在瑞士努萨蒂尔历史博物里。（引者按，当即本文所引《环球》1983 年 2 期所载之《最早的机器人》）

1893 年，摩尔制造了“蒸汽人”，靠蒸汽驱动双腿沿圆围走动。

1927 年，美国西屋公司工程师温兹利制造了“电报箱”机器人，装有无线电发报机，可以回答一些问题，但不会走动。

1954 年，美国人戴沃尔提出工业机器人概念，并申请了编程机器手专利，可根据不同工作需要，编制出不同程序，让机器手臂按程序工作。

1959 年，戴沃尔及其伙伴英格伯格联手制造第一台工业机器人——“万能自动器”。外形类似坦克炮塔，有大臂、小臂和手腕，与人的手臂功能相似。之后，他们二人联合兴办了世界上第一家机器人制造工厂。

1962年，美国AMF公司也制造出工业机器人，称为“万能搬动器”。

1965年，米特演示第一个具有视觉感应器，能识别与定位简单技术的机器人系统。

1973年，辛辛那提米拉克隆公司的理查得豪思，制造出第一台由小型电脑控制的工业机器人，完全液压驱动，有效负载量45公斤。

1980年以后，各工业国开始致力于机器人的制造与开发，美国和日本尤为兴盛，不时有机器人表演比赛；机器人研制从此迈入新的时代。

（附录全文刊载于马来西亚《星洲日报》2005年12月21日《活力副刊》）。

附 录

一、九十年来中国文化史著作举要

中国文化史作为一门学科，大约形成于上世纪20年代。从1921年至1949年，中国人撰写的论述中国文化史的著作(不包括专题文化史、地区文化史、比较文化史，下同)，据我所见，约40余种(另有《中国文化史丛书》一套，二辑36种，商务印书馆30年代出版)。从1950年至1979年间，中国内地没有出版过一本以中国文化史为题的书，这门学科在人们心目中似乎不存在了。1982年，有人提出文化史应作为研究的课题，于是学术界便逐渐活跃并迅速形成高潮，出现了举世瞩目的“中国文化热”。从50年代至90年代，台湾地区出版的有关中国文化的著作甚多，个人所见即达70余种，还有大型丛书多套。这种盛况，反映了海内外炎黄子孙对振兴中华、弘扬祖国文化的巨大热情和不懈追求。

下面分三部分介绍其中一些著作的简况。

20—40年代的中国文化史著作

上世纪初(1903年)，日本人白河次郎，国府种德写过一本《支那文明史》，对中国文明的起源，中国的艺术和宗教、政治和政体、历数和地理、土木建筑、文字书法、绘画、音乐杂剧乐器、舟车及金属使用等等的发展历史，作了粗略的描述。中国人自己撰写的著作，最早是梁启超的《中国文化史稿》，1921年发表于《改造》杂志，1922年由商务印书馆出版。共6章：一、史之意义及范围；二、过去之中国史学界；三、史之改

造;四、说史料;五、史料之搜集与鉴别;六、史迹之论次。此书主要论史学,后来改名为《中国历史研究法》。继后出版的著作有:

顾康伯《中国文化史》(上海泰东书局 1924),分 13 章,阐述上古文化的发端,春秋战国政治学术思想的变迁,秦汉帝国文化的变迁,魏晋南北朝种族同化与厌世思潮,隋唐时代中外文化交流,两宋政治哲学思想的发达,明代汉族文化的复兴与近代西洋文化的输入等。

柳贻征《中国文化史》(二册),1925 年发表于《学衡》杂志,1932 年南京钟山书店出版。分 3 编:一、远古至西汉,是独立文化时期;二、东汉至明末,印度文化输入,是冲突而交融时期;三、明末至现代,西方文化输入,是激荡与相合时期。此书史料丰富,多次再版,1987 年由中国大百科全书出版社重印。

常乃德《中国文化小史》(中华书局 1928),系通俗读物,分 15 章,论述远古至 1928 年的中国文化运动,并讨论什么是中国文化,东西方文化交流,民族精神的复兴以及今后中国文化诸问题。

杨东莼《本国文化史大纲》(北新书局 1931),本书不按朝代,而以事实为单元,阐明其因果利弊及关联。分三部分:经济生活之部,社会生活之部,智慧生活之部。

陈国强《物观中国文化史》(神州国光社 1931),作者力图用唯物史观分析中国文化之演进。共 3 章:一、古代文化演进之概观;二、帝权时代(秦至清)之文化;三、帝国主义入侵后之中国文化。

丁留余《中国文化史问答》(大东书局 1933),此书为"百科常识问答"丛书之一,分 3 编:一、中国文化开创时代;二、印度文化输入时代;三、泰西学术东来时代。分题设问作答。

陈登原《中国文化史》(世界书局,上册 1935 年版,下册 1937 年版)全书分上古、中古、近古、近世 4 编,编下再分章节,侧重文化变迁,从远古论及民国初年。

梁启超《中国文化史》(社会组织篇)(中华书局 1936)分 8 章:一、母亲与父亲;二、婚姻;三、家庭及宗法;四、姓氏;五、六、阶级;七、乡治;

八、都市。学界认为此书属开拓性著作。

王德华《中国文化史略》(中华书局 1936),分 4 编 32 章,从远古述至 30 年代。一编、经济史;二编、政治史;三编、学术史;四编、社会史。全书以问题为中心论述文化之演进。

陈安仁《中国近世文化史》(商务印书馆 1936),共 4 章,分述宋元明清四朝文化,每章涉及政治、风习、家族、制度、商业、交通、币制、官制、军制、法制、宗教、美术、教育、理学、文学等。

王云五《编纂中国文化史之研究》(商务印书馆 1937),分 6 部分:一、文化与中国文化;二、中国文化史料之丰富;三、中国文化史料之缺点;四、外国学者编著的中国文化史;五、外国学者编著的世界文化史;六、编纂中国文化史用何种方法。

陈安仁《中国上古中古文化史》(商务印书馆 1938),介绍先秦至唐代文化,体例与其《中国近世文化史》相同。1947 年两书合订为《中国文化史》。

雷海宗《中国文化史:中国的兵》(商务印书馆 1940),分为上下两编,由 7 篇独立论文组成。

李建文《中国文化史讲话》(世界书局 1941),依朝代分为 9 章,从古代叙至近代,章下分节,略述其时代变化及文化型态,包括政治制度、社会经济、赋税、兵制、教育、宗教、交通、风气、学术、文艺、生活状况等,选材谨严,文字简洁。

陈安仁《中国文化演进史观》(贵阳交通书局 1942),分 3 章:一、中国经济与中国文化;二、中国民族与中国文化;三、中国社会与中国文化。

蒋星煜《中国隐士与中国文化》(中华书局 1943),分 10 个专题,分述隐士的名称,形成因素,类型区分,政治生活,经济生活,社会生活及地域分布等,并从绘画和诗歌角度考察隐士与中国文化的关系。

王治心《中国文化史类编》(作家书店 1943),以专题为经,时序为纬,分 6 编:一、文化的定义与起源;二、政治经济制度;三、社会风俗情形;四、学术思想源流;五、宗教伦理沿革,六、艺术器物发明。

陈竺同《中国文化史略》(文光书店 1948),分4章:一、史前时期的序幕文化;二、从工具分析有史期第一阶段的文化型态;三、从产业分析有史期第一阶段的文化型态;四、余论。

钱穆《中国文化史导论》(正中书局 1948),撰写于1941年,一部分曾在杂志发表。全书共10章:一、中国文化之地理背景;二、国家凝成与民族融合;三、古代观念与古代生活;四、古代学术与古代文字;五、文治政府之创建;六、社会主义与政治经济;七、新民族与新宗教之再融合;八、文艺美术与个性伸展;九、宗教再澄清民族再融合与社会主义之再普及再深入;十、东西接触与文化更新。

有些著作是从宏观上分析评论中国文化运动的。如梁漱溟《东西文化及其哲学》(商务印书馆 1921),陈序经《中国文化的出路》(商务印书馆 1934),伍彦元《中国新文化运动概观》(现代书局 1934),张君迈《明日之中国文化》(商务印书馆 1936),李麦麦《中国文化问题导言》(上海辛垦书店 1936),马芳若编《中国文化建设讨论集》(上海经纬书店 1936),陈登佣《中国文化问题研究》(商务印书馆 1937),缪凤林《中华民族之文化》(西安新中国文化出版社 1948),陈安仁《中国文化问题之探讨》(新新书店 1945),吴世昌《中国文化与现代化问题》(观察社 1948),姚红旗《民族文化史论》(中国艺文出版社 1949)。其中影响较大的是梁漱溟的《中国文化要义》(1949年路明书店初版,1987年学林出版社重印)。

30—40年代还出版了一批地域文化史著作,如:郑德坤《四川古代文化史》、徐嘉瑞《大理古代文化史》、夏光南《云南文化史》、张立志《山东文化史研究》等,恕不一一介绍。

近三十年中国内地之中国文化史著作

近三十年中国内地出版的中国文化史著作数量甚多,内容包罗万象,大致可分为以下几大类:

第一,以"文化史"为题的著作。或以朝代,或以专题,皆注重历史的系统性。

吕思勉《中国制度史》(上海教育出版社 1985),全书 17 章、56 万字,分述古代农工商业、财产、钱币、饮食、衣服、宫室、婚姻、宗族、国体、政体、户籍、赋役、官制、选举、兵制、刑法等。少部分发表于 1929 年,其余为初次刊行。此书是近年来同类著作中水平最高者,最具初创性。

冯天瑜、周积明《中国古文化的奥秘》(湖北人民出版社 1986),该书 26 万字,作者从中外文化对比入手,对中国文化的形成、壮大、停滞、新生的历史作出剖析,对古代文字书籍、科学技术、文学、艺术、史学、哲学六个方面作鸟瞰式检阅,不限于客观介绍,而且有分析评论。该书已为台湾所翻印。

谭家健主编《中国文化史概要》(高等教育出版社 1988 年初版,1997 年增订),分典章制度、哲学宗教、各体文学、文化艺术四编,皆从古至今。台湾明文书局于 1989 年翻印。

《中华文明史》(河北教育出版社 1989—1993),系多人合作编著,共 10 卷,500 万字,是一部巨型文化史。

冯天瑜、何晓明、周积明编著《中华文化史》上下册(上海人民出版社 1990)90 万字。上编综述文化概念的演变及文化学的基本理论;中编论述由地理背景、经济土壤和社会结构三者有机组成的中华文化生态环境,对中华文化产生的特质及其演化作出历史唯物义的解释;下编展示中华文化的发展历程——上古多元发生,向心聚合,中古的汲纳吞吐,兴盛繁华以及烂熟式微,近世的蜕变新生;结语论述中华文化未来发展面临的若干问题,并作出预测性前瞻。是属于史论结合的著作。

王玉哲主编《中国古代物质文化》(高等教育出版社 1990)按时代顺序叙述远古至明清各时期物质文化发展历史,包括生产工具、科学技术、生活资料(衣食住行)、精神生活物质条件(文具、乐器、宗教用品)等等。

胡世庆、张品兴编著《中国文化史》上下册(中国国际广播电视出版社 1991),55 万字。

刘蕙荪主编《中国文化史稿》(文化艺术出版社 1991),此书以时代为序,分 8 章,分论先秦至明清各个时期的文化形态,涉及面较广。

吴荣政、王锦贵主编《简明中国文化史》(湖南师大出版社 1991),此书下限止于中华民国时期,即 1949 年以前。

张凯《中国文化史》(燕山出版社 1992),简史性质。

姚荣汉主编《中国文化制度简史》(学林出版社 1992)。

冯天瑜等著《插图本中国文化简史》(上海人民出版社 1993)。

吴方《中国文化史图鉴》(山西教育出版社 1992)。

陈玉刚主编《中国文化通史简编》(上下)(大众文艺出版社 1992)。

冯天瑜《中国文化史纲》(北京语言学院出版社 1994)。

季芳桐主编《中国文化史纲要》,兵器工业出版社 1997。

刘蕙孙著《中国文化史述》,文化艺术出版社,1997 年第二版。

萧放《中国文化厄史》,湖北人民出版社 1997。

裘士京等编著《中国文化史》,安徽大学出版社 1998 页。

魏向东等《中国古代文化史》,苏州大学出版社 1998 页。

人民教育出版社历史室、江西人民出版社文教室编著《中国文化史》,江西人民出版社和北京人民教育出版社 1998 出版。

武斌编著《中国文化史概说》,东北大学出版社 1999。

蒋方著《中国文化史九绎》,湖北人民出版社 2000。

朱恒夫编著《中国文化史教程》,江苏教育出版社 2000。

吴小如主编,刘玉才等著《中国文化史纲要》,北京大学出版社 2001。

房列曙、木华主编《中国文化史纲》,科学出版社 2001。

李清凌主编《中国文化史》,高等教育出版社 2002。

贾文丰等《中国古代文化史精要》,中州古籍出版社 2002。

谭元亨著《中国文化史观》修订本,广东高等教育出版社 2002。

王怀兴《中国文化简史》,齐鲁书社 2002。

张维青、高毅清著《中国文化史》,山东人民出版社 2002。

黄新亚著《中国文化史概论》,中国社会出版社 2003。

王清淮、朱枚《中国文化史略》,中国文史出版社 2003,按时代简述。

吴存浩、王云瑜《中国文化史略》,河南文艺出版社 2004。

唐玉萍编著《中国文化史概要》,内蒙古教育出版社 2004。

纪云华、杨纪国主编《中国文化简史》,北京出版社 2004,共三卷,46 万字,有插图。

朱恒夫编著:《中国文化史教程》,江苏教育出版社 2004。

张崇琛《中国古代文化史》,甘肃人民出版社 2005。

林岷编著《中国文化史概述》,中国科学技术出版社 2005。

许结《中国文化制度述略》,凤凰出版社 2005。

胡世庆《中国文化通史》,修订本(上下),浙江大学出版社 2005,120 万字。

冯天瑜、杨华、任放编著《中国文化史》,高等教育出版社 2005。

于琨奇、庄华峰主编《中华文明简史》,华东师大出版社 2005。

刘晓光、裘琼编《中国传统文化史概论》,安徽大学出版社 2006。

袁行霈、楼宇烈、严文明、张传玺主编《中华文明史》(四册),北京大学出版社 2006。

王锦贵主编,吕艺、张积、罗纬编著《中国文化史简编》,北京大学出版社 2006。

李少林主编《中国文化史》,内蒙古人民出版社 2006。

许结《中国文化史论纲》,江苏教育出版社 2006。

许结主编《中国文化史》,花城出版社 2006。

许结编著《新编中国文化史》,江苏教育出版社 2007。

李山著《中国文化史》(普通高校教材),北京师范大学出版社 2007。

第二，以“概论”为题的著作。其中，有的以理论概括见长，有的先论后史，有的以史为主，内容与“文化史”相近，但不一定着重于史的发展考察和介绍。下面把同题之书排在一起，依出版时间先后为序。

李宗桂《中国文化概论》(中山大学出版社 1988)，作者采用多种新方法、多角度、多层次对中国文化传统进行整体性宏观审视，对中国文化的演变和分期，中华文明发展的特殊道路、主体内容、核心、类型、特点、理想人格、价值取向、社会心理、思维方式和基本精神作了较为系统的描述和解剖。是 1989 年 8 月在北京举行的第三届全国优秀图书评比活动中获奖的优秀著作。

马振铃主编《中国文化概要》，南开大学出版社 1992。

李中华《中国文化概论》华文出版社 1994。

何乃光《中华文化概要》，华文出版社 1995。

张岱年、方克立主编《中国文化概论》，北京师范大学出版社 1994、1995。

金毅编著《中国文化概论》，中国广播电视出版社 1995，2 册。

高波《中国文化概论》，厦门大学出版社 1999。

周道生《中国文化概论》，中南工业大学出版社 1999。

覃德清《中国文化概论》，广西师范大学出版社 2002。

李平主编《中国文化概论》，安徽大学出版社 2002。

陈启龙《中国文化概论》，知识出版社 2002。

张家鹏、王祥主编《中国文化概论》，辽海出版社 2002。

尹佳涛《中国文化概论》，新世界出版社 2003。

陈江风主编，王仁宇等编写《中国文化概论》，南京大学出版社 2005。

刘新科主编《中国文化概论》，东北师范大学出版社 2005。

革艳丽《中国文化概论》，延边出版社 2005。

李建中主编《中国文化概论》，武汉大学出版社 2005。

王炜民、郝建平《中华文明概论》，内蒙古大学出版社 2005。

罗文筠编著《中国文化概论》，四川大学出版社 2006。

王瑾瑾主编《中国文化概论》，机械工业出版社 2006。

李道湘、于铭松《中华文化概要》，上海三联书店 2007。

崔富春、王荣花、李德芝主编《中国文化概论》，中国农业出版社 2007。

武占江主编《中国文化概论》，河北教育出版社 2007。

梁宁森、刘晓明《中国古代文化概论》，三秦出版社 2005。

王立新《中国传统文化概论》，北京广播学院出版社 1994。

李洪钧《中国传统文化简论》，辽宁大学出版社 1994。

翟根业《中国传统文化概论》，上海科普出版社 1996。

高聚德《中国传统文化导论》，河北人民出版社 1996。

李家珉《中国传统文化述要》，南海出版公司 1996。

毛荣生《中国传统文化概论》，上海财经大学出版社 1998。

田书林《中国传统文化概论》，高等教育出版社 1999。

康永述《中国传统文化概论》，陕西人民出版社 2000。

刘敏、吕秀莲《中国传统文化概论》，黑龙江人民出版社 2000。

张应杭《中国传统文化概论》，上海人民出版社 2000。

于语和《中国传统文化概论》，天津大学出版社 2001。

张钧《中国传统文化概论》，黑龙江人民出版社 2002。

高晚欣《中国传统文化概论》，哈尔滨工程大学出版社 2002。

缪德良《中国传统文化要略》，华东师范大学出版社 2002。

曲洪志等《中国传统文化概论》，山东大学出版社 2003。

蔡东洲主编《中国传统文化要论》，巴蜀书社 2003。

赵洪恩等主编《中国传统文化通论》，人民出版社 2003。

薛明扬主编《中国传统文化概论》上中下三册，复旦大学出版社 2003。

冯秀珍《中华传统文化纲要》，中国法制出版社 2003。

王新婷等《中国传统文化概论》,中国林业出版社 2004。

韩凤鸣《中国传统文化概论》,河海大学出版社 2004。

陈桂芝《中国传统文化新论》,东北林业大学出版社 2004。

朱耀庭主编《中国传统文化通论》,北京大学出版社 2005。

贾成祥、宋开之《中国传统文化概论》,人民军医出版社 2005。

刘晓明《中国传统文化概论》,河海大学出版社 2005。

张应杭《中国传统文化概论》,浙江大学出版社 2005。

周俊玲《中国传统文化概论》,四川人民出版社 2005。

孙建东、冯希哲《中国传统文化概要》,陕西人民出版社 2005。

李土生《中国传统文化散论》,中国社会出版社 2005。

赵吉惠《中国传统文化导论》,江苏教育出版社 2007。

顾桢等《中国传统文化二十二讲》,山西古籍出版社 2004。

李卫东等《中国传统文化精神》,江西人民出版社 2003,只讲知识,未讲"精神"。

彭付之《中国传统文化概论》,北京航空航天大学出版社 2007。

潘守皎《中国传统文化源流》,中国书籍出版社 2007,分二编 27 章,每题皆讲源与流。

骆自强《传统文化导论》,上海古籍出版社 2003,电大教材。

金鸣娟主编《中国传统文化》,中国林业大学出版社 2004。

曹长秋主编《中国传统文化》,中南大学出版社 2004。

张岂之主编《中国传统文化》,高等教育出版社 2005,插图甚多。

李宝成等主编《中国传统文化》,中国人民公安大学出版社 2006。

段联合等主编《中国传统文化》,西北大学出版社 2005。

张建主编《中国传统文化》,高等教育出版社 2007,高职高专教材。

潘万木等主编《简明中国传统文化》,华中科技大学出版社 2004。

从上列书目不难看出,有大量内容重复的现象。

第三,知识性、趣味性、通俗性和简易教材性质。如朱星的《古代文化基本知识》(天津人民出版社 1982),是为中学语文教师编写的。向仍旦《中国古代文化知识》(知识出版社 1983),原是北京大学古典文献专业的教材。《中国古代文化史讲座》(中央广播电视大学出版社 1984),是王力、谭其骧、任继愈、启功、杨伯峻等十几位专家学者的讲稿,史的特点不明显。中共江西省委宣传部组织编写的《中国古代文化常识》(江西教育出版社 1986),是党员自修教材。许树安、郑春苗、王秀芳所著《中国文化常识》(北京语言学院出版社 1987)及其续编(1990 年出版),是向外国留学生介绍中国文化的教材。后来相继出版的有:王恩涛、毕宝魁《中国古代文化史知识》(沈阳出版社 1989),王尔龄主编《中国文化常识》(上海教育出版社 1994),郭维森《古代文化基础》(岳麓书社 1995),李永志主编《中国传统文化简明教程》(巴蜀书社 1995),均属于这一类。

知识性读物的题目较具体,涉及面较广,注重趣味性,而不太要求系统性。如《中国古代史常识》(专题部分)(中国青年出版社 1980)分 69 题,介绍中国文化各个方面。袁开济《中国人的光荣——华夏文明漫谈》(湖北人民出版社 1985),属于青年读物,共 24 题。郭维森主编的《古代文化知识要览》(湖南人民出版社 1986),共 12 章 88 题。《古代文化专题史话》(中华书局 1987),将中国历史小丛书中的 10 种史话合为一册。《中华文化纵横谈》(华中理工大学出版社 1986),汇集了一些自然科学家和文史专家漫谈中华文化的 11 篇文章。马钜生的《伟大中华灿烂文化》(广西人民出版社 1986),共 4 章 72 节。梅立崇等编写的《祖国文化》(一、二)辑,是人民日报知识小品专栏文章的汇编(人民日报出版社 1983、1984)。顾志兴等编写的《文史常识一百题》浙江人民是杭州日报知识小品的汇编。施宣园等主编的《中国文化之谜》(1—4 辑)(学林出版社 1985—1987),是文汇报征文合集。该书内容广泛,形式活泼,已为台湾出版界所翻印。

此后有:张秀平、王乃庄的《中国文化概览》(东方文化出版社 1988)。余世谦《中国文明大观》(江苏文艺出版社 1989)。文澜等主编《古代文化知识手册》(湖北教育出版社 1989),25 类,2000 余条。许长志编《中国文化艺术之最》(解放军文艺出版社 1990)。李福田等主编《中国文化小百科》(百花文艺出版社 1990)。施宣园主编《千古之谜——中国文化史五百疑案》(中州书画社 1990)。顾太等《中国传统文化奇观》(吉林文史出版社 1990)。王德有、陈战国主编《中国文化百科》(吉林人民出版社 1991)。张国臣、张天定主编《中国文化之最》(中国旅游出版社 1991),44 类,4600 条。庄福林、张瑞昌《中国文化源流手册》(吉林文史出版社 1990)。胡敬君、戴启后《中国古代文化实用手册》(湖南文艺出版社 1992)。景庆虹、才树祥《中国文化博览》(中国政法大学出版社 1993)。冯禹等主编《中国传统文化大观》(中国大百科全书出版社 1993)。唐得阳主编《中国文化的源流》(山东人民出版社 1993)。武岗子主编《大中华文化知识宝库》(湖北人民出版社 1993)。王文令主编《中国文化常识》(上海教育出版社 1994)。顾伟列《中国文化》,华东师范大学出版社 1994。阙道隆《中国文化精要》,中国青年出版社 1994。顾文、顾劳《中国文化教程》,贵州教育出版社 1995。钟明善主编《中国文化精义》,西安交通大学出版社 1997。高令仰《中国文化纲要》,厦门大学出版社 1997。宋柏年、施养义《中国文化读本》(84 题),商务印书馆 1999。马敏主编《中国文化教程》,华中师范大学出版社 2002。程裕祯《中国文化要略》,外语教学与研究出版社 2003。刘洪仁《中国文化精要》,巴蜀书社 2003,分八个专题,25 万字。杨思信《中国文化概要》,兰州大学出版社 2003。何兹全《中国文化六讲》,河南人民出版社 2003,九万字。赵广等主编《中华文化概述》,华文出版社 2002,统战干部教材。杨世珍《中国文化管窥》,人民日报出版社 2003。共四讲,四书、五经、诸子、佛学。谌世龙等主编《中国历史与文化》,重庆大学出版社 2003,旅游专业教材。桑敬民《华夏传统文明教程》,中央民族大学出版社 2003,传统道德教材。郭人民、郑慧生《中国古代文化专题》,河南大学出版社 2003,30 个专题。陈璧耀《古代文化常识百话》,汉语大词典出版社 2004,共 81 题。姜义华主编《中华文化读本》,上海人民出版社 2004。余国瑞主编《中国文化历程》,东南大学出版社

2004，高校教材。郭建庆《中国文化概述》，上海交通大学出版社 2005。杨英杰《中国历史文化》，南开大学出版社 2005。旅游专业教材。赵伯英等主编《文化历史二十讲》，中共中央党校出版社 2005。赵勇锋、种晓明《中国文化未解之谜》，中国戏剧出版社 2005，共 162 个题目，有大量插图。马有、敏春芳《中国古代文化基础》，民族出版社 2006。刘兴全主编《中国历史文化要略》，西南交通大学出版社 2006。蔡崇德《中国历史文化》，旅游教育出版社 2006。宋哲主编《中国文化讲义》，武汉理工大学出版社 2006。叶娇《古代文化常识》，浙江大学出版社 2007。马汉麟《中国古代文化常识》（插图本），新世界出版社 2007。王奕飞《中国文化精神》，新世界出版社 2007，知识读物，以图为主，未讲"精神"。徐亮《知道点中国文化》，21 世纪出版社 2007，青少年人文素质读物。凤凰电视台栏目组编《文化大观园》，中国友谊出版公司 2007，知识性、趣味性，每题有图。

第四，断代文化史。

李福泉《先秦文化史》，岳麓书社 1996；王仁湘、贾笑冰《中国史前文化史》，商务印书馆 1998；李微微《文化之源》，中国友谊出版公司 2006，每题有图；张征雁《中国史前时代文化》，四川人民出版社 2004，以图为主；刘翠萍《中国传统文化探源》，西北大学出版社 2004，以先秦为主；陈全方《周原与周文化》，上海人民出版社 1998；吕文郁《春秋战国文化史》，东方出版中心 2007；李学勤《东周与秦代文明》，文物出版社 1984。

韩养民《秦汉文化史》，上海人民出版社 1986；李福泉《先秦文化史》，岳麓书社 1996；祝瑞开主编《秦汉文化和华夏传统》，学林出版社 1992；熊铁基《秦汉文化史》，东方出版中心 2007；熊铁基《汉唐文化史》，湖南出版社 1992；陈江风《汉文化研究》，河南大学出版社 2004；李少林主编《汉代文化大观》，内蒙古人民出版社 2006。

万绳楠《魏晋南北朝文化史》，黄山书社 1989；罗宏曾《魏晋南北朝文化史》,四川人民出版社 1989;王晓毅《中国文化的清流:正始之音》,中国社会科学出版社 1991;李天石、许辉《六朝文化概论》、王永平《孙吴文化》、张学峰《东晋文化》、成林《南朝文化》上、李天石《南朝文化》下,以上五书均由南京出版社于 2005 年出版。

赵文润《隋唐文化史》,陕西师大出版社 1992;孙昌武《隋唐五代文化史》,东方出版中心,2007;陕西省博物馆编《隋唐文化》,学林出版社 1990;又《唐代文化研究文集》,上海人民出版社 1994;李斌城主编《唐朝文化》,中国社会科学出版社 2002;房锐主编《唐五代文化史稿》,巴蜀书社 2006;徐邦达《唐朝文化史》,复旦大学出版社 2003;李少林主编《唐代文化大观》,内蒙古人民出版社 2006。

陈植锷《北宋文化史述论》,中国社会科学出版社 1991;姚瀛艇《宋代文化史》,河南大学出版社 1992;虞云国主编《宋代文化史大辞典》,汉语大词典出版社 2006;杨翰卿等《宋代文化精神》,九州出版社 2004;叶坦、蒋松岩《宋辽夏金元文化史》,东方出版中心 2007;李少林主编《宋元文化大观》,内蒙古人民出版社 2006;史金波《西夏文化》,吉林教育出版社 1986。

商传《明代文化史》,东方出版中心 2007;李少林《明朝文化》,南京出版社 2005;李少林主编《明清文化大观》内蒙古人民出版社 2006;南炳文等《明朝文化研究》,人民出版社 2006;冯天瑜《明清文化史论》,华中理工大学出版社 1998;汪茂林《晚清文化史》,人民出版社 2005。

中华书局编《中国近代文化问题》,1989,收论文 19 篇;龚书铎主编《中国近代文化概论》,中华书局 2004;汤学奇《近代思想文化史》,安徽大学出版社 2005;史金生主编《中华民国文化史》,吉林文史出版社 1990,上中下册;萧效钦等主编《抗日战争文化史》,中共党史出版社 1990。

第五,古代区域文化研究。有:陈正祥《中国文化地理》,三联书店

1983；赵世瑜、周尚意《中国文化地理概说》山西教育出版社 1991；丁守和等主编《北京文化综览》，北京师范学院出版社 1990。

关于楚文化，有吕变庭《中国南部古代科学文化史》第一卷南渡江流域部分，第二卷珠江流域部分，第三卷浊水溪流域部分，第四卷闽江流域部分，方志出版社 2004—2006；张正明《楚文化史》，上海人民出版社 1987；张正明主编《楚文化志》，湖北人民出版社 1988；张正明主编《楚文化论丛》，湖北人民出版社 1984；湖北省社会科学院历史研究所编《楚文化新探》，湖北人民出版社 1981；河南省考古学会编《楚文化研究论文集》，中州书画出版社 1983；河南省考古学会编《楚文化研究论文集》第一集，荆楚书社 1987；楚文化研究会编《楚文化考古大事记》，文物出版社 1984；王建辉《荆楚文化》，辽宁教育出版社 1991；张志孚《中州文化》，辽宁教育出版社 1998；李庚《中原文化精神》，新疆大学出版社 1996；蔡靖泉主编《楚文化流变史》（先秦至清），湖北人民出版社 2001，63 万字；申畅、申少春主编《河南文化史》，中州古籍出版社 2002，80 万字。周积明《湖北文化史》（上下），湖北教育出版社 2006，100 万字。郑焱《近代湖湘文化概论》，湖南师范大学出版社 1996；陈爱平《湖南风土文化》，湖南教育出版社 1998；丁平一《湖湘文化传统与湖南维新运动》，湖南人民出版社 1998；聂荣华，万里主编《湖湘文化通论》，湖南大学出版社 2005。

关于齐鲁文化，有：李永先《齐鲁文化之谜》，山东人民出版社 1986；车吉心、梁自洁、任孚先主编《齐鲁文化大辞典》，山东教育出版社 1989；黄松《齐鲁文化》，辽宁教育出版社 1991；杨晓刚《山东文化》，山东友谊出版社 1991；黄历鸿《齐鲁文化精神》，山东大学出版社 1994；集体编写《齐文化概论》，齐鲁书社 1992；王志民《齐文化论稿》，山东大学出版社 1995；杨朝明《鲁文化史》，齐鲁书社 2001；孟祥才、胡新生《齐鲁思想文化史》，先秦秦汉卷，山东大学出版社 2002；宣兆琦《齐文化发展史》，兰州大学出版社 2002；于德普《运河文化史》，山东科技出版社 1998。安非璋主编《中国运河文化史》（上中下），山东教育出版社

2003。李学勤、徐吉军主编《黄河文化史》(上中下),江西教育出版社 2003。

关于吴越文化,有:董楚平《吴越文化新探》,上海人民出版社 1987;张荷《吴越文化》,辽宁教育出版社 1991;王遂今《吴越文化史话》,浙江大学出版社 2005;滕复等《浙江文化史》,浙江人民出版社 1992;陈书禄《江苏文化概观》,南京师范大学出版社 1998;刘乃和主编《太湖文化研究》,中国档案出版社 1998;王长俊主编《江苏文化史论》,南京师范大学出版社 1999;岳俊杰《苏州文化手册》,上海人民出版社 1993;潘宝明《淮扬文化概观》,南京师范大学出版社 1997;高寿仙《徽州文化》,辽宁教育出版社 1998;周文英《江西文化》,辽宁教育出版社 1998;季学原主编《姚江文化史》,浙江古籍出版社 2006;林正秋主编《浙江经济文化史》,杭州出版社 2001;董贻安主编《浙东文化论丛》,中央编译出版社 1995;叶振明《台州文化发展史》,云南民族出版社 2006;佘德余《浙江文化简史》,人民出版社 2006;黄建荣主编《临川近现代文化史》,江西高校出版社 1999。陈伯海主编《上海文化通史》,上海文艺出版社 2001,180 万字。

关于闽台文化,有:王耀华主编《福建文化概览》,福建教育出版社 1994;徐晓望主编《福建思想文化史纲》,福建教育出版社 1996;林仁川、黄福才《闽台文化交流史》,福建教育出版社 1997;何锦山《闽文化概论》,北京大学出版社 1996;林金水《福建对外文化交流史》,福建教育出版社 1997;徐博东《台湾传统文化寻综》,天津教育出版社 1991;胡友鸣、马欣来《台湾文化》,辽宁教育出版社 1998;吕良弼等编著《台湾文化概观》,福建教育出版社 1993;徐博东、张明化《台湾传统文化探源》,商务印书馆 1996。

关于东北地区文化,有:隋书今的《东北俗文化史》,孙守道等的《东北古文化》,孙进已《东北各民族文化交流史》,李裕等的《东北艺术史》,均由春风文艺出版社 1991 年出版;张碧波等主编《中国古代北方民族文化史》,黑龙江人民出版社 1993;李治亭主编《关东文化教育辞典》,

辽宁教育出版社 1993。崔灿、杜尚侠《辽海文化》，人民教育出版社 1996；孙守道主编《东北文化》，上海教育出版社 1996。

关于西南地区文化有：云南社会科学院编《中国西南文化研究》，(一)、(二)，云南民族出版社 1996、1997；徐中舒《论巴蜀文化》，四川人民出版社 1982；袁延栋《马蜀文化》，黄新初等主编《阿坝文化史》，四川民族出版社 2006；刘小兵《滇文化史》，云南人民出版社 1991；马维孔、陆复初《云南文化史》，云南民族出版社 1992；石硕《西藏文明向东发展史》，四川人民出版社 1994；张云《青藏文化》，辽宁教育出版社 1998。

关于西北和华北地区文化的有：赵鉴光《西安文化六千年》，陕西旅游出版社 2004；黄新亚《三秦文化》，辽宁教育出版社 1993；冯宝志《三晋文化》，辽宁教育出版社 1998；蒋庆《大同文化》，中国三峡出版社 2003；张京华《燕赵文化》，辽宁教育出版社 1991 年；额尔德木图、孟和著《科尔沁文化史》，内蒙古人民出版社 2002；黄新亚、刘迎胜、张云、邓廷良分别编写的《丝路文化》沙漠卷、草原卷、吐蕃卷、西南卷、海上卷均由浙江人民出版社于 1993 年出版。

关于岭南地区的文化有：陈乃刚《岭南文化》，同济大学出版社 1990；柯可《新珠江文化论》，暨南大学出版社 1993；郑刚《岭南文化向何处去—广东、香港文化比较》，广东旅游出版社 1997；胡大雷等主编《粤西文化与中华文化研究》，广西师范大学出版社 1993；关万维《琼州文化》，辽宁教出版社 1998。

关于少数民族文化史，有：田继周等《少数民族与中华文化》，上海人民出版社 2006；陈伟明《古代华南少数民族民俗文化史》，暨南大学出版社 1998；马学良等编著的《彝族文化史》，上海人民出版社 1989；包括历史、语言、文献、宗教、民俗、文学、艺术、科技、哲学等编，46 万字。云南省社会科学院彝族文化研究所编《彝族文化研究论文集》一、二，云南人民出版社 1985、1988。张公瑾的《傣族文化》，吉林教育出版社 1986，介绍傣族的文字、文学、文献、历法、宗教等。冯秀珍著《客家文化大观》，经济日报出版社 2003，上中下三册。于希谦《基诺族文化史》，云南民族出版社 2000；王正华、和少英著《拉祜族文化史》，云南民族出版社 1999；丹珠昂奔《藏族文化发展史》，甘肃教育出版社 2001。木丽春《东巴文化揭秘》，云南人民出版社 2005。云南民族出版社在 2002 年前后，出版了二十五个少数民族的文化史，其中包括：蒙古族、满族、傣族、壮族、水族、白族、彝族、回族、哈尼族、苗族、瑶族、纳西族、景颇族、藏族、布依族等，恕不一一列举。

第六，中外文化关系史。主要著作有：

周一良主编《中西文化交流史》，河南人民出版社 1985；沈福炜《中西文化交充史》，上海人民出版社 1985；马勇等《中西文化新认识》，复旦大学出版社 1988；苏丁编《中西文化文学比较研究论文集》，重庆出版社 1988；张广达《中外文化交流史略》，香港中华书局 1988；李威同等《中西文化交流史话》，山东教育出版社 1988；何芳川、万明《古代中西文化交流》，山东教育出版社 1991；沈立新《中外文化交流史话》，华东师大出版社 1991；耿龙明主编《中国文化与世界论文集》，上海外语教育出版社 1992；马肇椿《中欧文化交流史略》，辽宁教育出版社 1993。彭光玺《中外文化交流博览》，中国旅游出版社 1994；冯君素《中外文明交流史略》，中国华侨出版社 1994；张国刚《中西文明的碰撞》，广东人民出版社 1996；李云泉主编《中西文化交流史》，泰山出版社 1997；陈辛仁《现代中外文化交流史略》，中国书籍出版社 1997；武斌《中华文化在海外传播史》，陕西人民出版社 1998；杨江柱《中国文化影响西方》，工人出版社 1998；李喜所《五千年来中外文化交流史》，世界知识出版社 2002；张海林《近代中外文化交流史》，南京大学出版社 2003；王介南主编《中外文化交流史》，书海出版社 2003；王小甫等《古代中外文化交流史》，高等教育出版社 2006；陈占山《中外文化交流史论》，汕头大学出版社 2006；何兆武《中西文化交流史论》，湖北人民出版社 2007；张国刚、吴莉苇《中西文化交流史》，高等教育出版社 2006，55 万字；杜文述等《图说中外文化交流》，世界图书出版社公司西安公司 2007；沈定平《明清中西文化交流史》，商务印书馆 2007。

李明滨《中国文化在俄罗斯》,新华出版社 1993;杨怀中《伊斯兰与中国文化》,中国社会科学出版社 1995;秦惠彬《中国伊斯兰教与传统文化》,中国社会科学出版社 1995;杨保筠《中华文明在东南亚》,大象出版社 1997;施荣华《中泰文化交流》,云南美术出版社 1997;孙志远《中国印度尼西亚文化交流》,北京大学出版社 1999;周伟民、唐玲玲《中国和马来西亚文化交流史》,海南出版社 2002。

梁容若《中日文化交流史论》,商务印书馆 1985。中日文化交流研究会编《中日文化交流史论文集》,人民出版社 1982。中日文化交流研究会编《中日文化交流》一、二、三,展望出版社 1984、1985、1987。北京大学日本文化研究所编《中日比较文化论集》,吉林教育出版社 1990。王晓秋《近代中日文化交流史》,中华书局 1992。王勇主编《中日文化交流史大系》十卷:历史、法制、思想、宗教、民俗、文学、艺术、科技、典籍、人物。浙江人民出版社 1996。郑彭年《日本中国文化摄取史》,杭州大学出版社 1999。

季羡林《中印文化关系史论文集》,三联书店 1982。王树英《中印文化交流与比较》,中国华侨出版社 1994。季羡林《中印文化交流史》,新华出版社 1993。薛克翘《中印文化交流史话》,商务印书馆 1988。

陈玉龙等编《汉文化论纲》,北京大学出版社 1993,兼述中日、中朝、中越文化交流。杨昭全《中国朝鲜韩国文化交流史》,昆仑出版社 2004,四册,约 1300 万字。董丛林《基督教与中国传统文化》,三联书店 1992。

章开源《基督教与中西文化交流论集》,广东人民出版社 2005。

第七,近二十年出版的中国文化的丛书,比较重要的有:

《中国文化史丛书》(上海人民出版社出版)1985 年开始面世,已出数十种,其中大多反映较好,如葛兆光《禅宗与中国文化》、《道教与中国文化》,余英时《士兵与中国文化》,周振鹤、游汝杰《方言与中国文化》,方立天《中国佛教与传统文化》,王毅《园林与中国文化》等,引起了国内外的注意,有的已译成外文。

《中华近代文化史丛书》(中华书局编)1985年开始出版,已经面世的有钟叔河《走向世界——近代知识分子探索西方的历史》等多种。

《中国文化史知识丛书》(山东教育出版社出版)1986年—1993年出版,每种10万字左右,以普及性知识性为主,共120种。

《蓦然回首——对中国传统文化的反思》,(国际文化出版公司1988年开始出版)已出4辑40种,每种5至10万字。其中有的题目实际上是探索传统文化某个问题的长篇论文。如吴予敏《无形的网络——从传播学角度看中国传统文化》,马晓宏《天·神·人——中国传统文化中的造神运动》,何锡章《历史透视下的灵魂——中国传统文化中的人性构成论》,王洪继《伟大的际遇——马克思主义与中国传统文化的冲突和交融》,魏林《历史的重负——中国传统文化中的平均思想》,刘汉东《灵魂与程序——中国传统政治文化分析》,辛立《男女·夫妻·家庭——从婚姻模式看中国文化中的伦理观念》等。

《中华文化集粹丛书》,中国青年出版社1991,共13册,包括、睿智篇、文馨篇、风云篇、砥砺篇、工巧篇、山川篇、明耻篇、哲人篇、艺苑篇、英烈篇、恪守篇、神异篇。

关立勋主编《中国文化杂说》丛书,北京燕山出版社1997,共10卷,每卷500页。

韦祖辉主编《中国文化小通史》,福建人民出版社2006,共八卷,每卷12万字,包括先秦、秦汉、魏晋南北朝、隋唐、宋、辽金元、明、清。

王书良等总主编,《中国文化精华全集》,中国国际广播出版社1992,共20册,包括哲学、宗教、历史、文学、艺术、民族、风俗、地理、政治、经济、法律、军事、科技、医学、语言学等。主要选编有关资料。

《图说中国文化》(十卷)吉林人民出版社2007,包括思想、文学、艺术、科技、考古、建筑、中医药、饮食、器物、民俗。以图为主。

高占祥等主编,《中国文化大百科全书》,长春出版社1994,分综合、文学、艺术、历史、哲学、宗教等8册,总计1480万字,实际上是古代文化资料分类汇编。

柳斌杰主编《灿烂中华文明》丛书，贵州人民出版社 2006，共 16 卷，每卷 25—30 万字。

任继愈主编《中国文化史知识丛书》，商务印书馆 1998，共 20 本。

丁巍主编《中国文化史百科全书》，中国物资出版社 1999，4 册，2550 万字。

第八，专题文化研究，是 80 年代末以来新兴的热点。这方面的著作很多，几乎各种历史题材都喜欢与文化挂上关系，如：

王守国《酒文化与中国人》，河南人民出版社 1990；田久川、赵忠文《中华酒文化》，延边大学出版社 1991；宋世英、季永宏主编《中国酒文化辞典》，黄山书社 1990；袁和平《中国饮茶文化》，厦门大学出版社 1992；姚伟钧《中国饮食文化探源》，广西人民出版社 1991；王学泰《华夏饮食文化》，中华书局 1993；王学泰《中国饮食文化史》，广西师范大学出版社 2006。

杨朝云《中国隐逸文化史》，云南大学出版社 2004，47 万字，比较深入系统。廖群、仪平策《中国审美文化史》，先秦卷，秦汉魏晋南北朝卷，山东画报出版社 2007，55 万字。王维堤《中国服饰文化》，上海古籍出版社 1991；郭净《中国面具文化》，上海人民出版社 1992；李平《气功与中国文化》，陕西人民教育出版社 1998。

周武忠《中国花卉文化》，花城出版社 1992；周裕苍《中国竹文化》，黄河出版社 1992；李志炎、林正秋《中国荷文化》，浙江人民出版社 1995；江玲玲《中国虎文化》，中华书局 2007；邹丽娜《中国瓷文化》，以及《中国石文化》、《中国玉文化》、《中国青铜文化》，均由时事出版社 2007；邓云乡《草木虫鱼—中国养殖文化》，上海古籍出版社 1991；刘志雄、杨静荣《龙与中国文化》，人民出版社 1992；孟昭连《中国虫文化》，天津人民出版社 1993。

胡玉建《中国古代龟卜文化》，广西师范大学出版社 1992；徐华龙《中国鬼文化》，上海文艺出版社 1991；尹飞舟等《中国鬼神文化大观》，百花洲文艺出版社 1992；费秉勋《中国神秘文化》，陕西人民出版社 1991；卓松盛《中国梦文化》，三环出版社 1991。

刘国梁《宗教与中国传统文化》（教育科学出版社 1990）；薛克翘《佛教与中国文化》（中国华侨出版社 1994）；柳萧《礼乐文化与中国政治》（吉林教育出版社 1990）；李学颖《中国交际文化》（上海古籍出版社 1991）；刘学林、马重奇《中国古代风俗文化论》（陕西人民出版社 1993）；段宝林主编《中国山水文化大观》（北京大学出版社 1993）；鲁威《市井文化》，龚斌《宫廷文化》，周山《村野文化》，李梅生《草莽文化》，龚斌《戎马文化》（均由辽宁教育出版社于 1993 年出版）。高占祥主编《中国庙会文化》（文化艺术出版社 1992）；史良昭《中国博奕文化》（上海古籍出版社 1991）；刘骏骧《中国武术文化与艺术》（新华出版社 1991）；曹正文《中国侠文化》（上海文艺出版社 1994）；张立伟《隐逸的文化透视》（三联书店 1995）；孙克强《雅文化》（中国经济出版社 1995）；傅道彬《中国生殖崇拜文化论》（湖北人民出版社 1990）；石方《中国性文化史》（黑龙江人民出版社 1993）；沈福熙《中国建筑文化史》，上海古籍出版社 2001。还有些古代思想的研究著作往往标题为“××与中国文化”。实际上并无“文化”新意，就不一一列举。

第九，工具书和辞典类。如《中国文化常识》（山东教育出版社 1983 年初版，1987 年增订），杨殿奎、夏广洲、林治金编写，是中学语文教学工具书，分 22 类，立目 1800 条，大多采用中学语文教材。《中国文化史三百题》（上海古籍出版社 1987 年版），分七大类，全书 80 万字。《中国古代文化知识百题》（工人出版社 1988），涂文学、张乐和编写。《中国文化史辞典》（上海社会科学出版社 1987），施宣园等主编，分 30 篇，立目近千条，165 万。《中国文化史辞典》（浙江古籍出版社 1987），杨鼎新主编，分 46 类，立目 4000 条，100 万字。《中国文化知识精华》（湖北人民出版社 1989），王建辉、易学金主编，分 24 类，立目 2000 条，全书107万字，副标题为“新型工具书”。《中华文化辞典》（广东人民出版社1989）丁守和主编，分26部分，290万字。陈耀刚、龚国润主编《中国古代文化名著精要辞典》（武汉工业大学出版社1989），介绍文学、史学、哲学、艺术、科技等方面古代名著323部。张龙虎等主编《华夏文化词典》（华夏出版社1988）；何新主编《中外文化知识辞典》（黑龙江人民出版社1988）。任道斌、李世愉、商传等编《简明中国古代文化史辞典》（书目文献出版社1990），75万字。（美）爱伯哈德著，陈建宪译《中国文化象征辞典》，湖南文艺出版社1990，28万字，有大量图片。周笃义主编《中外文化辞典》，南海出版公司1991，200万字。林序达、段方明主编《中国古代文化知识辞典》（江西教育出版社1991），共3000条。《中国文化大辞典》（天津人民出版社1991），1750万字。尹靖主编《中华文明大观》（天津社学科学院出版社1991），属辞典性质。周笃义主编《中外文化辞典》，南海出版公司1991，200万字；卢德平主编《中华文明大辞典》（海洋出版社1992）。燕中人主编《中国文化大博览》（南海出版公司1991），上中下3册，共1000万字。武岗子主编《大中华文化知识宝库》（湖北人民出版社1993），辞典性质，分28类，3300条。曾胡、王鲁豫编《中华文化大图典》（北京广播学院出版社1993）。虞云国等编著《中国文化史年表》（上海辞书出版社1990年版），亦属工具书类。徐毅主编《中国传统文化辞典》，吉林大学出版社1996。张茂华主编《中国传统文化粹典》，山东人民出版社1996。钱玉林主编《中华古代文化辞典》，齐鲁书社1996。李默主编《中国文明大博览》，广东旅游出版社1997，2大册，2000页。史仲文、胡晓林主编《中华文化大辞典》，中国国际广播出版社1998，全五册，1300万字。雍海清主编《学生实用中华文化百科辞典》，辽海出版社2003。李卫主编《文化常识全典》，海潮出版社2007。黄金贵主编《中国古代文化会要》，西泠印社出版社2007。胡志明、张笑恒《中国文化常识》，中国电影出版社2007，共2008个问题，类似小辞典。

第十，着重文化理论，对中国文化史进行宏观考察，作理论性的分析探讨的著作。从数量上看，不及“史”的介绍性著作多，但所提出的问题往往能吸引更多人的注意，并引起讨论。如：

肖功秦《儒家文化的困境》(四川人民出版社 1986)本书副标题是“中国近代士大夫与西方挑战”。从近代士大夫的文化心理、认识心理与社会心理三个层次展开分析，考察他们对异质文化的排斥态度、极端守旧和少数先觉者的苦闷与压抑。

张立文等主编《传统文化与现代化》(中国人民大学出版社 1987)是 30 余人合撰的较有系统的专著，从美学、历史、法律、宗教、伦理等方面讨论如何看待传统文化，传统文化如何适应现代化要求，以及如何借鉴西方文化等问题。

此外还有：张岱年、姜广辉《中国文化传统简论》(浙江人民出版社 1987)，简要地记述了中国文化的若干理论问题；张岱年、程宜山《中国文化与文化论争》(中国人民大学出版社 1990)；何新《中国文化史新论》(黑龙江人民出版社 1987)，副标题是“关于传统文化与中国现代化”；蔡尚思《中国文化的优良传统》(湖南人民出版社 1984)，副标题是“文化人立身治学经验”；吴修艺《中国文化热》(上海人民出版社 1988)，对近几年的文化问题讨论进行了评述；吴申元《中国传统文化的遗传与变异》(湖南人民出版社 1988)，从因循守旧盲目顺从、谨小慎微压抑个性、重义轻利以及循规蹈矩四方面探讨形成中国文化的遗传根源；竹立家《文化与超越》(中国新闻出版社 1989)，副标题是“中国文化的伦理本质透视”；张法丽《中国文化与悲剧意识》(中国人民大学出版社 1989)；详溟的《中国传统文化的反思》(广东人民出版社 1987)；傅建增的《传统与超越》(河北人民出版社 1988)；许苏民的《中华民族文化心理素质简论》(云南人民出版社 1989)；张荣明主编《道佛儒思想与中国传统文化》(上海人民出版社 1994)。

有一批理论性著作属于个人论文集。如：张岱年的《文化与哲学》(教育科学出版社 1988)，庞朴的《中国文化与中国哲学论集》(上海人民出版社 1988)、《文化的民族性与时代性》(中国和平出版社 1988),汤一介的《中国文化中的儒释道》(中国和平出版社 1988 年版)等。

有一部分属于多人合集,如向仍旦编的《中国古代文化史论》(北京大学出版社 1986),收集 1982—1984 年间各报刊发表的文章 22 篇。冯天瑜主编的《东方的黎明——中国文化走向近代的历程》(巴蜀出版社 1988),收论文 19 篇。徐雁等编《中国文化的历史命运》(辽宁大学出版社 1988),收论文 22 篇。李晓兵编《八十年代中西文化讨论集》(求实出版社 1988),收 1984 至 1987 年发表于各报刊的文章数十篇。朱日辉等的《论中国传统文化问题》(吉林大学出版社 1987),收论文数十篇;《佛教与中国文化》(中华书局 1988),收集发表在《文史知识》上的有关文章。《中国传统文化的再估计》(上海人民出版社 1987),收入 1986 年首届国际中国文化学术讨论会的文章 40 篇。袁义华等编的《港台及海外学者论中国文化》(上海人民出版社 1988),这本论文集共 2 册。

此外还有:应鼎成《中国文化之本源》(湖北人民出版社 1990),高长江《中国文化与汉语艺术精神》(吉林大学出版社 1989),冯天瑜《中国文化史断想》(华中理工大学出版社 1989),论文集。王举忠、王冶编《传统文化与中国人》(辽宁大学出版社 1988),夏禹龙《中国文化发展的转机》(知识出版社 1989),刘小枫《中国文化的特质》(三联书店 1990),焦国成《对传统文化反思的反思》(上海人民出版社 1990),张铭运《黄色文明:中国文化的功能与模式》(上海文艺出版社 1990),徐仪明《中国文化论纲》(河南大学出版社 1992),梁超然《传统文化沉思录》(广西人民出版社 1991),陈伯海《中国文化之路》(上海文艺出版社 1992),马勇《近代中国文化诸问题》(上海文艺出版社 1992),郁龙余编《中西文化异同论》(三联书店 1989),收海外学者有关论文 15 篇。柳御林编《世界名人论中国文化》(湖北人民出版社 1991),收海外名人 62 位言论,张文达、高质慧编《台湾学者论中国文化》(黑龙江教育出版社 1989),收论文 13 篇,刘志琴编《文化危机与展望——台湾学者论中国文化》(中国青年出版社 1989),2 册,陈秋祥等主编《中国文化之源》(百家出版社 1991),收论文 43 篇,杨国章《中国文化简说》(国际文化出版公司 1993),丁捷《中国文化与人生》(辽宁教育出版社 1993),闵清主编的《中国文化新体系》(广西人民出版社 1994),田秉锷《中国文化走向论》(四川人民出版社 1995 年版),任遂虎《中国文化导论》(甘肃教育出版社 1994),赵剑英《世纪之交的中国文化》(广西人民出版社 1994),彭越《中国文化的非主体精神》(广州出版社 1994 年版),谭元享《中国文化史观》(广东高等教育出版社 1994 年版)。刘介民《中国传统文化精神》,暨南大学出版社 1997,理论性著作。田根胜、余意主编《中国传统文化精神》,上海辞书出版社 2002,共五章,是真正讲传统文化之"精神"的理论性著作。赵行良《中国文化的精神价值》,上海古籍出版社 2003。李伯淳主编《中华文化与 21 世纪》,中国言实出版社 2003,共八组 100 题。田文棠《中国文化源流视野》,陕西人民出版社 2004。葛兆光《古代中国文化讲义》,复旦大学出版社 2006,有理论深度。陈仁风《观念与中国传统文化》,广西师范大学出版社 2006。分析 12 种传统观念,理论性强。冯天瑜《文化守望》,武汉大学出版社 2006,属于中国文化史理论著作。王余光等《中国阅读文化史论》,北京大学出版社 2007。此书不是讲"史",而是讲阅读文化心态。

近五十年台湾出版的中国文化史著作

首先介绍 80 年代陆续出版的几套大型丛书:

《中国文化新论丛书》(联经出版事业公司 1980 年初版),刘岱主编,共 13 册,分序篇、根源篇、学术篇、思想篇(一、二)、制度篇、社会篇、经济篇、文学篇(一、二)、艺术篇、科技篇、宗教礼俗篇。每篇由一人主编,多人分章撰写,每篇每章皆采用生动醒目的标题。此书已由三联书店在中国内地再版。

《中华文化百科全书》(黎明文化事业公司 1982—1987 年版),"中华文化基金会”编辑，共 8 篇 12 册，一、思想之发展；二、社会之形成；三、自然之探索；四、民生之需求；五、情志之沟通；六、政教之措施。每编设主编，编下设章，多人撰写。

《文化中国系列丛书》(时报文化出版公司 1979 年以后陆续出版)，共 8 辑：一、《中国现代化的历程》(金耀基等)；二、《中国现代化的前瞻》；三、《民主与中国》；四、《五四与中国》(周阳山编)；五、《知识分子与中国》(徐复观等)；六、《近代中国思想人物记》(共 5 册，分晚清思想、民族主义、自由主义、保守主义、社会主义)；七、《中国文化的危机与展望(上)——当代研究与趋向》(杜维明等)；《中国文化的危机与展望(下)——文化传统的重建》(牟宗三等)；八、《西方学者论中国》。各辑均为多人合作的同一主题论文汇编。

《中国历代经典宝库》(青少年版)(时报文化出版公司 1984)，共 60 部，皆以醒目标题、通俗的语言和生动的方式介绍古代文史哲等方面的经典著作，如介绍《颜氏家训》的题目是《一位父亲的嘱咐》，介绍惠能《坛经》的题目是《佛学的革命》。每一种由一人撰写。1988 年河北人民出版社陆续重印。

《中华文化丛书》(“中央文物供应社”1981 年以后陆续出版)，“中华文化复兴运动推行委员会”主编，共 12 类 159 种。

《文化中华之旅全集》(华严出版社 1982—1989)，蔡君谟主编，共 17 册。《中国文化汇编》(进学书局 1986)，张文山主编，20 册。《文化资产丛书》“行政院文化建设委员会”编辑出版，已出版 49 种。台湾商务印书馆于 90 年代出版《中国文化史知识丛书》共九辑 90 种

其他的书大致可以分为“史”、“论”两大类：

属于“史”的有(依出版时间为序)：杨幼炯《中国文化史》共 10 册，(“中华文化丛书编审委员会”1969)。青云梯《中国文化史复习大全》(南一书局 1969)。金炳升《中国文化史综合讲义》(南一书局 1970)。时光中《高中中国文化史概要》(南一书局 1970)。虞君质主编《中国文化史》(台湾书店 1971)。高祖永《中国文化史纲》(南一书局 1971)。吴

敏之《中国文化创造史》(正中书局 1972)。陈来奇主编《中华民族与中华文化》(华欣事业出版社 1973)。《中华文化概述》(“中华文化复兴运动推行委员会”编辑,1974)。郑德坤《中国的传统文化》(地平线出版社 1974)。李莩《中国文化概论》(“中国文化大学”出版部 1983),分 6 编:一、绪论;二、中国文字;三、中国学术思想精要;四、文学与艺术的发展;五、政教财经婚姻制度;六、科学与工艺。黄公伟《中国文化概论》(台北商务印书馆 1984),分绪论、语言文字、史学、哲学、科学等 7 篇,每编纵贯古今。李孚甲《中华文化故事》(联合报社 1985),共 35 题,属知识性趣味性读物。谢澄平《中国文化史新编》(青城出版社 1985 年版),共 5 册,分上世前期、上世后期、中世前期、中世后期、近世前期、近世后期 6 编,每编分述国族之斗争和融和,政治与政府,社会经济,学术思想文化。实际上是中国通史。还有郑德坤《中华民族文化史论》(香港三联书店 1987 年)。温世乔《中国文化发展史》(久洋出版社 1980)等。秦孝仪主编《中华民国文化发展史》(近代中国出版社 1981 年版)共 4 册,起 1912,止 1980。1949 年以后接述台湾地区文化。第一册,中国文化的源流、物质及其内涵。第二册,近代中国文化的变迁,教育、学术。第三册,语言文字、文学、艺术创作。第四册传播事业,礼俗,中国文化的“复兴运动”,回顾与展望。施宣园主编《中国文化 46 谜》(香港商务印书馆 1989),丁守和《中国历史文化概述》(香港中华书局 1989),文宗一《中国古文化》(东大图书出版出司 1990),王尔龄《中国文化常识》(香港教育图书公司 1994),刘志琴、吴廷嘉《中国文化史概论》(文津出版社 1994),杜正胜主编《中国文化史》(三民书局 1995),冯宝珠《中国新文化运动史》(文津出版社 1996),潘桂成《中华文明之曙光》(固地文化事业公司 1996),曾逸昌《文化发展与建设史纲》(文史哲出版社 1996),斯维至《中国古代社会文化史论》(允晨文化公司 1997),王仲孚《中国文化史》(五南图书出版公司 1997)。

属于理论性的著作有(依出版时间为序):张其昀等的《中国文化论集》(一、二),(“中华文化出版事业委员会”1955)。唐君毅《中国文化之精神价值》(台北中华书局 1959)。何健民《中国文化论》(三民书局 1959),本书包括 5 篇论文。韦政通《中国文化概论——对传统文化的批判》(1968 年台北书局)。台湾"教育部文化局"编《中华文化之物质》(幼狮书局 1969)。钱穆《中华文化十二讲》(东大图书公司 1968)。吴华盛《中华文化的基础》(伦理、民主、科学)(嘉义文化服务社 1969)。钱穆《中华文化丛谈》(三民书局 1969)。《中华文化复兴论丛》("中华文化复兴运动推行委员会"1969)。徐文珊《中国文化概论》(维新书局 1969)。吴疏谭《文化复兴与中华文物》("中国广播公司"1970)。张其昀《中华文化新论》(华岗出版社 1970)。李国良《复兴中华文化论文专辑》(台北市立女子师范专科学校 1971)。曾乃敦《中华文化概论》(台北中华书局 1971)。李鎏等的《中国文化概论》(三民书局 1971)。张文伯等《中国文化之综合研究——近六十年来中国学人研究中国文化之贡献》(华岗"中国文化书院"出版部 1971)。《中华文化总论书目》("中华文化复兴运动推行委员会"1973)。李甲孚《中华文化谈苑》(台北中华书局 1974)。韦政通《中国文化与现代生活》(水牛出版社 1974)。王邦雄《文化复兴与现代化》(正中书局 1974)。杨旺兴等《青年论中华文化》(台湾"教育部社会教育司"1974)。胡秋原《中国古代文化与中国知识分子》(学术出版社 1987)。《中国文化论集》(1—7 辑)(幼狮文化事业出版公司 1979—1986)。崔德礼、廖斗星《中国文化概论》(台湾中华书局 1982)。牟宗三《中国文化的省察》(讲演录)(联合报社 1983)。徐文珊《中国文化新探》("大中国图书公司"1984)。余英时《从价值系统看中国文化的现代意义——中国文化与现代生活总论》(讲演录)(时报文化出版公司 1985)。李威熊《中国文化精神的探索》(黎明文化出版公司 1985)。共 10 章,分述中国古代文化形成背景、精神特质、农耕文明、家庭生活、人文精神、天人合一、中庸之道、现实观、兼容并蓄等问题。孙隆基《中国文化的深层结构》(集贤社 1985)。该书从日常生活入手,探索中国传统文化给人们精神和行为方式打下的烙印,从而提出我们自身文化结构存在的问题。袭鹏程《思想与文化》(论文集)(业强出版社 1986)。艾恺《文化守成主义——反现代化思潮的剖析》(时报出版公司 1986)。刘述先《文化与哲学的探索》(论文集)(学生书局 1987)。许倬云《中国古代文化的特质》(讲演录)(联经出版公司 1988)。上篇:国家与社会 5 题;下篇:科学与工艺 4 题。越雅博《中国文化与现代化》(黎明文化事业公司 1992)2 册。刘程远《中国文化与世界》(复文书局 1983),刘果因《论中华文化》(马来西亚雪兰峨中华大会堂 1986),陈立夫《中国文化概论》(正中书局 1990),林启源《中国文化导论》(香港教育图书公司 1994),陈耀南《中国文化对谈》(书林出版社 1994),该书续编 2000 年出版。劳思光《中国文化要义新编》香港中文大学出版社 1998)。

二、古代文化知识拾零

东汉怎么会有线装书

电视剧《星光》是描写我国东汉时期著名科学家、文学家张衡的。剧中曾多次出现张衡少年时读书的镜头，所读的竟是线装书，这太违背历史实际了。

我国书籍的发展，经历了几个时期。秦汉时期的书籍主要是简策，材料为竹片木板，用牛皮索编串成册，单位名称叫作编或篇。与简策同时的还有帛书，材料是纺织品，书的形式是卷轴，单位名称叫卷。由于帛比较贵，故帛书并不普遍。至东吴时公文还用简策。两晋至唐，书籍的材料主要是纸，形式仍为卷轴。宋元时期，印刷代替了手抄，卷轴改为册叶。装订方法先是蝴蝶装，书叶反折，有字的纸面相对，将中缝的背口粘连，再以原纸作封面封底，翻阅时如蝴蝶展翅，故名。以后又演变为包背装，将书叶正折，有字的纸面向外，以纸捻装订成册，用一整张纸作封面封底，书脑不外露，用糨糊包背粘连。明中叶以后，才出现线装书。是把包背包装的整封面改为两张叶的软封面，再把它们连同书一起，打孔穿线订起来。而平装书的产生，则在清代末年机器印刷术传入中国之后。张衡生活的东汉时期，只能有卷轴和简策，决不会有线装书。此外，剧中张家老仆坐在太师椅上与张衡祖母说话，也不符合历史实际。汉时尚无椅，人们席地而坐。而且仆人在主人面前是不能坐的。这些都说明编导缺乏必要的历史常识。(《北京晚报》1982 年 12 月 20 日)

声控喷泉早见记载

北京晚报载:最近在广西兴安、德保、北流、富川等县发现"喊泉",人在泉口叫喊,就有泉水应声涌出。这种自然奇景,相当于现在的声控喷泉,我国古代早有记载。

《水经注》卷三十一《涢水》:"涢水又会温水,温水出竟陵之新阳县东泽中,口径二丈五尺,垠岸重沙,端净可爱。靖以察之,则渊泉如镜;闻人声则扬汤奋发,复无所见矣。其热可以㷖鸡。"古新阳县即今湖北京山县。"闻人声则扬汤奋发",情形与今广西"喊泉"一样。又《太平御览》卷七十一引盛弘之《荆州记》:"新都县有温泉,冬月,未至数里,遥见白气如烟,上下交映,状如绮疏。……一有声则沸从下出,而不可止也。"此条又见《初学记》卷九,"新阳"作"新都"。"都"可能是"阳"之讹。不过,河南新野县有汉新都故城,地亦近。《太平寰宇记》卷一百三十二"安州应城县"条也有类似的记载。"温泉在(应城)县西南三百二十里,人静则泉清,人闹则泉沸。"应城县今属湖北。又陆游《入蜀记》卷六:"二十六日,发大溪口,入瞿塘峡,过圣姥泉,盖石上一罅。人大呼于旁,则泉出,屡呼则屡出,可怪也。"

大自然无奇不有。广西"喊泉"的发现,证明古书言之不诬。(《北京晚报》1982 年 7 月 31 日)

铜 雀 台

电台正在播讲长篇评书《三国演义》中的赤壁之战,其中提到了著名的铜雀台。历史上的铜雀台是汉末著名建筑之一,位于邺城西北隅。据《三国志·魏书·武帝纪》记载,铜雀台系建安十五年冬曹操所筑。建安十八年又于其南筑金虎台,其北筑冰井台。据晋陆翙《邺中记》和北魏郦道元《水经注》记,铜雀台因城为基,原高十丈,后赵石虎增高二丈,又于台上起五层楼,高十五丈,去地共二十七丈。“巍然崇举,其高若山”。又作铜雀于楼巅,“舒翼若飞”。金虎台高八丈,后赵为避石虎讳,改为金凤台。冰井台亦高八丈,有冰室,室有数井,井深十五丈,藏冰及石墨(煤炭),又有粟窖及盐窖,以备不虞。三伏之月,石虎以所藏之冰分赐大臣。三台之下,互有地道通连。

罗贯中《三国演义》把筑台时间记述于建安十二年曹操征乌丸还邺之后,在描写诸葛亮智激周瑜时也曾提起铜雀、金凤、玉龙三台,这是作家的虚构。赤壁之战发生于建安十三年冬,乃在筑铜雀台之前二年,筑金虎、冰井二台之前五年。而且,史书并无玉龙台的名称。

铜雀三台在北魏时已“平坦略尽”。邺城旧城则毁于隋初。故址在今河北省临漳县西南邺镇附近。据报载,有关部门已计划进行考古发掘。(《北京晚报》1983 年 12 月 7 日)

秀才不是童生

电视连续剧《鲁迅》第一集中有这样一个镜头:鲁迅的祖父周德清训斥鲁迅的父亲周伯宜:“你中了秀才,就不再读书了?难道打算和宋老头子一样,当一辈子老童生吗?”这样说,显然没有把秀才和童生的关系搞清楚。

按照明清科举制度,童生是考秀才之前参加预试性的县试府试及格后的资格。童生还要参加正式考院试。——院试及格后所取得的资格就是秀才,正式称呼为生员。中秀才后便送进府州县学学习,俗称“进学”。没有中秀才的童生,即使年龄已经五六十岁,也永远称为童生,没有资格进府州县学。所以有“白发苍苍老童生”的笑话。中秀才以后,即使年龄才十几岁,也不再称童生,而是有功名的“学中人”了。

周伯宜既已是秀才,他如果一辈子不去考举人,也不能叫他“老童生”。宋老头子因为考了多次科举,始终没有成为秀才,所以才被人们

讥笑为老童生。电视剧作者把秀才和童生当成一回事，显然搞错了。（《北京晚报》1982 年 8 月 16 日）

乡试不等于县试

7 月 10 日晚上播出的中央电视台“正大综艺”节目中，音乐家乔羽同志在回答问题时说：“科举考试的乡试等于县试，即县一级的考试。”这样说是不正确的。明清科举考试中的乡试，是省一级的考试，由朝廷分省委派的正副主考官主持，中试者为举人。县试是院试前的预备试，由知县主持。县试及格还不是秀才。秀才是院试及格后的资格。院试不在省也不在县而在府，由提督学院主持，是清科举三级考试中的最初一级正式考试。举人再参加会试，是全国性考试，中试者为贡士（不是贡生）。会试之后立即参加殿试，殿试没有淘汰，只分等级。全体贡士经殿试后皆成为进士。进士第一名俗称状元，第二名称榜眼，第三名称探花。不少人误以为状元比进士高一级，其实状元也是进士，不过是进士第一名而已。这方面的知识在拙著《中国文化史概要》及其他文化史中都有介绍。（《北京晚报》1994 年 7 月 18 日）

从后羿失误说起

一年一度的高考和四年一届的奥运会虽不可同日而语，但我们却能从中分别体会出相同的话题。人们一方面为取得优异成绩的优胜者高兴；另一方面，也为有的考生和运动员临场出现失误，未能正常发挥而感到惋惜。究其原因，恐怕都与自我心理压力太大有关。只有放下思想包袱，减轻心理负担，水平才能得以充分体现。这方面的经验教训，古今中外都很多。

东晋时氐族作家苻朗的《苻子》中有一则寓言：羿是射箭高手，平时百发百中。夏王命射，悬以“万金之赏”，责以“千邑之罚”。在这样巨大的压力之下，羿反而频频失误，一发也不中。现实生活中类似的例子很多。尤其是当今体育竞赛中“拿奖牌”、“夺金”、“卫冕”的口号叫得很响，这在一定情况下也许可以成为鼓舞斗志的动力，但如果强调过分，每每适得其反，会造成运动员精神紧张，患得患失，缩手缩脚，临场发挥不出平时成绩，甚至出现不应有的失误。这种心态对于已经是冠军或自以为稳拿冠军者来说尤其严重。反倒是一些没有任何包袱、初出茅庐的小将，一不怕输二不怕丢面子，竟然可以超常发挥，取得惊人成绩。据报道，25届奥运会上，著名长跑运动员王军霞参加5000米决赛前夕，中国代表团团长、国家体委主任伍绍祖特意对她讲；若能取得金牌，我们固然高兴；只要尽了力，没有取得金牌，我们也高兴。王军霞果然不负众望，夺得了这个项目的金牌。而伍绍祖的这番话是起到了事先“卸包袱”的作用的。

拿历年的高考来说，我有位朋友考前对孩子讲，不论分数高低，也不管争取的是第一志愿或第二、第三及其他志愿，只要尽了力，爸爸妈妈都高兴，你放心去考罢。结果孩子考得很好。另一位朋友的孩子，学校总夸她是尖子生，非北大、清华莫属，而家长也早就许以高额“奖学金”。结果由于过分紧张，孩子考得很差，不等发榜，已经病倒。医生诊断并无他故，得的正是时下流行的“高考综合症”。

先秦著作《韩非子·喻老》篇讲到马术比赛的诀窍；应集中精力，使“马体安于车，人心调于马”，才可能“进速致远”。如果瞻前顾后，注意力不在如何调控马，而总是看对手的速度，那是没有不落后的。这种经验完全适用于其他赛事，如赛跑、赛车、游泳、体操等等。决不能因对方成绩的优劣而影响自己的赛场心理和情绪。沉着冷静，以轻松心态应万般变化，才是第一要诀。高考也是如此，不管有多少人先交卷，自己要坚持认真答卷，仔细检查，不慌不乱。

先秦杂家著作《尸子》记载了一则医疗故事：“有医竘者，秦之良医也，为宣王割痤，为惠王治痔，皆愈。张子(秦相张仪)背肿，命竘治之，谓竘曰：'背非吾背也，任子制焉。'治之，遂愈。竘诚善治疾也，张子(善)委制焉。"这也是寓言，讲的是医生治疗，不能有思想压力。《尸子》的作者认为，医竘的手术固然高明，但病人张仪的表态也很起作用。他告诉医生：你不要把这背肿看成丞相的背肿，只当成普通病人，放心大胆地去做手术罢。这就为医生施展医术扫清了心理障碍。如果张仪也像夏王那样；治好了重赏，治不好重罚，医生顾虑重重，惴惴不安，怀着那种心态上手术台，说不定反而会失败。

这些正反面的事例，都说明放下思想包袱，减轻心理压力对于发挥水平的重要性，都有值得借鉴之处。考生、运动员以及各行各业人士都应重视心理状态的调整和心理素质的训练，只有这样，才能在各自的领域取得理想的成绩。(《太原日报》1996 年 8 月 30 日)

中国的长寿皇帝

电视连续剧《雍正王朝》中，作者通过康熙皇帝之口说：历代皇帝最长寿的没有超过七十岁。实际情况并非如此。中国第一个称皇帝的是秦始皇，最后一名皇帝是清宣统皇帝。据不完全统计，两千多年中先后有五百多位皇帝。其中五人活过八十岁，八人活过七十岁(均按虚岁计算，下同)。

八十岁以上的皇帝是：

梁武帝萧衍(464—549)，在位 47 年，享年 86 岁。原系南齐高帝萧道成族弟，初为文人，后任地方军政长官，镇守襄阳。南齐皇室内乱，他起兵攻入京城建业，控制政权，502 年称帝，国号梁。初期有所作为，重视儒学，招纳文士，后期崇信佛教，三次舍身佛寺。晚年昏聩，接纳叛将侯景归顺，养虎遗患。548 年，侯景再叛，攻入建业。萧衍被围困台城，病饿而死。

武周皇帝武则天(624－705)在位16年,实际控政权四十余年,享年82岁。十四岁入宫为唐太宗才人。太宗死,依例为尼。高宗即位,复招入宫为昭仪,不久进号为妃,生子,被立为正宫皇后。666年开始参预朝政,与高宗并称“二圣”。682年,高宗死,中宗即位。次年,废中宗,立睿(rui)宗。690年,废睿宗,自称神武皇帝,改国号为周。成为中国历史上唯一的一位女皇帝。705年病重,大臣张柬之等拥立中宗复位,复国号为唐。不久,武则天病死。

宋高宗赵构(1107－1187),在位36年,享年81岁。宋徽宗第九子。1127年,金兵破汴京,灭北宋。赵构被拥立称帝于南京,此后史称南宋。初期曾有意恢复,后来实行妥协苟安政策,向金人求和,称臣、割地、纳贡,信用奸相秦桧,杀害抗金名将岳飞。在外患内忧交加的形势下,无力支撑政局,于1162年禅位于养子,即孝宗,自称太上皇,25年后病死。

元世祖忽必烈(1215－1294)在位35年,享年80岁。元太祖成吉思汗之孙,1260年即蒙古大汗位,1271年改国号为元,1279年灭南宋,统一中国。效行汉制,设置中央和地方军政机构,建都大都(今北京),立朝仪,定赋税,修水利,限制抑民为奴,完成了从蒙古汗国向中央集权制帝国的转化。因功业甚巨,死后尊称“世祖”,而不称“宗”。

清高宗弘历(1711－1799),在位60年,享年89岁,是中国历史上最长寿的皇帝。前期励精图治,刷新吏治,改革赋税,革除苛政,编纂《四库全书》等巨型文献资料,同时大兴文字狱。十次用兵,平定少数民族叛乱;六次南巡,劳民伤财。晚年重用奸相和珅,政治逐渐走下坡路。自称不愿超过祖父康熙帝在位61年的纪录,故于85岁时禅于十五皇子,即嘉庆帝,自称太上皇,四年后死去。

七十岁以上皇帝有:

汉武帝刘彻(前156－前87),在位54年,享年70岁。景帝子,16岁即位,外逐匈奴,通西域,招抚西南夷;内削藩国,加强中央集权,崇尚儒术,兴太学,筑宫室,设平准、均输官,行代田法,促进经济发展,文治武功都达到西汉鼎盛期，晚年信神仙，求长生，好大喜功，挥霍无度，国势开始走下坡路。

吴大帝孙权(182—252)，享年71岁。22岁时接替兄孙策，掌握江东地方政权近五十年。208年，联合刘备击败曹操于赤壁。220年夺回荆州，旋又击败刘备，称吴王。229年称帝，国号吴。23年后去世。

唐高祖李渊(566—635)，在位9年，享年70岁。隋末任太原留守，乘乱起兵反隋，派次子李世民统兵东征西讨，削平群雄。618年称帝，国号唐。626年禅位于世民，即唐太宗。史家认为，唐王朝的建立应归功于李世民；李渊才德平庸，因人成事，作用不大。

唐玄宗李隆基(685—762)，在位45年，享年78岁。唐睿宗第三子。710年，韦后毒死中宗，李隆基联合太平公主，利用禁军除韦后，拥立睿宗。二年后继皇帝位，改元开元。之后一段时期是唐王朝的黄金时代。晚年沉溺酒色，宠爱杨贵妃，重用奸邪。755年发生安史之乱，逃亡四川。太子李亨即位于灵武，尊李隆基为太上皇。次年返长安，不久病死。

后蜀高祖王建(847—918)，在位12年，享年72岁，少年无赖，盗驴、贩私盐，后投军，任逃亡中的唐僖宗警卫，几次救驾；逐渐获得信任和迁升，掌控四川军政大权。朱温灭唐后，他在成都称帝，国号蜀。

辽道宗耶律洪基(1032—1101)，在位46年，享年70岁。初期政绩尚可观，中期平定皇叔耶律重元发动的叛乱，晚年信任奸邪耶律辛乙，怀疑多才多艺的皇后萧观音与伶人有私，逼之自杀，废太子为庶人。耶律辛乙败露后，道宗在追悔中度过最后十年。

西夏仁宗李仁孝(1124—1193)，在位60年，享年70岁。10岁继位。兴学校，定律令，完成了西夏政权从奴隶制与封建制并存向封建社会的转化，挫败了野心家任得敬分裂夏国的阴谋。前期是西夏的鼎盛期。后期重文轻武，兵政废弛，国势由盛而衰。

明太祖朱元璋(1328—1398)，在位31年，享年71岁。出身贫苦，少年曾出家为僧，1352年参加元末红巾义军郭子兴部，势力迅速扩充，

1356 年称吴国公，1368 年称帝，灭元，定都南京，改国号为明，是明朝开国皇帝。

如果按在位时间计算，在位 60 年以上者，除上面已经提到的西夏仁宗李仁孝和清高宗弘历外，还有清康熙皇帝玄烨，享年 68 岁(1654—1722)，在位 61 年。在位 50 年以上的，除上面提到过的汉武帝刘彻以外，还有辽圣宗耶律隆绪(971—1031)，他 11 岁登基，在位 50 年。西夏崇宗李乾顺(1084—1139)，他三岁登基，在位 53 年。

第二编

中国认识论述略

导 论

(一)什么是哲学

认识论是哲学的一个分支,要知道什么是认识论,先要知道什么是哲学。

现在我们通常使用的“哲学”一词,来源于希腊文 philosophia。原意是“爱智慧”。

古希腊哲学家柏拉图说:“智者,真正知识之谓也。所谓哲学,即修得真正知识之谓也。”这是其本始意义。

柏拉图的学生亚里斯多德说:“哲学为探讨宇宙一般根本原则及其原因之学。”这是偏重宇宙论之定义。

13 世纪经院哲学家托马斯·阿奎那说,哲学研究是人在上帝启示下,“用理智来讨论上帝的真理”。这是从神学立论。

18 世纪德国哲学家黑格尔说:“哲学为对事物思辩之思考的学问。”这是侧重认识论的定义。

中国古代的“哲”字,意指智慧。《诗经·蒸民》篇说:“既明且哲,以保其身。”唐人孔颖达疏:“既能明晓善恶,且又是非辩知。”汉人扬雄《方言》说:“哲,智也。”

《礼记·檀弓》说:“哲人其萎。”哲人指最有智慧的人,句中指孔子。①

中国古代虽有“哲人”,但尚无“哲学”的概念。19 世纪后期(或谓 1876 年),日本学者西周,首次采用汉语的“哲学”二字指称西方的哲学学说。1896 年,曾任驻日本公使的中国学者黄遵宪,首次将这一名词介绍到中国,尔后遂一直沿用至今。

目前中国学术界对哲学的定义大致是:“人们对整个自然界、社会和思维的根本观点的体系,是系统化理论化的世界观、自然知识和社会知识的概括和总和。”②

人们对世界的认识是多方面多角度的。如果作初步的划分,有自然科学和社会科学两大部类。前者包括:数学、物理学、化学、天文学、地质地理学、生物学以及工程学、农学、医学等等。后者包括:文学、哲学、史学、政治学、经济学、法学、社会学、语言学、艺术学、教育学、军事学等等。哲学是从各门具体科学知识中概括出来的最一般的知识,对具体科学起着世界观和方法论的指导作用。

哲学包括的内容:涉及世界的本源及其形式,人和整个世界的关系,人对世界的认识,社会的发展规律等等。哲学的基本问题是思维对存在、精神对物质的关系问题。

关于哲学的体系,世界各国哲学家的见解尚不一致。西方哲学家有的采用二分法,即纯粹理性哲学和实践(应用)哲学。有的采用三分法,即宇宙论、人生论和认识论。有的采用四分法,即形而上学、知识哲学、人生哲学、社会哲学。还有多分法以及狭义哲学、广义哲学等等。我比较同意北京大学黄楠森教授的意见。他把马克思主义哲学分为三个层次,六个组成部分。从研究对象讲,第一个层次是整个宇宙,整个世界,第二个层次是人类社会和人,第三个层次是人的精神活动或者精神领域。从研究体系来讲,第一是宇宙观,又称世界观(对应第一层次),第二是社会历史观,第三是人学(第二、三对应第二层次),第四是认识论,第五是价值论,第六是方法论,(四、五、六对应第三层次)。③其间的关系是互相渗透的,不能截然分割。

近半个世纪以来,中国各大学的哲学系和中央及地方社会科学院哲学研究所的课程设置和研究室划分主要有:马克思主义哲学原理(又称为“辩证唯物主义和历史唯物主义”)、科技哲学(原称“自然辩证法”)、逻辑学、美学、伦理学、中国哲学史、西方哲学史、东方哲学史等。新出版各种哲学辞典亦包括上述分支。这从另一角度反映哲学学科的基本内容，有人称之为广义哲学，而把“哲学原理”课程所包括的称为狭义哲学。

(二)什么是认识论

认识论是哲学体系中的重要组成部分，又称知识论或认知论。它以人类的认识本身为研究对象，研究认识的本质、结构，认识与客观实在的关系，认识的前提和基础，认识的发生、发展过程等等。认识论具有反思性质，反思的目的是为了提高人们认识的自觉性，从而正确处理认识和实践、知与行的关系，进一步认识世界、适应世界和改造世界。

人类先有认识，后有认识论，认识论随着哲学的发展而不断发展。马克思主义以前的认识论，主要有先验论和反映论两大派别。客观唯心主义者主张认识是对先验的理念的回忆，知识来源于天意；主观唯心主义者主张认识是主观自生的感觉和经验，人天生就有良知良能，所谓认识就是“求放心”、“致良知”。旧唯物论者把认识看成客观世界在人脑中的反映，但他们对“反映”的理解是机械的、消极的，离开人的社会性和人的历史发展，未能从认识对实践的依赖关系上，从革命能动的反映论去理解人的认识运动，因而不能科学地说明人的认识问题。此外，哲学史上还有经验论、唯理论、怀疑论、不可知论、独断论等等主张和派别。

马克思主义认识论批判继承和总结了哲学史上各种认识论的正反经验教训，建立了自己的体系。目前中国哲学界主要根据马克思主义来讲授认识论，其主要观点有：

关于认识的主体与客体。

外部世界的客观存在是认识的最终源泉，外部世界的可知性是认识可能性的根据。认识的主体是社会的人，是在社会中生活并利用社会形成的认识活动各种手段、形式以及思想资料的人。认识器官是人的大脑，认识不能离开实践而在头脑中凭空产生，而是在社会实践的客观需要和实践活动的基础上发生、发展起来的。因此，认识具有主观和客观两重属性，并且可以互相转化。“物质可以变精神，精神可以变物质。"最后达到主观和客观、主体和客体的统一。正确理解认识的主体和客体,才能正确回答认识起源和认识能力问题。

关于认识的过程。

在社会实践中,人们与外界事物接触,无数外物的现象和外部联系,通过感觉器官反映到人脑,形成感性认识,此为认识之第一阶段。感性材料积累渐多,大脑运用抽象方法对之进行加工,使之能动地飞跃到理性认识,达到对事物的本质和规律的认识,此为认识之第二阶段。理性认识还须回到实践中去。理性认识是否具有真理性,在认识的第二阶段并未完全解决。只有把理性认识用于指导实践,才能对它作出检验,这是整个认识过程的延续。从生动的直观到抽象的思维,并从抽象的思维回到实践,这是认识发展的辩证过程,是认识客观真理的必由之路。一个正确的认识,并非一次完成,往往要经过由物质到精神,由精神到物质,即由实践到认识,由认识到实践这样反复多次才能完成。实践、认识、再实践、再认识,这种形式循环往复以至无穷,而实践和认识之每一循环的内容,都比较地进到了高一级的程度。④

关于认识的真理性问题。

实践是检验真理的唯一标准,这是辩证唯物论早已明确了的问题。上世纪 70 年代末,由于"两个凡是"引发出一场关于真理标准的大讨论,从此以后的哲学教科书都有专门论述这个问题。主要观点是:所谓真理,就是与客观对象相一致的认识,就是客观对象在人脑中的正确反映。真理是客观的,也是具体的。真理是过程,有相对真理和绝对真理,真理具有相对性与绝对性两种属性。真理是在同谬误斗争中发展的。对真理的检验包括事实检验和价值检验,而社会实践则是检验认识的真理性的唯一标准。实践对真理的检验包括直接检验和间接检验两种方式。逻辑证明,即借助一些真实的判断,通过推理来论证另外一些判断的真实性,这是建立科学体系的重要途径,也是判断认识正确与否的重要方式。

关于认识的方法。

有的学者分为：一、直观方法，其中又分：1.感觉物直观，2.心理物直观，3.理智物直观。二、推理方法，其中又分为：1.演绎法，有人戏称蜘蛛方法；2.归纳法，有人戏称蜜蜂方法；3.类比法；4.分析法；实为归纳之最佳推理形式；5.综合法，实为演绎之最佳形式。在人们思想与工作中，综合与分析是彼此相交，互为协助的，如此方能取得真正知识。⑤

有的学者着重介绍三种方法：即经验认识方法（包括观察、实验和模型方法）、理论认识方法（包括理想化、类比、假设和数学方式）、综合性认识方法（包括自然科学方面最新的控制论、信息论和系统论等方法）。⑥有的学者在讲述认识论时，涉及辩证思维的方法，包括从个别到一般和从一般到个别，从具体到抽象和从抽象到具体等等。

（三）中国认识论的特点

中国认识论是中国哲学的一个分支。中国认识论的特点也反映出中国哲学的特点。

在欧洲哲学史上，关于认识的理论出现很早，但是到了公元17—18世纪，才正式成为哲学的主要研究对象，其标志是这个时期出现大批专门著作。如培根的《新工具论》（1620年）、笛卡尔的《形而上学的沉思》（1641年）、洛克的《人类理智论》（1690年）、布洛克的《人类理智新论》（1705年写成，1765年出版）、贝克莱的《人类知识原理》（1710年）、休谟的《人类理解研究》（1748年）、康德的《纯粹理性批判》（1781年）、莱因霍尔德的《哲学认识的基础》（1791年）等等。自从泽勒的《论认识论的任务和意义》于1862年出版以后，认识论一词便大量使用并流传开来。⑦

中国传统哲学学派林立，体系繁多，但并未形成包含各个部门学科的整体化体系。因而中国哲学中的认识论尚未取得明显的独立地位，而是渗透在未经分化的朴素系统之中，往往与其他理论掺杂在一起，通常是只言片语的语录或短篇的文章、书札，没有西方那样的大部头著作（1934年世界书局出版的张东荪所著《认识论》，是较早系统介绍西方认识论并提出他自己见解的首部专著)。尽管这样,对认识论一些基础问题的探讨,一直是两千多年来中国哲学家关注的焦点。研究中国认识论,应该从中国特定的历史文化背景出发,深入细致地剖析哲人们常用的概念、范畴和命题,作出合理的解读,并尽可能寻绎其间联系和发展变化规律,而不能用西方认识论体系来苛求中国古人,以致像某些人那样得出中国古代没有认识论的错误结论。

中国认识论的第一个特点,是与伦理道德修养紧密结合。

西方哲学认识论主张“主客相分”,着重探求世界的奥秘,与自然科学结合;中国古代哲学认识论主张“主客合一”,求得世界的和谐,人生与社会的安宁。中国哲学教人求善,目标是成为圣贤;西方哲学教人求知,目标是成为智者。在中国古代哲人看来,认识,求知,只是手段和道路,道德教化才是目的和实质。当然,没有认识、知识,所谓道德教化无法进行;离开道德教化,认识也就失去了最终和最高价值。

《礼记·大学》篇中提出了一个著名的论断:“致知在格物,物格而后知至。”“格物、致知、诚意、正心、修身、齐家、治国、平天下。”作为中国古代士大夫们人生追求的八个步骤和目标,后世称为八目。有人解读说,前两句话纯属于认识论。后面讲的八目,前二目属于认识论,中四目属于道德论,后二目属于政治学。如何理解“格物致知”这个命题,中国历史上许多哲学家,如汉代郑玄、唐代的孔颖达、李翱,宋代的司马光、二程、陆九渊、朱熹、叶适,明代薛瑄、湛若水、王阳明、罗钦顺、王延相、黄涫、吴延翰、王艮,明清之际王夫之、吕坤、朱之瑜、陈确,清代颜元、李塨,近代严复、谭嗣同、唐常才,都参加了讨论。据明代学者刘宗周统计,在他之前已有72种解释。20世纪末,著名诺贝尔奖获得者丁肇中教授专门写过一篇题为《应有格物致知精神》的文章⑧,这个命题是中国认识论史上贯穿两千年的重要命题。不论是唯物论者,还是唯心论者,都没有离开过道德修养而空谈“致知”。(“格致”二字,在19世纪末20世纪初,曾被用来翻译西方的物理学,那是一部分自然科学家的暂时借用)。

第二个特点是强调实践，主张知行结合。

知行问题，早在春秋时期已经提出。《左传》鲁昭公十年（前 532 年）郑国政治家子皮说："非知之实难，将在行之。"伪古文《尚书》的《说命》中篇有"知之非艰，行之惟艰"。当代学者认为，此语虽托名商代傅说，实际上应产生在春秋时期。从春秋战国直到近现代，许多学者围绕知行难易或先后问题一直争论不休，各种解说不下数十人。著名的如老子、孔子、墨子、荀子、董仲舒、扬雄、王充、王通、程颐、朱熹、王守仁、王夫之、刘宗周、颜元、戴震、魏源。到了 20 世纪，章炳麟、孙中山、毛泽东相继发表了很重要的见解。古代知行问题中的知，虽不完全等于认识，所谓行也不等于马克思主义的实践，但这个问题是高度抽象化的，具有深刻的理论意义，无疑表现出中国历代哲人对认识与实践关系的重视。而且不论唯心论者或唯物论者，也不管他们对知行如何理解，都是要求言行一致，"知行统一"的。不管所谓行是道德修养还是社会实践，是内省还是外观，没有人完全否认"行"的重要性。这是中国认识论中的精华所在，有积极的现实意义，应该认真总结和继承，而不应该像有些人那样，苛刻挑剔，过分贬责。

第三个特点是，富于理性精神，与有神论保持距离。

西方哲学史则不是这样的。尤其在中世纪，经院哲学家们认为，真理属于上帝，人只有在上帝的参与下，使上帝的"超理性"在人的头脑中发生作用，获得上帝的启示，人才能了解世界的本原，最后达到真理。西方哲学家有许多人是宗教信徒，甚至是神学家。

中国古代认识论中几乎看不到上帝和神灵的地位与作用。先秦儒家、法家、道家的鬼神观念比较淡薄，即使相信鬼神的墨家也主张认识来源于见闻。魏晋玄学实为儒道相融，他们关于言意之辩与神学无关。南北朝佛家讲"般若无知"，唐代禅宗宣扬"顿悟"，思辩性极强，但并未宣扬神示。程朱理学、陆王心学，都吸收了佛教的认识论，但都没有把哲学引向宗教。中国古代认识论带有明显的无神论和非宗教化倾向，古代哲学家对神秘主义的"前知千岁，后知八百"，求神、问卜、算命、测字之类的封建迷信和"先知""预言家",多持鄙视态度。对于尚未认识的大千世界,哲人往往存疑。"六合之外,圣人存而不论。"

(四)关于《中国认识论述略》的几点说明

本书是在国内外讲稿基础上写成的,具有教材讲义性质。力图简明扼要地向海内外读者介绍中国古代认识论在各个时期有代表性的重要见解,为更深入的研究打下初步的基础。也可以作为学习中国哲学史的补充参考书。

本书论述的范围,以认识论为主,同时涉及相关的神形观、人性论、道德论、名实论和学习方法、思想方法问题。对哲学家的其他重要哲学观点和社会政治见解也有概略性的简介。

本书写作的态度与方法是:遵循马克思主义的基本立场,按照唯物论和唯心论的分野来评价哲学家及其重要思想观点,坚持实事求是的态度和历史的与辩证的统一的原则。既肯定古代思想家的历史贡献和积极意义,也指出其失误之处、局限性和消极影响,既不美化,也不苛求。不扣"反动"、"腐朽"之类政治帽子,不搞大批判,努力总结其中有益的思想资料和经验教训,为今人提供认识方面的借鉴。按照"知之为知之,不知为不知"的原则讲述,对于一些尚无把握的问题,不妄加评说。

关于中国认识论的分期问题。

学者们指出:欧洲哲学史上的认识论,大致可以分为四个时期:一、以研究认识对象为主的古代认识论(古希腊至中世纪),二、以研究认识主体为主的近代早期认识论(英国的经验论、欧洲大陆的唯理论、法国的唯物论认识论),三、以研究对象与主体统一为主的德国古典哲学的认识论(康德、黑格尔、费尔巴哈为代表),四、以实践为基础解决主客体统一问题的马克思主义认识论。⑨

中国古代的认识论,看不出像欧洲那样明显发展阶段。如果一定要作大致的划分,或许可以分为先秦时期、汉唐时期、宋元明清时期和现当代四个时期。本书不讲现当代,对于古代的三个时期也未作深入的总结。因而仍然按朝代先后分章节，主要是为了讲述和阅读的方便。

笔者在学习和讲授中国哲学史以及酝酿和写作本书的过程中，曾经参考过时贤的许多相关著作，主要有以下三十余种（以出版时间先后为序）。

赵纪彬《中国知行学说简史》，1942 年重庆出版，后收入《赵纪彬文集》第二卷，河南人民出版社 1985 年出版。

侯外庐等《中国思想通史》多卷本，人民出版社 1957 年以后陆续出版。

冯友兰《中国哲学史新编》多卷本，人民出版社 1962 年初版，1983 年修订后，陆续出版。

任继愈主编《中国哲学史》四卷本，人民出版社 1964。

孙叔平《中国哲学史稿》，上海人民出版社 1980，上下编。

方克立《中国哲学史上的知行观》，人民出版社 1982。

朱德生、张尚仁《认识论史话》，江苏人民出版社 1982。

潘富恩《中国古代认识论史略》，复旦大学出版社 1985。

任继愈主编《中国哲学发展史》多卷本，人民出版社 1984 年以后陆续出版。

崔自铎《认识论研究》，求实出版社 1986。

夏甄陶《认识论引论》，人民出版社 1986。

杨宪邦主编《中国哲学通史》多卷本，中国人民大学出版社 1987。

傅云龙《中国知行学说述评》，求实出版社 1988。

姜国柱《中国认识论史》，河南人民出版社 1989。

齐振海主编《认识论新论》，上海人民出版社 1989。

夏甄陶《中国认识论思想史稿》，中国人民大学出版社，上编 1992、下编 1996。

陈庆坤主编《中国哲学通史》，吉林大学出版社 1999。

高令仰《简明中国哲学通史》，厦门大学出版社 2002。

北京大学哲学系中国哲学教研室编著《中国哲学史》，北京大学出版社 2003 年第二版。

刘文英主编《中国哲学史》，上下册，南开大学出版社 2004。

冯达文、郭齐勇主编《新编中国哲学史》，上下卷，人民出版社 2004。

（德）石里克著、李步楼译《普通认识论》，商务印书馆 2005。

复旦大学哲学系中国哲学史教研究室编《中国古代哲学史》上下册，复旦大学出版社 2006。

郭齐勇《中国哲学史》，高等教育出版社 2006。

张立文主编《中国哲学史新编》，中国人民大学出版社 2007。

港台地区出版的著作主要有：

周世辅《中国哲学史》，台湾三民书局 1971 年初版，1984 年增订三版。

劳思光《新编中国哲学史》四卷本，香港中文大学 1971 年以后陆续出版。又广西师范大学出版社 2005 年重版。

韦政通《中国思想史》（上下），台湾水牛图书出版有限公司，1979 年出版，又上海书店出版社 2003 年重版。

赵雅博《知识论》，台湾幼狮文化事业公司 1979。

罗光《中国哲学思想史》多卷本，台湾学生书局 1987。

王邦雄、岑溢成、杨祖汉、高柏园著《中国哲学史》（上下），台湾里仁书局 2005 年增订版。

此外，有一些八九十年代的中国哲学简史和中国哲学史教程，由于其中讲认识论的部分比较简略，有的还残留"左"的影响，恕不一一开列。至于"文革"期间出版的以儒法斗争为主线的几本中国哲学史，今天已经无需向年轻的读者提及。近几年来还有一些思想家评传和专门研究著作，对有些传主评价颇多溢美之辞，我一时未敢苟同；讲哲学史应该尽量采用比较客观的比较稳定的观点，故本书较少吸纳这类著作的意见。

本书引用各家的有关意见，有的已经随文在每节之末注明，还有一些由于是杂揉多家并参以己意，无法注明，尚希见谅。对于某些观点，笔者持有不同看法，或随文讨论，或录以存疑、备考或待商，这对于开展学术争鸣和拓展读者思路是有益的。失敬和冒昧之处，务祈方家海涵。

注释：

①参看周世辅《中国哲学史》绪论，台湾三民书局1971。

②见《哲学大辞典》，上海辞书出版社2001年修订版“哲学”条目。

③参看黄楠森《关于马克思主义哲学科学体系的构想》，《光明日报》2006年8月14日第9版。

④参看《毛泽东选集》第一卷《实践论》。

⑤参看赵雅博《知识论》第四编《方法论》，台湾幼狮文化事业公司，1979。

⑥参看齐振海主编《认识论新论》，上海人民出版社1989。

⑦参看《中国大百科全书・哲学卷》“认识论”条目，中国大百科全书出版社1986。

⑧丁肇中引用“格物致知”说明通过探察物体而得到知识。他认为用这个名词来概括现代学术精神是再适当不过了。因为现代学术的基础就是实地的探察，也就是实验。丁肇中的文章特别比较了古今“格物致知”的不同。他指出，真正的格物致知精神，应该是实验精神，就是说，不管研究自然科学，研究人文科学，或者在个人行动上，我们都要保留一个怀疑求真的态度，要靠实践来发现事物的真相。（《散文选刊》1999年2期）

⑨参看朱德生、张尚仁著《认识论史话》，江苏人民出版社1982。

第一章 春秋战国的认识论

春秋战国是中国古代社会制度的转型期。旧的奴隶制逐渐分化、瓦解,以至崩溃,新的封建制慢慢产生、发展,终于确立。各种社会力量重新调整,奴隶主与奴隶、领主与农奴、地主与农民、上层统治者与下层民众、天子与诸侯、诸侯与大夫、保守势力与新兴力量……他们之间的矛盾冲突,此消彼长,错综复杂,有时甚至尖锐激烈。知识界的一些深识之士,都试图对现实社会和历史变化提出的种种问题,经验与教训,作出自己的解释和理论总结。于是在学术文化领域便出现了诸子蜂起,百家争鸣的局面。当时有所谓九流十家,即儒家、道家、墨家、法家、兵家、名家、纵横家、阴阳家、农家,还有小说家。战国中后期,儒分为八,墨离为三,道家分为老庄派、黄老派,法家由法术势三派合而为一,名家分为离坚白、合同异两派。战国晚期出现杂家,试图对各家进行整合。这就是先秦诸子发展的基本趋势。在认识论方面,主要贡献在儒、道、墨、法四家。名家讲名与实,与认识有关。而兵家、纵横家、小说家与认识论关系不大。阴阳家资料分散,农家已无著作流传。从总体上看,先秦诸子的认识论,除了荀子外,都还不够系统,仅仅片言只语,然而却是后世各种观点的源头,在历史上有深远的影响。

第一节　孔子论"生知"、"学知"及知与行

儒家学派创始人孔子(前551—前479),名丘,字仲尼,鲁国(今山东曲阜)人,出身于来自宋国的没落贵族。他从小好学,青年时作过管理仓库、放牧牛羊的小职员,三十岁以后聚徒讲学,开创私人办学,打破了学在官府的贵族垄断。五十岁以后一度从政,曾任鲁国中都宰、司空、司寇,短期摄行相事。五十五岁以后辞去官职,率领门徒周游列国,晚年回到故乡。毕生主要从事文化教育和古代文献整理工作,对中国文化史做出了不可磨灭的贡献,是中国历史上伟大的教育家、思想家,后世尊称为"至圣先师"。他的思想集中反映在由门人及二三传弟子记录整理的《论语》一书中。

在政治上,孔子的理想是复周礼,希望回到礼乐征伐自天子出的西周初期,即中国历史上所谓第一个太平盛世"成康之治",不满意违背周礼的一些变革行为和措施,表现出一定的保守倾向。但他毕竟是"圣之时者",也主张对礼加以损益和提升。他对中华文明的各种原生型态进行认真的反思和理论总结,尤其注意发掘西周礼乐文明所包涵的哲理意义和普遍价值。孔子在这方面的最大创新是纳仁入礼。他讲礼以仁为思想基础,讲仁以礼为政治原则。仁的观念是春秋时代新的社会思潮的集中概括。孔子把它提升为人际关系和伦理道德的高尚范畴,有多方面的内涵,最基本点就是"仁者爱人",体现了对人的一定尊重,而殷周以来的奴隶主是不把奴隶当人的。

在哲学上,孔子承袭殷周以来的天命观(孔子是殷人的后裔),一方面"畏天命",赞成"死生有命,富贵在天",经常用"天"来解释无可奈何

的必然性。另一方面，并不承认天有人格有意志，“天何言哉！四时行焉，万物生焉，天何言哉”！他虽然没有明确否认鬼神的存在，却认为鬼神与人距离遥远。主张“敬鬼神而远之”，“祭如在，祭神如神在”。“如在”不等于真实存在。他不喜欢讲怪力乱神，其著作《春秋》里确实少见这类记载。他告诫弟子：“未能事人，焉能事鬼？”“未知生，焉知死”？人应当致力于现实生活，不要寄希望于彼岸世界。中国历史上的儒家之徒都是积极入世的，不主张出世、避世，孔子是实践这种积极人生态度的楷模。

孔子关于认识论发表了许多见解，其中一些在后世引起长期争议，至今未休。

《论语·季氏》篇记，“孔子曰：生而知之者上也；学而知之者次也，困而学之，又其次也；困而不学，民斯为下矣。”

这里涉及知识的来源，获得知识的途径和知识的等差问题。当代批评者（指近三十年，不包括“文革”中的批孔者）仍然指责孔子第一句话宣扬先验论，所谓“下矣”就是下贱人的意思。指责孔子是在认识论方面吹捧统治者，贬低下层民众。窃以为此论尚可商榷。不错，“生而知之”确属先验论。但是，在中国古代和当代，确实也出现过无师自通的“天才”和早熟的神童现象。较孔子稍早的周灵王太子晋就是一位天才的神童。宋代王安石见过的小儿仲永，从来不读书却忽然能写诗。上世纪 80 年代中国各地都发现过具有超凡才智的特异功能者。孔子无法用“学知”来解释特殊才智现象，只好承认有“生知”。其说虽然不正确，但也不必大张挞伐，过于苛求。句中的“上也”，“下矣”皆指知识层次，不必引申为社会政治地位。“民斯为下矣”，意为一般民众因此知识低下。孔子以为那是“困而不学”的结果，虽然不够全面（还有客观条件），并无大错。中间两句，孔子用自己和弟子的实例作了注脚。他明确地把自己排除在“生知”之外，归入“学知”。颜渊、子贡这类好学而且闻一知十、闻一知二的人，亦可归入此类。生性鲁钝的曾参，大概属于“困知”。在《论语》中找不到关于“生知”的实例，所以有人认为那只是

"虚悬一格"罢了。综上所述,孔子这番话,说明他强调知识来源主要是学习,生知是极其罕见的,知识的高低与学习的自觉程度成正比。

80年代中期,还有人认为,孔子讲的"我非生而知之者"是自谦之词,不过是为了强调"信而好古"的重要性。孔子主张只要继承圣人的天赋知识,不必致力于新的创造。孔子所谓"学"不是向客观世界学习实际知识,而是通过主观内省和读圣人经籍中得到启发而获得知识。孔子的"学而知之"根连在"生而知之"的基础上。就孔子的认识理论而言,都是从天命论中导引出来的。①我不赞成上述看法。孔子没有讲过类似"只要继承圣人的天赋知识而不必创新"的话。孔子的"学"并不排除向客观世界学习,也不仅仅是"通过主观内容"而获得知识。还有人认为,孔子一方面主张"生知",认为知识是天生的;另一方面又承认"学知",认为认识来源于后天的学习。这是认识的二元论。不过他的重心是后天的教育,强调"学知"。②

孔子讲过,"唯上智与下愚不移",这是又一个聚讼千古的命题。请注意句首的"唯"字,是限制词,言下之意是大多数中人之智是可移的,可上亦可下,关键是学与不学。孔子讲过,"性相近也,习相远也",承认品性的可变性。加个"唯"字,意味着不移者仅仅是少数人而已。在现实生活中不难见到,有些智能低下的人要想让他聪明起来的确很难。于是有的古人就说,此句应理解为非不可移,而是不易移,就圆通了。孔子这句话有绝对化的毛病,但从孔子认识论的总体看,他一贯强调,学习可以改变人的知识才能和品德,否则他何必一生孜孜不倦从事教育,特别是平民教育呢?

孔子认识论的精华是积极主张以学求知。他不厌其烦地提倡"好学",努力培养学生对学习的兴趣和志向。他说:"吾十有五而志于学","十室之邑,必有忠信如丘者焉,未如丘之好学也"。主张"敏而好学"、"学而不厌"、"博学于文",广泛吸取各方面的知识,以古代文献为基础,也包括社会生活中的某些具体知识,如太庙中的礼仪等等。

孔子强调多见多闻,并且有所选择。他说:"多闻,择其善者而存之；多见而识之，知之次也。”(《述而》)“多闻阙疑，慎言其余，则寡悔。”(《为政》)闻见之知在认识过程中尚属于感性形式，还必须进一步提高。还要善于运用联想，类比和推理，从具体到抽象，从个别中发现一般，又由一般推知个别。他对子贡说，“女为予多学而识之者乎？予一以贯之”。(《卫灵公》)此即以一统多，运用统一的原理原则去融会贯通各方面的知识。要求学生达到举一反三，闻一知十。这里已经包含了归纳和演绎等推理方法的讲求。

孔子很注意学与思结合，所谓思就是运用理性思维对学习内容进行独立的思考。他说：“学而不思则罔，思而不学则殆。”(《为政》)如果只囫囵吞枣地死读书，而不去分析思考，就会迷惘而不得要领；如果只是冥思苦想而不认真学习，就会陷入空想甚至误入歧途。最好的办法是以学为基础，学与思的有机统一。他说：“吾尝终日不食，经夜不寝，以思，无益，不如学也。”(《卫灵公》)因为学是知识的源泉，为思提供材料，没有学的思，不会收到获取知识的效果。这些见解已经涉及到感性认识必须上升到理性认识的问题。

关于学习态度，孔子主张“知之为知之，不知为不知，是知也”的老实态度。批评“不知而作”，要求“不耻下问”，“以能问于不能，以多问于寡”。虚习向他人学习，“三人行，必有我师焉。”要克服主观片面性，“毋意(臆测)，毋必(武断)，毋固(固执)，毋我(自以为是)”，以保证思维的正确性。要“学而时习之”，“温故而知新”，善于从已有知识中发现新知。这些行之有效的经验之谈，在《论语》中不胜枚举。

台湾的劳思光教授认为，孔子所谓的“知”，即人之智慧，其主要功能不在于了解事物的规律，而在于了解人本身。弟子樊迟问知，子曰：“知人。”而知人之目的又落在导人归正上，即所谓“能使枉者直”。则智慧之作用，只依于德性而成立，已极显明。孔子心目中之“学”显然指进德之努力。孔子论“学”，落在意志之纯化升进或价值自觉之拓展。“故孔子不仅不以具体知识为重，而且对知识活动之规律，亦不注意。”劳氏反复强调孔子“对知识本身实不重视”，“既不重视思辩，亦未肯定理论知识之客观意义。此点日后亦成为儒学传统中一大问题”。[3]此说颇值得讨论，窃以为孔氏心学未必如此，例不赘举。

孔子多次论及言与行亦即知与行的关系。他说：“君子欲讷于言而敏于行”(《里仁》)，要少说话，多做事。又说君子应该“先行其言，而后从之”(《为政》)，先实践你的诺言或宣言，尔后民众才会服从你。又说：“始吾于人也，听其言而信其行；今吾于人也，听其言而观其行。”(《公冶长》)考察一个人，要把他的言论和行动结合起来，不要只听信他的言辞。又说：“君子耻其言之过其行也。”(《宪问》)说得多，做得少，或者说得漂亮，行为又是别一套，那是可耻的。“古者言之不出，耻躬之不逮也。”(《里仁》)古之君子言不苟出，如果行动跟不上，那就感到羞耻。“君子名之必可言也，言之必可行也。”(《子路》)君子提出一个概念或口号，必须加以说明，说明之后还必须能够实行。

以上所述表明，孔子要求言行一致，说得到，做得到，反对言过其实，理论和实际脱节，并且认为是道德上划分君子小人的一个重要标志。有人认为孔子论言与行纯属伦理学范畴，与认识论无关。我认为，他已经涉及认识论的一个重要方面：即知识必须付诸实践才有价值。有人批评孔子的“行”限于封建道德修养，我认为虽然包括但并不限于封建道德。它已是一般哲学范畴，具有普遍意义。修身、齐家、治国、平天下……都是“行”中应有之义。

孔子还有两个命题常被认为与认识论有关。一个是“正名”。孔子认为周礼所规定的君臣、父子等名分，在现实生活中被搞乱了，君不君，臣不臣、父不父、子不子……孔子主张以周礼之“名”，匡正已经变化了的“实”，这属于政治学方面的问题，有保守主义倾向。稍后，名实问题被墨家、名家和荀子引申到逻辑层面，便具有了哲学意义。而在孔子思想体系中，与认识论相距尚远。

另一个命题是“民可使由之，不可使知之”。人们指责孔子鼓吹愚民政策；这是符合实际的，不是乱扣帽子。当时的老子和稍后的商鞅、韩非都有同样主张。中国历代统治者一向推行愚民政策，所谓政治透明度，民众知情权，是新近才有的概念。孔子这句话也属于政治学问题，与认识论无关。也不能理解为不可以让民众有知识，否则孔子何必推行“有教无类”呢？

孔子的认识论也有明显的局限，那就是他所谓“学”的范围偏重于向书本获取知识和上层社会的实践，忽视甚至瞧不起生产劳动。他不支持弟子樊迟学圃学稼的愿望，反而加以严厉批评。还鼓吹“耕也馁在其中矣，学也禄在其中矣”。结果，儒家之徒（包括孔子在内）当时就被嘲笑为“四体不勤，五谷不分”的书呆子。孔子轻视劳动的观点在后世产生了不良影响。

注释：

①潘富恩《中国古代认识论史略》，复旦大学出版社 1985。

②高令仰《简明中国哲学通史》，厦门大学出版社 2002。

③劳思光《新编中国哲学史》一卷，广西师范大学出版社 2005。

第二节 老子的“绝圣弃智”和“不行而知”

道家学派创始人老子，姓李名耳，字聃，又称老聃，楚人，大约与孔子同时而略早，曾任周王室图书馆长，后来隐居不仕。其著作有五千言的《老子》，又名《道德经》，基本上反映了老子的思想，但未必完全是他本人所著，可能经过战国初期道家学派的补充加工。

老子哲学的核心是“道”。他认为“道”是世界的本源，形容说：“有物混成，先天地生，寂兮寥兮，独立而不改，周行而不殆。可以为天下母，吾不知其名，字之曰道。”（《老子》二十五章，以下只注章数）这个“道”不是物质及其规律，是看不见摸不着不能为人们所感知的虚无缥缈的东西，然而却主宰一切自然和社会现象．世界上的一切皆由“道”派生：“道生一，一生二，二生三，三生万物。”（四十二章）它的本质是无，所以说“天下万物生于有，有生于无”。这种以无为本的宇宙观，学者认为属于客观唯心主义。

老子哲学中有丰富的辩证法。老子肯定一切事物都在发展变化。他已经认识到事物的对立现象是互相依存的；“有无相生，难易相成，长短相形，高下相倾……”有时甚至相反相成：“曲则全，枉则直，洼则盈，蔽则新，少则得，多则惑。”（二十二章）智愚、美恶、刚柔、胜败等都是对立统一关系，而且可以互相转化，“正复为奇，善复为妖”，“祸兮福所倚，福兮祸所伏”。为此，他制定了一整套为人处世原则：“将欲弱之，必固强之；将欲废之，必固兴之；将欲夺之，必固与之。”（三十一章）“夫唯不争，故天下莫能与之争。”这些见解，历来为学者和政治家所重视，对古代哲学思维的发展有卓越贡献。但他的发展观是循环论，从无到有，复归于无。虽承认矛盾,但害怕斗争,强调消极退让,“守雌”,“贵柔”,以柔克刚。不懂得对立面的转化是有条件的,可以能动地促进它向有利方面发展。

老子对当时统治者进行了尖锐的批评,骂他们是强盗头子,认为“民之饥,以其上食税之多”。他主张小国寡民,取消文化和科学技术,结绳而治,老死不相往来。“不尚贤,使民不争。不贵难得之货,使民不为盗。不见可欲,使民不为乱。”(三章)主张统治者“无为而治”。有人认为反映了没落的下层奴隶主贵族对一去不复返的小庄园的憧憬。

老子的认识论比孔子更具有思辩性。在他的体系里,认识的对象不是物质性的客观世界,而是“道”——精神性的宇宙本源。道是“无为”、“无名”的,“视之不见,名曰夷;听之不闻,名曰希;搏之不得,名曰微。”(十四章)这是一个超越感性,超越具体,不可感知,不可穷究的东西。通常的感性器官不但不可能认识“道”,反而成为障碍。“五色令人目盲,五音令人耳聋,五味令人口爽,驰骋田猎令人心发狂”。(十二章)这里虽然主要讲物质享受对人有害,也包括否认感觉的意思。因而他进一步主张断绝感官与外部世界的联系:“塞其兑(穴窍),闭其门(指七窍),终身不勤(病);开其兑,济其事,终身不救(不可救药)。”(五十二章)

老子认为学习没有益处,学习的知识越多,对体认大道越有害。“为学日益,为道日损。”此句冯友兰先生理解为并列关系,意谓:“为学”是求对外部事物的认识,知识要积累越多越好,所认要日益。“为道”是对于道的体会,道是不可说不可名的,对道的体会要减少知识,所以要日损。日损,是指欲望、感情之类。日益,是指积累知识,两者并不矛盾。[①]我以为,联系老子整个体系看,这两句是因果关系。前者与后者是矛盾的。老子多次讲过:“绝学无忧”,“绝巧弃利”,“绝圣弃知,民利百倍”。老子并没有讲知识越多越好,而是要取消知识,要求“知不知”,“为无为”,“行不行”,以不知为知,不学为学,不行为行,甚至把知识看成罪恶之源,“智慧出,有大伪”。“民之难治,以其智多”。在他那里,

“为道”与“为学”、“求知”很难调和。

老子主张，最好回到“无知无欲”的婴儿状态。“沌沌兮，如婴之未孩”（孩，小儿笑声）。“常德不离，复归于婴儿。”“含德之原，比于赤子。”总是浑浑噩噩，处于一种蒙昧境界，那样，主观精神（知）才能和客观精神（道）合而为一。冯友兰先生认为，这就是要求人们顺乎自然，照着“道”的样子生活，无所为而为，也就是魏晋人所谓“达”。②我以为，如果从道德修养来看，一个人能保持儿童般的天真纯朴，那是难能可贵的。如果从认识论来讲，一个人始终停留在婴儿的智力水平，不求知，不上进，那就永远是弱智。在老子那里，认识论经常与道德论混在一起。

老子认为，体认大道，不必参加社会实践。“不出户，知天下，不窥牖，见天道。其出弥远，其知弥少。是以圣人不行而知，不见而名，不为而成。”（四十七章）在他看来，知不出于行，行有碍于知。足不出户，能知天下之道理。目不外视，能见天体运行的规律。圣人不进行任何实践活动，就能知晓一切。不观察事物就能叫出名称，不做事就能取得成功。学者们认为，这是唯心主义先验论。冯友兰先生认为，不出户，知天下，就如同俗话说的：秀才不出门，全知天下事。③我认为，俗话是赞美读书明理，所谓秀才，泛指读书人，他们是通过读书了解天下大事的。为什么不说农民不出门，能知天下事呢？因为古代农民获取知识和讯息的手段十分有限，至于现代农民就不同了。

老子的圣人是怎样知天下呢？老子的认识对象是“道”，“道可道，非常道；名可名，非常名”。不可能通过正常的认识途径把握它，只有运用内心的观照。而要实现这种观照，必须保持内心的清明状态。《老子》第十章说：“涤除玄览，能无疵乎？”老子这是以问为答。高亨注释说：“玄者，形而上也。览即鉴，镜也。玄览者，内心之光明，为形而上之境，能照察万物，故谓之玄览。”通俗地说，就是要清除内心的污垢，使之没有瑕疵，成为能深观透照的镜子。老子这个论点，作为一种学习和修养方法，对后世影响深远。荀子的“解蔽”，佛家的“明心见性”，陆王心学的“减担子”，都可能是从老子这里得到借鉴和启发。

第十六章说："致虚极，守静笃，万物并作，吾以观其复。夫物芸芸，各复归其根，归根曰静，静曰复命，知常曰明，不知常妄作，凶。"大意是，要达至极其空虚的境地，坚守宁静的心态，就能得"道"。万物发育生长，根据"道"观察它们的归宿。各种品物纷纭繁多，各自复归到它们的根本。复归本根就是回到静止，回到静止就是复归性命，复归性命就是回到常道，知道常道就能明白一切。不知常道轻举妄动，必定凶险。前面几句讲，以主观之静，观察万物之动，而动又复归于静，这是老子"主静"论和循环论在认识论中的反映。最后几句则包含着把握事物的规律，不能盲目行事的意思。

高令仰说，《老子》第十六章的"这种认识观点在很大程度上与当时天文学有密切的联系。观察天文，只能用从旁静观的办法，求得天道运行的规律，光靠'观'还不够，还要用'玄览'，即是用深远的思维去考察。'玄览'是用感官去览，是神秘的直观"。④

五十六章说："知者弗言，言者弗知。塞其兑，闭其门，和其光，同其尘，挫其锐，解其纷，是谓玄同。"大意是，知"道"者不言说，言说者不知"道"，闭目塞听，和泯智慧的光芒，混同行为的痕迹，挫损锋芒，消解纷争，就能与玄之又玄的道达到"玄同"的精神境界。从认识论看，这是超感性超理性的神秘主义认识论。从道德论看，这种韬光养晦的处世哲学，一直为某些人处于不利情况时所推崇和奉行。

老子十分注重推理。在他的哲学体系中，天地万物皆由"道"派生，"道"与万物的关系好比母与子。五十二章说："既得其母，以知其子；既知其子，复守其母。"认识了最高本体"道"，从"道"的高度去认识个别的具体事物，就容易清楚明白。这叫"以道观物"。五十四章说："修之于身，其德乃真。修之于家，其德乃余。修之于乡，其德乃长。修之于邦，其德乃丰。修之于天下，其德乃普。故以身观身，以家观家，以乡观乡，以邦观邦，以天下观天下。吾何以知天下然哉？以此。"整个这段话讲的是从小到大的推理认识过程。有人理解为根据事物的本来面貌去认识事物。联系上下文看，所谓"修之于"的"之"即指"道"。所谓"德"就是“得道”。“以此”即以“道”。这就是说:认识自身、家庭、乡国、天下,应以“道”为指南,并把“道”贯彻到这些方面。这是老子认识论的现实目的所在。这种认识论过程并不是从个别到一般,而是从神秘到直观(不是如有人所说的“旁观”),体认到先验的“道”,再用“道”来解释客观世界。从始至终与实践没有关系。所以是一条唯心主义认识路线,是不可能真正认识和把握客观真理的。

台湾学者韦政通认为,老子具有“反智”倾向,只注意到智性发展为社会带来灾害一面,只看到“大盗”们利用知识分子的可恶,因而竟怀疑甚至憎恨智性本身,遂以为只要把人类智能根除掉,天下就能太平。他反对经验之知,却主张直觉之知,从而自相矛盾。老子的反智并不是一套严格的理论,而是由反激情绪而产生的一种态度。⑤

老子没有直接谈名实问题。不过他有些见解也涉及到言辞的形式与内容之间的矛盾关系。八十一章说:“信言不美,美言不信。善者不辩,辩者不善。”这两句话有不同解读,我主张把“不”解为“不一定”。意谓可信的言辞不一定漂亮,漂亮的言辞不一定可信。善良的人不一定会说话,很会说话的人不一定善良。这是告诫人们注意识别他人的言论,内容与形式可能有矛盾。四十一章说:“大巧若拙,大辩若讷。”这是从主观方面告诫人们要掩盖自己有知识,越有智慧才能,越要显得愚拙。即后世所谓大智若愚,才能保全自己。这两则从不同角度剖析名不符实现象,包含着宝贵的人生体验和精彩的认识论辩证法。

老子认识论中还有许多合理因素。例如他指出,要能正确认识别人,又能正确认识自己,才算真正的聪明智慧。“知人者智,自知者明。”批评自以为是,自夸自恃:“自见者不明,自足者不彰,自伐者无功,自持者不长。”批评预言家神秘性的“前识”,是“愚之首也”(三十八章)。但强调做事要有预先性,要防患于未然:“其安易持,其未兆易谋,其脆易泮,其微易散,为之于未有,治之于未乱。”(六十四章),如此等等,不胜枚举。

注释：

①②③参看冯友兰《中国哲学史新编》第二册，人民出版社 1983。

④商令仰《简明中国哲学通史》，厦门大学出版社 2002。

⑤参看韦政通《中国思想史》（上），上海书店出版社 2003。

第三节 墨子的“三表法”和唯物论、经验论以及后期墨家的认识论

墨家学派创始人姓墨，名翟（约前 468—约前 382），鲁国人，出身“贱人”，做过木匠，曾制造飞鸢，飞三日不落。他年轻时学儒，后来自立学派，到处讲学，门徒很多，且有严密组织纪律，战国时期与儒家并称“显学”。《墨子》一书基本上是墨派弟子缀述编辑的著作集。

墨子提出了“兼爱”、“非攻”、“尚贤”、“尚同”、“节用”、“节葬”、“非乐”、“非命”、“尊天”、“明鬼”十大主张。认为天下混乱的根源在于“交相恶”，因此提倡“兼相爱，交相利”，“有力者疾以助人，有财者勉以分人，有道者劝以教人”。（《尚贤下》，以下凡引《墨子》只注篇名），人人互爱互利，天下就会太平。“兼爱”不分亲疏远近，与儒家的“爱有等差”不同。墨子坚决反对侵略兼并，却支持正义的防御和诛伐无道之君。曾率领弟子三百人参加止楚攻宋的防御斗争。在行政上他主张尊贤，即使“农与工肆之人”，有才能就可以做官，“官无常贵，民无终贱。有能则举之，无能则下之”。所谓“尚同”主要是统一思想，统一政令和赏罚。“上之所是，必皆是之；上之所非，必皆非之”，逐级上同，最后使天下百姓皆上同于天子，而天子则必须上同于天意。反映了生产者厌倦分裂要求统一的愿望。墨子提倡节俭，反对奢侈，尤其反对厚葬久丧。批判命定论，主张强力。批判繁饰礼乐，认为音乐等文化活动对社会无益而有害。认为天有意志，能实行赏罚，鬼神是真实存在。其中某些观点表现出小生产者认识的局限性。

墨子在认识论方面的突出贡献是提出了判断言论是非的三条标

准，即“三表法”。

《墨子·非命上》说：“言必有三表，何为三表？子墨子言曰：有本之者，有原之者，有用之者。于何本之？上本之于古者圣王之事。于何原之？下原察百姓耳目之实。于何用之？发以为刑政，观其中国家百姓人民之利。”

第一表就是以古代圣君贤王治国理政的历史经验来衡量言论的真伪是非。《墨子》书中常引古证今，或正面，或反面，或对比。从认识论讲，就是吸收前人的间接知识，以补充或证明自身的直接知识。重视历史经验，以古为鉴，是中国古代学者获取知识的重要手段之一。不过，墨子在引证历史时，有时候未免过分信古泥古，未能分清其中有精华也有糟粕（如历史上的有鬼论）。这方面他不如稍后的孟子，一方面“言必称尧舜”；一方面说“尽信书不如无书”。

第二表是考察广大群众耳闻目见的直接经验，这一条十分宝贵。因为人民群众是社会实践的主体，他们的感性经验，是检验科学知识的重要条件。但是，单纯的感性经验，尚不足以最终证明认识的客观真理性。因为经验并不完全等同于实践，感性认识往往带有表面性和主观性，往往不能把握事物的规律。所以墨子既可以用“百姓耳目之实”来批评“命”是不存在的，也可以用有些人曾经“活见鬼”来证明鬼神为实有。这就暴露了片面相信感觉经验的局限性。所以后来受到汉代王充的批评。

第三表就是把某种理论主张放到社会政治实践中去，看看是否符合国家百姓的利益。这是从整体社会效应来衡量理论学说的是非和价值。墨子说：一种方论，如果“用而不可，虽我亦将非之；且焉有善而不可用者”（《兼爱下》）。墨子既重视客观效果和功用，也注意主观动机。他举例说：一人欲救火，一人欲纵火，二人均尚未见功效，人们必肯定欲救火者，而谴责欲纵火者。可见动机效果不可偏废。不过，墨子似乎未能辨别功效有直接和间接、长远和现实之分。他要求音乐等娱乐活动也能像房屋、衣服那样有直接的实际功效，而不能理解精神文明的文化价值，其认识显然带有直观性、片面性。

墨子还有许多见解涉及认识论。

《明鬼下》说：“天下之所以察知有与无之道者，必以众之耳目之实，知有与无为仪者也。诚或闻之见之，则必以为有；莫闻莫见，则必以为无。”这是第二表的具体化，是狭隘的唯物论经验论。我不赞成有人把它解释为“存在就是被感知”，但这句话的确太绝对化，有过分相信感觉的毛病。

《贵义》篇以瞎子不能分辨黑白为例，证明“取实予名”。大意是说，从概念上讲，瞎子也知道雪是白的，烟灰是黑的。如果把雪和烟灰放在一起，让瞎子分辨，他就不行了。“故我曰：天下之君子不知仁者，非以其名也，亦以其取也。”这意味着不能单纯从理论上看，而要用实践来检验知识的可靠性。

《尚同中》说：有人曰：“天子之听也神。”墨子说：“非神也。夫唯能使人之耳目助已视听，使人之吻助已言谈，使人之心助已思虑，使人之股肱助已动作。助之视听者众，则其所闻见者远矣；助之言谈者众，则其德音之所抚循者博矣；助之思虑者众，则其谋度速得矣；助之动作者众，则其举事速成矣。”整段话是讲发挥众人才智，集思广益，就能增长领导者的见闻和才干。句中的“神”字，指神妙莫测，不是指神灵。有些人说这是批判孔子“生而知之”，我看二者并无直接联系。

墨子多次强调言行一致。《兼爱下》说：“言必信，行必果，使言行之合犹合符节也，无言而不行也。”《贵义》篇说：“言足以迁行者常之，不足以迁行者勿常；不足以迁行而常之，是荡口也。”所谓“迁行”即施之于行。所谓“荡口”即信口开河。《耕柱》篇说：“口言之，身必行之。今子口言之，而身不行，是子之身乱也。子不能治子之身，恶能治国政？”墨子本人言出必行，为了爱利天下，摩顶放踵，赴汤蹈火，在所不辞。

墨子认为，客观事物的发展是可以预知的。《非攻中》说：“古者有语，谋而不得，则以往知来，以见知隐。谋若此，可得而知矣。”就是说，人们可以根据以往经验预知未来的发展，从已经表现的情况中了解其隐蔽尚未暴露的问题。《鲁问》篇记，彭生说：往者可知，来者未可知。墨子说：假如你的父亲在外地生重病，你必须一日内赶到才有救。如今有良马固车，又有驽马破车，你选哪辆？彭生说：当然选良马固车。墨子说：你刚才怎么说不知未来？

在逻辑学方面，墨子提出了几个重要范畴：一是“类”，他要求“知类”、“察类”，即了解和把握事物的类别。他批评公输般助楚攻宋，“不杀少而杀众，不可谓知类”。有人以禹征有苗、汤伐桀、武王伐纣为例，责难墨子的“非攻”。墨子说：“子未察吾言之类”，上述三圣“非所谓攻也，所谓诛也”。“诛”是正义的，“攻”是非义的，虽同是战争，但从逻辑上讲，性质不同类。另一个范畴是“故”。在前期墨家 29 篇著作里，“故”字出现 340 次，皆可解释为“原因”或“理由”，往往是墨子立言的前提。凡事他都要问个“何故”？“何说”？几乎成为他的质疑武器。而“是故”、“是以”则成为他主要的论证形式。这不是单纯的语言问题，也表现出逻辑思维的进步。还有一个范畴是“悖”，即自相矛盾。墨子经常运用逻辑中的矛盾律来揭露论敌之荒谬。《贵义》篇说：“世之君子，欲其义之成，而助之修其身，则愠。是犹其墙之成，而人助之则愠也，岂不悖哉！”同篇又说：“世之君子，使之为一犬一彘之宰，不能则辞之；使之为一国之相，不能而为之，岂不悖哉？”例子不胜枚举。说明墨子已具有相当自觉的形式逻辑意识。

《墨子》书中有 6 篇，即《经上》、《经说上》、《经下》、《经说下》、《大取》、《小取》，后世称为《墨经》、《墨辩》。多数研究者认为是战国后期墨家著作。其中主要论述自然科学和逻辑学方面的问题，还有一些涉及认识论。

后期墨家从生理上肯定人的认识能力。《经上》说：“生，形与知处也。”意谓，生命是形体与知觉的结合。又说：“卧，知而无知也。”人睡觉时，认识能力不能发挥认识作用。依此，人死后有形而无知觉，没有生命，就不可能有活动。有人认为，这是对墨子人死为鬼的修正。我以为恐不能如此推论。死后虽无知觉，还可能有灵魂，就如同睡眠时虽无知觉还会做梦一样。《经上》又说:“知,材也。”《经说上》解释说:“知也者,所以知也,而(不)必知,若明。”“材”指人的材质,即感官能力,眼鼻耳舌等。句意谓,认识是人用以取得知识的能力,但仅有这种能力,还不一定有知识。如目虽能看,必先有看的对象,才可能明确地认知它。《经上》又说:“知,接也。”《经说上》解释:“以其知遇物而能貌之,若见。”意谓,人们运用其认识能力跟认识对象接触,就能摹写它。例如见,就是用能见的眼睛和可见事物接触,于是产生这一事物的形貌。这意味着他们已经肯定认识是主观与客观相接触的产物。

后期墨家十分重视感觉的作用。《经说下》说:“智以目见,而目以火见;而火不见,唯以五路知。”意谓,知识是靠眼睛得来的,眼睛靠光线才看得见,但仅有光线是看不见的,人对外界的知识是通过五种感觉器官获得的,好像五条道路,这叫“唯以五路知”。注意这个“唯”字,意谓只有这五条路才能获得知识。但有些知识是不可能直接感知的。如《经下》说:“所知而弗指,说在春……”“知而不以五路,说在久。”春天在哪里?时间的久暂在哪里?它们是看不见的,但确实属于可靠的知识。这是对前期墨家仅仅相信“耳目之实”的补充。尤可贵者,后期墨家重视思维的作用。《经上》说:“知,明也。”《经说上》说:“知也者,以其知论物,而知之者著,若明。”真正的知识是将感官所得加以分析、综合、判断,“以知论物”,这样的知识就更加深切著明了。《经上》说:“闻,耳之聪也。言,口之利也。”《经说上》解释说:“循所闻而得其意,心之察也。”“执所言而意得之,心之辩也。”听声音,是耳朵的功能;依据声音而把握其意义,靠思维去考察。说话是口的功能;用语言来表达思想,则体现思维的分辨能力。这比前期墨家仅仅重视感性认识是一大进步。

后期墨家意识到思维是一种有目的的认识。《经上》说:“虑,求也。”《经说上》解释说:“虑也者,以其知有求也,而不必知之,若睨。”意谓,思虑,是依据已有知识而有所追求。“睨”即斜眼一瞥,漫不经心,而非正视,则不可能得到该事物的全貌,甚至视而不见。此即所谓“而不必知之”。可见,思虑是一种有针对性的求新知或深知的活动。

《经上》把知识按来源分为“闻、说、亲”三类。《经说上》释为：“知，传受之，闻也；方不障，说也；身观焉，亲也。”“闻知”指由他人传告之知，大致相当间接知识。“说知”，指由推理所得之知。“方不障”意谓比类（方）推论无碍。“亲知”，即“身观焉”所得之知。《经说》还指出“亲知”是“闻知”、“说知”的基础。他们举例说，如果有人知道室外之物是白的，但不知道室内之物是什么颜色？别人告诉他，室内之物和室外之物颜色相同，那么他便知道室内之物也是白的。此人对室外物的认识属于“亲知”，对室内物的认识属于“说知”。如果别人告诉他，室内物与室外物颜色不同，不是白的而是黑的，则此人对室内物之知便是“闻知”。

后期墨家肯定辩论的必要性。针对庄子学派宣扬齐是非，否认客观真理，《经下》批评“谓辩无胜，必不当，说在辩”。“以言为尽悖，悖”。意谓，把一切言论都看成是荒谬，悖乱，那才是荒谬、悖乱。他们指出，“言尽悖”这句话本身就不能成立，既然你认为“言尽悖”，那么你说的这句话是对还是不对呢？如果你认为这句话是对，那就证明“言非尽悖”。

后期墨家强调，对某种理论的批判，不能以批判者的多少来定是非，而在于它是否应当批判。《经下》说：“诽之可否，不以众寡，说在可非。”此语极有见地。

《墨经》中的《小取》篇对辩论提出了一些基本的逻辑规则。一是“摹略万物之然，论求群言之比”。即辩论必须了解掌握各方面的实情，通过比较，弄清各种意见的异同。二是“以名举实，以辞抒意，以说出故”。使用名词概念符合实际，命题或判断正确达意，论证要有根据。三是“以类取，以类与”。在辩论时遵守类概念的原则。在同类概念中选取已知部分提出例证，依同类概念进行推论，防止偷换概念或异类相比。四是“有诸已不非诸人，无诸已不求诸人”。不要把自己意见强加于人，自己所承认的不可非难别人承认，自己所不承认的不可要求别人否认。

后期墨家对逻辑学中的概念、判断、推理等基本范畴有精辟的见解。提出了“辟”（譬喻）、“侔”（直接对比）、“援”（援例作证）、“推”（从已知推出未知)。上述这些意见受到逻辑史家的高度重视。

韦政通认为:“墨辩在当时已是很难得的成就,但它毕竟停留在以语意分析为中心的基础上,没有使它们的逻辑思想进入形式化的发展。”“墨经的认识论还停留在原始的认识能力和原始的经验之上,墨子的后学中没有人能把逻辑思考和认识论结合起来,发展出一整套有系统的知识论。”①

注释:

①韦政通《中国思想史》(上),上海书店出版社 2003。

说明:本节主要参考谭家健著《墨子研究》第十三章《墨子的认识论》,贵州教育出版社 1995 年出版。

第四节 《管子·心术》等篇的认识论

《管子》是管仲学派的著作汇编，其中多数文章可能出自战国中后期齐国稷下学者之手。他们或搜集管仲佚文逸事，或采录齐国官私记闻，或假托管仲名义著书立说，或兼取战国时各派讲学资料，混合编辑成这部规模巨大的文献集，秦汉之际可能又有所增益。全书思想以法家居多，也有道家、名家、兵家、阴阳家和少许儒家、墨家成分。其中《心术》上下和《白心》、《内业》共四篇，自成体系，在哲学史上颇为重要。今人或以为宋尹学派所作，或以为慎到的著作，或归之黄老道家，或属之稷下学派。其作者难定，也有人干脆称为"《管子·心术》等四篇"，写作当在战国中期，本节专门介绍其中的认识论。

《心术》等篇继承《老子》关于"道"的本体论，把"道"作为世界的本原，并作出唯物的解释。《心术上》说："道在天地之间也。""道"就是"气"或"精气"，"万物以生，万物以成，命之曰道"。这样的"道"近似乎物质及其规律。他们认为，精气是人的生命和精神的根源，"凡人之生也，天出其精，地出其形，合此以为人。和乃生，不合不生"。又说："气，道乃生，生乃思，思乃知，知乃止矣。"（《心术上》）意谓，精气得道而后才有生命，有生命才有思想，有思想才有知识，有知识才可以说是生命完成了。他们把精气看成一种细微的物质，可以进入形体，藏于"馆舍"，"精之所舍，而知乃生"。这样说是唯物的，但存在漏洞，有导致精神现象能脱离形体而独立存在的嫌疑。当代不少学者认为，《心术》等篇关于精气的论述，可能与古代养生术和后世的气功有某种联系。

《心术上》篇明确区分了认识主体和客体，考察了认识主体自身的条件以及如何发挥这些条件的问题。他们说:“人皆欲知,而莫索(探究)之。其所知,彼也;其所以知,此也。不修之此,焉能知彼。”“所知”和“彼”指认识客体,“所以知”和“此”,指认识主体。突出强调主体修养对认识的重要性。

《心术上》把认识主体分为“心”(即思维器官)和“九窍”(即感觉器官)两大类,认为心是统率九窍的。“心之在体,君之位也;九窍之有职,官之分也。耳目者,视听之官也。心而无与于视听之事,则官得守其分矣。心术者,无为而制窍也。”心与九窍各有分工,心控制而不干涉各窍,感官则能各尽其职。如果心为欲望充塞,各感官就不能发挥作用。“夫心有欲者,物过而目不见,声至而耳不闻也。故曰:上(指心)失其道,下(指九窍)失其事。”《内业》篇说:“我心治,官乃治。我心安,官乃安。治之者心也,安之者心也。”把心之官与耳目之官比作君臣关系,基本上是正确的;但片面强调“心无与于视听之事”,则是片面的,后来荀子对此作了纠正。

如何“治心”、“安心”呢?

首先是“修心而正形”。《心术上》说:“洁其宫,开其门。宫者谓心也。心也者,智之舍也,故曰宫。洁之者,去好恶也。门者,谓耳目也;耳目所以闻见也。”“洁其宫”就是清除物欲,“开其门”就是发挥感官作用。这和《老子》闭目塞听的“塞其兑,闭其门”正相反。

其次是“虚”。《心术上》说:“虚,无藏也。”“虚其欲,神(指精气)将入舍。”所谓“无藏”,就是没有事先存于心中的主观成见。不自满才能接受外界知识。如果“不虚,则仵于物”,不虚心就会与外物相抵触。《内业》篇说:“能去忧乐喜怒欲利,心乃反济。”(“反济”指恢复到正常状态)《心术上》说:“不怵(诱也)于好,不迫于恶,恬愉无为,去智去故(诈也)。”意谓不为好恶而动心,恬淡无为,不卖弄智巧。求知要虚心,无疑是对的。但是要虚到“无藏”、“无知”、“无虑”的程度,使内心成为一块白布(“虚素”),类似西哲的白板论①,那就根本不可能。人们欲得未知,离不开已知,温故可以知新。《心术》把这种互动关系,看成对立的互相妨碍的关系，未免片面。后来荀子对此作了纠正。

“心”要专一。《心术下》说：“专于意，一于心，耳目端，知远之证。”心意专一，耳目就能端正不乱，这样就能知远若近。《内业》说：“执一不失，能君万物。”“君万物”，即控制万物。“一”也指正。《内业》篇说：“四体既正，血气既静，一意专心，耳目不淫，虽远若近。”又说：“耳目不淫，心无他图，正心在中，万物得度。”“正”就是不偏不倚，对万物不存偏见。儒家著作《礼记·大学》曾提出“诚意，正心”，该文据说是曾参所作，准此，则可能早于《内业》等篇。《大学》主要讲道德修养，《内业》则包括了认识论。

“心”要静，要保持心的安定宁静状态，勿烦勿躁。“静”是把握“道”，获得知识的必要条件。《内业》篇说：“凡道无所，善心安处，心静气理，道乃可止。彼道不远，民得以产（生长）；彼道不离，民因以知。”“人能正静，皮肤裕宽，耳目聪明，筋信（伸）而骨强，乃能戴大圆（天），而履大方（地），鉴于大清，视于大明，敬慎无忒（过失），日新其德，遍知天下，穷于四极。”人在安静时身体放松，心和耳目才能发挥最佳作用。又说：“摇者不定，躁者不静，言动之不可观也。”心情躁动不安，就不可能认识外物。强调心静当然没有错。不过《心术》等篇的“静”几乎等于放弃主动性，要求“毋先物动，以观其则”。“物至则应”，“其应物也，……若影之象形，响之应声也”。像影子回声完全处于被动状态，这是消极直观的反映论。

《心术上》反复强调“因”。说：“因也者，舍已而以物为法也。”去掉主观成见，按照事物本来法则去认识它。又说：“因也者，无损无益也。以其形因为之名，此因之术也。”意谓准确地如实地反映事物的面貌，而不加任何改变，根据其形状给予适当名称。夏甄陶说：“这是一种朴素的唯物主义反映论观点。”② 在“唯物论”前面，我想加上“机械的”三字。

《心术》等篇也谈到思维的作用，虽然不是很多。《心术下》说：“意以先言，意然后形，形然后思，思然后知。”这段话不好懂，台湾学者王冬珍解为，意念在言语之先，有意念然后形成于心中，形成于心中之后就有了思虑，有了思虑然后构成知识。③《心术》注意到思维的作用，但是还不了解思维是如何对感性知识进行加工的。《内业》篇说："思之，思之，又重思之。思之而不通，鬼神将通之。非鬼神之力也，精气之极也。"同篇还讲："凡物之精，流于天地之间，谓之鬼神。"学者们认为，这是对鬼神权威的否认。至于"鬼神"如何帮助人们思想通达，《心术》并没有回答。

关于名实问题。《心术上》篇肯定"名"是物之实的反映；"物固有形，形固有名，此言名不得过实，实不得延名。诂形以形，以形侔名，督言正名，谓之圣人。"意谓，万物本来就有形体，形体本来就有名称，名称不能超过事物的实际，事物也不能有虚诞的名称。按形体的实际来解说形体，按形体的要求选择相符的名称。能够考察言论，辩正名称，所以叫做圣人。他们坚持概念(名)与事物(实)的一致性和实为第一性的唯物主义精神，与墨子"取实予名"相通。张立文等指出，稷下道家主张"正名"，与孔子之"正名"是有区别的。孔子之"正名"是以名责实，"克己复礼"；稷下道家之"正名"，是"以形侔名"，强调实是名的基础。④

《心术》等篇在认识论方面继承而又改造了老子的不少观点，但也保留着老子的一些错误。如《心术上》说："虚者，万物之始也。"即近乎无中生有。虽然他们往往把鬼神说成是精气，但在讲到"神"的作用时，难免过于夸张，以至具有神秘主义色彩。

注释：

①参看刘文英主编《中国哲学史》，南开大学出版社 2004。

②夏甄陶《中国认识论思想史稿》，(上卷)，中国人民大学出版社 1992。

③参看王冬珍等校注《新编管子》《心术下》的注释，台湾"国立"编译馆 2002。

④张立文主编《中国哲学史新编》，中国人民大学出版社 2007。

第五节 孟子论“良知”、“良能”和“求放心”

孟子(约前 385—约前 304)名轲,邹国人,曾受业于孔子之孙子思之门人。毕生以授徒讲学为业,曾周游列国,游说齐、梁、鲁、滕等国,均不受重视,除了在齐国短期任客卿外,不曾做官。其思想主要反映在他和弟子共同编定的《孟子》七篇中。孟子在中国思想史和文化史上地位很高,宋以后被尊称为“亚圣”,仅次于“至圣”孔子。

民本思想是孟子政治思想的精华。他认为,对一个国家来说:“民为贵,社稷次之,君为轻。”(《尽心》下)“君有大过则谏,反复之而不听,则易位。”所谓“易位”,就是由贵戚之卿予以撤换。还说:“君之视臣如手足,则臣视君如腹心;君之视臣如犬马,则臣视君如国人;君之视臣如土芥,则臣视君如寇仇。”(《离娄》下)把君臣关系看成在一定程度上的对等关系。

孟子主张法先王,言必称尧舜。积极推行王道仁政,提倡以德服人,反对以力服人的兼并战争,认为得民心者得天下。因此,他强调使“民有恒产”,实行井田制。其性质属于封建劳役地租制,不是奴隶制,因为奴隶是没有个人财产的。商鞅变法后,秦国已废井田,开阡陌,承认新兴地主阶级的土地私有权。井田制属于改良,不是革新,在当时行不通,自汉至清曾有人多次试验,均告失败。

孟子主张社会分工。“或劳心,或劳力。劳心者治人,劳力者治于人。治于人者食人,治人者食于人。”(《滕文公》上)体力劳动和脑力劳动分工是社会发展的结果,孟子的主张比农家学派否定分工要进步些;但是他从社会分工的必要性推论政治压迫和经济剥削的合理性,后世就成为替封建统治制度辩护的理论基础之一。

在人性论方面，孟子力主性本善，他提出“人皆有不忍人之心”。例如说：看见婴儿快要掉进井里，人们都会产生恻隐之心而去救援。这时，并不考虑与婴儿父母是否有交情，也不曾想博得乡党朋友的好名声，完全是发自内心、自然而然的。如果连这点恻隐之心都没有，那就不是人。孟子由此推论：“恻隐之心，人皆有之”，“仁之端也”。“羞恶之心，人皆有之”，“义之端也”。“辞让之心，人皆有之”，“礼之端也”。“是非之心，人皆有之”，“智之端也”。“仁义礼智，非由外铄我也，我固有之也。”（《告子》上）孟子把上述“四端”称为“良知”，说：“人之所不学而能者，其良能也。所不虑而知者，其良知也。孩提之童，无不知爱其亲也；及其长也，无不知敬其兄也。亲亲，仁也。敬长，义也。”这样，就从人性论而推论到认识论。

刘文英等认为：“孟子讲的良知，的确是存在的，并具有很大的普遍性。”“实质上是道德潜意识的表现。它是人类在社会交往中逐渐积淀而形成的，是一种社会性的道德心理和感情，其中从动物祖先遗传而获得的先天成分或因素极为有限，并且处于从属地位。”“四心是自发的，无意识的道德心理与感情；四德是自觉的有意识的道德概念与规范。四心属于本心，是内隐的；四德超越了本心，是外显的。”① 这种分析与某些彻底否认四端者有所不同。我以为“良知”大致相当于后世常讲的“天良”、“良心”，应该承认它是客观存在的。

夏甄陶说：“孟子把良知、良能普遍化为人皆有之，这倒比孔子大方多了。”“如果把这种认识论意义从孟子的道德论中析取出来，我们可以看到，在形式上是打破了孔子的认识主体的等级界限，这至少在形式上承认了人人都是平等的认识主体。所以他甚至有‘人皆可以为尧舜’的说法。”② 孟子还讲过：“圣人与我同类。”（《告子》上）“舜何人也？予何人也？有为者亦若是。”（《滕文公》下）这一命题有助于提高个人修养的自信心和上进心，并对后世产生了积极的影响。

台湾学者韦政通说：“如果我们从知识的观点质问孟子，假如人不具有‘人掉下井就要死亡’的知识，是否还有怵惕恻隐之心的表现呢？孟子不会理会这样的质问。……孟子的先验观点，根本排斥从经验的观点探讨人性，人性之善是一种真实。孺子将入井的例子，不过是透过实例以指证这种真实的存在。”③另一位台湾学者傅佩荣认为，孟子不是主张人性“本善”，而是主张人性“向善”。这又是一解。

孟子为了证明道德观念为人心所固有，还从人的生理共性找论据。《告子》上篇说：“口之于味也，有同嗜焉；耳之于声也，有同听焉；目之于色也，有同美焉；至于心，独无所同然者乎？心之所同然者何也？谓理也，义也。”的确，全人类有共同的美感，如美食、美色、美声等是。孟子指出这一点，比庄子否认共同美感要进步。但是，孟子不知道由于人的眼、耳、鼻、舌感觉器官的生理结构是相同的，所以色、声、味觉可以有共性，但同时还有个性。由于民族、地域、宗教的不同，这方面的美感也不尽相同。至于道德观念，则属于社会意识，与人的生理本能不可以等量齐观。道德观念也有共性和个性，例如联合国宪章中有些就属于人类共同的道德。但道德观念尤其具有民族性、阶级性和历史性，把仁义礼智说成是人心之所同然是不科学的。值得注意的是孟子在这里用的是“理义”，而不是“礼义”。这是因为“礼”在当时有许多人不赞成，改用“理”或许可以理解为“公理”或“事理”，有如后世所谓“人同此心，心同此理”。“理”当然不是生理本能，但却不能完全否定其共同性。对孟子这句话，还需要细致的分析，不能简单对待。

以“良知”、“良能”为基础，便引发出如何提高道德修养以及如何增长知识才能的问题。

孟子认为，一个人如果能够自觉地认识到固有的四端并加以扩充，就会成为君子；如果不能发现四端，而把它抛弃、糟践了，就成为小人。扩充四端的办法主要是养心和养气。“养心莫善于寡欲”，即减少物质欲望的追求。养气就是养“浩然之气”。这个“气”不是《管子》的精气，而是一种精神状态，它是“至大至刚”，“集义与道”而产生的。养气要做到“不动心”，“富贵不能淫，贫贱不能移，威武不能屈”。冯友兰说：“这是一种很高的精神境界。""浩然正气这四个字到现在还是常用的词汇。""懂得了这个词汇,才可以懂得中国文化和中华民族精神。"④不少学者认为,孟子为铸造民族精神做出了重要贡献。

孟子有一段名言:"天之将降大任于斯人也,必先苦其心志,劳其筋骨,饿其体肤,空乏其身,行拂乱其所为,所以动心忍性,增益其所不能。"(《告子》下)这个"天"是命运之天,所谓大任,是时代使命。孟子原意是讲天让人如何如何,后人在使用这段话时,理解为要有意识地让自己经受种种艰难困苦的磨炼,考验意志,增长才干,才可能担当历史的重任。

孟子说:"学问之道无他,求其放心而已矣。"(《告子》上)这句话的表层意思可以理解为,要做学问,必须收拢懒散的心,集中精神,专心致志。孟子所举弈秋诲弈的例子,即此意。"求放心"的深层意思是通过内省的方法,"反求诸已",找回散失的本有善性。孟子又叫"尽心知性"。《尽心》上说:"尽其心者,知其性也,知其性则知天矣。""知天"之后,则"万物皆备于我矣,反身而诚,乐莫大焉"。北京大学的学者们解释说:孟子进一步发挥子思的"存诚尽性"说。在孟子看来,"诚者,天之道也,"诚是天的根本法则,所谓"诚其身"就是"尽心",也就是恢复和保持良知、良能,能够这样,就可以进入"万物皆备于我"的境界。一切不必依赖客观存在,只要主观上做到"诚"和"明乎善",那万事万物都具备于我心中了,同时也就与天之道的"诚"完全相符了,这也就是具备了一切做人的知识和才能。⑤

刘文英等认为,孟子的"知天"是伦理之天,"思诚"就是从天道发现良知的来源,而良知就是人道的基础。"反身而诚"即反过来从自身的心中发现了天道,发现了良知。这样人的良知和天道就可以上下沟通,从而使主体自我获得了一种特殊的体验,达到一种特殊的境界。这就是所谓"万物皆备于我",万物所表现出来的天道与我已经一体了,从我身上可以看到万物,看到天道,讲的是人在心性修养中所达到的"天人合一"的精神境界。⑥

夏甄陶说:孟子所谓万物皆备于我,如果孤立地看,可理解为,通过认识活动，自在之物可以转化为自为之物，在我的心中具有关于万物的道理，这并非就是唯心主义或唯我论。但孟子之意并非通过感性活动与外物接触，了解万物之理；而是通过“尽心知性”的内省功夫，通过对“诚”的反思，达到天人合一、心物为一的境界。很显然，这完全是唯心主义的思维和存在的同一论。⑦

既然人人都具备良知良能，人皆可以为尧舜，为什么有大人小人之分呢？孟子回答说：“从其大体为大人，从其小体为小人。”“大体”指心，小体指耳目感官。这里，他从道德论又回到认识论。孟子接着说：“耳目之官不思，而蔽于物，物交物，则引之而已。心之官则思，思则得之，不思则不得也。此天之所与我者。”（《告子》上）所谓“大人”、“小人”指道德上的君子小人，不是指劳心劳力的区别。大意谓，耳目不能思维，反而容易被声色等外物所蒙蔽、牵引而丧失人的本性。心才有思维的功能，经过思维才能认识本性，不思维就得不到这种认识，这是自然的秉赋。如果人的本性长期为物欲蒙蔽，发展下去就会成为品质低劣的人。如果经常反思内省，寡欲养心，久而久之，就会成为道德高尚的君子。孟子看到了感性认识和理性认识的区别，肯定理性认识的作用高于感性认识，强调发挥人的主观能动性，在认识论史上是一个进步。但他把两个认识阶段看成对立的，互不联系的，不懂得耳目之知是心之知的门户和基础，心之知是耳目之知的加工和提高，表现出对感性认识的轻视。在这方面，孟子的认识优于稍早的墨子，比不上稍后的荀子。

《孟子·万章》下篇有一段名言：“天之生斯民也，使先知觉后知，先觉觉后觉。”这里涉及知识的推广与实践问题，讲的是圣人的历史使命和社会责任，实际上也是中国历代先进知识分子的历史使命。用今天的话来讲，就是要把先进知识普及于社会，宣传群众，动员群众，促进社会进步。刘文英等认为，“先知先觉和后知后觉在任何时代都是客观存在的，社会进步只能是先知觉后知，先觉觉后觉。而不能颠倒过来”。⑧孟子最崇拜的圣人是孔子。孔子就是以先知觉后知的不懈实践者。孟子上述的话在强调知识分子必须接受工农兵再教育的时期受到严厉批判。刘文英等所谓“而不能颠倒过来，”就是针对那个时期而言的。

注释：

①刘文英主编《中国哲学史》，南开大学出版社 2004。

②⑦夏甄陶《中国认识论思想史稿》中国人民大学出版社 1992。

③韦政通《中国思想史》(上)上海书店出版社，2003。

④北京大学哲学系中国哲学教研室编著《中国哲学史》，北京大学出版社 2003 年第二版。

⑤冯友兰《中国哲学史新编》第二册，人民出版社 1983。

⑥⑧刘文英主编《中国哲学史》，南开大学出版社 2004。

第六节 庄子的相对主义认识论

庄子名周(约前 369—约前 286),宋国人,与孟子同时或稍晚,出身贫寒,不曾做官,只当过管理漆国的小官员。今本《庄子》33 篇,其中内篇 7 篇,系庄子自著;外篇 15,为门人所记;杂篇 11,是庄派后学所作。后世又称其书为《南毕经》。

庄子思想源于老子。他把老子的客观唯心主义发展为主观唯心主义,把老子的“道”解释为一种主观意识和逻辑虚构,没有任何的规定性,属于想象出来的抽象玄奥的自我意识。用“道”来衡量主客观世界,便生造出一个绝对自由自足的“逍遥游”,即顺乎一己之性,不需要外界条件而一味自我放任自得。他还把老子的朴素辩证法发展为相对主义诡辩论,主张齐是非,泯物我,等生死,齐大小,认为客观事物的差别都是人为的产物,因而也可以在主观上加以泯灭。

庄子的人生哲学充满悲观情绪。他说:“生为附赘悬疣,死为决疣溃痈。”活着不如死了痛快。他自我麻醉,玩世不恭,与世无争,讥笑一切改造社会的努力,劝说人们不要为世所用,无用就是大用。庄子的社会理想是:“山无蹊隧,泽无舟梁,万物群生,连属其乡。”“同与禽兽居,族与万物并。”(《庄子·马蹄》,以下只注篇名)这种人兽不分的浑沌世界,比“小国寡民”更加落后。他把一切社会进步都看成是破坏人类本性,失去自然状态的罪过,愤怒谴责圣人,强烈要求取缔全部文明,搞极端的蒙昧主义。

庄子对当时统治者深恶痛绝,揭露窃国大盗反而处尧舜之安。“窃钩者诛,窃国者侯,诸侯之门而仁义存焉。”(《胠箧》)所以他坚决不肯与执政者合作，并辛辣地讽刺追求功名利禄的愚蠢可笑。庄子鄙视一切世俗的态度和嬉笑怒骂的语言，在后世特定条件下，对某些具有叛逆性格的文人产生强烈共鸣，不少观点甚至成为他们反抗混浊世俗，批判黑暗政治的思想武器。

庄子认识论的特点是由相对主义走向不可知论，由不可知论导致取消认识的虚无主义。

庄子说："夫知，有所待而后当，其所待者特未定也。"（《大宗师》）认识要有一定对象才能确定其正确与否，然而这个对象本身也是相对的，不确定的。因此，人的认识是否正确，便无从确定了。他从认识对象的相对性，怀疑人的认识是完全不可靠的，著名的庄周梦蝴蝶寓言就是为了证明，到底是庄周梦蝴蝶，还是蝴蝶梦庄周，实在说不清楚。

庄子认为，人们对于事物的有无、大小、异同、是非、贵贱、美丑等等的认识，并不是客观存在的反映，而是主观随意的产物，是由人们认识角度的不同所造成的。他把事物差别的客观规定性，归结为主观认识的差别性，因而可以由人们随意加以改变甚至取消。他说："以差观之，因其所大而大之，则万物莫不大；因其所小而小之，则万物莫不小。""以功观之，因其所有而有之，则万物莫不有；因其所无而无之，则万物莫不无。以趣观之，因其所然而然之，则万物莫不然；因其所非而非之，则万物莫不非。"（《秋水》）人们可以把秋天的鸟毛尖看成比泰山还大，刚出生就死亡的殇子可以认为比传说中的彭祖寿命还长，小草棍和大柱子，瘌痢头的丑妇和美女西施可以看成一样。庄子抓住人的认识以及对象的差别都具有相对性，加以无限夸大。把相对主义作为其认识论的基础，就必然使自己不是陷入怀疑论、不可知论和诡辩，就是陷入主观主义。

庄子既然认为是非是主观的产物，就必然否认真理的客观标准。他尤其反对辩论：说当时的儒、墨、法各家之间的争论，都是各"是其所是而非其所非。"各家有各家的是非，真正的是非谁也搞不清楚，客观真理是没有的。《齐物论》说，你和我辩论，是你胜了我，还是我胜了你，还是你我都对或都错，你我二人既都有一定的是非，自然不能公正地裁判。第三者或是同意你，或是同意我，或是和你我都不同，他也不可能没有自己的观点，因而也是无法裁断的。怎么办？最好是齐是非，是就是不是，不是就是是，无所谓是不是。“彼亦一是非，此亦一是非”，“和之以是非，而休乎天钧。”“不谴是非，以与世俗处。”他抓住人的认识总不免带有一定主观色彩，从而根本否认认识的客观性，由真理的相对性，导致否认客观真理。这种态度，后来受到法家学派和后期墨家的批评。

庄子否认人有认识世界的能力。《齐物论》假设啮缺问王倪：你知道万物有共同的“是”吗？王倪说：我怎么知道？又问：那么事物都是不可知的吗？王倪说：我怎么知道？王倪接着说：你怎么知道我所谓知道不是不知道呢？你怎么知道我所谓不知道不是知道呢？意思是说，认识与不认识无法判断，我是否在认识也无法判断。“仁义之端，是非之涂，樊然殽乱，吾恶能知其辩？”什么仁义，是非，通通一塌糊涂，我们根本无法分辨。结论是：人没有认识和判断事物的能力，因而不可能产生正确的认识。庄子从相对主义走到怀疑主义。

庄子还夸大有限的生命与无限的知识之间的矛盾，得出不可知也不必知的结论。《养生主》说：“吾生也有涯，而知也无涯，以有涯逐无涯，殆已。”我们的生命是有限的，知识是无限的，以有限的生命去追求无限的知识，太危难了。又说：“计人所知，不若其所不知，其生之时，不若其未生之时。以其至少求穷其至大之域，是故迷乱而不能自得也。”(《秋水》)庄子不懂得人类认识客观世界的辩证法。一个人的生命和认识能力，固然是有限的，但整个人类的生命现象是不断延续的，知识是不断积累的，不断进取的。恩格斯说：“人的思维是至上的，同样又是有限的。按客观存在的本性、使命、可能和历史的终极目标来说，是至上和无限的。按它的个别实现和每次实现来说，又是不至上和有限的。”① 人们对于一定发展阶段上的具体过程的认识具有相对的真理性，无数相对真理的总和，就构成绝对真理。因此，世界是可知的，客观真理是存在的。

庄子和老子一样，认为人追求知识不但徒劳无益，而且有害“大道”。《应帝王》篇有个寓言：南海之神倏，北海之神忽，和中央之神浑沌要好。倏跟忽商量说，人都有七窍，用来视听食息，浑沌却没有，我们替他动个手术吧。于是每天给浑沌开凿一窍。七天后，七窍成，浑沌却死了。寓言说明，人的感性器官及其认知活动，是破坏“道”的浑沌的。只有不识不知，取消感觉和一切认知活动，才能保持“道”的“全真”、“大全”。这是老子的“为学日益，为道日损”的补充论证。

《秋水》篇编了一个故事：孔子的学生子贡碰见一个老头挖隧道下井，用瓮背水，很费劲；便向他推荐用桔槔提水。老头很生气，说我并非不知，而是羞而不为。“有机械者必有机事，有机事者必有机心”，有机心的人是“道之所不载”。冯友兰说：“人越能用机械向自然作斗争，人就越能战胜自然。可是从庄周看起来，这就是破坏了客观的浑沌。有了机械就有机心，机心就破坏了主观的浑沌。”② 庄子连工具的改进也反对，怪不得他比老子更积极鼓吹愚民政策，说：“任知，则民相为盗。”（《庚桑楚》）他要“焚符破玺，而民朴鄙。剖斗折衡，而民不争。殚残天下之圣法，而民始可与论议”。（《胠箧》）

《庄子》书中也讲到：“智者，接也；智者，谟也。”（《庚桑楚》）承认知识是感觉和外物接触而得，知识是经过理性谋虑而得。但这只是具体的“小知”而已，对“道”的体认才是“大知”、“真知”。而“道”是不可感知不可言说的。“道不可闻，闻而非也；道不可见，见而非也；道不可言，言而非也。”“无思无虑始知道，无处无服始安道，无从无道始得道。”（《知北游》）感性认识和理性思维都不可能“知道”，得道的途径唯有“心斋”和“坐忘”。所谓“心斋”就是为净化心灵而进行的近乎宗教修炼中的斋戒活动。“若一志，无听之以耳而听之以心，无听之以心而听之以气。……气也者，虚而待物者也。唯道集虚。虚者，心斋也。”（《人间世》）“一志”即心志专一，心智耳目都停止活动，只有精气；由此人即可虚心待物，道就会在心中集聚而显示出来。这是一种特殊的心理体验，类似后世的气功境界。所谓“坐忘”就是静坐而忘怀，从忘物到忘形，进而忘我，忘天下。只有在丧失自我意识状态下，才能打通主观与客观的界限，主体精神才能与天地精神自由交融。“堕枝体，黜聪明，离形去知，同于大通（大道），此谓坐忘。”（《大宗师》）这是一种神秘的认识论，是不可能认识客观真理的。

刘文英等认为，“心斋”、“坐忘”是一种潜意识。“道家虽然接触到意识与潜意识的转换以及潜意识的功能，并未弄清他们的本质和机制。但是，把‘得道’作为一种精神境界来看，这种修养方式有它的积极价值。它可以帮助人们逐步抛弃种种世俗的价值观念，不断突破自我中心和人类中心的狭隘心态，使主体在精神上获得一种超越，从而使精神得以净化和提高。”③

韦政通认为，《庄子》书中有明显的反智言论。庄子思想既然主张泯是非，反对一切的对待与分化，则导致反智，亦当为其思想所必有的部分。庄子反智的两个理由，一是因为知识的活动妨碍了修道者的精神生活，二是心智的活动必然使人的精神为外物所范限，所束缚。为了替反智从历史上找根据，庄子竟造出一种智愈盛则德愈衰的历史退化观。庄子既反智，又主张行不言之教，对这个认识论问题他有明确的答案，那就是“无思无虑始识道。”④

劳思光认为，“庄子不承认知识之地位。庄子之学，宗旨在于透显一真自我，故认为知识既不能接触自我，便为无意义”。“此种理论亦可分为两部分，其一为泯是非，其二为薄辩议”。前者为主，后者为辅。“庄子认为，第一，一切理论皆有限度，一切知识本身皆受一定限制，故心灵不应溺于此种活动中。第二，一切理论皆一封闭系统，互相反对之理论相依而生，循环消长，永无休止，故理论之追求毫无意义。由齐物之义推衍，可知一切理论生于经验认知之分别，而此一切分别则对于自我皆属多余，且理论使主客分裂，乃心灵之堕落。故认知活动乃自我之障累。一切是非之分别，必须泯除。”⑤

我认为，庄子把认识中的相对性、主观性所引发的种种问题，尖锐地展现在人们面前，促进了哲学思维的深入，这本身就是对认识史的重大贡献。如何区分相对性和相对主义，的确是中国哲学史需要认真思考并作出问答的问题。

从庄子认识论衍生出许多观点，其中不乏合理成分。如美学上崇尚朴素自然，反对过分雕琢；艺术创作中提倡用志不分，乃凝于神；文艺欣赏中的言不尽意，得意忘言，以及只可意会，不可言传等。这些观点在后世引起广泛的认同，产生了深远的积极的影响。

注释：

①恩格斯《反杜林论》，人民出版社1993。

②冯友兰《中国哲学史新编》第二册，人民出版社1983。

③刘文英主编《中国哲学史》，南开大学2004。

④韦政通《中国思想史》（上），上海书店出版社2003。

⑤参看劳思光《新编中国哲学史》一卷，广西师范大学出版社2005。

第七节 荀子的唯物主义认识论

荀子(前 313? —前 238?),名况、字卿,赵国人,据说年十五(一说五十)始游学齐国稷下,曾三次担任学宫领袖——祭酒。后适楚,楚相春申君任命他为兰陵令,因谗离楚游赵,聘秦,晚年终老于楚。门人很多,著名的有韩非、李斯。今本《荀子》32 篇,大部分是他本人所作。

荀子旧列儒家,实际上是由儒到法的唯物主义者,与孔孟思想既有联系又有原则区别。在自然观方面,荀子认为,天就是"列星随旋,日月递照,四时代御,阴阳大化,风雨博施"(《荀子·天论》,以下只注篇名)等自然现象,天有其自身的运动变化规律,不因人间统治者的好坏而改变。"天行有常,不为尧存,不为桀亡。"人们只有遵循自然规律才能得到好的结果,违背自然规律就要遭殃。强调"天人相分",天道不能干预人事,国家治乱原因在社会本身,人不必迷信上天,而应该利用、控制、改造自然,使之为人服务,提出了"制天命而用之"的响亮口号。

在社会观方面,荀子认识到社会群体性是人和其他动物的根本区别所在。他说:"人力不若牛,走(跑)不若马,而牛马为用,何也? 曰人能群,彼不能群也。"(《王制》)维持群体的秩序是礼义,荀子特别说"隆礼"。不过他的礼已不纯是周礼,而是与法结合的为封建地主阶级服务的制度和原则。

在政治上,荀子推崇王道,不排斥霸道。针对孟子"法先王"(尧舜),他主张"法后王"(西周);实行中央集权,君权至上。但他并没有忽视"民"的重要性,说:"君者舟也,庶人者水也,水则载舟,水则覆舟。"(《王制》)这些观点对后世有积极影响。

荀子不赞成孟子的性善论，而主张性恶论。他所谓性指生理本能，他说："目好色，耳好声，口好味，心好利，骨体肌肤好愉佚，是皆生于人之性者也。"如果"从人之性，顺人之情，必出于争夺"。(《正名》)为了避免争夺，圣人制定礼义法度，以陶铸人性，使归于善；因此说善不是性，而是伪——即人为的产物。孟子强调发扬先天固有的良知，着眼于主观的内在修心养性；荀子强调进行后天人为的改造，注重于客观的外在学习和教化。孟子说"人皆可以为尧舜"，荀子说"涂之人可以为禹"，殊途而同归。

在认识论方面，荀子综合儒、墨、道、法、名各家学说，形成了比较系统的理论体系。

他认为，人的精神和感情活动是基于人的形体而产生的。"形具而神生，好恶喜怒哀乐藏焉，夫是之谓天情。"(《天论》)所谓"天情"就是自然的感情。后期墨家讲"生，形与知处也"，还没有区别精神形体谁是第一性谁是第二性的问题。荀子则明确肯定，必先具备形体，才能产生精神，精神不能脱离形体而独立存在。"形具而神生"这个命题后来成为中国古代唯物主义形神观的基本原则。

在此基础上，荀子区别了认识对象和认识主体。他说："凡以知，人之性也；可以知，物之理也。"(《解蔽》)人有能够进行认识的能力，客观事物的规律可以被人认识。这是与庄子不可知论相对立的，也是后期墨家"知，材也"的继承和发展。他又说："所以知之在人者谓之知，知有所合谓之智。所以能之在人者谓之能，能有所合谓之能。"(《正名》)前一个"知"和"能"指人的认识能力和工作能力。"合"指认识能力与认识对象相接触。这样才形成智慧和才能——即第二个"知"和"能"。这接近于朴素的唯物论反映论，比后期墨家的"智，接也"又进了一步。

荀子在后期墨家"唯以五路知"的基础上，指出不同的感官有不同的接受外界感受对象的性能，不能互相替代。"耳、目、口、鼻、形，能各有接而不相能也，夫是之谓天官。"(《天论》)例如，辨别甘苦辛酸用口，辨别香臭腥臊用鼻，辨别痛痒冷热要通过身体的触觉。他把这些感性活动叫做“缘天官”。官指器官，“天官”意谓自然赋予人的各种器官。“缘”意谓由于或通过。

接着是“心”——思维器官起作用。“心居中虚，以治五官，夫是之谓天君。”“君”有主宰之意。五官各有分工，必须由心来统帅和支配。心的这种作用，叫做“征知”，即对感官所得的知识进行分析、综合、辨别、取舍。而“征知”需以感觉材料为根据。“征知必待天官之当簿其类然后可也。”(《正名》)“当簿其类”就是接触事物并进行分类。荀子认为，如果没有心的活动，感官就不可能发挥作用。“心不使焉，则黑白在前而不见，雷鼓在侧而不闻。”(《解蔽》)强调指出，仅仅依靠感性认识容易造成错觉。例如夜间走路，会把卧石当成伏虎，会把树木当成人。从山上往下看，会把牛看成羊，把大树当成筷子……这些错觉必须靠心——理性思维去纠正。荀子讲心的作用，比孟子割裂心与耳目，单纯讲“心之官则思”要细密、辩证得多。

根据思维可以纠正感觉的错误，荀子从认识论上批评了有鬼论。他指出，“凡人之有鬼也，必以其感忽之间、疑玄之时定之”。(《解蔽》)这是说，鬼是人的感觉不清、思想疑惑不定时所产生的错觉。他举例说，夏首地方有一个人，在有月亮的晚上走路，低着头看见自己的影子，以为是鬼伏在地上，吓得赶快往回跑。到家后，一口气上不来，竟吓死了。荀子认为此人很可悲。这实际上也就批评了墨子的有鬼论。

荀子特别重视学习，作《劝学》篇，大力劝学。认为知识靠积累而成，积土成山，积水成渊，“积礼义而为君子”，“圣人也者，人所以积也”。学习要坚持不懈，锲而不舍，金石为镂，驽马十驾，可以超过千里驹。后来者可以居上，青出于蓝而胜于蓝，冰生于水而寒于水。学无止境，“学至于没而后止也”。这些都是至今行之有效的至理名言。

荀子提出“解蔽”的口号，认为要得到正确的认识，必须排除主观和客观的种种障碍，防止主观性和片面性，力求正确反映客观实际。《解蔽》篇一开始就说：“凡人之患，蔽于一曲，而阇于大理。”即片面观察而不能全面看问题。接着举出人们在认知活动中常常受到的各种蒙蔽：

“欲为蔽，恶为蔽，始为蔽，终为蔽，远为蔽，近为蔽，博为蔽，浅为蔽，古为蔽，今为蔽。凡万物异则莫不相为蔽，此心术之公患也。”从主观方面看，对认知对象喜欢还是厌恶，知之多还是知之浅，可以产生片面性。从客观方面看，认识对象状态之远或近，是古代或是近代，是刚开始还是已经结束，皆可成为主观认识的障碍。“解蔽”的办法是“兼权”和“熟计”。即兼顾权衡对立双方的情况，和周密而充分的考虑利害得失。而权衡的标准就是“道”。“道者，古今之正权也。”荀子的“道”不是老子的“无”，而是事物的普遍规律。“知道”就能全面认识事物，而不局限于某个方面。这种认识方法符合辩证法。

荀子接过《管子·心术》“虚壹而静”的命题而加以发挥。他说：人要“知道”就要使心“虚壹而静”。他所讲的“虚”不是空虚无物，而是“不以所已藏害所将受”。不因已有知识妨碍即将接受的新知识，即不要先入为主。他所谓壹是指精神专一。但是当你专注某个问题时，也可以同时思考另一个问题。“同时兼知之，两也，然而有所谓一。不以夫（彼）一害此一，谓之壹。”他讲“静”不是绝对的静止，停止思维活动；而是保持清醒冷静，不让各种胡思乱想和烦恼来扰乱正常思维。“心未尝不动也，然而有所谓静……不以剧梦乱知谓之静。”最后达到“万物莫形而不见，莫见而不论，莫论而失位”的“大清明”境界。（以上引文均见《解蔽》）荀子的“虚壹而静”也是辩证地改造和吸取了老子“玄览”、“静观”的结果。

关于知行关系，荀子提出：“不闻不若闻之，闻之不若见之，见之不若知之，知之不若行之，学至于行而止矣。”（《儒效》）这就是说，间接知识不如直接知识，感性知识不如理性知识，有了理性知识，还要去实行，认识活动只有到“行”才算完成。他又说：“闻之而不见，虽博必谬；见之而不知，虽识必妄；知之而不行，虽敦必困。”（同上）已经知道而不去实行，虽然知识丰富也是糊涂虫。他已充分认识到“行”的重要性，当然，“学至行而止矣”的说法并不是辩证的。荀子不了解，在新的实践基础上，人们还会进行新的认识。实践，认识，再实践，再认识，这种形式是不断循环反复以至于无穷的。把认识看成是有止境的，还是一种形而上学的观点，也和他在《劝学》中所讲的“学至没而后止也”自相矛盾。

荀子把理论是否符合实际，作为检验真伪的重要标准。他说：“善言古者必有节（符合）于今，善言天者必有征于人。”“凡论者，贵其有辩合，有符验，故坐而言之，起而可设，张而可施行。”（《性恶》）所谓“辩合”、“符验”，包含着理论要有实证，要符合实际，主观思想要经得起客观外界检验的意思。

根据言行结合的原则，他把人才分为四种：“口能言之，身能行之，国宝也。口不能言，身能行之，国器也。口能言，身不能行，国用也。口言善，身行恶，国妖也。”（《大略》）第一种人说得到，做得到，是全才；第二种人，不会讲但是会做，是实干家；第三种人，口能讲但是不会做，是理论家；第四种人是伪君子、骗子。这样分类符合人才鉴别和使用的辩证法。

荀子在名实问题上有重要贡献。刘文英等指出，先秦时期，最先有政治理论上的“正名”，而后有法律上的刑名法术之“正名”。而“辩同异”以“正名”才真正讨论到逻辑问题。这个问题是由后期墨家提出，至荀子而后有明确的论证。① 荀子《正名》篇说：“名也者，所以期累实也。”“制名以指实”，名称概念是用来表现实际事物的。而“名”——即概念的形成则是依照约定俗成的原则。“名固无宜，约之以命，约定俗成谓之宜。”名是社会的产物，大家相约用此名，而后来成为习惯，就确定下来了。这条原则，至今仍为语言学界所遵循。荀子对概念进行大致的分类。可以用一个字单称的叫“单名”，用几个字来复称的叫“兼名”。高一级的类概念叫“共名”，低一级的类概念叫“别名”。分类是相对的，“共”之上还有“共”。最高的类概念叫做“大共名”。“物也者，大共名也。”“别”之下还有“别”，如“鸟兽”就是“大别名”。他已经认识到一般概念和个别概念是互相对立而又互相包涵的关系。据此，他批评当时“杀盗非杀人”和“有牛马非马”的诡辩命题。因为人之“共名”中就包含了盗这一“别名”，牛马之中包括了马。这也是针对名家“白马非马”的批评。

与“正名”相联系，荀子还讨论了“辩”、“辩说”、“期命”，相当于逻辑命题、推理、证明问题。揭露了逻辑诡辩中的“用名以乱名”、“用实以乱名”和“用名以乱实”等不良现象。荀子的逻辑理论已经建构了一个比较完整的体系。

韦正通认为，荀子是“认识论的理智主义者”，“荀子认识论比较具有独见的，是对认识心本身的探讨”。②劳思光认为，“荀子对知识问题之见解，说虽未严，其立场固明显。观其始终对纯思考不作详细探究，而独重知觉，则基本立场固是经验主义及实证论一路矣”。③二说颇不同，我比较倾向于前说。

荀子认识论的不足之处。第一，过分夸大了心的作用。说：“心者，形之君也，而神明之主也，出令而无所受令。”(《解蔽》)认为心无所不知，无所不能，只是发号施令而不受任何限制。还说，口可以强制不说话，肢体可以强制屈伸，而心不能强制改变思想，心完全是“自禁”、“自使”、“自夺”、“自取”、“自行”、“自止”的。实际上思维活动也受许多主观和客观条件的限制，并非绝对自由的。第二，荀子把思想反映客观存在的境界比作镜子和清水。“故人心譬如盘水，正错而勿动，则湛沉在下而清明在上，则足以见须眉而察理矣。”(《解蔽》)这个比喻意味着“心”只能消极地被动地反映外物，有忽视思维能动作用的倾向。第三，他夸大了“君子之知”和“圣人之知”，贬低“小人之知”和“役夫之知”，轻视人民群众的认识活动。④第四，他反对工具革新，主张“械用则凡非旧器者举毁。”(《王霸》)最后两点，荀子显然不如“贱人之学者”墨子。

注释：

①刘文英主编《中国哲学史》，南开大学出版社 2004。

②韦政通《中国思想史》(上)，上海书店出版社 2003。

③劳思光《新编中国哲学史》一卷，广西师范大学出版社 2005。

④参看方克立《中国哲学史上的知行观》，人民出版社 1982。

第八节 韩非的“因参验以审言辞”

韩非(前280？—前232)是先秦法家的集大成者,韩国的庶公子,为人口吃,但会写文章。其书传到秦国,秦王政十分欣赏,设法把他弄到秦国。不久由于同学李斯和姚贾等人陷害而入狱自杀。今本《韩非子》大都出于他本人之手。

韩非继承了商鞅的“明法”,申不害的“用术”,慎到的“任势”,合三者为一体。韩非认为,治国必须有明确的法令,执法必须严明,不分贵贱;而且要重刑而轻赏,刑罚比仁义道德更能使人少犯错误。所谓“术”指君主驾驭群臣的权术,包括知人善用,人尽其才,听言察实,因事责功等。所谓“势”指君主的权势地位。韩非认为君主应当紧握大权不放,“事在四方,要在中央,圣人执要,四方来效”。(《扬权》)由于过分崇尚权力,后来便导致独裁专制。

在哲学上,韩非把老子的“道”解释为存在于事物之中的客观规律。“道者,万物之所以然也,万理之所稽也。”天地、日月、五行、四时等自然现象和社会活动,无不受“道”的支配。肯定“道”是可以为人所认识的,“今道虽不可得见,圣人执其功,以处见其形。”这就克服了“道”的神秘性。

韩非认为,社会历史是不断变化的。上古之世,是构木为巢,钻燧取火,利用自然的时代;中古之世,是鲧禹治水,改造自然的时代;当今之世是“争于气力”的时代。历史条件不同,治国之法也就各异。所以他坚决反对儒墨的复古主义。

韩非发展了荀子的性恶论,认为人的本质都是自私的,人和人的关系是互相利用。雇主用好的饮食和钱币款待佣工,并不是爱他们,而是为了耕得深,耨得熟。佣工努力劳作,也不是出于爱主人,而是为了得到饮食和钱币。父子、夫妻、君臣之间都各有利害所在,并且无不互相算计。人君应该利用人人都喜欢趋利避害的心理,以赏罚驾驭臣民,管理国家。韩非就这样,为他的法治理论找到人性论的支点。他实际上是把剥削阶级的属性扩大成为普遍的人性。荀子主性恶说是为了教化,韩非主性恶说是为了统治。一个为礼治张目,一个为法制论证,两种性恶论名同实异。

在认识论方面,韩非继承和发展了荀子的唯物主义观点,强调人的认识能力是人的自然属性。他说:"聪明智睿,天也;动静思虑,人也。人也者,秉于天明以视,寄于天聪以听,托于天智以思虑。"(《韩非子·解老》,以下只注篇名)韩非这里所说的"天明"、"天聪"、"天智",都是指人所天赋的认识能力。他发挥荀子"明于天人之分"的思想,指出人的视听和思虑功能,都是依托人的生理器官而后产生的。紧接上文他又指出,"目不明则不能决黑白之分,耳不聪则不能别清浊之声,智乱则不能审得失之地"。如果五官发生毛病,就无法获得外界的知识。进一步说明人的认识活动不能脱离人的感觉器官和思维器官。他这样讲,符合物质决定精神的唯物主义原则。

韩非运用先秦时期的"精气"说来解释人的聪明智慧的成因。他把老子的"不出户,知天下;不窥牖,见天道",注解为必须保持人身体所具有的精气,不让它们从耳鼻口(即所谓"户"、"牖")中跑掉,那就可以保持聪明智慧发挥最大的效用。他说老子这句话讲的是"神明之不离其实也",精气的神明作用不离开物质性的实体。接着又解释老子的"不行而知,不见而名",说那是指圣人能"并智"、"并视",即同时吸收他人的聪明智慧。而所谓"不为而成",则是指按照时势办事,根据客观条件利用万物的性能。"随时以举事,因资而立功,用万物之能而获利其上,故曰不为而成。"(《喻老》)这样讲,虽然不符合老子的本意,但作为对老子神秘主义先验论的改造,有其积极意义。

韩非继承老子和荀子的“虚”、“静”概念。他说：“虚者，谓其境无所制也。”(《解老》)就是心不为某一事物所支配。又说，人要求知，必须“因天之道，反(仿)形之理，督参鞠之，终则有始，虚以静后，未曾用已。”(《扬权》)就是要按照自然规律，仿效客观实际，排除主观成见，参合地审察其全过程。还要“去喜，去恶，虚心以为道舍”。(《扬权》)即避免主观好恶干扰客观评价。内心空虚，精气才能留处。“道舍”句与《管子·心术》所谓“虚其欲，神将入舍”意同。韩非讲的“虚心”以及“道理”，已经接近现在我们常用的词意了。不过他讲“静”，常常指君主无为以制臣下有为，有时候与认识论关系有一定距离。

韩非《喻老》篇在老子的基础上，继续批评那种不接触实际，不按客观规律而产生的神秘预言，即“先物行，先理动”的“前识”，说那是“无缘而妄意度也”，即没有根据的胡乱猜想。他举了一个例子：一位叫詹何的道术家，坐在屋子里，门外有头牛叫。学生猜说，那是头黑牛，额上有块白的。詹何说：“是黑牛，不过白色是在牛角上。”学生出去看，果然是黑牛，用白布包着牛角。韩非说，詹何这是用方术乱人心；这头牛是什么颜色，用不着费尽心思去猜测，只要让三尺之童出门一瞧，就清楚了。说詹何的办法“苦心伤神”，最为愚蠢。

韩非在认识论方面最重要的贡献是提出了所谓“参验”之法。他说：“循名实而定是非，用参验而审言辞。”(《奸劫弑臣》)“偶参伍之验，以责陈言之实。”(《备内》)意谓判断是非要遵循名实相符的原则，审察言辞要多方参考、检验。所谓“参”就是“言会众端”，把各种意见互相参照、比较。所谓“伍”就是分类排队。所谓“验”就是检查证据和实际效果，所谓“陈言”就是人们所陈述的各种见解。他举例说，人们都闭着眼，无法区别谁是瞎子；人们都不说话，无法发现哑巴。如果让他们看东西，回答问题，哑巴和瞎子就无法掩盖了。又说，光看刀剑的颜色，专家也不能知其利钝；拿来宰杀动物，普通人即识其优劣。光看马的外形，伯乐亦难识其驽骥；让马儿驾车跑路，普通人也知其快慢；光看人的容服言辞，仲尼也不能肯定其是不是人才；试之官职，考其功效，则普通人亦知贤愚。（以上均见《显学》）韩非讲了一个郑人买鞋的寓言故事，批评只相信鞋的尺码而不相信自己的脚的愚人。从认识论看，就是强调衡量事物的合理性，不能只信教条（尺码），而要看其是否符合实际（脚）。

韩非强调，从实际行为来检验知识才能，并不是随意任何一种行为，而是指为达到预定目的的活动。例如射箭，任何人乱射一通，都能射中很小的地方，但不能算会射。在十步（八尺为一步）之外放个五寸的靶子，能射中，才算好手。所以说："夫言行者，以功用为的彀（靶子）也。……今听言观行，不以功用为之的彀，言虽至察，行虽至坚，则妄发之说也。"（《问辩》）把检验认识看成能动的有目的的行为。

韩非的"参验"和审名核实的认识论，是为其强化君权服务的。韩非主张任用官吏必须看实际表现。驾驭臣属，辨察奸伪，必须"因人以治人"。他说："夫物众而（人主之）智寡，寡不胜众；智不足以遍知物，故因物以治物。下众而上寡，寡不胜众者，言君不足以遍知臣也，故因人以治人。是以形体不劳而事治，智虑不用而奸得。"（《难三》）所谓"因人以治人"，包括重赏告密发奸，对大臣实行监视。所谓"因物以治物"，包括故意制造假情况考验大臣是否忠诚，把大臣家属置于宫中作人质等。这在当时和后世都产生了极不良的效果。夏甄陶说："因物以治物，因人以知人"，反映了人类实践活动和理性思维的特点，也表现了人类理性的技巧和力量。①未免失之片面，评价过高了。

在学术上，韩非反对不切实际的空谈和巧辩，批评儒墨推崇尧舜。他认为尧舜死了几千年，是贤是愚，无可供"参验"的证据。"无参验而必（肯定）之者，愚也；弗能必而据之者，诬也。故明据先王必定尧舜者，非愚则诬也。"（《显学》）韩非在批评儒墨时采用了逻辑学上的矛盾律。他说，楚人有卖矛与盾的，说其矛之利，无坚不摧。又说，其盾之坚，物莫能陷。别人问他，"以子之矛，攻子之盾，则何如？"其人不能答。（见《难一》）这是揭露言论自相矛盾的典型事例，虽是寓言，却具有方法论的普遍意义。"矛盾"一词遂流传至今，是对中国逻辑史的重要贡献。

韩非在认识论上虽主张“言会众端”，在政治上却鼓吹文化专制主义，排斥不同学派。他建议君主“息文学”，“不听学者之言”，把“谈辩者”视为蠹虫。甚至主张，“无书简之文，以法为教；无先王之语，以吏为师”。(《显学》)。孔子、老子都相信政治上的愚民政策，都没有实行。韩非的愚民政策，在他死后不久就被秦始皇实行了。“焚书坑儒”之祸，其理论根源就是韩非。

韦政通认为，韩非是“反智”的。“韩非既以法为唯一的价值标准，又认定人性的本质就是自利的，这两点已足以使他的思想走向反智”。“韩非反智的理由与老庄不同，老庄反智是因为人智愈多，丧失的纯真也愈多。韩非的反智是因为它严重妨害法术的统治”。“故有道之主，远仁义，去智能，服之以法”。韩非对战国时代的百家争鸣，士智的发展，言论的自由统讥之为“杂反之学”。认为“民智之不可用，犹婴儿之心也”。他“认定人民是愚昧的，像婴儿般的无知，你无论为他们做多少有利的事，他们总是不了解你的苦心”。然而韩非“所主张的，并不完全是愚民政策，他并不要求人民继续保持愚昧无知，他仍希望人民透过特殊的训练，做到知法和守法”。“欲以一智代众智”。“道家的反智是柔性的，法家的反智是刚性的。前者只代表个人观念的退化，后者则是对别人的强制。”② 韦先生对韩非“反智”的批判，是政治批判；若单纯从哲学来讲，我们仍不能否认，韩非的认识论有其“合理的内核”。

注释：

①夏甄陶《中国认识论思想史稿》，中国人民大学出版社 1992。

②韦政通《中国思想史》(上)，上海书店出版社 2003。

第二章　两汉时期的认识论

秦王朝统一中国，为时短暂。继起的汉代，是中国历史上全面实施中央集权封建制度，政治、经济、文化大统一、大发展的时代。

汉代的思潮，初期以黄老为主导，这是指最高统治者实行无为而治与民休息的基本国国策而言。然而汉初最著名的思想家三贾：陆贾（有《新语》）、贾山（有《至言》）、贾谊（有《新书》），他们都不属于黄老学派，而是以儒家为主杂取道、法各家。其共同任务是“过秦”和“谋汉”，——总结秦王朝覆亡的历史教训，为汉工朝提出预警。汉武帝以后，独尊儒术，但并没有像秦始皇那样镇压异端，还是允许各家存在和争论。以道家为主的著作《淮南子》即产生的武帝时代。即使独尊儒术倡导者董仲舒，他本人也不是醇儒。昭帝时的盐铁大辩论，更是儒法大争鸣的证明。直到东汉初期的白虎观会议，官方化的儒学理论体系才正式确立。代表作就是班固奉命整理的《白虎通》。两汉之际儒学内部出现了谶纬神学，以及经学中的今古文之争。在东汉，王充针对谶纬迷信和社会弊病展开大批判。他之前还有扬雄、桓谭，之后有王符（有《潜夫论》）、崔实（有《政论》）、荀悦（有《申鉴》），仲长统有（《昌言》），这几本著作皆以政治和社会现象的讨论批评为主要内容。在汉代哲学家中，汉代思想家比较关注人性论，往往与认识论有关。

第九节 《淮南子》的形神观和认识论

《淮南子》的主编者淮南王刘安(前179—前122),汉高祖刘邦之孙,博学多才,能言善辩,会写文章,喜欢招致宾客。《淮南子》一书系门客集体编撰,今存21篇。思想以黄老道家为主,政治上主张"无为",哲学上宣扬"道"和"气";同时也杂取儒、墨、法、阴阳各派。与《吕氏春秋》编写意图相近,而理论性更强,论述范围更广。包括宇宙起源,人类演化,社会发展,君臣之道,治世之术,修身养性,学术评论以及天文、地理、时令、神话、传说等等。表现出探索自然和社会发展总体规律的追求,反映出大统一之后思想家们的总结意识。

刘安与董仲舒同年出生,早死(畏罪自杀)18年。《淮南子》的成书,熊礼汇教授认定在公元前40年[①],或许略早于董氏。不过他们的思想体系并不相同。在宇宙观方面明显对立。《淮南子》属于唯物论,董仲舒属于唯心论。

《淮南子》的形神观属于二元论。他们认为,天地阴阳都由气产生。天和地分别代表阴和阳、清气和浊气,人的精神和形体也是由气所形成。该书《精神训》说:"夫精神者,所受于天也;而形体者,所受于地也。"人的生命不仅有精神和形体,还有血气的流动。《原道训》说:"形、神、气志,各居其宜,以随天地之所为。夫形者,生之舍也;气者,生之元也;神者,生之制也。一失位则三者伤矣。"《淮南子》继承《管子》的精气说,也认为精气可以在人的形体中随时出入,精气的多少影响人的精神状态,他们都主张养气。《管子》比较注重心理状态,《淮南子》更注重精气对身体的依赖。《精神训》说:"是故血气者,人之华也。而五藏者,人之精也。夫血气能专于五藏而不外越,则胸腹充而嗜欲省矣。胸腹充而嗜欲省,则耳目清而听视达矣。耳目清听视达谓之明。……精神盛而气不散则理。理则均,均则通,通则神,神则以视无不见也,以听无不闻也,以为无不成也。"《淮南子》虽然认为精气可以离开身体而存在,但是他们看到形神的相互影响,主张形神交相养,并逐渐倾向于精神对身体的依赖,这在形神问题上是一个进步。但是,他们并没有摆脱形神二元论的主张,《俶真训》认为,可以形受伤而神犹壮,也可以神尽而形有余,"是皆不得形神俱没也"。可见形神是两种东西。他们还认为,精神比形体更重要,"神贵于形"。过分强调精神对形体的影响,最终陷入精神不死的唯心主义。《精神训》说:"故形有摩(灭)而神未尝化者,以不化应化,千变万抮(音轸)而未始有极。化者复归于无形也,不化者与天地俱生也。"他们虽然最终承认精神无穷,但并没有用来宣扬有鬼论。②

《淮南子》的认识论倾向于唯物论。他们承认客观世界及其规律是可知的,《缪称训》说:"欲知天道察其数,欲知地道物其树,欲知人道从其欲。""物常见则识之,常为则能之。"人有四种不同的认识器官和不同的功能。"人有四用,何谓四用?视而形之,莫明于目。听而精之,莫聪于耳。重而闭之,莫固于口。含而藏之,莫深于心。目见其形,耳听其声,口言其诚,而心致之精,则万物之化咸有极矣。"肯定人可以认识和掌握事物的变化和规律。"极"指极则,规律。他们认为,人的思想感情是由于外物与人的认知器官相接而产生的。《原道训》说:"人生而静,天之性也;感而后动,性之容也。物至而神应,知之动也。知与物接而好憎生焉。""知之动"可以理解为认知活动。所以,他们批评那种"独守专室而不出门,使其性虽不愚,然其知者必寡矣"。同意韩非对老子"不出户而知天下"的解释,认为那不过是"乘众人之智"的结果(见《主道训》),特别是君主。"人主者,以天下之目视,以天下之耳听,以天下之智虑,以天下之力争。"(《主术训》)这显然是吸收墨子《尚同》篇的观点。

《淮南子》反复强调心的思维作用。《人间训》说:"发一端,散无竟,周八极,总一管,谓之心。见本而知末,观指而睹归,执一而应万,握要而治详，谓之术。”这几句讲的就是理性思维的综合与推理功能。《原道训》主张要发挥“心”沟通内外的主导作用，“故从外入者，无主于中不止。从中出者，无应于外不行。……夫内不开于中而强学问者，不入于耳而不著于心，此何异于聋者之歌也，效人为之而无以为自乐也。声出于口，则越而散矣。夫心者，五藏之主也，所以制使四支，流行血气，驰骋于是非之境，而出入于百事之门户者也。是故不得于心，而有经天下之气，是犹无耳而欲调钟鼓，无目而欲喜文章也，亦必不胜其任也。”这段话大意是讲，从外界来的感觉，如果没有内心的主导，就不可能保留。从内心发出意念情感思想等等，如果不和外物适应，就无法实现。不开动心智勉强学习，就好比聋子唱歌，无法得到欢乐。《淮南子》所说的心可以制使四支流行血气。这句话不等于他们已经认识到心脏是血液循环器官——那是明朝以后才有的知识。说心是五种脏器（肝、脾、肺、肾等）的主宰，不如荀子讲的心为天君以治五官（眼、耳、鼻、舌、身）来得准确。五脏不是认识器官，它不同于五官。

西汉前期，仍然是百家并存互相争鸣的时代，所以是非问题依然是认识论中的重要议题。《淮南子》不赞成以一己之私见作判断是非的标准，从而肯定了真理的客观性，《齐俗训》说：“天下是非无所定，世各是其所是，而非其所非，所谓是与非各异，皆自是而非人。由此观之，事有合于己者而未始有是也，有忤于心者而未始有非也。故求是者非求道理也，求合于己者也；去非者非批邪施也，去忤于心者也。忤于我未必不合于人，合于我未必不非于俗也。至是之是无非，至非之非无是，此真是非也。若夫是于此而非于彼，非于此而是于彼者，此之谓一是一非也。此一是非，隅曲也。夫（彼）一是非，宇宙也。”

这段话的前半部分，批评以“合于我”和“忤于我”来定是非。认为“求是非”应该是“求道理”即求真理，是非的标准包括“合于人”“不非于俗”，即符合大众和适合社会。这是正确的。下面说，至是之是无非，至非之非无是。最正确的观点没有错误成分。最错误的观点没有正确成分。这就把真理绝对化，否定了真理的相对性。下面说，“是于此而非于彼，非于此而是于彼”，这并不是承认真理的相对性。再下句说得明白，这种是非，是片面的（隅曲也）。而那种真正的是非，才是一种全面的，大如宇宙的看法。《淮南子》虽然未能正确理解真理的相对性与绝对性的关系，但是他间接对庄子的齐是非作了批评，也对荀子有关见解作了补充。

可贵的是，《淮南子》主张不可以尊卑贵贱论是非。《主术训》说：“使言之而是，虽在褐夫刍荛，犹不可弃也；使言之而非也，虽在卿相人君，揄策于庙堂之上，未必可用。是非之所在，不可以贵贱尊卑论也。”即使“圣人”，也不能“拂道理之数，诡自然之性，以曲为直，以屈为伸”。这可以说是一种真理面前人人平等的观点。

关于名实问题，《淮南子》批评“眩于名声而寡察其实”，主张“上操其名以责其实，臣守其业以效其功，言不得过其实，行不得踰其法……必参五行之，阴考以观其归，并用周听，以观其化”。他们举例说：“问瞽师曰：白素何如？曰：缟然。曰：黑何若？曰：黮然。援黑白而示之，则不处（分辨）焉。人之视白黑以目，言白黑以口。瞽师有以言白黑，无以知白黑；故言白黑与人同，其别白黑与人异。入孝于亲，出忠于君。无智愚贤不肖皆知其为义也；使陈忠孝行而知所出者，鲜矣。”（《主术训》）这段话，有的观点和事例都取自墨子，“阴考以观其归”“行不逾法”源于法家，“入孝出忠”来自儒家。反映出《淮南子》各取其长的杂家学术品格。

《淮南子》不少地方谈到“学”的问题，其观点杂取各家。《淑真训》站在道家立场，把学分为三种，一是“返于性初”的圣人之学，二是“通性于辽廓”的达人之学，三是“内愁五脏，外劳耳目，……暴（露也）行越（扬也）智于天下，以招号名声于世”的俗世之学，第三种显然是批评儒家的学习目的和方法。《修务训》则站在儒家立场，大量吸取荀子劝学的观点，批评道家崇尚自然而不重学。说“世俗废衰，而非学者多……吾以为不然”。该文反复论述学习的重要性，认为圣人并非“保其精神，偃其智故”者，而是“砥砺其才，自诚其神明，览物之博，通物之壅”者。“智人无务

（不努力），不若愚而好学。”该篇完全同意荀子讲的“学不可已”的结论。③

注释：

①参看熊礼汇译注《新译淮南子》，台湾三民书局 1997。

②参看冯友兰《中国哲学史新编》第三册，人民出版社 1985。

③参看熊礼汇《新译淮南子》关于《修务训》章旨的解说，台湾三民书局 1997。

第十节　董仲舒的“以人合天”、“以名正实”

董仲舒（前179—前104），广川（今河北景县）人，年轻时苦读博学，三年不窥园。汉武帝时任江都相，晚年居家讲学，学生中有司马迁等。著作有《春秋繁露》、《举贤良对策》等。

董仲舒在政治上肯定大一统，思想文化上鼓吹独尊儒术，哲学上把天塑造成人格神。他以先秦儒学为基础，吸收其他各家，尤其是阴阳五行家，形成一个以“天人合一”为特征的客观唯心主义体系。他把天说成是支配自然和社会的最高主宰，万事万物都是天有意识有目的安排的，自然变化和社会兴衰由天意决定，阴阳、五行是天命的体现。天以阳为主导，阴为从属，阳尊而阴卑，天尊而地卑。五行相生相克，体现天的恩赐和刑罚，春夏秋冬四时分别体现天的喜怒哀乐和一定的道德原则。

董仲舒把各种封建伦理关系绝对化，鼓吹“三纲”（即君为臣纲、父为子纲、夫为妻纲和仁、义、礼、智、信，完整的表述出自稍后《白虎通》，思想出于董仲舒）作为维护封建秩序的永恒道德规范。他认为这些关系都是天的安排，“王道之三纲可求于天”，因而不可改变。尤其君权，乃上天所授，“王者承天意以从事”，天至高无上故君主至高无上，反对君主就是逆天。然而人君也受天的监督。如果顺从天意，可以得到嘉祥，风调雨顺；违背天意，就会受到警告，发生水旱灾害，再严重就会遭到“天谴”，如日蚀地震之类；还不改，就实行“天罚”，如兵刀雷击等。人也可以用行动感动上天，以消灾解难，这就是“天人感应”。这种观念，既警戒君主，也恐吓百姓。源于墨子，在西汉时期成为流行的思潮，《淮南子》也有这种意见。

董仲舒承认事物之间存在矛盾和相反相成的关系，但对立面的位置不会转化。他有一个著名的命题是“天不变，道亦不变”。他在战国末期“五德始终”说的基础上，提出“三统”说：夏为黑统，商为白统，周为赤统，汉又回到黑统，如此循环无穷。服色、正朔之类形式的改变，不影响封建根本制度的延续。他进而强调“奉天法古”，把封建制度神圣化之后又使之凝固化。

董仲舒的认识论，核心是“以人合天”。他认为人的身体包括认识器官是天有意按自己的模式复制的。他说：“人之形体，化天数而成，”人有骨节，天有时数，人有五脏，天有五行，人有四肢，天有四时。“人之好恶，化天之暖清，人之喜怒，化天之寒暑。”（《春秋繁露·为人者人》以下只注篇名）人有“耳目聪明，日月之象也；心有计度，副度数也；行有伦理，副天地也”。（《人副天数》）为什么人比别的动物聪明呢？他说是因为人直立，头向上，可以接受更多的天地之气；动物头横生，伏行，只能旁取一部分阴阳之气。故而人的思想感情和认识能力，能够与天相配，比动物高明得多。（《人副天数》）这样讲有一定道理，颇合生理学。直立头向上，眼睛平视，确是人类智力发展的重要生理因素。然而人之所以能直立，（猿至今尚不能）正是在和自然长期斗争中，在劳动中发展起来的。是劳动创造了人和人的认识器官，并不是上天复制的。

董仲舒认为，天创造人，是要人体现天的意志。因而他把认识的本质归结为探求神秘的天意。“天不言，使人察其意，使人行其中。”（《深察名号》）又说：“诗云：不识不知，顺帝之则。言弗能知识而效天之所为云尔。”（《暖燠常多》）所谓知识就是人的认识顺从和效法天的意志而已。而要求得这种知识，一是“外察”，二是“内省”。所谓“外察”，就是“察物之异以求天意”。在他看来，万物之生死、荣枯，阴阳之出入、虚实，五行之本末、顺逆，都是天意的体现。虽然其道难理，其意难见，但通过察物情，辨阴阳，明五行，即可以“观天道”，“求天意”。在这个过程中，董仲舒也承认感觉和思维的作用，说“夫目不视弗见，心弗论不得。虽有天下之至味，弗嚼弗知其旨也。虽有圣人之至道，弗论不知其义也，”(《仁义法》)孤立地看，这番话没有错。“弗嚼弗知其旨”，和毛泽东讲的吃梨子才知梨子滋味的例子相似。但是，在董氏那里，“目视”、“心论”这类认识活动不是目的，而是手段，是达到认知天意的途径而已。所谓“内省”，就是通过内心的体验，以认识天意，“道莫明省身之天”。(《为人者天》)依董氏之见，天与人本来是合一的，天具有的道德品质，在人内心本来就有。因此，只须“内视审身”，“修身审己，明善心以反道”，(《二端》)就可以见“天地神明之心，与人事成败之真”。(《郊语》)“道”和“真”在这里都是指天意。

董仲舒认为，圣人天生具有非凡神智，能“知天意”，“知天命鬼神”，“物动而知其化，事兴而知其终”，“能见人之所不能见也”。(《必仁且知》)董氏这种说法，直接导致谶纬神学家们把孔子神化为前知千岁，后知八百的预言家。两汉之际盛行纬书，充满荒唐可笑的迷信，近乎猜谜式的隐语，流毒甚广。董氏难辞其咎。

从“以人合天”的观念出发，董氏提出以名正实说。他认为，名称概念，特别是有关社会制度，政治法律，伦理道德等观念，都是由圣人先验地制作出来，表达天意的工具。《深察名号》说：“古之圣人，谪(读号)而效天地谓之号，鸣而施命谓之名……皆鸣号而达天意者也。”不是主观认识上的名称概念应符合客观事物，而是客观事物必须服从人的主观认识，而人的认识则须服从天意。“事各顺于名，名各顺于天。天人之际合而为一。”

董仲舒也强调名的真实性。《深察名号》说：“名生于真，非其真，弗以为名。名者，圣人之所以真物也，名之言，真也。”从表面上看，似乎指名称概念要真实地反映事物的面貌。从实质上看，他所谓“真”核心是真实地表达天意。

董仲舒把荀子的“共名”称为“号”，“别名”称为“名”或“散名”。《深察名号》说：“名众于号，号其大全。名也者，名其别离分散也。”前者指普遍性名称概念，后者指特殊性名称概念。这在逻辑学上是进一步细化的表现。董仲舒认为，名是检验是非的绝对的标准。“欲审曲直，莫如引绳。欲审是非，莫如引名。名之审于是非也，犹绳之审于曲直也。”这是因为，“是非之道，取之逆顺，逆顺之正，取之名号，名号之正，取之天地。天地为名号之大义”。归根结底，天是最高裁判长。

董仲舒采用以音求义的主观附会的方法，把许多社会政治名称的起源和意义作出诠释。例如皇帝称为“天子”，这意味着皇帝是上天的儿子，是受天命来统治人民的。“受命之君，天意之所予也，故号曰天子者，宜视天如父，奉天以孝道也。号为诸侯者，宜谨视所候之天子也。号为大夫者，……使善大于匹夫也。……士者事也，民者瞑也。”(《深察名号》)侯是伺候之意，士是办事的，民是瞎子，完全是牵强附会，谐音生义。这种学风一方面与当时盛行的今文经学讲求“微言大义”有关，另一方面也是两汉时期语言文字学家，以音求义或因形探意的语源学研究方法之一。董仲舒是博学多识的今文经学家，难免不受到这种影响。正如恩格斯在批评费尔巴哈时所说的，“这种语源学的把戏是唯心主义哲学的最后一着”(恩格斯《费尔巴哈与德国古典哲学的终结》)。

关于知行问题。董仲舒主张“先规后行”。《必仁且知》说：“何谓之智？先言而后当。凡人欲舍(啥)行为，皆以其知先规而后为之。其规是者，其所为得，其所事当，其行遂……其规非者，其所为不得，其所事不当，其行不遂……”从字面上看，强调规划的重要性，并没有错。问题是他所谓“先言”、“先规”，并不是指行为要有正确的思想原则指导，而是指人的思想动机要符合体现天意的“名”，才能去行动。他所谓“当”与“不当”，“得”与“不得”，不是指规划要接受客观实践的检验，而是看其是否符合封建制度的道义。他有两句名言是：“正其谊不谋其利，明其道不计其功。”他把义看得重于利，把动机看得重于效果，是片面的，影响很不好。

在人性论方面，董仲舒主张性三品。他认为，人由阴阳构成，阳代表善性，阴代表恶性。所以人生来有善有恶。上品是“圣人之性”，不教而“能善”；中品是“中民之性”，能善能恶；下品是“斗筲之性”(斗筲是小型容器。斗筲之民语出《论语·子路》篇，在汉代，指社会地位低贱者)，不能改变，也可以不叫做性。中品之性是不定型的，可以改变。因此必须由统治者对他们进行教化。《深察名号》说："天生民性，有善质而未能善，于是为之立王以善之，此天意也。民受未能善之性于天，而退受成性之教于王，王承天意以成民之性为任者也。"孟子的性善论和荀子的性恶论最终都强调教化，也都主张人皆可以成为尧舜禹那样的圣人。董仲舒的性三品强调等级，强调不变，是封建社会等级制度进一步凝固化在哲学上的反映。孔子只讲过智愚不移，董仲舒发展为善恶不移。董氏的人性论比起孔孟荀是退步。我不赞成刘文英说"这在理论上是一大进步"。①

韦政通认为，董仲舒的心性观与孟、荀不同。"孟子说心，不但肯定心为先天之善，且认为心乃人实现道德的主宰。……荀子说心，则是从认知方面去把握，但认为心乃道之主宰。……董氏的心，没有从认知的方面显出来，也没有从道德方面显出来。""孟子由心之善而体认到性之善，仲舒则由人副天数的观点来说性，……这种善恶混于性的说法，与孟荀都根本不同。""董氏把决之于人者，皆反转去决之于天；在这个意义上，董氏的儒学和先秦的儒学是对立的。"② 劳思光甚至说："董氏论'性'，为汉儒恶劣思想之代表。"

夏甄陶说："董仲舒的认识论在理论形态上是神秘主义的，并采取了牵强附会的任意类比的论证方法。但是，他的人副天数，天人感应的神秘主义天人一体观和天人合一的认识论，也曲折地反映了人和自然在结构和功能上的某些共同性。就是说，其中隐含着人作为小宇宙同大宇宙在结构和功能上相同一的思想征兆，并不自觉地触及天择与人择，人的行为中的主体性效应和反主体性效应的关系问题。"③ 其中有些概念和提法我不太明白，录以待考。

方克立指出，董仲舒认识论的某些命题，如果"孤立起来，抽象出来，它们是包含着生活的真理的。甚至可以说是典型的唯物主义的命题。但是在董仲舒那里，……（却）利用这些命题，作为论证其他一些带根本性的荒谬论断的工具"。"对哲学遗产采取分析的态度，就必须打破体系,救出个别命题的合理内容,恢复唯物主义本来面目,才谈得上批判继承。在董仲舒的著作中也出现一些包含合理内容的个别思想资料,是不奇怪的,我们要联系他的整个思想体系,用马克思主义的分析态度去对待它。”④

注释:

①刘文英主编《中国哲学史》,南开大学出版社 2004。

②韦政通《中国思想史》(上),上海书店出版社 2003。

③夏甄陶《中国认识论思想史稿》,中国人民大学出版社 1992。

④方克立《中国哲学史上的知行观》,人民出版社 1981。

第十一节　扬雄的认识论和桓谭的形神观

扬雄(前 53—18),字子云,蜀郡成都人,汉代著名文学家、思想家、语言学家。他生来口吃,但是会写文章,博学多才,而不得志,三十游京师,三十年处下位不获迁升。晚年才任大夫。他治学为文的特点是在模仿中创新。其赋作有《蜀都赋》、《河东赋》、《甘泉赋》、《长杨赋》等,皆仿效司马相如赋;其《反离骚》仿屈原《离骚》文体而反其意旨;《解嘲》仿东方朔《答客难》。但扬雄作品毕竟还是有自己的个性,故被后人列为赋四大家之一。他的哲学著作《法言》仿《论语》之问答体;作《太玄》仿《周易》,创造许多新名词概念,艰奥难懂。他的语言学著作有《方言》,地方志著作有《蜀王本纪》,天文学方面也有文章。

扬雄从本体论角度提出"玄"作为世界的本原。当代哲学史家有人认为"玄"是物质性的气,因而其哲学体系属于唯物主义。有人认为"玄"是非物质的绝对观念,是气的根源,因而其体系是客观唯心主义。就认识论而言,大家都承认扬雄有唯物主义的倾向。

扬雄肯定,世界是可知的,人能够认识客观事物及其规律。《法言·问神》说:"或问神。曰:心。请问之。曰:潜天而天,潜地而地,天地,神明而不测者也。心之潜也,犹将测之,况于人乎,况于事伦乎!"他讲的"神"就是心的神妙功能,"潜"即潜心研究。潜心于天则知天,潜心于地则知地。社会人事,皆可测知,心能"照知"一切事物。"人心其神矣乎!操则存,舍则亡。能常操而存者,其唯圣人乎!"所谓"操",就是运用。心的神妙功能只有在运用中方可发挥出来。"圣人存神索至,成天下之大顺,致天下之大利,和天人之际,使之无间也。"圣人能顺应天下的根本规律，而获其大利，达致天人合一无间。这种认识论，是唯物主义的。

扬雄推崇“智”，《法言·问明》说：“或问人何尚？曰：尚智。”他认为所谓智慧，就是通过观察而了解事物。“见而知之者，智也。”（《太玄·玄摛》）“智也者，知也。”（《法言·问道》）所以他主张多闻多见，“多闻则守之以约，多见则守之以卓。寡闻则无约也，寡见则无卓也。”（《法言·吾子》）“守约”就是要抓住要领，“守卓”就是要坚持独立见解。他又说：“多闻见而识乎正道者，至识也；多闻见而识乎邪道者，迷识也。”（《法言·寡见》）这说明，闻见要有正确原则的指导，否则会误入迷途。

扬雄肯定学习的重要性，反对老子的“绝学无忧”。说“人而不学，虽无忧，如禽（兽）何？学者，所以求为君子也，求而不得者有矣夫，未有不求而得者”。（《法言·学行》）针对道家的“为学无益”，他进行反驳。“或曰：学无益也，如质何？曰，未之思也矣。夫有刀者砻诸，有玉者错诸，不砻不错，焉攸用？砻而错诸，质在其中矣。”（同上）所谓“质”，指未经加工的原始材质。扬雄认为，原始材质虽好，不经加工就无所用，有如刀与玉必须砻磨一样；经过加工之后，材质之美就显现了。这意味着，必须经过学习，人的天生智能方可显现。他还提倡求师，“务学不如求师，师者人之模范也”。（《法言·学行》）他以水喻学，不舍昼夜，长期坚持不懈前进。

扬雄强调言必有验，批评无验的妄言。“君子之言，幽必有验乎明，远必有验乎近，大必有验乎小，微必有验乎著。无验而言谓之妄。”（《法言·问神》）要以明显者来检验幽暗者，以切近者检测深远者，以微小者来检验显大者。总之，要用已知经验和事物去检验未知的道理。对于先秦诸子，他多有批评。对于儒家经典，他认为可以损益，“《易》始八卦而文王六十四，其益可知也。《诗》、《书》、《礼》、《春秋》，或因或作，而成于仲尼，其益可知也。故天道，非天然应时而造者，损益可知也”。（《法言·问神》）这种观点与董仲舒“天不变，道亦不变”，有所不同。

扬雄提出，判断言论是非应以圣人为准。《法言·吾子》说：“或曰：

人各是其所是，而非其所非，将谁使正之？曰：万物纷错则悬诸天，众言淆乱则折诸圣。”《法言·学行》说：“学者审其是而已矣。或曰：焉知是而习之？曰：视日月而知众星之蔑也，仰圣人而知众说之小也。”他心目中的圣人指孔子。这是独尊儒术以后汉代士人的普遍思维模式。

扬雄提倡“强学而力行”。《法言》第一篇《学行》开宗明义就说：“学，行之，上也；言之，次也；教人，又其次也；或无焉，为众人。”最上等的学者，学了就去做，其次就是学了就去宣讲，再次就是学了就去教育别人。学了什么也不去做，那是庸庸碌碌的众人。这些见解和荀子的重行是一脉相承的。

扬雄否认神怪，否认成仙，否定占星以测人事吉凶（他有天文学的造诣），否定五百年而圣人出的预言，表现出可贵的理性精神。

在人性论方面，扬雄主张“性善恶混”。《法言·修身》说：“人之性也善恶混。修其善则为善人，修其恶则为恶人。气也者，所以适善恶之马也与？”他认为，人和万物来自阴阳。阳为善，阴为恶，阴阳结合而生人，所以人性是善恶混。这句话里所讲的“气”，具体是指人的血气，材质。所谓“马”，比喻气是形成善恶的载体。他说：“圣人之材，天地也，次，山陵川泉也；次，鸟兽草木也。”（《法言·五百》）这几句话过于简略，完整的意思是说，圣人的材质，来自天地之气；次一等的人，来自山陵泉川之气；再次一等的人，来自鸟兽草木之气。他把人分为三等，但是没有把人性分为三品。他所讲的性善恶混者，是指圣人以外的大多数的人性。扬雄认为，学习可以使人性归于正。“学者，所以修性也。视听貌言思，性所有也。学则正，否则邪。”（《法言·学行》）他把《尚书·洪范》讲的“貌言论听思”五事——即人的五种认识能力，理解为人性所固有，通过学习，可以使各种认识能力皆得其正，否则五事皆邪。

有人认为，扬雄的性善恶混，源于战国初期世硕。① 世硕的著作《养性》久已失传。据王充《论衡·本性》篇说：“周人世硕，以为人性有善有恶，举人之善性，养而致之则善长；性恶，养而致之则恶长。如此，则性各有阴阳，善恶在所养焉。故世子作《养性》一篇。”在我看来，扬雄和世硕二说有所不同，扬雄讲善恶混，是指性善性恶混于一人之身，学习可使恶的因素归于正。世硕讲的是人群之中有人性善有人性恶，善人养而致之则其善者发展，恶人养而致之则其恶者发展。他没有讲性恶者能不能改恶从善。

扬雄的人性论虽然只有短短的几句话，但是在中国人性论史上地位重要。直接影响东汉的王充和荀悦。唐以后之言性者，自孟子、荀子之后，辄举扬雄为代表。

桓谭（前 24—56），字君山，是扬雄的学生，曾向扬雄、刘歆请教五经疑异。王莽时代，别的士人多作符命以求容媚，谭独自守，默然无言。光武帝即位后，桓谭上书反对谶纬，被视为“非圣无法”，将斩之；他叩头流血，才免于死刑，不久在贬斥途中去世。著作有《新论》，已散失。

桓谭在形神问题上发表了重要见解。其《新论·形神》篇说：“精神居形体，犹火之燃烛矣。如善扶持，随火而侧之，可毋灭而竟烛。烛无，火亦不能独行于虚空，又不能后燃其灺（烛烬），灺犹人之耆老，齿堕发白，肌肉枯腊，而精神弗为之能润泽。内外周遍，则气索而死，如火烛之俱尽矣。人之遭邪伤病，而不遇供养良医者，或强死，死则肌肉筋骨常若火之倾刺风，而不获救护，亦道灭，则肤余乾长焉。”

这段话指出，形与神的关系，如同烛与火的关系，有烛则有火，烛尽则火灭；有形则有神，形死则神灭。人如果积极养护身体，可以延年益寿，但是不能长生不死。

有人问，灯烧干了可以添油，烛烧完了可以再换一枝，人老了是否可以添换，使自己继续生存。桓谭回答，灯烛燃尽，不能自己添换；人的衰老在于天，天或许可以添换，人不能自易其身。人的生命延续如同鸟兽草木一样，靠自然繁殖。“生之有长，长之有老，老之有死，若四时之代谢矣。而欲变其性，求为异道，惑之不解也。”（《新论·形神》）认为那些企图变换生命，追求得道成仙者，是糊涂虫。

桓谭神形观的历史地位在于：

第一，烛火之喻，肯定精神依赖于形体而存在，没有离开形体而独立活动的精神。符合物质第一性精神第二性的唯物论原理。然而，他还分不清楚，烛与火都是物质，火是可燃物质在一定温度下产生的燃烧现象。烛与火的关系，并不等于物质与精神的关系。

第二，桓谭比他的前辈的精气说大有进步。精气说认为，精气居于形体之中产生精神作用，但它有时会游散于形体之外。而烛火是不可分割的依存关系。尽管桓谭强调人不能自易其身，然而烛火之喻本身，却说明火能够从此烛延续到彼烛，这就留下了漏洞。

第三，桓谭肯定人从生到死是不可改变的自然规律。从他以后"人死如灯灭"成为多数人的共识和常用成语。他从理论上批驳了秦汉以来方士们追求长生不死的迷信。然而，烛火之喻并不能正确说明精神现象是人这种高级动物形体之固有属性。烛（或木）能生火，是需要由人或自然界的高温（如雷电）点燃才能生火，人的精神活动是否也需要某种外力来赋予呢？桓谭没有回答。②

桓谭的烛火之喻，后来演变为薪火之喻，为后世许多思想家所继承，如西晋的傅玄、东晋末年的戴逵、何承天，都用来论证形谢则神灭。但是，由于烛火之喻本身存在上述漏洞，所以，到南北朝时期，也成为佛教徒论证灵魂可以转世的资料。晋宋之际高僧慧远即其代表。梁陈之际的僧佑在编辑《弘明集》时说，"君山未闻释氏之教，至薪火之喻，后之言者，乃暗与之合，于论形神已设，故有取焉。"（《弘明集》卷二）

关于形神关系的问题，到梁代范缜的刃利之喻，才得到科学的解决。

注释：

①姜国柱、朱葵菊《论人・人性》，海洋出版社 1988。

②参看姜国柱《中国认识论史》，河南人民出版社 1989。

第十二节 王充的“知实”、“实知”和“引效验”

王充(27—约100),字仲任,浙江上虞人,出身孤门细族,年轻时至京师,入太学,从师班彪。后来做过小官,不久罢归,以著述为业。有《论衡》84篇,书名即标明旨在衡量和批评各种言论,其中心是“疾虚妄”,矛头针对谶纬神学。

王充在政治上主张“宣汉”,在哲学上主张气一元论。他认为,构成世界的基础是气,万物因气而生,由于“气性不均”而物体不同,天与地都是有形的实体。天地无始无终,不生不灭。天没有生命和感觉,“天道自然无为”,不可能创造万物,“天地合气,万物自生”,没有造物主。“人不能以行感天,天亦不能以行应人。”他用大量事实揭露“天人感应”纯属迷信。

王充以气一元论为基础,发展了《管子》、《淮南子》的形神论。他指出,“人之所生者,精气也。死而精气灭,灭而形体朽,朽而成灰土,何能为鬼?”(《论死》)又说:“人之所以聪明智慧者,以含五常之气也。五常之气所以在人者,以五藏在形中也。五藏不伤,则人智慧。五藏有病,则人荒忽,荒忽则愚痴矣。人死五藏腐朽,腐朽则五常无所托矣。所用藏智者已败矣,所用为智者已去矣。形须气而成,气须形而知,天下无独燃之火,世间安得有无体独知之精?”(《论死》)王充肯定人的精神和思维都依赖于血脉和五脏,没有“无体独知之精”,这就逐渐克服了精气可以离开形体而活动的形神二元论,走向唯物主义一元论。当然,他尚未能彻底摆脱二元论的影响。

王充的认识论,集中体现在《知实》、《实知》两篇专论中。

王充主张，人的知识只能通过人的感官和外界接触得来。他多次强调，“不能生知，须任耳目以定实情”。“如无闻见，则无所状”，“不目见口问，不能尽知也”。(《实知》)他举例说：让一个不认识的人站在墙东，发出声音，圣人站在墙西，他能知道这个人的黑白、高矮、籍贯、姓名吗？河里漂来一具骷髅，头发肌肉皆无，圣人能知其为农为商，或少或老，是因为什么原因死的吗？王充用这类普通的常理，说明只有眼看口问，进行了解接触，才能认识事物，否则圣人也无法知道。“故智能之士，不学不成，不问不知。”“知物由学，学之乃知，不问不知。”(《实知》)这符合唯物论反映论的基本原则。

王充尖锐地驳斥当时流行的“生而知之”和“神而先知”。据传说，项托七岁教孔子，尹方二十一岁，无师自通六艺。王充说，项托三四岁以后，便开始接受别人的教育了。尹方十四五岁以后，见闻便多了，他们都不能算“生知”。纬书上说，孔子留下遗言：“不知何一男子，自称秦始皇，上我之堂，踞我之床，颠倒我衣堂，至沙丘而亡。”后来果然应验。又说：“董仲舒，乱(治)我书”，“亡秦者胡也。”纬书称此乃“圣人后知千世之验也”。(《实知》)王充认为，“此皆虚也”。他指出，孔了当时可能说过，“将有观我之宅”“乱我之书”者，并没有说是谁。后人则“增益其辞，著其主名”。况且，秦始皇根本不曾到过鲁国。《知实》篇连举孔子的言行十五例说明他和普通人一样，不可能事前“先知”。例如：孔子之父早死，不知父之墓，邻人之母告之，才与母合葬于防。连自己家的事他都要打听才知道。孔子外出，使子路向长沮、桀溺问津。如孔子先知，何必问人？匡人围孔子，欲加害，孔子如先知，当早易道以避其害。总之，王充坚信，“圣人不能神而先知”。“天地之间，含血之类(指人)，无生知者。”“不学自知，不问自能，古今行事未之有也。”而通常所谓圣人贤人，其实不过比一般人聪明些，学问多些而已；他们的知识也是从闻见而来的。“圣可学为”，“须学以圣”，他们并没有什么神秘之处，“圣不能神”。

王充否认“神而先知”，并不反对预见。有时他也使用“先知”的概念，属于另种性质。《实知》篇说：“先知之见，方来之事，无达视洞听之聪明，皆案兆察迹，推原事理。”意谓这种预知将来之事，并不依赖神秘超人的感觉器官，而是根据征兆，考察蛛丝马迹，把已发生的同类事件合起来进行推测。又说：“放象事类以见祸福，推原经验以处来事，贤者亦能，非独圣也。”意即根据相同事件和以往经验进行推理。他举例说：“鲁侯老，太子弱，次室之女倚柱而啸。由老弱之征，见败乱之兆也。妇人之知尚能推类以见方来，况圣人君子，才高智明者乎？”(《实知》)齐役工东郭邮根据种种迹象推知齐桓公谋伐莒亦属同类事例。

王充坚持知识从耳目等感官而来，十分重视感性经验。但又主张，认识不应停留在感性阶段，而必须进行理性思维，对感性材加以分析，辨别，整理。《薄葬》篇说：“夫论不留精澄意，苟以外效立事是非，信闻见于外，不诠订于内，是用耳目论，不以心意议也。夫以耳目论，则以虚象为言；虚象效，则以实事为非。是故是非者，不徒耳目，必开心意。墨议不以心而原物，苟信闻见，则虽效验章明，犹为失实。失实之议难以教，虽得愚民之欲，不合智者之心。”

这段话指出，立论不能只相信耳目闻见等感性经验，那样容易为假象所迷惑；必须“开心意”，即运用思维对感性之知进行考察，分析，比较，“诠订于内”，去伪存真，去粗取精，才能判定是非。墨子把社会上和历史上有人活见鬼的虚假传闻当真，那不是“以心原物”(原是推究本意之意)，虽然说得活灵活现，终究不符合事实；虽然得到愚昧无知之民的欢迎，而头脑清醒的智者是不会同意的。这段话十分精彩地表述了理性认识高于感性认识，在先秦两汉认识论史上是很了不起的。比荀子把心的功能仅仅归结为支配感觉前进了一步。

但是王充把理性认识的作用，看作“诠订”即修正感性认识的错误，仍然不够全面。他不知道理性思维的功能主要在于认识事物的本质和规律。理性认识所以和感性认识不同，是因为感性认识是属于事物之片面的现象的外部联系的东西。理性认识则推进了一大步，到达了本质的内部联系的东西，到达了暴露周围世界的内在矛盾，因而能在周围世界的总体上，在周围世界的内部联系上，去把握周围世界的发展。① 王充虽然批评了墨子的经验论,他自己并没有脱离经验论的倾向。

关于认识的真理性标准是什么?王充提出“引效验”为准。他说,“事莫明于有效,论莫定于有证。空学虚语,虽得道心,人犹不信。”(《薄葬》)又说:“凡论事者,违实不引效验,则虽甘义繁说,众不见信。”(《知实》)他所谓“效验”就是思想、言论要有事实根据和经得起实际的检验。王充正是按照这个原则去进行论说的。无论批评他人的错误,或是说明自己的主张,都列举大量事实材料作为依据。《雷虚》篇为了证明雷是阴阳二气相激而生的火,连举五验为证:一、遭雷击而死者须发烧焦,闻其尸上有火气。二、道术家以雷器燃石,投入井中,激声大鸣,若雷之状。三、人寒气入腹,与腹中温气相争,激气若雷鸣。四、当雷之时,电光时见,大若火耀。五、雷击可以燃烧房屋及草木。这五条证据,有些符合科学,有些是类比。但对于神学家宣扬雷乃天怒,则是强有力的打击。韩非的“参验”常引社会政治活动相比,王充的“效验”则更多地举引自然现象进行讨论,如《谈天》、《说日》、《感虚》、《变虚》等文,涉及许多自然科学道理。这与东汉时期自然科学进一步发达有关。

在知行关系方面,王充强调知贵能行,学用一致,这方面的见解在《论衡》中比比皆是。《超奇》说:“凡贵通者,贵其能用之也。即徒诵读,读诗讽术,虽千篇以上,鹦鹉能言之类也。”他举例说:进山看见树木都认识,到野外各种花草都知道,却不会砍木头做房屋,不会采草配药。这样的人,是无用的书呆子。又说:“论说之出,犹弓矢之发也。论之应理,犹矢之中的。”这是说,言论要有目的性,不能盲目空论。《论衡》的八十四篇,每篇都有明确的宗旨和针对性。

王充已经意识到人的知识才能是在长期实践特别是生产劳动中逐渐积累成的。《程材》篇说,齐国都城世代刺绣,平常人家的妇女没有不会的。襄邑地方流行织锦,即使粗笨的女人的手也都很巧。这是因为,每天看,每天做,手就熟练了。如果让那些从来没有见过刺绣织锦的“材士”和“巧女”去做,即使很简单的活计,一定糊里糊涂,不知道怎么弄。他推论说:“方今论事,不谓希更(缺少实际经验),而曰材不敏;不曰未尝为，而曰知不达，失其实矣。”他认为讨论农业问题，田夫必优胜。讨论商业问题，商人是贤材。讲论办理文案事务，文吏在儒生之前。人才各有所长，有实践经验者受到肯定。《效力》篇提出，“人有知学，则有力矣”。有知识学问就是有力量，这是很了不起的观点。

王充在人性论方面主张性三品，把人性分为上中下等。他认为，“孟轲言人性善，中人以上者也。孙卿言人性恶，中人以下者也。扬雄言人性善恶混者，中人也。”(《本性》)此说与董仲舒的性三品不同有二：一是董氏主张，性由天生；王氏主张，性由气生，人所禀元气有多少，故性有贤愚。二是董氏强调上品下品之性不变，王氏强调可变。《率性》说：“论人之性，定有善恶，其善者固自善矣，其恶者故可教告率勉使之为善。凡人君父审观臣子之性，善则劝率，无令近恶，近恶则辅保禁防，令渐于善。善渐于恶，恶化于善，成为性行。”

王充在中国认识论史上的地位，仅次于荀卿，尤其是对唯心论先验论和神学目的论的多方面的批判，达到空前的程度。但是，他的思想方法主要是形式逻辑，他的辩驳依据主要是直观经验。他提出了许多卓越的见解，可惜往往缺乏辩证法。他反对复古主义，却认为古今一样，否认认识的发展。他区分可知与不可知，目的在于反对“生知”“神知”，却看不到当时不可知者将来可以转化为可知。他尖锐批判谶纬迷信，却承认同样是迷信的详端。他断然否认知识天授，却主张贤愚贵贱取决于骨相。他强调主观努力，却相信有命论。他反对没有事实根据的无稽之谈，却连神话传说和文学艺术中的夸张虚构也不赞成……这些现象表明，王充的认识论，仍然基本上属于朴素的唯物论经验论。

中国内地的学者因王充为唯物论者，故评价颇高，台湾学者则不尽然。徐复观说：“王充是道德感情、艺术感情很稀少的一个人”，本着他“这种态度，只能使历史中的‘人的世界’，趋于干枯寂寞”。②劳思光说，“王充思想既欠严格，亦无系统，所见尤浅陋”。“其人是否特重经验科学之态度，亦尚可疑。若谓王充为‘有科学思想’之学人，则更属无稽之语矣。”③韦政通不赞成徐复观的意见，说“就实证认知的范围而言，王充的这种特色（指徐氏所批评者）不仅不是一种缺憾，而是一项了不起的成就，在中国思想史上代表颇为特别的意义。……在认知过程中，是排斥道德感情和艺术感情这些因素的，也是不能要求有智性以外的任何富丽装饰的”。④

注释：

①参看《毛泽东选集》第一卷《实践论》。

②徐复观《两汉思想史》，学生书局 1976。

③劳思光《新编中国哲学史》二卷，广西师范大学出版社 2005。

④韦政通《中国思想史》（上），上海书店出版社 2003。

第三章 魏晋南北朝的认识论

魏晋南北朝时期国家长期分裂,民族矛盾复杂,战争连年不断,政权更替频繁,政治风浪险恶。急剧的社会变化,对传统文化形成严重冲击。儒学定于一尊的局面被打破,形名法术之学受到一些政治家的青睐,老庄道家为乱世大夫所欢迎。西汉末年从外域传来的佛教和东汉末年兴起于民间的道教,魏晋时愈来愈广泛地在社会上流传,至南北朝逐渐形成三教鼎立的文化格局。其中,兴盛于魏晋的玄学,是儒家和道家在哲理方面的融合。而弥漫于东晋和南朝的清谈又加入了禅机。经学由重章句转为重义理。思想界空前活跃,哲学争论不休。由笔战到舌战,从两三个人废寝忘食的面折庭争,到几十个人的轮番辩论,皆为先秦两汉时期所罕见。当时争论的议题主要有:以无为本,言不尽意,声无哀乐,才性四本等。言意之辩和形神问题是认识论的焦点。

言意之辩的双方主将分别是王弼和欧阳建。神灭与神不灭之争的代表人物分别是慧远和范缜。此外,在认识论方面发表重要见解的玄学家有主张"推类辨物,当先求自然之理"的嵇康,和宣扬"独化","以不知为宗","无是非于胸中"的郭象;佛学家有主张"般若无知"的僧肇,道教理论家则以主张神仙之道可学致的葛洪和陶宏景为代表。《列子》旧列先秦,有些学者认为成书魏晋,其中偶涉认识论。

第十三节 魏晋时期的言意之辩

言意之辩直承先秦，议题来自《周易》、《论语》、《老子》、《庄子》。魏晋时期，由清谈和品评人物而引发知人论世能否以言象见心意，由一般鉴赏而上升到哲学理论，言意之辩遂成热门话题。表面上看是语言能否反映思想内容问题，实质上是客观世界及事物的本质能不能为人认识的问题。

主张言不尽意的代表人物首先是王弼(226—249)，他是建安七子之一王粲的侄孙，只活了二十四岁。著作有《周易略例》、《周易注》、《老子指略》、《老子注》等。他提出得意忘言说，见《周易略例·明象》：

"夫象者，出意者也。言者，明象者也。尽意莫若象，尽象莫若言。言生于象，故可寻言以观象。象生于意，故可寻象以观意。意以象尽，象以言著。故言者所以明象，得象而忘言；象者所以得意，得意而忘象。……犹筌者所以在得鱼，得鱼而忘筌也。……然则忘象者乃得意者也，忘言者乃得象者也。得意在忘象，得象在忘言。"

王弼认为，卦象是为了表现卦义("象之所生，见于义也")，卦辞是为了说明卦象的。因此，要了解圣人之意，最好是通过卦象；要了解卦象，最好是通过卦辞。这意味着承认语言是表达思想的工具，先有抽象思维，后有形象思维，语言是从具体的形象中产生的。

王弼又认为，语言仅仅是一种间接的工具和手段，与思想(意)并没有必然联系。"义苟合顺，何必坤乃为牛？义苟应健，何必乾乃为马？"(《周易》常以马代表刚健，牛代表柔顺)既然言、象、意有别，故不必固守言象求意。这样讲是合理的，对于反对东汉以来深文周纳的烦琐经学和玄奥莫测的象数之学具有积极意义。

王弼进而推论，言、象既然是明意的工具，目的在于得意。那么，得到了意，就可以把象忘掉；得到了象，就可以把言忘掉，过了河就可以拆桥。在他看来，语言和思想的联系是间接的，暂时的，语言的作用是有限的，思想一经得到，语言即完成任务，成为多余的东西。这等于承认，有脱离语言的思想，思想的存在无须始终依赖语言。最后，王弼更明确强调：要得意，必须忘言忘象，只有忘言才能得象，必须忘象才能得意。竟然把语言和思想完全对立起来，以为在认识的最后阶段，语言不仅是多余的，而且是障碍和枷锁，必须超越言象，才能得其真意。就这样，王弼从言可尽意出发，最后回到言不尽意和"废言"的结局。

按照唯物论观点，语言与思维是不可分离的，文字是概念的语言形式，概念是语词的思想内容。思维的直接现实是语言，而没有语言材料的思想，是难以存在、难于获取的①。王弼的得意忘象说，可取之处在于既肯定语言可以达意，又发现了语言、形象和思维间的差异。但他不知道，言象或尽意或不尽意，问题在于语言表达能力和意义是否明确。他的错误在于，未得意时知道"尽意莫若象，尽象莫若言"；既得意之后，却强调"得意在忘象，得象在忘言"。把言与意最后判为两截，而不知二者始终依存，所以滑向唯心论。

魏末思想家文学家嵇康(224—263)，字叔夜，曾任中散大夫，其妻为曹操侄孙女，政治上倾向于曹氏。个性鲜明，锋芒毕露，嫉恶如仇，对当权的司马氏极端蔑视、坚决不合作，终于被诬杀。其著作今人辑为《嵇康集》。曾著《言不尽意论》，已佚。但从其《声无哀乐论》中可以看到一些相关观点。该文说："吾能反三隅者，得意忘言。"举一反三，就是运用事例进行类推，从具体事例中可以明意，明意之后也可能忘掉最初举的事例。这种现象的确存在。嵇康认为："夫言非自然一定之物，五方殊俗，同事异号，趣举一名以为标识耳。"他认识到语言是约定俗成的，语言形式与思想内容并没有固定的联系，这是对的。又认为，语言只是由人们外加给事物的符号，有很大的主观随意性，不能准确有效表达思想,揭示事物的本质。因此,语言是不能尽意的,尽意亦无须语言。他举例说:“圣人卒入胡域……或当与关接,识其言耶?将吹律鸣笛,校其音耶?观气采色,知其心耶?”一位很有知识的人初次进入少数民族地区,如何与当地人打交道?可以通过接触了解其语言,也可以通过音乐表示感情,也可以通过观察神情气色知其心志。嵇康认为后数种是主要方式,而无须语言。“此为知心自由气色,虽自不言,犹将知之。知之之道,可不待言也。”在某种情况下,人们不必通过语言而采用神情动作以表达思想感情,但这种表达只能是大致的表面的,很难准确深入细致。嵇康又说:“若吹律校音,以知其心。假令心志于马而误言鹿,察者固由鹿以知马也?此为不系于所言,言或不足以证其心也。”用音乐来表达思想有时确实难以把握。“心志于马而误言鹿”,是音乐家本身表达错误,察者当然不能由鹿以知马。嵇康以此证明,心不系于言,言不足证心。“察者欲因声以知心,不亦外乎?”他把音乐语言和思维语言混为一谈,然后从中推出言不尽意的结论。《声无哀乐论》提出了许多问题,如音乐语言、形体语言等等,为前人所未涉及者。

西晋初年,张韩(生卒不详)作《不用舌论》,开头说:“论者以为心气相驱,因舌而言。卷舌翕气,安能畅理?余以留心于言,不如留心于不言。徒知无舌之通心,未尽有舌之必(不)通心也。”(此句“必”字,学者们校正为“不”字)。意谓,口舌之音不能畅理,理只有以心气相通。“留心于言”,即以言语表达和体现思想。“留心于不言”即真正的思想活动保存在语言所无法表达之中。这是更彻底的言不尽意论。“徒知无舌之通心”,意谓人们只知道无舌者(哑巴)可以互通心气。“未尽有舌之不通心”,即不知道有舌者也不能以舌通心。这就否定了语言表现思想的功能。文章最后主张废言,“祸言相寻,召福甚希”,因言而招灾祸者多,而召福者少,所以不如少讲甚至不讲话为好。

西晋时年轻学者欧阳建(267?—300),渤海人;曾任冯翔太守,后来在八王之乱中被赵王司马伦所杀。他针对当时各种言不尽意论而作《言尽意论》,完全脱离解释《周易》意象言和讨论声音哀乐的范围,从世界观和认识论高度来考察。

欧阳建首先肯定:"夫天不言,而四时行焉;圣人不言,而鉴识存焉。形不待名,而方圆以著;色不俟称,而黑白已彰。"这是说,世界是客观存在的,先有事物,后有名称和语言。"然则名之于物,无施者也;言之于理,无为者也。而今古务于正名,圣贤不能去言,其故何也?诚以理得于心,非言不畅;物定于彼,非名不辩。"说得很对。语言虽然不能改变事物及其规律,但思维在人们头脑中,没有语言就无法畅达;事物自然存在着,没有名称就无法区分。这就充分肯定了语言对思维和事物的表现功能。"言不畅达,则无以相接;名不辨物,则鉴识不显。鉴识显而名品殊,言称接而情志畅。"他认识到,语言是社会交际的工具。手势也可以交际,但总不如语言之能充分畅志达情。如果名称概念不能区分事物,人们的识别、评价就会含糊不清。欧阳建的见解比王弼的"尽意莫若象,尽象莫若言",更为具体、深入,也反映出言意之辩与当时品评鉴赏人物有关系。下面几句又回到开头的问题,"原其所以,本其所由,非物有自然之名,理有必定之称也。欲辨其言,则殊其名;欲宣其志,则志其称"。可见语言是为了反映事物和思想而出现的,语言和事物之间不存在先验的和固定的关系。"名逐物而迁,言因理而变。"语言不是一成不变的,而是随着客观事物及其规律不断发现而变化。前代所没有的事物,如今有了,就必须给出新的名称概念。原先所不明之理,后来清楚了,就要修正或重新认识。文章最后总结说:"犹声发响,形存影附,不得相与为二矣,苟其不二,则言无不尽矣。"这几句话,首先应该理解为,语言和事物及其规律是不可分割的,语言可以反映思想。有其合理性,但也有片面性。说语言与思想毫无二致,语言完全能够尽意,就好比声音与回响、形体与影子一样,是机械的反映与被反映的关系,说得太绝对了。作者忽视了语言与思想的不一致性,夸大了语言的反映功能。人们的思想(特别是感情)有时难以用确切的语言来描述,辞不达意欲辩忘言的现象是经常发生的。而且,表达思想感情有时也不一定通过名词、概念、判断等语言形式,还可以利用音乐、舞蹈、动作、表情等手段来体现语言难以传达的特殊情感。欧阳建的《言尽意论》,似乎没有注意到这些问题。他虽然坚持了唯物论的反映论,却把言与意关系简单化了。

哲学史家从认识论角度看,说言尽意基本上是对的,说言不尽意基本上是不对的。但文学史家则认为,言不尽意论在中国古代文艺理论和创作方面都有广泛而深远的积极影响,它反映了艺术创作中的辩证法。例如:西晋陆机《文赋》谈到写文章时说:"恒患意不称物,文不逮意。"前一句指主观意识不能正确反映客观事物,后一句指语言文字不能完全表达思想。梁刘勰《文心雕龙·神思》篇说:一般的思维可以"意授于思,言授于意";至于"思表纤旨,文外曲致,言所不适,笔固知止"。唐释皎然《诗式》说:"至如天真挺拔之句,与造化争衡,可以意会,难以言传。"北宋欧阳修《六一诗话》说:诗家"必能状难写之景如在目前,含不尽之意见于言外,然后为至矣"。南宋严羽《沧浪诗话》提倡"诗道在妙悟","不涉理路,不落言筌。""如空中之音,相中之色,水中之月,镜中之象,言有尽而意无穷。"言不尽意论对音乐、绘画理论也极有启发,例不赘述。至于言尽意论对文学理论也有一定的影响,不过似乎没有言不尽意论之巨大。②

注释:

①20 世纪 80 年代以后,语言学界有人提出,哑巴有思维而无语言,幼儿先有思维后有语言,猩猩有简单思维而无语言,……可见思维与语言并不始终依存。两说何者为是,尚待进一步研究。

②参看李贵《言尽意论:中唐—北宋语言哲学与诗歌艺术》,发表于《文学评论》2006 年 2 期。

说明:本节主要参考谭家健著《魏晋时期的有无之争与言意之辩》(发表于新加坡《儒家文化》第一期,2001 出版;后收入谭家健著《六朝文章新论》,北京燕山版社 2002 年版)并吸收了任继愈、孔繁、许抗生、葛荣晋等先生有关著作的意见。

第十四节 葛洪的道教认识论

道教源于原始巫术和秦汉神仙方士之说。至东汉末期，出现了早期道教经典《太平经》和两派民间道教组织：一派称太平道，首领是于吉、张角，曾发动黄巾起义；另一派称五斗米道，领袖是张陵、张鲁，祖孙三代称雄汉中三十年。魏晋时期，迅速发展。五斗米道渗入上层，向天师道转化，并逐渐形成较为成熟的理论。道教的基本教义是追求长生不死而成神仙，以老子为教主，以“道”为最高信仰，以《老子》、《庄子》、《列子》为经典，吸收儒家和佛教某些观点作补充。两晋之际的葛洪是道教理论的奠基人，其《抱朴子》是道教开创期最重要的理论著作。南北朝时期，北魏嵩山道士寇谦之，刘宋庐山道士陆修静，借助政权力量整合各派。首次使用“道教”二字作为统一称号。与之同时，按教阶组织起来的教士集团业已形成，宗教仪式、斋醮程式、修炼方术日趋完备。萧梁时期的陶宏景，以“山中宰相”身份对道教信仰的神灵加以编排，确定了神仙等级的系统，并对道教理论进行新的综合。至此，道教终于成为可以与儒家、佛教并存、发展的具有全国影响的宗教力量。

葛洪，字稚川，自号抱朴子，丹阳人。生于公元 284 年(一说 283)，卒于公元 364 年(一说 343)，出身笃信道教的贵族家庭。叔祖父葛玄，就是后世著名的葛仙翁。葛洪早年学儒，后因世事艰难而皈依道教。21 岁以后从军，参与镇压石冰领导的农民起义，因功封为都尉，后迁伏波将军，赐爵关内侯。著名史学家干宝推荐他为散骑常侍，领大著作。固辞不受，欲炼丹以长寿，求为交阯地方官(因该处产丹砂)，与子侄至广州，刺史邓岳挽留，乃居于罗浮山，炼丹、著述不辍。该山后因葛洪而成为风景名胜地。

葛洪在中国文化史上的成就是多方面的。首先是道教理论家，有《抱朴子》七十卷，内篇言神仙方药、鬼怪变化、养生延年之事，属于道家；外篇言人间得失、世事臧否，属于儒家。他又是医学家，有《肘后备忘方》、《金匮药方》等书，其中包括结核病、天花的记载。因为长期炼丹，观察记录化学反应，而成为中国科技史上的重要化学家。也是文学家，编著有《隐逸传》、《神仙传》、《西京杂记》等书，《抱朴子》中包含的文学理论见解，在中国文学理论批评史上有一定的影响。

在葛洪的哲学体系中，把老子的"道"和"玄"作为世界万物的本原，其实质是超物质的绝对观念，并赋它以神仙道教的内容，从而形成神秘主义的本体论。

葛洪主张形神统一不分，认为这是神仙之道的关键。他说："夫有因无而生焉，形须神而立焉。有者，无之宫也。形者，神之宅也。故譬之于堤，堤坏则水不留矣。方之于烛，烛糜则火不居矣。身劳则神疲，气竭则命终。根竭枝繁，则青青去木矣。气疲欲胜，则精灵离身矣。"(《抱朴子·至理》，以下凡引此书只注篇名)在葛洪看来，形为有，神为无，形神互相依存，好比堤与水，烛与火的关系。这样讲不乏合理因素，但是存在二元论倾向，因为水是可以破堤而去的(稍后的陶宏景，把形神二元表述得更清楚)。葛洪主张养气以固形、存神，"苟能令正气不衰，形神相卫，莫能伤也"。(《极言》)"气疲则神灵离身，气竭则命终"。"气"的概念，来源于先秦精气说，也有些像后世之功之气。葛洪把形神与有无的哲学范畴结合起来，这是受魏晋玄学影响的表现。

葛洪的认识论之目的，可以归结为，认识即为学道，学道即为成仙。他一方面强调，神仙可学而致，另一方面又认为，有的人"受命应仙"。从总体上看，他似乎更重视前者。

有人问，"古之仙人者，皆由学以得之，将特禀异气耶?"葛洪回答："彼莫不负笈随师，积其功勤，蒙霜冒险，栉风沐雨，而躬行洒扫，契阔劳艺，始见之以信行，终被试以危困，性笃行贞，心无怨贰，乃得升堂入室耳。”(《极言》)即使像黄帝、老子那样“天授自然之体者”,也必须经过艰苦学习,“积功累勤”,方可度世得仙。而那种“无所施行,而自偶得长生者”,是不存在的。他比喻说:“仙可学而致,犹黍稷之可播种而得,甚炳然耳。然未有不耕而获嘉禾,未有不勤而获长生度世也。”(《勤求》)

葛洪认为,人为万物之灵,但是每个人对仙道的认识有深有浅。识道深者,可获长生不死。识道浅者,可以驭驱万物。所谓得道,就是一个修炼、学习的过程。其中既有前人和大师的启发、指点,又需要自己的积功累勤。这种观念,一直是后世学道者的指导原则。

关于“受命应仙”的问题,葛洪继承了王充的命定论。他也认为人的气禀受命于天,人从娘胎里便与天上的星宿发生联系。“命属生星,则其人心好仙道;好仙道者,求之亦必得也。命属死星,则其人必不信仙道,则亦不修其事也。”(《塞难》)有人问,“若仙可必得,圣人可修之矣,而周孔不为之者,是无此道可知也”。葛洪说:有的人“胞胎之中已含信道之性,及其有识,则心好其事,必遭明师而得其法。不然,则不信不求,求亦不得也。自古至今,有高才明达,而不信有仙者;有平平许人,学而得仙者。甲虽多所鉴识,而或蔽于仙;乙则多所不通,而偏达其理,此岂非天命之所使然乎?”(《辨问》)这样讲,似乎是在调和儒道间的矛盾。值得注意的是,葛洪只讲一部分人具有先天的仙性,不同于佛教讲人人皆有佛性。

既然神仙可以学致,那么,通过什么途径去认识神仙之道呢?葛洪在理论上吸取了老子的认识论和修养论,主张清心寡欲,内视反听。他说,“遐栖幽遁(即远离人世),韬鳞掩藻(即不露行迹),竭欲视之目,遣损明之色,杜思音之耳,远乱听之声,涤除玄览,守雌抱一,专气致柔,镇以恬素。遣欢戚之邪情,外得失之荣辱,割厚生之腊毒,谧多言于枢机。反听而后所闻彻,内视而后见无朕,养灵根于冥钧,除诱慕于接物,削斥浅务,御以愉漠,为乎无为,以全天理矣”。(《致理》)又说,“外物弃智,涤荡机变,忘富遣贵,杜遏劝阻,不恤乎穷,不荣乎达,不戚乎毁,不悦乎誉”。(《论仙》)作为一种修养论,不无可取。但是必须指出,其实质是提倡脱离实践，脱离社会的消极避世，是不可能认识真理的。

葛洪也讲多闻博见。他说："凡养生者，欲令多闻而体要，博见而善择。偏修一事，不可得也。"(《微旨》)他并不是指广泛了解客观事物，而是要多学几种为仙之方。如吐纳、导引、药饵、房中术等，"必籍众术之共成长生也"。他还讲过学道要由浅入深，由易至难。乍看很正确，可是，接着他举例："九丹金液最是仙主，然事大费重，不可卒办也。宝精爱气，最其急也。并将服小药以延年命，学近术以避邪恶，乃可见精微矣。"(《微旨》)可见，难易都限于炼丹服药范围内，并不是指求知步骤。

葛洪认为，人们认识大道的能力是有差别的。"太上自然知之，其次告而后悟。若夫闻而大笑者，则悠悠皆是矣。"(《塞难》)这是老子讲的"上士闻道，勤而行之；中士闻道，若有若亡；下士闻道，大笑之"的翻版，也参考了孔子讲的生知、学知、困知、困而不学。葛洪自认为是"先觉""独知"者，对于认识能力低下的人，即使强求他们也认识不到。他这样讲，显然是为了对付那些不信道的人。

在认识标准问题上，葛洪反对以周公、孔子和儒家经典为准。有人问，"果其仙道可求得者，五经何以不载？周孔何以不言？圣人何以不度世？上智何以不长存？"葛洪回答说："夫五经所不载者无限矣，周孔所不言者不少矣。"他列举大量天文学方面的知识而后指出，"人生而载天，诣老履地。而求之于五经之上则无之，索之于周孔之书则不得，今宁可尽以为虚乎？天地至大，举目所见，犹不能了，况之玄之又玄，妙之极妙者乎？"(《释滞》)他认为，世界上的事物是无限的，周孔和五经的知识是有限的，许多知识即周孔所不知，所以不能以他们的观点来判断是非当否；以为圣人无所不知，是可笑的。(《辨问》)由于圣人不言仙，便判断天下无仙，同样是可笑的。(《黄白》)在儒家定于一尊的时代，这样讲勇气可嘉。但是由此反证神仙之说可以成立，实不足为据。

在知行问题上，葛洪主张，"知之不易，为之实难也"。(《金丹》)又说，"非长生难也，闻道难也；非闻道难也，行之难也；非行之难也，终之难也"。(《极言》)因而力主贵行，"古人质正，贵行贱言。故为政者不尚文藻,修道者不崇辞说”。(《勤求》)可见他所谓知,不是指一般的知识,而是指神仙之道。所谓行,不是指一般的实行,而是指学道的履践。他的认识论全部服务于体认先验的“道”和“玄”。只有从其体系中仔细剥离,才能吸取其中某些合理因素。

以上讲的皆就哲理层次而言。至于修炼神仙之道的具体方法,葛洪讲得很多,要言之,不外内修与外养两方面。外养主要是炼丹服药,内修主要是保精行气(包括气功)。此外、葛洪也讲儒家的纲常名教,忠孝信义,也讲佛教的因果报应,行善去恶。这些与认识论关系不大,就不介绍了。

《抱朴子·外篇》有《名实》篇,不是讲哲学上的名与实,而是讲人才的名实相违。最后几句说:“德薄位厚,弗交也。名与实违,弗亲也。荣华驰逐,弗务也。豪侠奸权,弗接也。俗说细辩,不答也。胁肩所处,弗随也。……虽贫贱而不可以胁以威,虽危苦而不可动以利,名实虽漏于一世,德音可邀乎将来。”这些意见值得注意。

本章主要参考文献:

卿希泰《中国道教思想史纲》第一卷,四川人民出版社 1980。

潘富恩《中国古代认识史略》,复旦大学出版社 1985。

胡孚琛《魏晋神仙道教》,人民出版社 1989。

李刚《重玄之道开启众妙之门——道教哲学论稿》,巴蜀书社 2005。

第十五节　僧肇的神秘主义的“般若无知”论

佛教于西汉末年传入中国，到东晋时期，分成不同的学派，最流行的是以大乘《般若经》为中心的般若学派。僧肇是这个时期颇有影响的佛学理论家之一。他总结了当时佛学各派，以般若学为中心，吸收玄学的一些范畴和概念，建立了他的形而上学唯心主义宗教哲学的体系。

僧肇(384—414)俗姓张，京兆人，是当时著名佛经翻译家鸠摩罗什四大弟子之一，著作主要有《肇论》，包括：《般若无知论》、《涅盘无名论》、《不真空论》、《物不迁论》和两封《答刘逸民书》。《般若无知论》是专门讨论认识论的(以下凡引此文不再注明)。

“般若”是梵语的音译，意思是佛教所谓最高的智慧，是 种超越感性和理性的一种神秘的认识。在《肇论》里，它也叫“圣智”，或“圣人之心”，说明它不为一般人所具有，而是佛的一种本性。它的特点是“无知而无不知”。一般人的认识对象是具体的客观存在，佛教认为那不过是虚假的幻象，执着于幻象而得到的知识，乃是一种产生无数烦恼的“惑智”。佛教要认识的是“实而不有，虚而不无，存而不可论”的世界本质——空。这是不能用任何区分是非、彼此等世俗知识概念来表达的。所以佛教的所谓智慧，根本不同于一般的知识，从它没有任何具体知识来讲，也可以叫做“无知”，然而却是解脱种种烦恼的“真知”。①

僧肇说：“夫有所知，则有所不知，以圣心无知，故无所不知，不知之知，乃曰一切知。”有所知，有所不知，这是认识的正常现象，人的认识正是从不知到知的辩证发展过程。僧肇抓住认识过程中有知和不知这一对矛盾，加以夸大，认为普通的认识只能认识个别具体的东西，不能认识事物的全部和本质，从而否定人的正常认识。宣扬“般若”不以一般具体事物为认识对象，所以看起来好像“不知”，唯其“不知”，才能认识“空”的世界的本质，才能“无所不知”，这种“不知之知”，就包括了一切知识。

“般若”作为一种神秘的认识，它是离开物质形体，不依附于人的认识器官，并且是“不生不灭”，先验地永恒地存在的。“般若无所有相”，“求之形相，未可暂得”。“相”就是形象，般若没有一定的形象可得。它“非有非无，非虚非实，虚不失照，照不失虚，非言之所能言也”。“照”就是观照的意思，指的是般若能够观察照彻的神秘作用。“非有，故知而无知；非无，故无知而知。是以知即无知，无知即知。”它不是客观实在，所以能够有(真)知而又无(一般的)知；它的有知是通过无(一般的)知来体现的，它的无(一般的)知也就是有知。这样拗口令式的玄之又玄的东西，是一种神秘莫测的特殊形态的客观唯心主义的先验论。僧肇把般若的这种神秘认识作用称为“寂照”，意思是说，般若的本性是空寂的，因而能够观照一切，寂是其体，照是其用，而且，“用即寂，寂即用，用寂体一”。

冯友兰说，从“虚不失照，照不失虚”这两个方面推测，可见般若好像一面镜子。镜子能反映一切事物，这就是照。但对于所反映的事物并不外加什么，这就是虚。……般若当然不是镜子，是一种知识。……大概是一种类似直观的知识。人们在直观中对于事物只有一个印象，并没有对于事物的名言区别，也没有爱憎感情，直观就好像一面镜子反映事物，所以也可以成为照。②

般若既是空寂其体的，因而不需要感性认识，也排除了理性认识。僧肇说：“圣人虚其心而实其照，终日知而未曾知也，故能默耀韬光，虚心玄鉴，闭智塞聪，而独觉冥冥者矣。”又说，“智弥昧，照逾明；神殊静，应逾动”，“无心无识，无不觉知”。佛教认为，人的认识产生妄念，由妄念形成罪孽，因此，只有排除一切感觉和思虑，才能杜绝妄念，避免罪孽，才能认识佛教所谓最高的真理——“真谛”，从而超脱轮回，进入极乐世界。

般若以真谛为认识对象。而所谓真谛,并不是事物的本质和规律,而是超出事物之上的绝对精神性的本原。和般若一样,它也是无形无相,非有非无的。所谓真正的认识,就是“以无知之般若,照无相之真谛”。也就是说,以神秘虚无的主体,去体认神秘虚无的客体,主体和客体合而为一,同归于寂。这种境界,就叫做“心境双泯”。

僧肇还利用精神和物质可以互相转化来证明一般的认识对象和认识能力都是虚假的,不真实的。他说:“所知非所知,所知生于知。所知既生知,知亦生所知,所、知既相生,相生即缘法,缘法故非真,非真故非真谛也。”在他看来,认识对象(所知)不是客观实在,而是从主观认识(知)产生的人们心目中的幻觉。这种不真实的认识对象,又产生人们一般所谓的知识。这样,所知和能知,心和境,都可以互相转化(相生),这种转化都要依靠一定条件——“缘法”(“缘”当依赖讲,“法”指一切事物和现象)。按照佛教理论,凡是依靠一定条件而存在的东西,就不是独立自在之物,而是不真实的现象。所以,一般的认识不是真正的认识,“非真谛也”。僧肇把客观对象和主观认识的关系完全作了唯心主义的曲解。当代中国学者认为,客观世界是不以人们的主观意识而存在的,客观存在反映到人们的头脑中,变为主观认识,根据正确的认识去能动地改造客观世界,精神又变为物质。从这个意义上讲,能知和所知确实可以“相生”——即转化。但是,这种转化乃是真实存在的物质运动过程,是人们日常生活中常见的飞跃现象,决不是什么虚幻的现象。世界上的万事万物都是互相联系的,自然界的一切现象,都处在有系统的相互联系之中。孤立自在不和其他事物发生任何联系的“自在之物”是没有的。

在是非问题上,僧肇按照佛教“万法唯空”的观点,认为人世间的是与非,对与不对,都是虚伪不真的,这就叫做“无是无当”。僧肇说:“夫无当,则物无不当;无是,则物无不是。物无不是,故是而非是;物无不当,故当而无当。”没有所谓对,事物就没有什么不对。没有所谓是,事物就没有什么不是。是就是无所谓是,对就是无所谓对。如果说,这几句话主要还是重复庄周《齐物论》的思想,那么,在《答刘遗民书》中,他就讲得更清楚了。僧肇说:“若能无心于为是,而是于无是;无心于为当,而当于无当。则终日是,不乖于无是;终日当,不乖于无当。但恐有事于无是,有当于无当,所以为患耳。何者?若真是可是,至当可当,则名相以形,美恶是生,生生奔竞,孰与止之?”心里根本不要有什么是与非、对与不对的观念,这样,即使成天说是,也不妨碍无所谓是不是;成天说对,也不妨碍无所谓对不对。如果有了是非当否的观念,真的把是认作是,把对认作对,那样,虚幻的概念和形象就出现了,美恶的分别就产生了,竞争追逐就没完没了啦,谁能制止得住呢?原来,思想上的无是非,最终是为了熄灭现实中是非之争。

在名实问题上,僧肇同样贯彻他的唯心主义路线。他从概念和事物之间的矛盾推论出名和实没有关系。他说,“夫以名求物,物无当名之实;以物求名,名无得实之功。物无当名之实,非物也;名无当实之功,非名也。是以名不当实,实不当名,名实无当,万物安在哉?”(《不真空论》)意思是说,从概念去观察事物,事物没有和概念完全相当的实际:从物去观察概念,概念没有物的作用。物没有完全相当于概念的实际,可见它不是概念所反映的物;概念没有物的作用,可见它不是反映物的概念。名不和实相当,实也不和名相当,名实既无法相当,那么,所谓万物又在哪里呢?当代中国学者认为,概念和事物之间的确存在着差别,概念只能近似地反映事物的本质特征,而不可能穷尽地描绘事物的一切方面。事物是具体的,概念是抽象的,概念当然不具备事物的实际功用。水果的概念不能吃,衣服的概念不能穿。概念反映一般,事物千差万别,事物当然不可能完全符合概念的要求。市场上的水果、衣服要比概念中的水果、衣服丰富复杂得多。这种现象恰恰说明概念和事物之间的对立统一关系,说明矛盾的普遍性。僧肇夸大了概念和事物不一致的方面,把二者对立和割裂开来,认为它们之间不存在反映和被反映的关系,把抽象和具体、一般和个别混淆等同起来,从而得出概念和事物都是不真实的结论。连反映者带被反映者一齐否定；这叫“名实俱空”。

复旦大学的学者指出，《般若无知论》运用般若中观学的思维方法，通过对般若性质的分析，探讨般若究竟是有相还是无相，有知还是无知的问题，阐述如何观照宇宙的实相，把握生命的本质，成就得大自在、大智慧——即佛教所追求的究竟解脱的方法和途径。这些讨论属于认识论问题，又不仅是一篇认识论，重在提示认识与宗教实践的关系，向世人指出通向佛教最高境界的途径。僧肇的思想对以后华严宗、净土宗及禅宗都有很大影响。③

《般若无知论》在当时佛教界倍受称赞。据《高僧传·僧肇传》记，僧肇的老师鸠摩罗什看了之后说：我的理解不比你差，我的文辞不如你。称许僧肇是“秦人（中国人）解空（解释空宗）第一人”。南方的高僧慧远说它是从未有过的好文章。隐士刘逸民接到僧肇专门托人送来的这篇文章，把他比作何晏。就整个《肇论》而论，析理之精微，文辞之流畅，确实超过何晏那种注解式的文章。如果撇开哲学观点不论，单从散文写作来讲，确有特色。不过我更喜欢《物不迁论》。该文的名句如：“然则旋岚偃岳而常静，江河竞注而不流，野马飘鼓而不动，日月历天而不周，复何怪哉？”故意颠覆常识，极力夸张形容，文句辞藻华丽，音韵谐和，读起来有赋和骈文之美，在中国古代哲理散文史上不可多得。

注释：

①参看北京大学哲学系中国哲学教研室编著《中国哲学史》，北京大学出版社 2003。

②冯友兰《中国哲学史新编》第四册，人民出版社 1986。

③复旦大学系中国哲学史教研室编《中国古代哲学史》（上），复旦大学出版社 2006。

第十六节 范缜《神灭论》之认识论意义

范缜(约 450—约 515),南乡舞阴人,少时孤贫,曾就学于著名学者刘瓛。擅长儒经,好危言高论,讽刺时政,不受时人欢迎。先后任宜郡和晋安太守,为官清约,反对迷信,去绝淫祠。著作仅存《神灭论》、《答曹舍人书》两篇文章。

范缜在写作《神灭论》之前,曾与齐竟陵王萧子良辩论因果报应。他认为人生如树花同发,随风而堕,有的落在茵席之上,就是富贵者;有的落粪水之中,就是贫贱者,完全是偶然的,并不存在因果关系,萧子良驳不倒他。范缜进而作《神灭论》。此论一出,朝野哗然。萧子良召集僧众反驳,萧琛、曹思文、沈约等人都写了文章。范缜不屈。萧子良说,范先生如果不坚持,保证可以做到中书郎一级的官。范缜说,我如果卖论求荣,早就作更大的官了,岂止中书郎而已。此为第一次论战。梁武帝萧衍即位后,又发动王公朝贵 64 人,写作 75 篇文章,对范缜进行第二次围攻。范缜不怕巨大政治压力,坚持论战到底。论敌们不得不认输。曹思文对梁武帝承认:"思文情思愚浅,无以折其锋。"这些论战文章,稍后被僧佑收集在《弘明集》中。

佛教认为,人的精神独立于人的形体之外,对形体起主宰、支配作用。他们把它叫做"灵魂"。即使形体死亡,灵魂依然存在,这叫"神不灭"。灵魂可以由这一形体转移到另一新生的形体中去,这叫"轮回"。行善者灵魂可以托生一个富贵的形体,作恶者则会托生为贫贱,甚至变成牛马猪狗,这叫"因果报应"。"神不灭"论是佛教哲学理论的核心和神秘主义先验论的理论基础。

针对佛教徒的“神形分离”说，范缜在《神灭论》中，首先提出的第一个命题就是“神形相即”。他说：“神即形也，形即神也。是以形存则神存，形谢则神灭也。”(《神灭论》，以下凡引此文不再注明)。“即”是结合的意思。他把形体和精神看成是互相结合，不可分离的统一体，形体存在精神就存在，形体死亡精神就消灭了。是形体决定精神，而不是精神决定形体，坚持了物质第一性，精神第二性的形神观。周世辅认为：“这种思想，类似谢克林的心物同一论，因为神可以视为心，形可以视为物。”① 这样比附，是否准确，待商。

范缜强调，形与神“名殊而体一”，“形神不二”，“不得相异”，是针对佛教徒的责难而发的。曹思文《难神灭论》说，“形非即神也，神非即形也，是合而为用也，而合非即矣。生则合而用，死则形灭而神逝矣”。认为神与形是暂时相合，从而发生作用，死后尸体留下，灵魂走了。二者有分有合，合则一体，分则为二。曹思文举庄周梦蝴蝶为例，证明形神可以分离。范缜在反驳“神接于蝴蝶”时说，如果庄周真的变成了蝴蝶，那么他醒来时身边应该有死蝴蝶之形体，而实际上没有，可见梦只是虚假的幻景而已。范缜虽然还不能科学说明梦幻现象，但他坚持形神元论，是十分可贵的。当然，形神一元论，并不等于无神论。梁武帝信佛，讲“心为用本”，而心依赖于形，也是形神一元论。范缜讲“形存则神存，形谢则神灭”，肯定神依赖于形，形为第一性，神为第二性，这是他们之间的根本区别所在。

《神灭论》接着提出第二个命题，也是最重要的命题：形质神用。范缜指出：“形者神之质，神者形之用。是则形称其质，神言其用，形之与神，不得相异也。”“质”指实体，“用”指作用，作用和实体是不可分割的。精神就是形体的作用，形体和精神的关系是质和用的关系。范缜举例说：“神之于质，犹利之于刃；形之于用，犹刃之于利。利之名非刃也，刃之名非利也。然而舍利无刃，舍刃无利。未闻刃没而利存，岂容形亡而神在？”形体相当于刀刃，精神相当于锋利，没有刀刃，锋利就不存在。形体死亡，精神就消失了。中国大陆许多学者认为，刃利之喻是中国形神论史上重大进步。台湾学者韦政通认为,“刀与利和形与神,在内容上并非同类”。“形神有知,刀利无知”。“不同类者相比,是比于不伦。”② 我认为,比喻总是蹩脚的,范缜刃利之喻,主要说明形与神是质与用的关系。如果要求比喻者与被比喻者在内容上完全同类,那就苛求古人了。

范缜这个观点,是批判吸收前人经验教训的结果。东汉的桓谭曾以烛尽火灭比喻形谢神灭,东晋高僧慧远在《沙门不敬王者论》中,用同样的例子来证明形谢神不灭。他说:“火之传于薪,犹神之传于形;火之传异薪,犹神之传异形。”他承认火有赖于薪,但某一具体的薪烧完了,火却可以从此薪传到彼薪,故薪虽尽而火不灭。同理,某一具体的人死了,他的灵魂可以转世到另一形体中去。此说存在逻辑上故意混淆具体与一般的错误,但却以一种颇为精致的思辨重新申说了神不灭论的基本旨意,在新的思维水平上向神灭论者提出了新的难题。范缜的刃利之喻,接受前人的教训,避开薪火之喻的漏洞。他举的刃与利的关系,二者不但密不可分,而且是不能转移的。

佛教徒萧琛曾用“钝刃”之“利灭而刃存”,来反驳范缜,以证明其“刃利既不俱灭,形神则不共亡”的形神二元论。这一驳难反而证实了范缜的观点。所谓刀有刃,就是有锋利,无锋利就不能说有刃。既承认钝,就不能称刃。“钝刃”之说恰好从反面说明刃没利亡的神灭论观点是正确的。③

《神灭论》辩论的第三个命题是:人之质有知,木之质无知,只有活人之质才有知之用。责难者问:“木之质,无知也;人之质,有知也。人既有如木之质,而有异木之知,岂非木有其一,人有其二?”范缜回答:“人之质,质有知也;木之质,质无知也。安在有如木之质而有异木之知哉?”人与木的质是不同的质,所以才有有知与无知的区别。“知”只是人之质所具有的特定属性,而不是其他任何有质之物都具备的。难者又问:既然人之质有知,那么人死后,其形应仍有知,可见神不灭。范缜回答:“生形之非死形,死形之非生形。”“死者有如木之质,而无异木之知;生者有异木之知,而无如木之质。”活着的人,其形质才有知;死后人的形质已不同,就没有知了。难者又问:如果说死者之骸,不是生者之骸,那么,这形骸是从那里来的?范缜回答:死者的骸是从生者的形骸变来的,就像荣木变为枯木一样。难者又问:荣木变为枯木,荣体即是枯体,它们都还是木头,有何区别呢?范缜回答:活树开花结果,枯树叶落凋谢。树木总是先荣后枯,枯木不会再变成活树。人也是如此,死了不能再活。

《神灭论》讨论的第四个问题是:“知虑皆为神之分。”佛教徒为了坚持精神可以离开形体,特别在感觉和思维关系上做文章,他们问,既然形即是神,手等亦是神耶?范缜说:“皆是神之分也。”他们又问:神能思虑,手能思虑吗?范缜回答:“手等有痛痒之知,而无是非之虑。”“知即是虑,浅则为知,深则为虑。”韦政通批评范缜说:既知痛痒之知与是非之虑不同,又说知即是虑,这是为牵合“形神相即”的论旨而做的不当判断。痛痒之知属感性,是非之虑属理性,有何深浅之可言?④难者又问范缜:照这样说来,知虑有二,神也有二吗?潜台词是,人死后没有知觉,却有思虑——即灵魂在活动,所以神也可以一分为二,一是知觉,二是灵魂。针对这种企图,范缜斩钉截铁地回答:“人体惟一,神何得二?”难者接着问:“若不得二,安有痛痒之知,复有是非之虑?”范缜回答:“手足虽异,总为一人,是非痛痒虽异,亦总为一神矣。”难者又问:“是非之虑,不关手足,当关何处?”回答是:“是非之虑,心器所主。”心器如同其他感官——七窍一样,只是“司用不均”即功用不同而已。范缜肯定,感觉与思维都是精神活动——此指认知活动的一部分,虽有浅深之别,功用不同,但“总为一神”,坚决否认神有二。在这里,他虽然未能辩证地说明感性和理性两种认识阶段的关系,但他强调感觉和思维的统一性和不可分割,坚持了唯物论形神一元论。

《神灭论》继续阐发第五个命题:“心为虑本。”佛教徒也承认感觉离不开形体,如“眼自有本”;但思维可以独立,因为“思虑无方”。思维对象不像耳目那样有某个确定的方面。据此他们主张:“虑体无本”,可以暂时寄托在某个形体上。范缜回答："五脏各有所司，无有能虑者，是以心为虑本。"五官不具备思维功能，只有心（实为大脑）才是思维的器官，怎么可以说眼有本而虑无本呢？范缜紧接着反问说：如果精神活动像你们所说，不以特定器官为基础，可以到处寄托，"无本于我形，而可遍寄于异地"；那么，"亦可以张甲之情，寄王乙之躯，李丙之性，寄赵丁之体，然乎哉？不然也"。这显然是荒谬的。因而，人死后灵魂可以转世，托生于另外一人，同样是荒谬的。

佛教徒萧琛作《难神灭论》反驳范缜，他举例说："今人或断手足，残肌肤，而智思不乱，此神与形离，形伤不害之切证也。"范缜认为，这恰好说明手足和心的生理基础不同，功能不同，不能互相替代，所以手足坏了不会影响神智，心器有病才会影响思虑。这是吸收当时医学科学成就的结果。

《神灭论》继续往下讨论。责难者问："圣人之形犹凡人之形，而有圣凡之殊，故知形神二矣。"范缜的回答却误入歧途。他说，圣人生来就在形神两方面与凡人有根本不同。"圣人定分，每绝常区"，而"有形表之异"。"岂有圣人之神而寄于凡人之器，亦无凡人之神而托于圣人之体"。尧眉八彩，舜目重瞳，黄帝额头像龙，皋陶口像马，比干心有七窍——因此，他们生来就有超人的道德品质和非凡的智慧才能。范缜以为从人的形体差别来论证智愚之分，是缘着气一元论路线前进；殊不知他把圣人的知识才能看成先天秉赋所决定，否认知识来源于实践，这就离开了唯物主义，流入唯心主义的天才观。范缜和王充同样被骨相说所蒙蔽，犯了旧唯物主义者在社会历史观方面经常犯的错误。

神灭和神不灭之争，并不因《神灭论》的发表而停止。由于官方的支持，神不灭论影响仍然很大。范缜的支持者在当时并不多见。在稍后的北齐，邢邵与杜弼辩论形神时，仍以烛火为喻，结果被对方所驳倒。（《北齐书·杜弼传》）可见唯心唯物两条认识路线的斗争还相当艰巨。台湾学者王邦雄等认为，范缜的神灭论是站在"唯物论的立场。唯物论的说法并不能满足人的宗教性的要求，故范缜的神灭论对佛教在当时的流行，并不能有多少的阻遏作用"。⑤

注释：

①周世辅《中国哲学史》，三民书局 1984。

②④韦政通《中国思想史》(上)，上海书店出版社 2003。

③参看北京大学哲学系中国哲学教研室编著《中国哲学史》，北京大学版社 2003。

⑤王邦雄等著《中国哲学史》(下)，里仁书局 2005。

说明：本节主要参考谭家健著《范缜的〈神灭论〉》，刊载于《中外宗教文学鉴赏》，团结出版社 1994；后收入谭家健著《六朝文章新论》，北京燕山出版社 2002。

第四章 唐代的认识论

隋代著名哲学家唯王通一人而已，其著作《中说》提到“人心道心”、“穷理尽性”的问题，把知行中的行分为安而行，利而行，畏而行，给世人以重要启示。

唐代是中国封建社会的鼎盛时期。唐代思想文化的主要特色是兼容并包，有海纳百川的宏大气象。儒佛道三教鼎立，在斗争中趋向融合。其中佛教空前繁荣，宗派林立，理论上各放异彩。盛唐时期，玄奘（即《西游记》中的唐僧原型）创立的唯识宗，提出“八识体相”和种子与识转变说；以法藏为代表的华严宗提出“十参唯识观”，皆着重于认识论，玄奥而且繁琐。盛唐后期，已经中国化的禅宗，以通俗的语言，面向大众的姿态，宣扬顿悟成佛，受到社会各阶层的欢迎。道教由于奉老子为祖师，故被姓李的唐王朝封为国教，位居三教之首，涌现出一批道教理论家。成玄英融合佛道，提出“道契参玄，境智双遣”；司马承祯发挥庄子学说，提出主静、坐忘的修道理论和方法，把道教理论向前推进了一步。儒学仍然在社会上占重要地位，理论上并无重大突破。韩愈高举复兴儒学的大旗，强烈反佛，造成一场声势浩大的复古运动。李翱表面辟佛而实际融佛，一些观点成为北宋理学的先导。柳宗元、刘禹锡崇儒而不排佛，他们有些文章表现出唯物主义的批判精神，当时和后世影响不大，解放后才引起学术界的注意。

第十七节 惠能的“顿悟成佛”和“无念为宗”

“禅”是印度一种修炼方式，又叫“禅定”，意为安静地沉思，乃收敛意念，锻炼意志之修持功夫。南北朝后期，天竺僧人达摩带到中国，创立禅宗，代代相传，惠能是第六代，故后世称六祖。

惠（又作慧）能（638—713），俗姓卢，今广东新州人，出身破落家庭，二十四岁到湖北黄梅跟禅宗五祖弘忍学佛。开始地位很低，只做杂活；后来因为他对佛教教义很有体会，得到弘忍赏识，便传给他衣钵，回到南方传教。由于他主张“顿悟”，后世又称这一派为“顿宗”或南宗；而把弘忍另一高足神秀在北方传播的渐修学派称为“渐宗”或北宗。两派并行一个时期以后，南盛北衰。宋以后，禅宗以顿宗为主流。元明以降，佛教各宗派相继失势，唯禅宗一枝独秀，在中原地区禅学成为佛学的代名词。惠能文化程度不高，他的著作《坛经》，系由其弟子法海等人记录其讲稿和谈话而成书。

惠能把中国儒家孟子的良知说、道家庄子的虚无主义与印度大乘佛教的空有二宗结合起来，形成了一个具有中国特色的比较通俗简易的佛教哲学体系。日本学者铃木大拙说，“禅，是中国佛家把道家思想接枝在印度思想上，所产生的一个流派”。[①] 惠能的基本观就是“顿悟成佛”和“无念为宗”。劳思光认为，惠能所提倡的禅，并非“禅定”而是“禅悟”。

惠能主张，人性就是佛性，人人都有成佛的本性。他说，“本性是佛，离性别无佛”；“当知愚人智人，佛性本无差别”。（《坛经·般若品》，以下凡引此书只注篇名）他认为，一切知识、智慧和德性，并非源于外物，统统都包括在人的本性之中。“一切般若智，皆从身性而生，不从外入。”“内心自有知识自觉。”(《般若品》)“菩提只向心中觅，何劳向外求玄。”(《疑向品》)“菩提”，梵语音译，觉悟的意思。这些观点，和孟子有某种关系，对宋明时期的陆王心学有一定的启发。

既然人人都有佛性，都有天生的智慧，为什么有愚有智，有佛和众生的区别呢？惠能认为，关键在于觉悟与否。“只缘迷悟不同，所以有愚有智。”(《般若品》)“自性若悟，众生是佛；自性若迷，佛是众生。”他所谓迷悟，指对佛性的了解和不了解。“自性”指个人的心，也叫“自心”。劳思光认为，惠能所谓“自性”，乃自己之性，指主体自由或纯粹主体而言，故自见其主体性即是大觉。所谓佛即指此已悟之主体境界，反之即是众生。②惠能认为，净土应在每个人心中，并不在遥远的彼岸世界。所以他把成佛的途径全部归结为对自己本性的觉悟，提倡内求于心。他说：“东方人造罪，念佛求生西方；西方人造罪，念佛求生何国？凡愚不了自性，不识身中净土，愿东愿西；悟人在处一般……佛向性中作，莫向心外求。”(《疑问品》)不难看出，这和孟子的“求放心”的思想路线是相似的。

所谓了解“自性”，就是要认识到不但现实世界是空的，精神世界包括心中一切观念都是空的。心中不要存任何观念，连空的观念，甚至成佛的观念都不要追求，这就叫“自性真空”。怎么样才能达到这种境界呢？他认为，既不靠经验，也不靠思维。而是靠人生来就有的一种认识自己本性的良能，即“灵知”。就是说，凭自己固有的智慧，“单刀直入”，马上悟出佛理来。据说可以“一闻言下便悟，顿见真如本性”，甚至于“一刹那间，妄念俱灭，若识自性，一悟即至佛地”。(《般若品》)这就叫“顿悟成佛”，或“见性成佛”。

惠能有一个著名的命题叫“放下屠刀，立地成佛”。就是说，一个人不管他做了多少坏事，只要念头一转，认识到“一切皆空”，用“空”的念头去克服“有”的念头，在灵魂深处来个突破；这样，坏蛋便成了好人，凡夫便成了菩萨。按照这种说法，人的世界观，不需要在社会实践中经过长期痛苦的磨炼，仅仅靠念头一转，就能改变。完全否定了思想转变的艰巨性，否认了社会存在对社会意识的决定作用。

在惠能以前，禅宗是主张渐修的。据《坛经》记载，惠能与五祖弘忍的大弟子神秀争夺继承权时，曾各作一首偈（宗教诗）。神秀写的是，“身是菩提树，心如明镜台，时时勤拂拭，勿使惹尘埃”。惠能也写了四句：“菩提本无树，明镜亦非台。本来无一物，何处惹尘埃？”神秀讲究逐渐修行，追求“本性清净”，没有把佛性本身也看成是空的，空得还不够彻底。惠能认为，菩提、般若本性都是空寂的，所以说“本来无一物”；从本质上讲，它们是“清静无碍”的，所以说“何处惹尘埃”，对神秀的“空”观又来一次否定。在方法上，惠能反对“时时勤拂拭”，主张只要“自识本性，”就可以“顿悟成佛”。这两首诗，反映了禅宗两大派：南顿北渐的基本分歧。

惠能不像僧肇那样主张闭目塞听，排斥一切感性和理性认识。表面上他也承认人可以有感性活动，不反对和外界接触，但是必须“以无念为宗”。“先立无念为宗，无相为体，无位为本。”什么叫“无念”呢？惠能说：“知见一切法，心不得染著，是为无念。用即遍一切处，亦不着一切处，但净本心，使六识出六门，于六尘中无染无尘，来去自由，通用无滞，即是般若三昧。”（《般若品》）意思是说，看见一切事物，心里都不在意，就和没有看见一样，这就是无念。即使认识在一切地方起作用，也不执着于任何地方，但叫本心保持清静，让六识（六种认识能力）从六门（眼耳鼻舌身意）中出来，在六尘（色声香味触法）之中而不受其杂染，这样的自由自在，无所挂碍，就是般若的要旨所在。这样就可以做到“六根虽然闻见觉知，不染万境，而真性常自在”。（《定慧品》）可见“无念”并非“百物不思”，万念除尽，什么都不想；而是说在与外物接触时，心不受外界任何影响。心不执着于外境，对任何事物不留恋，念过即过，“不于境上生心”，这又叫“无住”。所谓“无相”，是说不执着于事相，眼见美色，心不在美色，看见和没看见一样不动心。做到这样，虽然身处尘世，却毫无滞碍，精神上得到解脱，这就是“极乐世界”，就是天堂。相反，心受外界影响，追求形色声味，必然无限烦恼，这就是地狱。他说："前念着境即烦恼，后念离境即菩提。"凡夫和佛的区别就仅仅在着境与否。

《坛经·定慧品》说："无相者，于相而离相；无念者，于念而离念；无住者，人之本性。"劳思光说：此乃禅宗之工夫纲领。"于相而离相，"谓虽万相现前，心行万相之中，不为所累，适应自如，自体常保清净。即主体性不系于客体性中。"于念而离念"，就主体自身之活动说，主体虽有一切经验活动，而不失其超越性及自由，故遂有念而不为念所累。"无住"指于诸法上无所留滞，此是主体性本有之能力，故言"人之本性。"③

《坛经·机缘品》记载了一个有趣的故事：惠能的弟子神会问："和尚坐禅，是看得见看不见？"惠能用拐杖打他三下说："我打你，是痛还是不痛？"神会回答："也痛也不痛。"惠能说："我也是又看见又看不见。"按照禅宗的教义，杖打在身上，可以承认皮肉有痛的感觉，但感觉不过是心的幻影，所以从根本上说又是不痛。身虽有痛感，心不起痛念，心不着境，痛和不痛便都一样。这个故事很能说明"无念"的本质。禅宗叫人在是非场中而不谴是非，与世俗处而不染世俗，只要在内心里去掉是非好恶的观念，就能做到"随所住处恒安乐"，提倡一种随遇而安，逆来顺受的哲学，这就是"无念"的妙用。

惠能把唯心论的认识论与世界观相联系，提出"心生种种法生，心灭种种法灭"，万事万物皆随意生灭。相传惠能到广州听印宗师说法，其时风吹幡动，一僧曰风动，一僧曰幡动，争辩不已。惠能站出来说："不是风动，也不是幡动，是仁者(此指在场僧众)心动。"印宗听后十分惊奇。这就是说，客观世界的活动，乃人心活动所成，只要人心不动，就可以把客观世界看成不动的。只要思想净化了，一切事物就净化了，这是一种主观客观本末倒置的世界观，对陆王心学有一定影响。看起来十分荒谬，但有时也不无道理。陶渊明说："结庐在人境，而无车马喧，问君何能尔，心远地自偏。"俗话说："心静自然凉。"作为一种修养和自我操守方法，以不变应万变，是可能的，有时也是可取的。

惠能大刀阔斧改革传统佛教修炼方式，主张学佛不一定坐禅、念经、拜佛、不用落发、出家、苦行,一切世俗活动都可以照常进行。“世人若修道,一切尽不妨,常自思己过,与道即相当。”“但自却非心,打除烦恼破,憎爱不关心,长伸两腿卧。”(《般若品》)。信佛的人可照样做官、发财、做工、经商、娶妻、生子、喝酒、吃肉,只要你心不生分别,或者念头一转,认识到人世间一切都是假的、空的,便算觉悟了,便可以成佛。这种简捷易行的方法,对于当时的统治者与被统治者都容易接受。

惠能批评神秀一派教人修炼,长坐不卧,说:“长坐拘身,于理何益?听吾偈曰:生来坐不卧,死去卧不坐,原是臭骨头,何为立功课?”(《顿渐品》)劳思光说:“观此可知惠能完全否认锻炼意志之修行法门,只明主体之真悟,不谈过程。此是禅宗之真面目,亦即顿教之本旨所在。”④

北京大学的学者们认为,惠能禅宗之所以大行其道,是唐代各种社会矛盾在佛教内部的反映。盛唐后期,均田制遭到破坏,土地兼并激化,破产小农流入寺院,成为僧侣贵族的剥削对象。在世俗社会,门阀贵族与庶族地主争夺土地和劳动力愈益激烈。惠能出身微贱,在僧侣中长期属于下层。他的教义主张人人皆有佛性,人人皆可成佛,实际上是不满意贵族们在成佛问题上的特权。传统佛教讲布施财物,捐献越多,积善越多,成佛可能性越大。惠能不大讲因果报应和布施积善,而讲“运水搬柴,无非妙道”。传统佛教主张研读经典,对经典的解释权掌握在有文化的贵族手中。惠能不强调念经,不立文字,甚至连坐禅也可以不要。抛弃烦琐的经院佛学,提倡简易直捷的功夫。这就打破了贵族对佛教的垄断,反映了中下层者的宗教要求,从而把中国佛学推向新的境地。⑤

台湾学者严耕望先生指出,安史之乱是禅宗南北两宗盛衰的转折点。安史之乱后,北方经济残破,……北宗岂有不衰之理?相反的,南方经济力量却愈来愈强,老百姓乃至官府才有余力支持宗教。而这一带正是南宗怀让和行思两系的盘据地,所以就有机会发展起来了。⑥

注释：

①铃木大拙著，李世杰译《禅佛入门》，台湾协志出版公司 1970。

②③④劳思光《新编中国哲学史》二卷，广西师范大学出版社 2005。

⑤参看北京大学哲学系中国哲学教研室编著《中国哲学史》，北京大学出版社 2003。

⑥严耕望《治史经验谈》(上)，《中国学人》第 6 期，香港新亚研究所 1979。

第十八节　成玄英的“重玄”论和司马承祯的《坐忘论》

成玄英，生卒年不详，活动在太宗——高宗年间。著作有《老子注》、《庄子注》。

成玄英的哲学思想继承先秦道家老庄学派，认为道是宇宙万物的根本，“道能生成万有”，“至道之为物也，不有而有，虽有不有；不无而无，虽无不无。非无不定，故言恍惚”。（《老子注》）这种非有非无的东西，实质是精神性的观念，而非物质性的规律。

成玄英提出“重玄”作为体道的方法。他主张，修道之人，不但要遣去“有”，而且要遣去“无”，“有无双谴”，此为“一玄”。更进一步，将“玄”的观念亦谴去。这叫“玄之又玄”，即为“重玄”，重读重复的重。“一玄”也罢，“重玄”也罢，都是观念性活动。

成玄英的重玄论，有许多具体的含义。它有别于早期的道教讲究炼丹服药，斋醮符箓，更着意精神境界的修养。他在解释《老子》、《庄子》时，吸收大量佛教概念和方法，如空幻、寂灭、假合、因缘等。主要借鉴佛教中观学说。成玄英援佛入道，在形而上学的层面使老子的宇宙本原论转变为本体论，而在修习宗旨上则把追求神仙的道教转向讲究心性的道教。

从认识论来看，成玄英主张“能所两忘，智境双遣”。就是说认识对象即客观外物，以及认识能力即感觉和意识，都是虚幻不真实的，因而所谓内心和外境都是不存在的。只有把它们通通忘记，排遣，还原于“本迹虚夷”，才与道相合。

成玄英把人们的认识分为“圣智”和“俗智”。倘能做到心境双忘，与道同体，才是“圣智”。凡人触境生情，看来有知，其实无知。他说：“所知者，欲知也；所不知者，真知也。”(《庄子·则阳注》)“率性而照，知生者也。无心而知，无以为知也，任知而往，无用造为，斯则无知而知，知而无知，非知而知者也。故终日知而未尝知，亦未尝不知。终日为而未尝为，亦未尝不为，仍以此真知养于恬静。”(《庄子·缮性注》)此说与僧肇《般若无知论》颇相通。

成玄英接着说，“夫不能恬静，则何以生彼真知？不有真知，何能致恬静？是故恬由于知，所以能静。知资于静，所以获真知”。因此他主静。认为“俗知”是感官接触外物而得，或是间接获取的。只有忘掉客观外物，忘掉自我，没有任何常人的知识，这才叫真知。而真知必须取之于恬静。

如何达致真知？成玄英认为，应做到“无心”。他说：“圣人无心，有感斯应。威恩适务，宽猛逗机，同素秋之降霜，初无心于肃杀；似青春之生育，宁有意于仁惠。是以真人如雷厉风行，木茂花敷，覆戴合乎二仪，喜怒通乎四序。”(《庄子·大宗师注》)他所谓“无心”，并非顺应自然，而是要求，“内外双遣，物我两忘”，“智境相冥，不一不异”，“知与境合，故称为至”。(《庄子·庚桑楚注》)究其实质，“无心”也就是停止认识行动，以不知为知。

在是非问题上，成玄英发挥庄子的齐是非，主张“彼我是非，反复相喻，则所是者非是，所非者非非。故知二仪万物，无是非者也”。在他看来，彼与此，物与我，都是相对而言的，不确定的。那么所谓彼是我非，或彼非我是，都是不确定的，因而都是不真实的。他以事物关系和价值的相对性以及真理的相对性，来否定在一定条件下事物差异的绝对性。成玄英认为，从“圣智”来观察世界，所谓是非，只是妄心的产物。“是非彼我，生于妄心”，“是非皆虚妄尔”。(《庄子·齐物论注》)至于“圣智”是无法用语言来说明的。“夫圣心非不能知，为其无法可知。口非不能辩，为其无法可辩。辩之则乖其体，知之则丧其真。是知至道深玄，超言意之表。”(《庄子·田子方注》)成玄英和庄子一样由相对主义走向神秘主义不可知论。

关于知行问题,成玄英对老子“不出户,知天下”有特别的理解。把“户”注解为“知觉攀缘分别等门也”。而此句意是“有道之人,虚怀内静,不驰心于世境,而天下之事悉知,此以真照物也”。既然心不去认知,不去攀缘,心怀清静,不逐外物;那么,认识大道就会在“无心”中实现。他把老子的“不行而知”理解为,“不行者,心不缘历前境;而知者,能体知诸法,必究空寂。譬悬镜高堂,物来斯照,照而无心也”。他认为庖丁解牛即是“率精神以理会”,“推心灵以虚照,岂用眼以取尘耶?”在唯物论者看来,庖丁解牛之神技,貌似不用眼而用神,实际上是十九年专心实践并掌握规律之后的结果,哪里是什么“无心虚照”呢。

张立文等认为:“成玄英融玄学、佛学于道学之中,提高了道教思想的深度,也为后代儒释道三教会通开辟了先河。其重玄思想,不仅为后代道教人士所继承,也对儒、释二教人士有一定的影响。”①

司马承祯(646—735)字子徽,河内人,是陶宏景的三传弟子,隐居天台山,曾受睿宗、玄宗接见和赐封,但不愿接受官职。他的朋友卢藏用,早年隐居终南山,沽名钓誉,后来应召至京师,任要职,见司马承祯将还天台,指着长安南面的终南山说:“此中大有佳处,何必天台?”司马承祯说:“以仆所观,仕宦之捷径耳。”后世遂有“终南捷径”的成语典故,用来讽刺待价而沽的假隐士。司马承祯的著作很多,理论方面的代表是《坐忘论》。“坐忘”一词出自《庄子·大宗师》,讲的是心性修养的一种方法。魏晋道家《列子》也大谈“坐忘”,唐代道教徒赵坚、吴筠皆有《坐忘论》,可见当时人对这个题目的关注。

《坐忘论》集中论述坐忘、收心、主静、去欲等主题,目的就是“得道”。其中涉及认识论和修养问题,全书分为七篇,也就是修炼的七个步骤和层次。(以下所引皆该书同名各篇)

第一,敬信。他说:“如人闻坐忘之言,信是修道之要。敬仰尊重,决定无疑者,加之勤行”,“则得道必矣”。如果“闻而不信”,信道之心不足,“将有不信之祸及之,何道之可望乎?”首先要求对道坚信不疑;如果你不信,可能会有灾祸降临。这话带吓唬人的味道。

第二,断缘。他说:“断缘者,谓断有为俗事之缘也。弃事,则形不劳;无为,则心自安。恬简日就,尘累日薄,迹弥远俗,心弥近道。”要抛弃与世俗社会事务的联系。例如,“或显德露能,俫人保己;或遗问庆吊,以事往还;或假修隐遁,情希迁进;或酒食邀致,以望后恩”之类交际活动,都要斩断。如果有些事确实不可废者,“不得已而行之”,也要“勿遂生爱,系心为业”,不能为俗事牵挂于心,成为“尘累”,以致成为“业根”——这是佛教概念,意为罪孽的根源。

第三,收心。司马承祯认为,敬信、断缘是修道的前提和条件,收心才是修道的真正开始。所谓收心,就是强制地控制心理活动,使人的思想远离外部世界,排除内心的一切尘累,保持内心清静。“静则生慧,动则成昏,……所以学道之初,要皆安坐,收心离境,住无所有,不著一物,自入虚无,心乃合道。”只有心静如水,纯净无杂,人才能达到脱离尘俗,心道合二为一。

司马承祯指出收心过程中所出现的四种偏差:1.“心起皆灭,不简是非”。2.“任心所起,一无所制”。3.“唯断善恶,心无指归”。4.遍行诸事,却说心无所染。四种情况都是错误的。在收心问题上。司马承祯贯彻了重玄派玄之又玄,遣之又遣的原则,反对把心做实体观或共相观,而要使心与物冥合而为一,玄通无碍,进入非有非无、物我两忘的境界。

第四,简事。就是处事安闲,不为外物所累。司马承祯认为,“人之生也,必营于事物”。但“事物称万,不独委于一人;若不简择,触事皆为,则身劳智昏,修道有阙”。因此,需要“外求诸物,内明诸已,知生之有分,不务分之所无;识事之常有,不任非常之事”。不仅于生活无用者须去之。就是于生活有用而多余者也去之。积财则伤人,名位假而贱,蔬食弊衣就够了,不必期待酒肉罗绮。道教所追求的人生,就是安静豁达的人生。

第五，真观。所谓“真观”就是对事物本末究竟、吉凶祸福的体察与把握，也就是对道教所谓“真理”的认识，并使行为符合“真理”的要求。“观”的途径，一是观身，二是观心。皆与儒家的“反省内求”不同，不是为了发现或体悟内心既有的真理，而是要自我否定，包括形体和思想都要否定，达到自觉厌弃一切欲念的境地。司马承祯承袭庄子的相对论，认为是非、美丑的差别“都由想耳”，皆“妄心”所生，是思想偏执的结果。“凡有爱慕，皆是妄生，积妄不除，何以见道?”克服的方法就是以“合境”之心去“观境”，即从与对象同一的观念出发去看待对象。“若以合境之心观境，终身不觉有恶；如将离境之心观境，方能了见是非。譬如醒人，能知醉者为恶；如其自醉，不觉他非。”他所谓“合境”，不是在认识论上要求主观与客观统一，而是在本体论上要求主体客体同一，泯灭主体客体差别，从而让客观事物消融在主观精神之中。这样就可以进入无是非、善恶、美丑的无差别境界。②

第六，泰定。所谓“泰定”是指修习所达到的虚静至极境界，是得道的前阶。他说：“夫定者，尽俗之极地，致道之初基，习静之成功，持安之毕事。形如槁木，心如死灰，无感无求，寂泊之至。无心于定，而无所不定，故曰泰定。”在“泰定”阶段，人并非没有思想，但这时的思想不是产生于对外部世界的认识，而是由道自然产生，“道居而生慧”。是来自人的本性，“慧出本性”。慧指智慧。这时的智慧，虽然是能够认识道的大智慧，但生慧之后，还可能“用慧”，即“因慧以明至理”，内心仍有执著，必须做到“定而不动，慧而不用”。“定”与“慧”都是佛教哲学概念。

第七，得道。其特征和标志是“神与道合”。至此，“身与道同，则无时而不存；心与道同，则无法而不通；耳则道耳，无声而不闻；眼则道眼，无色而不见”。人的身体可以永固，精神可以解脱，彻底摆脱物累，进入绝对自由境界，就是得道成仙了。这里显然有迷信成份。

张成权认为，司马承祯的“坐忘”主静等修习方法，虽然不可能通向永生的途径，但作为养生之法，还是有一定道理。所谓“收心”、“断缘”、“无欲”等等，都含有自我精神调适的意味，是一种精神保健的形式。当然，这是撇开其宗教目的而言的。③

司马承祯的《坐忘论》，以老庄思想为基础，吸收佛教禅定、止观的方法，是宋元道教内丹学的理论先驱。在后世道教由外丹转向内丹的过程中有重要作用，也给宋明理学以一定启发。

注释：

①张立文主编《中国哲学史新编》，中国人民大学出版社 2007。

②③参看张成权《道家与中国哲学》隋唐五代卷，人民出版社 2004。

本章主要参考文献：

卿希泰《中国道教史》第二卷，四川人民出版社 1996。

李刚《重玄之门开启众妙之门——道教哲学论纲》，巴蜀书社 2005。

郭齐勇《中国哲学史》，高等教育出版社 2006。

卢国龙《道教哲学》，商务印书馆 2007。

第十九节　韩愈的《原性》、《师说》与李翱的《复性书》

韩愈（786—824），字退之，祖籍昌黎（今属河北），少孤，由长嫂抚养成人。二十九岁成进士，仕途坎坷，终官吏部侍郎。故后世称韩吏部或韩昌黎。韩愈是中唐古文运动的领袖，中国文学史上杰出的散文家，中国儒学史上影响巨大的思想家。他极力主张恢复儒学正统地位，坚决排斥佛老，揭露宗教迷信的危害。为谏阻宪宗皇帝迎奉佛骨，几乎被杀，谪贬潮阳，仍不后悔。他还是著名教育家，在中国教育史上有显著地位。

韩愈同佛老的辩论，集中在道和性两个问题上。他的《原道》，强调“道”就是以仁义为基本内容的封建道德规范和政治原则，以区别于佛家和老庄之“道”。他构建了一个从尧舜禹汤文武周公到孔子孟子的道统，与佛教的法统对立。尤其重视君臣之道与夷夏之辩，其矛头是针对藩镇割据和佛教不敬王者的。《原道》宣扬，历史是从草莽到文明逐步发展的，一切人类进步皆圣人所创造。“如古无圣人，人之类灭久矣。”以此反驳道家的“绝圣弃智”。道家否认圣人在历史上的作用，流于虚无主义和复古倒退。韩愈过分突出圣人推动历史和聪明智慧，未免陷入英雄史观。

在人性论史上，韩愈的名作是《原性》。他主张，人性与生俱来，把性的内容规定为仁义礼智信五德。人性分上中下三品，上品者合乎五德，是善的；中品者，有所合有所欠缺，“可导而上下”；下品者，“反于一而悖于四”，或与五德之一相反，或与四德背离（请注意：反与悖有程度之别），因而是恶的。韩愈在性之外提出情，认为情是“接于物而生”的。

（这句话是唯物的）。情的内容有七：喜怒哀惧爱恶欲。与性三品相配搭，上品者“动而处其中”，感情发动得中合度；中品者，七情“有所甚（过度），有所亡（缺失）”；下品者，“亡与甚，直情而行”。不是过度，就是缺失，任情胡为。韩愈主张对上中下三种人都进行教育，“上之性就学而愈明，（越学越聪明），下之性畏威而寡罪（知道法制的，有所畏惧而少犯罪过），是故上者可教而下者可制也，（引者按：‘可制’即‘小人学道则易使也’）其品则孔子所谓不移也。”韩愈这样讲是为了加强封建统治，也是对抗“人人皆有佛性”，以“因情见性”对抗佛道的禁欲主义。韩愈认为孟子、荀子、扬雄的人性论都有片面性。至于“杂佛老而言性者”，更不在话下。韩愈把性分为三品，并非新创，乃来自董仲舒和王充。韩氏较董氏的发展是把五德纳入人性的内容，又把七情与道德之性相联系。这就更符合加强封建教化的需要，使儒家人性论更丰富具体，且与佛道的性情论划分了界限。韦政通认为，韩愈的性三品说，名目虽与王充同（董仲舒还没有标出三品的名目），想法却不同。他的内容是在上智与下愚之间加进扬雄性善恶混为中性，于是形成上中下三品。……这样不但中品之人可因修学而决定其善恶，上品之人亦可因修学而愈明，下品不能修学，但可用刑罚强迫他们改变。①刘文英等说：“韩愈不仅完整地说明了人性的种种表现，而且也正确地说明了统治教化的必要性。……因而性三品学说是非常正确的。”②这样评价是否恰当，待商。

韩愈的《师说》是教育史上的经典之作，其中一些观点同时具有认识论意义。该文一开头就说：“古之学者必有师。师者，所以传道、授业、解惑也。人非生而知之者，孰能无惑？惑而不从师，其为惑也终不解矣。”把教师的责任归结为这三方面，至今仍是至理名言。“人非生而知之者”源于孔子的“我非生而知之者”，改动一个字，便把个人体会上升为普遍规律。每个人都会有疑问，都要请教老师才能解决，否则永远迷惑。这就否定了佛教徒面壁苦思的求知方法。

“生乎吾前，其闻道也固先乎吾，吾从而师之。生乎吾后，其闻道也亦先乎吾，吾从而师之。……是故无贵无贱，无长无少，道之所存，师之所存也。”这段话可以理解为，从师是为了追求真理，那里有真理，那里有老师。不分贵贱、长少，皆可为师。这几句话十分开明，教育方面的等级身份限制，被他打破了。下面又说：“弟子不必不如师，师不必贤于弟子。闻道有先后，术业有专攻，如是而已。”这样讲更打破了专业界限，每个人都应该向自己所不熟悉的专家学习。这一点在学科分工越来越细的今天，尤为重要。

该文又说，古代圣人，比一般人高明得多，尚且要向老师求教；今之众人，其资质原本就比圣人低下，却耻于从师。“是故圣益圣，愚益愚。圣人之所以为圣，愚人之所以为愚，其皆出于此乎？”看来圣人愚人皆非天生不变，关键在于学与不学。这里，作为教育家的韩愈，用辩证法自我否定了作为哲学家韩愈的性品不移的形而上学观点。

韩愈其他一些文章，也不乏精辟之见。如《进学解》说：“业精于勤而荒于嬉，行成于思而毁于随。”要刻苦用功，勤学深思，不能以游戏和马马虎虎的态度去学习。《答刘正夫书》说：“师其意不师其辞。”反对教条主义形式主义的模仿古书。在讲到写文章时，他主张“文章语言，与事相侔。其事信，其理切”。文章要正确反映事实，事实可信，道理确当。文章内容决定形式，不要无病呻吟，说假话，空话。这些虽然是讲文学创作，也具有认识论价值。

李翱（772—841），字习之，是韩愈的学生，古文运动和儒学复兴运动的健将，在哲学方面的代表作有《复性书》上中下三篇（本节引文均见该文）。

李翱发展孟子的性善论，而提出“性善情恶”论。他认为，“性无不善，情本邪也，妄也”。人的善性不能扩充，乃由于情的干扰。好比水本是清，火本是明，有了泥沙和烟雾，使得水浑火暗；去掉泥沙与烟雾，可以使水清火明。去掉感情活动，性就可以充实而为善。基此，他提出“灭情复性”的口号，作为他的人性论和认识论的履践原则。

李翱不讲性三品，不讲七情得乎中就是圣人。韩愈所追求的是仁义本性，李翱把“清净”看成仁义道德的基础。韩愈批判佛教禁欲主义，李翱表面上辟佛，实际上把佛教禁欲主义悄悄引进儒家的人性论。

李翱认为，人性是天生的，“性者天之命”。圣人和百姓在性本善这一点上没有差别。“百姓之性与圣人之性弗差也。”圣凡之别，在于圣人之性不受情的干扰，而凡人则为情所困。他认为，圣人是“人之先觉者也，”用不着“复性”。因此他们实际没有感情活动，“虽有情也，而未尝有情也”。“寂然不动，行止语默，无不处于极也。”圣人能够认识天下一切事物，他们一切活动都符合封建道德的最高原则。复性是贤人的事，“复其性者，贤人循之而不已者也”。一般民众由于情欲的昏蔽，无法复其本性。“百姓溺之而不能知其本也……情之所昏，交相攻伐，未始有穷，故虽终身而不自者见其性焉。”这实际上是“情三品”了。

李翱一面讲性善情恶，同时又讲情由性生。性情关系是：“情不自情，因性而情；性不自性，由情以明。”既然性无不善，为何由性而生的情变为恶呢？这就使他的思想陷入自相矛盾。直到宋代理学家把人性分为天地之性（纯善）和气质之性（有善有恶），用二元人性论回答了这一矛盾，才自圆其说。宋代理学家又在李翱“灭情复性”的基础上，提出“存天理，去人欲”的口号。所以人们认为，李翱是北宋理学的先驱。③

怎样才能复性呢？李翱主张“不动心”。此说源于孟子，但内容不同。李翱要求，心不受外物和情欲的诱惑，永远保持“清明”。而要做到这样，首先应该“弗思弗虑，情则不生，乃为正思。正思者，无思无虑也”。思维进入一种静止状态，感情就不会发生。他把这种不用头脑思维，通过内省得来的认识叫做“正思”，把经过感性到理性得来的认识叫做“邪思”。但“正思”还是有思。“此斋戒其心者也，犹未离于静焉。有静必有动，有动必有静，动静不息，是乃情也。”仍然没有彻底摆脱情的影响。于是第二步就要求领悟到本来就没有思虑，达到一种绝对静止的境界。他说：“知本无有思，动静皆离，寂然不动者，是至诚也。”到这种地步，情欲不再发作。“心寂不动，邪思自息，惟性明照，邪何所生？”人就可以归复到天真无邪的本性。

有人问，那么，声音来了难道听不到吗？物体在前难道看不见吗？

李翱说："不覩不闻，是非人也。视听昭昭而不起于见闻者，斯可矣。无不知也，无弗为也，其心寂然，光照天地，是诚之明也。"眼虽在看，耳虽在听，明明白白，可是思想寂然不动，进入"诚明"之境，就能认识天地万物了。

张立文等把李翱的复性去情的修养方法概括为两个阶段：第一为"斋戒其心"，即"弗思弗虑，情则不生"，心进入一种虚静状态；第二为"至诚"，即"动静皆离，寂然不动"，让心进入绝对静止状态。这种境界的人并不是不同外界接触，而是虽有接触，却不会为所见所闻接触的事物动心。这也就是《大学》所说的"格物"和"致知"。④

李翱用他的观点来解读《礼记·大学》中的"格物致知"，说："物者万物也，格者来也。物至之时，其心昭昭然，明辨焉，而不应于物者，是致知也，是知之至也。"这段话和前面讲的意思一样，认为外物来到跟前，心始终保持清明，不为物动，这就叫认识，而且是最高的认识。这种观点也是来自《大学》，"心不在焉，视而不见，听而不闻，食而不知其味，此谓修身在正其心"，李翱把它发展了一步。

李翱的"知本无有思"，显然吸纳了惠能的"无念为本"，一些词语亦带禅意（如"寂照"之类）。不同的是，惠能以"空"为最高精神境界，李翱以"诚"为最高精神境界。"诚"的概念来自《礼记·中庸》，其本义指对封建制度伦理道德的坚定信仰和无比信赖。李翱把这个范畴拓展到认识论，说"道者，至诚而不息者也。至诚而不息则虚，虚而不息则明，明而不息则照天地而不遗"。实践"至诚"就是使一切言行举止符合封建道德规范。"视听言行，循礼法而动，所以教人忘嗜欲而归性命之道也。"李翱把儒家的道德内容和佛家的修养方式相糅合，在他看来是辟佛以崇儒，而客观上是援佛以入儒，淡化了儒佛的理论界限。

李翱把心性问题作为哲学的中心问题极力加以阐发，儒家前辈没有这样做过，这是他对儒学的贡献。他对孟子的推崇，对《大学》"格物致知"从认识论加以阐释，以及对"主静"、"至诚"的注重，皆为宋代理学家所继承。

注释:

①韦政通《中国思想史》(下),上海书店出版社 2003。

②刘文英等主编《中国哲学史》,南开大学出版社 2004。

③参看北京大学哲学系中国哲学教研室编著《中国哲学史》,北京大学出版社 2003。

④张立文主编《中国哲学史新编》,中国人民大学出版社 2007。

第二十节　柳宗元、刘禹锡对唯心主义认识论的批评

柳宗元(773—819)，字子厚，河东(今山西永济)人，曾参加“永贞革新”运动，后来长期遭受贬抑，郁郁而终。他和韩愈是朋友，都是古文运动的领袖；但其哲学观倾向唯物，对佛教的态度与韩愈稍有区别。柳宗元的哲学代表作有《封建论》、《天对》、《非国语》等。

柳宗元认为，气是世界的本源，天地之间只有元气，无始无终也无边无际，自己不停地运动。太阳并无升落，而是我们的方位改变，对着太阳就是白天，背着太阳就是黑夜。“彼孰有出次，惟汝方之侧，平施旁运，恶有谷汜？当焉为明，不逮为晦。”(《天对》)这是对地球环绕太阳的猜测。他反对天人感应，提出天与人“各行不相预”，指名道姓批评韩愈的天道观。

柳宗元认为，社会历史的发展，是由客观存在的不以人的意志为转移的“势”所决定的。《封建论》指出，西周“封建制”不是出于圣人的意志，而是当时“势”所必然。秦始皇以“郡县”代替“封建”，也是势所必然。他列举事实证明，郡县制能够加强中央集权，封建制容易形成地方割据。秦立郡县虽出私心，但制度本身是“公之大者”。《封建论》的矛头是指向当时藩镇势力的。

柳宗元不赞成韩愈把仁义礼智信看成天赋予人的本性，而认为人受之于天的只是气，一种是“刚健之气”，表现于人为“志”；一种是“纯粹之气”，表现于人为“明”。这就是“天爵”——天所赋予的荣誉。扩充“明”与“志”，可以获得仁义礼智信。但五德并非“天爵”，而是经过后天学习和修养得来的。圣贤与凡愚之别不在先天道德差异，而在能否发

挥“明”与“志”的禀赋。“使仲尼之志与明可得而夺(篡改),则庸夫矣;授之庸夫,则仲尼矣。”(《天爵论》)圣凡的区分,可以由主观能动作用而变化;人的聪明才智的差异,并非先天就固定了等级。他否认凭容貌骨相以定终生祸福的迷信。认为圣人也是人,在生理上与众人无别。在这方面,他比前辈唯物主义者王充、范缜都高明。

柳宗元反对符瑞、前知、预言等先验论,他的《非国语》,对历史上的迷信进行逐条批驳。据说晋国叔鱼、杨食我、楚国斗越椒,刚生下来,别人从婴儿的哭声和小模样儿,就预知他们将来要闯大祸。柳宗元说:“君子之于人也,听其言而观其行,犹不足以言其祸福,以其有幸与不幸也。(幸指偶然性)今取赤子之形声,以命其死亡,则何邪?或者以其鬼事知之乎?则知之未必贤也。”也许是从鬼神那里得知的吧,这种知识未必高明。同书还批评春秋时期有人预言某国几年必亡,某人几年必死,以及相信算卦、问卜、征兆之类活动。《非国语》说:“卜者,世之余伎也,道之所无用也。”“卜史之害于道者多,而益于道者少,虽勿用之可也。”坚持人事成败,国家兴亡,在人不在天的唯物主义原则。

柳宗元分析迷信产生的认识论根源。认为“力足者取乎人,力不足者取乎神。所谓足,足乎道之谓也”。(《非国语》)当人们有足够力量掌控自己命运时,就相信人力。没有足够力量趋福而避祸时,就求之于鬼神。什么是足够力量呢?就是充分掌握客观事物的规律。在《守道论》中,他进一步解释什么是“道”,说:“物者,道之准也。守其物而由其准,而后其道存焉。苟舍之,是失道也。……失其物,去其准,道从而丧矣。”物是道的基准,离开事物及其准则,道就不存在了。这样的“道”,是唯物的。

柳宗元和韩愈同样是教育家,支持韩愈“抗颜为人师”,继《师说》之后作《师友箴》。指出:“今之世,为人师者笑之,举世不师,故道益离。为人友者不以道而以利,举世无友,故道益弃。”接着说:“不师如之何,吾何以成?不友如之何,吾何以增?吾欲从师,可从者谁?……道苟在焉,佣丐为偶。道之反是,公侯以走。”这段话中的“道”,主要指儒家之道，也可以广义理解为事理或真理。柳宗元认为，没有师友的指导和帮助，就不可能有成就和进步。从师求友的原则就看其是否明白事理。只要他明白事理，即使佣工乞丐，我也要以之为师为友；如果他不明白事理，即使是公侯贵族，我也要避之而走，不去巴结。这和韩愈讲“道之所存，师之所存”是一致的。韩愈的《师说》多少有些轻视“巫医百工”的味道。柳宗元的眼睛更向下，他分别为种树老人、建筑施工员、卖药商人作传记，体现出虚心向普通百姓学习的态度。

刘禹锡(772—842)，字梦得，彭城(今江苏徐州)人，唐代著名文学家，哲学家，与柳宗元一起参加“永贞革新”运动，一起受贬。两人的政治、哲学、文学观点基本一致；不同的是，刘禹锡对佛学理论批评更为深入。其哲学方面的代表作有《天论》上中下三篇。

刘禹锡既反对天人感应，也不完全赞成天人相分，而主张“天与人交相胜还相用”。他认为，自然界和人类社会各有特殊规律，“天之道在生殖，其用在强弱。人之道在法制，其用在是非”。(《天论》以下凡引此文不再注明)生物以强弱为生存法则，人类以是非维持秩序。自然的职能是“生万物”，即天然繁殖；人类的职能是“治万物”，即治理和利用万物。所以，“天之能，人固不能也；人之能，亦天有所不能也”。人在自然面前不是无能为力的，但也不可以超越自然为所欲为。自然界按照固有规律，使万物生长变化，而不干预人世的治乱。人则利用其社会功能，发挥“法制”作用，从事各种活动，利用自然而不对自然变化进行干预和改变。这就叫做“天人交相胜还相用”。这种分析更比起单纯以“天人相分”去批评“天人感应”，在理论上更深刻些。

刘禹锡指出，只要发挥“人之能胜天者”，实现“法制”，政治清明，是非有别，赏罚公平；以强凌弱的事情就不会发生；贤者尊荣，不肖者无以得逞，人们就会相信自己的力量，而不去信从天命。当“法制”松弛，政治腐败，是非颠倒，“义不足以制其强，刑不足以胜其非，人之能胜天者之实尽丧矣”，这时就会导致天命论和有神论的滋长。他比喻说，在小河里行船，快、慢、停、航，由人掌握。大风鼓不起波涛，漩涡形不成险阻。有时顺利到达,是由于人的操纵得当,有时搁浅触石,也是由于人的操纵失当。此时,“舟中之人,未有言天者,何哉？理明故也”。反之,在大江大海航行,人们往往难以操纵和预测,快、慢、停、航不完全由人。一阵微风可能马上变成遮天蔽日的狂飚;一片伞大的云彩突然会形成龙卷风之类海怪。这时,命运受盲目性支配,只好祈求天神保佑。“舟中之人,未有不言天者,何哉？理昧故也。”他由此推及社会,说,“生乎治者,人道明,咸知其所自,故德怨不归乎天;生乎乱者,人道昧,不可知,故由人者咸举归于天”。刘禹锡从认识论和心理学角度总结出,混乱而无法制,愚昧而不了解规律,正是天神信仰产生的思想根源和社会文化根源。这种分析不是对有神论简单斥责,而是进行精辟的解剖,其理论深度超越荀子。

刘禹锡对佛教的时空范畴提出批评。在《牛头山第一祖融大师新塔记》中他指出,“夫上士解空而离相,中士著空而嫉有。不因相何以示觉？不由有何以悟无”。意谓,离开具体事物去理解“空”,或者抓住“空”而不承认“有”,都是不对的。悟性的东西(“觉”)只有通过具体事物才能显示;必须从“有”出发,才能懂得“无”的概念。这样说,就不是“以无为本”,而是“无”以“有”为前提,把“空”的观念建立在“有”和“相”的基础上,这就和唯心主义空间观迥然不同了。

在《天论》中,刘禹锡指出,世界上没有绝对的“空”“无”。“空者,形之希微者也。为体也不妨乎物(它作为客观实体不妨碍其他物质的存在),而为用也恒资乎有(空间依靠有形之物而起作用),必依物而后形焉(具体空间要依赖其他物体而后呈现一定形状)。今为室庐,而高厚之形藏乎内也。为器用,而规矩之形起乎内也。”后面这几句话是对老子“凿户牖以为室,当其无,有室之用”那段话的批评。意谓,有了室庐之物,才有高厚的空间可以利用。此即所谓“为用也恒资乎有”。有比无更根本。

刘禹锡又说:“以目而视,得形之粗者也;以智而视,得形之微者也。”现代科学证明,空间并不真空。人们所谓真空,存在看电子、等离子之类细微物质，所有空间都存在场(磁场、电场、引力场、重力场等)。人的视力能见度在光波 7500—3900 埃之间。以上的红外线和以下的紫外线，人眼看不见，某些动物看得见。人的理论推断能力可以测知某些不可见的物质存在。现代显微镜下只能看到大分子，至于原子和基本粒子乃靠特定实验再加科学推断而得知。刘禹锡指出，人所看不见的“幽”、“晦”，是因为目力所限，在夜猫子、黄鼠狼、犬、鼠等动物看来就不一定是“幽”“晦”。他这种猜测，很有科学道理。《天论》总结说：“乌有天地之内有无形者耶？古所谓无形，盖无常形尔，必因物而后见尔。”这种见解，在中国哲学史上影响深远。柳宗元读后表示，“所谓无形为无常形，甚善”。宋代张载、明代王廷相、清初王夫之的唯物主义宇宙观，都受刘禹锡的启发。

刘禹锡从时间的连续性批评了佛教的三生九世说。盛唐时期华严宗的代表法藏说：“念念生灭，刹那之间，分为三际，谓过去、现在、未来。此三际各有过去现在未来。总有三三之位，以立九世，即束为一段法门。虽则九世各各有隔，相由成立，融通无碍，同为一念。”(《金师子章》)在法藏看来，三时九世不是客观事物运动的反映，可以在主观意念中产生和消失，时间“长短之相，乃心性所起”。

刘禹锡的《送鸿举师游江南并序》说：“因思夫苒苒之光，浑浑之轮(指时间)，时而言，有初中后之分；日而言，有今明昨之称；身而言，有幼壮艾之期；乃至一声謦咳，一弹指，中际皆具，何必求三生以异身耶？”

刘禹锡把时间理解为具体事物的发展过程，时间的三相就存在于日常生活之中。以时期而论，可分为初期中期后期；以日而论，有今日明日昨日；以人身言，有幼年壮老年。即使咳嗽、弹指这样短暂的动作，也可以分解为开始、中间、结束的全过程。这样就把时间与客观事物的运动密切联系起来，从而肯定了时间的客观性和物质性。长久的时间有初中后，短暂的时间也有初中后，它们是互相包含的无穷层次关系，而不是截然分割的并列关系。这种理解显然比法藏更符合辩证法。“何必求三生以异身？”这是对轮回转世的明确否定。既然过去现在未来，不在生前死后，就在日常生活中，那么，追求什么前世修今世、今世修来世，于三世之中去寻找自己的不同身世，有什么必要呢？刘禹锡在给好朋友元稹的诗中，也曾对三生之说提出批评。[①]

注释

①本节关于刘禹锡的论述，主要参考谭家健《刘禹锡的时空观》，原载河南师大学报 1979 年 3 期，后收入谭家健著《六朝文章新论》，北京燕山出版社 2002。

第五章　宋代的认识论

中国封建社会从宋代逐渐走下坡路，但思想文化仍继续发展。文学艺术、科学技术是如此，史学和哲学更超越前代。儒学进入新时期——被称为道学或理学。它进一步批判地融合佛道，更加精致，更为系统，更牢固地占据思想领域的主流地位。他们讨论的中心命题是“道”和“器”或“理”和“气”，故得名。道学或理学内部又有各种派别。主张理在气先的倾向于客观唯心主义，代表人物是程颐和朱熹，后世称程朱理学；主张心即理的倾向于主观唯心主义，代表人物是陆九渊和明代王守仁，后世称陆王心学；主张气为本体的倾向于唯物主义，代表人物是张载，当代哲学史家称之为气学。宋代儒学又有“濂”(周敦颐)、“洛”(二程)、“关”(张载)、“闽”(朱熹)之分，那是就籍贯而言。南宋之永康学派(陈亮)、永嘉学派(叶适)亦然。宋人做学问，喜欢发议论，重义理，学术史上称为宋学，而与重训诂的汉学相区别。

冯友兰先生指出：“道学，西方称之为新儒学，新儒学可以说是关于人的学问。例如，人在宇宙间的地位和任务，人和自然的关系，人与人之间的关系，人性和人的幸福。它的目的是要在人生的各种对立面中得到统一。”(冯友兰《中国哲学史新编》第五册，人民出版社 1988)

第二十一节 张载的二元论认识论

张载（1020—1077），世居陕西眉县横渠镇，后世称横渠先生。为学兴趣广泛，曾热心兵法和井田制，对自然科学亦颇留意。他关心国计民生，政治上主张改良，但与王安石意见不合。哲学代表作有《正蒙》、《西铭》、《经学理窟》、《语录》等，后人编辑为《张子全书》（以下凡引此书只注篇名）。

张载在本体论方面是唯物主义者。主张"太虚即气"，肯定气是唯一充塞宇宙的物质实体。"太虚不能无气，气不能不聚而为万物"，"其聚其散，变化之客形尔"。"知太虚即气，则无无。"（《正蒙》）宇宙充满了气，它有聚有散，我们所能见的世界万物，不过是气在变化中的暂时形态（客形）罢了。他受刘禹锡的启发，认为物质世界有明有幽，"天文地理，皆因明而知之，非明则幽也。见者由明，而不见者非无物也，乃是无之至处。彼异学则皆归之空虚，盖徒知乎明而已，不察乎幽，所见一边耳"。（《易说·系辞上》）肯定了物质存在的普遍性，批判了以空或无为本的玄学和佛教唯心主义。张载指出，气有"一物两体"，如虚实、清浊、聚散等，"两体交感而有屈伸，动静、终始之能"，从而"运动不息"，这种运动能力为物自身所固有，"动非自外也"；也没有目的和意志，他甚至猜测到大地在永恒地"自动"。他把运动分为"变"与"化"两阶段，"变言其著，化言其渐"，相当于突变和渐变。渐变到一定程度就需要突变，突变之后又是渐变。

张载把人性分为两个层次，一是本于太虚的"天地之性"，它清彻纯一，是善的来源；二是气化形成的"气质之性"，气禀杂而不纯，故有善有恶。于是他主张“变化气质”。“气质恶者，学即能移”。“为学大益，在自求变化气质”。（《语录》）他一方面不赞成佛老的人性论，认为“人欲”也是人的本性，另一方面又要求对“人欲”加以限制。刘文英等认为，张载“既消融了先秦儒家那种先天善恶的争论，又克服了汉唐儒家性三品的简单化的观点，表现了具体人性的多样性”。①

张载的《西铭》提出：“乾称父，坤称母……民吾同胞，物吾与也。”说人人都是天地所生的同胞，万物都是人的朋友。还说君主是天地的长子，大臣是帮助长子的管家人，把人与人、人与物的关系说成是家族关系。这就把传统儒家的“仁民而爱物”提到世界观的高度，更加哲理化了。张载有四句名言：“为天地立心，为生民立命，为往圣继绝学，为万世开太平。”（《语录》）作为知识分子的历史使命，这些话受到当时和后世的普遍赞扬。

张载的认识论，有二元论倾向。

张载肯定，人的认识来源于客观事物。“有识有知，物交之客感尔。”（《正蒙·太和》）“客感”是外来感受的意思，承认外物是感觉的来源。又说：“人本无心，因物为心。”（同上）心指人的认识，句意谓人心之知乃有赖外物而起，和佛教所谓“心生种种法生，心灭种种法灭”，针锋相对。

张载指出，人之所以有知识，是人的认识器官与外部世界相接融、相结合的产物。“人谓已有知，由耳目有受也。人之有受，由内外之合也。”（《正蒙·大心》）“受”指外物的感受。这种观点源于荀子的“知有所合谓之智”。

张载说：“亦有不闻不见，静坐生感者，亦缘昔日闻见，无有无事空感者。”（《语录》）有些似乎不与感觉经验直接联系的理论思维以及幻觉，也是来自过去的感性经验，否则不可能凭空产生。这话讲得很对，即使做梦也是以往经验的折射。

张载认识到，感性经验虽然重要，但毕竟是有限的，必须上升到理性，即“穷理”。要“穷理”就不能停留在闻见范围，而必须“尽心”。

他说："今言尽物者，未说到穷理。但恐以闻见为心，则不足以尽心……若以闻见为心，但恐小却心。今盈天地之间者，皆物也。如只据己之闻见，所接几何，安能尽天下之物？所以欲尽其心也。"(《语录》)所谓"尽心"就是充分发挥理性思维的作用。人心所得来自哪里呢？张载说："有无一，内外合(自注：庸圣同)，此人心之所自来也。"(《正蒙·乾称》)。"有无"指气之虚或实，"内外"指心与物。他反复强调心不离物。

张载的所谓"穷理"，就是探求事物的规律。"万物皆有理，不知穷理，如梦过一生。"(《语录》)张载说："理不在人，皆在物。"理不在人心，而在事物之中。理是客观的，不以人的主观意志为转移。他指出，佛教认识论的毛病在于不去探求万物之理，只承认自己的主观之理。"浮图不知穷理，而自谓之性，故其说不可推而行。"(《正蒙·中正》)他不赞成禅宗的顿悟，强调"穷理亦当有渐，见物多，穷理多，如此可以尽物之性"。(《语录》)

张载认为，"大其心，则能体天下之物"。照我的理解，"大其心"就是充分发挥理性思维的宏观功能。冯友兰先生说："大其心三个字很重要，这是张载的哲学方法，也是他的修养方法，总称之为'为学之方'。天下之物是无限的，能体会天下之物的人，其宇宙也就是无限的了。这是一个真正哲学家的精神境界。这种精神境界不是生来就有的，而是用一种哲学方法修养得来的，用后来道学家所用的名词，就是功夫，这种功夫的内容就是'大其心'。"②

接下来张载又说："世人之心，止于闻见之狭。圣人尽性，不以闻见梏其心，其视天下无一物非我。孟子谓尽心则知性知天，以此。"(《正蒙·大心》)冯友兰先生说："视天下无一物非我"，"是要打破主观和客观的界限。"这句话很明显是孟子"万物皆备于我"的翻版。在"尽心"问题上，张载无疑受孟子"尊心贱耳目"的影响。不过，他和孟子毕竟还有所不同。他虽然嫌"闻见累性"，但还承认有获得知识的开启作用。他说："耳目虽为性累，然合内外之德，知其为启之之要也。""闻见不足以尽物，然又须要它。"(《语录》)可是他却把耳目的认识能力简单地归结为人的自然本能，否认人的主观能动性。他说："成吾知者，天之神也。不知以性成身，而谓因身发智，贪天功为己力，吾不知其可也。民何知哉？"(《正蒙·大心》)在他看来，人的身体是自然形成的，不知道发展自己的天性，而想凭借身体感官去取得知识，把先天禀赋看成个人的努力的结果，是不可以的。因此，他认为只靠感官去认识事物的老百姓不能算有知识。

紧接着"大其心"那段话，张载说："天大无外，故有外之心，不足以合天心。见闻之知，乃物交物而知，非德性所知。德性所知，不萌于见闻。"(《正蒙·大心》)他认为，见闻之知是与外物接触而产生的知识，是"有外之心"。德性之知可以不依靠感性认识而依靠理性认识去直接把握。他叫做"合内外于耳目之外"，也就是超经验的认识。他认为这种知识高于见闻之知，但又不等于我们现在所理解的理性知识，他称之为"天德良知"。"诚明所知，乃天德良知，非闻见小知。"(《诚明》)颇相当于有关宇宙和天人关系的认识，但更多的是指道德观念和人的本性良知。复旦大学的学者认为，张载的"德性之知"不是指认识论领域的理性知识，而是人的心性所具有的道德本质，同时又是指人的修养的一种境界。③ 在张载看来，道德观念不是社会环境的产物，而是与生俱来的先天的悟性，又叫"天地之性"或"性"。《正蒙·太和》说："合性与知觉而有心之名。"这个"性"指天性，本性，它不萌于见闻。这显然是道德先验论。

王邦雄等说："一般人所认为的心知，只是存象之心，此乃见闻之知。而人真正的心知，真正的主体，乃是不萌于见闻，不受限于以往之记忆形象，而虚明监照，及于一切的德性之知，亦即是天心。"④ 这段话颇为费解。

怎样取得"德性之知"呢？它无需通过见闻，主要依靠道德修养。张载称之为"穷神知化"。《正蒙·神化》说："穷神知化，与天为一，岂有我所能勉哉？乃盛德而致尔。"又说，"神化者，天之良能也，非人能。……《易》谓穷神知化，乃德盛仁熟之致，非智力能强也"。意谓，要认识神妙莫测的宇宙变化，不靠人的智力，只有充分的道德修养方能达致。他还讲："圣人之神惟天，故能周万物而知。”圣人有天德，“然后天地之道可尽而言”。(《正蒙·天道》)这样讲，距离神秘主义直觉越来越近了。

刘文英等认为：“张载区别闻见之知和德性之知的目的，在于说明宇宙本体的认识与一般的现象的认识不同。他的宇宙本体论包括自然界的根本规律和道德理性，因此德性之知又分为认识天道阴阳的‘穷神知化’和认识道德理性的‘穷理尽性以至于命’。这样，张载一方面从现象与本体的关系上区别了自然认识与道德理性的不同；另一方面又从本体论上把自然规律的认识和道德理性的体验都归结为直觉认识，抹杀了逻辑对自然规律的认识作用，夸大了道德理性直觉的意义。”⑤

韦政通指出：“横渠在儒学发展史上也有很大的进展，其中最重要的是德性之知与闻见之知的对扬，以及天地之性与气质之性的对扬。这双重的对扬，使儒家的工夫论引出许多新的问题。”⑥

周世辅说：“西洋哲学道德观中有理性论与经验论之争，理性论者承认先天道德，经验论者否认先天道德。张子的‘天德良知’，应属于理性论。”⑦

张载解读孔子的话：“唯上智下愚不移。充其德性，则为上智；安于见闻，则为下愚。不移者，安于所执而不移也。”(《语录》)他强调一个要“充”，一个要“不安”，希望这两种人都要努力，不要停止于现状。又说：“天资美不足为功，惟矫恶为善，矫惰为勤，方是为功。”(《经学理窟·气质》)这实际上是主张智愚可移。

作为教育家的张载，有许多关于学习的言论。他说：“有志于学者，却更不说气质之美恶，只看志如何。”(《语录》)他主张学习不能自满，“学者恶其自足，足则不复进矣”。(《经学理窟·气质》)学贵创新，反对守旧，要多求新意，“以开昏蒙”，“义理有碍，则濯去旧见，以来新意”。(《语录》)他写过一首哲理诗，表面上咏芭蕉，实际上讲追求新知。“芭蕉心尽展新枝，新卷新心暗已随，愿学新心养新德，旋随新叶起新知。”(《文集·杂诗》)七言四句，竟用了七个“新”字，足见对创新的重视。在中国哲学史上，张载是富于新见的思想家。

注释：

①刘文英主编《中国哲学史》下编，南开大学出版社 2004。

②冯友兰《中国哲学史新编》第五册，人民出版社 1988。

③复旦大学哲学系中国哲学史教研室编《中国古代哲学史》(下)，复旦大学出版社 2006。

④王邦雄等著《中国哲学史》(下)，里仁书局 2005。

⑤刘文英主编《中国哲学史》下编，南开大学出版社 2004。

⑥韦政通《中国思想史》(下)，上海书店出版社 2003。

⑦周世辅《中国哲学史》，三民书局 1984。

第二十二节 程颐论"格物致知"和"知先行后"

程颐及其兄程颢合称二程，是宋代道学的奠基者。

程颢(1032－1085)，后世称明道先生。程颐(1033－1107)，后世称伊川先生，他们是洛阳人，其著作合编为《河南程氏遗书》(引文中简称《遗书》，以下凡引此书只注篇名或卷数)。二人基本观点一致，着重点或有不同。有些研究者认为，程颢倾向主观唯心论，下启陆九渊；程颐倾向客观唯心论，下启朱熹。他们是张载的表侄，对张氏思想既有赞同，也有异议。二程不赞成王安石的新法，但关心国家安危治乱。他们和北宋其他思想家创立道学，也是企图从思想上解决当时的社会矛盾。① 本节主要介绍程颐的观点。

程颐的最高哲学范畴是理。理字在先秦、两汉已广泛使用，基本上属于思想认识范畴，指道理、事理。到了二程，则上升到本体论，但有时仍限于认识论。在前一种情况下，大致相当于绝对理念；在后一种情况下，大致相当于法则、规律。

程颐肯定："凡眼前皆是物，物皆有理，如火之所以热，水之所以寒，至于君臣父子之间，皆是理。"(《遗书》卷十九)"有物必有则，一物须有一理。"(《遗书》卷十八)此处所谓理，指自然和社会现象之所以然。所谓万物之理是就总体言，每一事物之理是就个体言。他在多数情况下讲的"理"，是指的总规律、总规则。程颐的失误并不在具体性的"理"，而往往在总体性的"理"。

在二程之前，关于世界的本原，有人主张是道，有人主张是气，有人主张是天，有人主张是心……程颐把这些见解加以综合，提出世界的本原是理或曰“天理”(这二字由程颢拈出,程颐阐发)。在他看来,理就是道,就是阴阳的根据,阴阳即气。他说:“离了阴阳更无道,所以阴阳者,是道也。阴阳,气也。气是形而上者,道是形而下者。”(《遗书》卷十五)形而上者谓之道,形而下者谓之器,语出《周易》,前者指理念世界,后者指现象世界。程颐认为,道是决定阴阳之气的根据。这表明,形而上的道或理是第一性的决定者,形而下的气是第二性的被决定者。

程颐不指名批评张载的气一元论,“或者以清虚一大为天道,则乃指器言,非道也”。(《遗书》卷十一)“或者”暗指张载,“清虚一大”即太虚。在他看来,太虚是现象,还不是世界的根本。程颐认为,心和理是一贯的,“在天为命,在义为理,在人为性,在身为心,其实一也”。程颐区别儒佛:“圣人本天,释氏本心。”(《遗书》卷二十一)释氏以心为本,属于主观唯心论;程颐以天理为本,与人心合一,属于客观唯心论。

程颐认为,求知必须通过格物。“知者吾之所固有,然不致则不能得之,而致之必有道,故曰致知在格物。”(《遗书》卷二十五)程颐对《礼记·大学》“致知在格物”有许多解释,如说:“格犹穷也,物犹理也,犹曰穷其理而已。”“穷理格物便是致知。”(《遗书》卷十五)又说:“格,至也。如‘祖考来格’之‘格’。凡一物上有一理,须是穷致其理。穷理亦须多端,或读书讲明义理,或论古今人物别其是非,或应接事物而处其当,皆穷理也。”“乃至语其大,至天地之高厚;语其小,至一物之所以然,学者皆有理会。”又说:“须是今日格一件,明日格一件,积习渐多,然后脱然自有贯通处。”(以上均见《遗书》卷十八)“所务于穷理,非道须穷尽了天下万物之理,又不道是穷得一理便到,只是要积累多后自然见去。”(《遗书》卷二)有人批评,这是禅宗由渐修而后顿悟。我以为,禅宗只靠坐禅入定而后猛然醒悟,程颐的“豁然贯通”是勤学积习之后的认识飞跃,是符合思维和学习规律的。

与主张积学的同时,程颐也强调,“学者不必远求,近取诸身,只明人理”,“但察之身,其得尤切”。(《遗书》卷二)因而他不同意张载的心外求理,说“穷理”和“尽性”是一回事,不能分两步走。不欣赏王安石所提倡的广泛学习，说王氏“博学多闻则有之，守约则未也”。(《遗书》卷二)还批评“以记闻为学，自负赅博”的学生是“玩物丧志”。(《胡氏传家录》)可见在积学问题上他是自相矛盾的。他所谓“人理”，主要指人际关系，核心是封建理道德。程颐说：“致知但止于至善，为人子止于孝，为人父止于慈之类，不须外面只务观物理。”(《遗书》)，“物理”指具体事物的知识，他认为那是细微末节，只有道德观念最根本。

程颐继承孟子的良知论。说“良知亦非皆无所由，乃出于天，非出于人”。“致知在格物，非由外铄我也，我固有之也。因物而迁，迷而不悟，则天理灭矣，故圣人欲格之。”(《遗书》卷二十五)这个“物”指物欲，“格”指革除。排除物欲的干扰，从老子、孟子到惠能、李翱许多人都讲过。程颐的突出之处在于他明确提出“存天理，灭人欲”的口号，把理与天相连为一，使之高度神圣化；把物欲扩大为人欲，极力贬抑人们基本的物质要求，形成一种佛教禁欲主义和儒家正心修身相结合的精神枷锁。在后世影响很坏，太不近人情，故为许多学者所批评。不过在当时也有遏制统治阶级穷奢极欲的作用。

程颐既认为知识为人心所固有，必然贬低感性认识，片面推崇理性认识。他说：“大凡学问，闻之知之皆不为得。得者，须默识心通。”所谓得者，得理也。他肯定张载的观点说：“见闻之知，非德性之知。物交物，则知之，非内也，今之所谓博物多能者也。德性之知，不假闻见。”(《遗书》卷二十五)。

程颐有时也承认人能接收外界感觉，从而引起思维活动；但必须对之持警惕态度。他说：“人心不能不交感万物，亦难为使之不思虑，若欲免此，唯是心有主。如何为主？敬而已矣。”(《遗书》卷十五)“致知在格物，物来则知起，物各付物，不役其知，则意诚不动。意诚自定则心正，始学之事也。”(《遗书》卷六)。“所谓敬者，主一之谓敬。一者无他，只是庄整严肃，则心便一，一则自是无非僻之好。”(《遗书》卷十五)就是严肃地毫不松懈地保持内心纯正的本性，排除外物对本性的干扰。

在具体修养方法上，程颐主敬、主静，提倡终日净心，端坐。悄悄地吸取了禅宗“无念为宗”和道教“主静”的某些成分。

在知行问题上，程颐发表了颇有系统的见解。他明确提出知先行后，说：“君子以识为本，行次之。”（《遗书》卷二十五）“须是知了方行得。譬如人欲往京师，必知是出那门行那路，然后可往。如不知，虽有欲往之心，其将何之？”（《遗书》卷十八）表面看这话很对。欲往某地，必先知路线。可是再往下问，这路线又从何而来，它是前人行而后知的结果。程颐的错误在于只截取运用知识的后半段，忽略了取得知识的前半段。

程颐认为，“不知不能行”。“然不致知，怎生行得？”在实际生活中，人们往往边干边学，不知而行的现象普遍存在。程颐解释孔子的话说：“盖有不知而作之者”，“凡人作事，皆不知，惟圣人作事无不知。”（《遗书》卷二十二）又解释孔子的话，“行之而不著焉”，“此言大道如此，而人由之而不知也。如圣门弟子，行为不假思索，自然入于善而不自知。”认为孔子讲的“习矣而不察焉”，是指“众人”“饥食渴饮之类”生理本能。他关于圣门弟子不知而行的解释，实际上属于社会环境熏陶而成的习惯。

程颐提出，能知必能行。“人既有知见，岂有不能行？”（《遗书》卷十七）“知之深，则行之必至，无有知而不能行者。知而不能行，是知得浅。饥而不食乌啄，人而不蹈水火，只是知。”（《遗书》卷十五）他认为那种完全自觉，不待勉强的行为，乃是来源于明确、深刻的知见。乌喙是一种毒物，人再饿也不能吃有毒之物，是因为有人中过毒，才有这方面的知识。鲁迅说：“譬如吃东西罢，某种是毒物不能吃，我们好像全惯了。不过，这一定是以前有多少人吃死了，才知道的。”人不蹈水火，也是因为自己或前人有过被水淹火烧的教训才知道的。这些例子不能证明知在行先，只能说明认识来源于实践。

程颐认为，知而不能行，只是未真知。他说，“学者须是真知，才知得是，便泰然行将去也。”（《遗书》卷十八）他举例说，有一人曾为虎所伤，谈及虎则神色便变。傍人谈虎亦知虎之凶猛可畏，但不如那人有畏惧之色。“且如脍炙，贵公子与野人皆莫不知其美，然贵人闻着，便有欲嗜脍炙之色，野人则不然。”（《遗书》卷十八）这两个例子都证明，真知出于亲身实践。程颐又举例说，王公大人，莫不知说礼义，“及其临利害，则不知就礼义，却就富贵。如此者，只是说得不实见”。（《遗书》卷十五）“实见”，即实现，“见”同“现”。可见衡量某人是否“真知”，要看行。

综观程颐的知行观，尽管他处处强调以知为本，可是并没有忽视行，而总是讲知行相合，不能分开。清初黄宗羲说：“伊川先生已有知行合一之言也。”（《宋元学案》十五卷）虽然他是把知与行统一于知，但其中的合理因素不能抹杀。

方克立指出：有人说程颐的格物致知的方法，“是通过观察具体事物以获得对一般规律的认识，体现了近代科学的精神。这至少是一种误解。”“在真知的来源和检验真知的标准问题上，程颐的论述都多少包含一些合理的因素，特别是那些以生活经验为基础的实例，往往可以导致正确的结论。但是这些实例容纳于他的唯心主义体系中，都是以歪曲过的形式出现的，只是为论证反科学的先知后行服务的，他并没有得出实践出真知和实践是检验真理的标准的正确结论。”②

对于程颐的“格物致知”论，韦政通评价说：“这个观念被提出来并赋予外向性的意义之后，才使理学家的思想逐渐摆脱了《易传》、《中庸》的影响，为理学提供了一个新的指标，有了新的定向作用。在这个新路向上，他们（指程朱）的方法是重经验的，内容方面则重知识。”“但他们毕竟未能发展出一套科学的格知之学，在理论上他们缺乏方法论的自觉，在目的上他们的理想并不在此。他们仍是讲的圣贤之学，结果似只在‘尊德性’的道路上，多了一重‘道向学’的曲折。不过这步曲折，在新儒学史上引起极大的波澜，使传统儒学的殿堂遭到重大的一次翻修。”③

程颐继承张载的人性论，认为出于天者为天命之性，出于气者为气质之性，又叫才。“性出于天，才出于气，气清则才精，气浊则才浊……才则有善与不善，性则无不善。”（《遗书》卷十九）好比金属材料作器具，金属只可以比作气，不可以比作性。性受命于天，故合于理义。

程颐把孔子讲的“民可使由之，不可使知之”解释为：“不可使知之者，非民不足与知也，不能使知之尔。”(《遗书》卷二十二)“圣人设教，非不欲家喻户晓”，但是亿兆之民“安能使人人尽知之？”“若曰圣人不使民知，岂圣人之心？是后世朝三暮四之术也。”(《遗书》卷十八)明确表示不赞成朝三暮四的愚民政策。

注释：

①参看北京大学哲学系中国哲学教研室编著《中国哲学史》，北京大学出版社 2003。

②方克立《中国哲学史上的知行观》，人民出版社 1982。

③韦政通《中国思想史》(下)，上海书店出版社 2003。

第二十三节 王安石的认识论、人性论和天才观

王安石(1021—1086),字介甫,江西临川人,宋神宗时曾两度出任宰相,主持著名的"熙宁"变法。他是宋代重要的政治家、文学家和思想家。列宁称之为"中国11世纪的改革家"。

王安石以儒家自居。作《三经新义》,重新解读儒家经典。他推崇孔子,喜谈仁义道德、理气、性情等问题,但却和正统派儒生们走着不同的路线,在当时被称为"新学",后世被视为儒学异端。为了推行变法,王安石讲过三句硬话:"天变不足畏,祖宗不足法,人言不足恤。"集中体现他的唯物主义世界观,进步的历史观,不妥协的战斗精神和义无反顾的"拗相公"性格。有《王文公文集》。(以下凡引此书仅注篇名)

王安石认为,天地万物由金木水火土五种元素即五行组成。"五行,天所以命万物也……往来于天地之间而不穷也,是故谓之五行。"(《洪范传》)五行皆源于"元气",道也是气。"道有体有用,体者,元气之不动;用者,冲气运行于天地之间。"(《老子注》)他指出,事物内部存在的对立面是引起变化的原因。万物"皆各有耦……耦之中又有耦焉,而万物之变遂至于无穷"。(《洪范传》)此句中含有事物的无限可分性的意思。他还提出"新故相除",相当于新陈代谢的命题,作为变法的理论根据。

王安石关于认识论的见解,基本倾向是唯物的。他肯定,世界是可知的,"可视而知,可听而思,自然之义也"。(《进〈字说〉表》)又说:"是故天至高也,日月星辰,阴阳之气,可端策而数也;地至大也,山川丘陵,万物之形,人之常产,可指籍而定也。"(《礼乐论》)对认识自然和社会充

满自信。

他说："夫人莫不有视听思，目之能视，耳之能听，心之能思，皆天（自然）也；然而视而使之明，听而使之聪，思而使之正，皆人也。"（《老子注》）"聪明者，耳目之所能为；而所以聪明者，非耳目之所能为也。"（《礼乐论》）人有认识能力，这是自然的禀赋，但认识正确与否，则在于主观努力。强调主观能动作用，是其认识论的一贯特点。

关于耳目感官与思维的关系，王安石更重视"思"。其《洪范传》解释"貌言神听思"五事时说，"明则善视，故作哲；聪则善听，故作谋；睿则思无所不通，故作圣。""恭其貌，顺其言，然后可以学而至于哲矣。既哲矣，然后能听而从其谋。能谋矣，然后可以思而至于圣矣。"这段话有些是《尚书·洪范》的原词，不太好懂，但不难看出，王安石在五事之中，突出"以思为主"。"思者，事之所成终而成始者也，思所以作圣也。"思贯穿五事的始终，是达到"圣""哲"的关键。这样讲并不错，可是他有时却过分夸大思维的功用。《礼乐论》说，只要"察明其心，清明其德，则天地间所有之物皆至矣。"只要心中清明纯净，一切事物都会自然地呈现在你面前。同篇还说，"不听而聪，不视而明，不思而得，不行而至。是性之所固有，而神之所自生也，尽心尽诚者之所至也"。这样，就有可能掉进唯心论的先验论。

王安石在人性论方面有特殊见解，他写了《原性》、《性说》、《性论》、《性情》四篇文章，试图对历来人性进行总结。他批评孟子性善论，如果"人之性无不善，"那么人们就不应该有"怨毒忿戾之心"。他批评荀子性恶论，如果人性本恶，那么人们就不应该有"恻隐之心"。他不同意韩愈把五德当成人性，而认为五德由性生出，但它们并不是性。在他看来，孟、荀、扬、韩所谓性，"皆吾所谓情也，非性也"。"性生情，有情然后善恶形焉，而性不可以言善恶也。"（以上均见《原性》）他认为人的自然本性无善恶，由于情欲和习染不同而有善恶。"性者情之本，情者性之用。"他不赞成李翱的性善情恶说，不主张禁欲，而要求人的情欲发作皆合于理，其办法就是提倡礼乐。而主张性情合一说，"性情一也。世有论者曰：性善情恶。是徒识性情之名，而不知性情之实也”。(《性情》)其《原性》指出，恻隐之心和怨毒忿戾之心，都不是天生的，而是“有感于外而后出乎中者”，即同外界接触而后从内心中产生的。这是对孟子的异议。

《性说》中有一段话，专门讨论孔子的“上智下愚不移”问题。王安石认为，移不移的关键在于“习”。“习于善而已矣，所谓上智者；习于恶而已矣，所谓下愚者；一习于善，一习于恶，所谓中人者。上智也，下愚也，中人也，其卒也命之而已矣。有人于此，未始为不善也，谓之上智可也；其卒也去而为不善也，然后谓之中人可也。有人于此，未始为善也，谓之下愚可也；其卒也去而为善，然后谓之中人可也。惟其不移，然后谓之上智；惟其不移，然谓之下愚。皆于其卒也命之，夫非生而不可移也。”文章中的“卒”指最终结果。把“不移”解释为主观上不去的改变，而不是客观上不能改变。起决定作用的是后天的努力，而不是先天的本性。他明确否定了“生而不可移”。

在同一篇文章中，他批评韩愈《原性》所说的：“尧之朱，舜之均，文王之管蔡，习非不善也，而卒为奸。瞽叟之舜，鲧之禹，习非不恶也，而卒为圣。”韩愈举这些例子是为了证明其性三品说，批评性善论、性恶论和性善恶混。王安石就同样事例解答说：“尧之朱，舜之均，固吾所谓习于恶而已者。瞽叟之舜，鲧之禹，固吾所谓习于善而已者。”尧舜的儿子生于圣人之家，却成为不肖者，那不是先天遗传的问题，而是后天习于恶的结果。同样，舜和禹生于恶劣的家庭，却成为圣人，也是由于后天习于善的结果。王安石再次否定善恶先天决定论，坚持后天习染决定论。

在《洪范传》中，王安石强调，“如是则愚者可诱而为智也，虽不可诱为智，必不使之诎智者也；不肖者可革而为贤也，虽不可革而为贤，必不使之困贤者矣”。经过教育、诱导，愚者、不肖者可以成为智者、贤者；即使达不到智贤的程度，他们也不会去反对和阻碍智者、贤者。这段话再次承认智愚可移。

王安石不敢批评孔子，而要曲为之解。他说：孔子讲的上智下愚不移，不是就道德善恶而言，乃是指人的认识能力而言。在他看来，"恶者之于善也，为之则是；愚者之于智也，或不可强而有也"。他举伏羲作《易》，孔子作《春秋》为例，说那种工作是"非至精至神者"不能参与的，即使子游、子夏那样的孔门高足，尚不能"措一辞"，可见下愚之辈怎么努力也是无法移到"上智"地步的(《原性》)。周世辅说："他能将德性上的善恶，与智慧上的智愚加以划分。认为就德性上的善恶说，恶者可以改过迁善，就智慧上的智愚说，下愚无法变为上智。这是他对人性论的特见。"①

王安石的圣人观与他的天才观密切联系。一方面，他极力推崇圣人，认为圣人和世人不同，在认知活动中，"圣人内求，世人外求"。(《礼乐论》)圣人"能穷神，则知微知彰，知柔知刚。夫于微彰刚柔之际皆有以知之，则道何以复加哉？"圣人"能致其一，则天下之物可以不思而得"。(《致一论》)这些话很难和唯心论天才观划清界限。

另一方面，王安石又主张后天的教育和学习比先天的禀赋更重要。他有一篇著名的杂文《伤仲永》，记述一个农民的儿子仲永，从未接触文字，却无师自通，五岁能作诗。人们大为惊奇，有人拿钱请他写诗。他父亲成天带他到别人家去作诗赚钱，而不让他上学。到十二三岁时，诗就没有以前好了。到二十岁时，就朦朦然和普通人没有区别了。王安石很有感慨地说："仲永之通悟，受之天也，其受之天也，贤于材人远矣，卒之为众人；则其受之于人者不至也。"意思是说，仲永的聪明，来自天赋，他的天赋比一般人超出很多。但最终结果只是一名普通人，那是由于后天教育没有跟上去。在王安石看来，天赋不可靠，如果没有后天的教育，再聪明的人也会退化。可见后天学习对人的才智起决定作用。这篇文章闪烁着唯物论认识论的光辉，一直被选为教材。有人批评王安石此文，虽然强调人的才智主要受之于人，但又说其通悟受之于天，这种观点相互矛盾。②我认为，受之于天指自然禀赋，并不是指天生智慧，所以和受之于人并无矛盾。不过这篇文章和王安石在其他地方推崇圣人具有超凡的才能和品德，可以不受教育，确实存在矛盾。这类矛盾在古代其他唯物主义思想家那里也存在。

王安石很注意教育，重视培养人才。他写过一篇《材论》，认为天下有为、欲为的人才很多，问题是在上位者能不能发现和使用。人才是通过“教育成就”的，必须经过“沉浸灌养”，“磨砻切镌”，然后“行完而才备”。必须在实际工作中考察和鉴定，就像良马必须经过拉车、跑路的检验一样。“尽其道以求而试之耳。试之之道，在当乎尽其所能而已。”(《材论》)在《上皇帝万言书》中，他提出考察人才的方法，“所谓察之者，非专用耳目之聪明，而私听于一人之口也。欲审知其德，问以行；欲审知其材，问以言。得其言行，则试之以事。所谓察之者，试之以事是也。”不能只凭表面的印象，只听个别私人的意见；而要审其言行，试以事功。这和韩非提出的“参验”法有相通之处。遗憾的是，王安石在推行新政中，只重用附和逢迎他的“小人”，排斥持有不同意见的“君子”。后代历史家指出，王氏新政之败，败于不得人。这是一条重要历史教训。

注释：

①周世辅《中国哲学史》，三民书局 1984。

②潘富恩《中国古代认识论史略》，复旦大学出版社 1985。

第二十四节 朱熹的"即物穷理"、"知行相须"

朱熹(1130—1200),字元晦,祖籍江西,出生并长期生活在福建,故其学派称为闽学。他入仕之后,在各地方任职不长,大部分时间讲学、著述,临终前易箦之际还在修改《大学章句》。他主张抗战,与当权者意见不合,受到打击而被诬为"伪学",南宋末年才恢复名誉。朱熹是中国文化史上的巨人,划时代的哲学家、杰出的教育家、卓有成就的史学家、文学家。著作极多,经学方面有《四书集注》、《易学启蒙》、《周易本义》,文学方面有《诗集传》、《楚辞集注》、《韩文考异》和诗文集,史学方面有《通鉴纲目》,还有包罗万象的《朱子语类》。(引文中简称《语类》)朱熹是宋代道学的集大成者,与汉学相对而言的宋学的主要代表。近百年来对朱熹的研究形成朱子学,具有广泛的国际影响。

目前,中国大陆的学者大多认为朱熹的哲学体系属于客观唯心论。

朱熹认为,太极是宇宙的根本和全体,太极本身包含理与气。"理也者,形而上之道也,生物之本也;气也者,形而下之器也,生物之具也。"(《答黄道夫》)他多次讲理气不能相离,"天下未有无理之气,亦未有无气之理"。"理未尝离乎气","理气本无先后可言,然必欲推其所从来,则须要说先有是理"。(均见《语类》卷一)"气之所聚,理即在焉,但终以理为主。"(《答王子合》)

北京大学的学者认为,"这种所谓理在先,可以说与近代西方哲学所谓的'逻辑上的在先,不是时间上的在先'相似。"① 刘文英等认为,朱熹的宇宙本体论形成三个层次:从本体与现象来说,理体气用,体用一源,显微无间。从本原论来说,理在气先,理随气行。从万物和人的素质构成来说，理气无先后可言，理在气中。这种宇宙本体结构说明朱熹的理气观不是简单的理在气先，也不是理能生气。②

朱熹认为，最根本的整体性的理叫做“太极”，太极之理是一切理的综合，绝对超越时空，不生不灭，完美至善，是“万善”的道德标准。世界各种事物的具体道理，又叫“万理”，它来源于太极。“万物皆有此理，理皆同出一源。”这种关系，实际是指一般和个别的关系，程颐叫做“理一分殊”，朱熹叫做“万理一源”，盖来源于佛教华严宗的“一多相摄”论。朱熹引用佛教的例子说：江河湖海到处都有月亮的影子，其实都来源于天上一个月亮。朱熹与佛教的不同是，佛教认为一即是多，多即是一，把一般与个别完全等同起来。朱熹认为，“分殊”虽然都是“理一”的具体表现，但“分殊”因受不同的气的影响，因而各不相同。佛教讲“空”，把一切都看成是虚幻的。朱熹认为理虽是超时空的，但是“实有”。他的“理”是肯定现实生活和道德价值的。

朱熹发展改造张载的人性二元论。他看来，人和万物都体现天理，天理就在每个人心中。人人都有至善全美的天理道德，这就是“天命之性”。它源于太极之理，是绝对的善。由于每个人所受的气有清浊偏正之分，故有善有恶。此为阴阳二气交感所致，即“气质之性”。它可以善也可以恶。如同水本清澈透明，放在污、洁二盆之中，便有清浊之分。圣人气质清明，不易受浊气影响，能充分显露固有善性。凡人气质昏暗偏塞，易受浊气影响，其固有善性受蒙蔽而至于性恶。朱熹认为。孟子性善论强调的是天命之性，韩愈性三品强调的是气质之性。张载、二程指出二者的区别，经过他的综合，矛盾得到进一步的统一。

在上述宇宙观和人性论的基础上，朱熹建立了他的道德修养论和认识论。他也主张变化气质，除了富贵寿夭有“定数”不能变，智愚、贤不肖是可以改变的。如何变化呢？一是“居敬”，即无事时不为物欲所诱，有事时不忘道义；二是“穷理”，即“推究天下万事万物的究竟”。朱熹作《大学章句》时为“格物致知”补写了一段话，典型地概括了他的认识论。

“所谓致知在格物者，言欲致吾之知，在即物而穷其理也。盖人心之灵，莫不有知；而天下之物，莫不有理。唯于理有未穷，故其知有不尽也。是以《大学》始教，必使学者即凡天下之物，莫不因其已知之理而益穷之，以求至乎其极。至于用力之久，而一旦豁然贯通焉。则众物之表里精粗无不到，而吾心之全体大用无不明矣”。

朱熹说，他这段话是“窃取程子之意以补之”。他的确对程颐作了重要的补充，概括更加精致，更为明确，从而使之成为中国哲学史上的经典性文字。朱熹认为，所谓致知在格物，是说，要得到知识，在于接触事物而穷其中之理。人心的灵明都是有知识的，天下万物皆有其理。但人们往往对万物之理没有研究透，故人的知识是不完全的，所以《大学》开始就教导，必须让学习的人接触天下的物，都根据他已知的理而进一步穷究，以求达到终极真理，以至用力恒久，一旦豁然贯通，那么万物的表里精粗无不通达，人心之灵明就全部发挥作用而明朗透彻了。朱熹完整地表述了程朱理学的认识论，其中的关键词是“即物穷理”。

朱熹在其他文章和语录中具体阐发上述观点。关于什么是“格物”，他说：“格，至也；物，犹事也。穷至事物之理，欲其极处无不到也。”（《大学章句》）又说：“格物者，格尽也。须是穷尽事物之理。若是穷得三两分，便未是格物；须是穷尽到十分，方是格物。”（《语类》卷十五）朱熹以吃果子为喻，先去其皮壳，后食其肉，“更要把中间的核子破方得；否则，恐怕里头别有滋味在”。“格物，谓于事物之理，各极其至，穷到尽头，若是里面核子未破，便是未极其至也。”（《语类》卷十八）朱熹这样讲有深入研究事理之意，但过于极端了，因为认识真理是无止境的。

关于什么是“致知”？朱熹说：“致，推极也。知，认识也。推极吾之知识，欲其所知无不尽也。”（《大学章句》）又说：“致知乃本心之知。如一面镜子，本全体通明，只被昏翳了。而今逐旋磨去，使四边皆照见，其明无所不照。”（《语类》卷十五）在朱熹的体系中，知识都是自家心中固有的，“外面理会得者，即里面本来有的。”（《语类》卷一百一十四）因而所谓致知，一方面是使原有的道理通过格物得到“经历”、“体验”，能够更明白通畅；另一方面又使已知之理通过物来展开，推广，而无所不至。“从其所已知者推而致之，以及其所未知者而至其至也。”(《答吴晦叔》)所以他又说：“致之为义，如以手推送之义。”(《语类》卷十五)并不是我们现在所讲的从已知推知未知，而是推吾心已有之知至于事物尚未知之理。

关于“格物”与“致知”的关系。朱熹说：“格物，是物物上穷其理。致知，是吾心无所不知。格物是零细说，致知是全体说。”“致知是自我言，格物是就物而言，若不格物，何缘得知？”(《语类》卷十五)格物是主体作用于客体，致知是主体自我认识。因为“心包万理，万理具于一心，”所以“格物”与“致知”是不可分割的。朱熹说：“格物致知，彼我相对而言耳……盖致知便在格物中，非格之外别有致也。”(《语类》卷十八)从根本上讲，认识不必外求，而要向内求之于吾心。认识了本心，达到了一旦豁然贯通，就自然认识众物。冯友兰说，前段即物穷理说的是增进知识，后段吾心之全体大用无不明，说的是提高精神境界。这本是两回事，分开来说是可以的，朱熹把前者作为后者的方法，把为学和为道混为一谈，这就讲不通了。③

关于“格物致知”的途径。朱熹同意程颐讲的通过一物一物的格，积习渐多，自然贯通。“天地鬼神之变，鸟兽草木之宜”，“如麻、麦、稻、粱甚时种，甚时收，地之肥浇厚薄不同，此宜种某物，亦皆有理”。(《语类》卷十八)这个理指自然规律和生产经验。但朱熹主张求理当以向内为主，向外为次。“内事外事皆是自已合当理会底(的)，便是六七分去里面理会，三四分去外面理会方可。”(《语类》卷十八)内事主要指从内心去体验人伦道德修养，外事主要指参与外界的物质生产和生活。他说：“且如今为此学而不穷天理，明人伦，讲圣言，通世故；兀然存心于一草一木一器用之间，此何学问？如此而望有得，是炊沙而欲其成饭也。”(《答陈乔仲》)认识论与道德论结合，几乎是中国古代思想家的一致追求，朱熹不会例外。

北京大学的学者指出，朱熹要求不脱离实际格物，要求对事物的大小精粗进行周密的考虑，他的方法论在历史上产生很大影响。如近代的严复虽曾看到他这个方法的某些缺点，但仍然认为某些方面是对的。胡适虽然反对程朱的客观唯心主义理学体系，却称赞程朱穷理致知的方法为科学方法。④

劳思光说："观朱氏'格物致知'说，最须注意者是，朱氏虽就思解一面言'知'，与日后阳明的道德自觉言'知'不同；但仍非求取经验知识之意，且'格物'之目的并非求对经验世界作客观了解，与经验科学之为求知而求知实不同。是以无论赞成或反对朱氏之学说，凡认为朱氏之'格物'为近于科学研究者，皆属大谬。"⑤

王邦雄等指出："朱子格物虽重在知天理，而不重在吸收经验知识，但经验知识在格物的过程中，亦很容易会带出来，而人的道德行为的实践，是不能没有知识配合的。这是朱子的致知格物说的一个优点，这亦是此说容易被人接受的原因之一。朱子此说，是以知识来成就德行，又认为人之所以为不善，是由于对理没有充分的认知，这是所谓的'主智的伦理学'。朱子此说虽或不合孔孟原义，但为儒学开出一个新方向，亦是很有价值的。"⑥

朱熹的知行观是其认识论的重要组成部分。

首先，知与行相须相发。他说："知行常相须，如目无足不行，足无目不见。"（《语类》卷九）"致知力行，用功不可偏，偏过一边，则一边受病。"（《语类》卷九）可见二者互相依赖，不能脱离。而且人们所知之理，要依靠行方能实现，"为学之功，且要行其所知"。（《答吕道一》）朱熹一方面强调真知要从行来检验，欲知知之真不真，意之诚不诚，只看做不做。另一方面又说，行有赖于知的指导："如人行路，不知便如何行？"（《语类》卷九）"然穷理不深，则安知所行之可否哉？"（《答程允夫》）他还看到了知与行是互相促进互相启发的关系，"知之愈明，则行之愈笃；行之愈笃；则知之益明"。（《语类》卷十四）"行之力，则知愈进；知之深，则行愈达。"（《答潘子善》）"方其知之而行未及之，则知尚浅。既亲历其域，则知之益明，非前日之意味。"（《语类》卷九）他这样讲，是符合认识的辩证法的。

其次，关于知行的先后与轻重。朱熹认为，“论先后，知为先；论轻重，行为重。”（《语录》卷九）但是他又指出，“今就其一事论之，则先知后行，因各有其序矣”。（《答吴晦叔》）程颐讲先知后行，是就认识的普遍性而言，朱熹则予以修正。他说：“学之博未若知之要，知之要未若行之实。”（《语录》卷十三）“书不可不读，但比之行，实差缓耳，不然（孔子）何必言行有余力而后学耶？”（《答吕子约》）朱熹点名批评二程的弟子谢良佐，“其说每以知为重，而行为轻，故反以圣贤力行之意为知道之具，甚亦误矣”。（《〈论语〉或问》）

第三，朱熹不支持程颐的知难行易。他说：“虽要致知，然不可恃。《书》曰知之非艰，行之惟艰，工夫全在行上。”又说：“若不用躬行，只是说得便了，则七十子之从孔子，只用两日说便尽，何用许多年随孔子不去？”（《语类》卷十三）他一再告诫学生把主要精力放在践履、涵养、体察上，而讲说、闻道不过是做个“引路人”而已。当然，知行本无轻重之分，而且朱熹所谓践覆主要指道德修养，还不等于行。但他毕竟看到了行的重要，这一点是可贵的。

夏甄陶说：“在知行关系上，朱熹从不同角度展开了比较广泛的论述。虽然他提出知先行后的观点从总体上颠倒了知行关系，抹煞了行是知的来源这一关于知行关系的基本观点；但他关于知和行相互依赖相互促进的思想，关于行实于知，行重知轻的思想，都有其合理因素。在中国认识论思想史上是有其价值的。”⑦

朱熹关于教育和学习方法，发表了许多有益的见解，具有认识论价值。限于篇幅，这里就不介绍。最后引用朱熹一首哲理诗，来印证他的认识理论。“半亩方塘一鉴开，天光云影共徘徊。问渠那得清如许，为有源头活水来。”（《观书有感》）他用清澈如镜的池水比喻人的心即头脑，天光云影比喻外物之理即知识。为什么心会那么灵明呢，原因在有活水来。什么是活水？可以理解为不断践履，格物，追求新知。这样，思想才不会枯竭、僵化。朱熹正是这样身体力行，直到生命最后一刻，他还在修正更新自己的知识。

注释:

①北京大学哲学系中国哲学教研室编著《中国哲学史》,北京大学出版社 2003。

②刘文英主编《中国哲学史》,南开大学出版社 2004。

③冯友兰《中国哲学史新编》第五册,人民出版社 1988。

④北京大学哲学系中国哲学教研室编著《中国哲学史》,北京大学出版社 2003。

⑤劳思光《新编中国哲学史》三卷上,广西师范大学出版社 2005。

⑥王邦雄等《中国哲学史》,里仁书局 2005。

⑦夏甄陶《中国认识论思想史稿》下卷,1996。

第二十五节 陆九渊的“发明本心”

陆九渊(1139—1193),字子静,江西抚州人。中进士后,做过几任地方官,后来在江西贵溪应天山聚徒讲学,曾改应天山为象山,因号象山先生,著作有《陆象山集》(以下凡引此书只注篇名)。后人把他所创立的学派和明代王守仁合称为陆王学派,长期与程朱学派分庭抗礼。

陆九渊主张“心”为世界的本原,这可以从几个方面来理解:

关于“心”与宇宙。陆九渊说:“宇宙便是吾心,吾心便是宇宙。”把自己的心与宇宙等同起来,把心看成无所不包的精神本体。又说:“千万世之前,有圣人出焉,同此心同此理也。千万世之后,有圣人出焉,同此心同此理也。东南西北有圣人出焉,同此心同此理也。”(《杂说》)古往今来、四面八方的人心都与吾心相同,而且是永恒的,放之四海而无别的。请注意,他不是讲宇宙之心,而是讲吾心。“吾”指我,而不是张载“民胞吾与”的“我们”,不是张载“为天地立心”之“心”。

关于“心即理”。这个命题是陆九渊哲学体系的核心,也是他和朱熹的原则差别所在。在朱熹看来,理是世界的本原,未有天地先有此理,即使人物消尽之后此理仍在,因而理不依人心为转移。理包括心,但心不等于全部的理,理与心是一分为二的。陆九渊则强调“此心此理,实不容有二”,理就在心中,不在心外。陆九渊的“心”主要是道德意识。“四端者,即此心也,天之所与我者,即此心也。”(《与李宰》)孟子讲仁义礼智根于心,是道德意识先验论。陆九渊把它提升为宇宙本体论。

关于心与物。陆九渊认为心能包摄万物,万物是人心的派生物。他说:“心外无理,心外无物。”“万物森然于方寸之间,满心而发,充塞宇宙，无非此理。”(《语录》)“方寸”指心。孟子讲“万物皆备于我，”是指精神境界。陆九渊赞成学生把孟子这句话理解为“镜中观花”，镜子好比心，花好比万物，客观万物不过是主观的映象而已。陆九渊把反映与被反映的关系完全倒了。他讲的“心外无物”是从宇宙本体而言，心为第一性，物为第二性。此说显然受到禅宗的影响。不同的是禅宗的心性是没有任何规定性的无善无恶的本然存在，陆九渊则加进了封建伦理道德的内容。

陆九渊讲的心到底指的是什么？他有时也把心与五官并提，似乎是指思维器官。但更多的场合是指思维和精神活动。他说：“其他体尽有形，惟心无形，然何故能摄制人如此之甚？”(《语录》)他的学生杨简说得更明白：“人心非血气，非形体，广大无际，变通无方，倏然而视，倏然而听，倏然而言，又倏然而动，倏然而至千里之外，又倏然而穷九霄之上，不疾而速，不行而止，非神乎！”(《慈湖先生遗集》卷二《二陆先生祠堂记》)他把人的精神活动和功能夸大成一种神秘的自我意识。“陆九渊还把人心从人身主体分割开来，异化出去，使之无限扩展、膨胀，从人的属性变成了独立的无人身的纯粹意识，变成了绝对的唯一的精神本体”。①这就是心的基本涵义。

以心即理的本体论为基础，陆九渊建立了他的主观唯心主义的认识论和道德修养论。

知识从哪里来？陆九渊说：“汝耳自聪，目自明，事父自能孝，事兄自能弟，本无欠缺，不必他求，在自立而已，此心此理，我固有之。”(《语录》)既然如此，所谓认识，只要自存本心，养心，求放心就够了。有人批评陆九渊，除了孟子讲的“先立乎其大者”一句，“全无伎俩”。陆九渊听了很坦然地说：确实如此。孟子这句话是指首先确信本心，即坚信自己有先验的道德意识。陆九渊把它拓展为除道德意识之外的其他方面，而且自认为是求知的“简易工夫”。

有人问：“先生之学，自何处入？”他说：“不过切己自反，改过迁善。”又说：“人心有病，须是剥落。剥落的一番，一番清明。后随起来，又剥落,又清明。须是剥落的净尽方是。"(《语录》)人心本无欠缺,不过有时难免染上尘埃,所以要剥落、洗涤,使之恢复清明。剥落什么?陆九渊认为有两种情况,"愚不肖者之蔽在物欲,贤者智者之蔽在意见"。(《与邓之范》)又说:"明得此理,则外物不能移,邪说不能惑。"(《与曾宅之》)可见物也包括外物的干扰。"意见",即邪见,包括不同见解。陆九渊和朱熹在排斥物欲恢复本性这一点上是一致的,但他也曾对朱熹的存天理去人欲提出异议,主要是不赞成把天与人对立起来。在他看来,天人只是一心,然而他并不反对区别理欲。

陆九渊把"格物"解释为"格心"和"明理"。"格物者,格此心也。不然所谓格物,末而已矣。"(《语录》)又说:"致知在格物,格物是下手处。""伯敏问:天下万物不胜其繁,如何尽研究得?先生云:万物皆备于我,只要明理。而理即在我心中,所以,先知者,知此而已。先觉者,觉此而已……所谓格物致知者,格此物致此知也。"(《武陵真学记》)几个"此"均指心而言。朱陆的格物致知有所不同。朱熹认为人们不能直接认识理,必须经过格外物,而后明心中之理,即致知。陆九渊认为吾心已具备一切知识,所谓致知,只须发明本心,勿需格外物。本心就是真理,本心的自我认识,就是真理的自我发现。陆九渊不赞成程颐朱熹的今日格一物,明日格一物,不胜其烦。好比一两两称,一寸寸量,到一担一丈必然有差错。他的办法,直指本心,不必绕圈子、走弯路,好比用担称、用丈量,快捷而少有差错。所以自称为"简易",而以朱熹为"支离"。朱陆二家只是方法和途径的不同,他们的认识终极目的都是封建道德观念。

陆九渊认为:学习只须"向内用工夫,不假外求",所以,反对格外物以穷物理,甚至主张不读书。"学者须是打叠田地(指心)净洁,然后令他奋发植立。……然田地不净洁,亦读书不得。若读书,则是假寇兵,资盗粮。"(《语录》)"假寇兵,资盗粮,"语出《史记·李斯列传》。此句意谓,若是本心不正,立场不坚定,读书反而会为异端邪说提供资料,有如借给强盗兵器和粮食。他进而主张不要著书。有人问,因何不著书?

他回答："六经注我，我注六经。"又说："学苟知本，六经皆我注脚。"意谓六经所有知识，皆具于吾心，已心与六经互相发明，何必注经。

陆九渊在修养方法上，吸收了禅宗的"顿悟"。他不像朱熹那样讲"理一分殊"，而主张"天下事物只有一理，无有二理"。"念虑之正不正，在顷刻之间。念虑之不正者，顷刻而知之，即可以正。念虑之正者，顷刻而失之，即是不正。此事皆在其心。"(《杂说》)这和"一悟即至佛地"如出一辙。不同的是陆氏之"正"用的是儒家道德标准。

陆九渊和二程同样主张静坐。据弟子记述："他日侍坐，无所问。先生谓曰：学者能常闭目亦佳。某因此无事则安坐瞑目，用力操存，夜以继日，如此者半月。一日下楼，忽觉此心已复澄莹中立，窃异之，遂见先生。先生目逆而视之曰：此理已显也。某问：先生何以知之？曰：占之眸子而已。"(《杂说》)"占之眸子"来自孟子，但孟子只是看人心正不正，没有这么神秘。陆九渊的这一套实际上和佛教的坐禅入定差不多，所以当时就有人讥称他为"陆和尚"。

陆九渊认为，学习不是要增加外物的知识，而是要"减担子"。他说："圣人之言自明白，且如弟子入则孝，出则弟；是分明说与你入便孝，出便弟，何须传注学者废精神于此，是以担子越重。到某这里，只是减担子，只此便是格物。"(《语录》)这话表面上看好像要减轻学生的负担和压力，实际上是说，孝弟之类道德观念乃心中的良知良能，不学而知而能，用不着像讲传注的学者那样，费尽精神去讲授，只体会本心就够了。减担不是减压，而是减少对外物知识的探求。所以闭目静坐也是学问。

关于知与行。劳思光指出，"陆氏虽重觉悟，但仍认为'致知'之外，另有'力行'工夫，此与日后阳明'知行合一'说不同。象山肯定学生所说的'毕竟致知在先，力行在后'。故朱陆知行观并无二致"。②

陆九渊和朱熹曾经多次书信往来讨论无极与太极的问题，属于本体论。还在信州鹅湖寺面对面辩论《中庸》中的"尊德性"与"道问学"的问题，属于修养方法。参加者有陆九渊及其兄九龄、朱熹、主持人吕祖谦。朱主"道问学"。即物而穷其理。陆主"尊德性",先立乎其大者,专重发明本心。陆九龄赋诗曰:"孩提知爱长知钦,古圣相传只此心。大抵有基方有屋,未闻无址忽成岑? 留情传注翻榛塞,著意精微转(更加)陆沉。"后两句影射朱熹。陆九渊和诗一首,后两句说:"易简功夫终久大,(按:语出《周易》)支离事业竟浮沉。"陆批评朱熹"支离",朱则讥陆氏"空疏"。会议三天,不欢而散。但是朱熹没有记恨,过了几年,请陆九渊访问他主持的九江白鹿洞书院,为学生讲演《论语》"君子喻于义,小人喻一利",非常成功。听众落泪,朱熹亦感动,把讲稿刻石作跋,大加称赞。鹅湖之会后来成为文坛佳话,作为朋友切磋的典型事例,并不在其内容,而在各抒己见而又互相包容的学术精神,在这方面朱熹的表现尤为出色。现在台湾有个刊物名叫《鹅湖》,即用其义。

李寿章等认为,从认识史看,陆九渊在中国哲学史上,继孟子之后,比较深刻地看到了人心和其他事物的不同,看到了人心独有的思维功能,提出"其他体尽有形,唯心无形","心官不可旷职"等观点,这是有可取之处的。陆九渊的失足,在于他把人心即大脑的抽象思维能力夸大膨胀为无所不包的精神本体,认为"心之体甚大,若能尽我之心,便与天同"。这就不可避免地走向唯"心"论的死胡同。③

韦政通对陆九渊有更高的评价,他说:"象山的思想,可用'发明本心'四字概括。所谓本心,即孟子既属先验又是普遍的道德心,也就是今天所说的'具体的普遍性'的道德理性。他的体悟本心,乃由顿悟而得,唯出于渐修的苦功。他属于天才型的思想家,颇似佛门中的慧能。"韦政通特别看重陆九渊的民本思想,说"他也是孟子民本思想的发扬者,尤其他重提了孟子的民贵君轻之说"。"民贵君轻说,与君主专制的要求极端相悖,象山却一而再,再而三的讲到。""如果象山生于清末,他必然会赞助孙中山先生的革命。"④

注释:

①夏甄陶《中国认识论思想史稿》下卷,中国人民大学出版社 1996。

②劳思光《新编中国哲学史》三卷上，广西师范大学出版社 2005。

③李寿章、李邦国、耿程鹏主编《简明中国哲学史教程》，河南大学出版社 1990。

④韦政通《中国思想史》(下)，上海书店出版社 2003。

第二十六节 陈亮、叶适的功利主义认识论

南宋时期，与朱熹、陆九渊辩论的学者很多。有些属于道学内部见解不同（如吕祖谦、张栻）。而陈亮、叶适则是被后人称作“左祖非朱，右祖非陆”的独立于道学之外的学派。今人认为他们是站在唯物论立场对唯心论进行批评。他们肯定富商大贾是州县之本，不赞成重农抑商，肯定商人对社会有积极作用，因而被认为是商人和产业地主阶级的代表。

陈亮（1143－1194），字同甫，号龙川，浙江永康人，著作有《龙川文集》（以下凡引此书只注篇名），是著名思想家而兼文学家。他的词风与好友辛弃疾同属豪放派，文风亦雄健。少时喜谈兵，著军事著作《酌古论》，壮年多次科举未捷，五十岁中进士第一（即状元），次年在赴任途中去世。他一生未作官，却关心国事，主张抗战，反对妥协，直言敢谏，曾触怒权贵，几次入狱而始终不悔。是一位慷慨激昂，个性鲜明的豪侠之士。

陈亮主张，“盈宇宙者无非物，日用之间无非事”。“夫道非出于无形之表，而常行于事物之间者也。”（《勉强行道大有功》）道就在事物之中，不在物外，也不在心中。他把孟子讲的“万物皆备于我”，解释为孟子在另一处所讲的“一人之身而百工之所为备”。即一个人所需要的生活资料，有上百人为他服务。这样讲虽不符合孟子原意，却是一种功利主义的发挥，与陆九渊等人的唯心主义阐释正相反对。

陈亮提倡“事功之学”，主张务实，要“除天下之患，安天下之民”，“必使天下定于一而后已”。做人要堂堂正正，要有龙腾虎跃的精神。对那些只尚空谈无所作为的儒生们十分不满：“今天下之儒士，自以为

得正心诚意之学者，皆风痹不知痛痒之人也。举一世安于君父之仇，而方低头拱手以谈性命，不知何者谓之性命乎？”（《上孝宗皇帝第二书》）又说：“自道德性命之说一兴，而寻常烂熟无所能解之人，自托于其间，以端悫静深为体，以徐行缓语为用，务为不可穷测，以益其所无。一艺一能，皆以为不足自通于圣人之道也。于是天下之士，始丧其所有，而不知适从矣。为士者耻言文章，而曰尽心知性。居官者耻言政事书判，而曰学道爱人。相蒙相欺，以尽废天下之实，则终于百事不理而已。”（《送吴允成运干序》）这是功利主义的批判，还不是哲学批评，但揭露了这种现象的社会危害。

陈亮说：“世之学者，玩心于无形之表，以为卓然而有见。事物虽众，此其得之浅者，不过如枯木死灰而止耳。得之深者，纵横妙用，肆而不约，安知所谓文理密察之道，无所底止，犹自谓其有得，岂不可哀也哉？”（《与应仲实》）所谓“得之浅者”，指陆九渊之流，他们脱离具体事物，专讲存心养性，只能成为死灰枯木一样的废物。所谓“得之深者”，指朱熹一派，他们虽留心外界，却不得要领，泛论空谈，不能解决实际问题。这是从哲学思维上的批评了。

陈亮接着又说：“故格物致知之学，圣人所以倦倦于天下后世，言之而无隐也。夫道之在天下，何物而非道？千涂万辙，因事作则。”（同上）他认为每件事物都有“道”，事物发展而后形成道理、法则。只要“于所已发处体认”，即从已经表露出来的实际事物中去体认，就能把握其规律。这是陈亮对“格物致知”的理解，也是他对朱陆离物而求致知的批评。

陈亮认为，人的才智是后天锻炼的产物。“人只是这个人，气只是这个气，才只是这个才，譬之金银铜铁只是金银铜铁，炼有多少，则器有精粗，岂其于本质之外换出一般，以为绝世之美器哉？”（《与朱元晦书》）否认有先验的美器——即天才。他强调必须努力从“行”和“动”中去增长才干，“不恃吾天资之高，而勉强（即努力）于其所当行而已”。（《勉强行道大有功》）“人才以用而见其能否。安坐而能者，不足恃也。”（《上孝宗皇帝第一书》)要从实践中考察人才之能否。这种功利主义人才观与韩非、王充一脉相承。

陈亮与朱熹曾就“义利”“王霸”问题反复辩论。朱熹认为,天理是义,人欲是利,二者不可并立。陈亮也承认人有私欲,但它是普遍存在的,义就在利之中,义就是最大限度满足百姓所需要的利,故天理人欲不可分,义利不矛盾。朱熹认为,三代以上的王道行天理,汉唐以后的霸道行人欲。陈亮认为,三代也有人欲,“只是做得尽”,能满足百姓的利欲,也就是义和天理做得好。汉唐以后“做得不尽”,但也在作。汉高祖、唐太宗也有“救民之心,”有成功和济世之能,因时制宜,开拓宏业,就是一代英雄,不能对他们完全否定。王霸义利之辩从孟子开始提出,历代争论不休。陈亮以历史进化论反对朱熹的退化论,是正确的;但关于天理与人欲、义与利的关系都还有待深入。

朱熹曾经说:“江西之学(指陆九渊)只是禅,浙学(指陈亮)却专是功利。禅学,后来学者摸索,一旦无可摸索,自会转去。若功利,学者习之便可见效,此意甚可忧。”(《朱子语类》卷二)用现代术语来说,朱陆之争是唯心主义内部方法上的分歧,可以互通;朱陈之争是唯心唯物两条路线的原则分歧,所以朱熹觉得很严重。

叶适(1150—1223),浙江永嘉人,28岁中进士第二(即榜眼),在中央和地方任职近二十年,主张北伐,统一中国,反对苟安求和,官至权(临时)兵部侍郎,知建康府兼沿江制置使,是抗金第一线指挥官,立过战功。1207年,首相韩侘胄仓促对金用兵失败,叶适被弹劾附和,罢职回家,居永嘉城外水心村著述讲学,后世称水心先生,著作有《水心文集》、《水心别集》和《习学纪言》。

叶适和陈亮一样强调功利。他认为董仲舒所提出并为程朱学派所推崇的“正其谊不谋其利,明其道不计其功”,说起来好听,细想都是“疏润”的“虚语”,不能“以义抑利”。他要求详考“今日利害之事实”,对国家要有“拯救之术”,理财之能,整饬边防之功。这样的功利思想,并不是一时一事一人的利害,而是关系国家民族的利害,并不是程朱所攻击的“进利害而退是非”,不讲原则的狭隘功利主义。

叶适的哲学言论比陈亮多一些,深刻一些。他主张不能离物而言道,“物之所在,道则在焉。物有所止,道无止也,非知道者不能该物,非知物者不能至道。道虽广大,理备事足,而终归于物,不使散流”。(《习学纪言》卷四十七)他不赞成老子“道生天地”、“妙不可言”,而说:“道可言。未有于天地之先而言道者。”(同上)他认识到,物有限,道无限,不了解规律就不能全面认识事物,不熟悉事物就不能达致规律性认识。规律是广大的,但要落实到事物,才不致于空疏和无所底止。叶适不赞成“今世之学,以心起之”,“守其心以自信”。(《进卷·总论》)这是针对陆氏“心学”而言的。

叶适肯定,人的知识是耳目感官与心的思维相结合而成的。他说:“《洪范》耳目之官不思而聪明,自外入以成其内者也。思曰睿,自内出以成其外者也。古人未有不内外交相成而至于圣贤。”(《习学纪言》卷十四)这是重复张载的“人之有受,由内外之合也”。(《正蒙·大心》)他批评“后世学者,尽废古人人德之条目,而专以心为宗,致虚意,实力少,测知广,凝聚狭,而尧舜以来内外交相成之道废矣”。他又说:“近世之学,则又偏堕太甚,谓独自内出,不自外入,往往以为一念之功,圣贤可相招而至。”(《习学纪言》卷十四)这里明显指陆九渊。

叶适批评孟子“尊心贱耳目”,说:“夫古人之耳目安得不官而蔽于物?”“思有是非邪正,心有人道危微,后人安得常官而得之?舍四(耳目口鼻)从一(心),是谓不知天之所与。”(同上)意谓,思想有是有非,有邪有正,心也有“人心惟危,道心惟微”之别,不可能绝对正确。放弃感官而专信心官,那就是不知道发挥自然秉赋的全部功能。

叶适主张,“观众器者为良匠,观众方者为良医。尽观而后为之,故无泥古之失,而有合道之功”。(《法度总论》)多学习历史经验,广泛参加实际活动,才不会成为教条主义,而有合乎规矩的功效。

叶适又说:“古人多识前言往行,以畜其德。近世以心性通达为学,而见闻几废,狭而不充,为德之病。”他批评“道学”说:“道学之名,起于近世儒者。其意曰:举天下之学,不足以致道,独我致之云尔。其本少差,其末大弊。"(《水心文集》)周世辅说,"这种口气,谅是针对陆学徒'尊德性'而不重'道问学'而言"。①

叶适对"格物致知"的理解与众不同。有人"以为物欲而害道,宜格而绝之";有人"以为物备而助道,宜格而通之",他都表示怀疑。程颐讲"格物穷理","亦非也"。(《习学纪言》卷八)在他看来,所谓物不仅指外物,也包括人身的耳目手足,肝胆肺腑。他指出,"人之所甚患者,以其自为物而远于物"。"夫物之于我,几若是之相去也。"(《进卷·大学》)这句话有"物我为一"的意思。下文又说:"是故古之君子,以物用而不以已用,喜为物喜,怒为物怒,哀为物哀,乐为物乐。"冯友兰先生说:"这就是说,人本身也是一个物。可是自以为跟物不同,把主观(我)和客观(物)绝对地对立起来。……应该让主观尽量服从客观,这就是所谓以物用而不以已用。"叶适接着说:"用则伤物,伤物则已病矣,夫是之谓格物。"冯先生说:"如果用主观决定客观,让客观服从主观,那就对于客观有所捐弃,而自已的知识也不会完全,这就是叶适对于'格物'的解释。"叶适又说:"夫其若是,则知之至者,皆物格之验也。有一物不知,是吾不与物皆至也。物之至我,其缓急不相应者,吾格之不诚也。"冯先生说:"他把'致知,为解释'吾与物俱至',就是说,主观与客观相符合。"②后面这段话的"物"指外物,"格物"指"应物","吾与物皆至"指诚心待物。这就和《中庸》讲的"不诚无物"联系起来了。此乃针对理学家"其心收敛不容一物"而发。

叶适强调,认识的真伪应以客观对象为标准,义理的是非应以外界事物来检验。"无验于事者,其言不合;无考于器者,其道不化。论高而实违,是又不可也。"(《进卷·总义》)"欲折衷天下之义理,必详尽考天下之事理而不谬。"(《题姚令威西溪集》)"立论如此,若射之有的(箭靶)也。……故弓矢从的,而非的从弓矢也。"(《终论》七)他指责"后世儒者行仲舒之论,既无功利,则道义乃无用之虚语耳"。(《习学记言》卷二十三)这些观点,继承了韩非和王充等人的唯物主义传统。叶适和陈亮都富于批斗精神，对老子、庄子、孟子、荀子、董仲舒、佛教和张载、二程、王安石……都有尖锐的评论，在这一点上，更酷似王充。

清初学者黄宗羲指出："永嘉之学，教人从事中体会，步步着实，言之必使可行，足以开物成务。"(《艮斋学案》)这句话正确地总结了"事功之学"的优点。"事功之学"也有不足，那就是轻视理论思维的偏狭态度。叶适认为，只讲五行八卦就够了，不必研究无极、太极、动静、清虚一大……等等。在自然观方面他们没有兴趣研究，也反对别人深入研究。其实，世界根源和宇宙本体等理论问题是哲学家不能回避的。单纯讲事功正是商人专求眼前实利的思维习惯的反映。③

注释：

①周世辅《中国哲学史》，三民书局 1984。

②参看冯友兰《中国哲学史新编》第五册，人民出版社 1988。

③参看北京大学哲学系中国哲学教研室编著《中国哲学史》，北京大学出版社 2004。

第六章 明代的认识论

目前多数中国哲学史将宋明理学合而为一,本书为讲授方便,一分为二。

史称元代“文擅韩欧,道从伊洛”。从1235年赵复北上,程朱理学开始流行于北方,并逐渐成为主流。重要哲学家有许衡,他主张真知力行,知行并进;吴澄主张外之物格,内之知致。

明代哲学比较繁荣,喜欢争辩,可分为三大派:前期程朱理学占统治地位,主要学者有薛瑄、胡居仁、吴与弼等;发扬陆九渊的学者,有陈献章、湛若水等,集大成者是王守仁;承接张载气学者,有罗钦顺、王廷相、吴廷翰、吕坤等。这种学派划分是相对的,不少人出入朱陆,折衷两派,或兼收并取。

明中期以后,王学愈来愈盛,影响超越朱学。其后分为三派:以钱德洪为代表的保守王学,以王艮为首的泰州学派被称为激进王学,王畿等人则将王学融入禅学。

明代晚期,出现了以李贽、何心隐为代表的“异端”思潮,他们倾向王学,吸收禅宗,攻击朱学,批判学术及社会弊端,给中国文化史带来一股新鲜空气。这些人的思想复杂,很难划分派别。

明代晚期出现讲求实效、经世致用的“实学”,代表人物有顾宪成、高攀龙、刘宗周等。这种学风延续到清代。

“格物致知”、知行关系、见闻与德性等问题,是明代哲学研究的焦点。哲学家们纷纷发表意见,把认识论推向新的高潮。

第二十七节 王守仁的"致良知"和"知行合一"

王守仁(1472—1529),字伯安,今浙江余姚人,因曾居会稽阳明洞,自号阳明子。父王华,状元及第,曾任南京吏部尚书。王守仁少有大志,十一岁时过金山,赋诗有"金山一点大如拳,打破淮扬水中天"的壮语。28岁中进士,历任刑部和兵部主事,因得罪大宦官刘瑾,贬贵州龙场驿。刘瑾被诛后,他逐渐复职。曾巡抚赣南闽西,镇压当地农民起义。他从小喜读兵书,后来多次用兵。最重要的一次是在江西,一举平定武装叛变的宁王宸濠,并生擒之。因功封新建伯、南京兵部尚书。在官场受排挤,请假回乡省亲、读书讲学。1527年,广西、贵州发生少数民族起义,朝廷任命王守仁率兵镇压,两年后,死于凯旋途中,有《王文成公全集》。(以下凡引此书只注篇名或卷数)王守仁是中国儒学史上的大思想家,堪与朱熹并列;也是大教育家,弟子遍布大江东西南北。并且是军事家,能出奇兵,打大仗、硬仗。其学说被称为王学。

王守仁是心学的集大成者,其体系周密精深,要点有三:第一是心外无物、无理,第二是致良知,第三是知行合一。

关于心外无物,王守仁是从以下几方面论证的:

首先,事物依赖人的感觉而存在。据《传习录下》记载,一次王守仁游南镇,友人指岩中花树问:你说天下无心外之物,此花树在深山自开自落,于我心何相关?王守仁答:"你未看此花时,此花与汝心同归于寂。你来看此花时,则此花颜色一时明白起来,便知此花不在你的心外。"这和欧洲唯心主义哲学家贝克莱所说的"存在就是被感知"如出一辙。在唯物主义者看来,花树等客观物质独立于人的主观意识之外,人去感知它，它可以反映到人的头脑里，形成花树的映象；人不去感知它，它依然存在，只不过人的头脑里少了某个花树的映象罢了，花树的实体并没有消失。王守仁把花树的映象与花树的实体混为一谈。

其次，心是天地万物存在的依据，天地万物是心的派生物。王守仁说："我的灵明（指心）便是天地鬼神的主宰……天地鬼神万物离却我的灵明，便没有天地鬼神万物了。"弟子问："天地鬼神万物，千古见在，何没有我的灵明，便俱无了？"王氏回答："今看死的人，他这些精灵游散了，他的天地万物尚在何处？"（《传习录下》）常识告诉我们，人死了，山河大地依然存在。

复次，王守仁认为，所谓物乃是人的主观意念的表现。他说："有是意即有是物，无是意即无是物，物非意之用耶？"（《答顾东桥书》）"意之所在便是物。如意在于事亲，即事亲便是一物。"意在于治民、读书，则治民、读书即是一物。他所举事例，属于人们的社会活动，其中固然包含某种主观意念，但这类活动毕竟不是观念，而是物质性的活动。主观意念可以指导、控制人的客观活动，但物质生活并不是意念的派生物。精神在一定条件下可以变物质，物质在一定条件下可以变精神，但归根结底，物质是第一性的，精神是第二性的，王氏把二者的关系弄颠倒了。

王守仁在陆九渊的"心即理"的基础上，极力论证"心外无理"。他有一首诗说："人人自有定盘针，万化根缘只在心，却笑从他颠倒见，枝枝叶叶外头寻。"（《咏良知四首示诸生》）他所谓"定盘针"指心中之理，所耻笑的对象就是朱熹的心外求理，把心与理分为两截。在王氏看来，陆九渊"心即理"与朱熹"心与理"，一字之差，失之千里。他质问朱熹学派说，你们"求理于事事物物者，如求孝之理于其亲之谓也。求孝之理于其亲，则孝之理其果在吾之心耶？抑果在于亲之身耶？假而果在于亲之身，则亲没之后，吾心遂无孝之理与？"（《传习录中》）这种论证是站不住的。忠孝之类道德观念，是封建社会制度和家族关系在人们头脑中长期积淀而成的。观念一旦形成，就具有相对独立性，只要这种社会制度和社会关系存在，即使个别的君父死了，忠君孝亲的观念仍会存在。只有这种社会制度和社会关系改变了（例如推翻了君主制），并且经过较长期的思想习俗的改造与变迁，旧的理念才会逐渐改变。王守仁利用人们观念的相对独立性，来证明观念存在于事物之外，“心外无理”。从逻辑上讲，是倒果为因。

“心外无理”最早由唐代僧人大照提出（见《大乘开心显性顿悟真空论》），宋代程颢、陆九渊都讲过。王守仁大加发挥。陆氏既讲“此心此理不容有二”，又讲东西南北古今圣人同心同理，有把主观精神客观化的倾向；王氏强调天下之理皆在吾心之中，唯我主义比陆氏更彻底。陆氏讲心的作用不像王氏那样无所不包，无所不能，有时也要斟酌外界事物的情形；王氏则完全不予考虑，属唯意志论。陆氏讲心与物，体用分明，有析心理为二的可能；王氏主张体用一源，心理无二。王氏与朱熹的界限更为分明。①

劳思光另有解释，说：“阳明之‘心’，乃就自觉活动之主体言，而‘理’则取规范义，故‘心即理’即指一切规范源于心中。”② 此说有一定道理。

既然世界万物之理都在吾心之中，那么，所谓认识，只须求之于心就够了。于是王守仁又提出“心外无学”，把认识的唯一途径归结为“致良知”。

王守仁青年时，相信朱熹的即物穷理。曾在父亲衙门院子里，对着一丛竹子冥思苦想，企图通过格竹子之理，领悟作圣贤的道理。格了七天七夜，非但没有悟出圣贤之理，反而生了一场大病。他便觉得这样做圣贤太难了，改而求其他。经过多年摸索，三十七岁时，在贵州龙场半夜静坐深思，终于悟出“致良知”这个诀窍，觉得是一大发现，高兴得半夜大喊大叫，跳跃起来。到五十岁时，正式提出“致良知”的口号，自称“圣门正法眼藏”，认为它可以解决世界上一切问题。“正法眼藏”是佛教名词，禅宗用来指全体佛法（正法），眼谓朗照宇宙，藏谓包含万有，王守仁借此自矜。

什么是良知？王氏说：“是非之心，不虑而知，不待学而能，是故谓之良知。”(《大学问》)可见“良知”指人的天性,它是一切知识才能和道德观念的本源。王守仁将它比作有钱人的宝库,种种色色,样样皆全。所谓求知、穷理、悟道,不用到外面去找。知识的唯一源泉就在自己内心。除了良知以外,再没有别的知识,人要获得知识,应该抛弃外部世界,到内心去体认。这样的认识,是典型的主观唯心主义先验论。

王守仁既然否认客观世界的对象,必然否认感性经验。他说:“良知不由见闻而有,而见闻莫非良知之用。”“不闻不见是良知本体”,“闻日博而心日外,识益广而伪益增。”(《全书》卷八)认为感性经验对“致良知”会起阻碍作用。

王守仁把“良知”作为检验真理的唯一标准。良知所好就是“是”,良知所恶就是“非”,“凡所谓善恶之机,真妄之辨者,舍吾心之良知,亦将何以致其体察乎?”(《答顾东桥书》)此处所谓良知不单指个人的主观意识,而是指体现“天理”的“良心”,与“人心”相对的“道心”,主要是封建道德观念。

韦政通对“致良知”评价很高,他说:“把良知学说作为一个概念系统来看,我们会发现阳明的良知与先秦儒家的仁同样具有极大的广含性,使它成为我们思想及行动中最基本的东西,也取代了儒家传统中所有重要观念的地位。”③明以后数百年来,中国人常用的口头禅是,做人要讲天理良心。恐怕与王阳明的学说有某种关系。

王守仁讲的“格物致知”也就是“致良知”。他说:“致吾心之良知者,致知也;事事物物皆得其理者,格物也。”(《答顾东桥书》)

王守仁的“物”,如前所述,主要指人们按照封建道德规范的行为,如事亲、事君、治民、接物等等。所谓“格物致知”就是把心中固有的封建道德观念通过规范的行为彰显出来。他和陆九渊一样,不赞成朱熹以“即物穷理”解释“格物致和”,认为那是“舍心逐物”,将格物之学看错了。

关于格物的“格”,王氏又释为“正”。他说:“格者正也,正其不正以归于正之谓也。正其不正者,去恶之谓也;归于正者,为善之谓也。”

(《大学问》)所谓正与不正,皆以礼义为准则。他所谓“格物”,主要是端正接物时的主观动机。

王守仁和朱、陆二氏一样讲“存天理,去人欲”。说“只要去人欲存天理方是功夫”,一动一静都要念念不忘存天理去人欲。要“将好色好货好名等私欲逐一追究搜寻出来,定要拔出病根,永不复起,方始为快”。(《传习录上》)要像猫捉老鼠一样,“一眼看着,一耳听着,才有一念萌动,即与克去”。(《全书》卷一)这才叫“彻根彻底”。他主张“破山中贼”“先要破心中贼”。“心中贼”即指为恶之私欲。

后来王氏弟子把他的修养经归结为“四句教”:“无善无恶心之体,有善有恶意之动,知善知恶是良知,为善去恶是格物。”题为《天泉证道四句诗》,相当于禅宗的倡语,王氏门徒广为传诵。

王守仁所谓“格物致知”,除了恢复心中之天理,还有将良知推展到行动中去的一层用意。他说:“所谓致知在格物者,致吾心中良知于事事物物也。吾心之良知即所谓天理也。致吾心良知之天理于事事物物,则事事物物皆得其理矣。”(《答顾东桥书》)这样讲与西哲康德所谓“心为自然立法”相似。④

后期,王守仁比较强调“随时在事上致其良知”,不大提倡闭门静坐,悬空玄想。认为“悬空想个本体”,容易陷入“虚寂”,顿悟只有少数绝顶聪明的人才能做到。这正是他受益于禅宗而又不同于禅宗,继承陆九渊而又修正陆九渊之处。

王守仁大力宣扬“知行合一”,这是他研究中国认识论史的一项重要成就。他说:“知行如何分得开?”“只说一个知,已自有行在;只说一个行,已自有知在。”(《全集》卷一)“知之真切笃实处即是行,行之明觉精察处即是知。”“知行功夫本不可离”,“真知即所以为行,不行不足谓之知。”(《答顾东桥书》)抽象地看,“知行合一”即知行互相结合,没有什么大错误,问题在于他的具体说明。王氏所谓知主要指封建道德观念,行主要指封建道德行为,和我们现在讲的认识与实践不是一回事。他的“知行合一”,就是道德观念和道德行为的统一,不是统一于行,而是统一于知，知行最后都统一于心。这是唯心论的知行统一观。

王守仁常把人的主观意念说成是行，抹杀知和行的区别。他举例说，见好色是知，好好色是行。闻恶臭是知，恶恶臭是行。其实，闻是感觉，好恶是意念，都不是行。他又说："我今说个知行合一，正是要人晓得，一念发动处便是行了。"(《传习录下》)不少学者指出，这是混知为行，消行归知。复旦大学的学者认为，一念发动，意味着道德意识的开始，根据"知是行之始"的说法，意识活动也就是整个知行工夫过程的初始阶段，在此意义上说，一念发动便已是行了，自有其一定的合理性。⑤

王氏常常认为，知决定行，以知代行。他说："知是行的主意，行是知的功夫，知是行之始，行是知之成。"(《传习录中》)知似乎和行平起平坐，其实把知看得高于行，先于行。王氏不赞成朱熹的先知后行，在他看来，心具一切知，勿需向外即物以求知，使良知显现也就是行了。所以朱王知行观的差别不在于先后，而在于途径。

最后，王氏把知行都归结为心。他说："外心以求理，此知行所以为二也。求理于吾心，此圣门知行合一之教。"(《传习录上》)前一句指朱熹，后一句指他自己。他又举例说："人必有欲食之心，然后知食。欲食之心即是意，即是行之始矣。"(《传习录上》)他把心看成知的本体，行的前提。心不仅指导行，也决定行。所以"知行合一"说的必然逻辑地走向"致良知"。

对于王阳明的知行合一说，海外学者评价甚高。如王邦雄等说："阳明言知行合一之知行本体，应即是孟子之良知良能，在此义上言，知行当然是合一的。阳明强调知行合一，是要人体认到此知理之知，本身便有实践道德行动的要求和动力，如此言知行，是畅通行动实践之源；对于朱子知先行后之论，是一大扭转。"⑥

关于上智下愚问题。王守仁认为，下愚者不是不可移，而是他们不肯移。他认为，"良知良能，愚夫愚妇与圣人同。但惟圣人能致其良能，而愚夫愚妇不能致，此圣愚之所由分也"。(《传习录》中)他还说，人的气质生来不同，"气质美者，渣滓原少，无多障蔽，略加致知之功，此良知便自然莹彻”。“气质不美者，渣滓多，障蔽厚，不易开明。”（《又答陆元静书》）只要“去其人欲而复其天理，”便可由凡入圣。这样，你就可以看到“满街都是圣人，满街人看你也是圣人”。（《传习录下》）

不少学者指出，王守仁的哲学和认识论虽然属于主观唯心论，但也不乏合理因素，“满街都是圣人”就是一个含有积极意义的口号。此外还有几点值得重视：

第一，反对崇拜权威和教条。他力主判断正确与错误的最高标准是个人的良知，而不是孔子的话。他说：“夫学贵得之于心，求之于心而非也，虽其言出于孔子，不敢以为是也。……求之于心而是也，虽其言出于庸常，不敢以为非也。”“学，天下之公学也，非朱子可得而私也，非孔子可得而私也。”提倡“公论”，“良知即公论”（《答罗整庵书》），为人们打破权威，敢于怀疑，提供了精神资源，客观上起到解放思想的作用，促成了明代后期学术思想界的自由风气，对李贽、黄宗羲都有一定的影响。

第二，他认为“圣人之心，以天地万物为一体”，把普天下的人，都看成“昆弟赤子之亲”，“莫不欲安全而教养之”（《答顾东桥书》）。“视天下犹一家，中国犹一人”。这和张载讲的“民胞物与”基本精神是相通的。

第三，强调个人的主观能动性。只要信仰道德的基本原则，在实际行动中可以灵活运用，反对教条主义。⑦

第四，他强调能知必能行，具有道德实践的意义。王邦雄说：“阳明之言良知及致知格物之说，确是一套相当合理，而又是人人可行的成德之教的功夫。”“阳明以良知言体，在知是非之知中显发本心的内容意义。便更为明白、更切于实践。从知上来指点，是可以使人当下契悟，当下付诸实践的。把本体说得如此明白，使人当下能有所把握，是阳明之学的一大贡献。”⑧

王学在明后期（以及在日本）的影响甚至超过朱学，那不是偶然的。

注释：

①参看方克立《中国哲学史上的知行观》，人民出版社 1981。

②劳思光《新编中国哲学史》三卷上，广西师范大学出版社 2005。

③韦政通《中国思想史》下，上海书店出版社 2003。

④⑦参看北京大学哲学系中国哲学教研室编著《中国哲学史》，北京大学出版社 2003。

⑤复旦大学哲学系中国哲学史教研室编《中国古代哲学史》下，复旦大学出版社 2006。

⑥⑧王邦雄等《中国哲学史》下，里仁书局 2005。

第二十八节　罗钦顺的“就气认理”的认识论

罗钦顺(1465—1547),号整庵,江西泰和人,进士出身,累官至南京吏部尚书,六十岁左右致仕,“居里二十余年,足不入城市,潜心格物致知之学”。(《明史·罗钦顺传》)主要哲学著作有《困知记》六卷(以下凡引此书只注卷数)。

罗钦顺与王守仁是朋友,经常互相探讨学术问题。王氏死后,罗氏与王门弟子继续讨论。罗钦顺自称道学家,推崇程朱,但在本体论方面并不赞同理在气先,而是继承张载的气学。陆王心学是他批评的主要对象。当代学界认为罗氏有唯物主义倾向。

罗钦顺把物质性的气当成世界的最初原。说:“盖通天地,亘古今,无非一气而已。”“人物之生,本同一气”。“阴阳之气,……屈伸无方,运行不息,莫或使之。”(卷上)气自身在运动变化,没有其他力量主使。而“理只是气之理,当于气之转折处观之。往而来,来而往,便是转折处”。(续集卷上)理并不在气之外,“初非别有一物,依于气而立,附于气以行也”。(卷上)罗钦顺还说,“朱子终身认理气为二物,愚也积数十年潜观之功,至今未敢以为然也”。(卷下)婉转表示不赞成朱熹的理气观。

罗钦顺用气一元论重新解释程朱的“理一分殊”。他说:“盖人物之生,受气之初,其理唯一。成形之后,其分则殊,莫非自然之理。其理之一,常在分殊之中。”(卷上)意谓,世界上的人和物皆禀气而生,因此,人与物皆具一气变化之理,所以叫“理一”。形成之后,每个具体事物的特殊规律又各不相同,这叫“分殊”。“理一”即存在于“分殊”之中。用现代哲学术语而言，一般存在于个别之中，而不是像程朱学派那样，认为一般在个别之外，之先。冯友兰先生指出，“关于一般和特殊的关系，在西方中世纪哲学中，有二派主张：唯名论和唯实论。我认为罗钦顺的这种主张，是介于实在论和概念论之间，兼有其合理的部分”。①

罗钦顺对陆王心学的批评，集中在以下几个问题上：

批驳“心外无物”，“心外无理”。他说：“若谓其心通者，洞见天地人物皆在吾性量之中，而此心可以范围天地；则是心大而天地小矣，是以天地为有限量矣。”从常识而论，天地当然不可能在人心范围之中。他又说：“若谓天地人物之变化，皆吾心之变化，而以发育万物归之吾心，是不有分之殊矣。……盖发育万物，自是造化之功，人何与焉！”(续集卷下)他肯定万物变化是自然界的力量，与人不相干。罗氏在致王门弟子的信中说：“有物必有则，故学必先于格物。今以良知为天理，乃欲致吾心于事事物物，……则道理全在人安排出，事物无复本然之则矣，无乃不得于言乎。”(《答欧阳少司成崇一》)罗氏坚持“有物必有则”的古训，就是坚持“理在物中”。“不得于言”出《孟子·公孙丑上》，原意指不能在言语上得到胜利，此处指对方言论没有道理。

关于“良知即为天理”和心性问题。罗氏说，“今以良知为天理，即不知天地万物皆有良知否？”在罗氏看来，山河大地，草木金石，“吾未见其有良知也”。(《答欧阳少司成崇一》)在同一篇中，他反对王氏以恻隐、羞恶、恭敬、是非之心为良知，视听言动为知觉，说这是把人的知识分为两类。罗氏主张“知惟一尔，而强生分别，吾圣贤之书未尝有也”。罗氏主张性即理，认为道德之知和感觉之知只是一个知。揭示王阳明的“良知”与佛教的“真识”是一脉相通的。罗钦顺又说：“盖天性之真乃其本体，明觉自然乃其妙用。天性正于受生之初，明觉发于既生之后。有体必有用，而用不可以为体也。……虚实既判，体用自明。以用为本，未之前闻。”罗氏把道德观念看成天赋，这是错误的，是受程朱影响的表现。但坚持道德观念和聪明知觉都禀气而成，则有其合理性。刘文英等认为，罗钦顺“这种性体心用论，既不同于王阳明的心本体论，也不同于朱熹的性具于心而为心之体。他把道德理性说成是人受天命的本性。心是知觉的作用，心性为二，不是心性合一。心作为主观精神活动只有知觉作用，而没有本体论意义，它只是对客观道德理性的认识”。②

关于“格物致知”。罗氏在写给王守仁的信中(《困知记》附录)指出，《大学》“格物致知”的原意，只是通过格物求之于外认识事物，使主观与客观相合，方为“致知”。因此，《大学》才把格物贯彻始终。如果“以学不资于外，但当反观内省以为务”，则是“局于内而遗其外”。倘如王氏所言，“《大学》当云格物在致知，不当云致知在格物；当云知至而后物格，不当云物格而后知至矣”。批评王氏颠倒了格物与致知的关系，把主观的知强加于客观的物，歪曲了人们的正常的认识秩序。他认为，王氏所谓的“格者，正也，正其不正以归于正”，是把所格之物，所穷之理，归结为心中之物，心中之理；是“使之内而不外”。这和佛教的“明心见性”，“心生万法”是相通的。

针对王氏“意之所在谓之物”和格物为“格心之物”，罗氏指出，“格物之义，……当为万物无疑，人之有心，固亦是一物。然专以格物为格此心，则不可”。(《答允恕弟》)他指出“格物”是格宇宙万物，人心只是万物中的一物，所以不能把“格物”等同于格心。对于“格”字，罗氏的理解是，“格物之格，正是通彻无间之义”。“盖功夫至此，则通彻无间，物即我，我即物，虽合字亦不必用矣。”(卷上)又说：“以贵乎格物者，正欲而即其分之殊，而有见乎理之一。无彼无此，无欠无余，而实有所统会，夫然后谓之知至，亦即所谓知止。”(《庚辰夏答王阳明》)合观上述两段话，可见罗氏所谓“格物致知”，是通过对事物及其特殊规律的认识(“分之殊”)，以掌握普遍规律(“理之一”)，使物与我——即客观与主观一致。从认识论来看，他主张从事物求理，反对专门内求于心，求得主观与客观符合，这是合理的。但是，他又要求物我“通彻无间”，“无欠无余”，连“合一”的“合”字也不用，并认为这就是“知止”——认识的终极。这就陷入了形而上学了。

罗钦顺不赞成陆九渊的“简易功夫”。而主张“吾人为学,必须循序渐进,范我驰驱,如行千里之路,决非一蹴所能到。其或好高欲速,有能免于差谬而得所归宿者,鲜矣”。(续集三)又说:“夫学者之事,则博学、审问、慎思、明辨、笃行,废一不可。循此五事以进,所以求至于易简也,苟厌夫问学之烦,而欲径达于易简之域,是岂所谓易简者哉!”(卷上)做学问必须经过《大学》所提倡的“博学”、“审问”等五个步骤。否则,好高欲速,则难免差谬。还批评禅宗的“顿悟”,“终其所见,不过灵觉之光景而已,性命之理实未尝有见也”。(续集卷下)

罗钦顺狠批陆九渊的“六经注我”。他说:“自陆象山有六经皆我注脚之言,流及近世,士之好高欲速者,将圣贤书都作没紧要看了。以为道理但当求之于心,书可不必读,读亦不必记,亦不必苦苦求解。看若非要作应举用,相将坐禅入定去,无复以读书为矣。一言而贻后学无穷之祸,象山其罪首哉!”(续卷上)。指出其对学界的严重危害,是罪魁祸首。真是一针见血之论。

罗氏还批评佛教的真幻观。他说:“按佛氏之说,则方其未悟之先,凡视听言动,不问其当然不当然,一切皆谓之妄;及其既悟,又不问其当然不当然,一切皆谓之真。”(续卷上)罗氏认为,真幻界限是不能混淆的。耳目口身未与物交时,已具视听言动之能,皆出于自然,而非安排造作,因而是真的。当耳目口身与物相交接而表现为视听言动时,就有当然与不当然的问题。“凡所当然者,即其自然之不可违者,故曰真也。”而“所不当然者,则往往出于情欲之使然,故曰妄也”。(续卷上)这样讲是具有唯物主义倾向的。罗氏认为人欲只要“合乎当然之则”,“未可谓之恶”。他婉转批评“存天理,遏人欲”之说,“语意似乎偏重”。(卷下)

在知行问题上,罗钦顺主张知行并进。他说,“其在学者,则知行功夫要当并进,固无必待知既彻而后力行之理,亦未有所知未彻而能不疑其行者也”。(卷上)罗氏的见解与朱熹的先知后行以及王守仁的知行合一都不太相同。他提倡知行并进,既不赞成先认识透彻才去实行,又认为如果认识不透,那么行动难免疑迟。他这样讲是肯定知对行起指导作用，但没有说明行是知的来源，行可以释疑，只有在力行之中才能逐步知之彻。总之，他对知行关系讲得不够清楚。③

罗钦顺的哲学思想，对日本有一定影响。日本德川时代初期思想家贝原益轩(1630-1714)读《困知论》后，由崇信程朱转而赞同罗钦顺，大力传播罗氏的理气观。④

注释：

①冯友兰《中国哲学史新编》第五册，人民出版社 1988。

②刘文英主编《中国哲学史》上下册，南开大学出版社 2004。

③参看夏甄陶《中国认识论思想史稿》(下卷)，中国人民大学出版社 1996。

④参看步近智、张安奇著《中国学术思想史稿》，中国社会科学出版社 2007。

第二十九节 王廷相的"内外相须"和"以行为主"

王廷相(1474—1544),号浚川,河南仪封人,进士出身,累官至南京兵部尚书、都察院左都御史,政治上主张改革,多次遭受宦官和权奸的迫害。著作很多,哲学方面主要有《慎言》、《雅述》、《太极辩》、《性辩》等;在文学方面,他是前七子之一,其散文学先秦诸子;在自然科学方面,对天文、历法、音律和生物学都有一定研究。

王廷相的哲学体系,继承并发展了张载的气学,既反对程朱理学,也批判陆王心学,是战斗型唯物主义者。

在本体论方面,王廷相坚持气一元论,他说:"天地未生,只有元气。元气具则造化人物之道理即此而在。故元气之上无物,无道,无理。"(《雅述》上)他不同意朱熹的"理能生气",认为"理载于气,非能生气"。他批判道家的"无中生有",认为"气虽无形可见,却是实有之物"。太虚就是元气的"不可以名状"的形态,并没有"无气之虚"。作为气所构成的具体物质有聚合与游散之别,而作为一般物质的气则生生不息,长存不灭。他举例说:"寒而为冰,聚也;融而为水,散也。其聚其散,冰固有有无也;而海水无损焉。"雨水为气所成,受热而为气;草木为气所结,火焚化为烟。"以形观之,若有有无之分,而气之出入于太虚者,初未尝减也。"(《慎言·体道》)这是对物质不灭的猜测。

王廷相不赞陆王以心为天。他说:"若曰天乃天,吾心亦天;神乃神,吾心亦神。以之取喻可矣,即以人为天为神,则小大非伦,灵明各异,征诸实体,恐终不相类矣。"(《雅述》上)他认为,天大人小,天的神化妙用与人心的灵明大有区别,不能类比。

王廷相认为，精神不能离开形体。他说："夫神必借形气而有者，无形气则神灭矣。"(《答何柏斋造化论》)又说："精神魂魄，气也，人之生也；仁义礼智，性也，生之理也；知觉运动，灵也，性之才也。三物者，一贯之道也。"(《横渠理气辩》)在他看来，人的精神活动，道德观念，知觉活动，都以物质性的气为共同基础。他主张"神者形气之妙用"。比范缜"神者形之用"多一个"妙"字，说明"神"是形体的特殊功用。

在人性论方面，王廷相认为，"性之有无，缘于气之聚散"，离开人的形体，就谈不上什么人性。"苟无人焉，则无心矣；无心，则仁义礼智出于何所乎？"(《横渠理气辩》)对于宋儒把性分为先天"本然之性"和后天"气质之性"提出修正。他把"人性之知"分为"天性之知"(即饮食视听的本能)和"人道之知"(即道德伦理观念)，认为除本能之外，其他知识都是后天的。即使父母兄弟之爱也是"积习稔熟"的结果。如果小孩生下来就交给别人抚养，长大以后，只知道爱养父母，倘若半路上遇见亲生父母，不过对待路人一般，稍有冲突，甚至可能侮辱、打骂。这难道是什么天性之知吗？(见《雅述》上)据明人张卤《少保王肃敏公传》说，王廷相这番话是针对王守仁说的。其实，往上追溯，也是对孟子讲的"孩提之童无不知爱其亲者"的"良知"论的批评。

王廷相在认识论方面有重要贡献。

第一，他主张"思与见闻之会"，"内外相须"。他说："心者栖神之舍，神者知识之本，思者神识之妙用也。……神者内在之灵，见闻者外在之资。物理不见不闻，虽圣哲亦不能索而知之。使婴儿孩提之时，即闭之幽室，不接物焉；长而出之，则日用之物不能辨矣。"(《雅述》上)他明确肯定知识来源于人内在的认识能力与客观外在的认识对象的接触。他所举事例是明代实事。明成祖朱棣夺建文帝皇位，把他的两岁儿子朱文珪从南京带到北京，关了五十多年，不与外界接触，晚年释放出来，连牛马都不认识，完全是白痴。

紧接着王廷相又说："大神性虽灵，必藉见闻思虑而知。积知之久，以类贯通，而上天下地，入于至细，而无不达矣，虽至圣莫不由此。夫圣贤之所以为知者，不过思与见闻之会而已。”“思与见闻之会”，可以理解为理性认识与感性认识相结合。

他一方面强调“人之知识，资于耳目”；另一方面又指出，“耳目之见闻也，善用之足以广其心，不善用之足以狭其心”。要正确对待感性知识，不要让它成为理性认识的障碍。例如怪诞，附会，泥古之知，都可能使人心离乎圣人之道。（《慎言·见闻》）为了让感性知识缘着正确的方向上升到理性认识，王氏主张“博于外而精于内”，要“广识”“积知”，而后“潜心积虑，以求精微”，“以类贯通”——即运用推理，扩大知识的深度广度。他认为：“诸凡万物万事之知，皆因习（习惯），因悟（省悟），因过（错误），因疑（疑惑）而然。人也，非天也。”（《雅述》上）“四因”都是运用理性思维的结果，是人为，而非天生。

王廷相的“思与见闻之会”，既是张载“内外之合”的发展，又批评张载“德性所知不萌于见闻”的错误。王氏说：“世之儒者，乃曰思虑见闻为有知，不足为知之至，别出德性之知为无知（指超越思虑见闻之知）以为大知。嗟乎！其禅乎！不思甚矣。殊不知，思与见闻必由吾心之神，此内外相须之自然也。”（《雅述》上篇）“内外相须”就是主观认识与客观外界互相依存。与“内外相合”一字之差，关系又进了一步。

第二，关于“格物致知”，王廷相作了新的解释。他不同意程朱训格为“至”或“穷至”，认为是“重叠不成文义”。王廷相说：“格物者，正物也，物各得其当然之实，则正矣。物物而正之，知岂有不至乎？知至则见理真切。”提倡格物而求得当然之正理，基本上是正确的。接下去他解释“诚意”“正心”，说：“心无苟且妄动之患，意岂不诚乎？意诚则心之存主皆善而无恶，邪僻偏倚之病亡矣，心岂不正乎？”（《慎言·潜心》）从认识论转到道德修养论，王廷相显然离开了唯物论，有滑向唯心论的危险。

王廷相在给考生的考题《策问》中，要求学生对“格物”作出解释。他指出：上至天文地理，下至动植、地质、气象，都存在“物理”，皆耳目所及，不可不察，“请据其理而实论之”。可见，他所谓“物理”是指自然现象的道理，而有异于程朱所谓“天理”。

关于“致知”，王廷相说：“明道莫善于致知”，“不徒以讲究为知也，而人事酬应得其妙者，斯致知之实地也。”“君子之学，博闻强识，以为资藉也；审问明辩，以求会同也；精思研究，以致自得也。三者尽而致知之道得矣。”(《慎言·潜心》)，他所谓“知”就在日常洒扫人事应酬之中，既不是心中的良知，也不是物外的天理。关于致知的方法，主要是接触、考察、精思、研习。他批评“近世学者之蔽有二：一则徒为泛然讲说，一则务为虚静，以守其心。皆不于实践处用功，人事上体验”。(《与薛君采》)前者指程朱学派，后者指陆王学派。他们共同的缺点是理论脱离实际，一旦遇到现实问题，或“多失时措之宜”，或“茫无作用之妙”，都是空言无实的书呆子。

第三，他主张“知行兼举”，行重于知。王廷相说：“学之术有二，曰致知，曰履事。兼之者上也。察于圣途，谙于往范，博文之力也。练于人情，达于事几，体事之功也。虽然，精于仁义之术，优入尧舜之域，必知行兼举之能矣。”(《慎言·小宗》)，在他看来，博学于文固然是求知的重要途径，但只有在“实践处用功，人事上体验”，才能获得真知。“讲得一事即行一事，行得一事即知一事，所谓真知矣。徒讲而不行，遇事终有眩惑”。例如，人知浙江在江南，必亲至而后知其江山、风土、道路、城域，与未至浙江只凭想象者大不相同。(见《与薛君采》)又如，有人闭门而学操舟，如何使舵，摇橹，张帆，讲得头头是道；等到试诸江河溪流，就不能应付了。因为“风水之险，必熟其几者，然后能审而应之；虚讲而臆度，不足以擅其工矣。……彼徒泛讲而无实历者，何以异此？”(《石龙书院学辩》)这个例子充分说明实践出真知。他还说：“练事之知，行乃中机。讲论之知，行尚存疑。”(《慎言·见闻》)可见行重于知。王氏多次提到“实历”、“笃行实践”的概念，虽然不等于马克思主义哲学的实践观，却是对中国认识论史的新贡献。

王廷相指出：“朱子之论，教人为学之常；陆子之论，高才独得之妙。陆之学，其蔽也卤莽灭裂，而不能尽致知之功；朱之学，其蔽也颓惰委靡，而无以收力行之效。盖言学二子者，其流有偏重不举之失矣。”(《策问》一)指出朱陆在致知力行两方面有所偏,未能达致知行并举。

第四,强调以科学的考察和充分的实证作为检验是非的标准。王廷相是有成就的自然科学家,在检验是非真伪时,他坚持科学家的严谨态度。他说:"学者于道,贵精心以察之,验诸天人,参诸事会,务得其实而行之,所谓自得也已。"(《慎言·见闻》)他不盲目相信前言旧说。例如前人皆云春雪是五瓣,王氏经过观察,证明皆为六出。《诗经》说:"螟蛉有子,蜾蠃负之。"朱熹注:土蜂取桑虫负之于木空中,七日而化为其子。王廷相在家乡,年年取土蜂实验。发现土蜂先产一子在巢底,如蜂蜜一点,再将桑上青虫及草上花蜘蛛,入巢内填满。数日后,其子即成形而生,即以次食其前所蓄青虫蜘蛛,食尽则成一蛹,数日即蜕而为蜂,啮孔而出。累年观之,无不皆然。(见《雅述》下)这就有力地纠正了生物学上一大讹误。再如,《左传》记某年"夜中星陨如雨",认为星与雨俱下。王廷相在嘉靖十二年十月七日夜半,亲见众星陨落,真如雨点,至晓不绝。始信《左传》乃揣度之言。(见《雅述》下)王氏发现并验证天文学上的流星雨现象,十分可贵。

王廷相的哲学成就是多方面的。但是,也有历史的局限性。他承认圣人生知,但只在性善、近道二方面而已,更多的知识是"学而后知"的。他说:"圣人虽生知,惟性善近道二者而已。其因习因悟因过因困而知,与人大同。况礼乐名物,古今事变,亦必待学而后知哉!"(《雅述》上)相信"圣人之形气绝粹,故其性无不善"。(《雅述》上)认为五经和《论语》的话,是"圣人之纯也,万世人道之衡准乎"。(《慎言·文王》)在真理标准问题上,他不如稍后的李贽。

本章主要参考文献:

潘富思《中国古代认识论史略》,复旦大学出版社 1985。

姜国柱《中国认识论史》,河南人民出版社 1989。

葛荣晋《王廷相和明代气学》,中华书局 1990。

夏甄陶《中国认识论思想史稿》(下卷),中国人民大学出版社 1996。

第三十节 王艮的“淮南格物”和李贽的“童心说”及是非观

王艮(1483—1540),号心斋,江苏泰州人,早年是盐丁、商人,后来授徒、讲学。38岁从师王阳明。王阳明死后自立门户,形成泰州学派,学生中有樵夫、农夫、陶匠等,终生未仕,但与官方多有交往。其著作有《王心斋先生全集》。(以下引此文书仅注篇名)

王艮出身平民,但未必代表平民利益。他的学派以通俗简易的方式,向平民百姓宣传儒家思想,封建道德,要求人们顺从封建秩序,“安身立本”,以“安天下”。他自己的理想是“出为帝王师,处为天下万世师”。他喜欢作秀,衣冠古怪,行为奇特,颇有些狂气。

王艮主张“良知”即“天性”。他说:“道也者,性也,天德良知也。”(《与刘鹿泉》)又说:“唯其不虑而知,不学而能,所以为天然自有之理。唯其天然自有之理,所以不虑而知,不学而能。”(《天理良知说答甘泉书院诸友》)因此,天理良知就表现在日常生活之中。他“以百姓日用指点良知”,而“百姓日用即道”。有人认为其意即规律在日常事物中。我认为,王艮此语与陈亮的“道常行于事物之间”不同。虽然他具有把“道”平民化的倾向,也包含一些人们的基本物质生存的需求;但是,王艮讲的“道”的核心是天理良知,主要是封建道德观念的萌芽。他常常举童仆捧茶为例,客人到家,呼之即应,童仆会自动捧茶应客;以此证明,恭敬之心是天赋的,不学而能。事实上,如果不受教育训练,童仆根本不会捧茶应客。

王艮进而提出“复初”说。说:“治天下有本,身之谓也。本必端,端本，诚其心而已矣。诚心，复其不善之动而已矣。”“知不善之动者，良知也。知不善之动而复之，乃所谓复其初也。”（《复初说》）王艮认为，人性本善，格物要止于至善，就是要复人性之初。“复其初”的“复”当恢复讲：“知不善之动而复之”的“复”当覆灭讲。“不善之动”就是恶的萌芽。

王艮对“格物致知”有自己的理解，被黄宗羲称为“淮南格物”（泰州在宋朝属淮南路）。王艮认为“格物”的“物”，不是理，也不是事。他说：“格物，即‘物有本末’之物。身与天下、国、家，一物也。唯一物而有本末之谓。”“格知身之为本，而家、国、天下为末。”“格，挈度也。挈度于本末之间。”（《答问补遗》）挈度就是衡量、区分。《大学》说：“物有本末，事有终始，知所先后，则近道矣。”原意是事情有先后之分，先后次序就是格物－致知－诚意－正心－修身－齐家－治国－平天下。王艮的解释，并不符合原意。

王艮接着说：“格物如格式之格，即挈矩之谓。吾身是个矩，天下国家是个方。挈矩则知方之不正，由矩之不正也。是以先为正矩，却不在方上求。矩正则方正矣，方正则成格矣，故曰物格。”（《答问补遗》）意即先正身而后正天下。如何正身呢？他要求“反己”，说：“反己是格物的工夫。其身正而天下归之，正己而物正。”“行有不得者，皆反求诸己。反己是格物底功夫，故欲齐、治、平，在于安身。”又说：“知修身是天下国家之本，则以天地万物依于己，不以己依于天地万物。”（《语录》）《大学》讲：“自天子以至于庶人，壹是皆以修身为本。”意谓修身是治国平天下的基础。王艮颠倒过来，以己正物，使客观服从主观，以主观改造客观。

王艮对《诗经》的“既明且哲，以保其身”作了发挥。说：“明哲者，良知也；明哲保身者，良知良能也。”（《明哲保身论》）他认为，吾身保，才能保家、保国、保天下。“知保身者，则必爱身如宝。”能爱身则能爱人而不恶人，能敬身则能敬人而不慢人，“此仁也，万物一体也”。有人说：在王艮看来，“明哲保身”就是讲爱己爱人的道理，爱已爱人是人们恻隐之心的发用，也是人人都具有先天的良知良能，这种知觉本能圣人与我是相同的。“因此，人人不要依赖，不要等待，而是要发挥自己的自觉性与主动性，积极创造实现自身价值的各种条件。”①

王艮提出“格物安身”的口号，“安其身而安其心者上也，不安其身而安其心者次之，不安其身者而又不安其心者，斯为下矣”。（《语录》）有的学者认为，“所谓安身是保住自己，所谓安心是要人们安于现状。……安心比安身更为根本。这样的思想反映了一部分知识分子生活在坎坷的仕途中，经常害怕在官僚互相倾轧中遭到贬逐、失意，甚至革职、丧生的思想情绪，也反映了平民小生产者保护自我和珍生爱身的伦理观念”。②我认为，“安身”和“明哲保身”都是王艮给实际上无法“安身”者开出的麻醉剂，在清初，曾受到黄宗羲的批评。台湾的劳思光指出：“观心斋论明哲保身时，直以‘明哲’为良知，而以‘保身’为‘安身’。由此论之‘安身’、‘保身’即是基本价值择定，则一切为理想而牺牲之道德行为，反将受此择定之排斥。”③复旦大学的学者则认为，“安身”之意义已经远远超过了“修身”，通过将“安身”解释为“立本”，以此来涵盖《大学》三纲八目的结构意义，这是淮南格物说的一个主要特征，同时也应是王艮在格物问题上的一个重要理论贡献。在“格物”的诠释传统中王艮的“格物安身”可谓别树 帜，应当占有重要的历史地位。④

有的学者指出，“淮南格物”的特点，不表现在认识论方面，也不表现在心性学说方面。它所要阐明的是在身与家、国、天下的关系中，也就是在个人与封建社会的关系中，个人处于主导的而不是屈从的地位，人应该具有自我意识和人格尊严。⑤“强调没有个人，就没有社会上的一切活动。……这无疑起着激励平民百姓，鞭笞统治阶级的作用。黄宗羲说王艮造就出一批‘掀翻天地’，‘非名教之所能羁络’的叛逆者，不是偶然的。”⑥

杨天石教授认为，王艮的认识论是彻底的唯心主义先验论。⑦王艮认为，道德之知是先天的，天理就是五伦。（《王道论》）“良知一点，分分明明，亭亭当当，不用安排思索”，（《与俞纯夫》）即不学而能的。王艮认为，王阳明的“致良知”的“致”字可以不要。他强调“不着意”。“而今只有良知在，没有良知之外知。”“为无为兮无弗为，知无知兮无弗知。”

(《示学者》)他甚至认为"道既明",经书可以不读。王艮有一首《咏觉》诗:"千书万卷茫茫然,不如只在一处觉。灵根才动彩霞飞,太阳一出天地觉。"这个"一处"就是本心,这和陆九渊讲的"直指本心",是一脉相承的。不过。王艮同时也强调学习,写过一首《乐学歌》,认为学习最快乐,与今天的快乐教育理念相通。这里所谓学是广义的学,学习具体的知识;而所谓"不学而知"者是指道德知识。这种似乎矛盾的两种主张,在许多宋明唯心主义思想家中常常出现。

李贽(1527—1602),号卓吾,福建泉州人,祖、父都是回教徒。他26岁中进士,做过二十余年中下级官吏,后来到处讲学,著述。不容于世,屡遭迫害。76岁时,自杀于北京狱中。著作有《藏书》、《续藏书》、《焚书》、《续焚书》等。

李贽生性倔强,自称"不信道,不信仙佛","见道学先生则尤恶"。言论具有鲜明的叛逆性和批判性,在当时就被视为"异端"。他不遗余力揭露程朱理学,服膺陆王心学,最后倒向禅学。明代后期不少具有革新倾向的思想家都从他那里得到启迪。

李贽主张,"盈天地皆生气",天地生万物,如同夫妇生子女。吃饭穿衣就是人伦物理。自私是人的天性。肯定商人的社会作用。认为男女在见识上是平等的。赞扬卓文君私奔司马相如是"忍小耻而就大计"。学者们认为,李贽的思想反映当时市民阶层的要求。

李贽痛恨假道学,说他们是"假人",讲"假言",做"假事",写"假文",都是骗人的。他针锋相对地提出"真心"。真心就是"童心"。他说:"童心者,真心也。……绝假纯真,最初一念之本心。"(《焚书·解经心》)乃指未接受外界影响的发于人之内心的最初始的思想意识。有些近乎老子的婴儿之心,而不同于王阳明的良知。良知以及孟子的"赤子之心"皆以义理为核心。而"童心"和婴儿之心则是排斥义理的。李贽认为,《西厢记》、《水浒传》都是"出于童心"的"至文"。这种见解,在文学批评史上受到公安派、竟陵派和金圣叹等人的欢迎。在哲学上却是唯心论,要害在于它排斥"道理见闻"。

李贽的《童心说》写道:“童子者,人之初也。童心者,心之初也。……方其始也,有闻见从耳目入而以为主于内,而童心失。其长也,有道理从闻见入而以为主于内,而童心失。其久也,道理闻见日以益多,则所知所觉日以益广,于是焉又知美名之可好也,而务欲以扬之,而童心失。知不美之名之可丑也,而务欲以掩之,而童心失。……纵然不读书,童心固自在也。纵多读书,亦尽护此童心,而使之勿失焉尔。非若学者反以多读书识义理而障之也。”片面推崇自内生的初始本能,排斥从外入的“见闻道理”的所谓“童心”,并不能保持天真,只能陷入愚昧。

夏甄陶说:“李贽倡导童心说,是力图崇扬个人自我,独立自我的主体地位。在他看来,凡是出于童心的,就是真实的,合理的,可贵的。在认识论上是一种主观唯心主义和神秘主义的观点,但在当时具有反对儒家传统,反封建礼教,反道学束缚,要求个性解放,宣传个人和独立自我主体的积极意义。”⑧

李贽从主体意识出发,反对人云亦云,反对盲目崇拜孔子,以孔子的是非为是非。他说:“夫天生人,自有人之用,不待取给于孔子而后是也。若必待取给于孔子,则千古以前无孔子,终不得为人乎?”(《答耿中丞》)又说:“前三代吾无论矣,后三代汉唐宋是也。中间千百余年,而独无是非者,岂人无是非哉!咸以孔子之是非为是非,故未尝有是非耳。……夫是非之争也,如时岁然,昼夜更迭,不相一也,昨日是而今日非矣,今日是而后日又非矣。虽使孔夫子复生于今,又不知作何是非也,而可遽以定本行赏罚哉!”(《世纪列传总目前论》)

李贽认为,是非是变动的,不能把孔子的言论作为判断是非的永恒准则。这样讲有其合理性,表现出反对旧教条束缚的学术勇气。但是,接下去,他从真理的相对性走向否认真理的客观性,提出“是非无定可并存”的主张。他说:“人之是非,初无定质。人之是非人也,亦无定论。无定质,则此是彼非,并育而不相害;无定论,则是此非彼,亦并行而不相悖矣。然则今日之是非,谓予李卓吾一人之是非可也,谓为千万世大贤人大圣人之是非亦可也,谓予颠倒千万世之是非,而复非是予之所是非焉,亦可也。则予之是非信乎其可矣。”(同上)认为是非无定,可以转化,可以并存不悖,这并不是讲各种意见兼容并包,而是和庄子的“齐是非”很接近了。反映了市民阶层的软弱性,不敢坚信自己掌握真理。

李贽认为,人人都是生而知之的。他说:“天下无一人不生知,无一物不生知。”(《焚书·答周西岩》)(两个“生知”殆指生理本能)。而认识童心、真心,即是达到对生知的自知自觉。这是唯心论的先验论。他又说:“天下之人,本与仁者一般,圣人不曾高,众人不曾低。”(《焚书·答京中友朋》)基此,他同意禅宗讲的人人皆有佛性,和王阳明讲的满街都是圣人,这意味着承认人人生来在本质上是平等的。哲学上的唯心主义也可能在政治上具有进步性。对李贽的“童心说”和是非观,皆可作如是观。

注释:

①⑤⑥龚杰《王艮评传》,南京大学出版社 2007。

②北京大学哲学系中国哲学教研室编著《中国哲学史》,北京大学出版社 2003。

③劳思光《新编中国哲学史》三卷上,广西师范大学出版社 2005。

④复旦大学哲学系中国哲学史教研室编《中国古代哲学史》(下),复旦大学出版社 2006。

⑦杨天石《泰州学派》,中华书局 1980。

⑧夏甄陶《中国认识论思想史稿》下册,中国人民大学出版社 1996。

第七章 清代的认识论

本章讲的清代认识论,起于明清之际,止于鸦片战争前。

明清之际思潮澎湃。西方自然科学的传入,给中国传统学术吹入一股新风;东林党人的结社讲学和议政活动,刺激社会思潮的活跃。李自成进北京,清兵入关,满族以少数民族入主中原,用高压政策实行暴力统治。汉族知识分子感到天崩地裂,坚决不与清廷合作,以各种方式进行反抗,其中包括著书立说。这个时期思想界的代表人物是黄宗羲、顾炎武、王夫之三大家。此外,还有通晓西方自然科学的方以智,以医生身份进行学术活动的傅山,流亡日本传播中华文化的朱之瑜,否定《大学》为圣人书,狠批"格物致知"的陈确等。这些人在当时思想界大放异彩。

清政权基本稳定后,除继续高压,大兴文字狱外,也进行怀柔,提倡程朱理学,开博学鸿词科,修《四库全书》等。清前期中期知识分子民族意识较初期逐渐淡化。学风转向朴实,重考据而轻义理,重汉学而轻宋学,形成乾嘉学派。哲学方面的先进人物有颜元、戴震,他们继承并发展气学。还有:颜元的学生李塨;批判有神论,宣传人口危机论的洪亮吉;既是经学大师,又吸收西方自然科学,哲学上鼓吹唯心论认识论的阮元等。总的看来,清前期中期,经学成就大大超过清初,而哲学的深度则远远不如。认识论问题仍然以批评宋明道学为中心而继续展开。

第三十一节 方以智的“质测”学和“认识论”

方以智(1611—1671),安徽桐城人,出身世习易学的士大夫家庭,是明末“四公子”之一。年轻时参加进步社团活动,明亡后投身抗清斗争,流亡各地,42岁出家为僧,改名大智,别号愚者大师。62岁被清兵拘捕,死于押解途中。著作有《通雅》、《物理小识》、《东西均》、《药地炮庄》等。

方以智广泛接受明代后期从欧洲传来的自然科学知识,对天文、地理、物理、生物、医药,以及中国传统的文学、史学、哲学、音韵学都有研究。他把学术分为三大类:“质测”——相当于实证自然科学,“宰理”——相当于社会政治学和经济学,“通几”——相当于哲学。强调哲学不能离开自然科学,自然科学应以哲学为指导,主张“寓通几于质测”。认为西学“详于质测而拙于通几”,不满意基督教宣扬的宗教神学。他批判程朱理学和陆王心学,继承气学传统,认为火是一切运动的根源,火亦属气,形成特有的气——火统一的一元论世界观,提出著名的“无二无一”、“合二而一”的矛盾观。

韦政通认为,方以智的思想主要特征是“重智”,“表现出对智性本身的重视,智性活动不是实践道德的工具、手段,它本身具有独立的价值,有特定的成果”。“他确实是运用了科学的方法……从事实地试验,实地代表中国重智思想的新进展。”①

在认识论方面,方以智的主要贡献,一是极力纠正王门后学的意念内守,一味讲究灵明心性的弊端,提出“心物交格”的认知指向。二是强调“辩物则”,把朴素辩证观和质测学理运用于认识过程的分析。② 推进了传统认识论的发展。

方以智坚持“学天地”“辩物则”的唯物主义认知方向。“物则”就是事物的规则。他指出，物之至理虽“隐不可见”，但可以“以费知隐，丝毫不爽。其则也，理之至可征者也”。(《物理识·气论》)肯定客观事物及规律的可知性，承认人的主观认识的可能性。他引用老师王宣的话，“惟心通天地万物，知其原”。(《物理小识·总论》)他在医学家李时珍的基础上进一步指出，思维器官是脑而不是心。“人之智慧，系脑之清浊。”“质而稽之，有生之后，资脑髓以藏受也。”(《物理认识·人身营魄变化》)意谓人的知识靠脑来接受和储藏。③他否认生而知之，肯定学而后知。指出，动物一出生，就有适应环境的本能，但始终停留在本能的水平，而人通过后天学习和培训，“皆学焉而后能之，无所不学，则无所不能”。(《东西物·译诸名》)人具有不受生物学物种限制的可塑性，这种可塑性使得人的智能可以无限发挥。

他说：“真智，内智，必用外智。性命、声音，人所本有，可自知也；寓内之方言、称谓、动植、物性、律历，古今之得失，必待学而后知。”(《东西均·道艺》)他批评陆王心学所主张的知识“本身具足”，指出小孩子吃饭走路皆学而后知，至于执笔作书更是非学不能的。他说当时“好玄溺深者语必讳学，即语学亦语偏上之学，直是畏难实学而据好高之竿以自掩耳”。(《东西均·道艺》)他点名批评“程正心(程颢)谓读书为玩物丧志，慈湖(杨简)因象山(陆九渊)谓六经注我……象山甚言当求诸己。夫乌知不能开眼者，独坐更丧志乎?”他们提倡闭目独坐，连眼睛也不睁开，岂不是更丧志么！方以智强调要学习，要读书，还要学习周围世界。有人反问：上古贤人，皋陶、稷、契所读何书？方以智说：“俯仰远近皆其书也。”所谓“学天地”也就是学习大自然，乃是“读真书”。方以智以自己的实践扩大了传统的学习范围。

韦政通认为，方以智讲格物，与陆王、程朱根本不同。他说：“格物之则即大之则，即心之则，岂患即有则胶，执无则荒哉?”事物的法则即天(自然)之则，天之则即心之则，也就是格物的法则。这里所说的格物，就是物理研究，既不执有，也不执无；像程朱那样泛认知主义的格物，在方以智看来，不过是"空穷其心"而已，格不出所以然来的。"物格而随物佑神，知至而以智还物。"(《物理小识总论》)"这两句话把以智格物致知之义，很简括地表达出来。前一句话是说能做物理研究(格物)就能随物而通达精微之理，也就是类万物而通神明，由质测而达通几。后一句的'以知还物'，就是认识符合事物的本来面目。"④

方以智也谈"格物致知"。他说："心一物也，天地一物也，天下国家一物也。格物直统治平、参赞，而诵诗读书，穷理博学，俱在其中矣。"(《一贯问答》)他所格之"物"包括人的思维，自然界和天下国家之事，以及"星辰何以明？雷风何以作？动何以飞走？植何以枯荣？"(《物理小识·总论》)"格人我，格内外，格古今之大用"，就叫做"知言"。他把这种认识方法概括为"心物交格"，"理以心知，知与理来，因物则而后交格以显。"(《物理小识·气论》)意即主观认识(心)与客观对象(物)互相影响而后形成感知与理念。

方以智把人的认识过程概括为"觉悟交通"。他所谓"觉"指感性认识阶段，所谓"悟"指理性认识阶段。他说："觉始于交爻"，意即主观与客体交互作用。"人所贵者心，而不离五官。"(《通雅》卷一)他举例说：问人曰蜜是什么味道，正常人回答说是甜的，问无舌之人则不知。可见直接经验是产生认识的基础。但是不可以"斤斤耳目之前，外此则断然不信"。所以必须由"觉"而"悟"。他说："子思曰：'吾尝深思而莫之得也，于学则寤焉。'寤即悟也。悟者，吾心也"。(《通雅》卷一)他不赞成黄老学派的"耳不闻，目不明"的"慧然独悟"，而主张把"觉"与"悟"结合起来。他批评说："今日文教明备，而穷理见性之家，反不能详一物者，言及古者备物致用，物物而宜之理，则又笑以为迂阔无益，是可笑耳！卑者自便、高者自尊，或舍物以言理，或托空以言物，学术日裂，物习日变。"(《物理小识·总论》)正是指斥程朱理学、陆王心学产生的弊病。⑤

方以智辩证地分析了求知过程中诸多矛盾。关于孔子讲的"多识"

与“一贯”的关系，他说：“一是多中之一，多是一中之多。一外无多，多外无一，此乃真一贯者”。“离一贯之多识，多故是病，离多识之一贯，一亦是病。”（《一贯问答》）强调二者的互补与统一关系。关于偏与全。他说：“凡学非专门不精，而专必偏，然不偏即不全。惟全乃能偏。偏而精者，小亦自全，然不可惟小之类是全，而害大之周于全。”（《东西均·偏全》）学问虽从局部开始，却不要限于局部，而要着眼于全面，并以全面为前提不断深化拓展局部，使“偏”与“全”统一、互动。他又说：“博乃能约，当其博，即有约者通之。博学不能贯古今之通，又不能疑，焉贵乎书簏乎？”（《通雅·自序》）博而不能约者，只是书篓子。他提倡“善疑者，不疑人之所疑，而疑人之所不疑。……新可疑，旧亦可疑；险可疑，平更可疑”。（《东西均·疑何疑》）但疑并不是认识之目的，要通过“决疑”而达到“信”。“人不大疑岂能大信？然先不信，又安能去疑？疑至于不疑，信至于不信，则信至矣。”（《东西均·疑信》）这就和庄子的怀疑主义划清了界限。

方以智提出“以实事征实理”作为检验真理的标准。他说，“乃者吾以实事征实理，以后理征前理，有不爽然信者乎？”（《东西均·扩信》）讲的是关于理论的证明，包括事实证明和逻辑证明，只要经过证明的理论，就是可信的。他又说：“夫气为真象，事为真数，合人于天，而真理不灿然于吾乎？”（《物理小识》卷一《天象原理》）所谓“合人于天”即主观认识符合自然界的实际情况。他继续阐发古代名实理论，强调名必符实，“有实即有名，犹有形即有影。天地既分，物物而名之，事事而名之，称其名，使知其实，因有名实。名实当不当，因有是非。是非相乱，因有虚名。”“圣人教人，求实而已。”（《东西均·名教》）指出“名”生于“实”，坚持“实”的第一性。

方以智根据中国和西方科学技术发展的事实，指出后世的知识可以超越前代，尤其是“质则”之精，皆开辟以来所未者，“木棉、折纸、雕版、皱扇俱备于后代，是后人有增加精明于前人者，则后世之理未可诬为非先王之法言也”。（《东西均·扩言》）他明确指出，“古人有让于（即逊于)后人者”,“考古所以决今,然不可以泥古也”。(《通雅》)这种可贵的进取精神和开放态度,和保守派判然有别。

方以智的认识论也掺杂一些唯心论和相对主义成分。他有时夸大心的作用,认为心是“真宰”,“有天地之先有此心”,人死后心还存在,“能自荫其后世”。(《物理小识·地类》)有时无限扩大怀疑范围,说:“天地间一疑海也。”(《东西均·疑何疑》)在真理标准问题上,偶尔也有泯是非的倾向。⑥这些理论缺失与他晚年学佛不无关系。

注释:

①④韦政通《中国思想史》(下),上海书店出版社 2003。

②参看冯达文、郭齐勇主编《新编中国哲学史》下册,人民出版社 2004。

③关于脑的功能,到清代中期的医学家王清任(1768—1831),才有更进一步的认识。王清任曾到义冢、刑场解剖尸体,观察心脏及主动脉、静脉的位置,绘成《亲见脏腑图》,并写成《医林改错》一书(1830 年印行)。其中卷一《脑髓说》提出,“灵机记性不在心在脑”,“由脊骨上行入脑名曰脑髓”,“盛脑髓者曰脑海”,脑的中枢神经与“周身经络,内外贯通”,耳目鼻“所闻见香臭皆归于脑”。王清任的《脑髓说》比俄国医生谢切诺夫 1863 年发表的《脑的反射》早 33 年。(参看何玉德《王清任“脑髓说”的哲学意义》,载 1978 年 8 月 24 日光明日报)。

⑤参看刘文英主编《中国哲学史》下卷,南开大学出版社 2002。

⑥参看《中国古代哲学家评传》第三卷下册,冒怀辛、金德隆撰《方以智》,齐鲁书社 1981。

第三十二节　王夫之的唯物主义认识论

王夫之(1619—1692),湖南衡阳人,举人出身。清兵南下时,他组织衡山抗清起义,继而参加南明永历政府,失败后化装隐居湘西,晚年定居衡阳石船山,因号船山先生。他对哲学、史学、文学、经学……无不精研,著作等身,后人辑为《船山遗书》100 卷。王夫之是明清之际最杰出的唯物主义者,他对陆王心学、程朱理学、佛道二教等进行总批判,对理气、道器、有无、本末、心性、知行、名实、动静、常变等一系列重大哲学命题作了深入的阐释,把中国古代哲学推向新的高峰。

王夫之发展了古代唯物主义世界观。认为一切事物的形成都离不开气和理,气是最基本的,理是气的秩序。“气者理之依也”,“气外更无虚托悬空之理”。(《读〈四书大全〉说》)他主张“天下唯器而已,道者器之道,而器者不可谓道之器也”。(《周易外传》)规律是事物的规律,不能倒过来,说事物是规律的事物。先有事物后有规律,没有某件事物就没有该事物的规律。“洪荒无揖让之道,唐虞无吊伐之道,汉唐无今日之道,则今日无他年之道者多矣。未有弓矢而无射道,未有车马而无御道。”(《周易外传》)正确说明了事物和规律谁是第一性谁是第二性的问题。

王夫之坚持物质永恒存在的思想。他认为具体事物形态有屈伸、聚散、枯荣、幽明等变化,物质世界本身则是不生不灭的。例如一车木柴燃烧以后,分别化为火焰、烟和碳,其中木者还木,水者还水,土者还土,这些物质因素十分微小,肉眼是看不见的。木柴的形态虽然消火,构成木柴的物质元素并没有消失,只是转化或扩散了。这是符合现代科学的卓越分析，比王廷相"气出入于太虚"的猜测更加细密。

王夫之认为，人是自然发展的产物，理欲皆自然，理寓与欲中，天理不能离开人欲，违反人情之事即不合天理，天下之公欲即是理。历史是发展的，今胜于古。后世之民比三代之民好得多。黄帝以前，跟蛮夷差不多；三代封建，国小君多，无异于川广土司。这样讲，比柳宗元、陈亮所论更符合历史实际。

王夫之的认识论总结前人正反两方面的成果，在深入剖析之后，形成了周密的体系，其要点在以下四方面：

第一，关于"能"（认识主体）与"所"（认识对象）的关系。

王夫之指出，能所之分，由佛教徒提出，并非没有根据。"其所谓能者，即用也。所谓所者，即体也"。"乃以俟用者为所，则必实有其体，以用乎俟用，而以可有功者为能，则必实有其用，体俟用，则因所以发能。用，用乎体，则能必副其所。"（《尚书引义·召诰无逸》）王夫之用中国传统哲学中的体用范畴说明能所关系，"所"是等待主观认识作用于它的客观对象，"能"是作用于客观对象而发生一定功效的主观认识能力。所是实体，能是作用，"体用一依其实"，他们是真的存在，而非佛徒教所谓的"心境皆幻"。"因所以发能"，意即由于有认识对象方可使认识能力发挥作用。"能必副其所"，意即主观认识必须符合客观对象。鲜明地坚持存在决定意识的唯物主义原则。

王夫之进一步分析认识能力与认识对象的区别，说："所著于人伦物理之中，能取诸耳目心思之用。所不在内，故心如太虚，有感而皆应；能不在外，故为仁由己，反己而必诚。"（《尚书引义》卷五）认识的对象存在于自然和社会之中，而非存在于人们的心中，这叫"所不在内"。认识能力表现为感官和思维的作用，它们在内而不在外，即所谓"能不在外"。"心如太虚"，心无所有，可以感应外物而不能创造外物。"为仁由己"，这是孔子的话，在这里是强调主观认识的能动作用。"反己而必诚"，王夫之解释说："夫诚者，实有者也。"（《尚书引义》卷三）

王夫之批评佛家的错误在于，"消所以入能，而谓能为所"，即把客观消融于主观之中，以主观代替客观。批评陆王心学实质上是主张“天下固无有所，唯吾心之能作者为所。……则吾心未作而天下固无有所”。“耳苟未闻，目苟未见。心苟未虑，皆将捐之，谓天下固无此乎？越有山，而我未至越，不可谓越无山。”（《尚书引义》卷五）这段话是针对王阳明“此花不在心外”而发的。王夫之接着又说：“所孝者父，不得谓孝为父。所慈者子，不得谓慈为子。所登者山，不得谓登为山。所涉者水，不得谓涉为水。”这话是针对佛教“三界唯心而心即界，万法唯识而识即法”的批驳。

“能所”关系就是主观与客观的关系。高令仰说，按照中国传统的天人合一论，主观、客观是紧密结合在一起的，虽然有的思想家如荀子把主客观分开，那是极个别的。主客观并列形成认识与被认识的关系，是近代西方人的思想，王夫之已经达到与西方认识论相类似的程度，是非常了不起的。王夫之是伟大的启蒙思想家。①

第二，关于耳目与心之官的关系。

王夫之重申古代唯物论的神形观，主张“形也，神也，物也，三相遇而知觉乃发”。（《张子正蒙注·太和》）意即知觉产生于形体五官以及思维与外物的接触。他指出，必须打开耳目等通向外界的窗户，使内外相合，“合，故相知”，“如二氏（指佛道）之愚，欲闭内而灭外，使不得合，则虽圣人不能舍此而生其知觉”。（《张子正蒙注·乾称下》）“内外合”由张载提出，指主观认识与客观外界相接触。张载说：“有识有知，物交之客感。”王夫之解释“客感”说：“自外至曰客。”可见王夫之肯定，感觉是认识的前提和基础。

王夫之十分重视感性认识，但不赞成认识仅停留在感性阶段，更强调充分发挥心官的思维作用。他首先指出，在感觉形成的过程中，离不开心的指导作用。“耳与声合，目与色合……乃其所以合之故，则岂耳目声色之力哉？故以舆薪过前，群言杂至，而非意之所属，则见如不见，闻如不闻，其非耳目之受即合，明矣。”（《张子正蒙注·大心》）只有“意之所属”即思想集中，感觉才能发生作用。其次，感觉作用范围是有限的，而心的作用范围是无限的，“盖耳目止于闻见，唯心之神御于六合，周于百世”。(《张子正蒙注·太和》)思维活动不受时空限制，他这样讲显然吸收了陆王心学的合理因素。再次，他进而指出，感觉只能认识事物的局部和表面，而理性思维则能认识全面，表里“具悉”。“耳目见闻皆其所发之一曲，而函其全于心，以为四应之真知。”(《张子正蒙》卷四)“声色之丽(附着)耳目，一见闻之而然，虽进求之亦但然，为物所蔽而尽蔽于物，岂如心之愈思而愈得，物所已有者无不表里具悉(自注：耳目但得其表)，物所未有者可使形著而明动哉?”(《读四书大全说》卷十)说明理性认识是比耳目闻见更深入更高级的认识阶段，比张载的“大其心”又前进了一步。

王夫之认为，心官虽然重要，但不能离开五官而单独起作用。“一人之身，居要者心也。而心之神明，散寄于五脏，待感于五官。……无目而心不辨色，无耳而心不知声，无手足而心不能指使，一官失用而心之灵已废矣，其能孤扼一心以绌群明，而可效其灵哉?”(《尚书引义·毕命》)这些话和叶适所批评的“舍四从一”一样，都是对“尊心贱耳目”的唯理论者的驳斥。

第三，关于“格物致知”的新解释。

王夫之按唯物主义认识论原则对“格物致知”作新的阐释。

他认为格物与致知是互相补充而各有重点。“夫知之方有二，二者相济也，而各有所从。博取之象数，远征之古今，以求尽乎其理，所谓格物也。虚以生其明，思以穷其隐，所谓致知也。”(《尚书引义·说命中》)这是指二者认识取向和作用不同。他又说：“大抵格物之功，心官与耳目均用，学问为主，而思辨辅之，所思者皆所学问之事。致知之功，则唯在心官，思辨为主，而学问辅之，所学问者乃以决其思之疑。致知在格物，以耳目资心之用而使有所循也，非耳目全操心之权而心可废也。”(《读四书大全说》卷一)他没有把格物与致知简单地分成感性认识与理性认识两个阶段，自始至终注重心的作用。批评当时“但奉格物以为实”的经验论和“奉致知以为入德之门”的先验论，认为两种倾向都是片面的。

王夫之的“格物致知”论建立在唯物论的基础上。他说：“古人之致知，非虚守此灵明之体而求白也，非一任吾聪明之发而自信也；以为凡吾之理皆一因乎万物固然之理，则物物有当然之则。凡天下之物皆接于吾身者，皆可求得失顺逆之理，以寓吾善恶邪正之几，故有象可见，有形可据，有原委始终之可考，无不尽吾心以求格。”（《四书训义》卷一）理在物中，有物有则，致知是求知万物固然之理，而不是发吾心聪明之灵，这话是针对朱熹“格物补传”而发的。

王夫之进一步指出，格物不仅不是“杆物”，“格心”，也不是一般地与物相接，而是要求深入观察和实验。因此，他十分称赞方以智父子的“质测之学”。② 王夫之说：“密翁（方以智）与其公子（方中通）为质测之学，诚学思兼致之实功。盖格物者，即物以穷理，唯质测为得之。若邵康节、蔡西山，则立一理以穷物，非格物也。”（《搔首问》）在他看来，即物穷理之功只有以实验为基础的自然科学最为得当。而北宋邵雍和南宋蔡沈的象数之学，表面上类似自然科学，实际上是先有观念然后去搜罗历史事件以论证其主观的数字变化规律。王夫之说，那不叫格物。

王夫之认为，“天下之物无涯，吾格之也有涯。吾之所知者有量，而及其致知也不复拘于量。”（《读四书大全说》卷一）客观事物无限，人所格之物有限；个人所知有限，但人的求知能力是无限的。这是对庄子的反驳。当然，王夫之还没有把这种无限性的实现看作是一个由无数有限性组成的无限过程，这是一个缺陷。③

第四，对知行关系的批判性总结。

王夫之批判了程朱的“知先行后”和王阳明的“知行合一”，建立了“知行相资以为用”，“知行并进而有功”的唯物主义知行理论。

他认为，知与行是两个内容不同各有效用的概念，又是密切联系不可分割的整体。“盖云知行者，致知力行之谓也。唯其为致知力行，故功可得而分。”（《读四书大全说》卷三）有人从大段分界，以“讲求义理为知，应接事物是行”。王夫之不太赞成这样“立一划然之次序”。他指出："讲求之中，力其讲求之事，则亦有行矣；应接之际，不废审虑之功，则亦有知矣。是则知行终始不相离，存心亦有知行，致知亦有知行，而更不可分一事为知而非行，行而非知。"（《读四书大全说》卷三）他不同意朱熹把《大学》中的"格物致知"为知，"诚意正心"以下为行。他说，"'致知''格物'亦有行，'诚意'以下至'平天下'亦无不有知"。（《读四书大全说》卷一）。

王夫之批评老子的"不行而知"以及朱熹的先知后行论。他说："天下之事，固因预立，而亦无先知完了才去行之理。"（《读四书大全说》卷一）预见性是必要的，但不能事先完全明白了才去实行，而是要在行中知，行中学。他认为，行是知的前提，行重于知优于知。"且夫知之者，固以行为功者也。行也者，不以知为功者也。行焉，可以得知之效也；知焉，未可得行之效也。""行可兼知，而知不可兼行，……君子之学，未尝离行以为知也必矣。"（《尚书引义·说命中》）"以人之知行言之，见闻之知，不如心之所喻；心之所喻，不如身之所亲行焉。"（《周易内传》卷五）这是对荀子的发挥。王夫之大胆提出，在治水方面，尧不如禹，因为尧没有亲身去实行。

王夫之并不否认和轻视知对行的作用。他说："要之所行者听乎知，而其知也愈广大精微，则行之合辙者愈高明愈博厚矣。"（《读四书大全说》卷四）只有用知指导行，其知将广大精微，其行则更合乎实际。于是，他进而主张，"知行相资以为用"，"并进而有功"。（《读四书大全说》卷四）即在行的基础上知行互为条件，互相补充，互相促进。

他严厉批评"知行合一"是"借口以惑世"。说："若夫陆子静（九渊）、杨慈湖（杨简）、王伯安（守仁）之为言也，……其所谓知者非知，而行者非行也。知者非知，然而犹有其知也，亦惝然若有所见也。行者非行，则确乎其非行，而以其所知为行也。以知为行，则以不行为行。……是其销行以归知，终始于不知。"（《尚书·引义》卷三）。王夫之揭露，王守仁的"知行合一"，实质是"销行以归知"，"终始于不知"。取消了行的知，只是"非知"。以不知为行，乃是以不行为行，实际上取消了行。而佛家的“参悟”，道教的“修炼”，“皆先知后行，划然离行以为知也”。（同上）这种剖析，切中肯繁，超越罗钦顺、王廷相等前辈批评家。

王夫之发展王廷相提出的“实践”概念，说：“知之尽，则实践之而已。”“实践之，乃心所素知，行焉皆顺，故乐莫大焉。”（《张子正蒙注·太和》）虽然他讲的“实践”只是道德行为履践，还不等于马克思主义的实践观，但在古代已属难能可贵。

王夫之的认识论达到了中国古代认识论的高峰，但仍有其不可避免的历史局限性。

首先，他认为有些知不从行和格物中来，如“仁义之心”、“天德良知”、孝、慈等等是不学而知，不虑而能的，承认天赋道德意识存在于知觉和思维之外。他没有摆脱张载二元论认识论的影响。

其次，他说：圣人之知不赖学与行，是生而知之的。蔑视庶民之知，说老百姓营营终日，只知道求食，求偶，安居，相斗而已，如果取百户百姓之言行来勘察，“其异于禽兽者百不得一”。这明显是地主阶级的偏见。

复次，他肯定知易行难并以之批评知先行后，这是不科学的，而且太片面化绝对化，否认在一定条件下难易可以转化。他说：“言知则但可曰困而知之，不可曰勉强而知之；而行则曰勉强而行之，知行之不同功久矣。”（《读四书大全说》卷四）认为知不可勉强，行则可以勉强。他鼓励力行是对的，但不可绝对化，否则就变成盲动、蛮干。④

注释：

①高令仰《简明中国哲学通史》，厦门大学出版社 2002。

②参看姜国柱《中国认识论史》，河南人民出版社 1894。

③参看夏甄陶《中国认识论思想史稿》下卷，中国人民大学出版社 1996。

④参看方克立《中国哲学史上的知行观》，人民出版社 1982。

第三十三节 颜元的"手格其物而后知至"

颜元(1635—1704),号习斋,河北博野人。出身贫苦,幼年父亲失踪,母亲改嫁,由朱姓抚养成人。少年时一边参加农业劳动,一边习武、一边读书。19岁中秀才,22岁学医,24岁办私塾授徒,此后以开药铺行医为生,62岁主持位于河北肥乡的漳南书院。一生不谋官职、不交权贵,在北方学界有一定影响,与学生李塨合称颜李学派。著作有《四存编》(包括"存人"、"存学"、"存治"、"存性"四编)、《四书正误》、《朱子语类评》、《习斋记余》等,后人辑为《颜元集》。

颜元早年崇拜朱熹,34岁以后的思想大转变,成为程朱理学的批判者,把朱学、王学称为"杀人"之学,把自己的书房由"思古斋"改为"习斋",确立以"习行"为中心的思想体系。

颜元认为宋明道学最大缺点就是无用。内无益于身体,外无益于国家。他指责朱子教人半日静坐,半日读书,无异于半日当和尚,半日当书虫。一旦国家有事,只会哀叹"愧无半策匡时难,唯余一死报君恩",这样的"圣贤"再多又有什么用处?他大声疾呼:"千余年来,率天下入故纸堆中,耗尽身心气力,作弱人、病人、无用人者,皆晦庵(朱熹)为之也。"(《朱子语类评》)与之相反,他大力提倡学习实用的知识。他给漳南书院制定的教学计划中,"文事"包括礼、乐、书、数、天文、地理等;"武备"包括各家兵法、攻守营阵、水陆战法、射御技击等;"经史"包括十三经、历代史、法制、奏章等;"艺能"包括水学、火学、工学、象数学等。这是中国教育史上的创举。

颜元主张理气统一,"气即理之气,理即气之理。""理者,木中纹理也，其中原有条理。”(《四书正误》)提倡“习事见理”，批评“理在气先”。他认为人性本善，不同意区分天命之性和气质之性。反对“存天理，去人欲”，肯定“男女者，人之大欲也，亦人之真情至性也”。(《存人编》)曾讥笑佛教徒说，如果没有男女之情，释迦就不会出生，也就没有你这个和尚。他大力宣扬功利主义，认为董仲舒讲的“正其谊不谋其利，明其道不计其功”，应该把两个“不”字去掉。在他看来，道与功，义与利是统一的。

颜元的认识论是以唯物论为基础的。他说：“知无体，以物为体，犹之目无体，以形色为体也。故人目虽明，非视黑视白，明无由用也。人心虽灵，非玩东玩西，灵无由施也。”(《四书正误》)这段话是针朱熹《大学格物补传》“人心之灵莫不有知”而发的。在颜元看来，知识不是独立存在的实体，而是客观事物在认识主体意识中的一种观念存在方式。目以形色为体，心以外物为体，如果没有认识对象，人心之灵明便无法施展。类似的观点，先秦就有，魏晋以来，被佛教徒搅乱了。颜元批评说：“静极生觉，是释氏所谓至精至妙者。而其实洞照万象处，皆是镜花水月，只可虚中玩弄光景，若以之照临折戴，则不得也。……即使其静功绵延一生不息，其光景愈妙，虚幻愈深，正如人终日不离镜水，玩其花月一生，徒自欺一生而已。”(《存学编·性理评》)并认为“宋明儒者所谓悟道，亦大率类此。”(《存人编》卷一)颜元深刻揭示，儒佛唯心论的认识论的根本错误，在于虚化认识客观对象。他们脱离具体实际，“惟合眼内顾，存养一点性灵”，以为可以“洞彻万物”，不过是镜花水月，什么也得不到。这是切中要害的剖析。

颜元肯定，要认识具体事物，必须去“格物”。他说《大学》“格物致知”之“格”，王门训“正”，朱门训“至”，汉儒训“来”，似皆未稳妥。“当如手格猛兽之格”，手格杀之“格”，“乃犯手捶折搓弄之义”。他说：“今之言致知者，不过读书讲问，思辩而已，不知吾之致知，皆不在此。”他举例说，任你读礼书几百遍，不算知礼；一定要跪拜周旋，捧玉爵，执币帛，演习一番，才真正知礼。任读几百遍乐谱，不算知乐，一定要“搏拊，击吹，口歌，身舞”才算知乐。览读医书千百卷，不可自称国手，一定要诊脉、针灸，解除病人疾苦，才算明医。譬如萝卜，“虽从形色料为可食之物，亦不知味之如何辛也，必箸取而纳之，乃知如此味辛也。故曰：手格其物而知至”。（以上均见《四书正误·大学》）颜元曾经是农民、医生兼拳师，后来成为教师，所以他讲“格物致知”的“物”和“知”，既包括孔门“六艺”礼乐知识，也包括行医种菜之类生产生活实践知识。把这种致知方法概括为“习行”，也叫做“实做其事”。大力提倡“身体力行”，“习而行之”，“思不如学，而学必以习”。“心中醒，口中说，纸上作，不从身上过，皆无用也。”（《存学编》卷二）。颜元所重之“习”，不同于孔子“学而时习之”的温习，也不同于王安石讲的“习于善”“习于恶”的习染，而是反复练习的意思。他很欣赏一位朋友把孟子讲的“行之而不著焉，习矣而不察焉，终身由之而不知其道者，众矣”，改为“著之而不行焉，察矣而不习焉，终身知之而不由其道者，众矣”。把“行”“习”放在比“察”“知”更重要的地位。

由于程朱理学大力宣扬读书明理，颜元针锋相对地抨击死读书。他说：“以读经史订群书为究理处事而曰道在是焉，则相隔万里矣。”（《存学编》卷二）他说，读书不仅损伤身体健康，而且无益增进知识。“读书人便愚，多读更愚。”（《四书正误》卷二）“读书愈多愈惑，举事愈无识，办事经济愈无力。”（《朱子语类评》）甚至把读书比作吃毒药吞砒霜。这话太偏激，被指责为反智识主义。[①]读死书是不对；读活书，继承前人知识，乃求学所必不可少。试问当医生的，难道可以不读医书吗？不过，说他“反智”未免过头了。他反对迷信书本知识，却大力提倡从实践中获取有用的知识，与老庄的“反智”有本质的不同。

颜元更反对宋人所提倡的静坐。他指斥宋明儒者，“内佛老而外儒学”，“阳明近禅处尤多”。（《存人编》卷二）“程朱别样禅耳，故皆以达摩之静坐为真下手功夫。”（《朱子语类评》）。他说静坐则伤身体，厌事废事。“终日兀坐书房中，萎惰精神，使筋骨皆废软，以致天下无不弱之书生，无不病之书生。生民之祸，未有甚于此时也。”（《朱子语类评》）“力主静坐空谈之学久，则必至厌事；厌事则必废事，遇事即茫然……故误人才，败天下事者，宋人也。”（《颜习斋先生年谱》卷下）。颜元针对主静，提倡“习动”，说：“常动则筋骨竦，气脉舒。……宋元来儒者皆习静，今日正可言习动。”（《颜习斋先生言行录·世情》）“养身莫善于习动，夙兴夜寐，振起精神，寻事去作，行之有常，并不困疲，日益精壮。”（《颜习斋先生言行录·学人》）颜元本人好动，经常练习刀、剑、琴、书、射、骑、拳术、农事等等。他甚至说：“吾尚言：一身动，则一身强；一家动，则一家强；一国动，则一国强；天下动，则天下强。”（《颜习斋先生言行录》卷下）有人称之为“主张动的哲学”[2]。晚清梁启超的“新民体”，爱用这类递进排比文法，也许是受颜元的影响。

关于知行关系。颜元认为，行在知先，由行致知。不经过习行，不手犯捶打，不可能获得真知。王阳明说：“不行只是不知。”颜元认为应改作“不知只是不行”。王以知为行之因，颜以行为知之因，这一颠倒，表现出唯心唯物两种认识论的差别。程颐说：“大凡学问，闻之知之，皆不为得；得者须默识心通。”颜元说：“如此段言‘闻之知之，皆不为得’，可谓透宗语矣。下何不云得者须履中蹈和，躬习实践，深造以六艺之道，乃自得之也。乃云‘须默识心通’，不乃是知之乎？”（《存学编》卷四）程氏认为闻见之知不如心通之知，这并不为错；颜氏认为躬行实践更加重要，才能深得其道。程氏的“默识心通”，仍然只是知，而不是行。可见躬行是比感性认识和理性认识更高一级的认识阶段。

颜元主张“务实践”，言论要有“实证”。他批评“后世不务实践，论世亦不论实证”。“不知圣人之言，证以圣人之行；不见圣人之行，以证圣人之言。”（《颜习斋先生言行录·吾辈》）认为圣人言行一致，言行可以互证。颜元还强调立言应该坚持真理，不立门户之见，不要盲从，不要随声附和。说：“立言但论是非，不论异同。是，则一二人之见，不可易也；非，则虽千万人所同，不随声也。岂唯千万人，虽百千年同迷之局，我辈亦当以先觉觉后觉，不必附和雷同也。”（《颜习斋先生言行录·学问》）这种坚持真理，相信真理可能掌握在少数人手里的精神，是难能可贵的。当时人王昆绳称赞颜元，“开二千年不能开之口，下二千年不敢下之笔”。(《居业堂文集·与婿梁仙来书》)。颜元的思想的确具有振聋发聩，大胆批判，勇于创新的特点。

韦政通认为，“习斋的性格在某些方面也有点像墨子。二人都曾学儒者之业，(一学先秦之儒，一学宋明之儒)后来终于‘背周道而用夏政’的心路历程也相似。在实用主义的要求下，二人都重视一技一艺的价值”。③

颜元和墨子都是面向平民的宣传家。习斋《四存编》之《存人编》有一组文章题为《唤迷途》，是用纯白话写的破除佛教迷信的讲演稿。如说：“佛是西域番人，我们是天朝好百姓，为什么不做朝廷正经的百姓，却做那西番的弟子?”用白话写小说始于元明，而用白话写理论文章十分罕见，颜元可能是较早的尝试者。④

颜元的认识论也有不足。第一，他强调“习行”对认识的决定作用，却轻视知对行的反作用，忽略知识的能动性。对书本知识理性思维和间接经验的作用估价不足，有狭隘经验论倾向，基本上不懂得认识的辩证法。在这方面，他远不如王夫之。第二，他的知行观中存在“知必致用”和“行必尊古”的矛盾。他坚决批判无用的八股文，却连写诗作文绘画也认为是蠹虫。他主张恢复“古圣成法”，实行井田制、封建制，虽然有限制地主占田、限制皇权的客观意义，却有浓厚的复古倒退色彩。第三，他反对静坐，却提倡“习恭”。他说：“静坐是身心俱不动之谓，别空之名也。习恭是吾儒整修九容之别名。”(《颜习斋先生言行录·王次亭》)“正冠整衣，挺身直肱，手交当心，目视鼻准，头必直，神必悚，如此则扶起本心之天理，天理作主，则诸妄自退矣。”(《颜习斋先生言行录·学人》)这和佛儒的打坐、静修，并没有实质性区别。⑤

注释：

①参见余英时《历史与思想》，联经出版事业公司 1976；北京大学哲学系中国哲学教研室编著《中国哲学史》，北京大学出版社 2003。

②冯达文、郭齐勇主编《新编中国哲学史》下编，人民出版社 2004。

③韦政通《中国思想史》(下)，上海书店出版社 2003。

④参看谭家健著《中国古代散文史稿》，重庆出版社 2006。

⑤参看方克立著《中国哲学史上的知行观》，人民出版社 1982。

第三十四节 戴震的"审察"事物和火光照物论

戴震(1723—1777)字东原,安徽休宁人。年轻时随父亲经商,后来以读书、教书、著述为业,曾向许多当时著名学者问学、求教,40岁中举,多次会试不第,51岁因学术成就被推荐入《四库全书》馆任纂修官,53岁赐同进士出身,授翰林院庶吉士,55岁病逝。戴震是乾嘉学派的著名大师,擅长考据、训诂和音韵,对天文、地理、数学、水利工程也很有研究,对西方自然科学有所吸收。后人辑集其著作为《戴东原集》,哲学方面的代表作是《孟子字义疏证》(以下简称《疏证》)和《原善》。

戴震的哲学研究方法具有新的特点。他的《孟子字义疏正》,形式上如同词典,实际上是专讲古代哲学基本范畴的。他从《孟子》中选出"理"、"天道"、"性"、"才"、"仁"、"义"、"礼"、"智"、"诚"、"权"等十几个概念,运用训诂考据的方法加以分析,赋予新的内涵,表达自己的哲学见解。他主张"由词通道"、"由故训以明理义",将中国传统哲学的理解建立在语言学的基础上,摆脱了宋明理学"直寻义理"的思辩色彩,具有清代中后期哲学研究范式转向的意义。①

戴震继承王廷相到王夫之的气学传统,认为包括阴阳五行在内的"气"是世界的物质基础,也是"道之实体"。一切有形的具体的东西都是气化的产物,"气"是"杂糅万变"的,因而也就形成各种各样的不同事物。他不同意朱熹把"道"与"器"分为形上、形下两截,认为"理"就是事物的条理、规则,事物是多样的,规则也各不相同。理在事物之中,不在事物之外。他不赞成"理一分殊",认为在具体事物的条理规则之上,不存在超越万物的最高的"理"。

在社会伦理观方面，戴震把情感、欲望、理智看成人的自然本性，道德的作用在于使人的情感、欲望得到正常合理的发展。所谓“理”是用来“通天下之情，遂天下之欲”，使天下都能满足生存的欲望。他指出，衣食住行之欲与自私自利之欲有区别，后者才是不正当的；正当的欲望就是“理”。“理者，存于欲者也。”据此，他痛斥宋儒“存天理，灭人欲”，是“以理杀人”。“其所谓理者，同于酷吏之法。酷吏以法杀人，后儒以理杀人”。(《上某书》)揭露理学家们口头上“灭欲”、“无欲”，实际上“以无欲成其私也”。这是对封建礼教的强烈抗议，已经具有近代启蒙色彩。

认识论是戴震哲学体系最具特色的部分。

第一，关于认识的来源。

戴氏认为，必须求理于具体事物，通过对事物的研究，才能认识和掌握其中之理。他说：“事物之理，必就事物剖析至微而后理得。”(《疏证》卷下)“就天地、人物、事为，求其不易之则，以归于必然，理至明显也。”(《绪言》卷上)“所谓则者，匪自我为之，求诸其物而已矣。”(《绪言》卷上)事物之理不是主观创造的，而是从客观事物中求得的。反对把理气分为二物，那“将使学者皓首茫然，求其物不得”。(《绪言》卷上)肯定认识对象的客观性，并和“理在吾心”以及理气二元论划清了界限。

戴氏认为，阴阳五行的气化，产生并形成人的物质形体“血气”。“有血气夫然后有心知”，“人之血气心知，原乎天地之化也。”(《疏证》卷中)“血气心知”都是逐步发展的。“血气资饮食以养”、由弱而强；“心知资于学问”，由狭小而广大，由暗昧而明察。血气心知虽然有先天禀赋的差异，但后天“得养不得养，则至于大异。”(《绪言》卷下)承认人的认识能力是发展的。人的“德性”也是“始乎蒙昧”，“资于学问，进而圣智，非复其初，明矣。”(《疏证》卷上)“复其初”就是恢复人性的原始状态。戴震批评说：“庄子所谓复其初，释氏所谓本来面目，阳明所谓良知之体，不过守己自足。”(《答彭进士允初书》)他指出，“就事物言，非事物之外别有理义。……就人心言，非别有理以予之而具于心也。”(《疏证》卷上)孟子主张道德观念为人心所固有，曾举孺子将入井，人人都会自动救援，证明人皆有天生的恻隐之心。戴震说，这是由于“已知怀生而畏死，故怵惕于孺子之危，恻隐于孺子之死；使无怀生畏死之心，又焉有怵惕恻隐之心？”（《疏证》卷中）并认为仁义“亦非心知之外别有物焉藏于心也。”比起王安石《原性》认为恻隐之心是“有感于外而发于中者”的笼统说明，更加深入一步。

戴震把人的智能与动物的本能加以区别。他说：“夫人之异于物者，人能明于必然，百物之生各遂其自然也。”“人之异于禽兽者，虽同有精爽，而人能进于神明也。”（《疏证》卷上）某些动物的习性之“精爽”程度甚至超过人。如鹰之飞，鹿之跑，以及某些动物的视力、听力等等。但那只是自然的赋予本能而已；人能明于必然，是指了解其道理和规律，并加以自觉运用，“扩充其知，至于神明”。戴氏指出，这是“学而增益其不足”所致。动物受本能限制，“不可开通”，只停留于自然阶段。这种见解是十分精辟的。

第二，关于感性认识与理性认识。

戴震认为，天地之间，存在着声、色、味等外物，人的认识与之相沟通。“外内相通，其开窍也，是为耳、目、口、鼻，……各成其能而分职司之。”（《疏证》卷上）“是思者，心之能也。”“心之神明，于事物咸知其不易之则。”（同上）又说：“味也、声也、色也，在物，而接于我之血气。理义在事，而接于我心之知。血气心知有自具之能，口能辨味，耳能辨声，目能辨色，心能辨夫理义。”“耳、目、鼻、口之官，臣道也。心之官，君道也，臣效其能而君正其可否。”“心所以主乎耳目百体者也。”（《疏证》卷上）这段话基本上重申荀子的观点，把感觉器官与思维器官的功能正确加以区别。

戴震接着分析心的作用，“其心之精爽，巨细不同，如火光照物，光小者，其照也近，所照者不谬也，所不照斯疑谬承之，不谬谓之得理。其光大者，其照也远，得理多而失理少。且不特远近也，光之及又有明暗，故于物有察有不察，察者尽其实”。（《疏证》卷上）关于火光照物的比喻，是戴氏的新创。有人说：“这是关于认识的一种朴素反映论的观点，”[②]我认为不是反映论，而是机械论。戴氏以火光比喻心的认识功能，一下就照得清清楚楚，似乎认识可以一次完成，彻底完成，这样讲是不科学的。他只讲火光(指认识)有远近明暗之别，而没有意识到火光只能显现表面现象，而不能深入本质，不能辨别真伪、精粗。《墨子·经说下》已指出：“智以目见，而目以火见，而火不见。”火光只是认识条件，而非认识主体，它不像镜子那样本身可以摄取客观认识。以镜照物之喻，被认为是机械论的反映论；以火照论之喻，与反映论是有距离的。

戴震又说：“其曰致知在格物，何也？事物来乎前，虽以圣人当之，不审察，无以尽其实也，是非善恶未易得也。”“‘格之’云者，于物情有得而无失，思之贯通，不遗毫末，夫然后在已则不惑，施及天下国家则无憾，此之谓致其知。”(《原善下》)强调必须对事物进行“审察”“以尽其实”，即弄清实际情况，用于实际生活无憾，才叫致知，这是对的。但是，以为“思之贯通”，“不遗毫末”，“于物情有得而无失”，未免夸大了理性思维的作用，表现出唯理主义倾向。

戴震继承荀子“解蔽”的思想。为了使认识“尽其实”，就不能有“蔽隔”。他说：“夫事至而应者，心也，心有所蔽，则于事情未之能得，又安能得理乎？”“精爽有蔽隔而不能通之时；及其无蔽隔，无弗通，乃以神明称之。”这样讲是对的，但是，心有哪些“蔽隔”？如何去掉？他只讲到“去私”，不如荀子讲得具体。

第三，关于认识的检验与实践。

戴氏认为，理在事情，客观真理存在于事物之中，必须对事物进行分析才能得到。他把在物之理和在已的“意见”作了严格的区分，说：“理义非他，可否之而当，是谓理义。然又非心出一意以可否之也；若心出一意以可否之，何异强制之乎？是故就事物言，非事物之外别有理义也。”(《疏证》卷上)他强调“理”“义”是事物本身的理义，不是个人的意见。反对“凭在已之意见，是其所是而非其所非。”“昔人知在已之意见不可以理名，而今人轻言之。……今使人任其意见则谬，使人自求其情则得。”(同上)所谓“情”就是实际情况。

怎样才能检验某种认识是符合实情的理义,而不是主观意见呢?戴氏引孟子的话作答:"心之所同然始谓之理,谓之义。则未至于同然,存乎其人之意见,非理也,非义也。凡一人以为然,天下万世皆是,不可易也。此之谓同然。"(同上)这就是说,大多数人所公认的就是真理。把真理标准以主观意见认同的多少而定,这是不正确的。在科学史上,有许多大众公认的观点,后来证明是错误的。在这一点上,戴震不如颜元之敢于肯定真理不以多数人认同为标准,敢于肯定少数人可能掌握真理。

第四,关于知行关系。戴震主张:"先务于知而见之行。""圣人之言,无非使人求其至当以见之行。求其至当,即先务于知也。"(《疏证》卷下)"凡言与行,得理谓之懿德。得理非他,言之而是,行之而当,为得理。言之而不当,为失理",(《绪言》卷上)似乎主张言行统一。他又讲:"重行不先重知,非圣学也。"(《疏证》卷下)有人批评为重知主义。戴震这番话是针对道学家的"笃行"讲的。他在这番话的前面说:"人见其笃行也,无欲也,故莫不尊信之。圣人之学,由博学、审问、慎思、明辩而后笃行。则行者,行其人伦日用之不蔽者也。非如彼之舍人伦日用,以无欲为能笃行也。"(《疏证》卷下)道学家们的"笃行"是一种弃养生之道,弃人伦日用,无欲无为的道德修养,是与戴震所主张的"有欲""有为"对立的。而戴氏这里所讲的"先重知",即指《大学》讲的博学、审问、慎思、明辩。最后还是要在人伦日用中去"笃行"。总的看来,他还是注意知行结合的。不过,戴氏的知行观确实比王夫之落后,也不如颜元。

戴震主张人的智愚可以改变,关键在于"学"。他认为孔子讲的"上智下愚不移",不是生来不移,而是不肯学习不求改变。他说:"人之幼稚,不学则愚。食以养其生,充之使长;学以养其良,充之至于贤人圣人。"(《疏证》卷下)愚人"加之以学,则日近于智矣。自绝于学,是以不移"。(《疏证》卷上)这和王安石的观点相近。

戴震认识论的局限在于:(1)过分夸大心的"神明"作用,竟认为心的明不明是辨别事物的标准,如同秤能衡量物之轻重。(2)混淆自然规律和社会生存原则,说"观于天地之条理"之"秩然有序,可以知礼矣"。

(《疏证》卷上)他没有彻底摆脱董仲舒“天人合一”的影响。(3)认为圣人先天具有明察一切的认识能力,可以不通过“行”而“洞悉万物”。他免不了犯古代儒学思想家常犯的“崇圣”的通病。③

注释:

①参看复旦大学哲学系中国哲学史教研室编《中国古代哲学史》(下),复旦大学出版社 2006。

②夏甄陶著《中国认识论思想史稿》下卷,中国人民大学出版社 1996。

③参看潘富恩著《中国古代认识论史稿》,复旦大学出版社 1985。

第八章 近代的认识论

从鸦片战争到五四运动，史学家称为近代。这个时期出现了五种哲学思潮。

第一，鸦片战争前后以龚自珍、魏源为代表的地主阶级改革派的经世致用思潮。他们是第一批突破旧学，关注新学的开拓者。

第二，太平天国时期以洪秀全、洪仁玕为代表的革命农民的宗教哲学思潮。他们侧重政治和社会方面，涉及哲学和认识论不多。

第三，以曾国藩、薛福成、张之洞为代表的地主阶级洋务派思潮。他们几代人共同勾画了中国经济、政治、教育、学术迈向世界的前景，探讨如何正确处理中学与西学的关系，丰富了传统的“道器”、“体用”、“本未”等范畴，为中国哲学的近代化进程作了准备。

第四，19世纪末以康有为、梁启超、谭嗣同、严复为代表的资产阶级改良派的维新变法思潮。他们早期是勇敢的启蒙思想家，后期落伍于时代。

第五，20世纪初期以孙中山、章太炎为代表的资产阶级民主革命派思潮。辛亥革命后队伍迅速分化，孙中山始终站在时代前列，章太炎则跟不上形势。

近代哲学的特点是：一、哲学理论与政治运动紧密结合，直接为政治鼓吹；二、中西哲学杂糅，近代自然科学知识与传统哲学范畴生拉硬扯；三、唯物论与唯心论集于一人之身，而不是像西方那样泾渭分明；四、儒家主导地位日益削弱以致丧失，不少前期激进的思想家晚期往往以佛学为归宿。

第三十五节 魏源的“及之而后知”

魏源(1794—1857),字默深,湖南邵阳人。28 岁中举人,50 岁中进士,先后担任过幕僚和州县地方官。鸦片战争中,参与浙江前线反击英国侵略的战斗。曾写诗讴歌广州三元里民众的拒英义举。应林则徐之请,编《海国图志》,系统介绍各国地理、历史、政治、经济情况,此书对日本明治维新影响巨大。作《圣武记》,宣扬盛清武功,激励民气。1853 年,在江苏高邮知州任内,对抗太平军,因迟误军邮,革职。晚年皈依佛教,思想由早年的激进趋向消极。

魏源是中国近代第一批睁开眼看世界的先进分子,率先大胆提出,了解“夷狄”并向“夷狄”学习,“师夷之长技以制夷”,学习西方先进技术,建立近代工业,开放民间资本,以求富国强兵。在治学方面,提倡经世致用,反对空谈,既批评程朱理学,也不赞成乾嘉学派的考据。力主变革,宣称“变古愈尽,便民愈甚”。当时即与龚自珍齐名,后来被认为是洋务运动和戊戌变法的先声。其著作后人辑为《魏源集》,哲学方面的代表作是《默觚》。

魏源关于认识论没有系统的论述,散见各处的观点,有一个共同的特点,就是要切实认真了解客观世界,为改革时弊,纠正学风,激发变革图强,提供思想方法的武器。归纳起来,要点有三:

一、在知识来源问题上,坚持后天学习重于先天禀赋。

他认为,即使圣人亦非生知,说:“其圣果生知乎?安行乎?孔何以发愤而忘食?姬(指周公)何以夜坐而待旦?文(周文王)何以忧患而作《易》乎?”(《默觚》上《学篇》三)用孔子、周公、文王这些圣人自己的言论和行动，证明他们的成就乃努力取得，而非天生。

魏源承认人的禀赋有敏或鲁的差别，但不是一成不变的，通过学习可以转化。他说："敏者与鲁者共学，敏不获而鲁反获之，敏者日鲁，鲁者日敏。岂天人之相易耶？曰：是天人之相参也。"（《默觚》上《学篇》二）天资聪明者和天资迟钝者一起学习，前者不努力而后者努力，结果聪明者日渐迟钝，迟钝者日渐聪明。是天资和人为互相变换了吗？回答是，乃天资与聪明互相结合所致。这样讲，比较辩证。

紧接着又说：通过努力学习，"技可进乎道，艺可通乎神，中人可易为上智，凡夫可以祈天永命，造化自我立焉。"（同上）中人可以变为上智，这是对孔子"上智下愚不移"的修正。"造化自我立焉"，意谓，把自己塑造成什么样的人，主动权在自己。他甚至主张大人物可以"造命"，连命运也由人来创造。他还说过，"绝世之资，必不如专门之夙习也"。（《默觚》下《治篇》）单靠绝顶的天赋聪明，未必赶得上长期的学习研究。这话讲得十分精辟，充分相信人的主观能动性，能使人振作。

历来学者皆强调"学问"，魏源特别重视"问"。他说："人有恒言曰学问，未有学而不资于问者也。"（《默觚》下《治篇》一）又说："士而欲任天下之重，必自勤访问始。"（同上）"访问"就是调查研究。他批评"历山川但壮游览而不考其形势，阅井疆但观市肆而不察其风俗"。他写《海国图志》时，就曾到香港、澳门作调查，向俘虏的英军询问。他说："独得之见，必不如众议之参同也。"一个人独到之见不如众人的集体智慧。略早于魏源的刘开（1784—1828）写过一篇《问说》，提倡多问，是一篇名作。① 魏源讲的"问"，范围比刘开广泛得多。

二、在知行问题上，提倡"及之而后知"。

魏源主张，"及之而后知，履之而后艰，焉有不行而能知者乎？"明确否认"不行而知"。他举例说："披五岳之图，以为知山，不如樵夫之一足；谈沧海之广，以为知海，不如估客之一瞥；疏八珍之谱，以为知味，不如庖丁之一啜。"（《默觚》上《学篇》二）看山川海洋图和菜谱，这种间接知识，不如直接亲历的知识。他又说："古今异宜，南北异俗，自非设身处地，焉能随盂水而为方圆也?”(《默觚》下《治篇》一)他把人们的认识比成水，把客观事物比成容器，水必须随容器之方圆而方圆。坚持主观认识取决于客观对象。人的认识随古今、南北之不同而设身处地加以考察，才能使认识符合古今南北之实际。如果不经过“众议参同”，大家讨论，互相参考，是不可能闭户造车，出门合辙的。意即认识如果脱离实际必定行不通。

在教育方法上，他认为身教重于言教，“耳聒义方之灌，若罔闻知；瞩一行之善，而心中怵然，身教亲于言教也”。(《默觚》上《学篇》二)

复旦大学的学者指出，“魏源‘及之而后知’的提出，在一定程度上批判了宋明理学视知行为自我认识和自我实现的道德实践，肯定‘知’是对客观外物的认识，而‘行’则是改造自然的物质活动，从而发展和丰富了中国哲学中的‘知行’范畴”。②

有人认为，魏源提倡“及之而后知”，是为了“反对方东树重新鼓噪的程朱学派的知先行后说”。③方东树(1772—1851)是桐城派领袖姚鼐四大弟子之一，其《汉学商兑》卷中说：“圣门论学，固知行并进，然知毕竟在先。使非先知之，何以能行之不失也。”他批评有人将“格物”“诂为至事，(当指戴震)解为实践”(当指颜元)，宣称“致知在实践”，“乃最拙不通也”。又说：“《大学》条目，次第分明，如首于知前预说行，则以后诚、正、修、齐诸行……是其目虚设也。若格物训为至事，为实践者，即在诚、正、修、齐、治、平，则匹夫萧然蓬户，安得有国与天下供其实践、至事？否则终身无由知治平之理，而知终不得而致矣。”方氏坚持以“穷理”训“格物”。魏源比方东树少二十余岁。针对方说提出反驳是可能的。方氏的认识十分落伍。不过需要指出，方东树是主张严禁鸦片，抵御外侮，努力自强的，散文成就很高。哲学上的唯心论，不妨碍其政治、文学评价。

三、强调“验诸其事”的检验认识的标准。

在《皇朝经世文编叙》中，魏源提出，认识结果即思想之正确与否，必须受认识对象即事物的检验。二者的关系有如秤和所称之物的关系。他说:“无星之秤不可以称物,故轻重生衡权,非权衡生轻重。”秤星是衡量物体轻重的标准。但是秤上的星是根据物体轻重标上去的,有物体之轻重才有秤上的斤两。而非有秤上的斤两才有物体的轻重。这个比喻很能说明问题。

接下去,他提出四种“检验”。“事必本于心”,“善言心者,必有验于事。”此处“心”指人的思想,做事情要有思想指导,但思想要受事物的检验。“法必本于人,”“善言人者,必有资于法”。法则产生于人类活动,但人必须遵照客观法则,而不能任意造作。“今必本于古”,“善言古者,必有验于今”。今来自古,但引用历史经验必须适用今天的现实。他说,高祖父,曾祖父用过的器物,就不如祖父、父亲的器物更适宜,因为时代进步了。“物必本于我”,“善言我者,必有乘于物矣”。客观事物靠主观去认识,但主观认识必须凭借客观事物。“乘”是“凭借”的意思。这段话的宗旨是反对主观主义,尊重客观并接受其检验。

魏源又说:“匡居之虚理,验诸其事,其效者十不三四。”(《默觚》上《学篇》二)关起门来虚构的理论,拿到实事中去检验,有效者不过十分之三四。又说,艰难曲折的变化,可以考证真正的才能和智慧,“临大事然后见才之难”,“九死之病,可以试医;万乘之变,可以试智”。(《默觚》下《治篇》七)。

魏源在《海国图志叙》中,主张革除旧习,树立新风,把人心从蒙昧状态和夸虚习气中解救出来。他说:“去伪,去饰,去畏难,去养痈,去营窟,则人心之寐患祛,其一。以实事程实功,以实功程实事,(‘程’是核查的意思),……则人材之虚患祛,其二。”夏甄陶说:“在处理实事的实际应用中,思想认识的真理性和有用性,可以得到现实的统一。这种现实的统一,也就是‘实事’与‘实功’的统一。这就是魏源所强调的‘以实事程实功,以实功程实事’的主张。”④

魏源批评当时的理学大师们,平时“口心性,躬礼义,动言万物一体,而民瘼之不求,吏治之不习,国计边防之不问,一旦与(参与)人家国(之事),上不足制国用,外不足靖边圉,下不足苏民困。平日民胞物与空谈,至此无一事可数诸民物，天下将安用此无用之王道哉？”（《默觚》上《治篇》一）魏源认识论之目的，就是使理论能服务于实际，对天下、国家、民众有用。他又说：“学为师长，学为臣，学为士庶者也。格其心、身、家、国、天下之物，知奚以正，奚以修，奚以齐且治平者也。”（《皇朝经世文篇叙》）学习和格物，最终是为了齐家治国平天下。概言之，经世致用而已。

魏源的认识论，存在唯心主义杂质。魏源对精神现象的本质的认识是错误的。他认同《管子》的《心术》之精气说，认为精气“藏于胸中，谓之智；启于耳目之间，谓之聪明。”（《默觚》上《学篇》十四）把精神现象看成一种物质性的气。他夸大主观精神的力量，说：“人心即天地之心”，“仁者，天地之心也。天生一人，即赋以此种子之仁”。仁是天赋的，永世长存的。（《默觚》上《学篇》十四）魏源晚年接受佛教的影响，鼓吹“回光反照，则为独知独觉；彻原心悟，万物备我，则为大知大觉”。这些思想是彻底的唯心论。

魏源按认识之先后把人分为若干等级。说：“天之生斯民也，使先觉觉后觉。而觉之小大恒暂分焉。大觉如日，明觉如月，独觉如星，偏觉如燎，小觉如灯烛，偶觉如电光，妄觉如磷火。日，先圣也；月，贤也；星，君子也；燎，豪杰也；灯，儒生也；电，常人也；磷，小黠（xia）也。星月借日为光，灯燎假物以为光，电磷乍见，有光如无光。”（《默觚》上《学篇》五），圣贤是天生的先觉者，常人是生来的愚昧者，只有借圣贤的光辉才有微弱的光线。这和他所主张的后天重于先天，否认生知，承认智愚可移，是自相矛盾的。

注释：

①参看谭家健著《中国古代散文史稿》，重庆出版社 2006。

②复旦大学哲学系中国哲学史教研室编《中国古代哲学史》（下），复旦大学出版社 2006。

③参看方克立著《中国哲学史上的认识论》，人民出版社 1982。

④夏甄陶著《中国认识论思想史稿》下卷，中国人民大学出版社 1996。

第三十六节 谭嗣同的主观唯心主义认识论

谭嗣同(1865—1898),字复生,湖南浏阳人,出身官僚家庭,年轻时游历各地,后来在湖南等地办学办报,鼓吹变法。1898年光绪亲政时奉召入京,任军机章京,参与新政。百日维新失败后被捕,英勇就义。著作由后人辑为《谭嗣同集》,哲学代表作是《仁学》。(以下凡引此书仅注章数)

谭嗣同是资产阶级改良派中的激进派,他在中国历史上的地位,首先是站在时代前列的政治家。戊戌变法运动中,他为救亡图存,奔走呼号,慷慨捐躯,成为不朽的烈士。其次是冲决网罗、振聋发聩的思想家。他的思想是为维新变法服务的,积极用世的;同时也是庞杂甚至荒唐的,深刻地打着新旧交替的时代烙印。他吸收了王充、张载、王夫之等古代唯物主义因素,研究过西方自然科学和历史、地理、社会、政治学说及基督教神学,晚年学习佛教,从而构成一个饥不择食,囫囵吞枣的思想体系。

在政治思想上,他有许多惊风骇俗之见。他严厉谴责腐朽的封建制度,批判君主独裁,认为君主不过是人民中一分子,地位比普通人低下。指责两千多年来的君主都是"大盗",引用法国大革命言论说:"誓杀尽天下之君主,使血流满地球,以泄万民之恨。"(三十四章)谭氏比清初黄宗羲、唐甄更激进,因为他了解世界政治史。谭氏不遗余力批判旧礼教,根据西方的自由平等博爱学说,说中国的五伦只有朋友一伦可取。他幻想"仁"为人类最高理想,仁有四通之义:上下通、中外通、男女内外通、人我通。"通之象为平等。"实现仁的社会,人人自由,无国界,无战争,君主废,贵贱平,公理明,贫富均。他称之为"大同"世界,可能受康有为《大同书》影响。谭嗣同和康有为一样，徒有美好理想，找不到实现“大同”之路，在现实中只好寄希望于光绪皇帝。

在哲学上，唯心唯物并存。他引用西方自然科学家所假说的“以太”概念来替代中国传统的“气”，认为“以太”是世界物质的始基，自然和社会一切现象都是“以太”的一部分，“以太”无形，一切有形皆依附之；“以太”无心，一切精神现象皆为之感受。他知道物质不灭，知道水加热而干涸，化成氧气和氮气，构成水的“原质”并未消失，比王廷相、王夫之的猜想更符合科学。在世界构成问题上，他超出我国古代传统的朴素唯物主义水平，具有近代机械唯物主义特点。但是，当他解释“以太”之用时，又具有物活论、泛灵论的性质。① 他说把精神、道德的属性赋予“以太”，肯定“以太”有知，“其显于用也，孔谓之仁，墨谓之兼爱，佛谓之性海，耶谓之灵魂。”（一章）并推论出万物有知，万物有灵。说：“以太”就是仁。“仁为天地万物之原，故唯心，故唯识。”（《仁学界说》）本来具有物质性的“以太”经过他的一系列牵强附会，变成了“心”和“识”。把本来是道德概念的“仁”，变成哲学概念并当作世界本原。最后陷入“三界唯心，万法唯识”的佛教唯心主义。

在认识论上，谭嗣同从机械唯物论起步，最终走向主观唯心主义。

人为什么会有知？谭氏说：“知则出于以太”，“眼何以能视？耳何以能闻？鼻何以能嗅？舌何以能尝？身何以能触？曰：唯心太。”“以太之用之至灵而征者，于人身为脑。”“心不能思，而思特在脑。脑分大小，大脑主悟，小脑主知及视听之属。”通过“脑气筋”（即神经系统）而主四肢百体之运动。人的认识从实物到视觉，耳目口鼻手足之所接，无所往而非实者。这样讲是唯物的；然而，当他进一步分析时，就误入歧途了。他说：“夫人固号为有知矣，独是所谓知者果和等物也？”他回答：“其动者，意识也，大脑之用也。为大脑之体者，为前识也。其使有法之动者，执识也，小脑之体也。为小脑之用者，前五识也。”（四十五章）谭嗣同把佛教唯识宗的第八识藏识，看成产生人的意识的本体。而藏识又是天地万物的根源，“佛之所谓藏，孔子所谓心”。那么，人对天地万物的认识,归根结底不过是藏识自己对自己的认识而已。②

由于根本观点错了,尽管谭氏已掌握一些近代自然科学知识,却导致一系列认识论错误。

第一,他从人的认识能力的有限性来否定人的感觉的可靠性。他说:"眼耳所见闻,又非真见闻也。眼有帘焉,形入而绘其形,由帘达脑而觉为见,则见者见帘之影尔,其真形实万古不能见也。……影又待脑而知,则影一已逝之影,其真影不得而见也。故至远之恒星,有毁已千万年,而光始达于地者。""耳有鼓焉,声入而省其响,由鼓传脑而觉为闻,则闻者闻其耳鼓之响耳,其真声实万古不能闻也。……响又待脑而知,则响一已逝之响,并真响不得而闻也。故雷炮之远发,山谷之徐应,有逾时而声始往返者。"(十七章)他断言,人所感知的只是虚幻的形象和声响,事物的真形真响是永远不能把握的。谭嗣同强调感觉经验的局限性,有其合理的一面;但他从人的感觉的相对性,去否定认识的可靠性,割裂人的感觉经验的真实性,这是形而上学的观点,没有把认识看成动态的过程。

第二,他从认识对象的无限性,否定人的认识的可靠性,得出世界不可知的错误结论。他说:"眼耳鼻舌身所及接者,曰色声香味触五而已。以法界、虚空界、众生界之无量无边,其间所有,必不止五也明矣。仅凭我所有之五(五官),以妄度无量无边,而臆断其有无,奚可哉?……即以肉眼肉耳论,有远镜、显微镜所见而眼不及见者焉;又有远镜、显微镜亦不及见者焉。有电筒(传声筒)、德律风(电话)所闻而耳不及闻者焉;又有电筒德律风亦不及闻者焉。"(十七章)谭嗣同看到物质世界的无限性和人的认识能力以及认识工具作用的有限这种矛盾,他比庄子的"吾生也有涯而知也无涯"更深刻。问题是在科学日益发达、认识工具更加进步的情况下,他和庄子同样持悲观态度。原因在于他不懂得人类认识发展的辩证法。人们可以不断创造各种工具和手段,使感觉功能不断延长,扩大,人的理性思维可以帮助人们突破感官的局限,人们可以从有限认识无限,从暂时认识长远,虽然不会穷尽真理,但可以不断接近真理。

第三，谭嗣同接受庄子和佛教以及康有为之影响，在认识论中误入相对主义歧途。康有为《自编年谱》说："因显微镜之万数千倍者，视虱如轮，见蚁如象，而悟大小齐同之理。因电机光线一秒数十万里，而悟久速齐同之理。"谭嗣同说："虚空有无量之星日，星日有无量之虚空，可谓大矣。非彼大也，以我小也。有人不能见之微生物，有微生物不能见之微生物，可谓小矣，非彼小也，以我大也。何以有大？比例于我小而得之；何以有小？比例于我大而得之。然则但有我见，世间果无大小矣。多寡长短久暂，亦复如是。"（十七章）他看来，只有华严宗的"一多相容"、"三世一时"的相对主义理论，才是"天地万物自然而固然之真理。"他要求人们放弃感觉和思维，用"慧眼"、"法眼"、"佛眼"去看世界。"不以眼见，不以耳目，不以鼻嗅，不以舌尝，不以身触，乃至不以心思，转业识而成智慧，然后一多相容，三时一世之真理乃日见乎前。"（十七章）他完全陷入宗教信仰主义和蒙昧主义泥坑里去了。

谭嗣同用唯识宗的"转识成智"来附会《大学》的"格物致知"等八目。他说："所谓致知而知至也。佛之所谓知，意识转然后执识可转，故曰欲诚其意者，必先致其知，致知籍乎格物。……无论何事，要必自格致始，此之谓妙观察智。""至若前五识皆转，无所往而非仁，齐家、治国、平天下，不足言也，故壹是皆以修身为本，此之谓成所作智。"（二十八章）有趣的是，谭嗣同的好朋友、因维新变法而被杀的烈士唐才常（1867—1900），也对"格物致知"感兴趣。他肯定朱熹的"即物穷理"。从《朱子语类》中摘引若干条，认为其中包含西方自然科学，如天文、地理、物理、化学、矿学、电学、光学、声学等原理，说是"格致之先资也"。（《唐才常集》卷一《朱子语类已有西人格致之条理证》）朱熹思想中确实有自然科学的因素，但是不适当地把他与近代科学牵合类比，未免过分抬高了。而这正是清末国粹主义者的通病。

在知行问题上，谭嗣同的口号是"贵知不贵行"。他说："吾贵知，不贵行也。知者，灵魂之事也；行者，体魄之事也。""行有限而知无限，行有穷而知无穷也。且行之不能及知，又无可如何之势也。手足之所接，必不及耳目之远；记性之所至，必不及悟性之广；权尺之所量，必不及测量之确；实事之所肇，必不及空理之精，夫孰能强易之哉？僻儒所患能知而不能行者，非真知也，真知则无不能行矣。”（四十八章）在他看来，知无限无穷，行有限有穷，行之所及不如知之不受限制，行不能达到知，而真知必能行。他完全否定行是知的来源和检验标准，割裂知行关系。谭嗣同还认为历来“教主”都是知者，不是行者。“皆以空言垂世，而不克及身行之。”耶稣、孔子、佛陀，都是“先知觉后知，以先觉觉后觉，岂暇问其行不行者。”（四十八章）康、梁、谭等资产阶级改良派们，就是以“代天发言立义”的教主自居的。孙中山曾经严肃批评过他们。

张立文等认为，“在知行观方面，谭嗣同开启了从注重伦理价值到宣扬意志作用的转向。在一个民智未开而极端专制的国家进行维新变法，本来就是一件极其艰辛的事业。这些先进的中国人在找到现实力量之前，不能没有这种一往无前的大无畏精神的支撑。这正是谭嗣同的知行观在近代史上的意义所在”。③

谭嗣同主张尊灵魂，贱体魄。他幻想科学日益昌明，人种日益进化的将来，会出现一种纯用智，不用力；纯有灵魂，不有体魄的“灵人”。他们可以住水、住火，“飞行往来于诸星诸日，虽地球全毁，无所损害”。他公开提倡灵魂不死和因果报应，说：“今使灵魂之说明，虽至暗者犹知死后有莫大之事，及无穷之苦乐，必不于生前之暂苦暂乐而生贪著厌离之想。”“知身为不死之物，虽杀之亦不死，则成仁取义，必无坦怖于其间。且此生未及竟者，来生固可以补之。”（十三章）这些说法是荒唐的，但是，从谭氏主观来说，是想以此自励并警人。当他为变法殉身时，这些思想是发生自慰作用的。④

谭嗣同的主观唯心主义认识论，与历史上的先辈们有所不同。首先，他是为“张大心力”、“以心挽劫”而宣扬唯心论，即充分扩张主观精神力量，来挽救中国面临的“大劫难”，政治上是进步的。其次，他的哲学体系中，尽可能吸收了近代科学知识，提出了许多值得深思的新问题，唯物论者不得不面对和寻求解答，从而推动中国传统哲学向近代哲学的转变。

注释：

①夏甄陶《中国认识论思想史稿》下卷，中国人民大学出版社 1996。

②④参看北京大学哲学系中国哲学教研室编著《中国哲学史》，北京大学出版社 2003。

③张立文主编《中国哲学史新编》，中国人民大学出版社 2007。

第三十七节 严复的经验论倾向的认识论

严复(1853—1921),字几道,福建侯官人。他是近代资产阶级改良派的启蒙思想家,是当时向西方寻找真理的先进中国人之一。14岁入福州船政学堂,23岁到英国学海军,三年后回国,历任福建船政学堂教习、北洋水师学堂总教习、会办、总办。甲午战败后,受到极大震动,在天津报纸上连续发表《论世变之亟》、《原强》、《救亡决论》、《辟韩》等文章,大声疾呼:"今日中国不变法则必亡。"他借批评韩愈的《原道》,批评封建君主制度;虽然不赞成马上废除君主制,但主张限制君权,提高民权,不以天下为私,给予人民以自由自治的机会。1896—1897年,他办学堂,办《国闻报》,1898年向皇帝上万言书,提出变法的具体纲领。百日维新失败后,他没有受到牵连。此后,政治上坚持改良主义,学术上致力于介绍西方社会科学。

严复是杰出的翻译家,他提出了著名的"信达雅"三准则,常常通过按语发表己见。他翻译赫胥黎的《天演论》,着重强调"物竞天择,适者生存,优胜劣败,弱肉强食"。指出中国面临亡国灭种的危险,号召人们救亡图存,"与天争胜",坚信"世道必进,后胜于今"。这些精辟而具有科学根据的见解,极大地警醒全中国人民,康有为、梁启超、孙中山等都深受启发。他还翻译了亚当·斯密的《原富》、斯宾塞的《群学肄言》、孟德斯鸠的《法意》、穆勒《名学》和《群己权界论》、甄克斯的《社会通诠》等著作,传播欧洲资产阶级的政治学、经济学、社会学、法学和逻辑学,提倡学习西方,走教育救国,科学救国之路,在当时思想界产生了巨大的影响。1900年以后,他脱离海军,先后担任过京师大学堂译局总办、复旦公学校长、京师大学堂监督等职务。辛亥革命后，政治上日趋保守。参与袁世凯称帝活动，敌视五四运动；学术上提倡尊孔读经，宣扬封建道德，走向复古主义。

严复的哲学思想，与康有为、谭嗣同有同有异。他不是把西学与中学、科学与哲学生硬地糅合一起，而是认真吸取西方近代经验主义传统和现代实证主义原则，以牛顿力学和达尔文进化论为框架，建构起中国哲学史上第一个完全近代意义的哲学体系。① 严复的著作主要有《严复集》和《严几道诗文钞》。

严复的认识论具有唯物唯心相杂的经验论倾向，其唯物论因素主要在以下方面。

关于认识的产生。

严复认为，认识产生于主体与客体的接触。他转述赫胥黎的话说："世间两物，曰我、非我。非我名物，我者此心。心物之接，由官觉相。而所觉相，是意非物。"（《天演论·真幻》按语）"非我"指客体，即物；"我"指主体，包括认识器官和意识、思维，即心。严复已经知道脑是思维器官，不过还沿用传统的"心"的概念。心物相接触，认识器官产生感觉。严复说："官与物尘相接，由涅伏（俗称脑气筋）以达脑成觉，即觉成思，因思起欲，由欲命动。"（《天演论·广义》按语）他完整地概括了由外物到感觉到思维到意欲到行动的认识过程。

严复不承认有先天的"良知"。他说："智慧之生于一本，心体为白甘，而阅历为采和，无所谓'良知'者矣。即至数学公例，亦由阅历。"（《穆勒名学》乙部第六篇按语）"白甘"相当于英国经验论者洛克讲的"白板"。洛克认为，人心始如白板，当外部事物作用于人心之感官而产生观念，在心灵上留下印记，是谓知识。"采和"即彩色调和。严复认为，由于后天的经历才在"白板"上涂的各种调和色彩。即使抽象的数学公式也是在"阅历"中对事物数量关系的概括而产生的。

严复批评陆王心学是先验论，说："西语阿普黎阿黎（a priori 即先验），凡不察其事，执因言果，先以一说以概余言者，皆为此种。……而宋以后，陆王二氏心成之说尤多。”（《穆勒名学》乙部第四篇按语）还说：“夫陆王氏之学，质而言之，则直师心自用而已。自以为不出户可以知天下，而天下事与其所知者，果相合否？不径庭否？不复问也。”（《救亡决论》）

关于认知的路线和方法。

严复主张，认识必须以对事物的观察和实测为基础。他肯定西洋之学，“先物理而后文词，重达用而薄藻饰。其教子弟也，尤必使自竭其耳目，自致其心思，贵自得而贱因人，喜善疑而慎信古”。“读书得智，是第二手事。”（《原强》）据此，他赞同朱熹的“即物穷理”，批评讲究八股、词章、训诂、注疏的旧学风。

严复根据穆勒《名学》，把认识分为“元知”和“推知”。前者即直接取得的感性知识，后者指推理而得的理性知识。他指出，人们能够正确判断，“正赖有元知为之首基，有觉悟为之根据。设其无此，则乃理无从以推，而吾人智识之事废矣”。（《穆勒名学》按语）强调“勿以推知为元知，此事最关诚妄”。（同上）肯定感性认识与理性认识是有区别的。又指出，“学问格致之事，最患者，人习于耳目之肤近，而常忘事理之真实”。（《天演论·趋异》按语）承认理性认识高于感性认识。

严复热情赞扬西方的科学方法，指出其途不过二端：“一曰内籀（即归纳法），二曰外籀”（即演绎法）。乃“即物穷理之最要途术”。他强调两者是相互配合的，“内籀之术乃更重”。只有从实际经验出发，通过归纳，作出结论，然后才能进行演绎推理，否则就会陷入先验论。新知识的获取，主要依靠归纳法。他指出，通过逻辑方法得到的理论和规律，必须经过客观实际的检验，方能确实。“今夫理之诚妄，不可以口舌争也，其证存乎事实。”（《原富》译事例言）“一理之明，一法之立，必验之物物事事而皆然，而后定之为不易。”（《救亡决论》）“试验愈周，理愈靠实；印证愈多，理愈坚确。”（《西学通门径功用说》）严复讲的“验”与古代有所不同，包括科学实验。

关于认识之价值在于“有用”。

严复说:“求才,为学,二者皆必以有用为宗。而有用之效,征之富强;富强之基,本诸格致。”(《救亡决论》)“格致”二字借自《大学》的“格物致知”,在近代,特指自然科学。他认为所谓“有用”,是指“施之民生日用之间”,“大裨人事”,即产生良好的社会效益。他以西方为例,“学问之士,倡其新理”,即科学发明家提出新的原理;而后“事功之士,窃之为术,而大有功焉”。(《原强》)即实业家拿去推广应用,从而产生巨大的功效。再看中国的“旧学”,脱离实际,思想僵化,不能发现新知,“一言以蔽之,曰无用”。“其为祸也,始于学术,终于国家。”(《救亡决论》)古代唯物主义思想家也讲实用,严复与他们的不同在于,他常举西方实际效用作为例证,并与中国旧学之弊对比,所以更有说服力。

张立文等认为,严复力图扭转知行脱节的学风,提倡学问和事功相统一,相资为用。严氏说:“今夫尚学问者,则后事功;而急事功者,则轻学问。二者交失,其实则相资而不可偏废也。”(《原强》)“严复对知和行的理解显然已经突破了传统的人伦日用和道德践履的范围,具有近代实证科学的认识论色彩。他把学问和事功统一起来,弘扬近代以来经世致用的传统,在当时产生了很大的影响。他的知行观开启了近代知行观的另一个转向,即从传统的伦理型知行观转向知识型知行观。”②

严复认识论中存在的唯心论,刘文英等认为主要有:

一、缺乏认识辩证法,不懂得感性认识有待上升到理性认识。严复割裂了从感性认识到理性认识的辩证过程,怀疑主观意识可以实现对事物本体(本质)的认识。他说:“窃尝谓万物本体,虽不可知;而可知者,止于感觉。”(《穆勒名学》按语)又说:“人之知识,止于意验相符。”(《天演论·真幻》按语)“意验相符”指主观认识同感觉经验相合,而不是与客观事物一致。在他看来,人的认识只停止在感觉经验的阶段,人们可以在感觉的世界中建立各门科学,处理各种事物;超出这范围,再去探求什么“天地原始,造化真宰,万物本体”之类不可思议之论,就是不切实际。人们的认识应该满足于感性阶段,理性认识是不必要的。

二、缺乏彻底的唯物论。他不是把感觉看做意识与外部世界的联系，而是看成屏障。本节前面曾指出，严复转述赫胥黎关于“心物之接，由官觉相”那一段话，前面是唯物论。但是，严复接着又肯定赫胥黎下面的话：“而所觉相，是意非物。意物之际，常隔一尘。物因意果，不得径同。故此一生，纯为意境。”（《天演论·真幻》按语）意谓主观的心与客观的物接触而产生感觉。感觉所得不是物，只是意相。意相是物体在认识主体中的反映，物体是在认识主体中产生意相的原因。认识主体所把握的永远只是意相，而不会超越“意物之隔”而达到物体本身。意物之间有一层尘雾，像一道墙，永远割断了二者的联系。他看来，因与果，意与物，不具有直接的同一性，因而人生实际上处在意境之中。这就否定了物质与意识、存在与思维之间的同一性，这当然是唯心论。

三、从唯心论的经验论滑向不可知论。严复用感觉论的方法证明只有感觉才是唯一真实的存在，至于外部事物的真实性及具体情状，是不可靠的。他举一枚红色的圆石子为例，说石子的红色、圆形、坚质，不是石子自身的属性，而是由人的主观感觉决定的。如果人的感觉器官构造改变了（例如青光眼、手麻木）或观察条件改变了（如夜间、水中），石子就不定呈现出“赤、圆、坚”的属性。他断言：“色从觉变，谓属物者，无有是处。”“石子本体，必不可知。所可知者，不逾意识，断断然矣。”（《天演论·真幻》按语）严复把人的主观感觉作为认识事物属性的依据，从而否定事物的客观真实性，这是唯心论的经验论。③稍后，章太炎曾针锋相对给以批驳。

北京大学的学者指出，严复不可知论，曾受笛卡儿的怀疑论和华严宗“不可思议”论的影响，但还是与康德比较相近。当他肯定“有外因始生内果”，承认物自体存在，论证自然科学的普遍性来源于经验时，他是唯物主义者。当他声称“因同果否，必不可知”，断言物自体不可认识，人所认识的只是对待之域的现象时，他又是唯心主义者。④

注释：

①冯达文、郭齐勇主编《新编中国哲学史》下册，人民出版社2004。

②张立文等主编《中国哲学史新编》,中国人民大学出版社 2007。

③参看刘文英主编《中国哲学史》下卷,南开大学出版社 2004。

④北京大学哲学系中国哲学教研室编著《中国哲学史》,北京大学出版社 2003。

第三十八节　章太炎的唯理论倾向的认识论

章太炎(1869—1936),名炳麟,浙江余杭人,出身书香门第,自幼好学,19岁从师名儒俞樾,打下坚实的国学根底。甲午战败后,投入变法维新运动,参加强学会,任《时务报》编辑。戊戌政变后,亡命台湾和日本,结识孙中山。不久剪掉辫子,与改良派决裂,转向革命派,积极宣传反清光复。1902年因发表《驳康有为论革命书》,为邹容《革命军》作序,鼓吹推翻清朝政府,在上海被捕入狱。在狱中学习佛学,与蔡元培等组织光复会。1906年出狱后到日本,入同盟会,任《民报》编辑,发表大量文章,与康有为、梁启超等保皇派论战。辛亥革命后,思想渐趋保守,宣称"革命军兴,革命党消",随后又反对袁世凯称帝,并参加孙中山领导的护法军政府。以后,脱离民主革命运动,专门从事学术活动。一度对某些军阀认识不清,反对国共合作和新三民主义。"九一八"事变后,主张抗日,谴责不抵抗政策。著作有《章太炎全集》,哲学方面的代表作是《訄(求)书》。综观章太炎的一生,前期是勇敢的革命活动家、理论宣传家,后期是跟不上时代的落伍者。本书介绍他的认识论以及其他哲学思想大致以前期为主。

章太炎从哲学上揭露皇帝"受命于天"的神话,指出世界上根本没有"天",天不过是一团积气。他依据近代科学知识,剔除谭嗣同"以太"说中的唯心主义杂质,恢复它在当时物理学中的本来面目,指出"以太"是一种媒质,光波就是"以太"的弹性振动。"以太"的实体就是原子,而科学业已证明,原子是有形体,可以量度的。不能说它是无形的"心力"或虚无缥缈的"性海"、"灵魂"。认为人体有生死,物体有成毁,但构成它们的原子是不生不灭的；生物之所以有生命，是因为有蛋白质、原子质存在，而不是上帝创造的；人体的细胞不能新陈代谢时，生命就停止，精神现象也就不存在。驳斥基督教的上帝创世说，论证上帝根本不存在。

章太炎用进化论来解释自然和人类历史，认为整个世界，从无机到有机，从动植物到人类，都在不断运动变化之中。生物在同自然界的斗争中，不断改变形态，以适应环境，这是生物演变的原因。除了和其他生物一样受自然影响之外，人类之间还存在生存竞争，竞争手段就是工具，强者生存，弱者退化。中国欲与列强并雄，必须“合群”团结，才能取得胜利。他用“物竞天择”来说明社会发展和社会革命，虽然是历史唯心论，当时却起进步作用。

章太炎的认识论，要点在以下三方面：

第一，关于人的知识、才能以及感觉的来源。

梁启超等保皇派把“君主立宪”论说成出于“良知”，“人不服从其良知”，就不是人。章太炎驳斥说：人的政治观点不是生来就有的，小孩子不知道政治；长大了，有所见闻，才有政治见解。保皇派把他们的政见说成是人类“良知”，这和当年王阳明把他效忠昏君说成是“良知所信”一样荒唐可笑。(《驳神我宪政说》)

康梁等人宣扬“民智未开，公理未明”，所以不能实行民主共和制。章太炎反驳说：“人心之智慧，自竞争而后发生。今日之民智，不必恃他事以开之，而但恃革命以开之。”“公理之未明，即以革命明之；旧俗之俱在，即以革命去之。”(《驳康有为论革命书》)他举明末李自成和清末义和团为例，说明革命群众只有在革命斗争中才逐渐形成革命思想，总结经验教训，他们的认识是随革命实践的发展而不断发展的。“人心进化，孟(猛)晋不已，以名号(口号)言，以方略言，经一斗争，必有胜于前者。”(同上)民众在革命斗争中一定会树立起民主观念，管理自己的国家。民主之兴，世所必然，不可阻挡。

如果说这还是政治论战，而在同时写作的《訄书》里，则有更深入的哲学论析。

章太炎指出，人和动物的智能是在生存竞争中发展的，不用就要退化，鸵鸟有翼而不能飞翔，鲸鱼有足而不能走，就是功能退化的缘故。"人迫之入于幽谷"，"令其(五)官(百)骸不得用其智力"，就会倒退成为人猿。(《訄书·原变》)这是用进化论的原理论证智能出于实践和竞争，很有说服力。

章太炎多次引用洛克的"白板"说，"谓人之精神如白纸"，知识是主观对客观对象的反映。人们认识世界，首先必须经过感官和外物接触。他发挥荀子"缘天官"的思想，认为耳目鼻舌身是分别用来辨别物体的颜色、声音、香臭、味道和冷热、软硬等差异的，凡感官相同者，感觉必相同，这叫"人类为公"。(《訄书·公言》)他具体分析说，青光眼者只能看到青色，就以为只有青色而无其他颜色，那就错了。火光中有七色，皆不依人之感觉而存在，取三棱镜对日光即可见，七色乃日光固有。"不见其光，而不得谓之无色。见者异其光，不得谓之无恒之色。"这是对严复在《天演论》中引述赫胥黎以太阳光为例证明"色随觉变"，"不属于物"的反驳。

在同一篇文章里，章太炎指出，人和生物由于对环境的适应，会改变主观感觉，但并不能改变客观事物的性质。咸水鱼类长期生活在海里，并不觉得海水是咸的。吃惯酸东西的人，只有吃到更酸的东西时，才会觉得酸。不能以此断言咸和酸的感觉是舌头的"妄缘"，没有真实性。他认为"夫缘(感觉)非妄也，虽化合(各种感觉)亦有其受化者也"。"受化者"指被感觉的对象。

章太炎看到感官的局限性。无限广大的客观世界，有许多东西是不能为人所感知的。声波在每秒 16 次以下，38000 次以上者就听不到。光波也是在一定范围方能为目所见。那种"以不闻见毅言其灭没"的经验论，是错误的。

章太炎对感觉和对象，即反映和被反映者关系的分析，坚持唯物论反映论，并运用了近代自然科学的实证材料，其水平超过古代唯物论的简单推论，也胜过严复。他基本上没有受资产阶级鼓吹的实证主义和马赫主义的影响。① 不过，他的反映论还是消极被动的反映，属于机械唯物主义范畴。

第二，关于感性认识与理性认识。在《訄书·公言》篇里，他指出："夫物各缘天官所合以为言，则又譬称之以期至于不合，然后为大共名也。"人们通过各种感觉器官与物有所合（接触）而形成概念，然后经过推理判断（譬称），这就和具体事物不一致了，从而形成"大共名"——即普遍性概念。接着又说，"其可譬称者，其必非无成极，而可以恣胸腹以为拟议者也"。意谓用普遍性概念作推理，并非没有客观标准（非无成极），不可以任凭主观心思去随意"拟议"。他没有把普遍概念看成主观的东西，这是唯物论的唯理论。他把抽象概念分为两类，一是"公言"，即反映事物共同性质者；一是不反映客观事物，而出于主观虚构者。例如有神论，就是"宗教之士，知其宥（一般），不知其别（特殊）"，只能"杜塞人智虑"，阻止进化。他把概念形成分为五个步骤，一是作意（意识兴起），二是触（接触外物），三是受（接受外相，形成感觉），四是想（取境为象，形成知觉），五是思（运用思维，形成概念）。其中包含了从物到感性到理性的过程。

章太炎多次批评陆王心学的先验论，肯定颜元的唯物主义经验论，又指出其局限。批评颜元"滞于有形"（之物），"而概念抽象之用少也"。他认为，"算者，谱者，书者，皆符号也"。符号是"物器从繁而致抽象也"。它们从具体事物抽象而得，可以帮助人们掌握事物规律。学了琴谱再去弹琴，可以事半功倍。针对颜元反对读书，章太炎说：坏书不可用，好书怎么能"一切废弃"呢？

章太炎有时片面夸大理性认识。曾引用荀子的观点，相信只要内心清明，自然会了解事物的规律。表现出对感性认识的轻视。他说："借于外物而知，谓之圣人"，但这只是具体事物的知识，不是最高境界。"圣人以上知千世，下知千世，则不借于物矣。"（《訄书·订实知》）他自以为是对王充"实知"的订正，其结果则是承认圣人的理性知识不依靠外物，从唯理论掉进了先验论。为了强调符号和抽象理论有用，他对于西方的宗教哲学和中国纬书中的神学预言也给予肯定。

第三，关于知与行。

章太炎在《訄书》中，多次批评王阳明的“知行合一”。指出并非王氏首创，宋程颐所谓“谈虎色变”以色变为行，先秦宋钘以“心之容”为“心之行”，王氏不过衍袭前说而已。章太炎接着指出，知行各有兆域，不是一物。在他看来，王氏以“好好色”“恶恶臭”属于行，乃是“本能之行”。章太炎认为，知和行在时间上不是合流同起，而是有先后可序的。他说：“虽直觉之知，本能之行，亦必知在行先，徒以事至密切，忘其距离，犹扣钟而声发，几若声与扣同起；燃烛而暗除，不见暗为烛所消。其实声浪光浪，亦非不行而至，其间固尚有忽微也。”有些现象，虽然看起来似乎是同时发生的，其实在时间上也有极微小的差距。他以此为例从科学角度说明，人的任何行动都受大脑的指挥和支配，神经传导大脑的意志不可能“不行而至”，从这个意义上可以说“知在行先”。有的学者指出，这对王阳明的“知行合一”，非但不是批判，而是补充和修正。②

章太炎的后期著作，力图用佛学解释“知行合一”。说王氏的“见闻时已自有好恶，非见闻后立心去好恶，此即佛家意业之说也。见闻与好恶固同时，若如瑜珈五心之说，亦微有先后，要在瞬息间耳。”（《菿汉昌言·经言二》）他又引《论语》的话：“子路有闻，未之能行，唯恐有闻。此其欲行也，如痿人不忘起，久客不忘返，身虽未行，其意已行矣。闻与行并，此所谓知行合一也。”（同上）他把一念发动当成行，混淆了知与行的根本区别。

章太炎在运用佛学解说知行时，有时也包含由行致知的思想。如说：“闻而知之，所谓声量也。思而知之，所谓比量也，行而知之，所谓现量也。”（《菿汉昌言·经言二》）“声量”、“比量”、“现量”，约相当于《墨经》的“闻知”、“说知”、“亲知”。章太炎把“现量”解释为“行而知之”，比解释为亲身感觉而知，进了一步。他认为真知来自亲行之知，高于闻知、推知。又说，“不行不足以为知，此切论也”。（《菿汉昌言·连语一》)这是可取的。可以说明行在认识中的作用和行比知更重要的道理。

张立文等认为,在认识论的探索上,章太炎着重申明理性认识在认识中的重要性,表现出唯理论倾向。他弥补了严复过分注重经验的偏向,进一步推动了传统伦理型知行观向近代知识型知行观的转向,为孙中山建立真正近代意义上的知行观提供了理论准备。[3]就其前期而言,可以这样论断。

1906 年以后,章太炎为了建立无神论宗教,搬来佛教唯识宗的理论体系。1906 年发表《建立宗教论》,1908 年发表《四惑论》。宣称,整个世界皆由"阿赖耶识"即藏识而产生,此外更无他物。事物规律及对规律之知识,非从外界生,皆由藏识之原型观念生。他赞同康德十二范畴说和时空的主观自生说,反对康德的物自体说。基于唯识宗的观点,章氏不仅否认理性认识之客观性,也否认感性认识之客观性。(见《四惑论》)他吸收休谟的不可知论,把因果法则说成是由"联想而成","人心之习惯所由生"(同上)。他还说休谟只承认现象,把知识归结为感觉的产物,是"真唯物论",而"真唯物论乃即其唯心论之一部分"(同上)。他把唯物主义经验论与唯心主义经验论混为一谈,还把唯物主义与科学加以对立,既歪曲了唯物主义,也歪曲了科学。[4]

章太炎的认识论前期有许多所向披靡的精彩驳论,后期有不少芜杂的胡言乱语,说明中国资产阶级的软弱和幼稚,他们的哲学思想还不够成熟。

注释:

①参看刘文英主编《中国哲学史》下卷,南开大学出版社 2004。

②参看方克立《中国哲学史上的知行观》,人民出版社 1982。

③张立文主编《中国哲学史新编》,中国人民大学出版社 2007。

④参看北京大学哲学系中国哲学教研室编著《中国哲学史》,北京大学出版社 2003。

第三十九节　孙中山的进化论倾向的知行学说

孙中山(1866—1925),名文,字逸仙,广东香山人,出身旅美华侨家庭,幼年在国内读私塾,13 岁到檀香山接受西方教育,四年后到香港、广州学西医,1892 年毕业,正式执业。1894 年曾上书李鸿章,建议改良政治,不被理睬。不久,由相信改良转而主张革命。在檀香山成立兴中会,鼓吹推翻清王朝。1896 年,在伦敦被清使馆诱捕,经营救释放后,继续奔走各地,发动武装起义。1905 年在日本成立同盟会,创办《民报》,与保皇派论战。从 1900 年到 1911 年 3 月,十次起义,均告失败。同年 10 月,武昌起义成功,被推为中华民国临时大总统。清帝退位后,让总统于袁世凯。1916 年袁世凯恢复帝制,孙中山发动讨袁和护法运动,任护法军大元帅。此后继续与北洋军阀斗争。1924 年改组国民党,提出"联俄联共扶助农工"三大政策。筹组黄埔军校,准备北伐。1925 年 3 月病逝于北京。

孙中山是中国民主革命的先行者,伟大的资产阶级革命家。在他的领导下,推翻了君主专制,建立了民主共和国,被尊称为"国父"。他同时是中国近代最伟大的思想家,提出了"三民主义",即:民族主义、民权主义、民生主义。1918 年作《建国方略》一书,包括《孙文学说》、《实业计划》、《民权初步》三部分。从哲学、经济学、政治学三方面阐发他的理论和计划。《孙文学说》又名《心理建设》,集中表述其哲学观尤其是认识论。(以下凡引此书皆不注明)

孙中山依据达尔文的进化论,认为"世界万物皆由进化而成","元始之时,太极(此用以译西名'以太'也)动而生电子,电子凝而成原素,原素合而成物质，物质聚而成地球”。地球发展到一定阶段，出现了生物；又经过很长阶段，产生了人类。他肯定“生存竞争”是自然界进化的原则，但并没有陷入社会达尔文主义。不赞成把自然法则应用于人类社会，认为在人类中提倡“优胜劣败，弱肉强食”，就是提倡“有强权无公理”的霸权主义，违背自由平等博爱的精神，只有“天下为公”才是人类社会进化的目的。他把求生看成社会发展的动力，认为“民生是社会进化的重心，社会进化又是历史的重心，归结到历史的重心是民生，不是物质。”(《民生主义》)被称为民生史观。

在谈到物质和精神的关系时，他正确分析了细胞由蛋白质组成，蛋白质是生命存在的基础，但误认为细胞有知觉和思维能力。他指出，精神和物质虽然对立，但又是结合在一起的，不能绝对分离。他把物质看成“体”，精神看成“用”，精神只是物质的功能。特别重视“精神教育”对革命的影响，指出没有“革命精神”，革命就不会成功。

知行观是孙中山哲学的核心，他通过总结旧民主主义革命的经验教训，对中国传统知行学说作了近代意义上的阐发。他所谓知，已不止是传统的道德观念和具体事物之知，主要指科学真知和革命理论。他所谓行，也不再以道德履践为主，而是包括生产知识、科学实验和政治革命在内的人们的各项活动。孙中山赋予知行观以民主和科学的崭新内容，标志着近代知识型知行观的最终形成。① 其要点有六：

第一，“智自何生”。

孙中山明确讲过，“夫人不能生而知之，必待学而后知”。(《上李鸿章书》)“宇宙间的道理，都是先有事实，然后才发生言论”。(《民权主义》)又指出：“智之云者，有聪明，有见识之谓。”“智何自生？有其来源，约言之，厥有三种：一、由于天生者，二、由于力学者，三、由于经验者。中国古时学者，亦有‘生而知之，学而知之，困而知之’之说。”(《军人精神教育》)有人认为，孙中山此说是继承了孔子的先验论。方克立认为，这是误解。就在“智自何生”那段话下面，孙中山说：“凡人之聪明，惟各因其得天之厚薄不同，稍生差别。得多者为大聪明，得少者为小聪明，其为智则一，此由天生也。”这是说，各人的天赋能力是有差别的，有大聪明，有小聪明。这种差别是客观存在的，承认人的天赋“稍生差别”，并不就是先验论。孙中山更加强调后天的“力学”（即努力学习）和“经验”（即实际经验）对于智力的决定作用。他接着说，“若于学问上致力，则能集合多数人之聪明，以为聪明；不特取法现代，抑且尚友古人，有时较天生之智尤胜。例如甲乙二人，甲聪明而不好学，乙聪明虽不如甲，而好学过之，其结果乙之所得必多于甲，此则由于力学也。”可见，他把后天的学习看得比先天的聪明更重要，起决定作用。孙中山又说，“此外亦有不由天生，不由力学，而由经验得来者。谚云：不经一事，不长一智。故所历之事既多，智识遂亦增长。所谓‘增益其所不能’（孟子语）者，此由于经验也。”这些说法，表现了孙中山的认识论中的唯物主义经验论倾向。不过，把人的认识能力的天生差别和知识来源混为一谈，是不妥的。②

第二，行先知后。

孙中山运用进化论的观点，考察人类认识史，提出三阶段论：“夫以今人之眼光，以考察世界人类之进化，当分为三时期．第一由蒙昧进文明，为不知而行之时期；第二由文明再进文明，为行而后知之时期；第三自科学发明而后，为知而后行之时期。”他指出：“先行后知，进化之初级也；先知后行，进化之盛轨也。”（《行之非艰，知之为艰》）他所谓先行后知，也就包括不知而行和行而后知。即先有实践，后有知识，在实践中逐步增加知识。他举古代建筑为例，中国造屋多不本于建筑学，是不知而行也。古代工匠不懂得现代地质学、力学、物理学、材料学等等，没有这些知识并不妨碍人们去造屋。他说：“人类之进步，皆发明于不知而行者也。此自然之理则，而不以科学之发明为之变易者也。故人类之进化，以不知而行者为必要之门径也。”又说：“古人之得其知也，初或费数千百年之时间以行之，而后乃能知之，或费千百人之苦心孤诣，经历试验而后知之。”“燧人氏发明火，试问他不去钻木，怎么能取出火来呢？神农氏发明医药，试问他不去尝百草，怎么能知道药的性质呢？”（《论知难行易》)可见实践经验是认识的起点。孙中山这些论点,属于唯物主义反映论,是和程朱学派的“先知后行”明显对立的。

第三,以行促知。

孙中山说:“能实行便能知,到了能知,便能进步。”他把“进行不息”看成人类突飞猛进的关键,主张“吾人之在世界,其知识要随事物之增加而同时进步”,在不断的实行中去发展和提高知识的深度和广度,这叫“以行促知”。孙中山举例论证说:“夫习练也,试验也,探索也,冒险也,之四事也,乃文明之动机也。生徒之习练也,即行其所不知以致其欲能也;科学家之试验也,即行其所不知以致其所知也;探索家之探索也,即行其所不知以求其发现也;伟人杰士之冒险也,即行其所不知以建其功业也。”上述四种人,有一定基础,他们通过行,可以从知之尚少到知之较多。四者之中,他特别重视科学实验。指出,“对于一件事情,须用观察和实验的方法,过细去研究,研究屡次不错,始认定为知识”。(《国民要以人格救国》)以肉眼观察得来的事实材料,还必须“以科学之系统考之”,“加以理则(即逻辑)之视察”,即运用理性思维,运用科学原理,才能形成系统化条理化的知识。他说:“夫科学者,系统之学也,条理之学也。凡真知特识,必从科学而来也,舍科学而外之所谓知识者,多非真知识也。”

孙中山认为,要检验学问、理论的是非、真伪、当否,必须通过行。他说“因为学理有真的有假的,要通过试验才晓得对与不对。好像科学上发明一种原理,究竟是对不对,一定要做成事实。能够实行,才可以说是真学理。”(《民生主义》)“不去行,便无法可以证明所求的学问是对与不对。不去行,于是所求的学问没有用处。”(《论知难行易》)可见他认为行是检验知的准则。

第四,因知以进行。

孙中山认为,知而后行的近代,可以不必事事都依靠自己的直接经验,而要在已有科学知识基础上,“因已知而更进于行”。人们会更加自觉地用科学知识指导行,避免盲目地行。“当今科学昌明之世,凡造作事物者，必先求知而后乃敢从事于行。所以然者，盖欲免错误而防费时失事，以冀收事半功倍之效也。是故凡能从知识而构成意象，从意象而生出条理，本条理而筹备计划，按计划而用功，则无论其事物如何精妙，工程如何浩大，无不指日可以乐成者也。”他举日本明治维新的成就为例说，“五十年以来，其社会之文明，学术之发达，工商之进步，不独超过于彼数千年前之进化，且较之欧洲为尤速，此皆科学也”。这就是以科学指导实行的结果。他大声疾呼，国民要速知速行，刻不容缓。“国民！国民！究成何心？不能乎？不行乎？不知乎？吾知其非不能也，不行也；亦非不行也，不知也。倘能知之，则建设事业，亦不过如反掌析技耳。”他对中国革命的前程充满信心。

孙中山认为，即使在科学昌明之时，“人类之事仍不能悉先知而后行也，其不知之事，仍较于知而后行为尤多也”。可见，行永远是获得新知的必要途径。

第五，知难行易说。

这是孙中山知行学说的特点所在，故他把“知难行易”作为其《心理建设》一书的副题，是他针对当时的现实而提出来的。辛亥革命的果实为军阀所篡夺，一些革命党人意志消沉，讥笑孙中山理想太高无法实行，称他为“孙大炮”。孙中山很受刺激，愤而究其思想根源，认为党人是受《尚书·说命》中“知之非艰，行之惟艰”毒害所致。他们既不求知，又不励行，视“建国方略”为空谈，放弃责任，以致造成军阀专制的“假共和”。孙中山乃视“知易行难”为大敌，要在中国实现真共和，就必须推翻这个大敌，以知难行易取代之，这就是他心目中的“心理建设”之要务。可见知难行易的政治意义大于哲学意义。

孙中山说，“天下事惟患不能知耳，倘能由科学之理则，以求得其知，则行之决无所难”。他列举饮食、用钱、作文、建屋、造船、筑城、开河、电学、化学、进化等十事作为例证。饮食之事，婴儿一出母胎即能之，无待于教也，其行极易。但要懂得饮食之学，包括人体生理学、营养卫生学、烹调法等许多专门学问，其知则甚难矣。又如，人人都会用钱币,日日行之,习以为常;可是要详知金钱之为用,又非知经济学、工商史、币制沿革等知识不可。他批评改良派,他们对于“中国之变法,则非先知而不肯行;及其既知也,而犹畏难而不敢行,盖误于以行之较知之为尤难故也”。孙中山从事功到心性,从日常生活到革命大业,从古代圣贤遗论到普通人的常识,进行多方面的不厌其烦的阐发,落脚点就是不必待知而速行。它是建立在行先知后的唯物主义基础上的,具有反对唯心主义先验论和批判畏难不前的消极人生态度的进步意义。

但是,从认识论讲,把知行关系以难易划分是不科学的。知与行,即认识与实践,是具体的历史的辩证的统一关系,是一个不断循环往复的过程,不能抽象地讲哪个难哪个易。知行中的难和易都是相对而言,不是绝对的,是可以转化的。对于具体的人和事而言,有的事知难,有的事行难;在某一时期行难,在某一时期知难。孙中山强调知难行易,表面上看,突出了行,实际上贬低了行。他把知的获取抬高到实行之上,最终会导致贵知贱行,尊重知识精英贬低劳动民众。

孙中山讲过一个故事:某家自来水管坏了,工人来修,顷刻即正常,索价五十元另四角,主人问其故。工人说:五十元是我掌握自来水管道理的知识价值,四角是动手做工的劳动价值。这种故事说明,动手修理容易,而掌握其中的知识技巧却很难。从经济学讲,贵知贱行,涉及知识产权问题,有其合理性。从认识论讲,则有重知主义倾向。

第六,知行分工论。

孙中山在人类进化三阶段的理论基础上提出知行分工说。“文明之进化,成于三系之人:其一先知先觉者即发明家也,其二后知后觉者即(效仿推行之)鼓吹家也,其三不知不觉者即(竭力乐成之)实行家也。”他认为这三种人都必不可少。世界上的事情。都是这三种人“相需互用,协力进行”的。他举例说,在上海盖楼,绘图设计为先知先觉的工程师,织组施工为后知后觉的工头,而砌墙架屋的是不知不觉的工人。孙中山还把人分为八品,即圣、贤、才、智、平、庸、愚、劣。这样划分,颇受非议。

孙中山不赞成王阳明的“知行合一”说。认为在古代，知与行合于一人之身也许可能，在科学日益发达分工愈来愈来细的情况下，知和行也就“愈益分任”了。“知者不必自行，行者不必自知。”以至在同一知同一行，也还有“分知分行”。譬如科学家要完成一项发明，可以把试验制作之行与概括原理之知分开来，有人专事前者，有人专事后者。

有的学者说，孙中山认识到在现代分工条件下知行的统一不再表现为单个人的“知行合一”，而是在社会群体中表现为具体的历史的统一，有一定的科学性。但是他把社会劳动分工等同于知行分工，否认知行可以转化，认为工人只能行，不能知。有重知轻行倾向和英雄史观的烙印。③

我认为，先知先觉，后知后觉，不知不觉的分类，从孟子提出后，一直有人在探讨，晚清尤多。如果把人类分为不可改变的这三类，无疑是错误的；如果就某一时期，某个问题，某种程度而言，则是不争的事实。三种知识状态是相对的，人们受职业和社会分工的限制，不可能全知全能，有所知有所不知，在某些问题上有人知之较早较多，有人知之较晚较少，这种状况是可以改变，可能转化的。最博学的科学家，在他熟悉的领域是先知先觉，在他不熟悉的领域就是不知不觉。同样，最普通的工人农民，在他熟悉的方面可能有高超的操作技艺，而在理论方面可能知之较少。不能说理论家才有知识，实行家就没有知识。“闻道有先后，术业有专攻”，知行可分任，社会分工，知行分工，将愈来愈细。孙中山提出知行分工是有其合理性的；对于形成尊重知识尊重人才的社会风气是有益的。但是不能绝对化、简单化。孙中山的认识论一个共同的局限是机械唯物论，缺少一点辩证法。当然，这是不可以苛求的。

夏甄陶概括说：孙中山从关于人的聪明才智的来源，关于智之范围及先有言论后有事实的观点出发，论述了认识的主体性条件和认识的对象性、客观性基础的问题；从不知而行，行而后知，以行求知的观点出发，考察了人类认识的原始发生和不断发生的问题；根据近代科学认识，肯定观察、实验和判断、理则（逻辑）在考察事物、获得知识的过程中的作用，提出要以行来检验知识的真不真，对不对的论点，和通过行来实现知识之用的论点；强调科学知识对行的指导作用和运用科学知识役使物力，支配自然的意义；还根据行——知——行“进行不息”的理则，肯定人类知识是天天进步的，人类文明是不断进化的等等。孙中山对知行的理解，远远超出古代传统认识论的狭隘规定，注入了近代科学知识和社会实践的内容，具有新的时代特色。④达到了马克思主义传入中国之前认识论的最高水平。

注释：

①③参看张立文主编《中国哲学史新编》，中国人民大学出版社 2007。

②方克立《中国哲学史上的知行观》，人民出版社 1982。

④夏甄陶《中国认识论思想史稿》，中国人民大学出版社 1996。

第三编

中国文学史精读

第一部分　先秦文学

一、略谈《诗经》和《诗经》学

《诗经》是我国最早的诗歌总集，又称为《诗》或《诗三百》，后世儒家将其尊为经典，称作《诗经》。现存 305 篇，分“风”、“雅”、“颂”三大类，这种划分主要是根据其音乐特点，因为这些诗当初都是乐歌，可以配乐歌唱。“风”即《国风》，指当时诸侯国所辖各地域的乐曲，即相对于当时周天子京都而言的各地方土乐，犹如今天所谓地方小调。《国风》共 160 篇，大多是民歌，分属十五国风，即周南、召南、邶风、鄘风、卫风、王风、郑风、齐风、魏风、唐风、秦风、陈风、桧风、曹风、豳风，其中有的是当时诸侯国名，有的是地域名，如周南、召南、豳即是后者。“雅”大体上是周王畿乐歌。“雅”是正的意思，“雅乐”即正乐，是相对于地方音乐而言的，周人称王畿为夏，“雅”和“夏”古代亦可通用。雅诗多数是贵族文人作品，小部分是民歌，共 105 篇，其中《大雅》31 篇，《小雅》74 篇。这种区别与其产生时代有关，《小雅》比《大雅》稍晚，风格比较接近《国风》，音乐上可能受到“风诗”的影响而有所变化，不同于旧的雅乐，故有“大”、“小”之分。“颂”是宗庙乐歌，即祭神祭祖时用的歌舞曲，用以颂扬先祖先王的功德，其乐调较风、雅和缓。共计 40 篇，其中《周颂》31 篇，《鲁颂》4 篇，《商颂》5 篇。此外，《小雅》尚附录 6 篇有目无诗者，后人称为“笙诗”。

《诗经》的写作年代难于确指，大体上说，约产生于西周初期（公元前 11 世纪）到春秋中期（公元前 7 世纪）这五六百年间。其中《周颂》最早，约在西周初年；《大雅》大部分作于西周初，小部分在西周后期；《小雅》和《国风》大部分产生于西周末年和春秋时期，小部分作于西周初期。《鲁颂》写于平王东迁以后，《商颂》一般认为产生于春秋时期的宋国，也有人认为是商代晚期之作。

《诗经》的作者绝大部分已不可考，只有少数作者（如《小雅·节南山》、《大雅·嵩高》等）留下了作者的名字。个别作品因有其他记载，作者可以确认，如《鄘风·载驰》应是许穆夫人所作。汉人解诗，往往把某些王公后妃附会为某些篇的作者，多出于臆测，不足为据。据说古代有“采诗”制度，朝廷定期派人到民间采集歌谣，经乐官配乐，供朝会、祭祀、宴赏、征伐等礼仪场合演奏，从而保存了大量的民歌。还有“献诗”制度，可能是颂诗和贵族文人所作政治讽刺诗的来源。将这些诗篇删削编辑成书，汉人说是孔子。后世多疑其不可靠，因为在孔子以前，诗三百篇即已基本定型，可能是春秋中期的几代乐官集体完成的。孔子曾将此书作为教授弟子的课本，并进行文本校订，整理加工和音乐上的归类，其贡献不可泯没。

《诗经》真实而深刻地描写当时的社会现实，是我国古典文学现实主义传统的光辉起点。特别是其中“饥者歌其食，劳者歌其事”的民歌，从各方面反映了劳动人民的生活境况和思想感情。例如《邶风·式微》、《唐风·鸨羽》、《豳风·七月》等，表现了劳动者在沉重的徭役负担之下，贫困交迫的悲惨命运；《魏风·陟岵》、《豳风·东山》等，传达了人民群众对战争的诅咒；《魏风》中的《伐檀》和《硕鼠》唱出了劳动者对剥削者的愤怒反抗和对理想的追求；《邶风·新台》、《鄘风·相鼠》等诗，则对统治阶级的堕落无耻进行了无情的讽刺。还有不少作品反映了当时中下层群众的婚姻爱情生活，感情真率，格调健康，如《召南·野有死麇》、《邶风·静女》、《鄘风·柏舟》等。有些诗篇诉说不合理的婚姻给妇女带来的痛苦，如《邶风·谷风》、《卫风·氓》，都是有代表性的弃妇诗。雅诗和颂诗虽然多出自统治阶级文人之手，但也从不同角度反映了当时的社会状况。其中有些贵族讽谏诗。如《大雅》中的《柔桑》、《荡》、《柳》，《小雅》中的《正月》、《十月之交》、《节南山》等，斥责昏君佞臣，暴露社会危机，有的还包含一定教训和规诫意义。《大雅》中的史诗，《生民》、《公刘》、《绵》、《皇矣》、《大明》等，记载了周先祖的重要史迹和武功。《周颂》中有的诗篇描写了大规模的农业劳动情况，反映了周初经济的繁荣盛况。都具有较高的史料价值。

《诗经》的艺术成就很高。其表现手法，主要有"赋"、"比"、"兴"三种。赋是直接铺陈，比是譬喻和比拟，兴是先言他物，以引起所咏之词。大抵《国风》多用比和兴，《大雅》多用赋。这些诗风格朴素、自然，具有浓厚的乡土气息和生活真实感。诗的句式以四言为主，也杂有少量的三言、五言、六言、七言句。用韵以隔句相押为多，也有其他韵式，自然和谐而又富于变化。在篇章结构上，多采用重章迭句往复回旋形式，以加强抒情成分，增加诗歌的音乐性、节奏感和感染力。诗的语汇丰富，用词精炼生动，工于描绘，如《葛覃》之写景，《硕人》之写人，《无羊》写羊群的形态，《东山》写亲切的想象，《氓》叙事之生动，《伯兮》抒情之婉转，《大东》的比拟和暗示，《采葛》的夸张，《君子于役》的氛围烘托，技巧已很成熟。

《诗经》对后世文学的发展有着无可估量的影响。中国历代优秀诗人和文学家，几乎没有一个不曾受到《诗经》的哺育。它所创造的朴素、健康、积极、乐观的美学风尚，成为后世作家抵制一切形式主义浮华文风时经常标举的正面典范。《诗经》的艺术经验为我国古典诗歌民族特征奠定了坚实的基础。

对《诗经》的研究，后世成为专门的学问。

孔子关于诗教的理论，孟子、荀子说诗的原则和方法，奠定了《诗经》研究的理论基础。汉初，传《诗经》的有齐、鲁、韩、毛四家。齐、鲁、韩三家诗用汉代通行的隶书抄写，属于今文经学派，得到朝廷的承认和支持，立于学官，设博士。齐诗、鲁诗传至西晋以前先后佚亡。韩诗至南宋佚亡，现存仅《韩诗外传》三卷，为西汉韩婴所著。毛诗用六国时文字书写，属于古文经学派，相传出于孔子弟子卜商（子夏），汉初由鲁人毛亨（又称大毛公）传于其子毛苌（又称小毛公），代表作是《毛诗故训传》,简称“毛传”,是最早的《诗经》完整注本。又有《毛诗序》,简称“诗序”,其中列在各篇之前解释各篇主题者为“小序”,在《关雎》篇小序之后有大段文字概论整个《诗经》要旨者为“大序”。东汉郑玄以“大序”为子夏所作,“小序”为子夏、毛亨所作。宋以后认为大小序可能都是东汉人卫宏所作。《毛诗》在流传中与今文经学派反复斗争,于东汉时得立于学官,并逐渐取得优势。东汉末年郑玄以毛诗为本,兼采三家诗作《毛诗笺》(简称“郑笺”),实现今文、古文的合流,是《诗经》研究的第一个里程碑,也是经学史上“汉学”的代表作之一。

魏晋时期,《诗经》研究者如王肃、王基等,或申毛难郑,或申郑难毛,争论不休。西晋陆玑作《毛诗草木虫鱼疏》,开后世以考据名物治《诗经》的先风。南北朝时期,北方兼宗毛郑,南方虽崇《毛传》,仍争论毛郑异同。除经学家外,这时的文学批评家,以刘勰《文心雕龙》为代表,开始用文学眼光来研究《诗经》。

唐代诗人皆大力提倡《诗经》的现实主义精神。唐初,孔颖达作《毛诗正义》,汇集以往成果,完成各个学派的统一,成为《诗经》研究的第二个里程碑。后来被清人阮元收入《十三经注疏》中,通行至今。

宋代学者研究《诗经》,开始怀疑“诗序”,辩诘毛郑,主张“返本归原”,以义理说诗,在经学史上称为“宋学”。北宋欧阳修《毛诗本义》,首先提出毛郑也有不通之处。苏辙《诗集传》进而怀疑“诗序”。南宋郑樵《诗辨妄》,专门攻击毛郑,削“诗序”而不用。南宋朱熹的《诗集传》,不信“诗序”,多就诗篇本身探究立说,解释诗义以理学为思想基础,又初步注意到文学特点,融汇了宋以前的训诂考据成果,是集大成之作,也是《诗经》研究的第三个里程碑和“宋学”的代表作,影响极为深远。与之同时,也仍然有人继续坚持毛郑旧说,如吕祖谦《吕氏家塾读诗记》、戴溪《续吕氏家塾读诗记》、严粲《诗辑》等是。南宋末年王应麟作《诗考》,考证三家诗说,开清代辑佚先河。

元明时期宋学占统治地位,朱熹及其学派的著作是科举考试的标准答案。这个时期的《诗经》研究没有大的进展,发挥义理不及宋儒,训诂考据逊于汉唐，大率应付科举而已。如元刘瑾《诗经通释》，明胡广等编的《诗经大全》等是。明代后期流行文学评点。如孙圹《孙月峰先生批评诗经》，着眼于形式技巧的分析鉴赏，往往用简洁的语句，概括《诗经》每首或每章的特点，对语法用韵时有独见，并能由源及流，理出后世诗歌与《诗经》相承之脉络关系。戴君恩《读诗臆评》，是纯文学欣赏之作。多从自己直感出发，揣摩诗中情旨，从诗的结构章法乃至音韵节奏分析其匠心，并常用后人之诗，作纵向比较，以明其源流与优劣。

清代是《诗经》研究承先启后的重要时期。乾嘉以前大体杂取汉宋，如王夫之《诗经稗疏》、《诗绎》、《诗广传》、毛奇龄《毛诗写官记》、《诗札》、钱澄之《田间诗学》等是。王夫之论诗特别视孔子讲的"观兴群怨"四原则，主张诗贵含蓄，强调比兴手法必须自然而然，状物贵神似。异军突起的姚际恒《诗经通论》，批评"汉人失之固，宋人失之妄，明人失之凿"，认为解诗应该涵咏篇章，寻绎文义，着力于诗人的本意，完全从文学角度说诗，于每首每章之下皆分别标出赋比兴，并增加"兴而比"一类，可惜其书当时未受重视。乾嘉年间，汉学复兴，宋学受到抨击。马瑞辰《毛诗传笺通释》，标榜汉学，以"诗序"为准，通释毛传、郑笺。陈奂《诗毛氏传疏》，专宗毛义，从文字声韵训诂名物各方面阐发《毛诗》本旨，引据该博，疏证详明，最为宏通。但只用解经的方法解诗，于文学意义置而未论。牟庭《诗切》，上承三家而不拘泥，从作品实际出发探讨诗意，见解较为通达。咸同年间，方东润的《诗经原始》，主张"循文按义"，注意诗的文学意义，立论平允，多有新见，但不刻意讲求高深。已经显露出把《诗经》从经典宝座上请下来，还其民歌、祭歌本来面目的端倪，而且其书文采斐然，非一般解经家所能及。道咸以后今文学派复起，魏源有《诗古微》，陈寿祺、陈乔纵有《三家诗遗说考》、王先谦有《诗三家义集疏》等。此外，清人还在研究《诗经》的文字、音韵、名物、制度等方面取得不少成果，如顾炎武、段玉裁、孔广森、朱右曾、包世荣、顾栋高、陈大章等人的著作是。

近现代学者在前人基础上，结合出土文物及甲骨文、金文等对《诗经》进行探讨。如林义光《诗经通义》、于省吾《泽螺居诗经新证》。闻一多《诗经新义》、《风诗类钞》将考据学、民俗学与文学评论结合起来，揭示《诗经》的思想内容和艺术手法，研究方法有不少的开拓。近五十多年来的《诗经》的研究，以今译最多，其中影响较大的有余冠英先生的《诗经选译》等。

70 年代在安徽阜阳双古堆西汉墓中发现了一批《诗经》残简，与今传四家诗均有所不同。其研究著作有胡平生、韩自强《阜阳汉简〈诗经〉研究》等。扬之水的《诗经名物新证》（北京古籍出版社 2000 年出版），是结合大量新近考古资料来研究《诗经》的力作。本世纪初，上海博物馆陆续公布了馆藏战国楚竹书，其中有《孔子诗论》，是研究《诗经》的最新资料。

关于《诗经》学史的研究著作，比较重要的有夏传才《诗经学史概要》（台湾万卷楼图书有限公司 1993 年出版），洪湛侯《诗经学史》（中华书局 2002 年出版，63 万字），马银琴《西周诗史》（社会科学文献社 2006 年出版，55 万字）。

（原载《中国文化辞典》，广东人民出版社 1989，后来有所补充。）

二、离人的相思——《诗经·卷耳》

采采卷耳，不盈顷筐。嗟我怀人，置彼周行。

陟彼崔嵬，我马虺隤。我姑酌彼金罍，维以不永怀。

陟彼高岗，我马玄黄。我姑酌彼兕觥，维以不永伤。

陟彼砠矣，我马瘏矣，我仆痡矣，云何吁矣！

这首诗的字面意义并不太难懂，然而关于它的主题思想却历来众说纷纭，莫衷一是。有人认为，第一章写女子因想念丈夫而中断劳作，第二、三章写女子幻想自己登高望远，马病不能行，只好以酒解忧。有人认为，第一章写思妇，第二、三、四章写征夫。还有人主张，第一章是一首诗，第二章以后是另一首诗。这些解释，都未能说得十分圆通。我以为，这是一首征夫怀乡的咏叹调。

第一章写征人设想妻子在劳动中因无限思念自己而无精打采。采呀采呀采卷耳，采了半天还装不满浅浅的竹筐。表面上描写外部动作，实际上是刻画内心神情。久采易得之菜而不得，储之易盈之器而不盈，充分说明其思远深切而心不在焉。这两句中，有人把“采采”解释为“众多茂盛貌”。我认为，此句重点是写人而不在写植物，所以不取。下面两句，可叹我那思念着的亲人，她竟然停下来把筐子放在大道旁而神驰远方了。这种表现更见其心绪之不平静。由一长串活动画面凝固为一个特写镜头，形象更为突出了。有人把“怀人”解释为思妇之人即征夫，从全诗和全句看，似乎难以贯通。还有人把“彼”解释为征人或妻子，都很扞格，不如说指筐子或者相当于衬词“那个”。

第二章以下系征夫自叙。正是出于对妻子的想象，丈夫此时也强烈地思念着妻子。为了遥望故乡和亲人，也为了让亲人早点看见自己，我爬上那高而险的山头，企图纵目远眺；可是由于长期奔波劳累，我的马儿已经疲惫不堪，生病了，爬不上去了。只好饮酒才能使我不致长久的悲伤。"永"，长也。"怀"，亦可作"伤"解。有人认为，诗中有马，有仆，有金罍、兕觥，怀疑作者是贵族而非平民。我认为，金罍就是金属酒器，不一定是黄金杯。兕觥就是野牛角，并非贵重之物。征夫长期服役在外，马正是其使用的工具。仆即御者，不一定是奴隶。据此我认为此诗主人是平民而非贵族。

第三章是第二章的重沓，只换了几个字，说明故乡可望而不可及，举杯浇愁愁更愁，反复吟咏，以见其忧思难解，感念之深。这是《诗经》中民歌所常用的手法。《诗志》评点说："怀伤不辞，但求不永，可谓微婉之极。中间叠两长调，意兴玲珑，咏叹尽致。"(《毛诗评法》引)

第四章综合上述所见所感，发出无可奈何的长叹而结束全诗。经过努力，我终于爬上那石头的山冈；可是，不但马儿累垮了，连赶车的也病了，多么的艰难啊！作者于此采取旁衬手法，只写他人他物，而不写征夫自己情状如何，然而不难想象，他一定更加憔悴。因为他不仅要经受长期的体力消耗，而且还要忍耐无可言状的精神折磨。山是上去了，可是到底看见了什么呢？作者没有说。显然，他看不见何处是故乡，何处是归程，实际上是近乎绝望的了。于是只得大声呼喊："云何吁矣！"我多么的忧愁啊！（吁，可作"忧"解）这种愁思，虽然没有过多的渲染，由于处处紧扣征夫身境，发自心灵深处，真实亲切，所以显得回肠荡气，感人至深。李光地说："卒章乃如闻其叹息之声。"(《诗旨纂辞》)《诗志》说："云何吁矣，作两句读，顿挫呜咽，所谓短歌微吟不能长。四'矣'字，急调促节。"刘始兴认为，"吁，同盱，张目而望也，云何盱者，言欲望之而无从，卒反上文陟山远望之意，以明所怀者终不可见耳。"(《诗益》)

全诗由虚拟起，以实笔接，由外观着手，从内心开掘。由远而近，有主有衬，叙写细腻而不雕琢，直捷而不浅露，是经得起咀嚼的。"一篇寒冷无聊之中，有一段说不出的光景。而意思含蓄，缠绵无尽。"(《诗志》)

我认为，这样来理解全诗，可以做到前后融会贯通，处处互相关联而不矛盾，是比较接近原意的。倘若把首章作为女子实写，二章以下作为女子想象，那么，马、仆、金罍、兕觥怎么能与采野菜之女扣得上？倘若把二章以下解为女子幻想丈夫在外情景，则几个“我”字皆应改为“彼”字才贴。倘若分为两首，则前者无着落，后者无缘由，都陷入空泛。至于汉人甚至说成是后妃思文王，后妃念大夫之妻，那就更加附会，现在已经没有人信从了。

这首诗还可以有另外一种解读即男女对唱。第一章妻思夫，第二、三、四章夫思妻。从内容看或许如此。但从章法看，对唱应该是二比二，而现在是一比三，似乎不协调。

（原载《古代诗歌精华鉴赏辞典》，北京燕山出版社 1989）

三、我国最早的寓言诗——《诗经·鸱鸮》

鸱鸮！鸱鸮！既取我子，无毁我室，恩斯勤斯，鬻子之闵斯。

迨天之未阴雨，彻彼桑土，绸缪牖户。今女下民，或敢侮予？

予手拮据，予所捋荼，予所蓄租，予口卒瘏，曰予未有室家。

予羽谯谯，予尾翛翛。予室翘翘，风雨所漂摇，予唯音哓哓。

《鸱鸮》是《诗经·国风·豳风》中的一篇。关于这首诗的作者，毛传和郑笺都认为是西周初年的周公旦。他们主要根据《尚书·金藤》篇所记：武王死，成王年幼，周公摄政。管叔、蔡叔不服，散布流言诋毁周公，又勾结武庚发动叛乱。周公率兵东征，讨平了叛逆，保全了周室，但是成王仍有怀疑。“周公居东三年，则罪人斯得。于后，公乃为诗以贻王，名之曰《鸱鸮》。”此说近人多不相信，许多选注本皆不曾采纳。因为从诗的内容看，与周公讽成主之事并无联系，不论古人怎样强为之解，都凿枘难合。就诗论诗，应该承认，它其实是一首民间创作的寓言诗。其产生时代，应在西周初期或稍后。

作者运用拟人化的手法，假托一只小鸟诉说它遭到鸱鸮的欺凌迫害所带来的种种痛苦，从而曲折地表现了劳动人民身受深重灾难而发出的嗟叹。

鸱鸮（音痴消）就是猫头鹰，它本来是益鸟，然而古人都认为是“恶鸟，攫鸟子而食者也”（朱熹《诗集传》）。其种属颇多。有人认为，似即今天生活在陕西、河南一带的雕鸮，为大型鸮类，夜间活动，主食鼠、兔及其他小鸟。古豳地在今陕西省境内，其时雕鸮可能甚多。作者在这首诗里，显然是把鸱鸮作为邪恶强暴势力的象征，一开始就对它提出控诉:鸱鸮啊！鸱鸮！你已经夺走了我的孩子,可别毁坏了我的窝巢啊！我辛辛苦苦,殷勤劳作,就是因为养育孩子才累病的呀！这一章可谓如怨如慕,如泣如诉。听到这样悲惨的呼唤,人们很自然地会联想到当时被压迫剥削的劳动人民的呻吟。在奴隶社会里,奴隶的子女可以被奴隶主贵族任意夺取为奴婢,奴隶的微薄家产可能被随便劫掠而毁荡。诗人把这种现象概括地比拟为动物界的弱肉强食,是对当时统治者以及不合理社会制度的有力揭露批判。

第二章主要写劫后的收拾。趁着老天爷还没有天阴下雨,我赶快飞到桑根剥取树皮,捆扎我那被损坏的门窗,你们树下的人们,还有能欺负我的吗？这一章表现了可怜的自救,也是微弱的抗争。覆巢之下,很容易有人投石取卵;破败之余,必须得自己奋力求生。简单几行文字,充满了血泪和愤怒,隐含着不屈不挠的意志。

第三章回顾自己经营室家的辛苦。我的脚爪忙活得够呛,我取来芦苇花垫窝儿,我积蓄了茅草,我的嘴已累得破裂了,可是我的巢儿还没有弄好。这一章表面上是小鸟自述,实际上正是一个处于社会最底层的劳动者终日劳作疲惫不堪的窘况的写照。

第四章总括形容自己的憔悴模样。我的羽毛渐渐稀少了,我的尾巴干枯了,我的小巢儿危险极了,经常有风吹雨打受不了,我着急害怕只好大声呼叫。本章不但描绘了鸟儿的外形,还写出了心理,末句甚至模仿鸟叫的声音,简直惟妙惟肖。

在《诗经》中,以物比人或托物兴词的手法是比较常见的。但这首诗已不是通常修辞意义上的“比”、“兴”,而是一个初具规模的寓言。作者把动物的某些生理特征和可能有的遭遇,与人类社会中的某些现象有机地联系起来,借物寓人,言在此而意在彼,含蓄地揭示某种生活本质。作者笔下的鸟,既有禽类的特征,又有人类的感情。它有羽毛,有尾巴,会鸣叫,居住在树上,筑巢用树皮,垫窝用芦苇和茅草。可是它又有对亲子的爱恋,对疲劳的愁苦,对危险的恐惧,对鸱鸮的控诉和对路人的警惕。这两方面结合得自然、贴切,使读者并不感到勉强。这种艺术手法，表现出诗人丰富的想象力，在《诗经》的其他篇章中是不曾出现过的。就拿同样是借物比人对剥削者加以谴责的《硕鼠》来说，其批判比《鸱鸮》更为尖锐，但其抒写方式只是人对鼠讲话，主要说明人的一种感情和态度，并未描写鼠类的活动，主体是人而不是鼠。《鸱鸮》则全部写鸟而不曾写人，通篇都是鸟对鸟讲话和鸟儿的自述，并且写出了鸟儿的一系列动作和造成的结果，从而也就展现出一定的过程，具备了初步的情节性。因此，我认为《硕鼠》仍然属于比喻，而《鸱鸮》已是寓言的雏型。当代学者或称之为禽言诗、鸟言诗、童话诗，意思都差不太多。也有个别文章指责鸟类不能说"予手"。对这个问题，钱钟书《管锥篇》已列举众多诗句说明，在将动物拟人化的夸张中，此类细节是大可不必拘泥的(参见该书第1册133页)。

关于先秦寓言的起源，有人追溯到《周易》，认为像《大壮》："羝羊在藩，不能退，不能遂。"《困》："困于石，据于蒺藜，入其宫，不见其妻"之类，已经是寓言故事。我以为《周易》基本上属于象征手法，它所选择的某些具体现象，可能意味着一定的哲理。但其现象和道理之间并没有必然的联系，寓意并不确定，很难判断究竟是因象赋义还是以义取象；因而人们对《周易》的同一卦象和事例可以产生种种不同的理解。这和寓言之有意编造人或动物故事以说明既定观点是不太一样的。故尔《周易》中的某些生活片断，只能属于哲学家手中的素材，还不能看成文学家笔下的寓言。还有人把《左传》昭公二十二年所记"雄鸡自断其尾"，当成中国最早的寓言。其实那只有一句话，指出一种比较少见的动物自伤现象，还不成其为故事。当时人把它解释为"自惮其牺也"(自己害怕被捉去当祭品)，仅仅是猜测和附会，抑或故意讽谏；跟寓言故事中的能说话而且具有人的思想感情的动物形象相差较远。所以我认为，先秦寓言的第一篇，似乎应当从《鸱鸮》算起。

战国时期，寓言迅速繁荣起来，并且形成高潮，但都是散文，以诗的形式作寓言者十分罕见。《鸱鸮》作为《诗经》中的一首，它还具有与战国散文体寓言不同的民间歌谣体的特点。从句法看，它喜欢用重言和同型句式。如一开头连呼“鸱鸮”，和《魏风》中的《硕鼠》、《小雅》中的《黄鸟》一样，都是为了强化感情，提起注意。而像第二、三章连用八个以“予”字开头的同型句，在《诗经》中也常常可以见到。如《楚茨》：“我艺黍稷，我黍与与，我稷翼翼，我仓既盈，我庾维亿。”《黍苗》：“我任我辇，我车我牛，我行既集。”《卷耳》：“我马瘏矣，我仆痡矣，云何吁矣”等等，作用是一一备陈，显得周详全面，以加深印象。明人戴君恩《读风臆评》说：“连用十‘予’字，而身任其劳，独当其苦之意可想。”从用韵看，比较自由灵活，各章并不统一，不像《硕鼠》那样整齐严密。这也许是由于它产生较早，或尚未经后人加工之故。第四章连用四个叠字：“谯谯”、“翛翛”、“翘翘”、“哓哓”以及叠韵词“漂摇”，显然是为了便于歌唱，都是自然形成，并非有意讲求。从语言风格看，朴素无华，毫不雕琢，但却准确鲜明。“通篇哀痛迫切，真哓哓之鸣。”（《读风臆评》）“收结作无聊不可奈何语，更警。”（李九华《毛诗评注》引《诗志》）个别字词今天不太好懂，在当时可能是比较通俗接近口语的词汇，和典雅庄重的《颂》诗风格迥然不同。

这种以动物为主角的寓言诗，在汉代的乐府民歌中逐渐多了起来。像《鼓吹曲辞·汉铙歌》中的《雉子班》，假托老野鸡对小野鸡说话，诗中三呼“雉子”，第一次表示爱抚，第二次是叮嘱，第三次哀呼小野鸡被人捕走。实际上表达了被掠去子女的父母的悲切心情，其主题正是由《鸱鸮》生发而来。又如《汉相和歌·古辞》中的《乌生》，托为禽言，先叙乌儿惨死，次叙乌儿自责藏身不密，然后转念世情难测，鱼、鹿、黄鹄都未能免遭人的毒手，最后委之天命，调子比较低沉。《艳歌何尝行》写两只并飞的白鹄，一只中途有病不能相随，分别时互相嘱托。寄寓夫妻生离死别的哀伤，颇为感人。再如《杂曲》中的《枯鱼过河泣》，以鱼拟人，似是遭遇祸害者警告伙伴的诗。枯鱼竟能作书信，确是出人意表，虽然只有四句，却表现出活泼大胆的幻想。《蜨蝶行》写蝴蝶被燕子捉去喂小燕，从蝶的眼里看燕的行动，并用蝶的口吻叙述，手法也很生动别致。魏晋南北朝以后，由禽言诗又派生出禽言赋，并由民间创作发展为文人模拟。唐代许多著名诗人都曾做过这方面的尝试，如杜甫《义鹘行》、韩愈《病鸱》、柳宗元《跂乌词》、白居易《燕诗示刘叟》等等都是。宋元以降，代有佳作，历久不衰。这个悠久的历史传统，正是从《诗经》的《鸱鸮》篇发轫的。

（原载《诗经鉴赏集》，人民文学出版社 1986）

四、送战士出征——《诗经·小戎》

小戎俴收[①]，五楘梁辀[②]。游环胁驱，阴靷鋈续[③]。
文茵畅毂，驾我骐馵[④]。言念君子，温其如玉。
在其板屋，乱我心曲。
四牡孔阜，六辔在手。骐駵是中[⑤]，騧骊是骖[⑥]。
龙盾之合，鋈以觼軜[⑦]。言念君子，温其在邑。
方何为期，胡然我念之？
俴驷孔群，厹矛鋈錞[⑧]。蒙伐有苑，虎韔镂膺[⑨]。
交韔二弓，竹闭绲縢[⑩]。言念君子，载寝载兴。
厌厌良人，秩秩德音。

这首诗的主题，一是赞美秦国西征的军容和装备，一是思念从征在外的英雄丈夫，二者交织在一起，组成一首豪迈而诚挚的乐章。

“小戎”是士兵乘坐的车子。古时行军，将帅所乘之车走在前面，叫元戎；士兵所乘之车走在后面，叫小戎。诗以小戎为题，表明它是对战士的颂歌。古代学者认为，此诗可能作于东周初期秦襄公时，作者显然是一位女子，而她的丈夫则可能是一位武士或下级军官。

全诗共三章，每章十句。

第一章大意是，士兵的车厢浅又浅，五束皮箍装饰车辕。皮环皮套控制骖马，车上的绳梢套着白铜圈，虎皮坐垫长轴承，驾着那匹青骢马和“雪里站”。想念我的好丈夫，他温和纯洁像玉一般。他住在战场的木板房里，使我思念得心情烦乱。

第二章大意是，四匹公马高又大，六条缰绳手中牵。花马红马来驾辕，黄马黑马在两边。龙纹盾牌扣在车上，白铜灿灿装饰辔绳和车环。想念我的好丈夫，他温和纯洁驻在边关。何年何月是归期，叫我怎么不思念。

第三章大意是，四匹披着薄甲的马整齐协调，三刃长矛用白铜镶嵌着柄梢。杂纹盾牌绘着美丽彩画，虎皮的弓囊镂金的马肚兜。两张弓交叉放在弓袋里，竹制的弓架系着丝绳扣。想念我的好丈夫，时睡时醒真烦恼。我那安静稳重的好丈夫，聪明练达名声好。

西周末东周初，西戎强大，征伐不休，不但世为秦患，而且曾经杀幽王而亡西周。秦襄公振军整武，长期与西戎对峙，最后死在征战途中。他所进行的这场战争，既是为了捍卫秦国的安宁，也有利于保护先进的中原地区免遭落后的西戎的侵扰，因而是正义的，得到人民的拥护。《小戎》这首诗就是在这样的历史背景下产生的。作者热情赞扬出征的军队，极力描写兵车如何的华美，战马如何的漂亮，武器如何的精良，军人具有如何美好的品质。矜夸之情，溢于言表，洋溢着强烈的自豪感，反映出当时秦国国势军力的强盛和秦民尚武好战的积极进取精神。正如刘玉汝《诗缵绪》所说的："秦人强悍尚勇敢，又值犬戎之变而事战斗，其平居暇日所以备其车马器械，以备战伐之用者，无不整饰而精致，故家人妇女亦皆习见而熟知之。"古代描写从军和思妇之诗，大多叹其辛劳，苦其怨旷。《小戎》却不是这样，而是赞美军备和军人，也就是肯定和支持战争。这样的诗篇在先秦和汉魏六朝时期是不多见的，只是到了初盛唐诗人的笔下才大量出现。《毛诗序》以为此诗是"美襄公也"，郑玄笺说："国人夸大其车甲之盛，有乐之意也。妇人闵其君子，恩义之至也。作者叙内外之志。所以美君政教之功。"这种解释未免牵强。还有人（如何楷、邹兆敏）以为是秦君念其大夫征伐之诗，更属附会。今人有说是一曲爱国主义的颂歌，庶几近之，但这只是主题的一个方面。另一方面，它又是一首特殊的爱情诗。作者一再表示，自己的"君子"、"良人"的性情、品德、知识、修养如何的好，他如今从军在边塞，自己如何如何的苦苦思念不已。这种情调和后世所谓室妇诗、闺怨诗也有所不同。

作者没有把服役看成一种痛苦的灾难，而是义无反顾地支持国家进行征战，支持丈夫服兵役。对胜利似乎很有信心，没有丝毫的悲观和怨艾，也没有去猜想征战生活的艰苦，仿佛一切不在话下。诗中提到“在其板屋”，汉代学者已指出，陇西多森林，边民多以木板筑屋。可见这句话并不意味着居住条件很差。至于“温其在邑”，有人解释为在敌邑，或在国都，其实就是在边域，不管怎样讲，都不包含孤独凄凉之感。这和后世一些从军行、思妇词中经常出现的景物是大异其趣的。我以为这是《小戎》一诗最大特色所在。

全诗三章，看似复沓，其实各有侧重，而又互相衔接。“一章言车，而驾我骐异，豫以起次章之马。二章言马，而龙有之合，鋈以觼軜，既以起卒章之兵器，又以终首章之兵车。三章言兵器。而伐驷孔群，复蒙上章以言，以章法错综之妙也。”（顾广誉《学诗评说》）通篇用赋法，排列铺陈，细致周详，开后世民歌盛夸器物之先何。“前半章咏物，以古奥胜；后半章咏情，以蕴藉胜，好整以暇，有疏有密。”（吴闿生《诗义会通》）前半章“断连整错有法，骨方神圆，周《考工》、汉《饶歌》并为一体”。后半章“参以二＝情语，使通体灵动。极铺张处，纯是一片摹想也”。（李九华《诗经评注》）全诗基本上是民歌体，但其语言显然经过一定加工，在遣词用字造句方面，力求音韵协调，大致两句一押，读来铿锵有力，节奏感强，在当时肯定是可以入乐的。还讲究字词色彩，鲜明醒目。注重器物描摹，精雕细绘，虽有夸张，而不失真实。有些字令人也许觉得生僻，在当时说不定是秦地方言口语。钟惺说：“虽是文字艰奥，亦由当时人晓得车制，即妇人女子触目冲口，皆能成章。车制不传，而此等语始费解矣。”（《毛诗解》）可见，它和后来某些汉赋作家故意罗列奇字僻词以示渊博的作风有质的区别。从风格看，每章前六句雄健刚劲，精严紧凑；后四句平易舒缓，缠绵悱恻，柔情蜜意，反复陈说，然而真笃自然，直截坦率，较之“二南”、郑卫情歌多托比兴于草木鱼鸟的委婉风格，别有一番情趣。也许是秦民气质不同于东土吧？

注: ①俴(jiàn):浅。收:车厢。　②楘(mū):皮箍。梁辀:弯曲的车辕。

③阴:又叫掩轨,在轼前,垂辕上。靷(yǐn):系于马颈之二皮绳,以制马引车。鋈(wò):白铜。续:靷的终端有绳相接,谓之续。

④骐:青黑而有花纹的马。馵(zhù):四蹄皆白的马,俗名"雪里站"。

⑤骝(liú):同骝,黑鬃红马。是中:在当中驾辕。　⑥䯄(guā):黑嘴黄马。骊:黑马。骖:两侧拉套的马。　⑦觼(jué):有舌的环。軜(nà):两骖内侧的辔绳。

⑧俴驷:身披浅甲的四匹马。孔群:很合群。厹(qiú)矛:三刃长矛。錞(dūn):柄尾。　⑨虎韔(chàng):虎皮弓袋。镂膺:镂金马肚带。　⑩绲(kǔn):绳。縢(téng):拴缚。

关于《小戎》中所描绘的车的部件、马的佩饰以及各种兵器的形制,扬之水的《诗经名物新证》(北京古籍出版社 2000)中有一篇专文,结合历年出土文物,举出大量实证(包话图片),可以参看。

(原载《古代爱情诗词鉴赏辞典》,辽宁大学出版社 1990,收入本书时有所补充)。

五、评肖兵的楚辞研究

近几年来，学术界对屈原及楚辞的研究取得了不少的成果。在众多的新老研究者行列中，肖兵是发表文章最多的一个，并以其一系列独到见解和颇成体系的新颖方法引起了人们的注意。

肖兵是通过自学的道路参加古典文学研究队伍的。1977年以来，已在全国各报刊、出版物上发表文章一百余篇，副标题分别为《屈赋英华》、《离骚新解》、《九歌十论》、《九歌新解》、《二招新解》、《楚辞神话》、《楚辞民俗》、《楚辞文化》等等，字数在百万以上。

肖兵的研究突出特点就是求新。他在合理吸收前人成果的基础上，有意识地运用新的方法，寻找新的材料，追求新的结论，力图走出一条楚辞研究的新路来。

肖兵认为，现代科学总的趋势是分析和综合、微观和宏观、应用和理论对立而又统一的辩证发展，分工越来越细，联系却越来越广。自然科学的方法大量介入社会科学，使后者"边缘化"的趋向越来越明显。因此，他比较喜欢运用考古学、文字学、神话学、民俗学、民族学、比较文学、文化人类学的方法，注意吸取自然科学某些方法和原理，广泛采用传统的和新近的考古材料，进行他自己称为"微观分析"和"丛证法"的研究。

他所谓"微观文学史"的"微观分析"，就是从分析局部、片断细微的文学现象入手，以小见大，积少成多，从个别作家作品及其细节的分析努力去发现文学史、社会史的某些规律。他不是依照先谈思想性后论艺术性这样通常的论述层次，而是对楚辞中的某些局部和细节作尽量细致的剖析。论题往往很小，如《离骚释离》、《西皇·西海·西极》、《“女歧缝裳”与对偶婚的禁例》、《“负(妇)子肆情”新解》、《“靥辅奇(畸)牙”和拔齿奇俗》等等，目标仅是某些词汇、名物、语句。《天问》“舜闵在家，父何以鳏”中的“闵”字，他通过甲骨金石等古代文字形音义的考释，证明“闵”可通敏，敏可作每，即“母”。舜的母亲在家里，他父亲却像鳏夫一样可怜，就像恩格斯在《家庭、私有制和国家的起源》一书里说的，“仍然要随时听候命令，收拾行李，准备滚蛋”，说明舜父顶多处于母权依然昌炽的氏族制度中期。从这一个例子的突破，还可以上溯颛顼时代婚制，下考舜、禹时期家庭婚姻关系，对于研究我国古代社会分期不无意义。小考而有大得，微观研讨有助于宏观探索。这种方法，前人已经用过，肖兵的研究有所继承而又有新的开拓。

他的所谓“丛证法”，就是充分调动一切手段和材料，作符合充足理由律的论证。环绕论点，广泛收集证据，中外古今，繁征博引，并尽量旧材料新用，死材料活用。例如，近人对《天问》“阳离爰死”多解释为阳气隔绝难免死亡。肖兵在《阳离——太阳中的神鸟》等文章中，论证“阳离”是太阳里的凤属火鸟。他把楚辞里全部有“离”字的词句及其注释加以编排对比，发现有三义：遭罹、分离、专用名词。又分析甲金文，发现“离”字原作以手持毕(网)捕鸟之象。再搜索古代字书、文籍训诂，发现《说文》以“离”为黄仓庚；《尔雅》以“离”为怪鸟；《文选》里几篇文章和李善注说陆离、长离、炎离是凤属；古《山海经图》中离朱为朱鸟；《易经·说卦传》以离为雉；纬书《春秋元命苞》说火离为孔雀，为雉，为鸾。那么阳离就可能是太阳里的凤属火鸟了。他还使用音韵学、考古学和中外方志材料，马王堆帛画太阳里的神鸟，洛阳西汉壁画太阳图像里的神鸟这些最新资料，甚至援用埃及——阿拉伯神话和世界著名史学家布罗多德、文学家奥维德、弥尔顿、康德，安徒生、海涅等人的言论，以及云南大理地区洱源县鸟吊山的实例作为旁证，证明“阳离爰死”与“凤凰涅槃”有关系，更显得论证的繁而且博，具有相当充足的说服力。这样的多角度的比较研究，是近百年来国际上常用的方法，肖兵把它运用到楚辞研究领域，并且比较系统化了。

在观点方面，肖兵往往喜欢选择新的角度，大胆提出自己的见解。除少数篇章外，大多数论文都有一些比较新鲜意见。

例如关于《离骚》，他根据马王堆出土《古地图》推测“九嶷”可能是“大石文化”里的“列石”；“女媭”是指未“开脸”的少女，是处女星神；彭咸是殷代贤臣和水神的融合，“西皇”可能是西极大母神西王母的别称，“西海”及其边际“西极”也属于昆仑——西王母文化区，组成一个理想的西方“极乐世界”，与屈原眷恋旧乡故国联系起来看，可能是象征某种幻美的仙境。关于《九歌》，有专栏《九歌十论》的总论和《九歌新解》的局部考证。《九歌十论》某些命题颇有新意。如认为《楚辞·九歌》不是文学史所说直接描写“人神恋爱”、“杀人祭神”的巫咒神曲，而是寄托爱国家、爱乡土、爱人民的热忱的抒情诗。还从表演性、故事性、艺术综合性三方面，论证《九歌》不是原始戏剧，只是在不同程度、不同要点上具有戏剧性的歌舞——说唱文学；并从作品所反映的思想感情等因素入手，论证《九歌》是屈原的独立创作。《九歌新解》专栏各篇认为，太一神就是乙鸟神、玄鸟神、太阳神鸟之神。东君本是崇拜太阳、以鸟为图腾的夷集群的尊神，是太阳的人格化，是年青的太阳神，云中君不是云神，而是“主雷雨之神”轩辕星等等。关于《天问》，他认为“顾、兔在腹”应解为癞大顾（蟾蜍）和仙兔并存月腹，“白蜺婴茀”可能摹写可怕的白虹环绕孛星，“中央共牧后何怒？蜂蛾微命力何固?”二句，是指帝丹朱（混敦，刑天）与天帝争神后化身为蜂蚁；“成汤东巡，有莘爰极？何乞彼小臣，而吉妃是得”之“吉”并非是“吉祥”而是“姞”字，属于我国原始四大部落集群里的狄人集群，与“有莘”联盟，与夏人、商人、周人都有传统婚媾关系，证明中华各族在原始时期就有密切交往。这些意见，虽然还不是定论，但是言之成理，持之有故，不失为一家之言。

肖兵的研究，不停留在单纯的文学范围内，往往兼及哲学，史学、美学等领域，这是“微观分析”和“宏观”归纳结合的表现。除了《屈赋英华》等十余篇多从文学角度分析外，在哲学方面，他写了《〈天问〉的宇宙观念》、《〈天问〉里的宇宙模式》、《伞盖·棋局·天地》等文章，对于研究屈原的哲学自然观及社会思想的影响进行了探讨。在史学方面，写了《楚辞与原始社会史研究》、《从神话传说看夏王朝的建立》、《〈天问〉原始社会史事新解》、《启代益作后；原始社会末期的一场冲突》等文章。以《楚辞》特别是《天问》保存的史料，依随尧舜禹启的贯串线索，探索我国原始社会史发展的简单序列；论述了我国由母系氏族过渡到父亲氏族社会以及奴隶家长制确立的过程。对夏初王朝的奴隶制中央集权、领土与战争、科技与生产力水平、生产关系、婚姻家族关系、政治制度等都作了窥探。在美学方面，通过对屈原所称"美人"、"内美"、"昭质"，"修姱"等概念的分析，指出屈原在美学上基本倾向于朴素唯物主义。"内美"和"修能"并举客观上表示屈原的审美的内容与形式的对立统一。肖兵的这些分门别类的研究，颇有融会贯通的特色。

肖兵写作态度较为认真严肃，用力很勤，大部分文章肌理缜密，文字平易，流畅，语言能适应不同内容的要求又有灵活的变化，这些都是值得肯定的。

肖兵的文章也存在某些缺点和有待进一步探讨之处。其一，是某些结论似乎建立在猜测的基础上。正如他自己所说，"许多假说臆想偏多，证据苦少，使用资料也常出现纰缪。"如在《蜂蚁·帝台·中央之神》中说："怀疑丹朱、混敦最初的动物化身是丹蜂朱蚁，后来丹朱蜂蚁与鸟图腾族驩兜并合，遂改祀形貌近似的鸟图腾，丹朱也变成了神鸟'鹧鸪'，帝'鸿'"。在《羽人·相鸟·观风鸟》中说，"句芒可能是'少司命'，出现于《帛画》有可能。"在《〈楚辞〉"灵保"、"灵修"、"莫敖"通考》里说："灵修的原义恐实系圣职、神官"等等，显然缺乏论据甚至没有论证。其二，有些比附难免给人以牵强之嫌。文史哲虽是相通的，但毕竟又有区别。神话、民俗、考古可以而且应该互相沟通，但也要注意各门学科的不同。屈原赋本质上是诗歌，其中运用了某些神话的材料，但不等于神话的忠实记录；它曲折地反映了古代的社会生活、风俗习惯甚至政治历史，但不能视同真实的史料。文学是允许幻想和夸张的，而历史则不能虚拟。肖兵的某些观点由于混淆了上述几个不同界限，以致显得比较缺乏分析，这是值得推敲的。其三，有些论点重复，如论“阳离”的文章[或部分]有三四篇，论“顾，兔在腹”的有两三篇，论伊尹的也有三四篇，角度相近，有迭合或半迭合的情况。少数文章并无太多新见，主要是前人研究的归纳汇总。在文风上，个别文章比较拖沓，臃肿芜杂，材料堆砌。以上这些问题，也许是“微观分析”过于求新和“丛证法”要求材料丛集所产生的副作用。但是总的看来瑕不掩瑜。肖兵的成绩是很可观的，他的“新探”属于可贵的尝试，对《楚辞》的研究有不少的启发，我们应该对他表示支持和欢迎。

（原载《社会科学战线》1984 年 3 期）

附记：这篇书评由我与郑君华同志（时为中国社会科学院研究生）合作于 1982 年初。这时我们正在收集有关楚辞的论文目录，发现肖兵的文章最多，经打听，得知他是江苏淮阴运输公司的工人。我把情况向中国社会科学院文学研究所所长许觉民同志反映。所长表示，应当给予支持，可以考虑能否调到《文学评论》来工作。于是便有了这篇书评。至于调动之事，则因后来肖兵业已调入淮阴师专而作罢。

1982 年夏，我参加在湖北秭归召开的全国楚辞学术讨论会。短短的发言，竟引起强烈反响。几位朋友劝我，肖兵胡说八道，不必理他。回到文学研究所，所内有人阻止此文在所内发表。我又向许觉民反映。他说：不同意见可以讨论嘛，书评可以在外面发表。

此后，肖兵有一系列著作出版，成为中外注目的楚辞专家，在学术上独树一帜，赞成者和批评者皆不乏其人。

2003 年和 2006 年，郑君华教授和许觉民老所长先后辞世，我将这篇短文收入这本书中，以表示对他们二位的纪念。

六、先秦诸子的救灾观

春秋战国时期，自然灾害频繁发生。据邓云特《中国救荒史》(1937年出版)统计，两周867年间，有记录的大灾89次，其中旱灾30次、水灾16次、虫灾13次、地震9次、雪灾雹灾12次、大疫一次。面对种种社会劫难，先秦儒道墨法各派思想家们，表现出不同的观点，提出各自的救灾主张。

《论语·乡党》篇记，孔子居鲁时，发生一场火灾，烧毁了马厩。孔子从朝廷回来，连忙打听："伤人乎？"不问马。短短几个字，反映出孔子"仁者，爱人"，以人为本的思想。如果人马皆伤，当然是救人第一了。这种思想在当时是先进的。与孔子同时的齐景公，有马千驷，一匹爱马死了，竟要杀死养马者，可见他把人命看得不如马。

《论语·颜渊》篇记：鲁哀公问孔子弟子有若：今年发生灾荒，国用不足，怎么办？有若回答：减税救灾，把十分之二的税率改为十分之一。并且说："百姓足，君孰与不足？百姓不足，君孰与足？"首先要让百姓的衣食充足，然后国君的需求才能满足。这种观点，后来成为儒家治国的基本理念。

《孟子·梁惠王》篇记：梁惠王对孟子说：我的救灾办法是："河内凶，则移其民于河东，移其粟于河内；河东凶，亦然。"移民就食，移粟补歉。为什么效果不大呢？孟子建议他，行仁政才是根本措施。"不违农时"，"鸡豚狗彘之畜，无失其时"(按时配种)，"斧斤以时入山林"(按季节砍伐)，密网不入鱼池，保护生态环境，保证可持续发展。使"黎民不饥不寒"，"养生丧死无憾"，还要搞好教育和道德宣传。您这样做了，

“然而不王者，未之有也。”

同篇又记：邹穆公问孟子，邹国与鲁国发生武装冲突，百姓不努力作战，眼看长官快要死了不去救援，怎么回事？孟子说，这是长官自己造成的。“凶年饥岁，君之民老弱转乎沟壑，壮者散而之四方者，几千人矣。而君之仓廪实，府库充；有司莫以告，是上慢而残下也。……出乎尔者，反乎尔者也。夫民今而后得反之也。君无尤（不要怪罪百姓）焉，君行仁政，斯民亲其上，死其长矣。”在孟子看来，统治者救灾不力，不顾人民死活，必然受到百姓报复性惩罚。

《荀子·天论》篇认为，各种自然灾害并不可怕，完全可以战胜。“强本而节用，则天不能贫；养备而动时，则天不能病；修道而不贰，则天不能祸。故水旱不能使之饥，寒暑不能使之疾，妖怪不能使之凶。本荒而用侈，则天不能使之富；养略而动罕，则天不能使之全；背道而妄行，则天不能使之吉。故水旱未至而饥，寒暑未薄而疾，妖怪未至而凶。”所谓“强本”就是加强农业，“养备”就是生存资料齐备，“动时”指各项生产活动及时。

《富国》篇说：“故禹十年水，汤七年旱，而天下无菜色者。十年之后，年谷复熟，而陈积有余，是无它故焉，知本末源流之谓也。”句意谓懂得农为本商为末，开源节流，则水旱无忧。这是对《天论》的补充和证明。

《王制》篇把搞好水利，防止灾害，作为政府机关“司空”的主要职责：“修堤梁，通沟浍，行水潦，安水藏，以时决塞。岁虽凶败水旱，使民有所耘艾，司空之事也。”看来这是经常性的工作，而不仅是发生灾情时的临时措施。

《天论》篇又记，有人问，天旱时举行祈雨的祭祀仪式，竟然下雨了，说明什么呢？荀子回答：这没有什么，就和不举行祭祀也可能下雨一样，是偶然现象。“天旱而雩……非以为得求也，以文之也。君子以为文，而百姓以为神。以为文则吉，以为神则凶也。”旧注：“顺人之意，以文饰政事而已。”可见荀子不相信祈天可以下雨。

《礼记》是晚周儒家论文汇编，其中也有《王制》篇，主张储粮备荒，说："国无九年之蓄曰不足，无六年之蓄曰急，无三年之蓄，曰国非其国也。三年耕必有一年之食，九年耕必有三年之食。以三十年之通，虽有凶旱水溢，民无菜色。"这种观念后来成为共识，所谓"耕三余一"是备荒的基本保证。

《礼记》的《檀弓》篇，记录了几个与救灾有关的故事，具体体现出儒家的救灾观念。

卫国贵族公叔文子世去，其子请谥。卫君说："昔者卫国凶饥，夫子(指公叔文字)为粥与国之饿者，不亦惠乎？……故谓之贞惠文子。"赠谥是对死者一生事业德行的总评价。鲁君这番话，充分肯定公叔文子施粥救灾的义举。

齐国大饥，富者黔敖为食于路以济饿者。有灾民，疲惫不堪而来。黔敖傲然呼曰："嗟！来食！"饿者扬其首瞠其目而视之曰："予唯不食嗟来之食，以至于斯也。"终不食而死。这位饥民很有骨气，宁可饿死，不肯接受带有鄙视性的施舍，是后世"贫贱不能移"的道德典范。这位富人的表现告诫人们，救灾扶贫不可以救世主姿态出现。

鲁国大旱，鲁穆公打算暴晒尪(音汪)与巫以求雨。尪是仰面朝天的残疾者，巫是女子能通神者。迷信家认为，暴晒他们可以使上天哀怜同情他们而降雨。鲁国学者县子反对，认为这是暴虐而愚蠢的行为。故事反映出儒家的人文精神。

道家著作《老子》有两句名言，深刻揭示出灾荒生成的原因。三十章曰："师之所止，荆棘生焉。大军之后，必有凶年。"大批军队驻扎之处，会造成荒地。大规模战争之后，必定出现饥荒年成。因为战争会破坏农业生产，消耗粮食储备、损坏水利设施、道路、桥梁，造成空城荒野，人口减少和流亡。老子没有说出的结论是：战后必须积极备荒。这是一条历史规律，历来为政治家所重视。

七十五章曰："民之饥，以其上食税之多，是以饥。"这句话指出造成饥荒的人为因素。句中的"民"不仅指个人，而且指民众。"饥"不是指个别人没饭吃，而是指普遍性的饥荒。“上”指统治者。赋税太重就会形成灾害。这一条也是历代思想家的共识。

墨家著作《墨子》中有《七患》篇，用相当多的篇幅谈储粮备荒和减俸救灾的措施。说：“虽上世之圣王，岂能使五谷常收而水旱不至哉！然而无冻饿之民者，何也？其力时急，而自养俭也。”“力时急”意谓抓紧时间备荒。“民见饥则亡（逃亡）”，“仓无备粟不可以待凶饥。”所以墨子主张，“令民家有三年蓄蔬食（干菜粮食），以备湛（水灾）旱。”又说：“国无三年之食者，国非其国也。家无三年之食者，子非其子也（卖儿卖女）。此之谓国备。”即国家的基本储备。

《七患》篇提出政府官员减俸救灾的具体办法是：“一谷不收谓之馑，二谷不收谓之旱，三谷不收谓之凶，四谷不收将之馈，五谷不收谓之饥。岁馑则仕者大夫以下皆损禄五分之一，旱则损五分之二，凶则损五分之三，馈则损五分之四，饥则尽无禄，廪食而已（只领取官仓口粮）。”国家发生凶饥，国君饮食费用减五分之三，衣不改制，乘马三减二，妾不衣帛。外国来宾招待从简。体现了墨子的节用观。

法家著作《韩非子》主张，在救灾活动中，应该严明赏罚，执法不爽。《内储说上》记，鲁国积泽地方发生火灾，鲁哀公率领众人救火。左右之人都去追逐从丛林中跑出来的野兽，不去救火。哀公问孔子，怎么办？孔子说：“逐兽者乐而无罚，救火者苦而无赏，此火之所以无救也。……事急，不及以赏，请徒行罚。……不救火者比降北之罪，逐兽者比入禁之罪。”令下未遍而火已救。这个孔子竟成了法家的代言人，学者认为是出于韩非子的编造。同篇又记，越王宫中发生火灾，人莫救火。文种建议越王下令：“人之救火者，死比死敌之赏；救火而不死者比胜敌之赏；不救火者比降北之罪。”火灾很快扑灭。

《外储说右下》记：秦大饥，应侯请发王室园林中的枣粟、蔬果救济灾民。秦昭王说：秦国法律，有功者赏，有罪者罚。如果发王室之枣粟、蔬果以活灾民，岂不是“使民有功无功俱赏也”。这样会搞乱法律。“夫生而乱，不如死而治。”秦昭王坚持法律第一，宁可饿死人，也不能破坏法律。这样做太不近人情了，执法也应该有灵活性嘛。然而这种思想正是法家学说的真实反映。

先秦子书《管子》，旧列法家，其实杂取各家，托名管仲，实为战国中期齐国稷下学者所辑集，后人又有所补充。其写作时间跨度很大，有出自春秋末期、战国前期、战国中期、战国后期乃至秦末汉初者。此书最主要特色是热衷讨论经济和理财问题，不少篇章涉及救灾。

《五辅》篇说："天时不祥，则有水旱；地道不谊，则有饥馑；人道不顺，则有祸乱。备饥馑，救灾害，赈瘛露（露宿野外者），则国家定。"

《八观》篇说："其稼亡三之一者，命曰小凶。小凶三年而成大凶。大凶则有遗孳（饿死路旁者）矣。什一之师（十分之一的人从军），什三毋事（十分之三的人不能从事农业），则稼亡之三之一。稼亡三之一，而非有故积也，则道有捐瘠（遗弃尸体）矣。什一之师，三年不解，非有余食也，则民有鬻子矣。"这番话意谓，大灾之年，要减少从军人数。稳住农业，保存积谷余粮，否则人民就会饿死于道路。

《乘马数》篇说，如果发生天灾，应该实行以工代赈政策。"若岁凶旱水佚，民失本（农业），则修宫室台榭，以前无狗后无彘者（即无产业者）为庸。故修宫室台榭，非丽其乐也，以平国策也。"体现平衡国家经济的政策。

《轻重丁》讨论如何以丰补歉问题。齐桓公说：齐西水潦而民饥，齐东丰收而粮贱，欲以东之贱补西之贵，有办法吗？管仲说：今齐西之粟每釜百钱，则每区（五分之一釜）二十钱。齐东之粟每釜十钱，每区二钱。请下令向每一人口征税三十钱，要用粮食来缴纳。这样，则齐西之人出粮三区即可，齐东则要出粮三釜，那么一釜仅卖十钱的齐东粮食皆入于官仓矣。齐西之民饥者得食，寒者得衣，无本者国家给陈粮，无种子者贷之新粮。这样，东西两地得以互补，远近各方得以调节了。这种方法，比《孟子·梁惠王》篇讲的河东民与河内粟互移的作法具体多了，写作时间当在其后。

《轻重丁》又记，管仲利用灾难先兆动员功臣百姓捐出粮食金钱以备荒的故事。管子报告桓公说，某地发生地震，是瘟疫的先兆。某地发生风暴，也是瘟疫的兆头。天上出现彗星，国家将有流血的战争发生。请下令，朝中功臣百姓，有五谷粟米布帛者，不得私自处理，由国家平价收购。功臣百姓如果捐献粮食布帛金钱，就是帮助国家对付天灾和备战的行为。管仲认为，"此谓乘天灾而求财于民之道也"。《轻重》诸篇反复强调加强农业和积极储粮，不仅是备荒备战，而且带有对他国进行经济战的意图，颇近纵横家，当作于战国后期。

《吕氏春秋》属于杂家著作，成书于秦统一之前，其中有一些救灾的故事。

《制乐》篇记，周文王八年，卧病五日而地震，震动范围及于东西南北国之四郊。百官认为地震是因为君王之故，请求把灾害移开。办法是：征发工役，发动民众，增筑国都城墙等等。文王说："夫天之见妖也，以罚有罪也。我必有罪，故天以此罚我也。今故兴事动众以增国城，是重吾罪也。不可。昌（文王名昌）也请改行重善以移之，其可以免乎？""于是谨其礼秩、皮革，以交诸侯，饬其辞令、布帛，以礼豪士，颁其爵列、等级、田畴，以赏群臣。无何，疾乃止。"故事说明，地震乃天谴，君王行善政可以消灾免祸。这是天人感应思想的表现，不是积极救灾的思想。但其中包含应付自然灾害首先从改良政治入手的用意。至于说地震之后兴事动众，修城墙，如果是对因地震受损而对建筑物加固，当然是合理的；如果认为可以转移国君的灾难，那就是迷信了。

《顺民》篇记："汤克夏而有天下，天大旱，乃以身祷于桑林。"曰："余一人有罪，无及万夫。万夫有罪，在余一人。无以一人之不敏，使鬼神上帝伤民之命。"乃剪其发，磨其手，以身为牺牲，用祈祷于上帝。"民乃悦甚，雨乃大至。"商汤祷雨的故事在先秦流传甚广。殷商时代非常迷信天鬼，汤向上天祷告说："万夫有罪，在余一人"，并以身为牺牲，今天看来似乎作秀，当时是严肃而郑重的誓言。即使到了20世纪，老百姓对天发誓，是决不能说假话的。所以，汤的行为应该看作为了救灾而不惜牺牲自己。天人感应是迷信，应该剔除；君王为国为民的献身精神，值得肯定。

《长攻》篇记，越国发生严重饥荒，越王召范蠡而谋。范蠡说："王何患焉？今之饥，此越之福而吴之祸也。夫吴国甚富，而财有余。其王年少，智寡，才轻，好须臾之名，不思后患。王若重币卑辞以请籴于吴，则食可得也。食得，其卒必有吴，而王何患焉。"越乃请籴于吴。吴王将与之，伍子胥谏曰：不可。吴与越，仇敌之国也，"今将输之粟，与之食，是长吾仇而养吾敌也，财匮而民怨，悔无及也。不若勿与而攻之"。吴王曰："不然。吾闻之，义兵不攻服，仁者食饥饿。今服而攻之，非义兵也；饥而不食，非仁体也；不仁不义，虽得十越，吾不为也。"遂与之食。不出三年，而吴亦饥，使人请食于越；越王勿与，乃攻之，（吴王）夫差为禽。

这样闭籴拒售的做法，与《左传》所记秦穆公与晋惠公的故事有某些相似。秦晋为仇，晋饥，请籴于秦，秦与之粟；不久秦饥，晋国闭籴，于是有韩之战，晋国大败。过后，晋又饥，秦不计前仇，仍与之粟。《左传》及后世史家皆谴责晋惠公，赞扬秦穆公。《吕氏春秋》态度与《左传》相反，竟然肯定越王恩将仇报的行为，批评吴王仁义助邻的主张。《左传》是按儒家仁义和恕道来处理国际关系，《吕氏春秋》是按法家唯利是图的原则办事。杂家之书，类似现象并非个别。

《吕氏春秋》十二纪，每纪都有月令，具体规定天子、贵族、百姓每个月可以做和不可以做的事情，包括祭祀、礼仪、文教、政务、军备和各种农事活动、砍伐、捕鱼、打猎、兴修水利、建筑工程等等，如果错乱，就会出现各种天灾人祸。如《仲春纪》月令说："仲春行秋令，则其国大水，寒气总至，寇戎来征；行冬令，则阳气不胜，麦乃不熟，民多相掠；行夏令，则国乃大旱，暖气早来，虫螟为害。""孟春行秋令，则民多大疫，疾风暴雨数至。""孟秋行夏令，则多火灾，寒热不节，民多疟疾。"作者根据当时阴阳五行的学说，认为人们的活动一定要遵守自然季节规律，否则就会遭殃。这些推测，不无一定道理，可惜没有进一步论证。类似的提示，在后世农用历书中也有一些记载，一直保留到 20 世纪。

七、《左传》之救灾观念与措施

《春秋》经文记录了从公元前481年至公元前722年共242年间各国大事，包括许多自然灾害：旱灾、水灾、火灾、雹灾、虫灾、饥荒、地震等等，每次仅两三个字。《春秋左氏传》加以补充，具体叙述当时各种言论和行动：为什么成灾？如何防灾、救灾？采取哪些措施？有什么后果等等。综观全书，不难看出其救灾观念是：肯定天道远，人道迩的认识原则，不迷信天命、星相、巫术，尽人事，有作为，支持各国官吏积极救灾的种种举措，赞扬个人赈济，提倡国与国互相帮助。而对于一些错误的观点和作法，则有所批评或质疑。其中不少宝贵的经验教训，在历史上产生过深远的影响，对于今天防灾救灾具有借鉴意义。

下面分几类情况略作述论。

关于火灾的预防与扑救

昭公17年冬，有彗星出现，光芒及于银河，星相家预言将发生火灾。郑国的裨灶对执政大臣子产说："宋、卫、陈、郑，将同日火。"如果用玉瓒等宝器祭神禳灾，"郑必不火"。子产弗与。第二年五月，果然四国皆火。裨灶又说，不听我的话，郑国还会有火灾。别人也来劝子产。子产说："天道远，人道迩，"两不相关。裨灶哪里懂得天道？只因为他讲多了，偶尔说对罢了。坚持不给玉器，结果也没有再次发生火灾。子产这种态度，有动摇迷信的意义，左氏予以肯定，并受到后代（如曾巩）和今天学者的高度评价。

子产一方面不迷信天道，另一方面努力防火救灾。在火灾发生前，里析建议迁都，子产婉言拒绝。火灾发生后，子产积极调动人马，周密布置：派司寇把新来的外宾送出境，请原有的外宾不要出馆舍，派官人分别巡察祭祀处和宫殿，迁走宝物，把神主安放到石匣子里；派府库之官各守其职，命令司宫戒备，把旧宫人迁到安全地带：命令司寇司马列居大道，火所到处，即行扑救，城下之人列队登城。第二天，派野司马约束各方征调来的救灾徒卒，在城北设祭坛祭水神火神，祈求消灾。火灾过后，记下被烧的房屋，减免灾民的赋税，发给建房材料。"三日哭，国不市"，全国哀悼。派外交使者向诸侯各国通报灾情。

在火灾发生之际，子产发给军队武器，进入守备城堡。有人提醒他，邻国晋国可能感到紧张而怪罪。子产说，小国忘记守备就有危险，何况有火灾？国家之所以不被轻视，就是因为有防备。不久，晋国边境官果然责问：你们陈兵边境干什么？子产给以谦卑而严正的回答："敝邑之灾，君之忧也。敝邑失政，天降之灾，又惧谗慝之间谋也，以启贪人。为敝邑不利，又重君之忧。幸而不亡，犹可说也；不幸而亡，君虽忧之，亦无及也。……既事晋矣，其敢有二心？"在大国无理挑衅面前，维护了小国利益，实际上让对方碰个软钉子。是春秋外交史上的一次胜利。

当时，宋国、卫国采取了救火措施，陈国不救灾，许国不向受灾国家吊问。《左传》批评说："君子是以知陈、许之先亡也。"

清冯李骅《左绣》评点说："叙救火多端，只尽人事。""此篇叙议夹写，以子产天道人道数语为主，从梓慎陪出裨灶，都是张皇天道，子产却只尽人道。通篇看其于人道用重笔，于天道则用轻笔，至末以断陈许先亡作结，则天道总不出人道之中，而人道昭然矣。"

襄公九年，宋国发生火灾。执政大臣乐喜作出一系列安排。派伯氏管理街巷，火所未到，拆除小屋，用泥涂大屋，摆放运土和盛土的工具，汲水的缸、罐和提水绳子，储满水塘，积聚泥土，巡查城郭，修缮器具，标出火势可能走向。派华臣调集常备军和远郊驻军，奔赴火场。派华阅、向戌为左右指挥官。要求乐氏备好刑具，对付歹徒。派人牵出马匹，推出战车和武器，守卫武库和国库，在宫内加强警戒。命令四方乡政官员祭祀四方神灵，在西门外祭祖先盘庚，祈求祖宗保佑。乐喜与子产同样是尽人事的现实主义者。他们还不可能完全不信天道，同时也要祭神灵，这是不可苛求的。《左绣》说："通篇零星叙述，皆就事行事，就事言事，末句结出道理，知救灾备灾，当尽人事，不当求之天道也。"清王源《文章练要》说："序乐喜之御灾，在事先有备而善于任使，不在专司火正而逆知未来……前半段古致纷披，后半段文情卓练，与序子产御灾又一手笔。"

哀公三年五月，鲁国司铎官署发生火灾。火势越过鲁君之宫，桓公庙僖公庙皆受灾。救火者都说先救储存财物之府库。南宫敬叔来了，命令图书管理员搬出并管好书籍，如有损失要处死。子服景伯来了，命令宰人拿出礼书待命，如不尽职就要处分。命令校人驾上马，备好车。用湿幕把火场附近建筑物盖好，从太庙而公舍，从外到内，挨着遮盖。不努力工作者按规定处罚，决不宽恕。公父文伯来了，命令校人为鲁君所乘车备马。季桓子来了，亲自为鲁君驾车，到火所不及的象魏之门外。命令救火者受伤即止，不要因财物而伤人命。又命令把档案收藏好，说决不能丢失。宫父槐来了，命令搬掉近火之枯槁物，在公宫四周开辟火巷。并强调说，如果没有准备好而叫百官仓促办事，是办不好的。左氏写这次鲁国救火，各位大夫一一主动积极，按部就班，缜密细致，有条不紊，与上述郑、宋两国着重写执政官之统一部署，角度有所不同，经验都很珍贵。

清李绍崧《左传快读》引俞世宁曰："此与宋郑两火政不同。彼是预知有灾，此是人火延及；故彼叙得整暇，此叙得忙迫。彼由相臣，故连络贯串；此则诸大夫各出意见，故节节生奇。彼乃一国皆火，故救得散慢；此则火在宫庙之间，故先其重者大者。"《左绣》说："此与宋郑救火篇，笔力更为矫变。""此时已是人山人海，乱军无主，然后连篇写出五个人，各出一语，各行一事，分头指挥，却浑是一齐动手神理，此为写火之极笔。"

“于事则先缓而后急，于文则中总而外分，极忙极乱事，写得极清楚。”

关于旱灾的救济

僖公二十一年夏，鲁国大旱，僖公欲焚巫与尪。巫是女子能通神者，尪是仰面朝天的畸形人。迷信认为，焚之以求天哀怜而降雨。臧文仲批评说，这不是防备旱灾的办法。应该修城郭，减食用，务稼穑，动员有储粮者分施，才是应该做的事。巫和尪能做什么？上天如果要杀他们，就不应生他们。如果他们能够形成旱灾，焚之更甚。僖公接受意见。这一年虽有饥荒，没有造成大的伤害。这件事又见《礼记·檀弓》，僖公作穆公，臧文仲作县子，他批评穆公此举是暴而虐，更多地表现出对妇人和残疾者的同情。

襄公二十九年，郑国旱而饥，还没到麦收时，百姓已困乏绝粮。执政大臣子皮按父亲之遗命，把粮食分给国人，每户一钟（合今一担三斗）得到百姓的拥护。左氏称赞说，因此他们罕氏家族常掌郑国之政，世为上卿。

同年，宋国发生饥荒。司城子罕得知郑国子皮的行为，赞扬说：“邻于善，民之望也。”于是向宋平公请求，拿出公家的粮食借给百姓，让大夫们也出借粮食，司城氏只借而不写借券，实即不求偿还。并帮助无粮之大夫货粮于民。结果，“宋无饥人”。晋叔向闻之曰：郑宋这两家，大概会长期兴盛，要执掌该国之政的吧，“民之归也”，施而不求人戴德，将与国运同升降。

文公十六年，宋国发生饥荒。宋公子鲍对国人优礼有加，把粮食全都拿出来借给百姓，年七十以上者皆受馈赠，并按时送上优质食品。他还每天到各部门长官那里建言献议，国内有材之士皆尊事之，族中自曾祖桓公以下的子孙，皆给予周济。左氏用肯定的笔调描述他的品德和其他表现。

昭公十六年，郑国大旱，派三位大夫祭桑山求雨，祭祀活动中斫伐不少树木，结果没有下雨。执政子产说，祭山是为了养护山林，而斩其木，罪大矣。把三大夫撤职，没收其田邑。从此可以看出子产对保护生态环境的重视。

按照周礼，各国发生灾荒，邻国有救助的义务。

隐公六年冬，周王室向鲁国告饥。鲁隐公为周室向宋、卫、齐、郑购粮济周。左氏说："礼也"。

庄公二十八年，鲁国麦禾绝收。派臧孙辰告籴于齐。此事又见《国语·鲁语上》，记述甚详。

僖公十三年，晋国连连发生饥荒，乞粮于秦。这时两国正交恶，秦伯征求大臣意见。百里说："天灾流行，国家代有。救灾，恤邻，道也。行道，有福。"平豹主张趁灾讨伐晋国。秦伯说："其君甚恶，其民何罪！"乃输粟于晋。次年冬，秦国饥荒，乞籴于晋，晋君不允。庆郑说："背施（背弃秦国之恩），无亲；幸灾，不仁；贪爱，不祥；怒邻，不义。四德皆失，何以守国？"虢射说："无损于怨（不能减少积怨），而厚于寇，不如勿与。"庆郑又说："弃信，背邻，患孰恤之？""失援，必毙。""民所弃也。近邻犹仇之，况怨敌乎！"晋惠公不听。庆郑又说，我君将来要后悔的。《左绣》说："（晋）君臣皆贪小利，何以立国？庆郑虽持正义，而务悻悻以求胜期其君，非真欲国事之成者也。"

僖公十五年，晋国乘秦饥伐秦，秦军反击，惠公派韩简到秦军打探。回来说，秦军少于我，斗志倍于我。因为您当年流亡时曾得秦国资助，回国为君是受其关爱，我国饥荒时吃的是人家的粮食，三施而无报，今又击之，我军倦怠，秦军激奋，说斗志倍于我恐怕还不止呢。惠公一定要打，结果大败，当了俘虏。《国语》亦有详载。这种以怨报德行为，受到当时和后世许多人的谴责。这一年，晋国再发饥荒，秦国不计前仇，又赠之以粟。秦伯说："吾怨其君，而矜（怜悯）其民。……姑树德焉，以待能者。"《左绣》说："以树德为主者，远为伯西戎埋根，近为纳重耳起本也。"数年后，晋惠公死，秦伯送晋公子重耳归晋，是为晋文公。秦穆公此举受到史家的肯定。

当今世界各国常有粮荒，如何对待，古代的经验是值得参考的。

关于水灾、地震等灾害的救治

庄公十一年秋，宋国大水。鲁庄公派人慰问说："天作淫雨，害于粢盛(指食物)，若之何不吊？"宋方回答说："孤实不敬，天降之灾，又以为君忧，拜命之辱。"鲁大夫臧文仲评论说："宋其兴乎？""列国有凶，称孤，礼也。言惧而名礼，其庶几乎？"可以看出当时人们对灾难的严肃态度。

庄公二十五年秋，鲁国大水。击鼓，用牺牲祭土地之神和城门之神。左氏批评说，这不合常礼。凡天灾，祭礼只用玉帛，不用牺牲。不是日食月食，不击鼓。可见当时祭礼很有讲究。

昭公十九年，郑国大水，有龙斗于时门之外的洧渊。今天看来，可能是巨大水蛇、鳄鱼、大蜥蜴之类水生动物互相打斗。当时以为是龙，是神灵，请求子产祭之以消灾。子产说：我们人与人打斗，龙不朝拜我们。龙与龙打斗，我们何必朝拜他们。"我无求于龙，龙亦无求于我。"这种态度，和他不以玉祭祀火神一样，表明他坚持天道远人道迩的原则，不相祭龙能消除水灾。

昭公四年，鲁国发生雹灾。执政季武子问申丰：雹可防御吗？古人认为雹就是冰，申丰于是大讲如何藏冰用冰的古制。"其藏之也周，其用之也遍，则冬无衍阳，夏无伏阴，春无凄风，秋无苦雨，雷出不震，无灾无雹，疠疾不降，民不夭札。今藏川池之冰，弃而不用，风不越而杀，雷不发而震，雹之为灾，谁能御之？"藏冰和雹灾并无联系。申丰的话，大部分答非所问。但从中也可以看出古代用冰的办法。北京冬天藏冰夏天用冰的习惯，保持到60年代。当年我亲眼看到今中国社会科学院东护城河畔有许多冰窖，有人藏冰取冰。

昭公二十三年八月，周、鲁地震，周贵族南宫极屋压而死。周室大臣苌弘对刘文公说："周(幽王)之亡也，三川震。今西王之大臣(指南宫极)亦震，天弃之矣，东王必大克。"当时周室分裂，据杜预《春秋左传注》,周敬王居狄泉,在王城之东,故曰东王。王子朝据王城,故称西王。把地震看成天意,不如《国语·周语》所记伯阳父的解释。

成公五年,梁山崩。据《春秋谷梁传》记,“壅河,三日不流。”可见是地震,而非一般山体滑坡。晋侯召伯宗商量对策。中途碰见一位驾重车者,伯宗与他聊天,讨教。车夫说:“故山崩川竭,君为之不举,降(华)服,乘缦,撤乐,出次(舍于郊),祝币(陈玉帛),史辞以礼焉,其如此而已。”伯宗把这些意见当成自己的,言之晋侯,晋侯从之。孔子闻之,批评伯宗不该盗人之善言为己之功。《左绣》说:“遇灾修省,本询伯宗,却得之重人。传特详此,为请问下民,询于刍荛留一好证据也。使人谦受之思,油然而生;满损之念,赧然而沮。”

昭公二十六年,齐有彗星。齐景公欲祭禳以消灾。晏婴说:“无益也。”天有彗星,是用来扫除污秽的。“君无秽德,又何禳焉;若德之秽,禳之何损?”“厥德不回(违),以受方国。君无违德,方国将至,何患于晋?若德回乱,民将流亡。祝史之为,无能补也。”这也是一种抗灾防灾观,虽然相信天道,迷信彗星有灾;但对策在君王修德安民。君无失德,彗星并不可怕。这种意见与子产的“天道远人道迩”相近,类似思想在先秦典籍中尚多。《左绣》说:“分四层,先就天道泛论,次就彗星切论,次将有德无德,反复对说,……次将为国为民,逐节说过。”“虽本禳星无益之意,妙于彗上发出一种道理,理精而语新,妙处只是切耳。”

(原载《历史月刊》2008 年 9 月号,台北出版)

八、先秦史籍之救灾思想

《逸周书》今存 59 篇，有两篇文章专论救灾。

《籴匡解》第五。“籴匡”的字面意义就是购粮匡救。陈逢衡《逸周书补注》说：“此篇专为荒歉立法，而首由成年叙起，丰杀各当，以补凶礼，以济天道之穷也。”文章不长，共分四段。

成年谷足，宴享宾客和祭祀祖先皆用盛典，大奏音乐，服饰礼仪华美，供品嘉鲜。饲养牲畜之栏厩齐全，宫室城墙修整完备。庶子学技艺，日子过得充足。

年俭谷不足，宴祭用中典，“乐唯钟鼓，服不美”，各种牲畜栏厩合用，皮革、金属、角齿、毛羽之库互补，而不求全备。庶子务农，注意纠察积蓄情况。

年饥，慰劳来宾而不宴享，“祭祀以薄乐无钟鼓”，禁止华丽之物，车不雕饰，兵不新制。取民利不过度，征税限于商旅，以救穷乏。了解灾情，分情况资助无粮者。

大荒之年，“有祷无祭，国不称乐”，食不尽欲，捐出财物，赈济贫困。“君巡四方，卿参告籴”，庶子协助运输。“开口同食，民不藏粮”，鼓励百姓饲养牛羊。瘟疫流行民心惶惶之际，要严格执法。男子守卫边疆，兵戎禁止出境，祭祀减少食品，行礼无乐，嫁娶从简，宾客不设宴，仅赐少量礼品。

这些规定，与《墨子·七患》相近而更具体。黄怀信《逸周书校补注释》认为其性质似礼书，文字古朴，当属西周王室文献。周玉秀《逸周书语言特点及文献学价值》认为是春秋中期以后作品。我认为，从内容看，多有国际交往痕迹，当属东周诸侯国文献。

《大匡解》第十一。记周文王匡救灾荒措施。《逸周书序》认为是西周穆王时作。黄怀信认为写定当在春秋中期鲁僖公以后。周玉秀认为作于春秋中期至旧中国中期。我觉得其文字与战国颇异。

文章开头说，周文王迁程三年，“遭天之大荒”，乃召集诸侯大臣百官于朝廷，“问罢病之故，政事之失，刑罚之戾，哀乐之尤，宾客之盛，用度之费，及关市之征，山林之匮，田宅之荒，沟渠之害，怠惰之过，骄顽之虐，水旱之灾”。并作自我批评，然后要求摸清情况并且采取应对措施，主要有三大段：

一是积极救灾。“官考其职，乡问其利，因谋其灾”。广泛救助群众，动员和劝勉游散者定居下来，农夫各养其家，什伍相保。仓廪分乡而设，按人口平均供给食物。外来粮食不足，就开关通粮，不分早晚运输粮食。按一定数量收购谷物，粮食不随便买卖。发放公家钱币为贷款，乡正为保人，不急于偿还，到财生食足时再征收。

二是发展经济。使商旅广泛出动，使货物流通，作大钱以代小钱，货物交易贵贱要公平，不要有黑市。平衡本地和外地物价，屯积不售者要处罚。要平均而不使民众困乏，取民财利不要过分。

三是厉行节约。国君以身作则，推及百官，节省用度，按计划开支。只祈祷不祭祀，衣服洗旧不制新，“车不雕饰，人不食肉，畜不食谷”，房屋只修补不建新的。帮助农民而不妨害民事，不要扔掉可食的蔬菜，不要吃掉种子粮。招待宾客从简，举丧不过一天，送往迎来一律简化。如有不执行规定者，按律令处罚。

这篇文章比《籴匡》更详细，写作或在其后，作者当是假托文王之命以自重。可以看成是当时各国救灾经验的总结。

《国语》的成书时代晚于《逸周书》上述二篇。其中的《周语上》记，周幽王二年，发生大地震，岐山崩，泾、渭、洛三川皆断流。伯阳父分析地震原因说：“大天地之气，不失其序。若失其序，民之乱也。阳伏而不能出，阴迫而不能蒸，于是有地震。今三川实震，是阳失其所而镇阴也。

阳失而在阴，川源必塞；源塞，国必亡。夫水，土演而民用也。土无所演，民乏财用，不亡何待？”十一年后，西周亡。

这段话是中国古代阴阳学说的重要资料。伯阳父认为，天地之气有其次序，阳本在上，却伏而在下，不能散去，阳气镇迫它，使之不能蒸发，二气相挤压，于是有地震。阳失其序，而使属阴之川源受震而阻塞，水土失常，人民财用匮乏，国家必然灭亡。他不是用当时流行的上天发怒来解释地震，而是用客观物质性的气的挤压消长加以说明，这是一种原始唯物主义的观点，受到后世哲学家的重视。

《周语下》记，周景王将铸大钱，单穆公反对。他分析铸钱与防灾的关系：“古者天降灾戾，于是乎量资币，权轻重，以振救民。民患轻，则为作重币以行之，于是乎有母权子而行，民皆得焉。若不堪重，则多作轻而行之，亦不废重，于是有子权母而行，大小利之。”巫宝三《先秦经济思想史》解释说，市场上有两种金属货币，重而大者叫母，轻而小者叫子，两者按一定比价流通，叫子母相权。金属货币的轻重，要适合流通的客观需要。当铸币单位购买力低时，则加铸重币；相反，则加铸轻币，使轻重并行，大小适宜。周景王铸虚价大钱，废止原来钱币流通。单穆公批评他是“绝民用，实王府”，“今王废轻而作重，民失其资，能无匮乎？若匮，王用将有所乏，乏则将厚取于民。民不给，将有远（逃）志，是离民也。”“若民离而财匮，灾至而备亡，王其若之何？吾周官之于灾备也，其所怠弃者多矣；而又夺之资，以益其灾，是去其藏而灭其民也。”这番话指责景王铸大钱造成货币贬值，民失其资，将造成灾难。周室官员本来就疏于防灾，现在又增加了灾害的可能性，等于去民之产而置之于死地，怎么可以呢？要言之，适时调整货币轻重可以稳定民生，灾害减轻，但是不能实行货币贬损政策以掠民资。

《鲁语上》记，鲁庄公时，鲁国发生饥荒，大夫臧文仲主动向庄公请求告籴于齐，即向齐国购粮，说：“国有饥馑，卿出告籴，古之制也。”他的随从说，国君没有派你，你何必自取其事呢？臧文仲说：“贤者急病而让夷（平），居官者当事不避难，在位者恤民之患。令我不入齐，非急病也；

在上不恤下，居官而惰，非事君也。”乃入齐，卑辞厚币，以玉磬等为礼品，说：“天灾流行，戾于敝邑，饥馑荐降，民羸几卒（几乎死亡）。……敢告（请）滞积，以纾执事，以救敝邑，使能供职。岂唯寡君与二三臣实受君之赐，其周公（鲁国先诅）太公（齐国先祖）及百辟神祇实永飨而赖之。”这番话讲得委婉得体，结果，齐人归其玉而予之籴。可见当时向邻国购粮是严重而艰巨的事，要完成任务很不容易。

《晏子春秋》旧列子部，四库全书列入史部传记类，成书当在战国后期。其《内篇谏上》记，齐景公时，大雨十七日，造成水灾。晏子请发粟救灾，三请而不许。晏子于是分发自家粮食给百姓，用自己的车具容器帮助运输；徒行见景公，报告说：“百姓老弱，冻寒不得短褐，饥饿不得糟糠，……而君不恤，日夜饮酒，令国致乐不已。马食府粟，狗餍刍豢，三保之妾，俱足粱肉。……民饥饿穷约而无告，使上淫湎失本而不恤，婴之罪大矣。”辞官而去。景公驾车追赶，至其家，发现其家中“粟米尽于氓，任器尽于陌”，连忙自我批评：“寡人有罪。……请奉齐国之粟米财货委之百姓，多寡轻重，惟夫子之令。”晏子回到朝中，命令仓官巡视百姓，“家有布缕之本而绝食者，使有终月之委；绝本（指农桑）之家，使有期年之食；无委积之家与之薪燎，使足以毕霖雨。”“家室不能御（风雨）者，予之金；巡求氓寡用财乏者，死亡三日而毕（葬）。”并建议，“公出舍，损肉，撤酒，马不食粟，狗不食肉”。三日后，官吏报告：“贫氓万七千家，用粟九十七万钟，薪燎万三千乘。坏室二千七百家，用金三千。公然后就内退食，琴瑟不张，钟鼓不陈。”晏子还要求，把歌舞侍御之人减退三千，出之宫外。这篇文章详细记述了救灾的办法和节约公室开支的措施，热情赞扬晏子忠贞的品质和积极的作为，也肯定景公的及时改过，从善如流。可能是民间传说，某些细节有所夸张。

《内篇谏上》又记，齐大旱，齐景公欲祠灵山之神以求雨。晏子曰：“不可，祠此无益也。夫灵山固以石为身，以草木为发；天久不雨，发将焦，身将热，被独不欲雨乎？祠之无益。”公欲祠河伯，晏子曰：“不可。河伯以水为国，以鱼鳖为民，天久不雨，泉将下，百川竭，国将亡，民将灾害，彼独不欲雨乎？祠之何益。”景公说，那该怎么办？晏子曰：“君其诚避宫暴露（于野），与灵山、河伯共忧，其幸而雨乎？”景公从之，三日果大雨，民尽得种植。这个故事表明，晏子对山水之神存疑，不相信祭神求雨活动，而要求君主与百姓同甘共苦，精神感动了上天。在天命论的结局中包含着合理的因素。

《内篇杂上》记，齐景公时发生饥荒，晏子请发粟救灾民，景公不许。当时正在修建“路寝”之台，工程浩大。晏子乃命令官吏增加工程投资，延长工期，缓而勿急。三年台成。许多灾民因为有活干而得到粮食，君王也有游乐之地。“上悦乎游，民足乎食。”这就是以工代赈，是历代救灾措施之一。《管子·乘马篇》就主张：“若岁凶旱水佚，民失其本，则修宫室台榭，以前无狗后无彘者为庸。……以平国策也。”宋代范仲淹知杭州，岁饥，乃大兴土木，以工代赈。

《周礼》是先秦重要史籍，成书当在战国晚期，内容相当于后世的职官志，对西周中央王朝六大部门的官员及其职掌加以描述，相当系统，当是战国晚期儒生根据两周史料并加以理想化而写成的。其中对于救治自然灾害有许多具体规定。

《地官·大司徒》相当于后世的首相，其中提到十二条救荒措施。“以荒政十有二聚万民：一曰散利，（郑司农注：贷种食也）二曰薄征，三曰缓刑，四曰驰力（力役），五曰舍（放松）禁，六曰去几（郑注：去其税），七曰省礼，八曰杀（减损）哀，九曰蕃乐（闭藏乐器），十曰多婚（鼓励嫁娶），十有一曰索（求）鬼神，十有二曰除盗贼。”这是一个救荒工作总体规划，是相当全面的预案。

同篇第二十六条说：“大荒、大札（疫），则令邦国移民（郑注：避灾就贱）通财，（调剂米谷）舍禁，驰力，薄征，缓刑。”《秋官·士师》说：“若邦凶荒，则以荒贬之法，令移民，通财，纠守，缓刑。”这些都是对总体救荒方案的补充。

《周礼》的其他部分，分别对各部门官员执行的各项救灾措施进一步加以明确和细化。

一是实施救济。《地官》规定"司救"之职责有："凡岁时有天患民病，则以节（符节）巡国中及郊，而以国命施惠。"施惠就是救济。

二是节约开支。《春官·司服》规定，"大札、大荒、大灾，素服。"着素色衣服。《秋官·掌客》规定，凡凶、荒、札、丧，礼仪皆减损。《天官·膳夫》规定，大荒、大丧、大札、天地有灾，则不杀牲盛馔。

三是停止娱乐。《春官·大司乐》规定，"大札、大凶、大灾、大臣死，凡国之大忧，令驰县"。解下悬挂的乐器，不奏乐。

四是减免赋税。《地官·均人》规定，力役之征，丰年每人年三日，中年二日，俭年一日，"凶札则无力政，无财赋，不收地守、地职，不均地政"。地守、地职、地政，都是土地税的名目。《地官·司市》规定，"国凶荒札丧，则市无征，（即不征收市场税），而作布。"布，即钱币。郑注："因物贵，大铸钱以饶民。"与《国语·周语》单穆公所讲的情况一致。

五是减刑。《秋官·士师》规定："若凶荒札丧寇戎之故，则令邦国、都家、县鄙虑刑贬。"郑注："贬犹减也。"

六是祭祀神灵。《春官·小宗伯》规定："大灾及执事祷祠于上下神祇。"《春官·司巫》规定："若国大旱，则帅巫而舞雩（求雨的祭祀）。国大灾，则帅巫而造巫恒。"访察先前巫者禳灾旧例而仿行之。上述规定是否真正实行过，文献不足征。但至少反映当时学者的理想和愿望。由于《周礼》后来成为儒家重要经典，上述规定对历代荒政产生过重要影响。

九、读近年庄学著作札记

在先秦诸子研究中，庄子一直受到重视，焦点主要集中在哲学方面。近十来年，对《庄子》文学价值也多有探索，先后出版了一批专著，是庄学研究的新收获。

阮忠《庄子创作论》，中国地质大学出版社 1993 年出版，着重总结《庄子》散文创作经验。全书五章。第一章、庄子篇，介绍司马迁笔下的庄子，《庄子》中的庄子和历史进程中的庄子。以下各章从文学角度出发而又结合哲学与美学，进行比较深入具体的分析解剖。第二章、格调篇，首先论述庄子创作生成的社会文化背景，紧扣“天下沉浊，不可与庄语”作为特定的文化依托。继而论述庄子别具一格的创作方法与创作精神，即重言、寓言、卮言互参，超世俗和世俗化的结合。接着分析其奇幻蕴理的创作风格，重点是寓真于诞，寓实于玄，然后揭示其审美的核心：道。审美情趣为朴素自然，审美意识的特点在于重主体，轻客体，所追求的审美境界是“无已——物化”。这一节美学意味极浓。第三章、章法篇，首述篇章之法，分为游龙式、故事式、议论式三种。又次论结构之法，分群体寓言、个体寓言两类。再次论造句之法，分散句、对句、平行句、递进句等不同类型。又次论遣词用字之法，注重其否定句与极端句之运用，善于化平淡为奇崛，以及行文用韵情况。第四章、人物篇，认为《庄子》中的人物徘徊在虚实之间，着重分析老子形象，较原始老子已经变形。继而分析孔子三性：有时代表儒家，有时醉心道家，有时从儒向道转化，但总体上持批判态度。接着分析庄子笔下的君王群像和畸形人物的悲剧喜剧。第五章、言意篇，解剖七个寓言：轮扁斫轮，濠梁之辩，庖丁解牛等。不停留于表面解说，而力求发掘其深层含义。往往联系全篇和全书，从总体上把握其思想意义。深入细致，理论性强，常发他人之所未发。某些论析稍嫌深奥，给人刻意求新之感。未能注意内外杂篇之差异。有的寓言本来不太难懂，分析之后反而令人难名其妙。

宋效永《庄子与中国文学》江苏教育出版社 1995 年出版，主要研究庄子思想对中国文学的影响。全书六章，首先揭出庄子思想的核心是"逍遥游"，而后围绕这一点从汉代叙述到清末。作者指出，汉代重老不重庄，但庄子对汉代赋家如贾谊、扬雄、张衡、冯衍的作品都有明显的烙印。魏晋南北朝时，庄学鼎盛，玄风大畅，由老庄并称变为庄在老前，魏晋士人生活上仰慕并实践庄子，创作上吸收并模仿《庄子》，嵇康及竹林七贤是其代表。阮籍之"精神逍遥"是"外不化内不化"。陶渊明之"适性逍遥"，是"外化而内不化"。谢灵运及南朝士人则在山水中逍遥游。境界不尽相同，但都源于庄子。隋唐以后，在哲学方面全盘继承庄子者极少，庄子思想主要经由玄学而进入禅学与理学。李白笔下的大鹏即李白自己，其形象来源于庄子。李白的人格结合了阮籍的悲愤与陶渊明的恬淡。白居易提出"中隐"理论（白氏说："大隐住朝市，小隐入丘樊。……不如作中隐，隐在留司岭，似出复似处，非忙亦非闲"）是庄子思想在新的时代和社会条件下的运用，奠定了以后士大夫之出处格局。苏轼是"适性逍遥"的最高峰，比陶、白更显得丰采神奕，风流倜傥，其观察人生、社会与自然，显得更为成熟。杨万里与李白、隐渊明同调而想象力不如。宋元以后，"精神逍遥"衰退了，"适性逍遥"延续着。明代袁宏道把适性变成幽韵自赏，文人士大夫心地缩小了。清代的龚自珍代表逍遥的思想在继续发展，但力量已经微弱。此书首次清理出庄子思想影响中国文学发展的大致脉络，把握其核心，划分其阶段，比较不同作家的不同表现，论断基本上合情合理，有些分析概括相当深刻精辟。全书长达 33 万字，是下了工夫的力作。"庄子与中国文学"这个题目很大，作者把它缩小到"消遥的"思想对后世的影响，似乎以偏代全。其所讨论的对象主要是历代文学创作尤其是重要作家，没有涉及文学理论批评。论创作又多以诗词赋为例,而不曾注意到散文、小说、戏剧。所以,全书给人印象是,只是重点发掘,而非比较全面、系统的研究。

孙以昭、常森《庄子散论》,安徽大学出版社 1997 年出版,包括 14 篇文章,其中 9 篇论文学,5 篇分别论哲学、美学和养生学。其中《庄子的散文艺术》归纳出三点:一、浪漫主义和现实主义相结合;二、各篇互见互补,思想贯穿;三、结构多变,章法各异;四、语言纵横跌宕,富于逻辑力量。《庄子的形象艺术》分为七类:一、道家理想人物,二、孔子及其弟子,三、古帝王和贤臣,四、劳动者,五、丑恶者,六、动植物,七、无生命物质的形象。《庄子的语言艺术》的要点是:一、韵散交错,飘逸奇肆,二、长短糅杂,纵横跌宕,三、虚实相生,气势逼人,四、辞趣华深,正言若反,五、逻辑严密,辩机迭出,六、富于个性,仪态万方。《庄子的结构艺术》指出其文章结构方式主要有三种:论证式、归纳式、连锁式。其特点,一是阐发主题,形式多变,二是虚构情节,奇妙绝伦,三是断续相生,前后照应,四是浓淡相间,挥洒自如。《庄子内篇与外杂篇风格之比较》,认为后者不如前者,其区别在于:一、创造与保守,二、趋向玄想与关注现实,三、追求理趣与讲究情趣,四、语言功力的强与弱。还认为内篇纯粹而外杂篇驳杂,内篇思辩性远胜于外杂。《庄子屈原不同论》,第一,二人以不同的姿势立身于远古传统之前,庄子把神的某些属性世俗化为人生的现实追求,把神的自由世俗化为在某种心境中的绝对自由;屈原在理性上否定了神明的现实性,在感情上却希望有一个公正无私助善抑恶的上帝存在,可他的这种愿望最终被自己的理性精神撞得粉碎。第二,屈庄有相似而不相同的艺术精神,两种浪漫的形成具有不同的思想文化契机,二人艺术思维的运行具有不同的动力机制:屈主“情”庄主“意”。二人观照自然的重点各异,屈常以自然事物的感性特征比附为道德人格的象征,庄则主张必须抛弃种种所谓道德品行,而以自然为宗师。第三,人格精神截然不同,屈追求有用之用,庄追求无用之用;庄提倡人的天性自由地发展,屈执着于磨砺自己的自然本性的养成美德;屈具有崇高的殉道精神,而庄看来那不过是对生命的戕害;庄子人格冷中有热，屈原人格热中有冷。此文是全书最富创见一篇。《庄子史迁“互见法”比较论》和《庄子李贽“以自然为美”的异同》主要采用比较方法，多有创获。此书实事实是，简明扼要，条理清楚，文字畅达，不故作高深而能鞭辟入里，引人入胜，读起来不觉得费力。但就全书而言，尚属于论文集性质，还没有形成完整的体系。

白本松、王连锁《逍遥之祖——庄子与中国文化》，河南大学出版社1995年出版，共八章。第一章介绍庄子及其书，第二章《庄子》思想概述，分述其人生哲学、社会思想、自然哲学、文学特色，第三章《庄子》与中国传统思想：分述庄子与荀卿之儒，与西汉经学，与魏晋玄学，与唐代儒学，重点是宋明理学。认为理学表面上排斥而实际上吸收庄子许多思想观念，在论证宇宙本原和宇宙生成过程时吸收了“气”的概念。关于“理”的普遍性来源于庄子的“道”。庄子与理学家都主张摈除人欲，但庄子目的是反归自然，理学家则要求依顺仁义。第四章《庄子》与传统文士的人格心理，认为《庄子》安时处顺、无心无情、清静寡欲、顺任自然的人生态度是历代文人士大夫在仕途失意、人生坎坷时用以自慰和排解内心痛苦的心理调节剂；《庄子》中崇尚放浪形骸，不拘礼俗，旷达生死，遁迹山林的生活方式是文人士大夫在社会黑暗政治腐败时，愤世嫉俗、独其善身的行为归宿；庄子“独与天地精神往来”，物我合一，逍遥自由的人生境界，又成为历代文人追求个性解放，精神自由的最高准则。第五章论《庄子》与传统宗教。道教在根本道理、神仙信仰、得道成仙方术等方面，都有庄子的烙印。佛教尤其禅宗与庄学关系密切，“无念为宗”即与“心斋”、“坐忘”相通。第六章《庄子》与中国艺术精神，着重于三点；崇尚自然，重视精神美以及庄子的创作理论都对后世深有浸溉。第七章《庄子》与中国文学，分论庄子的批判精神及玄言诗、山水诗的发展。第八章《庄子》与中国传统医学，指出中医的气化气运精气学说，经络学说、气功医学、养生学都与《庄子》关系密切。此书论述比较全面，重要方面多有涉及，语言显近，许多地方把原文化为意述，适合一般读者阅读；但作为研究专著来看，理论深度似乎不大够，往往有语焉而未详之感。

上述各书，对《庄子》作了多方面的论析，有比较深入的探讨，力图说明《庄子》的成就和价值，许多见解新鲜并令人信从。但是往往只谈积极可取的方面，很少甚至不谈消极落后的方面，尤其在社会观和人生哲学方面，极力为其中不良因素辩解而不予批评，明显偏爱。讲对后世影响，也只讲正面的，不讲负面的。主要观点论证充分、逻辑严密，也有个别缺乏说服力，甚至难免带有主观片面性。

刘生良《鹏翔无疆—〈庄子〉文学研究》，人民出版社 2004 年出版，原系作者的博士论文。此书分析比较全面细致，新见颇多，对庄子评价甚高，有些语言如同赞歌。第一章《庄子》基本问题考索。认为庄子故里在今河南商丘，对其他里籍说进行辩驳。指出庄子主要继承商宋文化，而非楚文化。《庄子》哲学思想，唯物之中有唯心，唯心之中有唯物。基本倾向究竟是唯物还是唯心？没有明确回答，未能从对哲学根本问题的态度来考察。第二章《庄子》的文学类型。说庄子是“中国浪漫主义文学之祖”，“中国现实主义创作的开创者”，“中国象征文学第一大师”，忽视比庄子早的《诗经》和与庄子同时屈原的历史地位，论断不符合中国文学史的实际。第三章《庄子》的文体形态。说它是“奇异的散文”，很正确；又说是“绝妙的诗”，“赋的滥觞”，“少说创作之祖”。所举例证仅为少数篇章和片断，未能从整部书的文体形态把握，有以偏代全，把个别夸大为一般之嫌。第四章《庄子》的文本结构，提出“召唤的结构层次”，“回旋的结构体系”，“灵变的篇章结构”，“奇妙的结构艺术”，皆能言之成理。第五章《庄子》的辩对艺术。分论辩对文体，辩对方式，辩对艺术，相当细密。第六章《庄子》的话语特色：一汪洋恣肆，二奇诡雄豪，三空灵缥缈，四诙谐风趣，皆属于语言或文章风格。第七章《庄子》的美学与文学思想，不是本书的重点。近年来，这方面的专著有刘绍瑾《庄子与中国美学》(1988)、张利群《庄子美学》(1992)、陶东风《庄子与中国美学》(1996)等。从注释和所列参考文献看，作者似乎没有注意到这几本书，因而所论常与他人相近。

此书引述了不少古代评点、现代名家意见和 80 年代的一些文章。但是，对于 90 年代以来的新成果有所忽视，因而每每有些见解重复他人讲过的话。作者也许有意避免平庸和呆板，并且带着强烈的感情色彩，于是难免忽略历史分寸感。对于古人古书，既不能像六七十年代大批判那么苛求，也不应该偏爱拔高。正确的态度和方法是实事求是，恰如其分，对古代文化进行科学的历史的分析判断，还其本来面目。分清精华和糟粕，积极因素和消极因素，还是必要的。一味赞美，过分颂扬不等于科学评价。

孙克强、耿纪平主编《庄子文学研究》，中国文联出版公司 2006 年出版，共十二章，分别由河南大学文学院九位教师撰写，其中八位是白本松教授的研究生。大部分文章是写作于十几年前的学位论文。集结成书，既是河南大学多年来庄子研究的初步总结，也是学生们对老师七十华诞的贺礼。第一章，《庄子》的主要思想。论述其人生哲学、社会哲学和自然哲学。第二章，庄子的母体文化及与楚文化的关系。认为庄子是北方学者，主要继承商宋文化，同时接受楚文化的影响。第三章，《庄子》的寓言世界。将庄子寓言进行整体研究，揭示其思想观点、人生意蕴、美学意蕴。第四章《庄子》寓言的叙事模式，运用西方叙事理论，指出庄子是虚构叙事观念的自觉者。第五章，“三言”与《庄子》思想的表述。重点论析言意关系这个古老的话题。第六章，庄子的语言哲学。借助当代语言哲学的最新成果，围绕“可说”与“不可说”进行讨论。第七章，庄子之梦：浪漫的梦象艺术。指出庄子之梦实现了由宗教神学性目的向释理抒情性目的跨越，由梦实录跃向梦的创造，此章颇具新意。第八章，庄子与屈原风格渊源比较。第九章，庄子与屈原悲剧意识比较。这两个题目前人多有论述，此章有所补充。第十章，庄子哲学与诗学。着重论述“从俗脱俗”到“以俗为雅”的演变过程。第十一章，《庄子》与中国艺术精神。是白本松、王连锁《逍遥之祖——庄子与中国文化》书中一章的浓缩。第十二章，宋代庄学。是作者讲义《庄学史》的一部分。

此书不乏精到之处，但全书结构松散，有些论题多次重复（如“三言”),不少地方包含思想的闪光,可惜没有得到集中而全面的阐发,显得不够系统和深入。引用西方新的观念和方法是可喜的,但如何密切结合中国古代文学和《庄子》文本的实际情况,尚待进一步斟酌推敲。《庄子》的寓言,除《盗跖》、《说剑》等少数故事性强者外,多数旨在说理,不重视叙事。本书借用西方叙事学作分析,难免给人削足适履之感。本书所讲的庄子语言哲学,依我之见,有的属于思维科学和认识论范围;附会于语言哲学,反而说不清楚。

孙雪霞《文学庄子探微》,广东人民出版社 2006 年 10 月出版,原为作者的博士论文。其理论体系、研究方法、文章结构与众不同。作者力图从先秦文学的发展过程来考察庄子的历史地位。其“大文学”概念,主要内涵是文化学、或者美学。全书着重于宏观的判断,也有微观剖析。绪论分三节,首论庄学小史,次辩文学庄子与庄子文学,复次谈“以庄解庄”的方法。上篇,文学庄子寻绎,共三章:第一章,“继承”,论庄子与巫风、神话及星象学的关系。第二章,“反思”,反思庄子对《诗经》、孔子、老子的吸收与改造。第三章“反动”,1. 无待之等待——辨析《逍遥游》、《齐物论》;2.“空隙中的生长”——比较庄子的“无”与芒德勃罗(1924—)的“空集论”;3. 审丑近乎勇——论庄子的“丑学”。下篇,文学庄子观几。共三章:第一章:1. 自然之情。提出自然三境界:自然其然,自然而然,自然不然;2. 自然“天象”,辩析“天均”、“天倪”;3. 自然“物象”,分析《庄子》中的水和“大块”意象;4. 自然“动象”,分析庄子的动态描写;5. 自然而然之境界,分析“阴阳之境”、“生死之境”。第二章,运思之言:1. 庄子言——字之辩,“开显文字传导意像的神妙、和合性的神奇、心物互化的神秘及意蕴互渗的神韵”;2. 庄子言—思之合,与荷尔德林的“歌唱与运思同源,皆系诗之近邻”冥会暗通;3. 庄子言——象之通,“实践了言语心用象通的功能”;4. 庄子言——说之花,以“三言”之独特方式命名被召唤者,使言说与世界和谐,使物我原应承受的被撕裂之痛,在适当的言说中转渡为自然而然的天倪和合。第三章,化裁之体:1. 前庄子时期之文体样态:甲骨卜辞是种子,代表前文体样态;《易经》是萌芽，代表准文体样态；《诗经》、《尚书》、《左传》、《论语》、《老子》是庄子时期文体样态之花朵；2.庄子熔裁诗歌、论说文、记事文等文体；3.庄子对文体的创制主要是寓言，率先对“寓言”进行界定，并创作出丰富多彩的与其界定相合的作品。

不难看出，作者对西方美学、哲学有所涉猎，对当代庄学较为熟悉，创新意识极强烈。从立论、辨析到选词、造句，处处不落俗套，大体上能自圆其说，不少见解使人耳目一新，或发人深省。然而，有些观点深文周纳，升华太高，颂扬过甚，某些论析太玄奥，一般读者看不懂，连专家也感到费解。一些名词概念故意避熟就生，有的判断别出心裁，绕来绕去、以显示其嘎嘎独造（如上面所引文句即有此病），此书的意见是否能为学术界所接受，还需要时间来检验。

于丹著《于丹〈庄子〉心得》，中国民主法制出版社 2007 年 2 月出版。共十题，一、庄子何其人，认为孔子是“圣人”，庄子是“神人”。批评者指出，“何其人”用错了，应该是“何许人”或“庄子其人”。二、境界有大小。境界的大小决定对事物的判断，站在大境界上，就能看到天生我材必有用；而站在小境界上，只能一生碌碌无为。二、感悟与超越。庄子的哲学是淡泊为大，只有超越所有的功名利禄之心，才能感悟到人生的最高境界，那就是庄子所说的“逍遥游”。四、认识你自己。只有清醒地认知自己，才可能获知成功的人生，而认知自己却是一件非常艰难的事。五、总有路可走。庄子借用一个个外表丑陋近乎狰狞的怪人来表达自己的观点，无论人生遇到什么情况，世界上总有路可走。六、谈笑论生死。庄子之所以能够如此，是因为他悟出了生死的真谛，那就是：生和死不过是形态的变化。七、坚持与顺应。在人的内心应该坚持自己的秉性，而不要随波逐流；而面对外在世界则应该通达和顺应。八、本性与悟性。本性是无羁无绊的，但由于太多的物质利益，使我们迷失了人的本性，才会被功名利禄所累，丧失快乐的人生。九、心态与状态。一个人做事时，如果患得患失，如果心有所虑，那他所有的经验和技巧，都不可能得到最好的发挥。十、大道与自然。庄子的寓言，无论是尖酸刻薄，还是讽刺挖苦，其中的奥妙只有一个，那就是“大道合乎自然”。

此书原为《百家讲坛》讲稿，2007 年春节时播出，大受欢迎。此书和《于丹〈论语〉心得》，共同开创了向广大群众阐扬国学经典的新局面，较好地实现了传统文化与现代生活的对接，运用古代哲人的智慧解答当今人们心中的诸多困惑，或许可以比喻为采用古老中药材煲制成的心灵鸡汤。然而，却遭猛烈的抨击，被指责为“曲解”、“歪说”，甚至有“毒”。

于丹这本书，不是专题研究，也不是博士论文和大学教材，只讲她的心得体会。对《庄子》的解读，无意追求全面系统。介绍庄子某个观点，而后大加发挥。严格讲，不是通常所谓的学术著作，应归之于普及性读物，却产生了学术著作不可企及的社会效应。作者的出发点是努力提取古籍中有益与可利用的成分，向当今社会提供借鉴和启示。引导读者向上，向善，调整心态，开朗，乐观，自强，自信。依我之见，这碗鸡汤确有营养，没有毒素；但说不定会有碎骨头渣。我最欣赏于丹放的“佐料”：大量引用古今中外的寓言故事，通俗生动，耐人寻味，增加了说服力和可读性，文字流利、顺畅、娓娓动听，而又不低俗，油滑。她的态度是严肃的。

批评者指出于丹有许多错误，其中有的是真正的硬伤。例如，把“白驹过隙”解为“一匹白马从门缝里跑过去”，而不知是指时光过得快。把“以无厚入有间”解为“用不厚的刀准确地进入缝隙”，而不知无厚是根本没有厚度。把“舍生取义”误作“杀生以取义”，把“郢都”写成“颖都”等等。这是粗心出错，查阅注解及核对原书即知。另一类是离开本意太远。例如把支离疏的故事解为“只要自食其力，一样可以养活自己，安享天年”。说叔山无趾“虽然犯过错误并受到严厉的刑罚，但是他们知耻而改，用一种内心的力量找到了属于自己的人生道路”。这样解释，皆与原文大相径庭。于丹也许是鼓励残障人士自尊自强，这是好心出错。第三类“错误”，其实是对庄子的不同理解，或者理解上不同程度的偏差。自古迄今，解庄者不计其数，众说纷纭，解莫衷是。批于者往往以自己的理解为正解，而指于丹为曲解。客观地看，谁都不能算是绝对正确。人们可以批评于丹讲得不够深刻，不够准确，讲得片面，不够全面，只讲积极因素，不讲消极因素……然而这些皆属于学术问题，需要磋商和讨论，而不必大动肝火，大张挞伐；甚至要把于丹拉下讲坛，进行“解毒”，未免有些危言耸听了。

李剑主编《庄子很生气》，科学技术文献出版社 2007 年 4 月出版，与《于丹〈庄子〉心得》的出版相距两个月。作者共九位，他们当中有：“长期研究教育美学和庄子”的博士、“长期致力于政府体制和孔子老子研究”的博士、“著名哲学家”、“新世纪中国最受关注的哲学家”、“文艺评论家、剧作家”、“国学爱好者”。（见封四折页“主要作者简介”）全书共十章。引子：我用行动来搅一搅快餐文化的胃。作者汤军，他在《于丹〈庄子〉心得》发售现场向众多购书者展示自己文化衫上的口号：“孔子很着急！庄子很生气！”第一章，庄子生气的三大理由：1.生与死，屈原受委屈，庄子气得大笑；2.是与非，违背庄子超越功利主义的有用与无用；3.名与利，不懂三无又想逍遥，庄子又气又笑。第二章，我心中的庄子。用抒情的笔调叙述自己的体悟，未直接批评于丹。第三章，黄连从中的犬儒主义。批评于丹“多次强调心决定幸福和人生的存在，是一种十分有害的唯心主义的观点，”“她的许多心得与孔子庄子的思想无关”。“没有读懂《庄子》，所以没有能力分辨出《庄子》中的精华和糟粕，不知哪些地方对哪些地方错，哪些地方可以转型为今日可用之文化。如果将传统文化中的糟粕拿出来误导观众和读者，这样的传统文化普及工作，真是太恐怖了。”第四章，境界的层次。批评于丹对庄子的人生境界的分析。实际上是一篇美学论文，与于丹讲的境界似乎是不同范畴。第五章，河伯的实力。主要讲作者对《庄子·秋水》篇的感觉，没有直接批评于丹。第六章，三无才逍遥。着重批评于丹对《逍遥游》的理解。第七章，万物平等的人道主义理想。主要讲《齐物论》，没有批评于丹。第八章，道是无为而治的。从政府权力角度解释无为而治，与于丹无关。第九章，鲜为人知的庄子之独。主要讲老子。第十章，庄子物语。即庄周故事。附录一：先秦门派宝典。介绍《庄子·天下》篇。附录二:《于丹〈庄子〉心得》里的16个错误。依我之见,只有两处是错误,其余大致属于不同学术理解。

《庄子很生气》指出,“解《庄子》不能解成个人中心主义,学庄子不能在逃遁中寻找麻醉”。于丹“只字不提庄子具有的反叛的批判力量和怀疑精神,只字不提庄子蔑视权贵,拒绝为当时统治者效力,追求自由和人生解放的理想,只字不提因深化抽象思维能力,以形而上学的真正思辩方法来弥补传统儒家伦理的不足和缺陷”。这些偏失确实存在。不过,于丹只是讲个人若干体会,不必要求她面面俱到。试看台湾学者南怀瑾先生关于先秦诸子的系列著作,不也是只讲他自己的体会吗?

《庄子很生气》的一些观点还可以商榷,未必就是唯一正解。此书的影响远不及于丹,原因之一似乎在于不够通俗。有些道理讲得太玄,在选词造句和概念判断上求新求异。例如说:“从有情有意亦有智的形象到意境、灵境和境界,有一个靓化、深化和泛化的过程。”“借助抽象的途径使生命对象化,达到美的救赎。”这些提法,一般读者莫名其妙,甚至连研究先秦诸子多年的老教授也说读不懂。

据不完全统计,2007年出版庄学著作近七十部,除少数注释性和重版书外,有五十多部是论述性的,而且集中于庄子的智慧和人生哲学方面,很可能是由于丹“走红”而引发的“聚焦”现象,往往大同小异。

(原载《聊城大学学报》2008年3期)

十、略谈《荀子》的寓言

《荀子》是战国末期著名思想家荀况的著作。荀况（约313－238），又称荀卿，（汉人为避宣帝讳，改称孙卿），赵国人，曾到齐国稷下学宫游学。因为德高望重，三次被推为稷下学宫的祭酒。后来被谗适楚，楚相春申君任命他为兰陵令（今属山东苍山县等），专门从事著述、讲学。学生中有韩非、李斯等。

荀子是先秦诸子思想的集大者，他以儒家思为主，而又吸收法家、道家、名家的成分，形成自已的独特体系。在哲学上他认为自然及其运行法则是不以人们意志为转移的客观存在，否认天命鬼神，"明于天人之分"，提出"制天命而用之"的人定胜天思想。他肯定人具有认识外界事物的能力，客观事物的法则是可知的，人的认识能力与客观事物相结合就产生知识。认识的过程从感觉开始，进而达到理性认识。理性活动必须"解蔽"——即排除各种干扰和偏见。这些观点坚持了唯物主义的认识原则。荀子反对孟子的性善论，主张性恶论，认为善是后天人为的结果，因此重视环境和教育对人的影响。以此为基础，建立了他的礼治和法治相结合的政治观，把孔子重礼乐轻刑政的思想改变为四者并重。他还主张"正名"，强调"法后王"，王霸并重。当代哲学史家认为，荀子的思想反映了当时新兴地主阶级的要求。

《荀子》三十二篇，多数是荀子自著。大都有明确的标题，议论清楚，结构严谨，风格典重，是先秦议论散文成熟的标志。

《荀子》的寓言不多，但具有明显的特点：多取材于现实生活，不事夸张幻想，充满唯物主义的哲理性批判性和密切联系实际的训诫意味。

例如《解蔽》篇的"涓蜀梁"的故事。"夏首之南有人焉，曰涓蜀梁。其为人也，愚而善畏，明月而宵行，俯见其影，以为伏鬼也，仰视其发，以为立魅也。背而走(跑)，径至其家，失气而死，岂不哀哉!"

这则寓言可能是民间传说。一个愚而胆小的人，把自己的影子当成鬼，吓得赶快跑回家，结果气接不上来，吓死了。荀子用来批判鬼神论，尖锐讽刺疑心生暗鬼终于自食恶果的可怜虫。他在引用这个故事之后，紧接着指出，"凡人之有鬼也，必以其感忽之间，疑玄之时定之，此人之所以无有而有无之时也"。鬼本来是没有的，由于这个人早就害怕鬼而疑惧，于是把本来不是鬼的影子当成鬼了。荀子正确地分析了鬼神论产生的认识根据和心理因素，不但和墨家的有鬼论针锋相对，比起道家对这个问题的看法也高出一等。《庄子·渔父》篇记载类似的故事，"人有畏影恶迹(脚印)而去之走者，举足愈数，而迹愈多，走愈疾，而影不离身，自以为尚迟，疾走不休，绝力而死。不知处阴以休影，处静以息迹，愚以甚矣"。《庄子》的作者从"无为"的哲学观点出发，认为只要"处阴处静"就不会自找烦恼，是一种消极的人生态度。

有的寓言是论证为学和修身经验的。如《劝学》篇的"蒙鸠"："南方有鸟焉，名曰蒙鸠，以羽为巢，而编之以发，系之苇苕。风至苕折，卵破子死。巢非不完也，所系者然也。"作者意在说明：立身行事，必须选择良好的环境，接近有道德有学问的人士，才能学习正道；否则，根基不正，基础不牢，纵然努力，也是危险的。人们可以从中体会到打好坚实的基础，对于学习和工作的极端重要性。故事言简义该，至今仍具教育意义。

《坐宥》篇记："孔子观于鲁桓公之庙，有欹(倾斜)器焉。孔子问于守庙者曰：'此为何器'；守宙者曰：'此盖为宥坐(置座右)之器'。孔子曰：'吾闻宥坐之器者，虚则欹，中则正，满则覆。'孔子顾谓弟子曰：'注水焉。'弟子挹水而注之。中而正，满而覆，虚而欹。孔子喟然而叹曰：'吁，恶有满而不覆者哉!'"这则寓言说明，满招损，谦受益。永远不能骄傲，否则必然倒台。谦逊不等于空虚，空虚无学的人也是站不起来的。生动地体现了学习中的辩证法。故事以对话的形式出现，从一件器物生发议论，虽然情节简单，但很能引起人们的深思。

《大略》篇记："曾子食鱼，有余。曰'泔之。'门人曰：'泔之伤人，不若奥之。'曾子泣涕曰：'有异心乎哉！'伤其闻之晚也。"清人卢文弨注："泔，米汁也。泔之，谓以米汁浸之。门人以易致腐烂，食之不宜于人，或有腹疾之患，故以为伤人。奥与郁义同。今人藏鱼之法，醉鱼则用酒，腌鱼则用盐，置之甑中以郁（闷）之，可以经久，其味美。"郁，蕴结，动词，与口语闷起来义近。唐人杨倞说，"曾子自伤不知以食余之伤人，故泣涕深自引过，吾岂有异心故欲伤人哉，乃所不知也。言此者以讥时人饰非自是，耻言不知，与曾子异也"。故事表现曾子敢于承认自己因知识缺陷而后悔。古人说，一事不知，儒者耻之。曾子泣涕自责，正体现了这种精神。

还有些寓言被用来说明政治观点。如《哀公》篇的"东野毕"的故事。东野毕是位能干的驭手，然而颜渊预料他一定会失败。鲁定公不相信，以为颜渊是在背后说别人的坏话。不久果然接到养马的报告：东野毕的四匹马全垮了。鲁定公佩服颜渊的眼力，诚恳地向他请教。颜渊指出："舜不穷其民，造父不穷其马，是以舜无失民，造父无失马也。今东野毕之驭，上车执辔，衔体正矣；步骤驰骋，朝礼毕矣；历险致远，马力尽矣。然犹求马不已，是以知之矣。"他进一步提出："鸟穷则啄，人穷则诈，自古及今，未有穷其下而能无危者也。"显然，作者是以驭马比喻驭民。要求统治者对百姓不能诛求过分，役使过度，否则，便会像东野毕失马那损失其民。这个道理虽然借颜渊之口说出，但与荀子政治思想是完全一致的。《荀子·王制》篇说："马骇舆，则君子不安舆；庶人骇政，则君子不安位。马骇舆，则莫若静之；庶人骇政，则莫若惠之。"他主张给人民以一定的恩惠，使之不致于对统治者感到惧怕，这虽然是从维护封建统治级利益出发，但在当时还是比较开明的。这个故事在《荀子》的寓言里算是情节较完整的，有因有果，有头有尾，中间还安排有小小的波澜，说理也不是一泻无余，而是由近及远，层层推进。给人以充分思索和回味的余地。技巧是比较高明的。这个寓言又见《庄子·达生》篇和《吕氏春秋·离俗览·适威》,故事梗概大体相近,细节有变化,人物姓名不尽相同,思想观点各有侧重。可见这个故事在当时广为流传,作家们取来为己所用,这种现象秦时期常见,很难说谁抄谁。

(《中国古代寓言鉴赏辞典》约稿)

十一、李斯的《谏逐客书》

李斯（？—前208），秦国著名政治家、文学家，原为楚国上蔡人，青年时曾为郡小吏，后从荀卿学帝王之术，与韩非同窗，而自以为不如非。秦庄襄王三年（前247年）入秦，初为吕不韦舍人，后来向秦王献灭六国、成一统之计，受到赏识，由长史而拜为客卿。秦王政十年（前237年），发生了郑国事件：韩国苦于秦国的攻伐，派水利专家郑国入秦，劝秦王修筑分泾入洛长三百里的大型灌溉工程，企图以此消耗秦国人力、物力、财力，使之无暇东侵。不久阴谋暴露，秦宗室大臣乘机掀起一股驱逐外来人士的浪潮。秦王于是下达了"非秦者去，为客者逐"的逐客令。李斯亦在被逐之列。途中，他向秦王上书，谏止逐客。秦王得书，马上收回成命，并派人追到骊邑，把李斯召回，官复原职。这封上书，就是文学史上有名的《谏逐客书》。

《谏逐客书》是李斯的代表作，有如下突出特点：

首先是说理流畅，论证严密，分析精辟。破题之后就引证秦国历史：穆公、孝公、惠王、昭王，由于得到外来人才的辅佐而取得富国强兵、广土众民的巨大成就，说明外来人才非但无罪而是有大功于秦的。"向使四君却客而弗纳，疏士而弗与，是使国无富利之实，而秦无强大之名也。"这样总结历史经验，具有极大说服力。接着，列举大量眼前事实，指出如今秦王喜爱四方珍宝玩物，却排斥各地人才，"则是所重者在乎色乐珠玉，而所轻者在乎民人也，非所以跨海内、制诸侯之术也。"如此轻重倒置，显然失策。对比辨明，对方无从辩驳。继而从正面提出，只有广招人才，方能完成统一中国的大业。古之五帝三王之所以无敌于天下，就在于此。最后指出逐客的严重危害："弃黔首以资敌国，却宾客以业诸侯，使天下之士退而不敢西向，裹足不入秦，此所谓籍寇兵而赍盗粮者也。""逐客以资敌国，损民以益仇，内自虚而外以树怨诸侯，求国无危，不可得也。"这不是危言耸听，而是十分郑重的忠告。

清人林云铭《古文析义》分析说："第一段以秦往事，藉客成功，劝之；第二段以秦所宝诸物皆出异国，而用人独否，驳之；第三段以古帝王能广收众益而秦不能，形之；第四段以客为诸侯用，能害秦国，恐之：利害凿凿可睹。……细玩行文，落笔时必有一股无因见逐不能自平之气，故不禁其拉杂错综，忽而正说，忽而倒说，复而复说，莫可端倪。"

全文自始至终紧紧抓住成就帝业这个根本战略目标来剖析逐客的过错，纳士的意义，撰之以事理，说之以利害，既符合秦国的长远利益，也迎合了秦王的抱负和事业精神。所以能一举而言中，使之恍然醒悟。作者并没有卑词陈述自己的无辜和冤屈，也不直接声明对秦国的忠诚与贡献；于个人得失，进退出处，不着一词，置之度外，而字里行间处处流露出切实为秦国着想的忠肝义胆。故能达到句句动听，使秦王心悦怀惬的效果。不难看出，李斯在这篇文章中，正是充分吸收了同学韩非的《说难》之术以及战国时期说客辩士进行讽谏辩说的宝贵经验。

其次，语言铺张排比，词采丰富绚丽，气势酣畅淋漓。在句法上的显著特点是大量使用整齐的排比句。如："致昆山之玉，有随和之宝，垂明月之珠，服太阿之剑，乘纤离之马，建翠风之旗，树灵鼍之鼓。""地广者粟多，国大者人众，兵强者士勇。"还有不少复句排比，如："夜光之壁，不饰朝廷；犀象之器，不为玩好；而赵卫之女，不充后庭，骏马决题，不实外厩。""物不产于秦，可宝者多；士不产于秦，愿忠者众。"此外还有直陈式，反诘式，感叹式，疑问式等等。变化曲折，委婉尽情，纵横驰骋，而无板滞之患。古代评论家称赞说："精深而伟丽，音节顿挫，读之铿然。""笔力操纵中律，便有如龙之势。"（见《评注昭明文选》）在选词上，实词注重多方设采，精确生动；虚词则灵便勾连，摇曳多姿。故文章"但见其轻便，不觉其堆砌"。（同上书）这些地方，可以看出作者苦心锻炼文字的匠意。在散文艺术方面，李斯继承并发扬了老师荀卿的传统（《荀子·天论》等文章就有不少排句），同时吸收了战国诸子之文和策士之文的写作技巧。《谏逐客书》中的佳句如："太山不让土壤，故能成其大；河海不择细流，故能就其深；王者不却众庶，故能明其法。"这几句话，最早见于《慎子，外篇》："海不择水，故能成其大；山不择土石，故能成其高。"在《韩非子·大体》篇里，也有同样的句子："太山不立好恶，故能成其高，江海不择小助，故能成其富。"然而，由于《谏逐客书》后来成了千古名篇，经过李斯加工过的这三句话，也就成了千古名句。《慎子》和《韩非子》的同样表述，也就为其所掩，鲜为人知了。

从文体发展史看，《谏逐客书》实际上开辟了汉以后散文骈偶化、赋化的先河。排比、骈偶句法古已有之，至战国后期而逐渐增多。但在一篇之中大量出现，则以《谏逐客书》为突出。此文共136句，排句、偶句竟多达95句，占三分之二以上。集中使用历史材料，摭古以证今，在这篇文章中相当自觉，而且显然经过概括提炼，这就为后世骈文大量使用典故开了风气之先。所以后世有人（如李兆洛）称此文为"骈文之祖"，那不是没有道理的。当然，它还不能算是真正的骈体文，排句虽多，但三言、四言、五言、六言、七言……各种排句，参差使用，给人以错杂而无复衍之感，还不像六朝骈文之整齐划一。真正的骈体文（即以对偶句为主体的文章）是从东汉末年开始而在西晋初年正式成体的。《谏逐客书》的直接承绪者，还是西汉初年的政论文，如陆贾、贾谊、邹阳之文就是。至于西汉的辞赋，主要是继承屈原、宋玉、荀卿。但是，《谏逐客书》中极力铺陈扬厉，夸张修饰，着意刻画渲染，"变其本而加恢奇"的倾向。和《战国策》中某些文章一道，同样给了汉赋以命意修辞等多方面借鉴和启发。清人倪元璐《秦汉文定》称李斯此文为秦汉间第一文，看来正是从文体发展史角度着眼的。

《谏逐客书》把广招人才作为成就帝业的基本国策来论述和强调，同时严正批评了人才问题上的本土主义和闭关锁国主义。这一建议被秦王政接受之后，很快收到了效果。秦王发现韩国水工名郑国者是个间谍，本来要杀他；但是当郑国指出，水渠如果修成，仍然是秦国得利时，秦王立即赦免，让他毕其工，果然关中成为沃野，后世该渠名为郑国渠。从这件事也可以看出《谏逐客书》的历史效应。

李斯不久升任廷尉，后来官至丞相，成为秦始皇统一中国的得力助手。他所主张的废分封，立郡县，焚诗书，禁私学，以法为教，以吏为师，以及以小篆为标准统一文字等，均被采纳，付诸实施。秦始皇死，李斯与赵高密不发丧，矫诏杀太子扶苏及大将蒙恬，立少子胡亥为二世皇帝。为了讨好、阿奉二世心意，李斯曾上书论督责。所谓督责，就是对官吏进行督察责罚，“督者，察也，察其罪，责之以刑罚也”(《史记索隐》)，也就是进行严酷的特务统治。其中说到：“是以明居独断，故权不在臣也。然后能灭仁义之途，掩驰说之口，困烈士之行，塞聪掩明，内独视听。故外不可倾以仁义烈士之行，而内不可夺以谏说忿争之辩。故能独行恣睢之心，而莫之敢逆。昔此，则谓督责之诚，则臣无邪。臣无邪则天下安，天下安则主严尊，主严尊则督责必，督责必则所求得，所求得则国家富，国家富则君乐丰。故督责之术设，则所欲无不得矣。群臣百姓，救过不给，何变之敢图?”

这样露骨地宣扬独裁专制，一切为了满足君主个人的私欲，实属罕见。全文基本思想是进一步发展申不害、商鞅、韩非的法家理论，主张严刑峻法，并多次利用《韩非子》的语句。文章峭刻峻利，不事文采，接近《商君书》和《韩非子》。据说秦二世读了《论督责书》，正中下怀，立即实行。结果，“刑者相半于道，而死人日集成市，杀人众者为忠臣”，“税民深者为明吏”。(《史记·李斯列传》)如此残酷，到头来还是李斯本人自食其果。

秦二世二年(前208年)，李斯被赵高诬陷下狱。为了辩解，他从狱中上书二世，列数自己七大罪状，其实是表明自己有七大功绩，企图以此感悟二世。这种正话反说的手法，可能是从《晏子春秋》晏婴谏杀养马者等故事得到启发，用心可谓良苦。然而，赵高把他的上书弃而不奏。在严刑拷问之下，他不得不屈打成招，最后被腰斩于咸阳市。

此外，李斯还有《存韩议》，附于《韩非子·存韩》篇中，是对他对韩非上奏书的反驳。又有《上韩王书》，亦见《韩非子·存韩》篇，是李斯奉诏使韩，未得见，因而上书韩王，陈述己见。两书均作于秦王政十四年（前233年）文章主要是就韩国与秦国的关系剖析得失利弊，风格与《战国策》中的纵横家言论相近。

除了上面提到的几篇散文之外，李斯还有六篇刻石文，以四言韵语为文，奠定了我国纪功碑文的基础，在书法史上也有重要地位。

（原载《历代治国策选粹》，高等教育出版社1994，后来有所补充。）

十二、先秦小说之萌芽

“小说”一词，始见于《庄子·外物》篇：“饰小说以干县令，其于大达亦远矣。”此“小说”乃指琐屑之言，“县令”指高名，“大达”即大道。意谓鼓吹琐细浅鄙的言论，以求高名，距离大道很远。讲的是当时思想界的一种现象，与文学无关。汉人把先秦学说归纳为九流十家，之外还有小说家。东汉初年的桓谭《新论》说：“小说家合残丛小语，近取譬喻，以作短书，治身理家，有可观之辞。”他所指小说，形式为“残丛小语”，内容可“治身理家”，手法是“近取譬喻”，贴近生活，有一定形象和可观性。这就不单纯是思想资料，而且带有审美价值。略后于桓谭的班固在《汉书·艺文志》里，正式列小说家于九流之末。著录其作品十五家一千三百八十篇，今皆亡佚。班固说：“小说家者流，盖出于稗官，街谈巷语，道听途说者之所造也。”性质似乎类似民间传说和后世的野史，这就更接近文学了。后世“小说”概念多有变化，这里不去细考。明清通俗文学家所认为的小说，主要是指，具有相对完整的故事情节，比较鲜明的人物性格，和特定的环境描写，并以不同程度的虚构想象为基础的一种文学体裁。先秦时期，符合近代标准的小说还没有出现；但是，已有不少作品包含着一定的小说因素或萌芽，而成为中国古代小说之孕育期。

《山海经》、《穆天子传》中的神话传说

原始社会的人们，在劳动之余，往往采用讲故事的方式，交流生产

斗争和人际关系的心得体会与经验教训。他们不自觉地把集体的智慧、力量，群众的意志、愿望，用夸张的手法集中在某一个人身上，赋予他以种种神奇色彩，用来表彰生产能手，鼓舞劳动热情，于是产生了最初的英雄故事和民间传说。由于生产力水平低下，原始人类对纷纭复杂的自然规律和社会现象，还不能正确认识。他们力图了解自然，改造自然，但又缺乏现实的物质力量，便“在想象里并借助想象征服自然力，支配自然力，把自然力加以形象化”。（马克思《政治经济学批判》导言）他们根据人间生活去进行推测，以为那些变幻莫测的自然现象，是由一些具有神奇本领和特殊生理结构的人——也就是神，在指挥操纵着。在原始人类心目中，一切自然力都被他们人格化—也就是神话了，这样就产生了神话。

原始的神话与传说往往混合在一起。最初的神话主角是英雄，英雄就是神。后来，随着阶级的出现，天上的神逐渐变成地上统治势力的投射，集体的英雄业绩被移置到某个部落祖先身上，于是神话和传说才逐渐有所区别。神话传说并不等于后世的小说，并非有意虚构，而是出于不自觉的加工；但是神话已经具有简单的故事情节和人物形象，包含了小说的因素。神话传说中改造自然的进取精神，勇敢乐观的态度，不畏强暴的气概，对美好生活的热烈追求等等，奠定了中国古典小说英雄主义传统的思想基础。他们那种丰富奇特的想象，巧妙而大胆的构思，理想化的夸张，拟人化的手法……为后世小说创作方法特别是浪漫主义提供了宝贵的经验。神话传说中大量的原始素材，在后世小说中不断被利用，发展，提高，成为古典小说题材的重要方面。从六朝志怪，唐人传奇，到《西游记》、《封神演义》、《聊斋志异》、《镜花缘》……不论长篇短制，处处都可以看到神话传说的影响。

中国古代神话相当丰富。但一直未能专门收集整理，在长期流传过程中慢慢散失。现在已经无法了解全貌，只能在先秦两汉某些著书中找到一些零碎的片断，其中以《山海经》保存较多。《山海经》的作者可能是战国后期的巫师或方士。书中记录现代中国版图以内的许多名山大川的地理位置和动物,植物,矿物,以及神灵,还想象中国以外的大海中和荒漠里,还有许多奇怪的人类所建立的国家。这后一方面大多荒诞不经。其地理观可能受到《禹贡》和邹衍"大九州说"的影响。此书主要价值在民俗和文学方面,其地理学价值是远不如《尚书·禹贡》的。

《山海经》的神话小说,大致可分为反映人与自然斗争以及人与人之间的社会斗争两大类。

原始社会经常发生旱灾,甲骨文有大量求雨的纪录,汤有七年之旱的传说。据气象学家竺可桢研究,在中国五千年文明史的前二千年,即从仰韶文化到安阳殷墟时期,黄河流域的气候比现在要热得多。(竺文见《考古学报》1973 年 1 期)战胜难耐的炎热成为原始人类的普遍愿望。《山海经·海外北经》中的夸父,就是一位与炎热作斗争的英雄。他居然追赶太阳,一直追到太阳所在之处;渴极了,喝干了黄河、渭水还不够,又奔向远方的大湖;没有走到,半道渴死了。但其精神不死,他的手杖掉在路边,变成一座桃林,给后人乘凉解渴,以利他们继续前进。

远古时代,洪水威胁人类的生存,于是产生了著名的"鲧禹治水"神话。《山海经·海内经》说,洪水滔天,鲧奉命治水。他从上帝那里偷了一种能够不断生长的土块叫"息壤",以阻塞洪水;结果堵不住,失败了。帝乃杀鲧,改派其子禹继续治水。禹采取疏导的办法,让河水流向大海,取得成功。禹于是成为人们永远纪念的英雄。在远古神话里,禹充满神奇色彩,治水时有条"应龙"在前面开路。大禹忙得三过家门而不入,自己也变成黄熊开山运石,以致吓坏妻子。到后来,夏代统治者把他当成自己部落的祖先。

和水作斗争还有"精卫填海"。《山海经·北次三经》说,炎帝之女女娃,掉在东海里淹死了,变成精卫鸟,经常衔石填海以报仇。这放映了沿海居民战胜兴风作浪的大海的愿望。

反映社会斗争的神话有"刑天舞干戚"(《山海经·海外西经》)。刑天不服上帝,上帝砍掉他的头,将身躯埋在常羊山上。刑天未曾屈服,以乳为眼,以肚脐为口,挥动干戈与上帝战斗。这是被压迫者反抗暴力镇压的坚强意志的体现。

“黄帝战蚩尤”(《山海经·大荒北经》)记录了古代中原两大部族之争。蚩尤有兄弟八十一人,制造兵器,攻打黄帝。黄帝派“应龙”蓄水迎战。蚩尤请来风师雨伯,作大风雨。黄帝又派能使天旱的神女曰魃,止住了雨,杀死蚩尤。别的书上还说蚩尤能降大雾,黄帝造指南车破之。这种呼风唤雨,神灵斗法的幻想,在后世小说中被广泛运用。

《山海经》中还有关于昆仑山的仙境,远方异人的奇特功能等描写,对后世小说多有滋养。但这些神话只是片断,并无故事情节,还不具备小说因素。

《穆天子传》,西晋初年出土于汲郡魏襄王墓,此书当较《山海经》稍后。其中最吸引人的是周穆王驾八骏西巡,登昆仑瑶池,会见西王母的故事。《山海经》中已多次提到西王母,是一个半人半兽的怪物,长着人身、豹尾、虎齿、蓬头、戴簪,叫起来很难听,有三只青鸟为之取食,是专司瘟疫和刑罚的恶神。到《穆天子传》里,演变为彬彬有礼的贵妇,与周穆王互相唱和。该书卷三云:

“吉日甲子。天子宾于西王母。乃执白圭玄璧,以见西王母,好献锦组百纯,□组三百纯,西王母再拜受之。

□乙丑,天子觞西王母于瑶池之上。西王母为天子谣曰:‘白云在天,丘陵自出。道里悠远,山川间之。将子无死,尚能复来。’天子答之曰:‘予归东土,和治诸夏。万民平均,吾顾见汝。比及三年,将复而野。’西王母又为天子吟曰:‘徂彼西土,爰居其野。虎豹为群,於鹊与处。嘉命不迁,我惟帝女。彼何世民,又将去子。吹笙鼓簧,中心翱翔。世民之子,惟天之望。’

天子遂驱,升于弇山,乃纪丌迹于弇山之石,而树之槐。眉之曰西王母之山。”

从内容看,很像东方天子会见西方母系社会君长的记录,其实纯然出于虚构,故可视为小说萌芽。到汉代,演变为东王公与西王母相会的配偶神,青鸟则成为使者。魏晋以后,则成了法力无边的众神之祖——

王母娘娘，定期举办汇集众神的蟠桃会。

《穆天子传》卷三有武士搏虎故事："有虎在乎葭中。天子将至，七萃之士高奔戎请生搏虎，必全之，乃生搏虎而献之天子。天子命之为柙，而畜之东虢，是曰虎牢。天子赐奔戎畋马十驷，归之太牢。奔戎再拜稽首。"很可能是个真实的历史故事。该书卷六详记穆王爱妃盛姬丧礼，与《尚书·顾命》及《仪礼》写法大致相符，是珍贵的历史类料。总之，此书颇类后世起居注，具有故事性的神话并不太多。

《汲冢琐语》之类"残言小语"

《汲冢琐语》，晋太康初与《穆天子传》等古书同时出自汲郡（今河南汲县）魏襄王墓，故称《汲冢琐语》。由于使用战国古文字书写，又称《古文琐语》。据《晋书·束皙传》说，乃"诸国卜梦妖怪相书也"，南宋以后亡佚。清人辑本有：洪颐煊辑《汲冢琐语》（《经典集林》卷九）、严可均辑《汲冢琐语》（《全上古三代文》卷十五）、马国翰辑《古文琐语》（《玉函山房辑佚书》卷六十三）、王仁俊辑《古文琐语》（《玉函山房辑佚书续编》稿本）。去其重复，共二十事，较完整者十五六则。所涉史实，上起尧舜，下迄战国初，可见成书当在战国中期以前，而不会晚于魏襄王之卒年（前296年）。作者可能是三晋的史官。

《汲冢琐语》记事以晋国为多，计七则，此外有周、鲁、齐、宋等国之事，可能摘自各国春秋或采自民间传闻。内容约为两大类：一是志怪、占梦、预测吉凶的，其中志怪异之物者如："有飞鸟从西方来，白质，五色皆备，集平公之庭，相见如让。公召叔向问之，叔向曰：'吾闻师旷曰：西方有白质鸟，五色皆备，其名曰翚；南方赤质，五色皆备，其名曰摇。其来为吾君臣，其祥先至矣。'"反映了当时对某些稀见动物的崇拜。与《国语·鲁语》所记鲁臧文仲使国人祭海鸟爰居，《庄子·至乐》记鲁侯以九韶、太牢养海鸟颇类。又如："晋平公与齐景公乘，至于浍上，见人乘白骖八驷，以来平公之前。公问师旷曰：'有犬狸身而狐尾者乎？'师旷有顷而答曰：‘有之。首阳神，其名曰者来。首阳之神饮酒霍太山，而归其居，而于浍乎见之。甚善，君有喜焉。’”这类故事在先秦书籍中常见。《左传》庄公八年，齐襄公见大豕人立而啼，左右以为是枉死鬼彭生显灵。《管子小问》记齐桓公伐孤竹，见人仅一尺，而形体皆具，管子告知是山神。

预言吉凶的有邢史子臣预言宋景公之死。“初，刑史子臣谓宋景公曰：‘从今以往五祀日，臣死。自臣死后五年，五月丁亥，吴亡。已后五祀八月辛巳，君薨。’刑史子臣至死日，朝见景公，夕而死，后吴亡。景公惧，思刑史子臣之言，将死日，乃逃于瓜圃，遂死焉。求得，已虫矣。”与《左传》记巫师预知晋平公不食新麦，《逸周书》周灵王太子晋预知三年后将死皆属同类。再如，晋师旷能远距离测知齐君细事。“师旷御晋平公鼓瑟，辍而笑曰：齐君与其嬖人戏，坠于床而伤其臂。平公命人书之曰：某月某日，齐君戏而伤臂。问之齐侯，齐侯笑曰：然，有之。”齐晋相距数百里，晋国盲乐师旷竟遥知齐宫中琐事，可谓神奇。

占梦故事尤多。如：“晋平公梦赤熊窥屏，恶之，而有疾，使问子产。子产曰：‘昔共工之卿曰浮游，既败于颛顼，自没沈淮之渊，其色赤，其言善笑，其行善顾，其状如熊，常为天子祟，见之堂则王天下者死；见之堂下则邦人骇；见之门则近臣忧；见之庭则无伤。祭颛顼、共工则瘳。’如其言而疾间。”又如：“齐景公伐宋，至曲陵，梦见大君，甚长而大，大下而小上，其言甚怒，好仰。晏子曰：‘若是，则盘庚也。夫盘庚之长九尺有余，大下小上，白色而髯，其言好仰而声上。公曰：‘是也。’晏子曰：‘是怒君师，不如违之。’遂不伐宋也。”又梦见短人，乃是伊尹，情节略同而形状略异。故事又见《晏子春秋·内篇谏上》。更有趣的是下面一则梦故事：“晋冶氏女徒，病，弃之。舞嚣之马僮饮马，而见之。病徒曰：吾良梦。马僮曰：汝奚梦乎？曰：吾梦乘水如河汾，三马当自舞。僮告舞嚣，自往视之，曰：尚可活，吾买汝。答曰：弃之矣，犹未死乎？舞嚣曰：未。遂买之。至舞嚣氏而疾有间，而生荀林父。”显然这个女病人乃自编梦话打动马主人以求救助。这个故事又见西晋道士王浮所著《神异记》，情节更加完整，有一定传奇性。明胡应麟《少室山房笔丛》说《汲冢琐语》是“古今小说纪异之祖”。盖指此类故事而言。

该书另一类故事属于历史传说，如：“周宣王夜卧而晏起，后夫人不出于房。其后既出，乃脱簪珥，待罪於永巷，使其傅母通言于宣王曰：‘妾之淫心见矣，至使君王失礼而晏起，以见君王之乐色而忘德也，乱之兴，从婢子起，敢请罪。’王曰：‘寡人不德，实自生过，非夫人之罪也。’遂复姜后也，勤于政事，早朝晏退，卒成中兴之名。”反映了当时的礼教观念。还有些传说，如舜囚尧，伊尹放太甲，周幽王太子宜咎叱虎等等，仅三言三语，与儒家典籍所记述的圣君贤臣形象有所不同。

《汲冢琐语》全书性质属于“残丛小语”，“街谈巷说”之言，不一定是信史。文字朴质通畅，接近《晏子春秋》之平易，而不像《左传》之简奥。

严可均《全上古三代文》在《汲冢琐语》之后，附录有《古文周书》二则，自注云：“亦汲冢所得。”其中一则类似狸猫换太子故事。大意是说，周穆王姜后孕而生子。嬖人越姬“窃而育之”，用一只死鸟涂上猪血放在姜后身边，并立刻报告穆王说生了个怪胎。王惧而卜。二史皆疑为阴谋，分别用隐语说：“虫飞集户，是曰失所。惟彼小人，弗克以育君子。”“是谓关亲，将椟留其身，归于母氏，而后获宁。册而藏之，厥休将振。”王命令尹册而藏之椟。过了三月，越姬死，七日后复活，坦白实情，说：“先君怒予甚，曰：‘尔夷隶也，胡窃君之子，不归母氏？将置而大戮。’”乃返王子于治。虽然个别文字或有讹误，但可以看出已是成熟的志怪小说。

无独有偶。1986 年，天水放马滩秦墓出土一篇简书《墓主记》，说是一个叫丹的人死而复活，向人们讲述鬼神有何特殊要求等等情况。李学勤先生撰文介绍说，故事与《搜神记》等书相似。可能出于虚构，也可能实有其人，逃亡至秦，擅造故事，借以从事与巫鬼迷信有关的营生。（《文物》1990 年 4 期）后来在《洛阳伽蓝记》里，也有死而复生者讲述阴间如何如何，目的竟是为棺材铺老板做广告。

先秦散文中的小说因素

在先秦历史散文和哲理散文中,有些历史故事和寓言已具有小说因素。如《尚书》中的《金滕》篇,堪称我国最早的微型历史小说。记述武王克商后三年,得重病。周公向祖先神祇祷告,愿代武王死。不久武王病愈,周公也没死。史官把这件事和祷告辞记录在册,收藏于档案柜即"金滕"里。过了若干年,武王去世,成王年幼,周公摄政。管叔等人散布流言诬陷周公将加害于成王,并煽动殷遗民叛乱。周公率兵平定叛乱,又作《鸱鸮》之诗,向成王解释。成王仍有疑心。周公只好离开朝廷避居于奄。于是,出现奇怪的现象:"秋,大熟,未获,天大雷电以风,禾尽偃,大木斯拔。"成王祈天,启金滕之书,得周公自以为功代武王之说。乃悟周公之忠,于是将他接回来。故事情结完整。有起因,有经过,有结果,首尾呼应,而又富于变化,已能看出周公和成王的性格特征。有些环境描写显然出于夸张,掺杂着神话成分,反映了西周初年盛行的巫风和对天神的崇拜迷信。然而,它毕竟还不是有意识的虚构,只是属于对自然现象和人事关系不自觉的艺术联想,这种写法对后野史有极大的影响。

《逸周书》的《太子晋》篇比《金滕》篇更富于神奇色调。太子晋是周灵王之子,年十五,有特殊才智。晋平公惧其即位后于己不利,派师旷试探。师旷用韵语向太子致词,表示敬慕,并提出一系列历史和政治问题。太子的回答亦用四言韵语,师旷十分佩服,连连称善,甚至高兴得跺起脚来。谈话之间,师旷探知,太子晋决心不做天子,并且从声音和气色推测他年寿不永。太子亦自知,"后三年将上宾于帝所"。后来果然应验。这篇文章只有两个人物,但形象相当鲜明,个性比较突出。双方问对,谦和委婉,很有分寸,表达思想精确含蓄,富于哲理。行文步步深入,层次井然。同时显示出不同的动作、表情和心理活动。可以看出作家有意刻画的痕迹,而不像《金滕》那样停留在记录传闻阶段。

《国语》故事大多简短，基本上是实录，也有个别片断含有合理的想象和虚拟成分，如《晋语五》记钼麑刺赵盾，见赵盾忠诚，自杀于庭。临死前曾自言自语，当时没有他人在场，是谁记录的呢？有些古人责备作者不实。其实，这就是艺术虚构，是后世小说中常见的手法。同一故事又见于《左传》，大同小异，可能是以《国语》稍加修饰而成。再如，《晋语一》记骊姬半夜在献公枕边哭诉申生如何如何不好，长篇大论，喋喋不休，极尽挑拨离间之能事。这段描写的真实性早有人怀疑。钱钟书《管锥篇》认为，此即代言法或拟言法。所有小说都离不开这种手法。

《左传》有些故事已具有更多的小说因素。如襄公二十八年，齐人灭庆氏故事。齐国执政庆封，专横残暴，四处树敌而又不加警惕。其子庆舍实际主事，更是不可一世。反对派高氏、国氏、陈氏、鲍氏暗中勾结，伺机发难。庆舍的女婿卢蒲葵和贴身警卫王何都心怀叵测。各种势力不断串联密谋，准备围攻庆氏。有人把种种迹象告诉庆封，他不听，也不改，大祸临头还刚愎自用。

“十一月乙亥，尝于大公之庙，庆舍莅事。卢蒲姜告之，且止之。弗听，曰：‘谁敢者！’遂如公。麻婴为尸，庆集为上献。卢蒲癸、王何执寝戈。庆氏以其甲环公宫。陈氏、鲍氏之圉人为优。庆氏之马善惊，士皆释甲束马而饮酒，且观优，至于鱼里。栾、高、陈、鲍之徒介庆氏之甲。子尾抽桷击扉三，卢蒲癸自后刺子之，王何以戈击之，解其左肩。犹援庙桷，动于甍，以俎壶投，杀人而后死。”

这个故事篇幅颇长，涉及数十个人物，关系十分复杂，场面经常变换，或明写，或暗叙。击舍一场，刻画特别细致。以优戏瓦解庆氏卫队，并乘机夺取其武装。然后以敲门为暗号，里应外合，左右一齐下手，演出了一场精彩的武打戏。写庆舍怙恶不悛，只用“谁敢者”三字，如闻其声；写他凶猛有力，重伤后仍拼死挣扎，只用十六字，如见其人。这样独特的性格和具体的环境，都是不可替代的，称得上是典型化的。读后不禁使人联想到《三国演义》中典韦之死。至于成公十年晋侯梦大厉，几乎可以当志怪小说来读。这个故事人们比较熟悉，就不具引。

《战国策》有不少篇章的写法很接近“小说家”，如《齐策》“邹忌讽齐王纳谏”记邹忌见徐公，“孰视之，自以为不如；窥镜而自视，又弗如远甚。暮寝而思之，曰：‘吾妻之美我者，私我也；妾之美我者，畏我也；客之美我者，欲有求于我也。’于是入朝见威王……”如此形象地再现其思想发展和联想推理的过程，已属于内心活动的揣摩，较之《国语》又前进了一步。《秦策》记苏秦说秦王不成而归，半夜读书，引锥刺股，自励说：“安有说人主而不能出其金玉锦绣，取卿相之尊者乎？”这种难于公开的内心隐秘，显系作者深入剖析所得，为限于实录者所不可及。《战国策》中最精彩的故事要数“荆轲刺秦王”。开始写燕太子丹为报秦仇，多方问计。先讨教于鞠武，鞠武劝他不要冒险，而他却收留秦亡将樊于期。又因鞠武而见田光，田光以年老不能当大事辞，转而介绍荆轲，并自杀以激荆轲，且使太子释疑。这种惊人之举，大大出人意料。续而写荆轲见太子，一再推辞而后答应，并不马上行动，竟然想出借樊于期头以见秦王之计，樊于期立即自刎。比田光之死更为悲壮。接下去写荆轲犹有所待，太子着急，荆轲怒而行。易水送别，悲歌一曲，怒发冲冠，着重写环境气氛，用浓墨重彩，渲染得极其慷慨激烈。这样富于悲剧性抒情性场面，在先秦散文中还是首次出现。故事后半段写具体执行刺客计划，荆轲见秦王，秦舞阳变色，既反射出秦王的赫赫声威，又烘托出荆轲沉着镇静和大无畏气概。殿刺一场，是矛盾的总爆发，全文的最高潮。双方攻防进退，神情动作，及周围各种人物的反映，无不精确细刻。这个故事就其细节描写的真实精确而言，确已达到了后世小说水平。到了西汉，有人扩写为《燕丹子》，增加了神怪成分和夸张色彩。

先秦诸子散文，常常夹杂历史故事以及寓言、民间传说等等，已具备一定的小说因素。如《孟子》的“齐人乞墦”虽然是寓言，齐人的形象却具有一定典型性。作者旨在揭露当时一些追求富贵利禄之徒，背地里蝇营狗苟，肮脏丑恶；而在众人面前又自我炫耀，冒充体面，一旦把戏揭穿，人们就会发现他不过是自欺欺人的骗子。故事首尾完整，包括五个情节：一、齐人对妻妾夸口；二、妻子怀疑，与妾计划；三、妻子跟踪，真相大露；四、妻妾羞愧哭骂；五、齐人不知，依然洋洋得意。特别后三节，情状宛然如见，角度巧妙，对比鲜明，在外面是“遍国中无与立谈者，卒之东郭墦间，之祭者乞其余，不足，又顾而之他”。转脸回家，却装模作样，骄其妻妾。讽刺可谓镂心刻骨。明代传奇《东郭记》、清蒲松龄《东郭萧鼓儿词》，皆据此改编。

墨子其人早于孟子，《墨子》成书则在《孟子》之后。尤其是《公输》篇，更可能晚出。这个故事完全能当小说读。其情节曲折，矛盾尖锐。第一个回合是墨子与公输盘论战，墨子假意请公输杀人，被公输拒绝，于是墨子以其人之道治其人之身，指责他助楚攻宋是“不杀少而杀众”。第二个回合是墨子与楚王延争，利用矛盾律和类比法，指出以有余之楚攻不足之宋，犹如舍其文轩而窃人短褐，舍其粱肉而窃人糟糠。第三个回合是公输盘与墨子比赛攻守之术，是全文的中心。公输盘失败了，却故弄玄虚，吞吞吐吐，暗含杀机。墨子洞悉一切，偏不说破。双方都在卖关子。待到楚王发问，读者也急于想知道究竟时，才亮明底牌，揭穿其暗谋，乃是杀死墨子而破宋。墨子同时交代早有对策。第四个回合是尾声，墨子归宋遇雨，守门人不纳，只好躲在门楼下过夜。《公输》篇已经有意识地把墨子作为扶危济困大智大勇的伟人来塑造。不仅描状其能言善辩，机敏老练，擅长以理折人的高度智慧，而且展现其深谋远虑，不怕牺牲，敢于积极备战以制止侵略的非凡胆略，以及有大功而不居的利他主义和无私品质，使墨子的形象显得平凡而又崇高。这些都是出于有意创作，不同于简单的自然记录。

庄子《杂篇》中有的已经算得上是寓言小说。如《盗跖》篇就是。这个故事纯属虚构，目的是揄揶儒家圣人，宣扬道家思想。说的是柳下季之弟盗跖，从卒九千，横行天下，侵暴诸侯，为万民所苦。孔子想说服他罢兵休战，反遭盗跖百般羞辱，被赶了出来。盗跖是一位“心如涌泉，意如飘风，强足以拒敌，辩足以饰非，顺其心则喜，逆其心则怒”的能人，“身长八尺二寸，面目有光，唇如激丹，齿如齐贝，音中黄钟”。他反驳孔子，博古通今，有理有据，义正辞严，凛然不可犯。实在是一位文武双全，秀外慧中，不可一世的英雄形象。当然，作者并非颂扬农奴起义，而是要为其道家思想寻找一个色彩鲜明的传音筒，但无意中却为中国古代文学刻画了第一位造反者的正面典型。反面人物是孔子。他去劝说盗跖时非常自信，有一股知其不可而为之的劲头。通报时声明他认识柳下季，表现出他的知礼和儒家的伦理观。他劝盗跖罢兵休战，共祭祖先，造大城，为诸侯，反映了孔子的政治观。受到驳斥后，不敢仰视，怕吃眼前亏，“再拜趋走，出门上车，执辔三失，目茫然无见，色若死灰，据轼低头，不能出气”。这当然不是历史上真实的孔子，但却也抓住了孔子某些特点。

《管子》集成当在战国后期，其中有少量历史传说、寓言故事和逸事趣谈，颇具小说意味。如《小问》篇记，桓公与管仲阖门谋伐莒，谋未发已闻于国中。桓公下令追查。发现当时有个送饭的工役东郭邮，进来时抬头看了一眼。便找来询问。东郭邮说，正是我讲出去的。桓公说，我不曾言伐莒，你怎么知道？东郭邮说，是我猜的。“夫欣然喜乐者，钟鼓之色也；夫渊然清静者，缞绖之色也；漻然丰满，而手足拇动者，兵甲之色也。日者，臣视二君之在台上也，口开而不阖，是言莒也；举手而指，势当莒也。且臣观小国诸侯之不服者，唯莒，于是臣故曰伐莒。”东郭邮是根据长期察言观色以窥探人们内心活动的规律，并结合当时国内外形势而后作出判断的。他并非随意猜想，所以显得合乎情理。故事情节新颖，委婉有致，与粗陈梗概者不同。

《晏子春秋》是一部有关晏婴的传记资料汇编，其中有的可能来自史官杂传，有的或许出自民间传说。如《内篇谏下》晏子使楚故事就是。楚王企图利用晏子身材矮小的生理缺陷侮辱他，要他从小门而入。作为外交官的晏子并不马上翻脸，而是巧妙地根据入乡随俗的原则提出质问：“使狗国者，从狗门入。今臣使楚，不当从此门入。”既委婉地斥责了对方，又留有余地，并不把局面完全弄僵。楚王又故意辱骂齐无人。晏子理直气壮地回答：“临淄三百闾，张袂成阴，挥汗成雨，比肩继踵而在，何为无人？”楚王曰：“然则何为使乎？”晏子对曰：“齐使使各有所主，其贤者，使使贤主，不肖者使使不肖主。婴最不肖，故宜使楚矣。”故意自贬，反唇相讥，弄得楚王哭笑不得。既有力地回击了对方的挑衅，又机警地维护了国家的尊严。楚王又使人伪为齐盗，当着晏子的面骂“齐人固善盗”。晏子利用果树异地则变味的自然现象作类比，说明齐人入楚为盗，原因在楚方。反客为主，先迂回后还击，使对方无所逃遁，终于彻底粉碎了楚王的无理取闹。后来《三国演义》中的诸葛亮舌战群儒，张松反难杨修，可能从晏子使楚故事中得到启发。

（2001—2003 年新加坡—马来西亚讲稿，发表于新加坡《新世纪学刊》第 7 期，2007 年）

第二部分　汉魏六朝文学

一、汉代杂史杂传中的小说成分

《汉书·艺文志》著录小说家十五家一千三百八十篇，隋以后全部亡佚，今所传汉人小说，鲁迅《中国小说史略》皆指为伪托，唯刘向《列仙传》是真的。因此，在一个时期内，治小说史者几乎不谈汉代。八十年代以来，不少学者经过考辨，认为其中多数作品基本可信。还有一些学者从汉代其他古籍中发掘小说因素，从而重新为汉代小说设立专章论介。这些作品，我把它们大致归纳为三类：

汉代地方史志中的小说成分

《蜀王本纪》

作者扬雄(前 53—18)，西汉著名辞赋家、语言学家、思想家。此书今存二十余则，记录蜀地历史和神话传说，上起远古时代的蚕丛、鱼凫，下迄西汉宣帝，颇具怪诞神奇色彩。

例如关于望帝的传说："古时有一男子，名曰杜宇，从天堕，止朱提。有一女子名利，从江源井中出，为杜宇妻。乃自立为蜀王，号曰望帝。望帝积百余岁，以鳖灵为相，治水，民得安处。望帝乃委国而授鳖灵，如尧之禅舜。鳖灵即位，号曰开明帝。""望帝去时，子规(杜鹃)啼，故蜀人悲子规鸣而思望帝。"这就是后世"望帝春心托杜鹃"典故的由来。从中可见古时蜀地存在过禅让制。

关于五丁开山的传说:“天为蜀王生五丁力士,能徙蜀山。”“秦惠王欲伐蜀,以道不通,乃刻五石牛,置金其后。蜀人见之,以为牛能大便金。蜀王即发卒千人,使五丁力士拖牛成道,致三枚于成都。秦得道通,石牛力也。后(秦)遣丞相张仪等将兵,随石牛道伐蜀。”另一则说:“秦王知蜀王好色,乃献美女五人于蜀王。蜀人爱之,遣五丁迎女。还至梓潼,见一大蛇入山穴中。一丁引其尾,不出。五丁共引蛇。山乃崩,压五丁。五丁踏地大呼秦王,五女及迎送者皆上山,化为石。蜀王登台望之不来,因名五妇候台。”这两则传说都反映了古时开凿蜀道之艰辛。唐代诗人李白的《蜀道难》诗中,便采用了“五丁开山壮士死”的典故。

扬雄是蜀人,故收集本地民间传说,仿《史记》而名曰本纪。但仅将资料排列,虽存歧见而未加去取。语言平实,不事雕饰。可能与作者不视之为文学创作有关。

《越绝书》

不著撰人。明清学者根据书末一段隐语推测作者是东汉初年的袁康和吴平。今存十五卷十九篇,每篇独立,自成起讫,叙事常有重复,看不出系统性,像一部资料汇编。重点记吴越相争。从伍子胥奔吴起,以越王勾践忍辱求和,后来兴越灭吴为主线,旁及吴越两国之世系、宫室、城垣、山河、陵墓、风土、人物,内容驳杂,涉及政治、经济、军事、哲学、宗教、文化许多方面。被后人称为中国第一部地方志。各篇文体不一,有问答体、对话体、说明文、议论文、记叙文,记言为主,记事为辅。其中某些片断颇具文学色彩。如写伍子胥出逃:

“乃南奔吴,至江上,见渔者,曰:‘渡我’!渔者知其非常人也,欲往渡之,恐人知之,歌而往过之曰:‘日昭昭,侵以施,为子期,甫芦之碕。’子胥即从渔者之碕。日入,渔者复歌曰:‘心中有悲,日已施,子可渡河,何为不出?’船到,即载入船而伏。半江而仰,谓渔者曰:‘子之姓为难?还得报子之厚德。’渔者曰:‘纵楚之贼者,我也;报荆之仇者,子也。两而不仁,何相问姓名为?’子胥即解其剑,以与渔者曰:‘吾先人之剑,直百金，请以与子也。'渔者曰：'吾闻荆平王有令曰：得伍子胥者，购之千金。今吾不欲得平王之千金，何以百金之剑为？'渔者渡于斧之津，乃发其箪饭，清其壶浆而食之。曰：'亟食而去，毋令追者及子也。'子胥曰：'诺。'子胥将去，顾谓渔者曰：'掩尔壶浆，无令之露。'渔者曰：'诺。'子胥行；即覆船，挟匕首自刎于江水之中，明无泄也。"（《越绝荆平王内传》第二）。

这段文字对于伍子胥窘急避捕，谨慎多心；渔者以歌词招呼，真诚相待，舍命救人，极力刻画，近似后世小说笔法。

书中对于宝剑，有许多神奇的描绘。如《越绝外传记宝剑第十三》中一段说：

"昔者，越王勾践有宝剑五，闻于天下。有客能相剑者，名薛烛，王召而问之……王取纯钩，薛烛忽如败，有顷，惧而悟，下阶而深惟，简衣而坐望之。手振拂扬，其华捽如芙蓉始出。观其钣，烂如列星之行；观其光，浑浑如水之溢于塘；观其断，岩岩如琐石；观其文，焕焕如冰之将释。'此所谓纯钩耶？'王曰：'是也。客有直之者，有市之乡三，骏马千匹，千户之都二，可乎？'薛烛对曰：'不可。当造此剑之时，赤堇之山破而出锡，若耶之溪涸而出铜，雨师扫洒，雷公击橐，蛟龙捧炉，天帝装炭，太一下观，天精下之。欧治乃因天之精神，悉其技巧，造为大刑三，小刑二，一日湛卢，二曰纯钩，三日胜邪，四日鱼肠，五日巨阙。吴王阖闾之时，得其胜邪，鱼肠、湛卢……鱼肠之剑刺吴王缭。今赤堇之山已合，若耶之溪深而不测，群神不下，欧冶子即（已）死，虽复倾城量金，珠玉竭河，犹不能得此一物。有市之乡三，骏马千匹，千户之都二，何足言哉！'"

在中国古代有关宝剑的传说中，这是具有代表性的一段文字。二十世纪末期，湖北江陵出土越王勾践剑，湖北襄阳出土吴王夫差剑，山西出土吴王光（即阖闾）剑，铸造工艺精湛，有的仍然锋利，可见《越绝书》所言不诬。

《吴越春秋》

作者赵晔，东汉初年会稽人，活动期较袁康、吴平略晚。其书与《越绝书》记事部分有不少重复。今本十卷，前五卷记吴国，从太伯立国起，下及吴王寿梦四子让国，伍子胥受迫害奔吴，助公子光刺杀王僚，以及助吴破楚；吴王夫差纵越君，杀伍子胥，骄奢淫逸，终为越所灭。后五卷记越国，从远祖夏禹及前君无余起，下及勾践败于吴，归国后卧薪尝胆，重用贤良，训练士卒，最后灭吴称霸。既不是纪传体，也不是纯编年体，而是按年代分章体。每章各有重点，相对独立而又紧密衔接。记事为主，记言为辅。资料来源于《尚书》、《国语》、《左传》、《战国策》、《史记》、《说苑》等古籍，穿插了不少民间传说甚至作者想象创作的故事，比《越绝书》具有更丰富的神话传奇色彩和小说成分。

《吴越春秋》的文学成就，主要在于通过一系列惊心动魄的故事情节和政治军事方面的出谋划策活动，刻画出一大批栩栩如生的人物形象。其中最突出的是伍子胥。伍子胥一出场，即在楚平王派人诱捕的紧急关头。作者运用伍氏兄弟二人一去一留的对比，表现伍子胥具有深刻的政治判断力和“能成大事”的远大抱负。接着写他先逃宋国，后奔吴国，千辛万苦。过昭关，谎取美珠骗关吏。至江中，遇渔父、绵女舍命相救（比《越绝书》更曲折具体）。到了吴国，披发佯狂，跣足涂面，行乞于市，引起吴王僚和公子光的注意。然后通过王僚的观察，写伍子胥身长一丈，腰十围，眉间一尺的雄伟外貌，和“每与人语，遂有勇壮之气；稍道其仇，而有切切之色”的心理状态。劝吴王伐楚，被公子光谏阻。得知公子光有篡位野心，乃访求勇士专诸，献给公子光以自媚，帮助他刺杀王僚，遂成为公子光（即位后称阖闾）的亲信。又推荐勇士要离杀阖闾的死对头王子庆忌，推荐孙武为领兵将军。各种条件具备，才劝吴王伐楚。充分展示一位成熟政治家特有的忍耐与谨慎。伐楚得胜，攻入郢都，楚昭王出逃。伍子胥掘平王之墓，鞭尸三百；并对渔父和绵女的亲属深表酬谢。恩仇俱报之后，继续写他对吴国无限忠诚。在夫差苦求之下，劝阖闾立夫差为太子。夫差继位后伐越报仇，因太宰丕的说情，纵越王勾践归国。伍子胥认为是放虎归山，夫差不听；为了争霸中原，又兴兵伐齐、晋。伍子胥多次犯颜“苦谏”，夫差恼羞成怒，加上太宰丕的挑拨，乃赐剑令伍子胥自尽。临死前，伍子胥要求将他的眼睛摘下放在吴国门之上，“以观吴之丧。”后来果然应验并且显灵。越军攻入胥门，“见伍子胥头，巨若车辆，目若跃电，须发四张，射于十里。越军大惧，留兵假道……”最后写伍子胥成为钱塘江的潮神，每年八月十五与吴人见面。这个传说表达了人民群众的永久纪念。

如果把《吴越春秋》与《越绝书》以及《史记》中的《伍子胥列传》相比，不难发现，前二书是史家之笔。《越绝书》写伍子胥仅有若干片断，并未重点刻画。《史记》记事虽然比较完整，但属于梗概性实录，不像《吴越春秋》那样，充分利用夸张想象和神话传说资料，从言语、行动、环境、细节等许多方面精雕细刻，从而使伍子胥的形象高大，血肉丰满，神形毕现，已经是小说家笔法。

其他一些人物性格，有的也相当突出。如识深智广、功成身退的范蠡，忍辱负重、坚毅不拔的勾践（比《越绝书》更全面），刚愎自用的夫差，阿谀奉承的太宰丕，治军严明的孙武，赤胆忠心的文种，救亡图存的申包胥，外弱内刚的要离……都给读者留下不可磨灭的印象。有的人物为《越绝书》所无，有的虽见他书，但《吴越春秋》写得更为生动。

有的人物和故事，已接近六朝志怪。如勾践求勇士，范蠡推荐越之处女。“处女将北见于王，道逢一翁，自称袁公，问于处女：‘吾闻子善剑，愿一见之。’女曰：‘妾不敢有所隐，唯公试之。’于是袁公挽林内之竹，似枯槁，未折堕地。女接取其末，袁则飞上树，变为白猿，遂别去。”处女向勾践说击剑之术，越王乃命之教习军士。这种写法开后世小说以猿精写敏捷武功之先河。

从叙事技巧看，《吴越春秋》头绪纷繁，矛盾错综复杂，涉及吴越楚齐晋宋许多国家的几代人物。作者充分吸取各方面的素材，巧妙地编织、铺排，组成脉络分明、因果清晰、井然有序的有机体。虽然不用史评史赞之词，但是其中的经验教训，两千年来一直吸引人们不断总结思考。

《吴越春秋》影响深远，后世地方史志如《吴郡志》即常取材该书，历代文学作品演绎甚多。如敦煌遗书中的《伍子胥变文》，宋元话本有《吴越春秋全相平话》，明代冯梦龙的长篇历史小说《东周列国志》中的吴越部分，清代戏剧有《伍子胥过昭关》，近代有《吴越春秋》说唱鼓词，当代话剧有曹禺的《胆剑篇》，小说有萧军的《吴越春秋史话》等，不胜枚举。

汉代杂传中的小说成分

《燕丹子》

成书年代说法不一。明代著作《周氏涉笔》认为“盖秦汉人所作”。鲁迅指为先秦作品。今人多缀之汉代。我主张，其基本情节形成于先秦，扩写成小说在西汉，至东汉或有所损益。今本约3500字，演述燕太子丹质秦受辱，逃归后收买刺客荆轲，刺秦王报仇而未成功的悲剧。内容与《战国策·燕策》、《史记·刺客列传》大同小异。《刺客列传》提到：“世言荆轲，其称太子丹之命，天雨粟，马生角也，太过。又言荆轲伤秦王，皆非也。”这些被司马迁所不取者，正在今本《燕丹子》中，可见其书或在《史记》之前已经流传。《战国策》、《史记》是纪实性史传文学，而《燕丹子》则已具有相当程度的小说色彩，区别在于后者增加了神奇怪诞和夸张虚构成分。例如：

开头一段说：燕太子丹质于秦“欲求归。秦王不听，谬言令乌白头，马生角乃可许耳。丹仰天叹，乌白头，马生角。秦王不得已而遣之，为之机发之桥，欲陷丹。丹过之，桥为不发。夜到关，关门未开，丹为鸡鸣，众鸡皆鸣”。于是得脱。鸡鸣过关的传说与孟尝君的故事相似。

太子丹为了收买荆轲，不惜一切代价。与轲至东宫，临池而观，轲拾瓦投蛙，太子易之以金。闻千里马肝美，太子即杀马进肝。太子命美人鼓琴，轲曰：好手。太子即断其手，盛以玉盘进之。这些举动几乎和后来石崇杀美人以劝酒一样残酷。

荆轲刺秦时，左手把其袖，右手揕其胸，历数其罪。秦王曰：“乞听琴而死。”荆轲许之，姬人通过琴声告诉秦王：裂绝单衣，超越屏风，背负拔剑的方法，以致荆轲功亏一篑，虽然最后掷匕首穿秦王之耳，但终被秦国侍从诛杀。

与《战国策》、《史记》稍加比较后不难看出，《燕丹子》上述描写多不合情理，然而这正是小说家踵事增华的表现。正因为如此，后世人们代代相传的荆轲故事，主要依据《战国策》和《史记》，而不信从《燕丹子》。故此书影响并不大，不能把塑造荆轲形象的成就都归功于小说家。

《列仙传》

作者刘向（前77—前6），西汉末年著名经学家、文学家、目录学家。著作有《说苑》、《新序》、《列女传》等，这三部书也有些小说成分，但尤以《列仙传》为多。神仙之说兴于战国，盛于汉代。此书收集记录整理远古至当时有关资料，共七十二位仙人。知名者如彭祖、黄帝、王子乔、赤松子、老子、吕尚、东方朔等。每人一则，长的二百多字，短的四五十字。文字平浅，缺乏情致，少数故事构想奇特，描写具体，情节完整，比起支离破碎的先秦神话有所进步。

如“箫史弄玉”：“萧史者，秦穆公时人也，善吹箫，能致孔雀、白鹤舞于庭。穆公有女子弄玉，好之，公遂以女妻焉，日教弄玉作凤鸣，居数年，吹似凤声，凤凰来，止其屋。公为作凤台，夫妻止其上不下数年。一日，皆随凤凰飞去。故秦人为作凤女祠于雍，宫中时有箫声而已。”这是写凡人成仙。还有写神仙与凡人相爱的，如江妃二女与郑交甫相恋，在后世传为佳话。

邗子遇仙：“邗子者，自言蜀人也，好放犬子。时有犬走入山穴，邗子随入。十余宿，行度数百里，上出山头。上有台殿宫府，青松树，森然，仙吏侍卫甚严。见故妇主洗鱼，为邗子符一函，并药，使便还，与成都令桥君。桥君发函，有鱼子也。著池中养之，一年皆成龙形，（可能就是今之金龙鱼）复送符还山上。犬色更赤，有长翰（羽毛），常随邗子，往来百余年。遂留止山上，时下来护其亲族。蜀人立祠于穴口，常有鼓吹传呼声。”这是六朝小说《黄原》、《刘阮入天台》的滥觞。

书中有许多故事热衷于描述仙人的生活方式和神奇法术，不食五谷，服用云母、丹砂、桃李花，精通导引之术；能使青春常驻，起死回生，甚至飞举升天。西汉武帝、宣帝、成帝皆好神仙，刘向也炼过黄金术，此书所反映的正是那个时代的社会风尚。

《汉武故事》

旧题班固撰，今人或以为东汉中期以后所作。鲁迅《中国小说史略》说："其中多神仙怪异之言，而颇不语方士，文亦简雅，当是文人所为。"今存 53 则，约 14000 字，记汉武帝从出生到死后葬茂陵之传闻佚事，以求仙闻怪为主要内容，傍及政治、军事、祭祀、游宴及宫庭生活等等。所言多与《史记》、《汉书》相出入。从体例看，属于资料辑录，尚不是有系统的长篇传记小说。其中最精彩的是会见王母的描写。

"王母遣使谓帝曰：'七月七日，我当暂来。'帝至日，扫宫内，燃九华灯。七月七日，上于承华殿斋。日正中，忽有青鸟从西方来，集殿前。上问东方朔，朔对曰：'西王母暮必降尊像，上宜洒扫以待之。'上乃施帷帐，烧兜末香——香、兜渠国所贡也。香如大豆，涂宫门，闻数百里。关中尝大疫，死者相系，烧此香死者止。是夜漏七刻，空中无云，隐如雷声，竟天紫色。有顷，王母至，乘紫车，玉女夹驭、载七胜，履玄琼凤文之舄，青气如云，有二青鸟如乌，夹侍母傍。下车，上迎拜，迎母坐，请不死之药。母曰：'太上之药，有中华紫蜜、云山朱蜜、玉津金浆；其次药有五云之浆、实云子、玄霜绛雪。上握兰园之金精，下摘圆丘之紫奈，帝滞情不遣，欲心尚多，不死之药未可致也。'因出桃七枚，母自啖二枚，与帝五枚。帝留核着前，王母问曰：'用此何为？'上曰：'此桃美，欲种之。'母答曰：'此桃三千年一著子，非下土所植也。'留至五更，谈语世事，而不肯言鬼神，肃然便去。东方朔于朱鸟牖中窥母。母谓帝曰：'此儿好作罪过，疏妄无赖，久被斥退，不得还天。然原心无恶，寻当得还，帝善遇之'。母既去，上惆怅良久。"

这段文字叙事写景，严谨有序，语言朴素，对话能体现人物思想性格，细节颇有意趣。

汉武帝夜宿柏谷故事像是真实记录。

“上微行，至于柏谷，夜投亭长宿，亭长不内，乃宿于逆旅。逆翁谓上曰：‘汝长大多力，当勤耕稼穑，何忽带剑群聚，夜行动众，此不欲盗则淫耳。’上默然不应，因乞浆饮。翁答曰：‘吾止有溺，无浆也。’有顷还内。上使人觇之，见翁方要少年十余人，皆持弓矢刀剑，令主人姬出安过客。姬归，谓其翁曰：‘吾观此丈夫，乃非常人也，且有备，不如因礼之。’其夫曰：‘此易事耳，鸣鼓会众，讨此群盗，何忧不克？’姬曰：‘且安之，会其眠，乃可图也。’有顷姬出，谓上曰：‘诸公子不闻主人翁言乎？此翁好酒，狂悖，不足计也。今日具令公子安眠无他。’姬自还内，时天寒，姬酌酒，多与其夫及诸少年，皆醉。姬自缚其夫，诸少年皆走。姬出谢客，杀鸡作食。平明，上去。是日还宫。乃召逆旅夫妻见之，赐姬金千斤，擢其夫为羽林郎。”

故事情节曲折，险象环生，均被店姬一一化解。人物不多，但个性鲜明，语言通俗，传神写态，其笔法颇似后世小说写乾隆皇帝下江南，甚至像二月河小说《雍正王朝》的某些片断。

《汉武内传》

旧题班固撰，今人认为当是汉魏之际道士所作，成书在《汉武故事》后。也从汉武帝出生起，至死后殡葬止。全书约10000余字，既未罗列军政大事，也没有太多的遗闻琐事，主要写武帝与王母及上元夫人一次会见，和长篇大论的谈话。没有什么故事性，只是对王母形象及会见场面极力铺陈，夸饰形容，把《汉武故事》中四百字左右的一段文字，扩大到五倍以上，出场者增加到数十人，试看其中一段：

“至二唱之后，忽天西南如白云起，郁然直来，迳趋宫庭间。须臾转近，闻云中有箫鼓之声，人马之响，复半食顷，王母至也。县投殿前，有似鸟集，或驾龙虎，或乘狮子，或御白虎，或骑白鹿，或控白鹤，或乘轩车，或乘天马，群仙数万。既至，从官不复知所在。唯见王母乘紫云之辇，驾九色斑龙，别有五十大仙，侧近鸾舆，皆身长一丈，同执彩毛之節佩，金刚灵玺，戴天真之冠，咸住殿前。

王母唯扶二侍女上殿，年可十六七，服青绫之褂，容眸流眄，神姿清发，真美人也。王母上殿，东向坐。著黄锦袷襡，文采鲜明，光仪淑穆，带灵飞大绶，腰分头剑，头上大华结，戴太真晨婴之冠，履黄璃凤文之舄。视之，可年三十许，修短得中，天姿掩蔼，容颜绝世，真灵人也。下车登床，帝拜跪，问寒温毕，立如也。因呼帝共坐。帝南面、向王母。

母自设膳，膳精非常。丰珍之肴，芳花百果，紫芝萎蕤，纷若填樏。清香之酒，非地上所有，香气味绝，帝不能名也。又命侍女索桃，须臾以盘盛桃七枚，大如鸭子，形圆色青，以呈王母。母以四枚与帝，自食三桃。桃之甘美，口有盈味。帝食辄录核，母曰：'何谓?'帝曰：'欲种之耳。'母曰：'此桃三千岁一生实耳，中夏地薄，种之不生，如何?'帝乃止于坐上。酒酣数过，王母乃命侍女王之登弹八琅之璈，又命侍女董双成吹云苏之笙，又命侍女石公子击昆仑之钟，又命侍女许飞琼鼓震灵之簧，侍女阮凌华拊五灵之石，侍女范成君击洞庭之磬，侍女段安香作九天之钧。于是众声沏朗，灵音骇空。"

极力夸饰服装、饮食、音乐，文辞繁缛，可以看出楚辞和汉赋的影响。全书三分之二记王母、上元夫人与汉武帝谈服食长生、神功仙术，传授秘籍《五岳真仙图》等等。作者着意宣扬道教理论，满纸方术名词，一般人读不懂。从总体看，《汉武故事》的文学性高于史学性。《汉武内传》的宗教性多于文学性。从小说史讲，二书不宜相提并论。

汉代地理博物志异之书

《神异经》

旧题东方朔撰，后人多以为不可信。余嘉锡《四库总目提要辩证》说："此书既为(东汉末)服虔所引用，则至迟出于灵帝以前，或且后汉初年已有其书。"今本共58条，体例仿《山海经》。依次分为：东荒经、东南荒经、南荒经、西南荒经、西荒经、西北荒经、北荒经、东北荒经、中荒经。略于山川道里，侧重异物奇闻。例如东王公会西王母故事。

“昆仑之山有铜柱焉，其高入天，所谓天柱也。围三千里，周圆如削，下有四屋，方百丈，仙人九府治之。上有大鸟，名曰希有，南向，张左翼覆东王公，右翼覆西王母。背上小处无羽，一万九千里。西王母岁登上会东王公也。”(《中荒经》)

“东荒山中有大石室，东王公居然。长一丈，头发皓白，人形鸟首而虎尾，载黑熊，左右顾盼。恒与一玉女投壶，每投千二百矫。设有入不出者，天为嘘嘘。矫出而脱误不接者，天为之笑。”(《东荒经》)

东王公是西王母的配偶神，早期犹有动物形象，类似《山海经》中的西王母。后来道教把他神化为居东海中之男仙领袖，为东华至真之气所化，凡天下男子之登仙得道者悉为所主。

有些神怪现象寄寓某种正面的社会道德典范。如“西北海中有人长二千里，两脚相距千里，腹围一千六百里。好游山海间，不犯百姓，不干万物，与天地同生，名曰无路之人。一名仁，一名信，一名神”。(《西北荒经》)“西南大荒中有人，长一丈，腹围九尺，践龟蛇，戴朱鸟，左手凭白虎，知河海水斗斛，识山石多少，知天下鸟兽言语，土地上人民所道，知百谷可食，识草木咸苦。名曰圣，一名哲，一名贤，一名无不达。凡人见而拜之，令人神智。”(《西南荒经》)。“东方有人马，男则朱衣缟带无冠，女皆采衣，男女便转可爱，恒坐而不相犯，相誉而不相毁，见人有患，投水救之。名善人，一名敬，一名美，不妄言，果果然而笑，仓卒见之如痴。”(《东荒经》)

其中伦理观念，多吸收儒家，看不到道家和佛教成分。有些怪异之物含批评嘲讽之意。如：“西南方有人焉，头上戴豕，贪如恶狼，好自积财，名曰饕餮，一名贪婪，一名强暴，一名凌弱。”(《西南荒经》)“西南荒中出讹兽”，“人面，能言，常欺人，言东而西，言恶而善。其肉美，食之言不真矣。”(《西南荒经》)“不孝鸟，状如人身，犬毛，有齿，猪牙，额上有文曰不孝，口下有文曰不慈，背上有文曰不道，左胁有文曰爱夫，右胁有文曰怜妇。故天地立此异，畀以显忠孝也。”(《中荒经》)这种借喻手法，滑稽幽默，启发人们诸多联想。

还有一些有趣的神话片断，如《东南荒经》的朴父，因治水懒惰而受上天谴谪。使之"并立东南，男露其势，女露其牝，不饮不食，不畏寒暑，唯饮天露。须黄河清，当复使其夫妇导护百川"。《西荒经》中的河伯使者，所止之国，辄雨水滂沱。《东南荒经》的尺郭，能食恶鬼三千……这些片断在神话史上皆有一定价值。

《别国洞冥记》

又名《汉武帝别国洞冥记》，旧题郭氏撰。据考证当是东汉初年的郭宪，光武帝时官至光禄勋，好道术。该书今存十条，所记事物，以各国来贡或武帝求仙为线索展开。所谓"别国"主要指西域、南亚及中亚一带国家。所谓"洞冥"意为洞达神仙幽冥之所。重点在记录奇珍异物，它们往往具有神奇的功效，反映出汉代张骞、班超通西域以后，人们眼界开阔，求知好奇的欲望，而求仙访道味道似不太浓。如"元封五年，勒毕国贡细鸟，以方尺之笼盛数百头，形如大蝇，状似鹦鹉，声闻数里之间，如黄鹄之音也。国人常以此鸟候时，亦名曰候日虫。常置之于宫内，旬而飞尽。帝惜，求之不得。明年，见鸟集帷幕，或入衣袖，因名蝉衣鸟，宫内嫔妃皆悦之。有鸟集其衣者，辄蒙爱幸。至武帝末，稍稍自死，人犹爱其皮。服其皮者，多为丈夫所媚。"这可能就是世界上形体最小而能发出乐音的蜂鸟，如今生活在南北美洲。

各国贡物中，有韭和膏，服一粒千日不饥。豹髓灯，夜遇暴雨不灭。蹑空草，食之能空中孤立，足不蹑地。明茎草，夜如金灯，折枝为炬，能照见鬼物。千奇百怪，令人眼光缭乱。

记异物之外，也记异人，如："帝所幸宫人名丽娟，年十四，玉肤柔嫩，吹气胜兰。身轻弱，不欲衣缨拂之，恐伤为痕。每歌，李延年和之，于芝生殿唱回风之曲，庭中花香翻落。置丽娟于明离之帐，恐尘类垢污其体也。帝常以衣带系丽娟之袂，闭于重幕之中，恐随风而去也。丽娟以琥珀为佩，置衣裾里，不使人知，乃言骨节且鸣，相与为神怪也。"揭示宫女故作媚态，一针见血。

"黄安，代郡人也……年可八十余，视如童子。常服朱砂，举体皆赤，冬不着裘。坐一神龟，广二尺。人问：‘子坐此龟几年矣？’对曰：‘昔伏羲始造网罟，获此龟以授吾。吾坐此龟背已平矣。此虫畏日月之光，二千岁即一出头。吾坐此龟，已见五出头矣，行即负龟以趋，世人谓黄安万岁矣。”

同书还记载冯翊李元“自言三百岁”，河清孟歧七百岁，都受到武帝征赏。从“自言”、“世人谓”这些字里行间看，作者似乎未必完全相信。

《十洲记》

旧题东方朔撰。从内容看，当是汉魏之际道教徒集古往今来海外传闻敷衍成书，用来弘扬神仙道法。以东方朔答汉武帝问的方式，列述海外之祖洲、瀛洲、云洲、炎洲、长洲、元洲、流洲、生洲、凤麟洲、聚窟洲共十洲之风土人物，并及沧海岛、方丈洲、扶桑蓬莱山、昆仑山之福地宫阙，真人神宫、奇禽怪兽、仙草灵药、珍宝异物，如：火烷布、切玉刀、夜光杯、续弦胶、返魂树等等，以迎合统治者求仙得道的心理和兴趣，试看其中一段：

“祖洲近在东海之中，地方五百里，去西岸七万里。上有不死之草，草形如菰，苗长三四尺。人已死三日，以草覆之，皆当时活也，服之令人长生。昔秦始皇大苑中多枉死者横道，有鸟如乌状，衔此草覆死人面，当时起死而自活也。有司奏闻，始皇遣使者赍草，以问北郭鬼谷先生。鬼谷先生云：‘此草是东海紫洲上，有不死之草，生琼田中，或名养神芝，其根似菰，苗丛生，一株可活一人，’始皇然后慨然言曰：可采得否？乃使使者徐福，发男童女五百人，率摄楼船等，入海寻祖洲。福，道士也，字君房，后亦得道也。”

另一段讲汉武帝时，月支国献四两反生香，死者闻风即活。又献头形体细小之猛兽，能服百兽，武帝命使者当场试验。

“兽舐唇良久，忽叫，如天大雷霹雳。又两目如磏磹(qiān tán)之交光，光朗冲天，良久乃止。帝登时颠蹶，掩耳震动，不能自止。侍者及武士虎贲，皆失状伏地。诸内外牛马犬豕之属，皆绝绊离系，惊骇放荡，久许，咸定。帝忌之，因以此兽付上林苑，令虎食之。于是虎闻兽来，乃相聚屈积如死虎状。兽入苑，径上虎头，溺虎口，去十步已来，顾视虎，虎辄闭目。帝恨使者出言不逊，欲收之。明日，失使者及猛兽所在，遣四出寻讨，不知所止。到后元元年，长安城内病者数百，亡者太半。帝试取月支神香烧之于城内，其死未三月者皆活，芳气径三月不歇，于是信知其神物也。懊恨不礼待于使者。”

此书对汉武帝也微有指责，不过是嫌他信神仙不够专一而已。

总体上看，《十洲记》支离破碎，只有描状异物的片断，缺少完整的故事情节，着意张皇神仙道教，缺乏《神异经》那样的讽世意义，只能当神话资料看待。如果和《汉武内传》相比，彼书致力于宣扬道教思想之奥妙，此书则大肆列举道教神仙人物及居处之奇异。二书都是道教流行之后的作品，均可能经六朝人增益。

（2001—2003 年，新加坡—马来西亚讲稿）

二、读《史记笺证》

《史记》是中国史学史的骄傲，也是中国文学史的丰碑。两千年来，从不同角度对《史记》进行注音、释义、校勘、考异、笺证、评说的著作，汗牛充栋，不下数百种。其中最重要的是“三家注”：即南朝刘宋时裴骃《史记集解》，初唐司马贞的《史记索隐》，盛唐张守节的《史记正义》。其他如明代凌稚隆的《史记评林》，清代梁玉绳的《史记志疑》等，也有很高的成就。20 世纪 30 年代，日本学者泷（读双）川资言出版《史记会注考证》，被认为是继“三家注”之后最好的《史记》注本，受到史学界的重视；但是该书也有缺失疏误、不尽人意之处，一些学者曾提出商榷和补正，然而却没有一部新注能够超越和取代。

北京师范大学中文系韩兆琦教授，从 1958 年大学毕业以来，一直从事中国古代传记文学尤其是《史记》的教学和研究工作，已出版《史记通论》、《史记汇评》、《史记评议赏析》、《史记选注》、《史记题评》和《中国传记文学史》、《中国传记艺术》、《汉代散文史稿》、《中国文学史》（主编）等著作，是国内外知名的《史记》专家，曾经长期担任《史记》学会会长。1992 年开始，他受史学大师白寿彝先生嘱托，开始撰写《史记笺证》。力图汇集历代研究的主要成果，尽量吸收近几十年来的新资料和富有创意的见解，决心完成一部赶超《史记会注考证》的高水平著作。经过十多年的努力，这个目标已经实现。一部五百多万字装订成九大册的《史记笺证》，已由江西人民出版社于 2005 年出版。这是中国史学界的盛事，也是中国古典文学界的喜讯。

《史记笺证》（以下简称“笺证”）的学术成就主要在以下几方面：

第一，认真校勘。对当代通行本《史记》原文的字句讹误和重要标点失当之处进行校改，共二百余处。如《孔子世家》："孔子冢大一顷"，"笺证"认为"冢"应作"家"。《廉颇蔺相如列传》："秦伐韩，军于阏与"，"笺证"认为应作"秦攻韩军于阏与"，中间不能有逗号。《淮南衡山列传》："南海民王炽上书献璧皇帝"，"笺证"认为"民"字是衍文，应删。《高祖本纪》："汉王数项羽曰：……何苦乃与公挑战！""笺证"认为"乃与公"应作"与乃公"。《李将军列传》："后韩将军徙右北平。于是天子乃召拜广为右北平太守。""笺证"认为"后韩将军徙右北平"下应有逗号及"死"字。这些校改，多根据《史记》本书内证，并吸收和补充前人论断。言之成理，持之有故，态度谨慎，方法细密。

第二，精确考据。依据考古资料和出土文物，验证《史记》史实，纠正其偏失，提高其清晰度。如《殷本纪》："汤始居亳，从先王居。"张守节《史记正义》说："汤即位都南亳，后徙西亳。""笺证"根据《夏商周断代工程报告》和《新中国考古五十年》，认为1955年、1983年、1997年先后在郑州市与偃师市发现的两处商代城垣遗赴，即汤先后所居之南亳和西亳。《秦始皇本纪》有秦二世将"六公子戮死于杜"的记载，"笺证"引用秦俑考古队简报中关于始皇陵旁陪葬之尸骨加以证实。《南越列传》："(赵)佗孙胡为南越王……胡薨，谥为文王。""笺证"根据70年代广州市南越王墓出土金印有"文帝行玺"和"赵眛"字样，知墓主为南越文帝赵眛，《史记》误记为赵胡。《白起王翦列传》记白起坑赵降卒四十万于长平。"笺证"据韩生禾、谢鸿喜《长平古战场巡礼》，证实其地在今山西省高平县永禄乡，以韩王山麓为中心的三角地带，现已发现尸骨坑多个。这些新的物证，加上书证，坚实可信，极具说服力。

第三，广集笺证。采录各种古代遗迹如城垣、关塞、陵墓、碑碣，与历史人物、事件印证，以资博览。如《朝鲜列传》："自始全燕时，尝略属真番、朝鲜，为置吏，筑障塞。秦灭燕，属辽东外徼。"障塞，即界墙、城堡。"笺证"根据王德柱《鸭绿江畔发现燕秦汉长城东段遗迹》，知燕长城已达今辽宁省宽甸县鸭绿江右岸。又据孙永钟、南宇明翻译的朝鲜学者《关于大宁江长城的调查报告》，得知燕长城直抵朝鲜半岛清川江入海口之北。关于秦“直道”，“笺证”授引史念海教授提供的今陕西富县张家湾乡、甘泉县桥镇乡和志丹县等处直道遗迹为证。《外戚世家》：“汉王坐河南宫成皋台。”“笺证”引荥阳文管所陈万卿以及旧《汜水县志》之说，认为成皋故城在今河南荥阳市西北之大伾山上，今遗址之最高处有巨大夯土台，即当时之成皋台。

第四，据实辩正。利用新的研究成果，对《史记》旧注欠妥之处进行辩正，对模糊之处提出新说。如《蒙恬列传》有“隐宫”一词，张守节解释为“宫刑一百日隐于荫室养之乃可，故曰隐宫。”“笺证”据陈直《史记新证》和马非百《秦集史》所引《云梦秦简》，确认“隐宫”乃“隐官”之误，是收容受过刑罚又因功被赦之罪人的机关，性质与后世劳动教养所大致相同。《周本纪》记威烈王二十三年，“命韩赵魏为诸侯”，但没有说明原因。“笺证”引缪文远《战国史系年辑证》所云：“三晋称侯，乃由上年周王命三晋伐齐有功而起，……具有酬庸性质。”《史记》不载，是重大遗漏。《匈奴列传》中的“阏氏”，旧注为“匈奴皇后”，“笺证”据林干《匈奴史》，认为当泛指匈奴王之嫔妃、姬妾。《春申君列传》没有讲春申君与楚王是什么关系，“笺证”集引金正炜、钱穆、杨宽等人意见，认为是楚顷襄王之弟，这样方可与战国其他三公子并称。诸如此类重要补正，书中甚多。

第五，博引评论。“笺证”采集古今中外政治家、军事家、思想家、著名学者对《史记》人物、事件的重要评论，有助于读者深入理解。关于刘邦，引述《毛泽东读书笔记》中的若干评论。关于《孙子兵法》，转引拿破仑的话：“倘若我早见到这本书，我是不会失败的。”德皇威廉二世被废之后，读《孙子兵法》，长叹说：“早二十年读到此书，则决不会遭受失败之苦了。”关于吕不韦，引用郭沫若《十批判书》和马非百《秦集史》、杨宽《战国史料编年辑证》的评价。关于孙膑马陵之役的战略意义，引述吴如嵩《中国军事通史》的评论。关于卫青漠北之战的指挥艺术，引用陈梧桐《中国军事史》的分析。在《史记》的相关文章之后，每每引用当代著名经济学家、法学家、哲学家、天文学家、地理学家的见解。这样大量辑集当代名家评论,在其他新版《史记》注释中是罕见的。

第六,汇萃评点。对《史记》文学价值的评点,明清学者如茅坤、归有光、陈仁锡、方苞、牛运震、吴汝纶等做了很多工作,今人杨燕起等辑录的《历代名家评史记》收集了大量资料。"笺证"充分利用有关著作,选录其中最精辟的言论,从而使读者对《史记》的艺术魅力有更深切的领悟。如霸王别姬一节,引朱熹曰:"慷慨激烈,有千载不平之余愤。"吴见思曰:"可奈何,奈若何,若无意义,乃一腔怒愤,万种低回,地厚天高,托身无所,写英雄失路之悲,至此极矣。"关于项羽性格的刻画,引钱钟书曰:"'恭敬仁爱'与'骠悍滑贼','爱人礼士'与'妒贤嫉能','妇人之仁'与'屠坑残灭','分食推饮'与'刓印不予',皆若相反相违,而既具在羽一人之身,有似双手分书,一喉异曲,则又莫不同条共贯,科以心学性理,犁然有当。"关于乐毅《报燕惠王书》,引金圣叹曰:"善读此文者,必知其为诸葛《出师表》之兰本也。其起首结尾,比《出师表》更自胜无数倍。"姚鼐曰:"凡十四引'先王',与诸葛武侯《前出师表》十三引'先帝'相同,皆欲因此以感动嗣主耳。"类似例子举不胜举。

我相信,《史记笺证》的出版,必将推动学术界对《史记》的研究进入一个新的境界。

(原载《北京师范大学学报》2005 年 4 期)

三、魏晋散文简说

三国两晋时期，是社会动荡不安的时代，又是文学独立自觉的时代。这个时期的散文具有如下的特征：一、在内容上抒情色彩越来越浓，表达社会政治见解和抒发个人感慨往往密切结合；二、在形式上骈偶化倾向逐渐明显，更加讲求遣词造句的艺术技巧，体裁愈益多样化。其发展过程大致可以分为建安黄初、魏晋之际、西晋、东晋几个阶段。

建安黄初时期　这一时期的散文成就，以地区而论，曹魏为最，吴、蜀次之。以体裁而言，主要是应用文字，尤其是书信，论辩散文次之。近人刘师培认为，曹魏散文与汉代散文不同之处在于：书檄之文，骋词以张势；论说之文，渐事研求名理；奏疏之文，质直而摒华(刘师培《中国中古文学史》)。此外，笔札之文，意真而语畅，也是这时散文有别于前代的一个方面。

曹魏散文名家，首选即曹氏父子。曹操文章清峻通脱，质朴简约，如《让县自明本志令》、《求贤令》、《整齐风俗令》、《军谯令》、《祀故太尉桥玄文》等。曹丕以书札和记叙文见长，如《与吴质书》、《与繁钦书》、《答曹洪书》、《自叙》等，清丽绰约，富于情韵意趣，对后来旷达一派有一定影响。曹植表章，“独冠群才”(《文心雕龙·章表》)，如《求自试表》、《求通亲亲表》、《陈审举表》，多有哀怨；其《与吴季重书》、《与杨德祖书》亦富于抒情意味，辞藻较其父兄华美。“建安七子”中，孔融文章多寓讥讽，如《与曹公书》、《难曹公制酒禁书》，而像《荐祢衡表》、《与曹公论盛孝章书》，则奋笔直书，刚劲锋利。陈琳檄文最为出色，如《为袁绍檄豫州》、《檄吴将校部曲》，铺张扬厉，贯古及今，是传世之作。阮瑀亦擅长符檄，文思敏捷，下笔倚马可待。其他书札，如繁钦《与魏太子书》，吴质《答魏太子笺》、《答东阿王书》，皆文笔轻灵，属辞自然，情致委婉。

蜀国散文家有诸葛亮。其《出师表》，言辞诚恳，志笃文实，叮咛周详而几于涕零，感人至深，被认为是章表之英；又如《与群下教》、《诫子书》，内容充实，说理透辟，精确简练。其他如谯周、郤正、秦宓也都有文名。吴国作家中，薛综、诸葛恪移文书札，率直明晰，不事藻饰。稍后韦昭有《博弈论》，渐趋骈俪。华覈《谏盛夏兴工疏》，取贾谊《治安策》意，慷慨深切，颇有气势。

建安前后有一部分子书。早期有仲长统《昌言》，愤怒批判社会。荀悦《申鉴》，多借古讽今，攻击曹操。其后有蒋济《万机论》、杜恕《体论》、刘邵《人物志》。比较重要的是徐干《中论》，立论确凿，类比切当，繁富绵密，不取辩论之体，而多雍容典雅之姿，深受曹丕推重。这个时期子书在内容上不独尊儒术而颇杂名法老庄，其学术价值超过文学价值。

魏晋之际 这一时期最重要的是论难散文，其次是书序之属。其内容，或为玄理之辩，或多嫉世之辞，而后又转化为超然物外之音。其文体风格，或清峻通脱，或富艳宏阔，但都析理严密，浑厚典重。这是由于时势险恶，情多压抑，虽以老庄为旨趣，却不敢汪洋恣肆，而蓄气于内，更显得狷急深邃。

这时散文家，主将是阮籍、嵇康。阮籍长于论辩，名作如《大人先生传》，语重意奇，惊风骇俗，发前人所未发；其他如《通易论》、《通老论》、《达庄论》、《乐论》等，多阐发道家之绪，而才藻艳逸，托体高远，行文奇偶相成，散体之中或用韵语。嵇康散文使气骋辞，明快犀利，立论新颖，如《管蔡论》，借管蔡事为毌丘俭起兵反对司马氏辩护；《与山巨源绝交书》，名为与友人书信，实为对统治者的抗争，公然“非汤武而薄周孔”；《难自然好学论》，竟斥仁义为“臭”“腐”、“六经未必为太阳”；《声无哀乐论》、《养生论》等，析理之美，优于前代，对南朝论辩散文深有启迪。“竹林七贤”中，刘伶有《酒德颂》，思想、语言都近乎嵇康，而文体则颇似辞赋。另有何晏、王弼，是玄学的代表，他们的著作以注释为主，单篇文章不多，深辨玄理，言约意深，虽曰精微，而动人心魄之力却远不如嵇、阮。在思想史上的影响超过文学史。

李康《运命论》颇有名气。文章引证大量史实，反复论述人生命运之理，多用排句铺陈，气势磅礴，语言畅达。夏侯玄的《乐毅论》上承《史》、《汉》传赞，是当时盛行的历史人物论中的代表作。陈寿《三国志》是这个时期最重要的历史著作，其中有许多成功的史传散文，如《诸葛亮传》、《华佗传》等。文笔简洁质朴，上承《史记》、《汉书》，下启范晔、沈约。

书序类中以李密《陈情表》最出色。剖陈衷曲，辞语恳切，笔调哀婉，通篇以情感人，连晋武帝也不得不为之动容。向秀的《思旧赋序》，即景生情，寥寥数语，却凄神寒骨。大约在魏晋之际出现了《列子》。此书或以为成于先秦，近代不少学者认为，其中虽保存部分先秦两汉资料，但辑集、补充、发挥，使之成为系统的专著，当在魏晋。其思想以道家为主，又夹杂玄佛，也吸收儒家和神仙家。其中最具文学价值的是神话传说和寓言故事。如广为传诵的《愚公移山》、《两小儿辩日》、《杞人忧天》、《纪昌学射》等，把深刻的哲理寄寓在奇妙的形象化的故事之中。其构思不同于庄子之怪诞，而走向平实明畅，当然也有的篇章说理艰奥，是受玄学影响的痕迹。

西晋时期　刘师培曾指出："晋文异于汉魏，用字平易，一也；偶语益增，二也；论序益繁，三也。"（刘师培《中国中古文学史》）而其中最突出的是骈偶化越来越严重，骈文作为一种文体这时已臻于成熟。有的文章通篇皆用对句，建安时期的疏散之气逐渐消失。文体越来越多，赋序甚至独立成为一种专门体裁。

散文名家，首推陆机、潘岳。陆机被认为是骈文的奠基者。他的《豪士赋序》、《叹逝赋序》、《吊魏武帝文》等，说理与抒情结合，是当时骈体文的典型。《与赵王伦牋荐戴渊》音韵和谐，词藻华丽，是整齐的骈体。《辨亡论》，效贾谊《过秦论》，排偶有过，而气势不及；其《五等论》主张复古，思想不足取，词句尚明快清晰。潘岳尤善为哀诔之文，如《马汧督诔》、《夏侯常侍诔》、《哀永逝文》，都富于感情。

晋初笔札，首推张华。现存多为短制，信笔写去，自然洒脱，不假雕饰。陆云的《与兄平原书》三十余篇，多讨论文章写作之事，娓娓如道家常，纯用散语。刘琨的《答卢谌书》，悲凉慷慨，充满不平之气，语句整饬而错综，介乎骈散之间。这些文章，皆风格各异。

西晋时期言意之辩、有无之辩十分激烈，是当时议论散文的一个主要内容，其中欧阳建的《言尽意论》和裴頠的《崇有论》是哲学史上的重要著作。此外，刘毅有《请罢中正疏》，猛烈抨击九品中正制。江统《徙戎论》指出迁徙少数民族于内地必有后患，预见深刻，文亦质直。

西晋时期出现了一批俳谐文字，如张敏《头责子羽文》，陆云《嘲褚常侍》、《牛责季友》，石崇《奴券》，鲁褒《钱神论》等。时人纷起效尤，拟作数以百计，一时成为风气，它们上继扬雄、王褒，寓讽刺于嬉笑，形成了散文中一个新的门类。其中《钱神论》对金钱崇拜的揭露堪称淋漓尽致。还有一批问对体杂文。如皇甫谧《劝释论》、夏侯谌《抵疑》、束皙《玄居释》、王沈《释时论》，以自贬而实自夸的手法，讥世呵时，大发怀才不遇的牢骚，是汉代扬雄《解嘲》、班固《答宾戏》一类文章的继续。

东晋时期　东晋文坛骈风不畅，不少人仍沿用散文写作，或以散驭骈，取得了优异的成绩，前期如王羲之，后期是陶渊明。

王羲之文风清淡，不尚辞藻而多情致。名篇如《兰亭集序》，由叙事而写景，用感物以抒怀，笔势飘逸，一如其书法。后世很多人想学而不可及，只有李白的《春夜宴从弟桃李园序》独得其妙。他的书信如《与会稽王牋》、《报殷浩书》、《遗谢安书》等，均得自然之体。其杂帖文字，短小精悍，文约义丰，气清辞美，隽永有味，是六朝散文中不可多得者。

陶渊明是魏晋时期最重要的诗人，也是重要散文家之一。他的文章自然淡泊而内涵丰腴，在内容上一扫魏晋间玄学佛理的虚缈空幻，代之以山水田园、人情物态的清新淳朴，革除嵇、阮以来的压郁愤懑而归于真率超脱；在辞句上则摒弃潘、陆的骈偶雕砌，返于明白省净。代表作有《桃花源记》、《归去来兮辞序》、《五柳先生传》、《与子俨等疏》、《晋故征西大将军长史孟府君传》，其中有的是传诵千古、家喻户晓的不朽名篇。

东晋时期思想界很活跃，除传统的“三玄”之外，佛学勃然兴盛，道教理论也日趋系统化，出现了大量阐述或论辩玄理的散文。玄学家中孙盛的《老聃非大贤论》、《老子疑问反讯》，王坦之《废庄论》，对老庄哲学提出严厉批评。戴逵的《释疑论》驳斥佛教因果报应论，《放达非为道论》批评魏晋名士的放达作风，都有一定积极意义。佛教理论家有道安、支遁、慧远等，远过西晋释氏诸论。慧远的《沙门不敬王者论》，在当时和稍后论辩文中有一定代表性。葛洪是道教理论的奠基人，其《抱朴子》内篇论道术，外篇论儒学，文字整饬，有骈有散。书中所摘录的鲍敬言的《无君论》，是一篇尖锐批判封建君主专制的重要政论文。

东晋的应用文字中，庾亮的表奏靡密闲畅，如《让中书监表》。温峤的书记循理清通，如《重与陶侃书》。孙绰的碑铭择言雅洁，当时大臣王导、郄鉴、庾亮、庾冰诸碑都出自他的手笔。

东晋历史散文中，纪传类无可称道者。史论类中，干宝的《晋武帝革命论》、袁宏的《三国名臣序赞》等，有一定影响。

与东晋对峙的北方，先后有五个少数民族建立过十六国政权，战乱频频，文事遭受破坏的程度，比东晋更严重。散文作家很少，值得注意的是前秦苻朗所著《苻子》，今存五十余篇，皆短篇故事，以道家思想为旨归，以神话寓言为方式，不少地方显然模仿《庄子》。西凉统治者李暠，散文以书札为佳，多谈治国修身体会亲切诚恳，思想倾向儒家。后秦僧肇有《肇论》，其中包括《物不迁论》、《般若无知论》、《涅盘无名论》、《不真空论》，析理精奇，立论不同凡响，又富于文采。可以说是诡辩论的杰作。

（原载《中国大百科全书·中国文学卷》，1986年出版，后来有所补充。）

四、古老的风俗志——《荆楚岁时记》

《荆楚岁时记》是一部专记荆楚地区风俗时令的著作。在它之前，专记时令之书有《礼记》中的《月令》、东汉崔寔《四民月令》等；专记风俗之书有东汉应劭《风俗通义》、晋周处《风土记》等。《荆楚岁时记》将这两方面合而为一，而且专记一个地区，这在当时属于首创。

作者宋懔(约502—565)，籍贯江陵，曾任梁元帝吏部尚书，梁亡后入北周，拜车骑大将军，仪同三司。由于长期生活在荆楚地区，所以对该地风情比较熟悉。《荆楚岁时记》大概作于其晚年，成书不久即流传开来。北周末年杜台卿撰《玉烛宝典》时曾经引用，隋开皇末年杜台卿之侄杜公瞻为之作注，并将书中所记南北风俗进行比较。新旧《唐书》和宋代书目均有著录，元明之际亡佚，明后有辑本多种，但均非全豹。

《荆楚岁时记》所采用的资料，一部分来自作者的亲身见闻，一部分来自前代典籍，收集较为丰富，记述相当具体。所记风俗十分古老，有的至今犹在流传。全书以时间顺按月陈述。如：

"正月一日，是三元之日也，谓之端月。鸡鸣而起，先于庭前爆竹，以辟山臊恶鬼。帖画鸡，或斲镂五采及土鸡于户上，造桃版著户，谓之仙木。绘二神贴户左右。左神荼，右郁垒，俗谓之门神。于是长幼悉正衣冠，以次拜贺。进椒柏酒，饮桃汤。进屠苏酒，胶牙饧。下五辛盘，进敷于散，服却鬼丸。各进一鸡子。凡饮酒次第，从小起。梁有天下，不食荤，荆自此不复食鸡子，以从常则。"其中放爆竹，贴门神(唐以后改为秦叔宝、尉迟恭)，流行至今。饮屠苏酒，门前系苇索，立松柏枝驱邪，流行到日本，称为"注连绳"和"门松"，延续至今。

“正月十五日，作豆糜，加油膏其上，以祠门户。”“正月，晦日，送穷。”

“三月三日，四民并出江渚池沼间，临清流，为流杯曲水之饮。”这些习俗，今已不见，但流杯池南北各地皆有遗存。

“四月八日，诸寺设斋，以五色香水俗佛，共作龙华会”。在新加坡、马来西亚华人地区，至今犹存，笔者亦曾参与。

“五月五日，谓之浴兰节，四民并踏百草，今人又有斗百草之戏。采艾以为人，悬门户上，以禳毒气。”这一条据宗懔自注，源于他的曾祖辈宗测，可见是宗氏家族相传的轶事。后世将艾人附会为道教的张天师，流行全国各地。“以菖蒲或缕或屑，以泛酒。是日竞渡，采杂药。以五彩丝系臂，名曰辟兵，令人不病瘟。又有条达等组织杂物，以相遗赠。取鸲鹆教之语。”宗懔没有提到屈原，但在杜公瞻注中讲到：“五月五日竞渡，俗为屈原投汨罗日，伤其死所，故命楫以拯之。舸舟取其轻利，谓之‘飞凫’，一自以为水车，一自以为水马。州将及土人悉临水而观之。盖越人以舟为车，以楫为马也。邯郸淳《曹娥碑》云：‘五月五日，时迎伍君，逆涛而上，为水所淹。’斯又东吴之俗，事在子胥，不关屈平也。”可见民间对龙舟竞渡的动因，有不断阐释的过程。端午节挂艾蒿、吃粽子、赛龙舟的习俗后来传到韩国，至今犹盛。90年代，韩国曾经派团到江陵，追寻文化之根。

“七月七日，为牵牛织女聚会之夜，是夕，人家妇女结彩缕，穿七孔针。或以金、银、鍮石为针，陈几筵、酒、脯、瓜、果、茶于庭中，以乞巧。有喜子网于瓜上，则以为符应。”此习俗可溯源于西周，流行至近代。

“七月十五日，僧尼道俗悉营盆供诸寺。”这就是后世的盂兰盆节，与佛经中目连救母故事有关，南方又称鬼节，至今盛行于南洋。

“九月九日，四民并籍野饮宴。”（按：即重阳节）

“冬至日，量日影。”（按：是日白天最短）

“十二月八日为腊日。《史记·陈胜传》有‘腊月’之言，是谓此也。谚云：‘腊鼓鸣，百草生。’村人并击细腰鼓，戴胡公头，及作金刚力士以逐疫，沐浴，转除罪障。其日并以豚酒祭灶神。”后世称为腊八节，今仅有喝腊八粥习俗。金刚逐疫活动，后世以“跳灶王”的形式沿袭下来。

“岁暮，家家具肴蔬，诣岁宿之位，以迎新年。相聚酣饮，留宿岁饭，至新年十二日，则弃之街衢，以为去故纳新也。孔子所以预于腊宾，一岁之中，盛于此节矣。”这就是今天的除夕大年夜，习俗已大变了。

《荆楚岁时记》所记的风俗，带有地方色彩，如荆楚地区于五月五日买卖啄木鸟，据说可以止牙疼，六月伏日作汤饼，三月三日取鼠曲汁蜜和为粉，谓之龙舌拌，以压时气等等。有的风俗反映了南北朝时的地区差异，如书中常提到北人如何如何，江南如何如何。以及二月八日佛诞日、四月八日浴佛日、四月十五日僧尼“结夏”，说明当时佛教势已经广泛深入社会生活各方面，很有研究价值。

《荆楚岁时记》对后世同类著作多有启迪。今存者如唐李绰《秦中岁时记》、宋吕希哲《岁时杂记》、陈元靓《岁时广记》、周密《乾淳岁时记》、清潘荣陛《帝京岁时纪胜》、富察敦崇《燕京岁时记》等，都可以看到《荆楚岁时记》的影响。在古代日本，出现过《日本岁时记》，古代朝鲜有《东国岁时记》，撰述体例皆仿效宗氏《荆楚岁时记》。

宋金龙同志校注的《荆楚岁时记》，(山西人民出版社 1987 年出版)以明陈继儒辑《宝颜堂秘笈》万历刊本为底本，以明何允中辑《广汉魏丛书》万历刊本等作补充，对原本和杜公瞻注作了细致的校勘和详明的注释，颇便于读者阅读。例如，杜注中有“十二月索室逐疫，衅门户，磔鸡。汉火行，故作火助行气”。“磔”，原作“砾”，校注者根据《太平御览》的引文并参考《宋书·礼志》，改作“磔”。“汉”原作“熯”，校注者根据《太平御览》引文改作“汉”，并且说明，依五德始终之说，汉属火，“火行”意即五行属火，故门前作烟火有助于行气。这样就把前后文意思都讲通了。类似例子还有不少。此外，书中收罗了《荆楚岁时记》佚文四十五条，取材广泛，可与正文比较研究。还附录历代各家著录和题跋，有关宗懔生平及著作的资料，这些都有便于读者参考。

(原载《辽宁大学学报》1988 年 6 期，后来有所补充。)

五、六朝佛学论争集——《弘明集》

《弘明集》编者僧佑(445—518),“佑”一作“祐”。齐梁高僧,曾向南齐竟陵王萧子良、梁武帝萧衍等宣讲佛法,以所获信施,修寺立像,搜校卷轴,造作经藏。他的撰著有《沙婆多》、《宗师资传》等。除《弘明集》外,还编辑《出三藏记集》、《法苑记》、《世界记》、《释迦谱》等佛教记传。

僧佑编《弘明集》的目的是弘道明教,反驳对佛教的责难。全书十四卷,收入120人所作的185篇辩论文章。除东汉牟融《理惑论》、桓谭《神论形》及佚名《正诬论》外,作者都属两晋南北朝,大部分为僧侣和佛教信徒,包括帝王及吏胥黎庶。

从这部书中可以看出从汉末到梁初佛教流传情况,和这个时期思想界与佛教徒争论及关注的问题。如神灭与神不灭之争,华夷之辩,因果报应有无问题,生死问题,沙门是否应敬王者、拜父母,以及出家与在家问题等等。此外,还包括解释世人对佛教的种种非议,批驳道教的诘难,记述僧徒与朝廷的交涉,以及佛教仪规的讨论等。在中国哲学史、宗教史上有重要价值。尤可贵者,还收录了一些批判佛教的文章,如范缜的《神灭论》和何承天的《达性论》。

范缜(约450—510),齐梁时学者,曾多次与萧子良及梁武帝等人辩论。针对佛教徒的“形谢神不灭”和“形神相异”,他提出“形神相即”,认为神和形是紧密结合的,不可分割。“即”是结合、依靠的意思。他把形体与精神看成虽有区别但密切联系的统一体,“名殊而体一”。所以形体存在;精神就存在,形体死亡精神就消失了。形体与精神是质与用的关系。“形者神之质,神者形之用。”“神之于质,犹利之于刃。形之于用，犹刃之于利。舍利无刃，舍刃无利。”没有刀刃，所谓锋利就不存在，可见精神是形体的作用。这样不仅摧毁了灵魂不灭的理论基础，而且避免了以往的唯物主义者把精神当成特殊物质的二元论的缺陷，以及以“薪火”、“烛脂”来比喻形神关系的漏洞。把唯物的形神观推向新的高峰，受到后世哲学家的高度评价。除《神灭论》外，《弘明集》也收录了数十篇反驳范缜的文章，可见辩难之激烈。

何承天(370—447)，晋宋之际学者，曾官衡阳内史、御史中丞，博通经史，尤长于历算和乐律。其《达性论》乃针对佛教徒宗炳(375—443，晋宋间著名画家)著的《明佛论》而发。宗炳把有生命的东西总称为“众生”，以便说明他们之间的联系，证明有所谓“因果报应”、“六道轮回”。《达性论》针对这个观点，论证人是天地万物的中心，不能与其他生物并列为“众生”。何承天认为，如果没有天地，人便无法产生，如果没有人的存在，天地之间便没有精神。“人非天地不生，天地非人不灵”，天地人是宇宙间最重要要者，它们是相须而成的。人在万物之中具有特殊地位，它禀气清和，所以“神明”(精神作用)特别高超，不能和其他生物等量齐观；人的生和死是自然规律，“生必有死，形毙神散，犹春荣秋落，四时代换，奚有于更受形哉?”所谓“六道轮回”全属虚无之谈。其他生物本来就是应该为人所用的，只要“取之有时，用之有道”，是合乎仁义之道的，“杀生”不能算是过错，“报应”之说毫无意义。《达性论》站在儒家立场，根据儒家经典的某些思想批驳佛教的观点，基本立场是进步的。但也包含一些错误，保留了传统的鬼神观念。除批评宗炳外，何承天还与颜延之等人进行反复诘难。

《弘明集》所录文章，大部分是散文，少数用骈体。体裁不一，有专论，也有书、启、诏、令等。其中以辩难性专论最具特色，或互相质问，或自己设难作答，或明确反驳论敌，或用形象比喻和历史故事，深入浅出地阐发抽象理论，或用整齐的句式铺陈排比，气势充沛地表述哲理的推演，大多观点鲜明，条理清晰，文笔犀利，议论生动，词采雅赡，发人兴味，有一定的文学性。卷十四收录三篇奇文：释竺道真《檄泰山文》、释智静《檄魔文》、释宝林《破魔露布文》，反映出佛教与民间迷信及邪教的斗争。谴责妖魔鬼怪、魑魅魍魉，假托泰山之神灵，欺骗百姓，愚弄人民，表示要施展佛法，调动天兵天将，将丑类驱逐扫荡。这些文章不是辩论义理是非，而是进行宗教声讨，充满夸张想象和神话色彩。跟后世描写神魔相斗的奇幻小说如《西游记》等等，在思想倾向和艺术幻想方面都有渊源关系，值得文学史家注意。因此，在两晋南北朝散文史上，《弘明集》有一定的价值。通行的版本有《四部丛刊》影印本。

唐初，释道宣又编《广弘明集》，"广"是扩充的意思，辑录僧佑未收的一些两晋、宋、齐、梁、陈、隋及少数唐初人写的有关佛教的文章。除说理辩驳性专论及书、启、诏、令外，还有不少佛教信徒创作的涉及佛事的文学作品，诗八十余首，赋十篇（名作有萧衍《净业赋》、萧督《游七山寺赋》等）赞颂二十余篇，铭诔十余篇，以及具有文学性的杂文多篇。为文学史保存了可贵的资料。但在思想史上，此书不及《弘明集》受到重视。

（原载《中国大百科全书·中国文学卷》，中国大百科全书出版社 1986 年，后来有所补充。）

六、读《先唐散文艺术论》

近二十年来,关于中国古典散文的专著已出版不少,仅散文通史就将近十来种。然而,大多数作者的观点、方法、写作体例看不出重大的突破。而熊礼汇先生所著《先唐散文艺术论》(学苑出版社 1999 年)与众不同。此书在许多方面进行了大胆的创新和积极的尝试,主要表现在以下几方面:

第一,对古典散文的文学性有独到的理解。

熊氏认为,今人所谓古典散文乃"古文的俗称","散体古文的文学性并不全在形象性、情感性及艺术性结构和语言修辞方面",这种提法与时下多数人所持的观点迥然有别。他还提出古典散文是一种"映内"的艺术,"写人心之所明,写所明之事,所明之理,以明理为主"。其所谓"映内"一词,系借用钱穆《中国散文》中的提法(见钱著《中国文学讲演集》,巴蜀书社 1987 年重版)。他实际上是强调散文艺术的主体性。而"以明理为主"则正是熊氏以古文为散文的具体表现,也是历代古文选家侧重议论文的倾向之继续。

熊氏提出:"构成古典散文文学性、艺术美的最重要的最活跃最具表现力的质素是理、法、辞、气、情。凡古典散文都含有这五种质素,"只不过多寡强弱不尽相同。"古典散文的艺术美,往往美在识度,美在事义,美在情愫,美在气势,美在风神,美在色泽,美在篇法、章法、句法、字法。"这些观点,继承而又发展了桐城派的某些见解,与某些台湾学者不谋而合,并且在《先唐散文艺术论》中认真贯彻实施,作出了成功的探索。熊氏的艺术分析,紧扣上述八个要素,并往往结合古代文学批评术语，运用得当、点评精到。

熊著明确反对以形象性作为古典散文文学性的标志。他说：“古典散文的文学性、艺术美决不是靠创造形象显现出来的。”“固然某些散文中有形象存在，甚至有生动的形象存在，但那不是散文家有意创造的形象。”“文以明理为主，散文说理，可以用形象生动的事例，也可以不用。作者首先考虑的是如何即事以明理，而不是如何使形象生动、情节完整。”“不能把形象的有无、情节的完整与否、情感的动人与否，作为衡量古典散文有无形象性的尺子。”我认为，片面地苛求古典散文的形象性，甚至以西方对小说、戏剧形象和情节的要求来衡量中国古代散文，那当然未必恰当。可是，分析古代散文是否可以完全不讲形象（例如记人之文）不讲情节（例如记事之文）？除了以明理为主的议论文之外，那些山水风景之文，闲情逸趣之文，以及后世大量的生活琐事之文，器物鱼鸟之文，它们未必以明理为主，是否就没有文学性？我以为，“散文以明理为主”只能是就一部分散文而言。从熊著来看，所论列者除明理之文外，其他题材的散文似乎有所忽略，因而难免遗珠之憾。

第二，熊氏摒弃以往古典文学研究中的二段论，即先讲作者生平和时代，再讲思想内容，然后分析艺术特色的做法，把研究重心放到艺术论，并着重从几方面切入。

一是从古典散文文体特征出发，进而分析作家作品的艺术特色。熊氏认为，“古人为文，莫不以辨体为先，认为文各有体，得体为佳”。该书不少章节即按文体设置。如讲“东汉单篇散文”，分为奏疏、书牍、论记碑铭三节；讲西晋散文，分为玄理散文、儒家论体散文、书笺、章表、诗赋序五节；讲南朝单篇散文分为诏敕、笺表、论体、文序和自序、传记、书作六类。这样做确能更清晰地看出不同文体的不同写作规范、特征和发展变化趋势。在熊著之前，郭预衡《中国散文史》（上）也曾经尝试这样做，但没有熊著这么具体。

二是从历史文化背景来考察散文艺术的成因。如论“建安散文的趋势和成因”时，分析了当时“论无定检、行无定仪的士林之风”、“对战国纵横家流风遗韵的承袭”、“两种文质观带来的两种审美要求”、“东汉后期诗风的影响”诸因素。论魏晋思想文化的新变与散文的关系时,考察了名、道、法家思想的复兴,玄学思潮的演变,清谈艺术及其审美特征,传统儒家学风对散文的影响等等。其中不少问题,作者有独立的见解,而不是泛泛地采用其他思想史的现成结论。

三是对重要作家着重探寻其特有的艺术趣味和社会审美心态。如指出潘岳善为哀诔之文,文词华美、雅炼、清省,离不开西晋以孝治天下的思想导向,文以悲愁为美的社会审美潮流,以及潘氏家传雅赡、典丽文风的熏陶,和他本人对清谈“辞约旨达”艺术技巧的熟谙,甚至与潘岳“风仪闲畅”和作为“情深之子”的风度、个性有密切关系。这样的剖析颇有说服力。他对孔融所受双重影响,对王羲之的两种文风所作的分析,也都深入肌理、切中肯綮、令人心折。

但是,完全不用三段论,也有问题。例如,该书对许多作家很少介绍生平,几乎不讲著作存佚。如果读者对该作家缺乏一般知识,未能“知人论世”,又如何能真正欣赏其散文艺术呢?熊氏反对过多地注重散文的政治色彩和“工具性”,但他有时也走向另一极端,即较少评论作品的政治价值。如曹冏《六代论》、陆机《五等论》,鼓吹恢复分封制、反对郡县制,古人早有批评。熊著单纯从写作技巧加以赏析,对其落后观点似乎批判不力。

此外,以文体为章节而不以作家为纲,使得有些作家的不同体裁的作品分别在不同章节中叙述(如扬雄、班固),不易看出该作家完整的面貌。这个问题在郭预衡《中国散文史》中就已经出现,读者已有意见,熊著亦未免斯累。

第三,点线面结合,重点开掘的新体例。

《先唐散文艺术论》全书75万字,分为十编,从先秦到隋,大致依时代顺序。从总体上看,属于文学史的类型,然而从各编之下的章节设置看,又不完全按照文学史的要求,而是有所侧重,有所省略。对有些作家作品重点发掘,不惜笔墨;而对另一些作家作品轻轻带过,不平均使用力量，这种体例，可谓独树一帜。

例如《淮南子》，一般文学史很少讲甚至不讲，熊氏则设专章与《史记》并列。将其散文艺术归纳为三类：一、内容的奇伟宏富，二、奇譬妙喻和博引众事以助其说，三、语词奇诡、宏放、富丽、峭拔。对其用词造句技巧分析尤为详细。熊氏另有《淮南子校释》出版，可知此章乃其钻研积学之心得体会。此外，对王符《潜夫论》，仲长统《昌言》的散文艺术，熊氏也有专节论列。这样就开拓和丰富了古代散文的研究范围。

魏晋散文艺术论是全书用力最多所在，分上中下三篇，有些章节十分精彩，如“阮籍、嵇康散文艺术比较论”，首先分析二人属于“一种人生观，两种处世方式”，其次比较二人的玄理散文：1. 阮之《乐论》与嵇之《声无哀乐论》。2. 阮之《达庄论》与嵇之《难自然好学论》。3. 阮之《大人先生传》与嵇之《卜疑》、《养生论》。第三比较二人的书信散文：阮之《答伏义书》与嵇之《与山巨源绝交书》。从比较中可以看出此二人同中有异、异中有同。

有的作家在文学史上受到贬抑，熊著则给予新的评价。如何晏、王弼的玄理之文，近五十年来一直不受重视。按照形象性的要求，何、王之文的确无艺术性可言。熊氏根据“散文以明理为主”的标准，认为他们析理精微，要约明畅，卓有贡献，故为之设立专章。又如东晋孙绰，文学史上地位不高，除研究赋史者肯定其《游天台山赋》外，研究诗歌史者都把他当成平淡无味的玄言诗的代表而加以批评。熊氏却看重其散文，设专节使之与王羲之并列。这种大胆突破成规的勇气是难能可贵的。

熊著的体例安排并非十分圆满。倘若按照系统的散文史来衡量熊著，似乎比例有些失衡，有的部分过于疏略。如近年来关于先秦散文研究的新成果已有不少，而熊著似未吸收。南朝四代，作家如林，仅设一章，与魏晋之设三编，详略相差太大，其中竟无一位散文家见于节目标题。若就文学地位而言，难道鲍照比不上孙绰？萧衍比不上孙权？何厚彼而薄此之甚耶？

以上从三方面概括了熊著的主要成就和待商的问题。如果试作总的评价，我认为此书的贡献是突出的，无论资料之丰富翔实，见解之独创新颖，分析之透辟、精到，皆达到了当前的最佳水平。可以毫不夸张地说，熊著把当代古典散文的研究推向了新的高度，是八九十年代以来中国散文史著作中最富于创意的成果之一。

（原载《文艺研究》2001 年 3 期）

七、古小说的雏型：六朝志怪

在先秦两汉神话传说、街谈巷语和野史杂传的基础上，魏晋南北朝时期产生了大量的以鬼神怪异为主要题材的志怪小说。它们是中国古小说的雏型，通常简称为“六朝志怪”。

志怪小说的产生和发展

魏晋南北朝时期，即从东汉建安之初到隋统一之前，将近四百年间，国家长期分裂，军阀连年混战，阶级矛盾、民族矛盾和统治阶级内部矛盾非常尖锐。王朝更替频繁，政治黑暗腐败，社会动荡不安，各阶层民众生活没有保障。文人学士往往不能保全性命，许多作家不得善终，士大夫们普遍感到精神苦闷，消极厌世，乃从虚幻中求得发泄。劳动人民无法掌握自己的命运，更容易遇到无妄之灾，遭受飞来横祸，求助无门，投诉无路，便把压抑的情绪、欲望和理想，通过幻想的方式，借用神仙鬼怪的题材，曲折地表达出来。他们继续发展古代神话传说，不断创造民间故事，先在口头讲述，然后由文人记录加工，这就是志怪小说产生和流行的社会基础。

在思想文化方面，魏晋南北朝是一个多元的时代，各种源流的文化互相碰撞、交流与融合。儒学从西汉末年起，逐步神学化，到黄巾起义后渐渐失去独尊的地位。两汉之际从印度传来的佛教，魏晋时从部分文人普及到民间，南北朝时更浸淫上层乃至全社会。东汉末年兴起于民间的道教，魏晋时被文人学者所接受，南北朝进而系统化理论化。加上秦汉以来原有的各种民间方士、巫术，与形形色色的宗教迷信掺杂混合，乘乱而起，大行其道。这个时期的文学家和史学家，在上述种种思潮的影响下，大多喜欢搜奇觅趣。他们在写作诗文、史传的同时，也用随笔的方式，信手辑录一些传闻轶事，或充当谈助，或作为史料保存。他们主观上并没有料到，从此便开创中国文学史上一个重要类别——古小说文体。

六朝志怪的发展呈现出明显的动态过程，可以从作者和题材两方面来考察。

六朝志怪的作者，不少是佚名或托名。这表明，其著作权尚不固定。在流传当中，时常有人不断补充、加工、修饰、润色，而后写定成书。

鲁迅《中国小说史略》认为："现有之汉人小说，盖无一真出于汉人。"90 年代以来，有些学者不同意鲁迅的论断。他们考证今传汉人小说，《燕丹子》、《列仙传》、《吴越春秋》、《越绝书》，无疑为汉人所作。至于《神异经》、《十洲记》(均托名东方朔)，《汉武故事》、《汉武内传》(均托名班固)，《汉武洞冥记》，(托名郭宪)，多含神仙、方士、怪异之内容，当是汉末方士们所偏撰。所以本章不予论列。

今传署名魏晋人所撰志怪主要有：托名魏文帝曹丕的《列异传》(或曰张华续成)，西晋中书监文学家张华的《博物志》，东晋史学家干宝的《搜神记》，托名东晋诗人陶潜的《搜神后记》，荀氏《灵鬼志》，孔氏《志怪》，东晋侍中祖台之《志怪》，东晋西戎主簿戴祚《甄异传》，郭氏(后人考证为东晋文学家，术数家郭璞)《玄中记》，西晋道士王浮《神异记》，东晋道教学者葛洪《神仙传》，东晋方士王嘉的《拾遗记》以及无名氏《录异传》等。

今传署名南北朝人所撰志怪主要有：宋西征长史刘敬叔《异苑》，宋东阳无疑《齐谐记》，宋临川王刘义庆《幽明条》和《宣验记》，宋郭季产《集异记》，南齐科学家祖冲之《述异记》，齐梁僧人王琰《冥祥记》，托名梁文学家任昉《述异记》，梁道教学者文学家陶宏景《冥通记》，梁文学家吴均《续齐谐记》，北齐学者颜之推《冤魂志》和《集灵记》等。

从作者队伍即可以看出，有相当多的人是名重一时的文人学者，其中少数人信仰道教，多数人信仰佛教。魏晋时作品托名或无名者较多，南北朝相对少些。说明著作权越来越受到注意。有的一人编写两部，有的家庭父与子（颜协——颜之推），祖与孙（祖台之——祖冲之），外祖与外孙（张演——陆杲）都喜欢编写志怪之书。魏晋作家多籍贯北方，南北朝作者集中于南方。北朝志怪作家仅见颜之推一位，还是由南入北的。说明南朝说神道鬼气氛浓于北朝。

六朝志怪的题材，从纵的方面看，有以下几点值得注意：一，不少故事情节大同小异，在好几部书中重复出现，或简或繁，或略有变动。如白水素女，韩凭妻，吴王少女，天河浮槎。说明这些故事在民间流传甚广甚久，各种记录"版本"尚未定型。有不少志怪之书题目雷同，说明其文体概念模糊，尚未规范。二，魏晋时期的作品，多摘抄古籍，同时记录近世传闻，如《搜神记》、《神仙传》、《拾遗记》等是。南北朝的作品，取自当代较多，有的主要出于本人编造，如《冥祥记》、《冤魂志》、《冥通记》，主观色彩明显。三，魏晋时期作品多有道教思想倾向，南北朝则常讲佛与菩萨如何如何，而宣传儒家忠孝节义的故事，也多数采入正史（如《晋书》、《南史》、《北史》）在志怪小说中反而较少见，不太突出。

从横的方面看，六朝志怪的题材，学者们分为地理博物、灵怪杂记、仙佛传闻三类。这是相对而言。魏晋之书，大多驳杂，兼收并蓄：南北朝后期似乎有所侧重。

地理博物类，以杂记海内外山川、动植、奇风异俗、精怪神奇之事物为主，多数仅有片断，不并具备故事情节，类似残丛小语。如张华《博物志》，鲁迅说它"杂记异境奇物及古代琐闻杂事，皆刺取古书，殊乏新意。"郭璞《玄中记》，有远古神话传说、殊方异域奇闻、动植精怪、妖异变化，较少仙道之说。任昉《述异记》三百余条，性质近《博物志》，但记神话翻新意，说珍禽异兽掺和人事，记灾异常赋予社会意义。

怪异杂记类，以记鬼怪妖异故事为主。大多情节较为完整，故事性强，思想简单，就事说事，并不有意宣扬神仙得道和因果报应观念。它讲鬼神灵验，也讲人鬼之争，现实性多过宗教性。价值最高的是干宝《搜神记》，今存二十卷，被当时人誉为“鬼之董狐”，旨在严肃认真记录和收集历史资料，“发明神道之不诬”。《列异传》专记怪异，一般篇幅较长，情节完整。《搜神后记》民间故事色彩较浓，描写细腻。刘敬叔《异苑》题材广泛，文字简短，描写平板，小说味不浓。《齐谐记》艺术技巧较高。祖冲之的《述异记》(共九十条)风格与任昉同名之书不同。以记晋宋间鬼怪故事为主，往往与实地、真人相联系，较有真实感。《续齐谐记》虽杂记道、佛，但多以志怪和风俗为主。

仙佛传闻类，作者有明显的“辅教”意图。源于道家的有葛洪《神仙传》，主要辑录神仙故事。王嘉《拾遗记》从伏羲、神农按年代顺序讲到东晋，有远古神话、帝王传说及九座仙山的描写。王浮《神异记》，写仙人以自神其教。陶宏景《冥通记》，按年月日记周子良接受诸仙下降传道授戒，枯燥乏味，属下乘之作。刘义庆《幽明录》成就较高，文字优美，形式多样，内容丰富，而他的《宣验记》则平庸单调，缺乏小说色彩。王琰《冥祥记》，主要写佛教徒，专讲善恶报应，属于宗教宣传品。颜之推《冤魂志》“引经史以证报应，已开混合儒释之端矣”。(鲁迅语)

这些书大多散佚不全，今已很难了解其原貌。重要辑本有鲁迅《古小说钩沉》等。

志怪小说中的民间故事

六朝志怪中最精彩者多属民间故事。大致有以下几类：

第一类，鞭挞统治阶级荒淫残暴，肯定人民群众的怨愤和反抗。

如《搜神记》中的《干将莫邪》，讲述铁匠干将为楚王铸剑，被楚王杀害，十余年后，其子赤长大，前去报仇，被楚王追捕，逃到山中。一侠客愿意相助，要他的脑袋和手中剑作为武器。赤即自刎，客持头见楚王。楚王把赤的头放入汤锅，煮不烂。侠客诱楚王到锅边，砍下王头，同时自刎，三颗头烂在锅里，楚人只好一同埋葬，称为“三王墓”。情节奇特，场面惊险。谴责暴君滥杀无辜的罪恶，歌颂复仇者不怕牺牲和豪侠仗义的壮举。已经超过一般私人恩怨，而是弱者抗争的一种形式。故事梗概最早见于《吴越春秋》，长期在民间流传，清人的《说岳全传》中曾有概述，鲁迅曾改编为历史小说《铸剑》，收入《故事新编》。

同书《韩凭夫妇》写宋康王霸占韩凭之妻何氏，罚韩做苦工。二人不肯屈服，用秘密诗句联系，相约以身殉情，结果韩凭自杀，何氏跳楼自尽。宋王将他们分开埋葬。一夜之间，竟有一棵大树长在两墓之间，根枝相连，一对鸳鸯每天在树上哀鸣。象征着坚强不屈的斗争意志和忠贞不渝的爱情，在精神上取得胜利。据裘锡圭教授文章介绍，最新发现的汉墓竹简中已有韩凭故事萌芽。唐代敦煌俗赋拓展为《韩朋赋》。

颜之推《冤魂志》之《太乐伎》故事，记刘宋时陶继之为秣凌令，围捕某巨盗。一乐伎在附近演出，官兵将他作为匪徒囚禁。不少听众证明乐伎无辜，陶亦知其枉，但文书已上报，不愿申述改正，遂一并处斩。月余，陶夜梦乐伎来云："昔枉见杀，实即深忿，诉之得理，今故取君。"陶即惊寤，俄而倒绝，状若疯癫，四日而亡。虽托为鬼魂报仇，实际上反映了人民群众对酷吏的谴责。

同书《弘氏》记述，汉武帝时修建陵园，需用巨材。南津校尉孟少卿为讨好皇帝，竟然诬良为盗，将商人弘氏处死，没收其贩运之木材。月余，少卿屡见弘氏鬼魂白日面控；乃叩头求饶，终吐血而死。故事曲折地表现了无辜受害者对残民以逞的官吏的反抗。

祖冲之《述异记》记，刘宋时庾某追忆死而复生经过：初死，至一大城，面见府君，检阅众拘者名录。至庾某，曰：此人年寿未尽，可遣之。送至城门，门吏刁难不放行。一新死女鬼告庾，此门吏借故索要财物。庾无物可献，女鬼即脱其臂上金钏，交庾赠吏，庾遂得还阳。所描写冥吏乘机敲诈勒索情形。正是人间官场昏暗的折射。

戴祚《甄异传》记，晋时张闿从野外回家，遇一人病卧道旁，乃弃车上之物而载之。此人曰：我是鬼使，奉命收君；见君长者，不忍相取，然不取违抗上命。奈何？张盛设酒豚享鬼，并涕泣求救。鬼曰：有与君同名者否？张曰：邻人有黄闾。鬼至黄家，以小刀刺其心。黄夜半心痛而死。而张竟得寿终。可见阴间一如人世无法无天，用感情和酒食收买拘命鬼，竟可以取他人生命顶替。作者讽世之意，不言而喻。

第二类，描写人民群众和牛鬼蛇神的斗争。

如《李寄斩蛇》（见《搜神记》），某地有巨蛇为害，官吏每年以一名女孩祭蛇消灾。十三岁的李寄，主动报名舍身喂蛇。她随身带一把剑一条狗，用肉团引蛇出洞，放狗咬，用剑斩，最终将巨蛇杀死。故事表现李寄不但敢于斗争，而且善于斗争，和昏庸无能、草菅人命的官僚形成对照。

《幽明录》有孝子杀狐精故事。某孝子守灵深山，一妇人携儿投宿，半夜发现乃一狐狸抱一乌鸡。孝子把它们打死，扔进坑里。次日，一男人来寻妻子。孝子说，是狐狸精，已打死。男人怒其谋杀，二人共到坑中察看，狐狸竟成妇人尸体，乃诣官。孝子说，是否妖精，请放猎犬来试。男人见猎犬立即变成老狸，女尸亦还原为狐狸。故事向人们揭示，要认清事实本质，不为其一时幻象迷惑。当是后来《西游记》三打白骨精的渊源。

《列异传》有《宗定伯卖鬼》，定伯夜行遇鬼，假说自己是新死的鬼，通过套问，得知鬼的习性和畏惧人吐痰。定伯把鬼背到城中，扔到地上，急吐唾沫，鬼化为一只羊，还卖得千五百钱。定伯遂成为捉鬼英雄。

《搜神后记》记，白布裤鬼，好吃懒做，到处白吃白喝，驱赶不去。受害的刘姓人家以野葛汁食之，鬼呕吐不止，嗔怒异常，捶打窗户。刘家早有准备，奋起反抗，此鬼绝迹。这分明是民间对付流氓的方法。同书《鬼设网》，记牧童见鬼于草中网张捉人，乃以其道还治其人之身，在鬼身后设网捉鬼，为民除害。其实这是用劫匪害人的方法对付劫匪。

文人也有不怕鬼的。《幽明录》记阮瞻如厕，“见一鬼长丈余，色黑而眼大，著皂单衣，平上帻，去之咫尺”。阮瞻心安气定，徐笑语之曰：人言鬼可憎，果然！鬼即惭愧而退。阮瞻还写过一篇《无鬼论》，与鬼辩论，鬼理屈词穷，现出原形吓他。有的故事旨在破除迷信。如《搜神记》

卷五，南阳张助，见空桑中有土，乃随手种一李核。后来人们见桑树上长出李树，以为有神。某人病目，息树下，自言：神若令我目愈，当谢一豚。目疾小恙，不日即愈。众以为灵验，于是桑下酒肉不绝。一年后，张助自外归，见状大笑，曰，此有何神，乃我所种耳。因砍之。

第三类，是人和鬼神相爱的故事，数量最多而且最精彩。

如《搜神记》记，文喻姑娘与青年王道平相爱，由于门户不对，不能结婚，乃私订终身。后来男的出征。三年后，姑娘父母逼逼迫嫁与他人，怨愤而死。王道平归来，到墓前痛哭，鬼魂托梦相告，速破冢开馆，出我即活。王从之，果复活，遂与王结为夫妻，活了一百三十多岁。故事歌颂坚贞的爱情可以使人死而复生。

同书又记，吴王夫差小女弄玉与童子韩重相爱，许为夫妻。吴王因身份悬殊而不允。紫玉气结而死。韩重到墓前吊唁，紫玉魂从墓出相会，又同入墓中三日三夜，成夫妻之礼，临别赠以宝珠。韩重出来对吴王说其事，吴王认为是盗墓者，捕重入狱。韩逃脱至紫玉墓诉之。紫玉鬼魂向父亲辩护求情。夫人出而抱之，“紫玉如烟消失”。故事又见《录异传》。明代汤显祖的《还魂记》(即《牡丹亭》)与之有一定的关系。

《搜神后记》记，太守李仲文有女，年十八而亡。后任太守张某之子年二十，夜梦李女来投，心相爱悦，遂成夫妇，并说她将要复活。后来李仲文访张家，发现张府中有李女之履，乃问张某。张子具告本末，李父开棺而视，李女体已生肉，左脚无履。李女托梦告其父：本来有望复活，今过早发冢，肉烂不得生矣。流露出对家长干预自主婚姻的不满。唐戴孚《广异记》稍易姓氏铺演其事，已是传奇小说。

写人神相爱者更具喜剧色彩。《搜神后记》记：袁相、根硕二猎人，追逐野兽入一洞穴。遇两青衣女子给以饮食，并结为夫妻。后二人思乡，二女赠以腕囊，告以相思时打开。二人回家后，家人乘其外出，好奇而开囊，得一青鸟飞去。根硕悔之无及，不久亦蝉化而去。

《幽明录》记，刘晨，阮肇入天台山采药，迷路绝粮，饥饿将死。遇二仙女邀至其家，分别结为夫妻。数年之后，两人思乡，回到故居，景物全非。无人相识，原来已相隔数百年，后人已是七世孙。这两个故事描写的不是坟墓，而是神仙洞府，环境优美，生活美满。说明即使神仙也向往人间幸福。

《续齐谐记》的《清溪庙神》，记青年赵文韶，夜坐清溪桥，唱《西乌夜曲》。忽有女婢相邀，会见一十八九女郎。二人弹琴对唱，歌毕共眠。天亮前别去，互赠银碗、琉璃匕等。明日，文韶偶至清溪庙，见女神及侍婢像犹如夜间所见，而屏后碗、匕尚在，乃知所会者即是庙神。这个故事，因歌曲而发生一夜情，很像后来深闺小姐与外间书生相爱的故事。唐宋均有人扩写为传奇小说。

第四类，描写善良的劳苦青年，感动上天赐福，终于得到善报。

如《搜神记》中的《白水素女》，记老实农民谢端，拾到一只大田螺，放生水缸。以后每天回家，都有现成饭菜。他很奇怪。某日出门，又暗中回来，躲在墙外偷看。只见一位姑娘从水缸里出来，为他做饭。谢端进去，问是什么人？姑娘说，我乃天河白水素女，上帝可怜你，派我为你做饭，现在被你发现，不能待下去，留下田螺壳，保你有吃有穿。语毕，化成清风而去。后来谢端的田螺壳里经常装满米，不久就娶妻成家。同一题材，在南朝任昉《述异记》里被大大简化，仅数行而已。结局改为“端以为妖，呵责遣之。女叹息升云而去”。到了唐朝，皇甫氏的传奇集《原化记》，前半截相似，后半截大大扩充。主人公改为吴堪，任县中小吏，得田螺仙女，结为夫妻。县太爷闻女美，企图霸占，乃向吴堪索虾蟆毛及鬼臂，不得则治罪。螺女顷刻觅来。县太爷又索蜗斗。螺女乃牵一奇兽，大如犬，告曰：此即蜗斗，能食火，粪火。县太爷试之，县衙立即起火，把县太爷烧死。而吴堪夫妇不知所终。故事充满戏剧性和斗争性。到了元代，无名氏《夷坚续志》又简化到《述异记》的程度。吴堪成了爱护泉水的环保份子，田螺女乃是泉神，结局是“言讫不见”。明代小说家冯梦龙的《情史》卷十八《情疑类》引录了《原化记》并稍有改动。至于后世口头讲述的田螺姑娘故事，一直在民间流传，我小时候也曾听说过。

《董永行孝》故事见刘向《孝子传》，干宝《搜神记》加以发展。董永孝父，肆力田亩，父亡，自卖为奴，以治丧事。主人知其孝，贷钱一万，许三年还清。葬父后，董永路遇一女，愿为其妻。为还巨债，主人令其织缣百尺以偿。不料女竟十日织得。偿债归来，女谓永曰：我乃天上织女，君至孝，天帝命我助君。乃凌风而去。故事传到唐代，有敦煌唱词歌咏其事。明代清平山堂话《董永遇仙传》内容更丰富。后来衍化成黄梅戏《天仙配》，增加了反封建主题，至今仍在舞台演出。

《搜神记》又有《杨伯雍种玉》，记商人杨伯雍山中守孝，常置水浆于路旁以饷行人。一道人饮毕，赠以石子数升，命种于田中，三年可得美玉。后来邑中富人招婿，索聘礼须有宝玉一双。杨伯雍掘田中玉五双以应聘，遂得佳偶。故事又见《水经注》，今河北省玉田县即由此得名。以上三个故事的主角因品行高尚，终得好报。和佛教宣扬的因果报应不是一回事。

第五类，其他有价值的故事。

有的宣扬家庭伦理。

如祖冲之《述异记》中的《比肩人》，记陆东美夫妇相爱，寸步不离。时人号为“比肩人”。妻死，夫亦绝食而死，乃合葬。不久，冢上生树，同根一身又合抱为一。每有双鸿，常宿于上。其子与媳亦恩爱，呼为“小比肩”。墓上生连理树与《韩凭夫妇》的想象相同。前者是抗议，后者是赞扬。

吴均《续齐谐记》有《紫荆树》故事。记田氏兄弟三人分家，所有财产皆均分。唯争堂前一株紫荆树，夜间议决截为三段，明日树即枯死，状如火焚。兄弟大惊，皆悟：树本同株，闻将分砍，即以憔悴，人岂不如木哉？乃不砍树。次日树复如初。从此兄弟和睦，称孝悌之家。后来明人改为白话小说。

颜之推《冤魂志》，记徐某后妻陈氏，迫害虐待前妻之子徐铁臼，命名己生之子为铁杵。并经常捶打臼，饥不给食，衣不加絮。十六岁的铁臼竟被杖死。亡后旬日，鬼魂登陈氏床称：今得天曹符，来取“铁杵”，并锯梁烧屋。陈氏惊恐万状，不得安宁，病月余而死。故事批判后妻虐待前妻子女，是中国民间故事的流传题材。不过，加害于无辜的弟弟，未免过于残忍。

有的故事描述动物和人类相结合，与后世妖精摄人不同，并无恐怖之感。

如郭氏《玄中记》记，荆州有姑获鸟，被毛为鸟，脱毛衣为女人。或名“天帝少女”，或名“夜行游女”。有豫章男子，见田中六七美女，不知是鸟，窃其中一件毛衣藏之，然后接近诸女。诸女各取毛衣飞去，一女不得，乃为男子妻。生三女，其母使女问父，得知毛衣在积槛下，乃取衣飞去。后又迎所生三女，皆得毛衣而飞去。这个故事与后世七仙女传说有关。

《博物志》记，蜀南高山中有物如猴，长七尺，能人行，常盗取行路女子为妻。十年之后形貌皆变，不思归。产子即送乡人。长大后与他人无异。这是最早的野人传说。到唐初，演变为《补江总白猿传》。明代《清平山堂话本》中有《陈巡检梅岭夫妻记》与此有渊源关联。

有的神话故事表现人类探索自然奥秘的愿望。

如《博物志》记，海边有人，每年八月见浮槎（木排）去而复来，不失期。此人素有奇志，乃立阁屋于槎，多备粮食，乘槎而去。不分昼夜。十余日，至一处，有城市屋宇，遥望其中多织妇。一丈夫牵牛而饮，问此人何由至此。此人具说来由，问此处是何处？牵牛人答云：君还至蜀郡，尚君平知之。此人乘槎而还，问君平。君平为著名星相家，答云：某年月日，有客星犯牵牛宿。则知所到之处乃天河。故事又见王嘉《拾遗记》，反映了古人试图作宇宙航行的愿望，如今已经部分实现了。

《博物志》记，奇肱国人“能为飞车，乘风运行。”《拾遗记》记，周成王时有泥离国人来朝。自云：“发自其国，常从云里而行，闻雷霆之声在下；或入潜穴，又闻波涛之声在上。”有一种船名叫“沦波舟”，舟形似螺，沉行海底而水不侵入。这分别是关于飞机和潜水艇的幻想。又有一种“火齐镜”，暗中视物如昼；向镜语，则镜中影应声而答。功能与现代视像电话相近。

六朝志怪的文学价值

先秦两汉有小说之萌芽，六朝志怪已具备小说之雏形。

第一，从著作体式看，由史传的附庸逐渐演化为相对独立的短篇小说集。

今存汉人之小说，《燕丹子》、《汉武故事》、《汉武内传》、《汉武洞冥记》，皆以一个人为中心，体式源于《晏子春秋》和《穆天子传》。刘向《列仙传》仿《史记》列传。《吴越春秋》、《越绝书》源于《国语》、《战国策》。《十州记》源于《禹贡》和《山海经》。都披着野史杂体的外衣。

六朝志怪之书，虽然在创作意图上仍未脱离史传意识，其外在形式则与传统史传越走越远。除陶弘景《冥通记》外，已经没有一部书以一个人为中心。除王嘉《拾遗记》外，已不见按时代先后叙事体。除干宝《搜神记》外，几乎都不分类别。今传大部分志怪之书都是杂记体。南北朝人称之为"笔记"，即汉人所谓"短书"和"小说"，唐宋以后称"笔记小说"，其中有一定数量作品可视为短篇小说。这种体式沿用到清代的《聊斋志异》和《阅微草堂笔记》。

第二，从描写对象看：从神灵、英雄、帝王将相，发展到反映平民百姓和中下层人士的生活遭遇。

六朝志怪对于汉武帝的宫廷生活，吴王阖闾、越王勾践的兴亡史迹不再津津乐道，虽然也曾写到楚王、宋康王、秦始皇、梁武帝的暴行，已不再采取欣赏的态度。六朝志怪大量的作品记述普通人物和平常生活，较少写神或半人半神的离奇世界。志怪中的神仙洞府和阴间生活，其实是人世的折射。神仙、鬼怪、游魂、精灵其实是披着神奇外衣的人。他们具有人的思想感情，过着人的生活。既没有虎齿豹尾，也不再吃沙吞石。志怪中的英雄、壮士，像替他人复仇的侠客，斩蛇的李寄，捉鬼的宗定伯；与神话中射日的后羿、治水的大禹明显不同，他们主要依靠自己的勇敢、智慧、不怕牺牲的精神和一定的物质条件去战胜敌人。志怪作家描绘人物，已不满足于生理功能的夸张，开始注意表现性格和内心活动。像李寄胜利后踌躇满志的自白，刘、阮遇仙后思归和回乡的感受，以及许多鬼魂对情人的爱恋之情，都有具体的刻画。虽然是简单的勾勒，但比起秦汉神话传说人物面貌更清晰，少了些仙气，多了些人气。

第三，从故事情节看，从片段的场面，简单的对话发展到首尾完整，曲折多变，并且注意细节的真实性。开头总是要交代人物的姓名、身份、时间、地点，还要讲由于什么原因和事件，产生了什么样的结果和奇特现象，对其中的关键之处，还格外提示。像《白衣素女》特别提到谢端"恭谨力作"，邻居都关心他。他发现有人给他做饭，以为是邻居帮忙。邻居却开他玩笑，是不是娶了媳妇瞒着我们哪。这个细节体现了谢端"恭谨"的品格和邻居和谐的关系，极富人情意趣。有些细节，虽然神奇，但亦暗合情理。像天上织女，路逢董永。织事毕，临别化阵清风而去；比起西王母驾宝车，随玉女青鸟、乘青云来去，这种出场退场方式，更拉近了人与神的距离。

第四，虚构和想象力的提高

比起先秦两汉神话传说的幻想，六朝志怪有长足进步。常常似真似假，虚实结合，甚至包含某种科学猜测成分。试看《淮南子》"嫦娥奔月"与《博物志》与"天河浮搓"。前者寄希望于灵药飞天而不返，没有交代运载工具问题。后者乘坐定期往返的木槎，准备好房间和食物，天文家可以计算出到达的时间和地点，与今之宇宙飞船处处暗合。再如，两汉的《燕丹子》与东晋的《干将莫邪》都写复仇：前者有樊于期自刎；后者有干将之子自刎，手捧头与剑授侠客，尸体才倒下。前者有图穷匕见，秦王与荆轲及御医殿上拔剑搏斗；后者有侠客请楚王临汤锅观看，赤头瞑目大怒跳跃，侠客削王头入锅，并自刎，三个人头在汤锅中咬斗。不难看出，既有传承痕迹，又有重要发展。前者基本上是现实主义的，后者则属于浪漫主义。

六朝志怪中最奇妙的幻想是鹅笼载书生，书生口吐女子，女子又口吐情人的连环套故事。源于佛经《旧杂譬喻经》(东吴康僧会译)。东晋荀氏《灵鬼志》转述作《外国道人》,梁吴均《续齐谐记》改编为《阳羡书生》。这不算是中国人的创作,是印度作家“纳须弥于芥子”的想象力的表现。《西游记》的孙悟空钻进铁扇公主的肚子里翻筋斗,可能与此有关系。

第五,六朝志怪的语言质朴,不加修饰,完全不用六朝的骈体文,夹杂不少通俗化的口语,说明它来自下层,面向下层。不少作品在抒情时采用韵语或民间歌曲。《韩凭夫妇》有四言句的暗语,《天上玉女》有五言八句韵语,《卢充》有五言十六句韵语,《吴王小女》有四言二十句歌词,《清溪庙神》有杂言九句乐府民歌。这些故事在民间流传时很有可能是与说唱结合的。

六朝志怪直接催生唐人传奇。许多志怪故事为唐代作家所模仿和扩充,例子不胜枚举。宋元明清文言志怪小说一直未断,《聊斋志异》是其嫡传高峰和。宋元话本中有“烟粉灵怪”一类。不少取材自六朝。明清戏剧亦然。明清长篇小说如《西游记》、《封神演义》、《镜花缘》,都受到六朝志怪的滋养。

六朝小说除志怪以外,还有轶事小说或称志人小说,记述上层文人言谈逸事,以及民间笑话,不含鬼神怪异。在中国小说史上自成体系,不在本章讲述之列。

(2001—2003年新加坡—马来西亚讲稿)

八、读傅玄《秋兰篇》

秋兰映玉池，池水清且芳。芙蓉随风发，中有双鸳鸯。
双鱼自踊跃，两鸟时迴翔。君其历九秋，与妾同衣裳。

这首诗的作者傅玄(217—278)，是西晋初期的哲学家、文学家。哲学上，他主张自然界由“气”组成，批判有神论，认为人之性如水，置之圆则圆，置之方则方，政治上主张礼法结合，“政在去私，私不去则公道亡”。于诗擅长乐府，精通音律。其子傅咸亦能诗文。

傅玄的诗作中，有关妇女问题及爱情、婚姻题材最多，也写得最好。其形式多为五言乐府，其内容一是颂扬妇女的优秀品质和她们对爱情的渴望与忠贞，二是描写妇女的痛苦和不幸，表达诗人的同情，两者又往往相辅相成。《秋兰篇》是前一类题材的代表作之一。

“秋兰”题意出自《楚辞》。《九歌》有“秋兰兮麋芜，罗生兮堂下。绿叶兮素枝，芳菲菲兮袭予”之句。兰花一向被认为是高洁的香草，古代诗人多用以比喻君子、美人。郭茂倩《乐府诗集》于《秋兰篇》题下注云：“其旨言妇女之托君子，犹秋兰之荫玉池，与《楚辞》同意。”

首句既是比，也是兴。这位妇女可能是引物自况，也可能是触景生情。“玉池”，即白石砌成的水池。“映”，《玉台新咏》、《艺文类聚》、《太平御览》均作“荫”，意旨大致相近。次句紧承前句，唯其是玉池，不是泥塘，故其水清；唯其以香草为荫，故其水芳。中间四句以比为主。芙蓉，即荷花，香远益清，茎直不曲，任凭风吹雨打，犹自亭亭玉立。鸳鸯，古称匹鸟，据说雌雄偶居不分离，古人常用以比喻夫妻恩爱。“两鸟”，即指鸳鸯。“双鱼”，亦暗寓夫妻。“迴翔”，《初学记》、《太平御览》作“徊翔”。这位妇女临池而观，看到鸟儿鱼儿都成双成对，很自然联想到自己和丈夫的恩情，于是油然转入尾联。其丈夫可能远行在外，而且久久未归，这位妇女非常思念，但并不忧怨，而是充满着对爱情的坚定信念。“九秋”，秋季共九十天，故称九秋，此处言时间之长，袭用古乐府“有历九秋，妾薄相行”诗意。“同衣裳”，语出《诗经·秦风·无衣》：“与子同裳”。这两句是说，不论经历多少时光，你与我都同甘共苦，永不分离。最后这两句轻轻点题，集中表达了古代妇女对爱情忠贞不贰的美好意愿。

《秋兰篇》采用的是乐府旧题，所写景物也多系常见，但仍能给人一种清新之感。其特点主要在于作者用白描直叙的手法表现出一种积极开朗的意境，因而大别于同类题材中普遍存在的伤感怨艾情绪和缠绵凄切风格。清沈德潜说傅玄“长于乐府”(《古诗源》)，明张溥称赞他“所为诗篇，新温婉丽，善言儿女”，(《傅鹑觚集题辞》)可见他是拟古而不泥古，颇能有所创新的。汉乐府中的爱情诗多为女子自咏，魏晋时期发展为文人代拟。这首小诗即是由诗人揣摩妇女心曲，而抒其情愫。其语言保持了汉乐府民歌的特征，朴素质直，不加雕饰，不用奇字奥词，取比起兴皆为眼前景物，随手拈来，自然成趣。抒情坦诚真挚，柔和温丽，无激切矫揉之弊。客体之景与主体之情如水乳相融，心境物境浑然一体。元陈绎曾说傅玄诗“思切清古”(《诗谱》)，清陈祚明说他“古质健劲”(《采菽堂古诗选》)，清牟愿相称赞其“小诗颇有风流媚趣”(《小澥草堂杂论诗》)。这些评论基本上都可以适用于《秋兰篇》。还应该指出的是，傅玄同时又是音乐家，史称其“解钟律”，曾参与“创定雅歌”。这首诗音节和顺流畅，轻爽明快，像是一首小夜曲，在当时想必是可以入乐歌唱的。

(原载《古代爱情诗词鉴赏辞典》，辽宁大学出版社 1990)

九、读王鉴《七夕观织女诗》

牵牛悲殊馆，织女悼离家。
一稔期一宵，此期良可嘉。
赫奕玄门开，飞阁郁嵯峨。
隐隐驱千乘，阗阗越星河。
六龙奋瑶辔，文螭负琼车。
火丹秉瑰烛，素女执琼华。
绛旗若吐电，朱盖如振霞。
云韶何嘈嗷，灵鼓鸣相和。
停轩纡高眄，眷予在岌峨。
泽因芳露霑，恩附兰风和。
明发相从游，翩翩鸾鹭罗。
同游不同观，念子忧怨多。
敬因三祝末，以尔属皇娥。

王鉴，东晋文学家，生卒年不详，大约晋武帝咸宁中至晋元帝建武元年期间在世，父亲是平吴大将军王濬。王鉴少有文名，只活了四十年来岁，原有文集，已佚，诗作仅留一首《七夕观织女诗》。

这首诗通过咏叹七月七日牛郎织女相会的神话故事，表现了作者对这一爱情悲剧的同情和叹惋。

牵牛、织女，本是银河南北相对的两颗星名，从远古时代起，人们就把它们想象为一对情侣，并逐渐演绎为带有悲剧色彩的爱情故事。《诗经·小雅·大东》篇有“跂彼织女，终日七襄。虽则七襄，不成报章。睆彼牵牛，不以服箱"之句，已经把星宿人格化。到了汉代，又进一步神化。《史记·天官书》说织女"是天帝外孙"。《初学记》卷二引《春秋元命苞》："织女之为言，神女也。"《春秋斗运枢》："牵牛神名略。"《文选》班固《西都赋》："临乎昆明之池，左牵牛而右织女，似云汉之无涯。"李善注引《汉宫阙疏》："昆明池上有二石人：牵牛织女像。"昆明池筑于汉武帝时，象征天河；石人象征天神。东汉后期，人们进而把这两颗星说成是夫妇，并给他们的爱情染上悲剧色彩。代表作就是《古诗十九首》之十六："迢迢牵牛星，皎皎河汉女，纤纤擢素手，札札弄机杼。终日不成章，泣涕零如雨。河汉清且浅，相去复几许？盈盈一水间，脉脉不得语。"这实际上是借天上对峙的星宿，写人间分隔的爱情。此诗出现之后，引用者、附会者、摹拟者代不乏人。如蔡邕《青衣赋》："悲彼织女，隔于河维。"曹丕《燕歌行》："牵牛织女遥相望，尔独何辜限河梁。"《文选》曹植《洛神赋》李善注引曹植《九咏注》说得更明确："牵牛为夫，织女为妇，牵牛织女之星各处一旁，七月七日乃得一会。"这个优美动人的故事，越来越吸引起文学家们的兴趣。西晋诗人陆机曾作《拟迢迢牵牛星》："昭昭清汉晖，粲粲光天步。牵牛西北回，织女东南顾。华容一何冶，挥手如振素。怨彼河无梁，悲此年岁暮。跂彼无良缘，睆焉不得度。引领望大川，双涕如霑露。"把被分隔的爱情的苦恼描写得更为强烈而具体了。稍后的拟作还有不少，如李充《七月七日诗》等是。

王鉴的这首《七夕观织女诗》，已不属于对《古诗十九首》的模仿，而是有新的创造和发展。诗一开始就突出牵牛织女本是夫妻而不得不分离的悲伤，于是这一年一宵的团聚就显得特别的珍贵。接着，作者大胆运用想象，按照天神出游的规格，极力铺陈二星相会时的热烈场面和隆重气氛。显赫的天门打开了，巍峨的宫阁隐藏在天边，千骑万乘的庞大队伍浩浩荡荡越过天河，六龙奋警，文螭驾车，火丹秉烛，素女执花，绛旗若电，朱盖如霞，仙乐齐奏，灵鼓相和。……这种夸饰的手法，继承了从屈原《离骚》到曹植《洛神赋》的浪漫主义传统，采用的是古时所谓"赋"体，同时又吸收一些民间传说成分。因为织女是天帝之外孙。所以才有这样豪华的排场。诗中接着描写，停车相望，彼此都在高高的天际。他们的恩爱是短暂的，恩泽如风似露，很快就会消失，不得长久。虽然暂时同游，不能永久同欢(原诗“观”疑当作欢)。一夕的快乐，抵消不了长期的愁苦。“念子忧怨多”，是点题之句，与起句“牵牛悲殊馆。织女悼离家”相呼应，显示出全诗的基调仍是悲凉的，中间一段的繁盛景象有力地反衬出首尾的凄婉意境。最后两句，表达了作者同情的心愿。我打算像华封人三次祝福帝尧那样(典出《庄子·天地》篇)，把你们嘱托给少昊氏之母皇娥，也许她能帮助你们解决分离之苦。诗人的这种祝愿，虽然是神话化的幻想，但却是一种美好而善良的安慰。

东晋中期，苏彦有《七月七日咏织女诗》，一方面铺叙织女出游时的服饰和车乘之美，一方面更加强调欢乐的短暂。“欢宴未及究，晨晖照扶桑。仙童唱清道，盘螭起腾骧，怅怅一宵促，迟迟别日长。”他显然继承王鉴而又有所补充。到了南朝刘宋时，这类诗作中增加了抒写作者观月望天时的情景。如谢惠连《七月七日夜咏牛女诗》、刘铄《七夕咏牛女诗》、刘骏《七夕诗》、鲍照《和王义兴七夕诗》等是。都不止是客观地演述牛郎织女故事，而带有浓重的诗人的主体色彩。齐梁时期，由于抒情诗盛行，七夕牛女的故事成为爱情诗中的重要题材。这类诗篇中叙述性成分逐渐减少，咏叹性文字大大增加，如萧衍的《七夕诗》等是。最有特色的是范云的《望织女诗》：“盈盈一水边，夜夜空自怜。不辞精卫苦，河流未可填。寸情百重结，一心两处悬。愿作双青鸟，共舒明镜前。”表现了勇敢冲破分隔、努力追求幸福的积极愿望，情调高昂，不再一味哀怨。还有的诗人别出心裁，如沈约《织女赠牵牛诗》：“红妆与明镜，二物本相亲。用持施点画，不照离居人。往秋虽一照，一照复还尘。尘生不复拂，蓬首对河津。冬夜寒如此，宁遽道阳春。初商忽云至，暂得奉衣巾。施衿已成故，每聚忽如新。”这实际上是假托牛郎织女名义，抒发游子思妇间普遍存在的别离之苦恼，风气已开唐人先路。

(原载《古代爱情诗词鉴赏辞典》，辽宁大学出版社 1990)

十、读谢惠连《代古诗》

客从远方来，赠我鹄文绫。
贮以相思箧，缄以同心绳。
裁为亲身服，著以俱寝兴。
别来经年岁，欢心不同凌。
泻酒置井中，谁能辨斗升？
合如杯中水，谁能判淄渑？

谢惠连（397—433），南朝刘宋时诗人，是著名诗人谢灵运的族弟，后人合称“大小谢”。他在文学史上最负盛名的作品是《雪赋》。

谢惠连这首诗是对《古诗十九首》之十九《客从远方来》的摹拟，着重表现了思妇对远方游子坚定不移的纯真爱情。

开头一二句，沿用旧词，直述缘起。有位客人从远方归来，送给我绣有鹤纹的绫罗。这是远在他乡的丈夫所赠之物。因为《古诗十九首》为人们所熟悉，这一层意思不言自明，所以不用交代。

第三四句，写丈夫把礼物包装得十分仔细，并且寄寓深情。鹤文绫装在相思竹（或相思木）所制成的箱子里。相思竹，又名二股竹、竹连理。显然，这是以物寓人，表示夫妻长相思念。然后又用绳子捆绑好，特意系上同心结。同心结是一种菱形连环回文结，常用以表示男女恩爱，同心不渝。从这两件事即可以看出丈夫对妻子是如何的思念和信赖。

第五六句写妻子收到丈夫赠物后的处置。她十分理解丈夫的心意，于是把绫剪裁成贴身的内衣，不论晚上睡觉还是白天劳作，都穿在身上。她这样做正是为了表示无比珍重丈夫的爱情，把它时刻铭记在心里。

第七八句写妻子对丈夫的感念。虽然分别许多年了，然而丈夫的爱心并没有因岁月的流逝而衰退。欢，指所爱之人，此处指远方的丈夫。凌，凌夷，指由盛而衰。

第九句至第十二句，连用两个比喻，表示他们相爱永不分离，就像将酒洒在井中难以分解。淄、渑二水都在今山东境内，淄水清，渑水浊，（故渑水又名浊水），将两河水之合注一杯之中，谁还能分得出原来是淄是渑呢？亦喻夫妻恩爱难分。

这首拟作较之《古诗十九首》原作，基本意思是差不多的，但也有所补充发挥。原作写丈夫方面的心思只用了“文采双鸳鸯”一句，拟作则增加“相思篋”、“同心结”，更见柔情蜜意。原作写妻子的活动用了“裁为合欢被，著以长相思，缘以结不解”三句，拟作只用“裁为亲身服，著以俱寝兴”一事，更显得两情相契，心心相印，真切感人。“别来经年岁，欢心不同凌”二句，用劲截的语句，表述坚贞执着的信念，尤足动人心弦。原作“相去万余里，故人心尚尔”，是从空间着眼，虽江山迴隔，而爱情不变。拟作则从时间着眼，虽岁月流逝，而欢心不改。最后连用两个比喻，反复强调夫妻感情牢固，无论什么力量也拆不开，比原作“以胶投漆”一喻更加有力。全诗的章法结构语言韵味，都保持了原作明快欢畅朴素自然的民间风格。

摹拟《古诗十九首》之风在魏晋南北朝时期很盛行。摹拟《客从远方来》的作品中，除谢惠连这首诗外，以女诗人鲍令晖（大诗人鲍照之妹）写得最好。其诗曰：“客从远方来，赠我漆鸣琴。木有相思文，弦有别离音。终身执此调，岁寒不改心。愿作阳春曲，宫商长相寻。”除第一句外，基本上脱离了对《古诗十九首》的依傍而自出新意。围绕鸣琴生发开去，从木纹、声音、曲调、宫商等方面做文章，层层升华，深入开掘。较之谢惠连所拟，又更进一步了。

（原载《古代爱情诗词鉴赏辞典》，辽宁大学出版社 1990）

第三部分　唐宋文学

一、略谈王昌龄的《出塞》

秦时明月汉时关，万里长征人未还。
但使龙城飞将在，不教胡马度阴山。

王昌龄，(约 698—756)盛唐诗人，擅长七绝，多写边塞军旅生活，气势雄浑，格调高昂，也有愤慨时政及刻画宫怨之作。在当时评价甚高，有“诗家天子”之美誉。

上述四句是王昌龄《出塞二首》之一。大家如果翻开通行的《唐诗三百首》，可以看到它是放在七言绝句之后，列在乐府一类里。细心的读者也许要发问：从形式上看，它和一般七绝也没有什么不同，为什么另起名叫乐府呢？我以为如果说有区别的话，恐怕主要有两点：第一，它是能入乐可以歌唱的。第二，它用的是乐府古题。郭茂倩的《乐府诗集·横吹曲辞》第五类就是《出塞》。

这首诗从产生以来就脍炙人口，至今仍然传诵不绝，它到底好在什么地方呢？

依我看来，这首诗的构思可分为两层，前两句是一层，后两句又是一层。两句及两层之间，存在着深刻的具体的想象上和逻辑上的有机联系，必须把全诗融会贯通起来，把握形象的整体，才能正确理解诗的全部美学含义。

第一句“秦时明月汉时关”，作者是从远古的历史立意，把抽象的时间概念和具有特定含意的具体景物联系起来，构成“万里长征人未还”

这一命意的社会历史背景。

这种艺术构思是很有一番匠心的。我们乍一看,“关”上冠以“汉时”倒还可以理解,明月这种永恒的东西,怎么好说它是那个朝代的呢?似乎费解。其实只要看看下一句也就明白了。原来作者写第一句是作为第二句的背景的,关固然是边塞征战的表征形象,但明月又何尝不是战士出塞入塞、沙漠苦战的长期侣伴,和最能勾起乡愁别恨,“此物最相思”的呢?所以自古以来的从军歌行总是爱提到它。这里,在明月和关口加上了秦时汉时,主要是强调“万里长征人未还”由来已久了。虽然“古人不见今时月”,可是“今月曾经照古人”,这样,通过明月和关这两个能引起人们无限联想的形象,就把古今战斗生活在想象中贯串起来了。

沈德潜《说诗晬语》指出,边防筑城起于秦汉。明月属秦,关属汉,诗中互文。周振甫解释说:“互文是两个词本来要合在一起的,如秦汉时的明月秦汉时的关,可是为了音节和字数的限制,要省去一个字,于是前面省去一个汉字,后面省去一个秦字,解释要把两个词合起来讲。这是诗中的一种特殊结构,实际是说:月是古时的月,关是古时的关,用秦汉指古,即秦汉时明月秦汉时关,是互文见义。”(周振甫《诗词例话》第309页)

现在,我们就可以清楚地了解前两句的意思了:从秦代汉代起,我们的战士就顶着星星顶着月亮转战在万里关山的边庭上了,可是,千百年来,有多少人胜利而归呢?作者发的也就是“古来征战几人回”的浩叹,充满了人道主义精神。

如果说第一层是提出问题,那么第二层就是解答问题了。“但使龙城飞将在,不教胡马度阴山。”这两句的主要形象是李广,李广是汉代一位保卫边疆的英雄,当时被称为“飞将军”,他同时也是一个在权贵压抑之下始终壮志未酬的悲剧角色。很久以来,许多诗人不断为他讴歌,人们总是既歌颂他的勇敢战斗精神,又惋惜他的悲愤遭遇。作者这里在回答战争为什么长年不息时举出他来,认为只要有了李广这样的人物,就可以保卫边疆、停息战争，鲜明地表现了作者对古代英雄的敬慕和爱好和平的愿望。

但是，全诗的含义还不止在此，联系起上一层意思来，我们可以看出作者还有更深的蕴藉：战争打了千百年，难道只因为没有出现过李广这样的人才吗？不，人民群众中李广是有的，只不过统治者不能重用他们罢了。第一个李广在汉代遭遇不过如此，后代纵有李广，命运也是可想而知的；这才是“万里长征人未还”的真正原因呢。这里作者实际上替王维《老将行》中那样的无数壮士表达了“冯唐易老，李广难封”的委曲衷肠，对封建社会黑暗现实作了深刻的讽刺和批评

（原载《光明日报》1959 年 11 月 15 日《文学遗产》专刊，后来稍有补充）

二、寓诗情于画意之中

——读杜甫绝句一首

苏东坡云:“少陵翰墨无形画,韩干丹青不语诗。”的是至评。试看杜甫的一首绝句:

两个黄鹂鸣翠柳,一行白鹭上青天。

窗含西岭千秋雪,门泊东吴万里船。

这不是一幅美妙的风景画么?画面的近人处,几棵翠绿的垂杨,枝头有两个黄莺儿在婉转歌唱。画的上半部是青湛湛的天,一队白鹭直指太空。远处高山明灭可睹,遥望峰巅犹是皑皑一白——那是千年不化的积雪。画的一侧露出半边茅屋,屋窗正对着远山,门前是一条通江大河,水面还有许多船只——那是趁着春江水满从江浙一带来的远航商船。

这首诗的意境构思实在值得我们从绘画的角度细加玩味。从颜色和线条来看,作者把两笔鹅黄点染在一团葱绿之中,在清淡的空间背景上勾勒出一条白色的曲线,色泽印衬鲜明而又和谐。水是淡的,山也是淡的,天更是淡的,山头还现出了白雪,这种构思体现了中国水墨画浓淡对比轮廓分明的特点。从景物配置和构图来看,飞鸟与鸣禽遥相呼应,青山与白雪化为一体,杨柳傍水而生,船只靠河停泊,房屋建筑在水边,窗户向着山,门口通向河。……这些安排好像平常,其实并不简单,件件景物各得其所,互相有机联系,其间还有一定的比例和角度,决不是漫不经心随随便便写出来的。尤其是写雪指出是在西岭,言船标明来自东吴，还特别显示出风物的地方特色。从这种意匠惨淡经营之中，我们不难看出诗人还同时具有画家的慧眼。

杜甫对于绘画是很有修养的。他流浪各地时，注意访求古今名画，像顾恺之的作品，就曾使他神往（“虎头金粟影，神妙独难忘”）。和当时著名画家王维、曹霸、韩干、王宰、姜皎，薛稷等人都有交往。他写过很多题画诗，题材包括鹰、马、鹤，松、山水、园林等许多方面，对绘画艺术发表过不少精辟见解。他的一些诗之所以同时具有画意，决非偶然。

这首小诗，从表面上看，纯粹描写自然风光，似乎没有什么深刻的社会意义。然而，只要我们细心体会，并不难发现其中依然蕴含着丰富细腻的思想感情。细柳新绿，这不是春天的色彩么？黄莺唱和，这不是春天的音乐么？白鹭从南方飞回，正是春天的第一批客人；冰消水涨，远方的船儿不远万里而来，正说明人们已经开始了一年之计在于春的活动。这一切形象构成了一个鲜明的主题——春天来了。

作者以饱蘸着喜悦的笔墨，描写这些清新活泼、生气蓬勃的事物，以敏锐的观察，摄下一幅万类竞荣的景色。在明丽的画面之中，洋溢着迎春的激情；从那轻快的节奏里，我们仿佛可以听到春天的脚步声，抚摸到作者随着万物而跳动的脉搏。诗人高瞻远瞩，看得细，想得宽，从山上的积雪联想到人间悠久的岁月；从江中的航船遥望见祖国辽阔的土地。“千秋”、“万里”，这是何等开阔的胸怀！这样的形象反映了诗人的眼界。一个精神萎靡、心胸狭窄的人，绝不可能写出这样爽朗的诗句。

如果联系写作的历史背景，也许看得更加清楚。此诗作于公元765年，杜甫正“漂泊西南天地间”，颠沛流离，穷困潦倒；可是他的意志依旧坚强，情绪仍然开朗、旷达、乐观。这一时期他写了不少充满生活情趣的短诗，从这些作品里，我们也可以窥见诗人博大胸襟之一斑。

杜甫“晚节渐于诗律细”，在对仗方面尤用功力。本来绝句只要求两句相对就可以了，然而他晚年有些小诗（包括五七言绝律）竟全由偶句组成。像上面这首诗，他题为绝句，后来就有人笑为截律。它的每一个字都是整齐地相对的。如“两个”对“一行”,“黄鹂”对“白鹭”,“鸣”对“上”,“翠柳”对“青天”,“窗”对“门”,“含”对“泊”,“西岭”对“东吴”,“千秋”对“万里”,“雪”对“船”。第一联不但前后两句相对,而且一句之中意境还上下成对。这种情况,诗律学上称为工对,是很特殊的。

全诗语言平易通俗,并无奇字险句,似乎没有经过多少推敲。尤其第一联,纯系白话,有的评点家说是拙句。其实不然。它自然、通脱、流畅、匀称,信手拈来,似拙而实工。后联中的“含”字和“泊”字,下得更是极有讲究。如果让一般人来写,用“窗外”、“窗望”、“门旁”、“门过”等等,也能讲得通。可是杜甫却创造了一个新的语汇:“窗含”。这个“含”字用得很妙,妙在它把诗人的地位点出来了:原来诗人是在屋子里从窗户内向外瞧的。这个“含”字,不仅含住了西岭千秋雪,而且把上述全部景物都收入诗人眼底。这样就不是平板地描写自然美,而且还表现出审美者对自然的把握和欣赏,还能引起读者对诗人情怀的窥探和丰富的联想,涵蕴是极深的。全诗无一字写到人,但有了这个“含”字,便显得一切都是从诗人眼中出发的,然而又避开正面写人。这也许就是人在画中而不见人的笔法吧。

再说“泊”字。我们知道,这首诗作于四川成都。如果用“门旁”、“门过”,那么凡是长江上游沿岸任何地方都可以,未免失之太泛。“泊”字能够说明,那些长江下游的远航船只,不是在这里寻常过往,而是停泊、聚集于门前,足见附近必定是个不小的水陆码头。另外,此刻杜甫正颇有离蜀去吴之意,(“三年望东吴”)。这里下个“泊”字,似乎还隐含着见鞍思马之意:去不去东吴呢?有顺路的船在附近等着哩。诗人的踌躇心情,在这个字里不是也多少透露了一点消息吗?

全诗各句貌似相对独立而实际却互相关联,应当贯穿起来理解。第一句从眼前近景说起,开窗闻莺而见柳;第二句由近及远,抬头望鹭又见天;第三句凭窗遐想(实际上成都看不到雪山),由无边的空间追寻到无穷的时间;第四句也许是出门散步,又由船只而回到行旅、人事的思索。浑然一体,不露半点针线痕迹。从实到虚,又由虚回到实,意味无穷。旧注有以春夏秋冬四时景诠释的,未免既穿凿而又割裂了。

附注:

这篇短文作于1964年,在当时学术大批判气氛之下,没有哪家报刊愿意发表这种纯艺术分析而不谈阶级斗争的文章。"四人帮"倒台后,拨乱反正,才从抽屉里翻出来,1978年1月发表于《宁夏文艺》。

三、读白居易诗《鹦鹉》

竟日语还默①，中宵栖复惊②。
身囚缘彩翠③，心苦为分明④。
暮起归巢思⑤，春多忆侣声⑥。
谁能坼笼破⑦，从放快飞鸣⑧。

这是一首寓言诗。作品以能言语、明是非然而被困于囚笼的鹦鹉，比喻受压抑束缚不得畅所欲言的谏官，实际上是作者的自况，曲折地反映诗人前期从政中的志向和苦闷。

元和三年，白居易任左拾遗。这是个诤谏防闲之职，“凡发令举事，有不便于世，不合于道者，小则上封，大则廷诤”（《唐六典》）。诗人开始十分高兴，曾上书宪宗表示：“倘陛下言动之际，诏令之间，小有过阙，稍关损益，臣必密陈所见，潜献所闻”（《初授拾遗献书》）。他的确忠实执行了自己的任务。在一段时间内，写下了大批奏章，批评朝廷和社会上许多不良现象。内而宰辅、宦官，外而藩镇、州县，甚至不惜批逆鳞，面折廷争。“有阙必规，有违必谏，朝廷得失无不察，天下利病无不言。”经常当着皇帝的面说：“陛下误矣！”结果惹得宪宗很不高兴，曾对宰相李绛说：“白居易小子是朕拔擢致名位，而无礼于朕，朕实难奈。”除上书言事外，白居易同时创作了著名的《秦中吟》、《新乐府》等现实主义诗篇，目的就是“唯歌生民病，愿得天子知。”其中许多有力的讥刺鞭笞，一次又一次触犯了权贵。正如他在《与元九书》中所陈说的：“闻《秦中吟》，则权豪贵近者相目而变色矣；闻《乐游园》寄足下诗，则执政柄者扼腕矣；闻《宿紫阁村诗》，则握军要者切齿矣。”这种激进的政治态度，不能不受到保守腐朽势力的厌恶、压制、排斥和打击。不久被调离职位，后来又被借故攻击毁谤，贬为江州司马，从此生活道路发生了转折。《鹦鹉》这首小诗，就是他任职左拾遗期间的不平心绪的一个侧影。

在白居易的作品里，以鹦鹉比喻谏官不止一处。如《和大觜乌》说：“亦有能言鹦，翅碧觜距红，暂曾说乌罪，囚闭在深笼。”《鹦鹉》的思想与之一致，而在艺术含蕴方面又有更深的开拓。整个诗篇，集中表现谏官不得尽言的懊恼，而又处处紧扣鹦鹉的鸟类特征。第一联，写鹦鹉的外部印象。成天价忽而讲话忽而沉默，半夜里一会儿安息一会儿惊醒。鹦鹉的习性的确如此，这正是它得不到自由的结果。联想到人类社会中的朝廷谏官，不也是有人这样，欲言还休，坐卧不安，十分烦闷吗？第二联进而揭示其所以如此的原因。鸟儿被关进笼子里是因为有美丽的毛羽，人才被束缚压抑不也是由于他们有令人嫉妒的才华吗？鹦鹉的过错往往在于能辨别真伪而说话不留情面，谏官的矛盾不正是明知是非却不能坚持吗？第三联更深入地揣摩鹦鹉的感情变化从而表达作者激流勇退的愿望。鸟儿到了傍晚必然要涌起回归故巢的思绪，春天来了经常会想起同伴们的叫声。人也如此，在理想无法实现的时刻自然要产生退隐回乡的念头，在春天里很容易回忆起朋友们在一块欢聚唱和的情景。可是目前还无法实现啊！于是紧接着又有第七、八句：谁能打破牢笼，放我到广阔天地里痛快地高飞长鸣！诗人看到了困难的严重性，也有过徘徊；可是他并没有消极退缩，而是渴望改变局面，决心进行斗争，他的诗歌就是新的武器。读了最后两句，人们精神为之一振，似乎看到诗人正拍案而起，横眉冷对千夫所指的恶势力，要和他们战斗到底。

我国古典诗歌中的寓言诗，最早可以上溯到《诗经》中的《鸱鸮》。后来在汉魏六朝乐府以及唐人歌行中，不断得到发展。白居易的时代，更是大量涌现，成为抒情议政和进行揭露讽刺的一种特殊手段。白居易的寓言诗和他的《新乐府》等诗篇一样，是讽谕诗的一部分，有着明确的现实目的性和强烈的社会政治性，手法委婉而毫不隐晦，命意显豁又极为深切。他曾经写过许多动物：鱼、鳖、龙，鸾、鹤、鸢、乌、燕、雀等等，都是一定社会阶层人物的象征，而又各有物性。以鹦鹉比人，在古典诗歌中常常可见。有的作家比为拨弄是非的小人，有的则暗寓失去自由的妇女（如白居易的另一首《鹦鹉》诗就是）。而像这首诗那样拿来代表不能畅快发表意见的谏官则不多见。这里有着时代风气的原因。唐代从魏征起，有些忠贞刚毅之士一直保持着直言敢谏的传统。谏官而不能尽言，被认为是最大的失职，所以韩愈专门写了《诤臣论》。白居易也有《秦吉了》一诗，谴责说："秦吉了，人云尔是能言鸟，岂不见鸡燕之冤苦！吾闻凤凰百鸟主，尔竟不为凤凰之前致一言，安用噪噪闲言语?"其《寓意诗》也呼唤："岂无啄木鸟，嘴长将何为?"所讽刺的就是谏官中只能挑些"朝拜失仪"之类小毛病，而不敢坚持大是大非的胆小怕事之徒。把这些诗句与《鹦鹉》互相参看，我们就能更加理会白居易要求打破牢笼尽情飞鸣的现实意义和鲜明个性。

白诗一向以语言通俗著称，不用典故，不加藻饰，因而老妪能解。这首《鹦鹉》诗正是如此。他不像当时有的诗人那样，追求简练和奇倔，大量使用跳跃式的语句，而是力图按部就班，妥帖布置，着重于质直的叙写，一环扣一环的描绘。然而白诗于细密处也有变化，浅近时仍见工整。如"竟日"句对"中宵"句，既有巧妙的波折，又是精致的联语。"身囚"句与"心苦"句，外貌与内情相对，上句为宾，下句为主。上句偏重于写鸟，下句致力于拟人。"暮起"句与"春多"句，似乎有些低婉，下字亦颇耐推敲。最后两句忽又昂扬，笔力千钧，与《新乐府》"卒章显其志"体例相符。当然，作为一首五言律诗，不可能像《新乐府》那样"顺而肆"，但仍然是极情抒放，没有当时某些五律易犯的呆滞之气，这和白诗的整个风格也是一致的。

注：①竟日：成天，整天。语：讲话。默：不作声。　②中宵：半夜。栖：栖息。惊：惊醒。　③缘：因为。彩翠：羽毛色彩翠绿。　④分明：指是非分明。　⑤暮：傍晚。起：涌起，产生。归巢思：回到旧巢的心思。　⑥忆侣声：怀念同伴们的鸣叫之声。　⑦坼：音彻，冲决，打破。　⑧从，同纵，释放。快：痛快，快意。

（原载《白居易诗歌鉴赏集》，巴蜀书社 1990）

四、刘禹锡的时空观

唐代诗人刘禹锡，是著名的文学家，杰出的唯物主义思想家，在自然科学方面，也提出过不少独到的见解。有些观点从现代科学角度来看，仍然包含一定的合理因素。例如他的时空观就是。

（一）

先秦时期，道家首创“无中生有”的宇宙观，魏晋玄学唯心主义接踵宣扬“以无为本”。他们认为，宇宙的本原是“无”，世界上最初一无所有，空洞无物；后来由于莫名其妙的“道”的作用，才从“无”中产生出大地万物——即“有”。隋唐之际，佛教唯心主义又鼓吹所谓“四大皆空”的观点，认为“地风水火”等四种组成世界的基本要素都是虚幻不真的，都是人的主观意识的产物，世界的本质就是“空”。专门宣扬这种观点的教派就叫做“空宗”。刘禹锡站在唯物主义立场，针对上述唯心主义宇宙观，提出了自己的不同看法。

在一篇题为《牛头山第一祖融大师新塔记》的文章中，他以质问的口吻指出：

“夫上士解空而离相，中士著空而嫉有。不因相何以示觉？不由有何以悟无？”

在刘禹锡看来，离开具体的事物（“相”）去理解“空”的观念，或者死死抓住“空”而不承认“有”都是不对的。他认为，悟性的东西（“觉”）只有通过具体的事物（“相”）才能显示出来；必须从“有”出发，才能懂得

“无”的概念。这样，就不是“以无为本”，而是“无”以“有”为前提，把“空”的观念建立在物质性的“有”和“相”的基础之上，这就和唯心主义的观点基本上划清了界限。当然，这里的“空”“无”都是哲学概念，还不等于自然科学意义上的空间观，但是，唯物的哲学观点无疑正是正确的自然科学思想的前提。

在著名的哲学论文《天论》中，刘禹锡从正面阐述了他对空间问题的科学见解。

当时有人问他，有形之物离不开固有的自然规律，那无形的空间，规律又在哪里呢？刘禹锡回答说：

“若所谓无形者，非空乎？空者，形之希微者也，为体也不妨乎物，而为用也恒资乎有，必依于物而后形焉。”

这几句话包含了深刻的科学道理。

马克思主义哲学告诉我们，空间是物质的存在形式，而不是脱离物质的绝对虚空。没有物质的空间和不存在于空间的物质都是不可想象的。现代物理学发现，人们通常所谓的空间，存在着许许多多的实物，如电子、等离子体，在任何空间都存在着场，如磁场、电场、引力场……绝对意义上的真空是没有的。刘禹锡认为空间是由极稀薄极细微的物质组成，“空者，形之希微者也”，这话是有其合理性的。

刘禹锡虽然没有明确意识到空间是物质的存在形式，但是，他已经猜测到空间和有形之物有某种相互依存的关系。“为体也不妨乎物”，意思是说，空间作为一种占有一定体积的客观实在，它不妨碍其他物质的存在和运动。“而为用也恒资乎有”，就是说空间依靠有形之物为条件而起作用。“必依于物而后形焉”，具体空间一定要依赖其他物质而后呈现出一定的形状。他已经看到空间和物质是不可分割的。

紧接着，他举例说：

“今为室庐，而高厚之形藏乎内也；为器用，而规矩之形起乎内也。”

这是对《老子》讲的：“埏植以为器，当其无，有器之用。凿户牖以为室，当其无，有室之用。故有之以为利，无之以为用”的批判改造。《老子》这几句话虽然包含了一定的辩证法因素，但是，他的“无”是绝对的虚无，先于“有”而且重于“有”，基本观点是唯心的。刘禹锡的“空”不等于《老子》的“无”，它是唯物的，“空”和“有”都是物质性的概念，并无先后主次之分。这正是他们根本不同之点。

下面，《天论》列举了一系列物理现象来说明空间有其固有的规律。例如，发声的响度有大小，回声的响度不能超过原声；又如，立竿有曲直，竿影的曲直受制约于立竿的曲直。

“音之作也有大小，而响不能逾；表之立也有曲直，而影不能逾。非空之数与？”

这就是说，回声、阴影这些存在于空间的现象，都是一定原声和物体作用的表现，都受有形之物的制约，这里有空间的规律性。刘禹锡是在猜想，音响不可能在空间随便传播，阴影不可能在空间任意改变形状，是受空间“希微”的物质影响的结果。虽然。他还不知道，声音大小由物体振动幅度决定，阴影是因光线被物体阻隔而在屏上相应部位形成的亮度变小（直至完全黑暗）的区域。但是，他的探索无疑有助于后人进　步了解空间的秘密。

《天论》接着举光作为例子，认为人的眼睛能看，并非由于人眼本来就有光，一定要依靠太阳火焰等发光体才会有光线存在：“夫目之能视，非能有光也，必因乎日月火炎而后光存焉。”光产生于太阳（他还不知道月亮本身不能发光，仅仅反射太阳光）和其他发光物体，并非产生于人的主观。这种观点显然受到后期墨家的“智以目见，而目以火见”（《墨子·经说》下）的影响。后期墨家仅仅说明光线是视力的必要条件；而刘禹锡则意在证明，人的光感来源于客观存在的发光物质。也就是说，光虽然无形，但确系客观存在，而不是主观的感觉。

刘禹锡进一步指出，人们通常所谓的“幽”、“晦”，是因为人的视力达不到，所以看不见东西；对于夜猫子、黄鼠狼、狗和老鼠来说，就不见得是“幽”、“晦”。

“所谓幽而晦者，目有所不能烛耳，彼狸狌犬鼠之目，庸谓幽为晦耶?”

这个例子雄辩地说明了空间并非真空的道理。恩格斯在《自然辩证法》中指出,“自从发现自然界存在着暗的光线,而尽人皆知的光和暗的对立,作为绝对的对立,就从自然科学中消失了。……什么是光,什么是非光,这取决于眼睛的构造。夜间活动的动物显然甚至能看见一部分我们所看不见的射线……因为它们的眼睛比我们更适应于较短的波长”(见该书第264页)。现代科学证明,人的视力的能见度,在光的波长7500埃到3900埃之间,7500埃以上的红外线,和3900埃以下的紫外线,人眼看不见,某些动物却可以看见。例如蚂蚁能看见紫外光,乌龟、乌贼能看见红外光。我们不能因为人眼看不见,就说红外光、紫外光不存在。

刘禹锡看到了光和暗、有与无的相对性。因此,他嘲笑那种仅凭感觉来认识世界的狭隘性。“世人信耳目,方寸度大钧。安知视听外,怪谲不可陈?”(《有僧言罗浮事因为诗以写之》)。肯定在人们感觉所能及的世界之外,还有无限丰富奇异的物质世界存在。

《天论》在列举了声音、阴影、光线等现象作为例子,说明空间确实存在着虽无形但起作用的物质,存在着客观的必然规律性,人们不能认识是由于人的感官和局限性之后,还从认识论角度概括地指出:

“吾固曰:以目而视,得形之粗者也;以智而视,得形之微者也。”

意思是说,人的眼睛只能看见宏观的物质,只有理智才能认识微观的物质。这话也有一定道理。在目前科学技术条件下,人们还只能在电子显微镜下看到大分子,至于原子、基本粒子还看不见,只能借助于特定的科学实验仪器,再加上理性的分析推断,才能确定其存在。所以决不能仅仅凭人的感官来确定空间的有无物质,以及物质的有形还是无形。当然,刘禹锡还不能正确理解,感觉的任务是认识事物的现象,理性的任务是认识事物的本质,感性认识是理性认识的基础,理性认识是感性认识的提高,二者是在实践基础上辩证的统一体。把它们的认识对象和作用以“得形之粗”,“得形之微”来划分并加以对立,显然是不恰当的。这说明刘禹锡的认识论还没有摆脱形而上学的影响。

在整个这段文字的最后，刘禹锡从哲学和世界观的高度得出结论说：

“乌有天地之内有无形者邪？古所谓无形，盖无常形耳，必因物而后见耳。乌能逃乎数耶？”

这就是说，天地之间，充满了物质，没有绝对意义上的无形之物，古人所谓无形，不过是没有固定的形态，要依靠其他物体才能显现罢了，这一切是离不开自然界所固有的规律性——“数”的。这样，就再一次从总体上肯定了世界的物质性及其规律的客观性。

刘禹锡的空间观，对于后世唯物主义空间观的发展有着深远的影响。《天论》写成后，立即得到他的好友，唐代另一个杰出的唯物主义思想家柳宗元的称赞。柳宗元在写给刘禹锡的《答〈天论〉书》中特别指出，“所谓无形为无常形者，甚善”。到了宋代，唯物主义者张载把宇宙空间叫做“太虚”，认为“太虚”不是真空，而是充满着物质性的“气”。气聚则有形，谓之“明”；气散则无形，谓之“幽”。气散并不等于“无”。因此，他不承认有绝对“空无”的空间，“知太虚即气则无‘无’”（《正蒙·太和》）。明代的唯物主义者王廷相在这个基础上进一步否定世界上有“空”和“无”的存在，认为“天地、水火、万物皆生于有，无‘元’也，无‘空’也。其‘无’而‘空’者，即横渠（张载号）之所谓客形耳。”（《答何柏斋造化论》）把“无”和“空”解释为气的暂时形态（“客形”），即未凝聚形态。明末清初的大思想家王夫之讲得更清楚：“虚空者，气之量。气弥沦无涯而希微不形，则人见虚空而不见气，凡虚空者皆气也，聚则显，显则人谓之‘有’；散则隐，隐则人谓之‘无’。”（《张子正蒙注·太和》）认为宇宙间除了“气”，“此外更无他物，亦无间隙。”没有任何不包含“气”的真空存在。这些都可以看成是对刘禹锡的继承和发展。

（二）

关于时间问题，魏晋隋唐时期的佛教徒发表了许多谬论。他们把时间同物质运动加以割裂，把时间的三相（过去、现在、未来）和时间的长短久暂看成纯粹主观的产物。像姚秦时期的佛教理论家僧肇就抓住时间的点截性否定时间的连续性，主张“古不至今，今不自古”。隋唐之际的三论宗则更多地从时间的不可间断性来否定三相（过去、现在、未来）的实在性。天台宗的智𫖮明确宣称，时间“长短之相，乃心性所起”。武周时期华严宗的代表人物法藏，企图把时间的点截性和连续性统一起来，但不是统一于物质的运动，而是统一于思维的生灭。他说：“念念生灭，刹那之间，分为三际，谓过去、现在、未来。此三际各有过去、现在、未来。总有三三之位，以立九世，即束为一段法门。虽则九世各各有隔，相由成立；融通无碍，同为一念。”（《金师子章》）在法藏看来，三时九世的观念，不是客观存在的反映，完全在主观意念中产生和消失。他既承认古今有隔，又主张可以在一念之中消灭差别，“融通无碍”。这是主观唯心主义的时间观。

刘禹锡在时间问题上有一些可贵的见解，表现了鲜明的唯物主义立场，而和佛教唯心主义时间观相对立。

在《送鸿举师游江南并序》中，他写下了这样一段话：

“因思夫苒苒之光，浑浑之轮，时而言，有初中后之分；日而言，有今明昨之称；身而言，有幼壮艾之期；乃至一謦颏，一弹指，中际皆具。何必求三生以异身耶？”

所谓“苒苒之光，浑浑之轮”，指的就是时间。在这里，刘禹锡把时间理解为具体事物的发展过程，指出时间的三相就存在于日常生活之中。以时而论，可分为初中后；以日为单位，有今天、明天、昨天的区别；从人身来讲，有幼年、壮年、老年的不同。即使咳嗽一声，弹一下指头这样短暂的时间，也都具备开始、中间、结束的全过程。接下去，他还列举作文、写字、做官，今昔相比，都有不同的变化。这样，就把时间和事物运动密切联系起来，从而肯定了时间的客观性和物质性。而法藏的“三时九世”说，那不过是观念中的时间，并非现实的时间。正如恩格斯在批判杜林时所指出的：“这种时间本身不是由各个现实的部分组成，而仅仅是由我们的悟性任意划分的，只有时间真正被不同的事实所充满这一点，才是可以计算的，而空洞的持续性的积累究竟是什么意思，根本不可思议。”(《反杜林论》第49页)用事实来说明时间的三相，把时间理解为“不同事实所充满的”过程，正是刘禹锡时间观的唯物主义本质特征所在。

刘禹锡显然不同意法藏那样把时间机械地分割为“各各有隔”互不联系的“三三制”般的一小段一小段。在他看来，从总体上讲，时间是不可截断的，曾多次强调，“光阴不驻”，“时不待人”。但又指出，从每一段具体时间，即与一定事物的运动(时、日、身、弹、咳等)相联系的时间来讲，却是可以划分的。不论其长短久暂，都可以分解为开始、中间、结束三个阶段，即所谓“中际皆具”。长久的时间有初中后，短暂的时间也有初中后，它们是互相包含的无穷的层次关系，而不是截然分割的并列关系。这种理解显然比法藏更符合辩证法。当然，刘禹锡还不可能懂得，“运动是(时间和空间的)间断性与(时间和空间的)不间断性的统一”(列宁《哲学笔记》第283页)，这是我们不可以苛求于古人的。

“何必求三生以异身?”这是对轮回转世迷信的批判。当时佛教徒宣扬，人的灵魂不灭，经历前世今世来世，不断轮回转世，今世的祸福是由于前世的果报。今生行善，来生可以享福；今生作恶，来生必定受罪。佛教徒大讲过去现在未来，就是为了论证这种三世异身的迷信。他们不是叫人着眼于现实斗争，而是欺骗、引诱人们寄希望于虚无缥缈的来世。刘禹锡不相信这一套，曾经写诗批评诗人元稹在这方面的错误观点。①在刘禹锡看来，既然过去、现在、未来，不在生前死后，就在眼前日常生活之中，那么，无端地去追求什么前世修今世，今世修来世，于“三世”之中去寻找自己的不同身躯，那又有什么必要呢？既然任何事物在时间上都要经历初中后，人的一生从幼年、壮年到老年，一直到死，乃是必然的规律。“物壮则老，乃唯其常”（《问大钧赋》），那么，所谓轮回转世，灵魂不死，自然也就是不可能的了。刘禹锡在写给和尚的诗中，用明确的语言向佛教徒破除宗教迷信，提倡回到现实中来，这在当时是难能可贵的。在这以前，齐梁时期的唯物主义者范缜，曾经从形神关系方面对灵魂和轮回之说进行过批判。刘禹锡这段话，则从时间观的角度就其理论基础揭露三世异身说的虚伪性和欺骗性。可以说是批出了新的水平。

（三）

刘禹锡的唯物主义时空观，是唐代自然科学发展的产物，尤其和当时的天文学、宇宙理论、光学、声学有密切联系，既受到它们的积极影响，同时又有着明显的局限性。

刘禹锡对唐代著名的天文历法学家僧一行（张遂）十分钦佩。其《辩易九六论》引述了一行的《大衍论》，并且跟一行的门徒董生、唯良有过交往。在其《送唯良上人》诗序中，对一行和唯良的天文成就给予很高的评价，称道说：“有外臣一行，亦圣之徒，……凝神运指，上感躔次，视玄黄溟涬，无倪有常，绝机泯知，独以神会。……积微本隐，言与化合乎天人之数。极而含变，变而靡不通。神趋鬼慑，不足骇也。”而且以他们的天文成就为根据，又一次重申了他的“天果以有形而不能脱乎数”

① 元稹与僧展如游碧涧寺，赋诗有“他生莫忘灵山座”之句，展如借机大讲佛教三生之说。过了十天，展如就死了。元稹大为惊异，以为他生之说有了预兆，又赋七律一首。刘禹锡看到这些诗，针对其中三生之句提出批评，认为那是靠不住的。见《碧涧寺见元九侍御和展上人诗有三生之句因以和》。

的观点。

在光学方面,唐人对光的折射和色散已经有所认识。唐初孔颖达就明确提出彩虹是由于日光照射雨滴所产生的自然现象。略早于刘禹锡的诗人张志和还成功地进行了人工造虹的实验。在声学方面,刘禹锡本人就精通音律,并且已经注意到声音的共鸣和消除共鸣的方法。有一本书叫《刘宾客嘉话录》,是刘禹锡的部属韦绚根据刘禹锡谈话资料整理的笔记。其中讲到一则故事:洛阳某和尚房中有一磬,每当寺院敲钟时就自鸣作响,和尚因此疑惧成病。其友曹绍夔告诉他:这是因为磬的音律和寺钟音律一样,所以"击彼应此"。曹绍夔用锉刀把磬体锉去少许,改变其固有的频率,以后这磬就不再自鸣,和尚的病也不治而愈。这个故事生动地反映了当时的声学知识水平。对于刘禹锡的时空观中的某些见解,(如"音之作也有大小,而响不能逾")显然不无影响。

在宇宙理论方面,刘禹锡接受了秦汉以来的唯物主义的"元气"生成论。认为天地万物一切的本原都是气。"浊为清母,重为轻始,两仪既位,还相为庸。嘘为雨露,噫为风雷,乘气而生,群分汇从,植类曰生,动类曰虫,倮虫之长,为智最大,能执人理,与天交胜"(《天论》)。当时流行的几种宇宙模式沦,刘禹锡的《天论》都提到了:"古之言天之历象,有宣夜、浑天、周髀之书。言天之高远卓诡,有邹子。"他自己声称,不属于上述各家的任何一派,"吾非斯人之徒也"。实际上他的天体观明显地接受了浑天说的影响。浑天说认为,宇宙像鸡蛋,天如卵白,地如卵黄,天穹是一个固体的外壳,壳内是气,壳外是水,天和地的高度是固定的。刘禹锡则认为"天形恒圆而色恒青,周回可以度得,昼夜可以表候,非数之存乎?恒高而不卑,恒动而不已,非势之乘乎?"他也承认有一个圆形有固定高度和固定颜色的有限的天穹。这种理论比起天圆地方的盖天说(《即周髀说》)当然是进步的,而且在长时期内是我国古代天文实测的理论依据。但是和主张天无形体,无边际,地之上即天的宣夜说相比,则又显得不够科学了。在这方面,刘禹锡就不如柳宗元。柳宗元已经认识到宇宙是无限的,没有颜色,没有中心,没有边界,没有角落。

“无青无黄，无赤无黑，无中无旁”，“无限无隅”，“乌际乎天则”（《天对》），根本不相信用四十九根小草棍就能够计算天的高度。而刘禹锡却很迷信那一套，一再说：“以数迎天者，曰其用四十有九。……立象以推荚，既成而遗之。古所谓神交造物者，非空言耳。”（《送唯良上人》）他把“天”看成是有形的，把“空”看成是无形的，把“天”和“空”对立起来，而不知道“天”即是“空”，“空”即属“天”。据此可见，刘禹锡的空间观仅仅是指小宇宙，即人眼所能见的这一部分宇宙，并不包括无限的大宇宙空间。

刘禹锡还认为，“今夫苍苍然者，一受其形于高大，而不能自还于卑小；一乘其气于动用，而不能自休于俄顷。又恶能逃乎数而越乎势耶？吾固曰：万物之所以为无穷者，交相胜而已矣，还相用而已矣。天与人，万物之尤者耳”。（《天论》）这段话是唯物的，而且含有朴素辩证法因素。但也明显地带有形而上学的局限性。他把人眼所能见的小宇宙看成有形之最大者，而没有认识到在广袤无垠的大宇宙里，任何物体的大小只是相对而言，并非一成不变。早在东晋时期，《列子》已经提出，“乌知天地之表，不有大天地者乎？”张湛在《列子》注中更清楚地指出，“计天地在太虚之中，则如有如无耳。故凡在有方之域，皆巨细相形，多少相悬，推之至无之极。岂究于一天，极于一地。……夫太虚也无穷，天地也有限，以无穷而容有限，则天地未必形之大者。”（《列子·汤问》注）这种先进的宇宙理论显然没有为刘禹锡所重视，然而却被柳宗元所注意而且吸收了（见《辩列子》和《天对》）。刘禹锡把万物之所以无穷归之于自然（“天”）和社会（“人”）的相互作用，这样的概括也不准确。比起张湛《列子》注中的见解：“万物与化为体，体随化而迁，化不暂停，物岂守故？”“乾坤含化，阴阳受气，庶物流行，代谢相因，不止于一生，不尽于一形，故不穷也”（《列子·汤问》注），刘禹锡显然也不够全面。他只强调自然和社会的矛盾，而没有着重指出自然界本身的运动变化；只看到了事物的矛盾和互相作用，而没有看到事物的互相转化。因此，我认为刘禹锡的时间观运动观也是有限的，即局限于人类活动的范围之内，而没有涉及到整个宇宙的发展和运动。在这个问题上，《墨经》和《列子》也早就有所论述了。

（原载《河南师范大学学报》1979年5期）

五、读韩愈的《谏迎佛骨表》

韩愈(768—824),字退之,河南河阳(今河南省孟县)人,祖籍昌黎(今河北省昌黎县),故称韩昌黎。宦至吏部侍郎,后世亦称韩吏部。卒谥“文”,所以也叫韩文公。韩愈是唐代儒学复兴的斗士,古文运动的领袖。苏轼称赞他的历史功绩是:“文起八代之衰,道济天下之溺。”(《韩文公碑》)《论佛骨表》是他的名作之一,在思想史和文学史上都有重要影响。

佛教自西汉末年传入中国,初期信从者并不多。西晋以后,势力逐渐扩展,于是与长期占统治地位的儒学以及从本土民间兴起的道教发生冲突。至晋宋之际,理论上的争辩日益激烈。问题主要集中在三点:第一,沙门应不应敬王者?庾冰、何充等认为,佛教徒既已断绝世缘,不存君臣之义,所以见王不必跪拜。桓玄对此提出批评,与王谧等反复辩难,而且采取措施整顿僧侣。名僧慧远曾著五论,强调“悦释迦之风者,辄生奉亲而敬君”;虽“阙奉主之恭,而不失其敬”。以实际上服从求形式上的妥协。第二,形神问题。形谢神不灭说是佛教轮回报应的理论基石。东晋末年戴逵著《流火赋》,刘宋何承天作《答宗居士书》,与颜延之、宗炳、罗含等人往复辩论。梁范缜《神灭论》是这个问题的总结。第三,夷夏之辩。西晋道士王浮作《老子化胡经》,贬斥佛教,抬高道教。继而佛教徒则伪造《清净法行经》,声称老子是佛的大弟子。刘宋道士顾欢作《夷夏论》,南齐道士又作《三破论》,皆斥佛教为“夷狄之教”。佛教徒纷起反驳,如僧顺《释三破论》,刘勰《灭惑论》皆是。

由于佛教得到上层贵族的支持,理论上的争辩并未妨碍它的发展,反而使之更加昌炽。于是又有人从社会经济方面揭露佛教所带来的危害。梁武帝时郭祖深，抬着棺材抗颜上疏，指责寺院的发展势必弄得“处处成寺，家家剃落，尺土一人，非国所有”。稍后的荀济，写文章批判佛教祸国，有五不经，十不可容。武帝大为恼怒，拟加显戳。荀济惧而逃奔北魏。

北朝道教势力比较强大。北魏太武帝封道士寇谦之为国师，深受其影响。加之有一次在寺庙内发现私藏武器和淫室，于是下令灭佛，沙门无少长悉坑之。这就是佛教史上所谓“三武之厄”的第一厄。第二厄是北周武帝时，命三教辩论，而后定儒先、道次、佛后的次序。佛教徒不服，当面与武帝争执，以入阿鼻地狱相恐吓。武帝恼怒，下令焚毁经像，寺产入官，三百万僧尼还俗，可是“二武”的暴力都没有消灭得了佛教。

隋文帝实际上是尼姑所生，在尼庵生活了十几年，所以对佛教特别敬重，而对儒学则加以压抑。当时有人比喻三教为：“佛，日也；道，月也；儒，五星也。”(《隋书·李士谦传》)所以佛教各大宗派都在隋末唐初得以确立和发展。

唐高祖纠正了隋代重佛轻儒倾向，儒学地位有所改善。由于唐代国基在北方，受道教势力的影响，故尊同姓李耳为祖先，三教次序便成为先老、次孔、末释。唐初，反佛最激烈的斗士是傅奕，他曾十一次上疏，指斥僧侣“不忠不孝，削发而揖君亲；游手游食，易服以逃租赋”。佛教徒法琳等起而反击，道士们则极力支持，争论持继十八年之久。唐太宗接受梁、隋教训，对三教采取平等态度，但似乎更重儒学。高宗、武后则偏袒佛教。“令释教在道法之先，僧尼处道冠之前”(《旧唐书·则天皇后纪》)。玄宗崇推道教，命各地置玄元皇帝(老子)庙，立玄学，置生徒，与儒学平分秋色。安史乱后，唐帝国开始走下坡路，战乱频仍，政治险恶，社会黑暗，人民群众和士大夫看不到出路，纷纷从宗教中寻求寄托。中国化的禅宗乘机大为流行，顿宗比渐宗更为简易，因此深受各界欢迎，很快风靡全国。宰相如元载、王缙，文臣如梁肃，诗人如王维、白居易，皆耽爱佛学。正如韩愈弟子沈亚之说的：“今世则儒道少衰，不能

与之(佛)等矣。"(《沈下贤文集》卷三《移佛记》)

这就是韩愈作《论佛骨表》时儒佛道三家斗争的历史背景。

在唐代佛道盛行,儒学式微的形势之下,韩愈为了维护传统文化的正统地位,力挽狂澜,发起了一场儒学复兴运动,写作了一系列论文,最有代表性的是《原道》。该文作于德宗贞元十八年(802 年),主要从纲常伦理和道统角度进行理论争辩。而写作于宪宗元和十四年(819 年)的《论佛骨表》,则主要从社会政治出发,而且是一场冒着生命危险的拼死斗争,同时也是《原道》理论的具体实践。

元和十三年,功德使(由宦官担任)奏称,凤翔法门寺塔中有释迦牟尼指骨一节,相传三十年开塔一次,开则岁泰人安。因请迎之。次年正月,宪宗下令迎入大内,留禁中三日,再送京城佛寺供奉。一时王公士庶,奔走施舍礼拜,形成宗教狂热。韩愈当时任刑部侍郎,面对这股由皇帝掀起的佞佛潮流,不顾个人安危,上书切谏。

文章一开头,便从正反两面列举大量事实,说明佛不足事。从黄帝至周穆王十三位帝王,未尝有佛,而皆长寿。自汉明帝以后始传佛法,而宋、齐、梁、陈、元魏,"事佛渐谨,年代尤促"。这一段虽是追述历史,却恰恰触犯了大忌。因为历代皇帝佞佛,真正目的就是为了长寿。韩愈一下戳到痛处,宪宗立即怒不可遏,对宰臣裴度、崔群说:"愈曰我奉佛太过,犹可容;至谓东汉奉佛以后,天子咸夭促。言何乖刺耶?"必欲杀之而后快。经裴度等说情,才得免死。

文章第二段转入本朝,引用高祖遗训及宪宗本人抑佛诏书,实为以矛攻盾。为了维护皇帝尊严,婉称宪宗此次迎佛骨,只是迎合士民好奇心理,才设此"诡异之观,戏玩之举"。接着指出,百姓可能以为陛下真心事佛,转相效法,弃其业次,将来必有"断臂脔身以为供养",导致"伤风败俗,传笑四方"。这番话欲抑故扬、分量很重,而且不幸言中。咸通十四年(873 年),懿宗又一次迎佛骨时,果然发生了断臂、啮指、炼顶以礼佛的荒唐惨剧。

第三大段重申佛是"夷狄之人",应"不令惑众"。而其遗骨乃"朽秽之物”，宜“投诸水火”，以“断天下之惑”。并且郑重宣称：“佛如有灵，能作祸祟，凡有殃咎，宜加臣身。上天鉴临，臣不怨悔。”这段话虽然在理论上只是重申夷夏之辩，并没有提出新鲜见解，然而可贵的是，其中充满了凛然正气和反抗潮流、不惜自我牺牲的无畏精神，是十分难得的。

表上，韩愈贬为潮州刺史。途中赋诗曰：“一封朝奏九重天，谪贬潮阳路八千。欲为圣明除弊政，肯将衰朽惜残年。云横秦岭家何在，雪拥蓝关马不前，知汝远来应有意，好收吾骨瘴江边。”（《左迁至蓝关示侄孙湘》）可见他是抱必死的决心的。

谪贬潮阳之后，韩愈继续为除弊政而努力，为潮州百姓办了不少好事，然而其反佛斗志却有所减退。在潮州与和尚大颠过从甚密，当时就引起朋友的批评，后世更是议论纷纷。其实，联系唐代士大夫交游习惯来看，并不足为奇。由于寺院经济的发展和僧侣地位的提高，唐代和尚中往往有不少文化人，或能诗，或善画，或长于书法，或精于音律，加上佛经缜密的哲理对士大夫有强大的吸引力。因而当时一些文人学士虽未必信奉佛法却愿意与和尚交往，以扩大和丰富自己的精神世界。唯物主义者柳宗元、刘禹锡皆如此。韩愈在世界观上属于唯心论，与宗教并无根本分歧。故尔他早就与和尚道士交朋友，互相唱和题赠。对大颠，韩愈在称赞他“颇聪明，识道理”，“实能外形骸，以理自胜”的同时，也声称“非崇信其法，求福因利益也”（《与孟尚书书》）。这段表白是符合实际的。由此可以看出，韩愈《论佛骨表》的意义和出发点，主要是反对弱国害民、蠹财惑众的迷信活动。至于理论上分辨是非优劣，并不是此文的任务。他没有也不可能解决。

对此，古人早有论断。明茅坤指出：“韩公以天子迎佛，特以祈寿护国为心，故其议论，亦只从福田上立说，无一字论佛旨。”（《唐宋八大家文钞》）清沈德潜说：“词严义正，千载下尚有生气。明儒谓其未说到论佛宗旨，当时宪宗意在祈寿，则直言事佛得祸以破其惑可矣。何暇论佛宗旨耶？”（《唐宋八家文读本》）

从梁末荀济到唐初傅奕，排佛之文多取骈偶，中唐以前奏疏之体亦习用骊句。韩愈《论佛骨表》则纯然散体。虽曰古文，在当时却属于革新文体。因而在文学史上影响远较荀、傅等人为大。文章立意深切，说理婉转周详，逻辑严密，层次分明。引征史实，由远及近，从古至今，条分缕析，反复推论，增强了文章的说服力和生动性，感情激越，事理兼备，据理力争而又纡徐委曲。行文畅达，用语明快，毫无雕琢滞碍。比起同时代的骈体奏议之文，显得更为自然亲切，所以一直为人们所传颂。储欣认为此文继承了汉代奏议的传统，“贾生而后，此表可与日月争光。文之古质，是西汉诸公谏疏，而法度整齐，殆又过之”。(《唐宋八大家类选》)林纾称赞说：“昌黎论佛骨一表，为天下之至文，直臣之正气”，并逐段作了分析评说(见《韩柳文研究法》)。

附带说明一点，韩愈当年所论佛骨，1987 年在陕西扶风(唐时属凤翔府)法门寺“地宫”又重新发现，佛教界视为盛事。作为历史文物，今天无疑应当保护，供群众瞻仰。这和宪宗当时所掀起的迎佛骨活动是两回事。

(原载《佛典道藏圣经文学鉴赏》，团结出版社 1994)

六、什么是唐宋八大家

在中国散文史上，有两次高潮，一是先秦，一是唐宋。唐宋时期的散文作家中，有八位最突出。他们是：唐朝的韩愈、柳宗元，宋朝的欧阳修、苏轼、王安石、曾巩、苏洵、苏辙。从明代起，他们被合称为唐宋八大家，一直沿用至今。下面，分别介绍他们的散文成就。

韩愈(768—824)，字退之，原籍昌黎，后人称他为韩昌黎。死后谥号为文公，因而也称韩文公。韩愈一生，仕途坎坷，多次贬官，最远的贬所是今广东潮州。在潮州做了许多好事，当地人民怀念他，把一条江叫做韩江，一座山叫做韩山，还留下许多古迹，有的至今保存完好。

韩愈是复兴儒学的思想家，又是复活古文的文学家。在韩愈所处的中唐时期，佛教道教势力很大，儒学受到冷落。文坛流行用讲究对仗、典故的骈体文。韩愈为了恢复先秦儒家的权威地位，所以大力提倡用先秦两汉时期的散体文即古文写作，在文学界发起一场声势浩大的古文运动。基本口号就是“文以载道”、“唯陈言之务去”、“不平则鸣”等等。他写的文章都体现了这些原则。他的名作如《原道》，中心思想就是推崇周公孔子之道，批判佛教和道家学说。他的杂文《马说》，认为“世有伯乐，而后有千里马。千里马常有，而伯乐不常有。故虽有名马，只辱于奴隶之手，不以千里称也”。慨叹人才埋没，识人者希，是不平则鸣之作。他的《师说》，主张不分贵贱长幼，都可以为师，“道之所存，师之所存”，“弟子不必不如师，师不必贤于弟子”。这种教育思想至今仍然十分宝贵。韩愈的祭文序文写得很有感情。如《祭十二郎文》，紧密结合自己的家庭身世和生活琐事，深沉地诉说对亡侄的怀念与悲恸，读来感人肺腑。《送李愿归盘谷序》，用诗一般的语言，赞扬高洁不污的山林处士，鄙视奔竞名利的官场政客。《张中丞传后叙》歌颂为抗击安禄山、史思明而牺牲的张巡、许远、南霁云等英雄人物，写得绘声绘色，可歌可泣。他的《祭鳄鱼文》、《谏迎佛骨表》，都气势磅礴，力透纸背。对韩愈的文章，苏轼的评价是“文起八代之衰”，是不为过誉的。

柳宗元(773—819)，字子厚，山西河东人，故后人称柳河东，曾官广西柳州刺史，所以又称柳柳州，如今柳州有柳侯公园，存有许多关于他的遗迹。柳宗元和韩愈是朋友。因为参加“永贞”政治革新运动，失败后贬来贬去，四十六岁就死去。柳宗元的生命虽然短暂，却在文学史上留下了丰富的遗产。他的散文成就，首先在于山水游记，如《永州八记》，写湖南永州的穷山僻水，虽然十分优美，可是长期被埋没，无人赏识。作者在描绘景物的同时，常常寄托怀才不遇的感慨和政治上受压抑的悲凄。柳宗元的寓言以动物作为对象，讽刺各色社会人等。如《黔之驴》，写大驴子到了贵州，没有用场，只会大声吼叫，尥蹶子而已，终于被小老虎吃掉。以之讥笑外强中干缺乏真本事的庞然大物。《永某氏之鼠》，讽刺仗着主人庇护横行无忌的老鼠，后来换了主人，失去保护伞，而不知收敛，结果被猫消灭。柳宗元的传记多以下层人物为主角，《捕蛇者说》记一位捕蛇者三代为蛇所害，但是因为捕得的毒蛇可以作为贵重药材上贡而免除租税，所以冒死不愿改业，可见税敛之毒有过于蛇。《童区寄传》，记一名十二岁的儿童，被人贩子所盗，这孩子设计连杀二贼，终于得脱虎口。柳宗元的政论，大胆犀利，见解精辟。如《封建论》，认为社会制度和历史的发展，有其必然之势。从西周的分封制到秦汉改为郡县制，不是由于秦始皇私意所定，而是势所必然。苏轼说柳氏此论一出，长期关于分封制和郡县制的争论，终于有了正确的结论，即使圣人复出也不能改变了。历史上韩柳并称，但长时期内的评价韩高于柳。因为柳宗元曾参加永贞革新集团，被诬为“小人”，柳不排佛，又好发表与正统不同的见解，所以不获认同。近数十年，柳又高于韩，不少人认为，柳进步，韩保守，柳唯物，韩唯心。我以为他们各有千秋，不必强分高下。

韩愈、柳宗元以后，古文流行过一阵，到了晚唐，骈文又重新得势，直到北宋初年。欧阳修、苏轼等人又发起第二次古文运动，人们称为北宋古文运动。

欧阳修(1007—1072)，庐陵人，死后谥号为文忠公，所以他的文集命名为《欧阳文忠公集》。他曾经担任副首相，并主持过科举考试，以其政治地位来推动文学改革，比唐代古文运动取得了更大的胜利。欧阳修的散文最出名的是《醉翁亭记》，把自己的形象放进山水中刻画，这是一般游记少见的。不仅表现山间四时景色的变化，而且着重渲染百姓与太守同乐的欢悦，真正做到了情景交融。此记一出，即被刻石立碑，书法亦佳。许多人前来拓碑，以致附近毛毡供不应求。连音乐家沈遵也被吸引前来谱写了《醉翁吟三叠》。欧阳修另一名篇《秋声赋》，把无形的秋声写得具体可感，从秋色、秋容、秋气、秋意、秋声五方面进行描绘，既保留传统赋的铺陈手法，又吸收古文成果。主要用散句，了无滞碍，开创了散体赋的新天地。欧阳修的政论是政治斗争的武器。如《朋党论》，当时有人指责革新派是朋党，欧阳修理直气壮地说，朋党自古有之，须看是君子之朋还是小人之朋。退小人之伪朋，进君子之真朋，则天下治；反之，则要亡国。《与高司谏书》是为保护革新派范仲淹而批评保守派高若讷的。指斥高氏“不知人间有羞耻事”，此言至今沿用。欧阳修发展了笔记文体，其笔记文集《归田录》，都是短小精悍之作，或记遗闻佚事，或述社会习俗，活泼有趣。如《卖油翁》，记某军官善射，百发百中，围观者都鼓掌叫好，只有一卖油老翁淡淡地说，没有什么，不过手熟而已。那军官听了很不高兴。老翁说，你射箭好比我卖油。于是就用油舀子取一小斗油，举得很高注入口很小的油瓶内，竟毫不外溢。众人无不称奇，那军官折服求教。老翁说，这没什么，不过手熟而已。故事生动地说了熟能生巧的道理。

苏轼(1037—1101)，今四川眉山人，字子瞻，号东坡居士。苏轼是中国文学史上少见的全才，诗、词、散文、骈文、赋、书法、绘画，都达到第一流的水平。散文成就首先数游记，最著名的是前后《赤壁赋》，虽然叫赋，已经和散文没有多大区别。怀古、感今、写景、抒情、说理融为一体。名句如“清风徐来，水波不兴”，“山高月小，水落石出”，最为人们喜爱。由于这篇赋太有名了，历代都有人为之作书法、绘图、雕刻，甚至谱曲。苏轼的随笔性记叙文尤具特色。如《记承天寺夜游》，形容月光照射庭院，如“积水空明”，月下之竹柏倒影，如水草“藻荇交横”。不只物像真切，也是美的发现与提升。《文与可画竹记》，以随笔写人物，记友谊，把他与画家文与可亲厚无间、诙谐戏笑的情况写得惟妙惟肖，读来兴味盎然。苏轼的政论史论，多能密切联系实际。如《教战守策》，主张应该于平时训练民众知兵，有积极的防御，才能对付辽和西夏的侵扰。《平王论》列举历史上大量先例，说明因避敌而迁都者必亡国，反驳北宋当局迁都之议。这些论断，后来被事实证明是正确的。苏轼寓言多含哲理，如《日喻》，盲者从小不曾见太阳，别人告诉他，太阳像铜盘，拿一面铜盘让他模，铜盘一碰就响。盲人说，我明白了。过后人家敲钟，声音像敲铜盘。盲人听了连忙喊：太阳出来了！别人告诉他，太阳不发声，只发光，就像蜡烛一样，并拿根蜡烛让他摸。盲人摸过后说，我明白了。过后，他摸着一根笛管，长长的圆圆的，跟蜡烛一样，于是他就大喊：我摸着太阳了。作者用来讽刺以偏代全，不求真知的糊涂虫，命意深刻。苏轼散文总的特点就是自然。用他自己的话说：“吾文如万斛泉涌，不择地而出……行于所当行，止于所不可不止，如是而已。”明人对苏文评价极高，焦竑说：“古今之文，至东坡先生无余能矣。”不为过誉。

王安石(1021－1086)，是中国历史上著名的改革家，北宋神宗年间，担任首相，推行新法，受到保守派的阻挠而失败。王安石的文章立意行文都有棱有角，咄咄逼人，反映了他的拗脾气。如《伤仲永》，记一个幼童，才五岁，从未读书，而能作诗。人们好奇，纷纷求购他的作品。他的父亲贪图钱财，成天让他作诗，而不进学校。到十二三岁时，作品就不如小时候好。到二十来岁，竟然不会作诗，与普通人没有两样。王安石感慨地说，这孩子先天秉赋超越一般人，可是后天培养没有跟上，最后只能作个一般的人。可见后天培养比先天秉赋更重要。又如《游褒禅山记》，记王安石和一些朋友游某山洞，洞里路很难走，担心有危险，而火把将尽，只好中途折回；然而如果走到底，才可能看到千奇百怪的美景。作者由此推论，做学问、办事业，也只有不畏艰险，坚持到底的人才能取得巨大的成就。此文议论重于写景，富于哲理。

曾巩(1019－1083)，字子固。他的思想属于正统儒家，文章醇厚典重。如《墨池记》，据说王羲之常在池边练书法，池水变黑，因名墨池。曾巩借此说明，王羲之书法成就之所以高超，是靠花费无数精力苦练得来的，并不是天生的。《越州赵公救灾记》，把太守赵抃如何采取各种办法，救济大旱致灾的民众，写得周密详尽，井井有条，是中国救荒史上的重要文献。

苏洵(1009－1066)，号老泉，他与大儿子苏轼、二儿子苏辙，合称“三苏”，都是欧阳修的学生。后人称苏洵为老苏。他的文章长于说理，尤其喜欢论史、论兵。其《心术》篇论为将之道，尤须镇静。“泰山崩于前而色不变，麋鹿兴于左而目不瞬”，是兵家名言。其《六国论》认为韩赵魏齐楚燕六国之所亡于秦，是由于不能团结抗敌而企图苟安妥协。所以他说：“亡六国者，六国也，非秦也。”另有一篇《辨奸论》，专门攻击王安石，十分出名，但经后人考证，乃是别人伪造。

苏辙(1038－1112)，苏轼之弟，后人称为小苏。他的文章成就最突出的是记叙文。如《黄州快哉亭记》，表现“得失无常，适意即可为乐”的旷达情怀。寓情于景，融情于议，描写生动逼真，说理淋漓风发，给人以雄伟奔放而又委备条达之感。《武昌九曲亭记》，写得曲折有致，摇曳多姿。把他的哥哥苏轼——九曲亭的创建者，作为中心，写景与写人结合，是其特色。苏辙也擅长议论，有些文章风格与其兄苏轼相近。

唐宋时期散文名家很多，有些诗人也是散文家。如王维、李白、白居易、刘禹锡、元结、杜牧、孙樵等，都有佳作传世。在北宋，有范仲淹的《岳阳楼记》，王禹偁的《待漏院记》，周敦颐的《爱莲说》等。在南宋，有范成大、陆游的游记，李清照、文天祥的自叙性散文，胡诠、陈亮的政论等，都是传颂千古、光照万代的不朽之作。所谓唐宋八大家只是其突出代表，切不可认为唐宋散文仅仅八家而已。

清代初年，有些人对茅坤于唐代只选两家表示不满．储欣编《唐宋十大家全集》，增加唐代的李翱和孙樵。李翱在思想史上与韩愈合称韩李，但文学史上不能与韩愈相提并论。孙樵的散文很有个性，成就比李高。储欣此书名为《全集》，实际是选集，不过选文比茅坤增加了许多。其影响虽也不少，但未能改变“八大家”这一传统提法。

（1993 年 8 月，在新加坡乐龄协会的讲课提纲）

七、古小说的成熟:唐代传奇

唐传奇的产生和发展

唐代传奇小说和诗歌等其他文学作品一样,一方面继承了前代文学的优良传统,另一面又植根于现实社会的土壤之中,而后逐渐成长、发展起来的。唐初百余年间,农业、手工业、商业得到迅速发展。中唐以后,商业更加繁荣。当时各地交通非常方便,国内运输站有一千六百多个。有一年,“京师盐暴贵,诏取三万斛以赡关中,自扬州四旬至都,人以为神”。(《新唐书:刘晏传》)当时各大城市有商业行会,并且出现“飞钱”。国际贸易也特别活跃,南洋、波斯、大食、朝鲜、日本等四十余国均与中国有往来,扬州、长安居留外商达四五千之多。

随之而来的便是城市的繁荣和市民阶层的兴起。如“扬州地当冲要,多富商大贾、珠翠珍怪之产”。(《旧唐书·苏环传》)又《太平广记》“吕用之”条引《妖乱志》云:“时四方无事,广陵为歌钟之地,富商大贾,动辄百数。”又李肇《国史补》记:“扬州有王生者,人呼为王四舅,匿迹货殖,厚自奉养,人不可见。扬州富商、大贾、质库、酒家,得王四舅一言,悉奔走之。”

新的社会生活内容,给小说提供了丰富的素材,扩大了作品的主题,使它由单纯志怪神异走向反映复杂的社会生活。新的社会意识,更积极影响了作家的思想感情,小说里反封建、反礼教的新的思想倾向越来越明显。为了适应新内容的表达,服从新的欣赏对象的兴趣,在艺术形式上也就必然有新的发展。较长的篇幅、委婉曲折的叙述,离奇的情节……都是在新的条件下形成的新的特点。总之,唐传奇虽然不能称之为纯粹的市民文学，但从它的内容到形式，都可以看到极其深刻的市民影响，反映了市民阶层的生活和思想感情。这种影响，正是唐传奇之所以能在六朝志怪小说基础上得到长足发展的一个重要基础。

唐代各种体式的文学的普遍繁荣，也对传奇发展起了不同程度的影响。唐代诗歌是我国诗史上的高潮。它的高度的人民性、现实主义和积极浪漫主义精神，它在语言、描写、意境、想象许多方面的艺术成就，对传奇都是丰富的营养。

唐代民间文学新颖的题材、广阔的社会生活内容、活泼多样的表现形式，给传奇带来许多启示。大量的民间故事传说，被传奇作家作为加工的原料。如白行简的《李娃传》，就取材于民间说话《一枝花》。

唐代古文运动对传奇也有影响。它帮助传奇摆脱了前期已露头的骈偶化的形式主义倾向（如《游仙窟》所表现的），坚定了传奇用散体写作的方向。由于古文家们爱好散文，同时又创作传奇（如柳宗元有《童区寄传》、《河间妇传》，韩愈"喜为驳杂无实之说"），也就壮大了传奇的声势，扩大了影响，推动了它的发展。

其次，当时某些学术文化措施，对传奇创作也有一定作用。

从唐代起，政府规定国史官修，禁止私家撰述。这样就使小说和历史正式分工而单独发展。唐以前的小说，无论志怪志人，都以史传姿态出现，杂采鬼迹人事、山川器物，只言片语，兼收并蓄。目的在于搜集资料，以备考名物而补史传。所以大都比较简略粗疏，没有什么加工创造。小说和历史分工以后，作家解放了思想，摆脱了对事实的拘泥，开始大胆的想象虚构，进行有意识的创作。于是，传奇便成为真正意义的小说。

唐代科举制度，对传奇发展有一定推动作用。据赵彦卫《云麓漫抄》八："唐世举人，先借当世显人，以姓名达主司，然后献投所业，逾数日又投，谓之温卷。如《幽怪铭》（即《玄怪录》）、《传奇》等皆是。盖此等文备众体，可见史才、诗笔、议论。"上有好者，不必甚焉，影响可想而知。

唐初奉道教为国数，中唐后，宪宗等帝崇尚释氏。有唐一代，儒家始终未取得一家独尊的地位，因而学术思想比较活跃。这样好处是少受些封建束缚，没有宋人那样板着面孔的说教；坏处是大量消极出世思想、宗教迷信观念泛滥，造成唐传奇思想内容的复杂性。

除了当代各种社会条件外，唐传奇的发展还有历史的继承关系。它继承了古代神话和《史记》以来的传记文学以及六朝小说的优良传统，接受了它们的现实主义和积极浪漫主义的精神，采用大量基本题材，吸取了许多艺术表现方法，而在新的基础上大大提高一步，思想内容更为丰富，艺术技巧更为成熟。于是，在我国文学史上，唐传奇写下了新的一页。

唐传奇的发展，从时间上看，大致有三个阶段：

（一）初盛唐时期。

作品数量很少，仅存《古镜记》、《补江总白猿传》、《游仙窟》三篇。思想和艺术都未成熟，是由六朝志怪到真正唐传奇之间的桥梁。

《古镜记》，作者王度，隋末唐初人。小说以古镜的灵迹为线索，贯穿大小十二段故事，不外降妖、伏魔、治病、灵异等，分开来看段段都像六朝志怪。作者把它们连接起来，按时间顺序编排，颇有条理，并能抓住中心，有头有尾，但未形成完整的有机体。内容上虽也曲折地反映了当时社会的动乱和民间疾苦，但贯穿全书的基本观念却是宿命论和对天道无可奈何的心情。思想价值不高，艺术上是志怪向传奇过渡的开端。

《补江总白猿传》，无名氏作。时间约在《古镜记》稍后，很多人以为是嘲笑欧阳询。艺术上比《古镜记》前进了一大步，渐渐具有成熟小说的情节结构。如写失妻之前先闻消息，严加护卫而终不能免祸；失妻后深山寻觅，妇人献计，经过一番紧张动作才杀死白猿；然后又通过妇人的叙说补写白猿的生活特征……结构严谨，描写生动，一步步紧紧扣住读者心弦，叙事写景，颇费一番匠心。不过思想上也还是猎异好奇，缺乏深刻的社会意义，依然未超出六朝志怪的局限。

《游仙窟》，武后时张文成作。虽曰游仙，实是狎妓。文中有大量色情描写，十分恶劣，表现了作者的低级趣味。它是中国第一篇骈文小说，文词华艳，且多诗词韵唱，有一定程度形式主义倾向。但在形式上也受到不少民间文学的影响，如许多地方采用了民间谚语：“朝闻乌鹊语，真成好客来。”“昨夜眼皮瞤，今朝见好人。”双关手法如：“但问意如何，相知不在枣（早）”，“儿今意正密，不忍便分梨（离）”。是传奇向民间文学学习的痕迹。

（二）中唐时期。

是传奇的繁荣期，作者蔚起，作品数量多、质量高，名篇佳作都产生在这时候。如陈玄祐的《离魂记》，沈既济的《枕中记》、《任氏传》，李公佐的《南柯太守传》、《谢小娥传》、《庐江冯媪传》、《古岳渎经》，许尧佐的《柳氏传》，李朝威的《柳毅传》，李景亮的《李章武传》，陈鸿的《长恨歌传》、《东城老父传》、《开元升平录》，白行简的《李娃传》、《三梦记》，元稹的《莺莺传》，蒋防的《霍小玉传》和沈亚之间的《湘中怨辞》、《异梦录》、《秦梦记》、《冯燕传》等。

这些作家大体上都有深厚的文学修养，不是“少负才气”，就是“长有文名”。很多是名诗人或历史学家，由此可见传奇与诗歌、历史的关系。有不少人做过大官，做宰相的有元稹、李吉甫、李德裕等好几个人，由此可想象到传奇的社会影响了。

（三）晚唐时期。

其特点是出现了大批传奇专集，数量增多，但质量颇不如前。这些书大都散佚，只在别的书籍中保存了一部分。著名的有《玄怪录》（牛僧孺）、《续玄怪录》（李复言）、《河东记》（薛渔思）、《宣室志》（张读）、《纪闻》（牛肃）、《集异记》（薛用弱）、《甘泽谣》（袁郊）等。最可注意的是皇甫枚的《三水小牍》和裴铏的《传奇》。

皇甫枚，唐末人，入梁不仕。其书有强烈的现实批判意义，如《却要》、《步飞烟》、《绿翘》等，揭露和反对封建恶势力的残暴、无耻，表现了高度人道主义精神。

唐人小说所以叫“传奇”，就是因为裴铏的《传奇》而得名的。在艺术上它是各集中最佳者。名篇有《昆仑奴》、《聂隐娘》、《裴航》、《封陟》、《孙恪》等。其特点是浓烈的浪漫主义精神，想象绚烂，情节幻奇，描写委婉，文笔典丽。《传奇》中具有显著的民间传说色彩，如老虎精吃人，邓甲、高显除妖，陈鸾凤砍雷公等，很像民间故事。

唐传奇的思想性和艺术性

宋人洪迈在《容斋随笔》中给唐传奇以很高的评价："唐人小说，不可不熟，小小情事，凄婉欲绝，洵有神遇，而不自知者，与诗称一代之奇。"唐人传奇无论在思想上、艺术上都有很高的成就。这里，我们分门别类，作扼要的介绍。

（一）讽刺小说。

唐人小说承六朝遗风，仍然喜谈神鬼灵异，所以传奇中这类题材最多。其成就高者，虽为诡谲之谈，实寓讽劝之意，如《枕中记》、《南柯太守传》等；次者纯粹好奇，没有什么社会意义，但也说不上有反动毒素，如《三梦记》、《东阳夜怪录》、《元无有》、《张逢》等，等而下之，宣传封建迷信，讲报应，说循环，教人安天命而守成法，思想落后，艺术上也很低劣，一般说来都是应该批判的。

《枕中记》（沈既济作），根据干宝《搜神记》中《杨林柏枕》演绎而成。写卢生入梦神仙枕中，娶崔姓女，举进士第，官阶步步上升，文治武功，出将入相，虽几经宦海浮沉，终以荣宠终身。这是当时向上爬的知识分子生活理想的集中概括。但醒后只是虚妄一梦，含有人生如梦、富贵云烟的批判意义。《南柯太守传》（李公佐作）比它写得深刻。传中记淳于棼梦赘槐安国，以裙带关系得高官显位，不久公主死，便宠衰谗起，遂被遣归。作者批判的态度比较明显，讽刺尖刻，最后四句赞语云："贵极禄位，权倾国都，达人视此，蚁聚何殊。"点明了主题。

这类作品产生于安史乱后，反映了当时一定的社会思潮。唐帝国经安史乱后，由繁荣转向衰败，一些知识分子抚今追昔，加以个人的失意，颇感人世变幻之速，名位富贵终是空虚之物，于是发出不少牢骚和感慨。这些作品以唐代社会政治生涯作为自己批判的对象，揭露了官场的险恶、统治阶级内部的互相倾轧，尖刻地讽刺、嘲笑了醉心于名利追逐的庸徒，否定了功名利禄的追求，虽然深刻程度不同，都有一定的现实意义。然而，他们批判了现实，却又找不到一条正确的出路，只是走上一条逃避现实的消极道路，退回个人狭窄闲适的小天地中。批判的出发点都是佛老的虚无主义，流露出严重的消极出世思想，悲观厌世，人生如梦，这些引导人们逃避现实的消极因素是应当批判的。

艺术上，它们融合了寓言与神怪小说两种因素，具有讽刺文学的特点，表现了高度的概括力，能把巨大的社会内容压缩在短短几千字中，用极简练的语言便描绘出当时社会人生的基本面貌。虽然是写幻境，却不离奇恍惚，尤其《南柯太守传》能把幻境和现实交织起来，醒后的现实好像仍是幻境的继续，增强了故事的真实感。“假实证幻，余韵悠然，虽未尽于物情，已非《枕中》之所及矣。”（《鲁迅全集》第 8 卷 65 页）

这类题材后来在《玄怪录》中有《张佐》，《续玄怪录》中有《杜子春》，《河东记》中有《萧洞玄》，在后期作品里老庄哲学、宗教思想越来越明显。

（二）爱情小说。

分两类。第一类也是志怪，不过是披着狐鬼神仙的外衣，歌颂爱情的忠贞以及它所以超越生死、感动异类的巨大力量。无论在思想上艺术上都有特色，可自成一类。

写人和神仙恋爱的代表作是李朝威的《柳毅传》。故事说一个落第书生柳毅，在泾河原野上见一牧羊女，即洞庭君之女，因受夫家虐待，被逐于荒野牧羊。柳毅出于正义，代向洞庭传信。后龙女得救，经过许多波折，终于与柳毅结成良缘，柳毅也成了仙。作品中充满优美的想象和浪漫主义的情调，人物个性突出鲜明，特别是写出了不同环境里人物内心的变化和性格的发展。荒原上牧羊龙女凄苦哀怨的情绪、美丽憔悴的形象和以后对柳毅的感恩和深情，都写得楚楚动人。柳毅是下层贫寒正直的知识分子形象，胸怀坦荡，正直不苟，在自己落第失意之时，对别人的苦难仍能挺身相助，一副侠义心肠。而当钱塘君酒后傲慢指婚时，则表现得光明磊落、威武不屈，不顾生命危险，义正辞严地斥责钱塘君，拒不就婚。这正表现了柳毅为龙女传书，纯然出于崇高的正义感和深厚的同情心，并无半点私心。涉及气节，哪怕是面对杀生六十万、伤稼八百里的钱塘君，他也毫不妥协让步。但他对龙女并非无情，别后时刻思念也显得合情合理，更显出他拒婚行动所表现的正直品格。钱塘君出场不多，给人的印象却也是深刻的。作品布局巧妙，结构严谨，特别是离奇曲折的情节，时起时伏，富有戏剧性。

这类故事还有《裴航遇仙》(《传奇》)、《湘中怨辞》(沈亚之)、《崔书生》(《玄怪录》)等，写得也很优美。写人与妖精恋爱的则有《任氏传》(沈既济)、《孙恪》(《传奇》)等。写人和鬼魂恋爱的有《李章武传》(李景亮)、《离魂记》(陈玄祐)等。总的说来，这些作品都是积极浪漫主义的，通过幻想的形式，追求自由和幸福，歌颂坚贞不渝的爱情，反对不合理的封建束缚。尤可注意的是那些狐精仙女，虽然披着神怪的外衣，却都具有人的可爱的性格，善良、纯真、勇敢、机智，不顾封建礼教强暴势力的压迫，以各种方式冲破种种障碍，执着地追求自己的理想。这样的妇女形象在以前虽然出现过，但如此鲜明，数量又这样多，那还是市民力量壮大、反封建意识高涨之后才有的现象。

第二类写的是人间的爱情，其中尤多狎邪娼妓的故事。狭邪娼妓生活的大量地进入文学作品，是从唐代开始的。这和中唐以后城市的繁荣、市民阶层的兴起有密切的联系，唐代娼妓和知识分子关系比较密切："兼每年新进士，以红笺名纸游谒其中，时人谓(平康)坊为'风流薮泽'。"(《开元开宝遗事》)因此当时出现了许多才子名妓恋爱的故事。它们共同的主题是通过爱情的追求，反对封建制度和门阀制度的迫害。这些作品的作者深切地同情那些受侮辱、受损害的妇女的悲惨遭遇，颂扬坚贞不渝的爱情，谴责士大夫玩弄妇女、始乱终弃的卑鄙行为，歌颂她们之中的反抗形象，表现人民正直、崇高的思想感情和对美的理想的追求，爱憎异常分明，客观上具有一定的批判封建制度的感人力量。

《霍小玉传》（蒋防）。写李益和霍小玉的恋爱，后因李另娶贵族卢氏女，霍小玉被弃，相思成疾。有黄衫客路见不平，挟李益见小玉以羞之，小玉喜怒交加，当即激愤而死。这不是一个普通的恋爱故事。唐代时六朝门阀制度的余风还相当盛行，当时一些知识分子往往利用裙带关系，努力向上爬，趋炎附势、嫌贫爱富。出身于陇西望族的李益，决不会迎娶社会地位极为卑贱的妓女霍小玉。恋爱之演成悲剧，乃是必然的结果，而霍小玉也正是封建门阀制度欺压下的牺牲品。《霍小玉传》通过恋爱和婚姻的问题深刻地提示了当时社会上豪门士族和微贱贫民间的一个重要矛盾。作者的爱憎是分明的，黄衫客的出现就是代表人民的意愿给李益一个难堪，谴责了豪门士族翻脸无情的卑劣行径。而霍小玉的悲惨死亡，客观上是对封建门阀制度的有力控诉！

霍小玉的形象塑造是极为成功的。她善良纯真，但也刚烈倔强，对现实有清醒的认识，知道结婚是不可能的，对李益并不存过分的希望："妾年始十八，君才二十有二，迨君壮室之秋，犹八岁。一生欢爱，愿毕此期。然后妙选高门，以谐秦晋，亦未为晚。妾便舍弃人事，剪发披缁，夙昔之愿，于此足矣。"可惜连这最低限度的要求都不能满足，李益走后立刻抛弃了霍小玉，而可怜的霍小玉竟还一味痴心相待，为之"羸卧空闺"，一病不起。正因为这样，所以当她知道李益负心后，就燃起强烈的怨恨火焰，她要哭诉，她要复仇："我为女子，薄命如斯。君是丈夫，负心若此。韶颜稚齿，饮恨而终。慈母在堂，不能供养。绮罗弦管，从此永休。衔痛黄泉，皆君所致。李君李君，今当永诀！我死之后，必为厉鬼，使君妻妾，终日不安！"这样含着血泪的言辞感人肺腑，连毫无心肝的李益也不能不为之动容。霍小玉是一个完整的、光辉的反抗形象，她懂得爱，更懂得恨。霍小玉死后的灵魂像复仇女神似的追逐着李益，弄得李益疑神疑鬼，终身得不到家庭幸福，这种浪漫主义的处理，反映了人民的愿望。本文结构谨严，人物完整，文字优美，情节凄婉，写闺中爱情委婉而有情致，一向被人誉为唐人爱情小说中最精彩的杰作，传诵不绝。

《李娃传》(白行简)。写荥阳公子郑生,恋长安名妓李娃,金尽为鸨母所逐,流落街头,其父见之,鞭弃郊外,几乎致死,旋为邻里救起。后复遇李娃,娃念旧情,自赎以养,又劝助他读书应举,后及第得官,父子亦和好如初。

李娃是市民阶层优美的女性形象。她钟情郑生,但对现实也有清醒的认识,因此与封建礼教的斗争就显得从容不迫,明朗欢乐,充满自信。她第一次抛弃荥阳生乃迫于鸨母之命,这也是妓院常情,不足深怪。然而当她看到郑生由于自己的缘故流落街头,就毅然和鸨母决裂,尽自己一切力量以恢复荥阳生的健康与幸福。这种深情、决心和斗争精神实在可贵。作者用与李娃相对照的方法写了荥阳生的父亲,他是封建罪恶势力的代表,为了维护门阀的尊严,不惜活活打死亲生骨肉;后来儿子做了官,却又马上认子接媳,前倨后恭。作者对卫道者的虚伪、残忍、卑鄙的本质,进行了有力的鞭笞。但是,作品大团圆的结局,在当时社会里是不大现实的,但无疑地代表了人民一种善良美好的愿望。

《莺莺传》主要反映了封建礼教重压下女性的觉醒,以及她们追求幸福的斗争。从莺莺的悲剧结局中暴露了封建社会的罪恶和妇女普遍的悲惨命运。莺莺是在封建家庭森严闺训中长大的少女的典型形象。她端庄幽静、沉默寡言,青春爱情的火焰被压抑着,只能秘密地在内心燃烧。在开始追求爱情的时候,显得犹豫被动。约了张生相会,及至张生真的来了,她又板起面孔假正经地把他教训了一顿。但她并不能掌握自己的命运,当她发现有被抛弃的危险时,也只能听凭命运的摆布。然而她绝不只是一味自怨自艾、软弱无力,最后拒不见张,“为郎憔悴却羞郎”,正是一种曲折委婉的反抗的表现,这也是符合她的身份和地位的。作品中写莺莺的追求自由幸福叛离礼教,是通过她的具体的特定的性格表现出来的。莺莺性格中这一切特点,都跟她的相国小姐的出身分不开,是封建家庭长期教养的结果。至于张生的始乱终弃的负心行为,乃是封建制度下,贪图功名富贵的知识分子必然的行径。在功名和爱情两者之间，张生必然屈服于前者。他也就因为能“善补过”，不为“尤物所惑”而得到封建士大夫们的赞赏。这在客观效果上，也就是控诉那个制度的罪恶。特别是张生向封建礼教投降后，仍去看莺莺，这固然暴露他的无耻，但也说明了张生对莺莺是没有完全丧尽天良的。这么一来，就更深一层剥开了封建制度的造成这个悲剧的根本原因了。

作者对张生的态度是袒护的，这可能由于主要是写作者自己经历的缘故；但更主要是由于作者站在封建统治阶级立场所决定的。作者极力替张生脸上贴金，往莺莺脸上抹灰。这就造成了张生前后的表现和作品客观艺术效果与作者主观评价的矛盾，从而削弱了作品的现实主义的艺术魅力。

这类题材的作品还有《杨娼传》、《无双传》、《步飞烟》等，不一一介绍了。总之，这类作品艺术上的特点是：内容的现实性、描写的具体性、细节的真实性。虽然也有很多浪漫主义因素，但就其基本倾向来看，还是以现实主义为主。这一点和第一类的故事颇有不同。尤其突出的成就，是能通过细节的描绘，入微地刻画人物的内心活动。如《李娃传》初会一段：

“他日，乃洁其衣服，盛宾从，而往扣其门。俄有侍儿启扃。生曰：‘此谁之第耶？’侍儿不答，驰走大呼曰：‘前时遗策郎也；’娃大悦曰：‘尔姑止之，吾当整妆易服而出。’生闻之私喜。”

简单几笔写出许多东西。从洁衣服、盛宾从、扣其门而又明知故问，到听见李娃话声而心里暗喜，这些细节把一个初出茅庐少年人的内心世界，剖析得多么深刻入微而又逼真动人。又如侍儿开门见郎，竟不接待，反往里跑，高兴地大叫，可见期待已久，并写出一种孩子般的天真稚气和内心的快乐。至于李娃一面喜悦，一面又能控制内心的激动，整装易服方才出见；既不同于侍儿的天真幼稚，又不同于荥阳生的窘迫局促，这种沉着老练的性格，是符合一个名妓的身份的。这种深刻细致的描写，充分表现了现实主义艺术的特点。

（三）豪侠小说。

这类小说盛行于唐末,原因有三:第一,当时藩镇割据,许多军阀为争权夺利或报仇雪愤,往往私蓄刺客,互相阴谋残杀;其次,神仙方术之说比以前更盛,许多达官贵人(例如成都节度使高骈等)非常耽爱;第三,由于阶级矛盾日益尖锐,人民受的欺压太甚,而在现实中又无力反抗,于是希望能有一批具有特殊本领的剑侠出世,锄奸除暴,打尽天下不平,为他们出一口气。但是这类作品也有较大的思想局限。它虽然反映了人民一种反抗的愿望,可惜它往往使人民迷恋、崇拜几个英雄;况且豪侠侠客最终不过是做了统治阶级争权夺利的工具和爪牙。此外,这类作品中还充满了怪诞迷信、知遇之感、个人崇拜等消极因素,局限性是相当大的。这类作品有《虬髯客传》(杜光庭)、《红线》(《甘泽谣》)、《聂隐娘》、《昆仑奴》(《传奇》)等。

《虬髯客传》写的是隋末群雄逐鹿的情况,这正是唐末社会动乱的反映。然而作者所要宣扬的却是唐王朝正统的合法性。就是虬髯客那样非凡的英雄,见了唐太宗也只有甘拜下风,不敢逐鹿,而李靖等更只配为唐太宗打天下了。作者力图证明唐王朝的受之天命,是神圣不可侵犯的。至于在艺术上,《虬髯客传》却颇有可取之处,一直为人所称道。红拂、李靖、虬髯客三人性格鲜明,被称为"风尘三侠",结构巧妙,极富匠心,特别是结尾耐人寻味。

《红线》、《聂隐娘》主要写两个奇术女子,旨在志异,从中也可以看到一些当时军阀之间勾心斗角的丑恶内幕和人民要求制止战争的愿望。但两篇都有知遇报恩思想,红线为薛嵩卖力是为了赎罪和报恩,聂隐娘之依附刘昌裔也是为了刘能赏识她,这是作者思想的局限。最后那种"济人然后拂衣去"的结局,更是知识分子所欣赏的情调。可惜她们服务的都是军阀,没有什么深刻的社会意义。但在艺术上颇有可取之处。飞檐走壁的人物,惊险的比剑情节,开拓了新的幻想境界,成为后世剑侠小说的始祖。

《昆仑奴》写的也是一个有异术的豪侠,不过他和红、聂不同,不为军阀服务,倒喜欢成全人家的好事,任何强暴势力也奈何他不得,性格豪爽可爱。这篇小说还反映了贵族婢妾追求爱情幸福，反对封建囚笼束缚的要求，价值比前几篇高。

这类小说艺术上的共同特点是：情节惊险，故事紧张，矛盾变化特别快，有惊心动魄的场面，有英雄豪壮的性格，风格刚劲，节奏明快，与志怪小说的诡异凄婉、爱情传奇的细腻缠绵迥然不同，别是一般风味。

(四)历史小说。

开元盛世是唐代的黄金时代，而安史乱后则转入一个衰败灭亡的时期，一治一乱，变化悬殊而又急剧。后人追抚今昔，不免有许多感慨。尤其要探索兴亡盛衰的原因，以为后来者借鉴。在这样的思想基础上，便产生了一批历史小说。

陈鸿的几篇传奇都取材于开元、天宝遗事。《长恨歌传》通过玄宗与杨妃的爱情故事，暴露了封建帝王之荒淫误国。欲"惩尤物窒乱阶"，有相当的批判意义，艺术性也较高，但有白居易《长恨歌》在前，陈鸿基本上根据它改韵文为散文，没有什么创造。《东城老父传》写玄宗斗鸡童贾昌的经历，批判统治者的耽乐失政，反映了动乱前后的社会变迁，还对一些时政表现了不满。条理清楚，处处充满抚今追昔的感慨。

柳珵的《上清传》，记德宗宰相窦参遭陷害，所宠青衣上清籍没入宫，后竟为窦昭雪事。反映了官场的斗争和皇帝的昏聩，有一定的现实意义，但又有定命思想。

这类作品虽经过一定加工创造，但仍以史实为主，不像以前《汉武故事》、《汉武帝内传》那样荒唐无稽，这是一个演进。不过总的说来价值都不太高。然而对当时和后代影响很不小。当时有郭湜《高力士外传》、姚汝能《安禄山事迹》、无名氏《李林甫外传》等，到宋代有乐史《杨太真外传》、无名氏《梅妃传》、《李师师外传》等，都可以说是这类题材的发展。

唐传奇的地位和影响

鲁迅先生说："小说亦如诗，至唐代而一变。虽尚不离于搜奇记逸，然叙述婉转，文辞华艳，与六朝之粗陈梗概者较，演进之迹甚明。而尤显著乃在是时则始有意为小说。"（《鲁迅全集》第 8 卷 54 页）

在通俗小说出现以前，唐人传奇是我国古小说成就的高峰。它以一系列显著的成就，在文学史上占据光辉的一页。

（一）艺术创作的自觉性。

明胡应麟说："变异之谈，盛于六朝，然多是传录舛讹，未必尽幻设语，至唐人乃作意好奇，假小说以寄笔端。"（《少室山房笔丛》三十六）由于创作的自觉性，小说开始和其他文学形式分别开来，正式形成自己的特点，成为独立的艺术类别，出现了比较专门的作家，如李公佐、沈亚之、裴铏、皇甫枚等。他们认识到小说是一种新的艺术，对它付出了辛勤的劳动，这就大大有利于小说艺术成就的提高。小说获得了必不可少的艺术血液——想象和典型概括，作家摆脱了对事实的拘泥，由实录而走向创造，艺术思维活跃了，作家才能得到了自由的发挥。这样，唐传奇就把小说推到一个新的阶段。

（二）高度的思想性。

我国初期的小说，猎奇志趣是它们的基调。虽然也曲折地反映了一定的社会矛盾和人民的愿望等，但总的看来，社会性的内容还不够丰富，批判性的思想还不够深刻，战斗性的感情还不够鲜明。唐人传奇在思想方面上升到了一个新的高度；比较广阔的社会生活进入小说的领域；妓女、奴婢、平民等小人物开始成为讴歌的主角；反礼教、反封建压迫的斗争冲突开始构成它的基本主题；作家们站在人道主义立场，反对压迫者，同情不幸者，进步作家甚至有意识地对社会黑暗进行自觉的揭露与批判；特别值得注意的是作品中开始出现一系列光辉的女性反抗形象，为追求自由、幸福的爱情，她们进行了不懈的努力与斗争。这种思想水平是以前小说未曾达到的。

但是，唐传奇的思想高度只能是一个历史的、相对的高度。剧烈的阶级斗争、劳动群众的深沉疾苦，在传奇中还很少见到。作家的眼光较多地放在城市，作家的兴趣也还偏重奇趣，且有不少消极、落后，甚至反动的东西。在思想的深度、广度上还不如后世通俗小说，而且比之唐代诗歌也略逊一筹——这主要是由于我国诗歌发展较早，而小说成为一种独立的文学形式还只是刚刚开始的缘故。

（三）高度的艺术性。

作者的艺术水平首先表现在对生活的认识和概括能力上。唐传奇的概括能力是惊人的，往往几千字就能描绘出当时社会的一定面貌，能透过复杂的社会现象抓住本质，比较准确地指出矛盾的根源。在想象的丰富、情节的曲折、结构的巧妙等方面，成就更高。许多优秀作品已初步摆脱单纯对情节的追求，开始注意人物性格的创造和内心世界的探索，并创造出不少成功的人物形象，人物的语言也开始个性化，能用简单的细节描写表达人物微妙的思想感情的活动，不同的人物能有不同的性格，同是封建礼教的叛逆者，霍小玉、李娃、莺莺都能有自己的鲜明个性。

唐传奇在语言上把古代汉语运用到了神奇的地步：精练、准确、丰富、优美、活泼、流畅，多彩而不浮艳，简洁而不晦涩，接受了秦汉以来古典散文的成就，也吸取了骈文的某些优点，并且注意字词声调之铿锵，也注意造句的自然节奏，在一定程度上向民间口语学习，这样就形成它强大的表现力和语言的艺术美。

诗与散文结合，抒情与叙事结合是传奇的独特风格。这种结合不只在语言或表现形式上，更主要地体现在艺术构思上和作品的基本情调上。作家竭力用诗的想象来描写小说中的意境，在小说所反映的生活现象中努力发现诗意的美。作家不只是冷静地观察，而总是带着浓烈的感情色彩，作者一点也不隐藏自己的倾向性，这种倾向性体现在具体描述中，不但影响读者的理智，而且激动读者的感情。

艺术上的局限是，还有某种程度的偏重情节的离奇，忽视人物性格的倾向，矛盾产生和人物活动的具体历史环境的描写也不够详细。

总的看来，唐传奇的创作方法中，浪漫主义色彩更为显著，严格的清醒的现实主义还不够充分，在某些描写爱情生活的作品里，浪漫主义和现实主义还有结合的趋向。

继唐传奇之后，宋人逐其流而扬其波，出现大批作品，但成就却大不如唐。元明以来，传奇之作不绝如缕，都祖述唐宋，可借价值不高。清初，蒲松龄《聊斋志异》的出现，使古小说又一次振兴，这条线索是传奇的嫡系。

宋元以后，古小说基本上让位于通俗小说，开始了一个新的阶段。但两种体裁还并存了很长时期，互相之间有深刻影响。宋代说书艺人把《太平广记》(保存唐传奇最多的小说总集)当作必读参考书，许多传奇故事被他们采作说话底本(如《绿窗新话》)。元明时，许多作家又将传奇改写成白话小说，如《吴保安弃家赎友》(《古今小说》)、《杜子春三入长安》(《醒世恒言》)、《李公佐巧解梦中言，谢小娥智擒船上盗》(《初刻拍案惊奇》)等。唐传奇的思想、艺术成就，现实主义和浪漫主义精神，在通俗小说中得到新的、更高的发展。

唐传奇的影响还广及历代戏曲。元明杂剧、明清传奇取材于唐传奇者难以胜数。例如《枕中记》改编成《黄粱梦》(马致远)、《邯郸记》(汤显祖)、《东游记》(吴元泰)等，《李娃传》改为《李亚仙花酒曲江池》(石君宝)、《郑元和风雪打瓦罐》(高文秀)、《李亚仙花酒曲江池》(朱有炖)、《绣孺记》(薛近衮)，《柳毅传》改编为《柳毅传奇》(尚仲贤)、和《张生卖海》(李好古)。改编得最多的莫过于《莺莺传》、《长恨歌》了，开起书名可以写上一大串，其中最著名的是金人董解元《西厢记诸宫调》、元人王实甫《西厢记》、明李曰华等《南西厢记》、周公鲁《锦西厢》以及清代的《不了缘》、《西厢印》、《续西厢》、《翻西厢》等。唐传奇《长恨歌传》演义为元人白朴《梧桐雨》、庾天锡《华清宫》、明人的《惊鸿记》、《彩毫记》、《沉香亭》，清初洪昇的杰作《长生殿》集其大成。其余例子不胜枚举。

这种情况不能简单看成是题材的因袭,更主要是唐传奇的价值吸引了戏曲家们的注意,才使他们产生如此浓厚的兴趣。唐传奇的思想艺术成就在他们的创作中得到新的发展,这些创作中某些剧目至今还有不朽的生命力,活在今天的舞台上。

对于后来的诗歌也有相当的影响。许多诗人从传奇中吸取歌咏的题材,如宋代曾布的《水调七遍》取材于沈亚之的《冯燕传》,清代宋琬的《满江红》词取材于《枕中记》。更多的是借用传奇的形象与典故,如"南柯一梦"、"黄粱一梦"、"蓝桥遇仙"、"月下老人"、"红丝系足"、"旧井潮深柳毅词,封书谁识洞庭君"(何仲默诗)……都来源于唐人传奇。此外,诗人还从传奇中学习了不少优秀的艺术表现手法。

(本文系北京大学中文系 1955 级文学专门化同学集体编写的由人民文学出版社 1959 年出版的四卷本《中国文学史》中的一章,主要由我执笔,同时吸收了其他同学的意见)

八、吹毛求疵的《欧文观止》

《欧文观止》，台湾书林出版有限公司 1997 年出版，作者钱济鄂，专业为美术。《欧文观止》并非选本，而是取《古文观止》所选欧阳修散文十三篇，逐一进行批评。十三篇的大标题和每篇中的小标题，都是否定性的斥责之辞。另有第十四篇《永叔词叵耐失措》，专批欧词。

钱氏对欧阳修全面否定，可以大致归纳为三个方面：

第一，对欧氏之历史地位，为人处世，生平行事，诋毁、谩骂。

该书封四说："欧之能显赫一世，乃恃其许五代异族为正统，贬斥华裔十国，黜逐雅言（指骈文）才士，建立鄙俚文体（指散文）。以有是见解，故欧之诗文肤浅，实不堪一击。"

第 187 页说欧："不厌贪杯，乐狎甥女。不敏于事，好作盘游，不务正业……不学无术，滥取考生……数典忘祖……不思在下位不援上，为曲全英宗，巧言令色，主濮王议等等，听其言而观其行，其身已不正矣。"214 页说："如欧之行事，诚荒谬绝伦，确罪大恶极。"159 页说："亡宋者，自此人始也。亡文者，亦自此人始也。"

对于上述"罪状"，勿需一一反驳，仅择要说明如次：

所谓"狎甥"案，当时就查清了。欧阳修有妹，嫁张某。张某早逝，欧妹携其前夫所生女寄居欧阳家。张女出嫁后，与仆人有奸，被告发。保守派为中伤欧阳修，在审案时故意株连。后经查明，"卒无秋毫"。只查出欧家曾用张女奁中物买田，田契上是欧阳修的名义，因此贬滁州。钱氏并没有发现新的材料，仅仅重复早已推翻的不实之辞。

所谓"濮王议"，实际上是一场封建皇室内部名分之争。仁宗死，无嗣,以其侄继帝位,是为英宗。英宗欲封生父濮王为"皇考",部分大臣赞成,部分大臣反对,争论颇激烈,由于仁宗太后干预而作罢。欧阳修属于赞成派,只受轻微贬责,后来两派人皆为英宗所任用。事情不过如此,不能无限上纲。

第 31 页说,欧阳修"不欲收复燕云失土"。这是个政治大帽子。仁宗末年,辽国皇太叔耶律重元,阴谋夺其侄皇位,派密使求宋出兵为应。宋方有的大臣赞成,欧阳修等反对,其事遂寝。不久,耶律重元发动叛乱,迅速被平息。由于宋方不曾参与,两国关系相安无事。欧阳修坚持不干涉邻国内政,是正确的,哪里扯得上"不欲收复失土"呢。

第 32 页说:北宋大将狄青因遭欧阳修"挤陷而亡"。这是捕风捉影。狄青出身行伍,因军功屡拜大将,官至枢密使。后来去职,其原因有关史籍记载清楚。嘉祐元年,仁宗有病,开封大水。狄青为避水,全家移居相国寺,行止殿上。由于狄青素得军心,于是议论蜂起。欧阳修、刘敞向仁宗建议,为了保全狄青,最好派他外任。仁宗乃罢狄青,以同平章事(宰相衔)出知陈州,以文人韩琦为枢密使。第二年,狄青病卒。狄青之罢,其深层原因在北宋重文轻武猜忌军人的根本国策。欧刘之议,确为保全,并非排挤。而狄青之死,史籍明言"疽发"。钱氏引申为"忧恐气结","气毙而终"。并且说:"损大宋军心士气者,进谗言惑主者","使狄公不得善终"者,就是欧阳修。这样危言耸听,与史实相距甚远。

所谓"不学无术,滥取门生",本书语焉而不详。在钱氏的《骈文考》中有专章曰《欧阳修自毁名场》。指的是欧主持科举考试时,改革不良文风,痛斥"太学体",提倡古文,通过考试选拔王安石、苏轼、苏辙、曾巩等大批年轻俊彦,造成古文复兴运动。本来是对中国文学史的贡献。钱氏偏爱骈文,否认唐宋古文运动,所以否定欧阳修的文学改革举措。

所谓"数典忘祖",是指欧阳修的《欧氏谱图序》称:"江南陷于僭伪,欧阳氏遂不显。"钱氏说欧:"忘恩负义,六亲不认,一派胡言。""欧祖既非不显,还利用僭伪大显特显,红遍一时"。(116 页)而证据呢,就是

《欧氏谱图序》中有"吉州、庐陵县、儒林乡、欧桂里、具庆坊"一行字。钱氏接着说："既受南唐重用，欧不但不感恩图报，饮水思源，居然还斥以僭伪……此真汉奸之心也，信比寇盗尤不如…真不知人间有羞耻之事。"历来治五代史者，咸以五代为正统，十国为僭伪，已成为通例。钱氏统称五代为异族，不确。后梁、后周皆为汉族。钱氏以吴越王钱俶为本族祖先，所以他对视江南诸国为僭伪者，恨得咬牙切齿，破口大骂。

第二，对欧阳修的文章信口雌黄，无端指责。

试看以下数篇评论：

第一篇《泷冈阡表骗死人不负责》

钱氏说："是篇阡表，信口开河，积非为是，说尽不负责之自家门面话"(28 页)。钱氏在没有任何材料的情况下凭空推论："其父乃一默默无闻者，足迹并未出境，故殁而葬于沙溪。中第云云，服官云云，悉是撰者之妄评。……云其清廉如何，未必。云近贪官，则有此归葬往返两次之银可证。"(16 页)欧阳修立表归葬其父时，已经六十多岁，为官多年，曾任参知政事(副首相)，所需"归葬之银"，难道还要从六十年前他父亲"贪污"款中支出？凭这样的证据给古人定罪，讲得过去吗？

第二篇《朋党论错谬间出》

钱氏说："欧之一生，以党起家，又以党致仕，党争有力，斗文无才。""其所言之君子，孜孜终日，左右朝廷，污秽邦国，能不同于小人，悉忙于利禄财货之争乎？陋哉！此君子也。"(83 页)又说："《论语》云：'群而不党'，'吾闻君子不党'。欧既自许为儒生，宜进奏《不党论》，乃合；何以不知？却上《朋党论》，以是为倡，欲明目张胆，公行天下。""北宋自欧起，朋党盛行，……未几遂偕北宋共亡。"(84 页)钱氏指欧氏所言君子乃同于小人。这样就把范仲淹、富弼、韩琦等一大批改革派都骂倒了。

第四篇《纵囚论含血喷人》

欧氏批评"唐太宗之纵囚，所以求名也"。钱氏认为："以欧小人之心，度太宗君子之腹。"他用大量篇幅赞扬唐太宗玄武门之变。然后说："生为国人，以有是明君，而足为之傲，歌颂之犹恨为晚；独欧却以为可耻；不屑一论。”（129页）“乃藐视大唐圣君，公然毁谤之，逆竖欧！欧既无礼于圣王、贤君，吾人能礼之敬之乎？必否也。”（128页）钱氏不是讨论纵囚之举如何评价问题，而是主张，像唐太宗这样的圣君，只能歌颂，不能批评。看来钱氏的历史观相当落伍。

第五篇《醉翁亭记岂有此理》

钱氏说：“倾郡出游，酣饮终日，岂不惧妨碍生业，影响政府税收？”“其屡为盛宴，财自何来？有否官商勾结？有否贪黩行止？”（153页）“民国以来之主教者，又将此文列为课本，公然提倡颓废精神，享乐说辞，致贪官污吏，日盛一日。”（157页）以猜想代证据，以现代要求古代，这不是对历史应有的态度。

第七篇《梅圣俞诗集序荒唐之至》

欧阳修在此文中提出“文章穷而后工”的著名论断。钱氏极力攻击这个“穷”字。他说，“吾人皆知衣食足而后知礼义。然愈穷则三餐不继，无物果腹，身体衰弱，精神恍惚，试问诗何由作？灵感何由生？”（206页）又说梅圣俞未必穷。“何欧常赴其家，能饮市上难见之名酒？……梅家既能以佳酿款客，是女又为副执政之妻。（梅）诗一篇得钱数千……此果为欧氏所谓之穷乎？”（210页）钱氏把“穷”字仅仅理解为物质生活上的贫穷，而不知欧氏所指乃政治处境上的穷困。此二者之区别，《庄子·山木》篇已经讲得很清楚。

第十一篇《五代史伶官传序天下一大抄》

钱氏认为，欧氏此文抄自王禹偁。王文已佚，他举引《五代史阙文》为证。我比较二文之后，发现前者详而后者略，事虽同而文字不同。完全相同者，四五句而已，仅占十分之一二。欧文更精炼，文字更流畅。应属改写，而非抄袭。如果这种情况也是“一大抄”，那么司马迁、班固、司马光岂不都是大抄家了？钱氏处处以史学家自居，却如此不明史例。

第十三篇《秋声赋胡为乎来哉》

钱氏批评欧氏不通文体，说此赋不像赋。“吾人皆知是赋必有‘兮’字，然本赋却无一字。是赋必有押韵，或不押韵。然本赋则是有韵间又无韵。有一句一韵者，有隔句一韵者，有长达十六句、十句一韵者。……忽作散文体者，则有三十二句。……焉能谓之为赋？”(286 页)看来钱氏对赋体文学知之甚少。无“兮”字之赋，从先秦两汉到唐宋，大量存在。荀子的《赋篇》，汉之大赋，庾信的《春赋》……无“兮”字之赋多矣。赋可自由押韵，自古而然。赋中加入大段散句，正是欧阳修的创造。自欧阳修、苏轼以后，中国文学史上出现了散体赋或曰文赋，《秋声赋》即其代表作之一。

第三，对欧阳修文章中的词句不明就里，无理取闹。

钱氏对欧阳氏文章百般挑剔，连篇累牍地指责说，这个字错了，那个字多余，这句话不通，那句话荒谬，极尽嘲讽之能事。真是“王杨卢骆当时体，轻薄为文哂未休。”这里只举一些突出的例子：

第 151 页说，《醉翁亭记》“口口声声欧自称太守”，而宋“已废太守之称”，简称“知州事”。欧阳修“既自己之官衔亦不知，难怪劝农却劝酒劝游。”按：旧时官场习用古代官职作为别称，唐宋元明清皆然。苏轼《喜雨亭记》、《密州出猎》即自称“太守”。明清时期，称知府为太守，同知为司马，通判为别驾，道员为观察，巡抚为中丞……早已司空见惯。钱氏为何如此少见多怪。

《释秘演诗集序》称僧人为“浮屠”。钱氏说，“乃大谬特错”，“浮屠即塔也”。(185 页)按：浮屠为梵语音译，可指塔，也可指佛陀、僧人、佛寺。《水经注》中经常混用。查《辞源》即可知。

钱氏指责欧文所说“佛居西方”，“佛法为患中国千余岁”是“大误”。他认为“佛在中国西南位，非居西方”。还说佛法入中国在公元 65 年，迄欧之出世 1007 年，“仅 942 年，安有千余岁？”(188 页)中国的僧人和习佛者，一直说佛在西方，没有人说佛在西南位，我们不能用今天地图学的标准来要求古人。至于佛法之入中国，当代研究中国佛教史者，咸以为在西汉末年。《三国志》裴松之注引《魏略·西戎传》：“以哀帝元年(前 2 年)，博士弟子秦景宪从大月氏王使尹存口授浮屠经。”是为国人接触佛经的最早纪录。公元 67 年，乃白马驼经到洛阳之时，并非佛教来华之始。说“千余岁”没有错。

《梅圣俞诗集序》中有“不果荐也”。钱氏说“果者，来也。孟子云：‘不果，来也’”。“欧文下有一荐字，果遂成为木实也。”“易滋误会，去之乃佳。”(209页)按：此“不果”乃情态副词。《词诠》：“凡事与预期相和者为果，不合为不果。”“不果荐”，即未能如预期而推荐。“果”字删不得。《孟子·梁惠王下》：“君是以不果来也”，意即齐王因此未能如预期而来访。钱氏所说：“果者，来也”，不知何据？如以《孟子》为据，意思完全错了。

《祭石曼卿文》有：“谨遣尚书都省令李某，至于太清，以清酌庶羞之奠，致于亡友曼卿之墓下。”钱氏云：“太清，吾人皆知，乃天也。”“视文义或是地名，然中国之县素无此。”(224页)钱氏嘲笑说，岂有派人遥至青天之理？按：太清是石曼卿故乡宋城之乡名，即今河南省永城县太清乡，石氏即葬于此。“太清”乃地名，坊间各种《古文观止》皆有注释。钱氏不知其然，就妄下结论。

《相州昼锦堂记》有：“自公少时，已擢高科，登显位。”钱氏举《宋史·韩琦传》：“弱冠，举进士”，认为“足见已非少时”。(265页)按：古书之“少年”相当今之“青年”，而非今之“少年儿童”。《礼记·曲礼上》：“二十曰弱冠。”《辞源》：“后沿称少年为弱冠”。可见欧阳修并未用错。

钱书常出现常识性错误。第251页，他批评欧氏不知“遗恨”，“乃后人感慨前人之言也，焉能作为已称？”按：遗恨，即遗憾。《后汉书·王常传》：“今得见朝廷，死无遗恨。”正是已称，查《辞源》便知。钱书66页，批评《宋史·蔡襄传》：“范仲淹以言事，去国。”说：“分明知饶州，却谓去国，是去鞑靼国？”他不知“国”可指京城、国都。如《左传》隐公元年：“大都不过三国之一”。“去”即离开。如“孟子去齐”，即孟子离开齐国，而不是到齐国去。第229页，他批评韩愈《与鄂州柳中丞书》：“若召募土人，必得豪勇。”说韩氏“不取《史记》之‘土著’，”“呼为泥土制之土人，岂非大谬。”钱氏说：“土人，谓以泥土制之土偶人也。”他不知土人即土著。

对任何古人和古书（包括欧阳修其人其书）都可以批评。但是，批评应该有理有据，实事求是。我们对待历史，以及对待今天的读者，应该抱严肃认真的态度。倘若随心所欲，耸人听闻，只能制造混乱，糟蹋历史，误导读者。这种所谓批评，对学术研究是无益而有害的。

（原载香港《文学论衡》2008 年第 12 期）

九、曾巩的救灾理念与实践

曾巩(1019—1083)是我国古代著名散文家、唐宋八大家之一。曾任北宋中央政府和地方官吏。历任齐州、襄州、洪州、福州、明州、亳州知州,以中书舍人致仕。关心社会民生,兴利除弊,政绩斐然。他有多篇关于救灾的文章,两度组织指挥救灾活动。

据《宋史》记,神宗熙宁元年(1068)七八月,河北数十州县连续发生地震,楼宇、民居多摧覆,死者甚众。九月,霸州、保定、恩州、冀州大水,害禾稼,坏屋庐,漂溺居民。时曾巩在京师,作《救灾议》,向朝廷提出打破常规,大力扶持灾民生产自救的建议。

文章首先指出,“遭非常之变者,亦必有非常之恩,然后方可以振之”。按以往办法,壮者日粟二升,老幼一升,仅勉强维持生命。百姓“暴露乏食,已废其业矣”。“农不复得修其田亩,商不复得治其货贿,工不复得利其器用,闲民不复得转移执事,一切弃百事,而直专意于待升合之食,以偷为性命之计,是直以饿殍之养养之也。非深思远虑,为百姓长计也。”时间长了,灾民必将离其故居,流徙他乡,弃其旧屋,伐其枣桑,杀其牛马,造成空城荒野,“空近塞之地,失耕桑之民”,滋生盗窃、抢夺、铤而走险之徒,甚至攻城掠地,引发严重的内忧外患。国家应该充分认识局势,“防之于未然,消之于未萌”。这是很有战略眼光的正确判断。

接着,他提出“一举赈足”的原则,使灾民就地恢复生活和生产,积极自救。由朝廷出巨资,赐钱五十万,贷粟一百万石。十万户灾民平均一户得粟十石,钱五千,比下户常年所得略多。这样,灾民可以缮其居,给其食，修田亩，治货贿，利器用，一切复得其业。劫后所余材瓦什物皆可因之，牛马桑枣皆可全之。“民安居足食，则有安生自重之心；各复其业，则势不暇乎他为，虽驱之不去，诱之不为盗矣。”救济的钱粮日后是要还的，“贷之于今，而收之于后，足以振其艰乏，而终无损仓储之实”。其结果，“人和洽于下，天意悦于上”，天下可望太平。曾巩最担心的是灾民弃家逃荒，引发社会动荡。稳住灾民，就抓住了救荒的要害。

文章第三部分，针对政府眼下钱粮不足的问题，着重申述《论语》讲的“百姓足，君孰与不足”的理念，并提出筹粮措施。他说，河北三十九州，受灾十余州，其他各州秋食可望足收。令有司以高于常价百分之二十收购，一方面有利粮农，一方面政府增加一百万石储粮。收购时按常价付现金，而以茶叶、药材、香料等折钱补其增价。多拿出五十万钱的茶、药、香料，换取一百万粮食，“其利害轻重，不待议而知也”。

《救灾议》中，曾巩强调发放粮款时应注意的问题。“至于授受之际，有淹速，有均否，有真伪，有会集之扰，有辩察之烦，措置一差，皆足致弊。有群而处之，气久蒸薄，必生疫疠，此皆必至之害也。”上述现象，在今天的救灾活动中也可能出现。他提出预警，完全是必要和及时的。

曾巩同时又作《议仓》，专论为救灾备荒而设的义仓问题。指出，古立义仓之道，“以振乏为本，以恤民为先，以博施为法，以乐输为事。……各于其社树之以仓，各令其民入之以谷。设其官守，严其政令，丰岁则劝课而输之，凶年则发彻而散之”。今之义仓与古大异。“昔之义仓，务所以安之；今之义仓，务所以掊之。昔之义仓，则立仓于社，聚谷于众，年丰则取之，民饥则与之，不令而民从，不督而民劝，故曰以义为本而行乎赈恤也。”“今之义仓，有义仓之名而无义仓之实。年丰则有以取之，民饥则无与振之。”“又有聚敛之臣，贪残之吏，剥下以奉上，刻私而徇公，往往窃前世恤民之法，而为当今敛民之调者，累累皆是。”他主张恢复古制，革除时弊，“探其本而行其义，则恤灾弭患，安民泰俗，无大于此者”。文章所论，实为历来备荒救灾的重要举措。他用追本溯源层层对比的方法，把问题分析得十分透辟。

河北大地震后不久，曾巩写了一篇《瀛州兴造记》，记瀛州知州李肃在河北大地震时的救灾表现，主要有四点：一、瀛州（今河间）再次发生地震，谣言四起，说大水且到，民众惊恐欲逃。李肃派人到各处安抚劝解，讹言乃止。二、震后大雨，公私粮食物资暴露在野。李公指示并查看仓库，允便宜行事，经营盖障，使各有所处。灾后检点，130万石粮食竟无损坏，其他兵器物资皆得保全。三、地震刚发生，李公即命令军队加强警备，维持治安。结果，全城“人无争偷，里巷安辑”。四、以工代赈，建设新城。民居坏屋亦加缮理，复其故常。李公“经理劝督，内尽其心，外尽其力，故能易坏为成。”受到朝廷嘉奖。

熙宁二年（1069），曾巩任越州（今绍兴）通判，适逢一场大旱灾。他作为仅次于知州的地区副长官，全力投入救灾。考虑到官仓之储不足供赈灾所需，在饥荒到来之前，他要求各属县召集当地富户，自报家中存粮数目，然后责成他们在官府监督下，比常价略高出售给灾民，使粮价保持正常。又出钱粟五万，贷给灾民为种粮。贷粮种所欠款项，可到秋后交纳田赋时一并归还。从而保证农业生产不因巨灾而荒废，“民赖以全活”。这次救灾实践，进一步印证了《救灾议》提出的理念的可行性。

熙宁八年（1075），曾巩任洪州（今南昌）知州，不久发生严重瘟疫。曾巩迅即下令，从州、县、乡镇到各处驿站，准备药品以授病者，组织医者巡诊。百姓染病无力自养者，让他们住进官舍治疗，由官府供给饮食衣被，分派医者按时诊视。从国库拨款补助救济，并记录汇集疫情，染病的和健康的人数各有多少，按轻重缓急，依次分发。由于措施得力，挽救了许多人的生命。（以上均见曾肇《亡兄曾巩行状》）

熙宁八年，越州大旱，次年，又大疫。知州赵忭积极救灾，处理果断细致，大大减轻了损失。元丰二年（1079），曾巩作《越州赵公救灾记》。前此，他曾到越州作调查访问（可能是他任明州（宁波）知州时，与越州邻界）。这篇文章把赵公的表现归纳为七点，也可以看成是曾巩自己救灾理念和经验的总结。

第一、详细了解实情。在大旱以久民尚未饥之前，发文件到所属各县，了解“灾所被者几乡？民能自食者有几？当廪于官（取给于官仓）者几人？沟防构筑可使民僦（雇佣）治之者几所？库钱仓粟可发者几何？富人可募出粟者几家？僧道食之羡（盈余）粟书于籍（记录在册）其几具存（实际存粮多少）？”这种调查统计，扎实周到，为赈灾打下了可靠的基础。

第二、按受灾人数和实有粮数，有计划地开展救济工作。州县官吏统计报告灾民之孤老疾弱不能自食者 21900 余人，统计存粮得 48000 石。而国家规定平时每年用于赈济的廪粮是 3000 石。认真摸底所得之数为平时所需 16 倍。手中有粮，心中不慌。于是从十月初一开始，灾民每人每日领粮一升，在城市和郊野设放赈所 57 所。为避免拥挤让灾民男女单双日分别领取，一次可领两天的口粮。为防止拥挤，让灾民男女单双日分别领取，一次可领两天的口粮。为防止灾民外流，规定凡离家者不发救济。放赈之人手不够，选派不在职而在本州内之退休或离职官吏，给以补贴，使任其事。

第三、控制粮价，保证供给。通告富户不得囤粮闭售．同时把政府掌控的粮食，按平价出售，设售粮所 18 处，供需要者自由购买。迅速稳定了市场。

第四、以工代赈，借贷缓偿。雇灾民治城郭 4100 丈，用工 38000 人，按出工多少付佣钱和粮食。百姓有借贷者，通知富者放开贷款；秋熟之后，政府为灾民还债。小儿女被遗弃者，允百姓收养。

第五、次春大疫，“设病坊（医院），处疾病（病重）之无归者”。命僧道之明医者“属以视医药饮食，令无失所恃。凡死者，使在处随收瘗之”。防止尸体运送中传染。

第六、打破常规，特事特办。依通常办法，救济粮发放三月而止，赵公在越州延长为五月。有些措施与公文规定不合的，赵公自已承担责任，不推给下属。卜级请示之事只要有利救火，立即批准执行。很有点雷厉风行的作风。

第七、以身作则，上下协调，精心组织。“公于是时，早夜惫心力，不少懈，事巨细必亲躬。给病者药、食，多出私钱。民不幸罹旱、疫，得免于转死……皆公力也。”“州县推布上恩，人人尽其力。公所抚循(安抚、慰问)，民尤以为得其依归。所以经营绥辑(安排协调)，先后始终之际，委曲纤悉(仔细、详尽)，无不备者。”

文章末段称赞说：“其施虽在越，其仁足以示天下。其事虽行于一时，其法足以传后世。”“将使吏之有志于民者，不幸而遇岁之艰，推公之所已试，其科条可不待顷而具，则公之泽岂小且近乎?”这样说不为夸大。赵公的精神和措施，在一千年后的当今，仍未失去现实意义。

《越州赵公救灾记》是中国散文史和中国救荒史上的名篇，历代评价甚高。明茅坤《唐宋八大家文钞》说：“赵公之救灾，丝理发栉，无一遗漏。而曾公之记其事，亦丝理发栉，无一不入于机杼髻总。救灾者熟读此文，则于地方之流亡如掌股间矣。”清沈德潜《唐宋八家文读本》说：“救灾之法，井井有条，不但可行一方一时，实天下万世之利也。清献实政，得此文传出。后之为政者，可仿而行之。经济赖文章以传，不得视为两事。”清乾隆帝在《唐宋文醇》中批阅说：“赵忭救灾之法，尽善尽美；而巩所记，又复详尽明晰。司牧之臣，案头必备之书。”苏轼的《赵清献公神道碑》也提到越州救灾事迹，但不如曾巩此文详细全面。

曾巩还写过两篇分别题为《平籴》、《水灾》的札记，约一二百字。在任地方官 12 年中，他写过 40 多篇求雨、谢雨的祈祷文。曾巩并不迷信，他写这些祈祷文，表现出对灾民的关切，也是为了顺应民情，有如荀子《天论》指出的：“天旱而雩，卜筮然后决大事，非以为得求也，以文之也。故君子以为文，百姓以为神。”对曾巩此类举措，应作如是观。

(原载《江西师范大学学报》2008 年 6 期)

十、前期白话小说:宋元话本

从说书场里诞生的通俗小说

中国民间很早就有讲故事的传统。先秦两汉的神话传说和魏晋南北朝的志怪小说,最初都是以故事的形式在民间口头流传的。唐以后,讲故事逐渐成为一种专门的文娱活动,当时叫“说话”或“市人小说”,类似现代的说书或说评书。达官贵人遇有生日喜庆,往往把说故事的艺人和杂耍艺人一道请到家里表演,有时还进入宫廷。据说唐明皇晚年喜欢听“说话”和“转变”。“说话”的内容有古代的,如战国名医扁鹊的故事(见唐段成式《酉阳杂俎》)以及三国时期大胡子张飞、结巴邓艾的故事(李商隐《骄儿诗》提到“或谑张飞胡,或笑邓艾吃”)。也有说当代人物的,如李娃的故事又叫《一枝花话》,诗人元稹在白居易家里听过,讲了四五个小时还没有讲完,可见情节之复杂详细,可惜这些底本没有留下来。所谓“转变”是一种民间说唱文学,底本叫变文。有讲佛经故事的,如敦煌遗书中的《降魔变文》、《目莲变文》;有讲中国历史故事的,如《伍子胥变文》、《王昭君变文》。其特点是连说带唱,唱词通俗浅近,说白部分用当时口语。唐代变文和宋元话本有密切的承接关系。

宋代手工业商业进一步发展,城市更加繁荣,聚集了大批手工业者、商贾、各色技艺人等,形成一个为数不小的市民阶层。适应城市居民的需要,出现了市民文化,其中就包括“说话”等表演艺术活动。由于市场经济发展的推动,这类活动越来越兴盛,成为越来越广泛流行的文艺形式。据南宋孟元老《东京梦华录》、周密《武林旧事》、耐得翁《都城纪胜》等书记载,当时汴梁和杭州有一种综合商场叫做“瓦子”,其中包括表演各种技艺的游艺厅叫“勾栏”。最大的瓦子有十三座勾栏，最大的勾栏可容千人。在各种技艺中，“说话”占着很重要地位，它又分为小说、讲史、讲经等项目。“小说”艺人最多，内容较短，基本上一次讲完，主要讲现实题材和民间传说，其中又细分烟粉灵怪、传奇公案、扑刀赶棒、发迹变泰等等。“小说”底本叫小说话本，也就是白话短篇小说。“讲史”演述历代兴亡和战争故事，艺人有分工，有的专讲三国，有的专讲五代。内容比较长，要分好几次才能讲完，他们留下的底稿叫讲史话本，元时叫平话，是长篇小说的雏型。“讲经”主要宣讲佛经故事。

勾栏和艺人已经专业化。杭州有两座勾栏专门讲史。有的艺人一辈子只在一座勾栏里演出，有的跑江湖卖艺，艺人被叫到皇宫给皇帝表演，称“御前供奉”。说话艺人的出身有落第文人、和尚、尼姑、道士、小贩、卖酒的、卖粥的、卖枣的、估衣商人、厨师、编条儿的、士兵等，其中有些是女性。他们成立自己的团体叫“书会”或“雄辩社”，用来交流经验和传授技艺。据苏轼《东坡志林》记载，说话艺人的技艺水平很高，说到高兴时能叫人笑，悲痛时能叫人哭，可见感染力很强。还有些专为说话艺人编写话本的下层知识分子称为“才人”，相当于专业作家。

宋元话本就是从这样的说书场里产生的。它是民间艺人长期集体创作的产物。它的作者和服务对象，基本上是市民阶层。表现市民的生活和思想感情，反映他们的历史观、政治观、道德观和对各种社会现象的看法。大批下层民众(手工业工人、店员、商人、小职员、婢妾等)成为话本的主角。话本作者不是像唐传奇那样站在士大夫立场，而是站在市民立场来描写他们所熟悉的人和事。因此，话本的社会内容比唐传奇更加深入广泛了。神怪题材已经退居次要地位，现实题材成为主流。作家的兴趣由搜奇志异逐渐转向普通人的日常生活，为了适应新的服务对象和表现新的内容，话本不再使用已经脱离口语的文言文，而采用广大群众通用的白话。这在中国小说史上是一个划时代的进步。在艺术形式上，因为它首先是讲给人听的，所以就要求有头有尾，条理分明，情节结构能抓住听众，通过言语行动来刻画人物，避免静止的心理、景物描写和过于复杂的插叙、倒叙等等，这些艺术上的特征，奠定了中国通俗小说民族形式的基础。

目前我们能见到的最早话本，是敦煌写本《庐山远公话》（记东晋初年庐山高僧慧远故事，话本抄于北宋初，公元972年）和《韩擒虎话本》（记隋朝大将韩擒虎故事）。宋元话本文字详略不尽相同，大体上可分为繁本和简本两种类型。繁本是经过修饰加工的，语言通畅，接近口语，加工者有可能是元明时人。简本是提纲式的故事梗概，或摘录一些历史书中的资料，以备临场发挥敷衍之用。如《清平山堂话本》中的《兰桥记》，就是唐人裴铏《传奇》一书中《裴航》故事的节要，语言近乎古文。

从宋元话本开始，中国小说进入一个新时代——通俗小说时代。虽然还是初期，但它一出现，就具有与文言小说不同的思想倾向和艺术风格，带着清新的民间气息，和人民群众的社会生活保持着密切联系，不再是史传的附庸和文人的谈助。从而把中国小说的历史地位和社会作用推向一个新的高度。

宋元白话短篇小说——小说话本

在宋元话本中，以小说话本成就最高，数量最多。据宋元时期的著作《醉翁谈录》等书记载，有一百四十多篇目录，如今大多数已经看不到原文了。现存的宋元小说话本，据专家考证约四五十篇，散见于元刊《京本通俗小说》、《清平山堂话本》以及明人冯梦龙编辑的《三言》等书中。

宋元小说话本大部分以城市生活为题材，从各个角度反映了下层人民同封建统治者的斗争，是宋元时期社会生活的形象纪录。其思想水平和艺术成就都高于唐传奇。以下分几个方面择要介绍。

（一）下层妇女争取婚姻恋爱自由的故事。

属于"烟粉灵怪"一类的小说话本，主要通过婚恋故事反映城市下层青年男女反对封建压迫束缚的斗争。如《碾玉观音》，写刺绣女工璩秀秀,不甘心做咸安郡王府的家奴,借失火之机和她所爱的碾玉匠崔宁逃出王府,到潭州同居,开个碾玉铺。后来被咸安郡王手下发现,秀秀被抓回去活活打死,她的鬼魂再次和崔宁跑到建康。不料再次被发现,连鬼魂的团聚也被破坏了。主角秀秀是个手工业工人,她大胆、泼辣,要求恋爱和婚姻自由,人生理想是靠手艺吃饭,自给自足。然而,因为进了王府,成了奴婢,失去人身自由,连这种起码的生活愿望也不能实现,为了挣脱奴隶的枷锁,做了鬼还要斗争。咸安郡王为了维护贵族的尊严,对逃亡多年的家奴也不放过。这样的矛盾,显然是一场压迫和反压迫的斗争,其意义已经超出一般爱情婚恋的范围。

《志诚张主管》写官僚王报宣府中一个二十来岁的"小夫人"(侍妾),被卖给六十多岁的商人张员外,她不满意这种不合理的婚姻,主动追求张员外店里伙计张主管。张主官胆小怕事,不敢接受。后来"小夫人"因为盗走王报宣府中珠宝,被发现而自杀,鬼魂去找张主官,企图实现生前的理想。"小夫人"是被王府逼死的,也是被看不见的婚姻制度锁链绞死的。在那个时代,老翁娶少妇,尽管毫无感情,却被认为是天经地义。青年男女互相爱恋,不但社会上认为非法,连他们自己也觉得不道德。这种现象深刻地反映出封建礼教对人们心灵桎梏之深,戕害之烈。

《闹樊楼多情周胜仙》的女主角周胜仙是从事海外贸易商家的女儿,爱上开酒店的范二郎。其父嫌范门第不相称,不同意。胜仙一气身亡。埋葬后有朱真来盗墓,打开棺材,她竟活了,被迫跟了朱真。又乘机逃出,去找范二郎。二郎当她是鬼,拿起汤桶把她打死,因而被控至官府。胜仙的鬼魂竟来救二郎,使他免罪,后来在梦中与范结为夫妻。周胜仙为所爱的人不顾一切地斗争,可以说是"生死以之",性格主动而坚强。属于年代较晚的作品。

《快咀李翠莲记》别具风味。全文连说带唱,语言极通俗,带有浓厚的民间说唱文学味道。它以特殊的喜剧手法讲述一个特殊的婚姻悲剧。李翠莲是一个普通青年妇女,性格泼辣,号称"快咀",敢说敢做。

她向往“自由自在”的“痛快日子”，与“三从四德”的妇道格格不入。严肃的封建礼法家规根本不放在眼里。结婚当天，因为不喜欢繁文缛节，居然骂了媒婆，打了礼生，还训斥丈夫，顶撞公婆，理直气壮地为自己辩护，完全不讲做媳妇的尊卑礼节。这样“不懂规矩”的人，当然不为封建社会所容许，于是被夫家休弃。李翠莲毫不怯懦，勇敢面对，她宣称：

公休怨，婆休怨，丈夫不必苦留恋，大家各自寻方便。快将纸墨和笔砚，写了休书随我便。不曾殴公婆，不曾骂亲眷，不曾欺丈夫，不曾打良善，不曾走东家，不曾西邻串，不曾偷人财，不曾被人骗，不曾说张三，不与李四乱，不盗不妒与不淫，身无恶疾能书算，亲操井臼与庖厨，纺织桑麻拈针线。今朝随你写休书，搬去妆奁莫相愁，手印缝中七个字：永不相逢不见面。

被休弃后，受到父母的责备，兄嫂的嫌怨。娘家待不住，只好出家为尼。李翠莲的悲剧是当时市民阶层反抗封建礼教压迫束缚的生动反映。像她这样向传统习惯势力主动挑战毫不妥协的女性形象，在中国文学史上还从来没有过。她不是不满意丈夫，而是不服从礼教。这正是市民力量壮大的产物。其意义比起建安时期《孔雀东南飞》中的刘兰芝，唐传奇中单纯为爱情而斗争的霍小玉、崔莺莺等明显地提高了。

（二）揭露封建司法制度腐败的故事。

这类小说话本通过所谓“公案”题材，描写封建司法制度的腐败，谴责各级官吏草菅人命，同情下层民众的悲惨命运，从一个侧面反映当时社会的黑暗与残酷。如《错斩崔宁》就是。商人刘贵因醉跟侍妾陈二姐开玩笑，说已经把她卖了十五贯钱。陈二姐信以为真，半夜出走，不料刘贵当晚被强盗杀死。邻居发现后，怀疑陈二姐是凶手，前去追赶。恰巧遇到陈二姐和小贩崔宁同行，而且崔也带了十五贯钱。官府就断定是陈崔通奸谋杀，把二人屈打成招，判了死罪。过了许久，真正的凶手自己暴露，方才昭雪沉冤。话本作者明确告诉读者：“这段冤枉，仔细可以推详出来，谁想问官糊涂，只图了事，不想捶楚之下，何求不得！”作者接着进行强烈的谴责，表达了人民的义愤。这个故事，情节的确很巧，但是偶然性中包含了必然性。正是由于当时下层民众的生活权利特别是妇女地位毫无保障，封建统治者昏庸残暴和社会秩序混乱不安等等因素，才造成这场悲剧。人们看了这个故事，都会感到这是一个深刻的社会问题，不至于当成仅因一句戏言酿成巧祸。类似的话本还有《简帖和尚》（又名《错下书》）、《错认尸》、《错勘赃》等。一系列的“错”，最后都错在封建官吏和封建制度上。

在“公案”题材中，有些故事最后出现清官平反，有的用因果报应来解释悲剧的原因。但作品的客观意义往往大于作家的主观意图。如《三现身包龙图断案》，作者目的是颂扬清官包拯。故事写一卖卦先生算定小职员孙押司当夜必死，果然当夜三更他真的死了，死后又三次现身，作者故布疑阵，最后由包拯揭穿被害真相。《勘皮靴单证二郎神》讲办案警官三都报事使臣由贵，从一双皮靴步步追查，终于揪出假扮二郎神奸污妇女的真犯乃是庙官孙神通。情节曲折、细致、缜密，有些像近代侦探小说。对于皇宫中的侍妾因怀春得病，而与假神仙幽会，作品并未谴责，宫中竟放她出宫择配。这种婚姻观念也是市民意识的反映。

（三）反抗封建官府和强暴势力的故事。

宋元小说话本中出现了一批大胆反抗封建压制专门和官府作对的民间英雄好汉的形象。在《醉翁谈录》里，有《花和尚》、《武行者》、《石头孙立》、《青面兽》等篇目，讲述梁山英雄鲁智深、武松、杨志、孙立的故事，也许已被后来的施耐庵等吸收到《水浒传》中去了，所以没有单独流传下来。今存描写造反英雄的作品不多，但也有少数与《水浒传》大致接近。如《宋四公大闹禁魂张》，写宋四公、赵正、侯兴、王秀几位神通广大的侠盗，出于义愤，偷走为富不仁的财主张员外的五万贯金银。开封府尹派马观察（捕盗警官）办案，四人竟当面割掉马观察的袖子，剪下府尹腰间的金鱼，盗走皇亲钱大王的玉带。皇帝所在地东京开封府被他们闹得沸反盈天，大小官吏束手无策，被捉弄得焦头烂额甚至身败名裂。作者尽情嘲笑封建统治者的愚昧无能，热情赞扬这群侠盗的勇敢机智，足计多谋，充分肯定他们蔑视权贵，勇敢地向恶势力和官府挑战的战斗精神，灭了统治者的威风，长了下层民众的志气。这在唐传奇中是见不到的。宋四公等市民的反抗行为，虽然没有明确的政治目的，但无疑是和当时农民对地主的斗争属于一条战线。这个故事的有些情节相当精彩，可以和《水浒传》时迁盗甲、十字坡张青开店等媲美。

《杨温拦路虎传》，写北宋名将杨令公的曾孙杨温到东岳烧香，被强盗杨达劫去妻子和财物。杨温四处寻找，几经曲折，才找到杨达的山寨，又遇见父亲的老部下陈千，共同努力，夺回妻子，这可能是杨家将故事的余波。其中写杨温与马都头比棒一节，与《水浒传》中林冲与洪教头比棒有相似之处。《万秀娘仇报山亭儿》，说强盗苗忠、焦吉、陶铁僧合谋抢劫了万秀娘及其财物，杀了她的哥哥，并把她卖了。万秀娘后来得到尹宗的帮助，逃出牢笼，回家途中，又遇苗忠、焦吉二盗，竟被他杀害。故事情节有些像《水浒》故事。以上这几个强盗都是坏人，谋财害命，奸淫掳掠，不像《水浒》英雄那样除暴安良。正面人物杨温、陈千、尹宗形象不够突出，作者的倾向是肯定"路见不平，拔刀相助"的侠义行为。以上几篇，都属于小说话本中"朴刀赶棒"一类。

（四）反映民族灾难，歌颂民族气节。

如《杨思温燕山遇故人》（又名《郑义娘传》），郑义娘是北宋朝廷小吏韩恩厚的妻子，金兵南侵，半路为金将所虏，不屈自刎而死。她的鬼魂在燕山先后与表弟杨思温及出使金国的丈夫韩恩厚相见，向他们倾吐对亲人和故国的无比思念。韩恩厚并不感到恐惧，而且表示决不再娶，并将义娘骨殖带向南边。后来韩遇寡妇刘氏，与之结婚，将义娘骨殖抛入长江。数年后义娘显灵，揪韩恩厚入钱塘江以示惩罚。此事若在平时，妻死夫再娶，无可厚非。但在民族危亡之际，义娘是为反抗异族强暴而牺牲的节烈之妇。作者歌颂她就是歌民族气节；谴责韩恩厚，就是谴责不顾民族大义只图个人欢乐的负心人，表达了当时群众的民族情感。《汪信之一死救全家》写富户汪信之上书朝廷反对和议，要求帅两淮忠勇民军"为国前驱，恢复中原，以报积世之仇"。不料被两个小人挟私诬告谋反，招来官府收捕，与汪信之及其家人发生武装冲突，事态越闹越大。汪信之为保全家人，主动自首，被判斩首。这是一起冤案，作者对汪氏一家深表同情，从作品中可以看出广大群众抗金热情如何受到昏庸官府的压制和摧残。《冯玉梅团圆》的"入话"，则表现了沦陷在金人统治下的人民的悲惨遭遇。不过，这类反抗民族斗争的作品，在话本里比当时文人诗词散文要少得多。也许是没有保存下的缘故。

宋元小说话本的思想内容主流是健康积极的，但是也有一些作品夹杂着庸俗色情描写，表现了小市民的低级趣味。有些作品对小市民的胆小怕事，回避矛盾，不敢和封建势力作斗争等缺点，采取歌颂态度。至于进行封建说教，宣扬因果报应和迷信思想更是所在多有。反映了市民阶层本身思想的复杂性和世界观的严重局限性。

（五）小说话本的艺术成就。

优秀小说话本在艺术上达到了相当高的水平，第一个特点是"巧"，所以人们说"无巧不成书"（书指说书）。由于说书是诉诸听觉的艺术，特别要求情节生动，具有戏剧性，能够吸引听众的注意力。"巧"不是单纯技巧问题，而是对事物的现象和本质，偶然性和必然性的认识问题，优秀小说话总是善于以偶然现象表现其必然本质，通过貌似巧合的情节展现复杂的社会矛盾。第二个特点是"卖关子"。"关子"就是最紧要的关节，就是戏剧性最强的顶点。在结构布局时，小说作者总是善于把握矛盾的发展变化一步步引人入胜，一层层揭开故事之谜，到最高潮时故意停止，过后才把真相告诉大家，即如今文艺家所说的"悬念"。通过这样的"关子"既能吸引听众，也把社会现象的本质，人物性格的特征耸人听闻地突现出来了。第三个特点是注意人物形象的典型性和细节描写的真实性。小说话本里，有各种各样人物：优秀小说话本如实地刻画了他们不同的身份和职业特征，通过他们不同的生活习惯、语言、动作，表现了不同的思想意识和不同的个性。作者对于市民生活非常熟悉，描写出来惟妙惟肖。有些细节甚至可以作为我们今天了解宋元社会的历史资料。第四个特点是语言生动，通俗浅易。许多成功作品熟练地运用当时的口语、谚语，表现力非常强，给人一种清新的泥土气息，和文言小说风格大不相同。同样是爱情题材，宋元话本小说显得泼辣、大方、朴实、明快，很少有唐人传奇那种缠绵悱恻、卿卿我我的知识分子情调。这两种风格反映了劳动人民和知识分子两种不同的恋爱观和美学观。不过，也有一些小说话本过于追求情节离奇而陷入怪诞，一味追求细节的趣味性而冲淡了主题。像《宋四公大闹禁魂张》就津津有味地描写好汉之间的互相戏弄、偷窃，作者似乎是要表现他们的本领高强，然而却使枝蔓芜杂，主题不集中，损害了正面英雄形象。

小说话本在形式上留下了一些说书的特征，一是在正文开始之前念一些诗词或讲一个小故事，作为“入话”；二是中间往往穿插韵文，这是说唱文学的遗痕；三是结尾多用诗词，带有总结和点题性质。

长篇小说的雏型——讲史话本

宋元讲史话本，现存八种，即《大宋宣和遗事》、《梁公九谏》、《全相平话》五种和《五代史平话》。故讲史又称平话。

《大宋宣和遗事》可能是宋末元初说话艺人所用的一种参考资料，多从他书辑成，还没有加工整理，文体前后不统一。共十段，互不联系。一段历数前代帝王荒淫，二段叙王安石变法之祸，三段叙蔡京专权乱政，四段叙梁山英雄聚义，五段记宋徽宗与妓女李师师故事，六段记道士林灵素被进用，七段写京师之繁华，八段记徽钦二帝被掳，九段记高宗建都临安。四五两段是白话，其余皆为浅近文言，足见资料来源不同。最有价值的是梁山英雄故事，包括杨志卖刀，十二人小结义，晁盖智取生辰纲，宋江报信，杀阎婆惜，得九天玄女书，三十六人大聚义等情节。作者肯定这些造反的英雄，称赞他们起义是符合“天命”的“忠义”行为。虽然只有三千字，却为后来《水浒传》搭起了基本骨架。

《梁公九谏》写唐代名相狄仁杰九次劝谏武则天不要传位给侄儿武三思，语言半文半白，可信是宋人话本。

《全相平话》为元刊本，每页上面绘图，下面著文，既是说话人的底稿，也兼具通俗读物性质，用的是通俗的白话。该书包括下列五种。

《武王伐纣平话》是后来的《封神演义》的雏型。作者揭露批判殷纣王的荒淫无道，肯定武王伐纣的义举，反映了宋元下层人民对这一历史事件的看法，其思想水平比后来文人创作的《封神演义》要高。例如平话中周文王临死前谆谆嘱咐武王伐纣报仇，演义却改为叫武王不要以臣弑君。平话中纣王的儿子殷郊坚决站在武王一边，最后亲手杀死自己的父亲，演义则让他成了纣王的孝子，为反动王朝殉葬。对于反对武王伐纣的伯夷叔齐，平话作了批判，认为他们不知“天命”，不应该助纣为虐，和历代封建士大夫的评价大不相同。不过书中也有一些封建迷信，神秘主义和宿命论色彩。

《三国志平话》是《三国演义》的前身。如果说演义是七分史实三分虚构，那么平话就是七分虚构三分史实，其中有大量的民间传说是演义里所没有的。例如刘关张太行山落草，刘备黄鹤楼逃宴、张飞杀狗等。张飞的形象非常突出，他不畏强暴，疾恶如仇，痛打太监段珪，年号是快活年，完全是个草莽英雄。诸葛亮的形象比演义更富于神话色彩，并把他的出身由书生改为庄农，这反映了劳动人民的情感。对于曹操的老奸巨猾也有所刻划。开头用司马仲相断韩信、彭越、英布被刘邦杀害之冤案，被判他们投胎成为曹操、孙权、刘备，以分割刘氏江山。用因果报应来说明三分汉室的原因，属于宿命论历史观。全书拥刘反曹的倾向十分鲜明，结构庞大，情节疏略，文字简陋。某些人物突然出场，又不交代结局。某些事件前后没有照应，有些语言不够通畅。思想和艺术均不够成熟。

《七国春秋平话》又名《乐毅图齐》，写燕齐两国交战，重点是孙膑助齐破燕，与乐毅斗阵，双方各有师父下山相助，神怪色彩很浓。情节纯属虚构。历史上与乐毅对阵的是田单而不是孙膑。孙膑的活动时代早，二人不可能相值。

《秦灭六国平话》又名《秦始皇传》，揭露始皇及二世父子的残暴，赞扬陈胜、吴广、项羽、刘邦等人反秦起义的历史功绩。主要人物和事件多依正史，细节描写有所增饰，文字较为整洁。

《前汉书平话续集》又名《吕后斩韩信》，全书以吕后为中心，批判她阴险毒辣，不但杀戮功臣，还戕害刘氏宗亲。从书名看应有正集，惜已不存。

《五代史平话》长达十万字，分梁、唐、晋、汉、周五部，各自独立，各书分上下卷。梁史、汉史现缺下卷。书中大事依据正史，细节多有发挥，吸收了一些民间传说，包括黄巢、朱温、刘知远、郭威等人贫贱时的故事。文体不一致，思想和艺术皆不成熟，是说话人粗加编纂而修饰不多的底本。

此外，有一本《薛仁贵征辽事略》，见于明初编辑的大型类书《永乐大典》卷五二四四"辽"字条，该书也是讲史话本，文字朴拙简略，与元刻本《全相平话》风格相似。讲唐初名将薛仁贵立功受压故事，许多情节出于虚构。明成化七年（1471 年）刻印的词话《新刊全相唐薛仁贵跨海征辽故事》与这本平话内容基本相同，可见它们有先后继承关系。到了清代，又发展成为长篇历史小说《薛仁贵征东》。

平话之外，有一本《大唐三藏取经诗话》，多数学者认为是宋刊本。所谓"诗话"，就是既有诗，又有"话"，诗可以唱，"话"可以说，乃从唐代变文直接演化而来。它不属于"讲史"系统，而是"讲经"话本。写唐玄奘到西天取经，路遇神通广大的猴行者，化装成白衣秀才，自称是花果山紫云洞八万七千铜头铁额弥猴王，一路上帮助唐僧经过三十六国，战胜各种妖魔鬼怪，终于取回佛经。虽然记述简单，文字残缺不全，但已具备后来《西游记》故事的大致轮廓。猴行者神通广大，曾降服白虎精，又与妖人斗法，将其妻变为一束小草。这个形象实际上即孙悟空的前身。还有一个深沙神就是后来的沙僧。全书分三卷十七节，每节都有标题，并且都以诗作结，粗具后来章回小说体制的雏型。

元代可能已有一部《西游记平话》，全书已不见。部分文字保存在明初朝鲜人编的《朴通事谚解》的注释里，故事情节已相当丰富，用的是标准的北京话。此外，明初编辑的《永乐大典》里摘录《梦斩泾河龙》一段故事，与吴承恩《西游记》十分接近，而时代早于吴书一百多年，可能是元刊《西游记平话》的残文。

宋元讲史话本在体制上有些共同特征，第一，由于篇幅长，多依内容分卷立目以标出每节要点，这是后来章回小说回目之滥觞。第二，每部讲史话本，开头都有一两首七言诗，称为开场诗，或概括全书基本内容，或以评论发端。末尾则有一首七言散场诗，相当于小结。第三，叙述故事以时代先后为序，有的类似编年体，标出故事发生的年月，以表现其真实可靠性。第四，叙事当中每每穿插一些诗词、表章、信柬以增加读者的文史知识的兴趣。

总的看来，讲史话本成就不如小说话本。讲史话本的作者通过对历史的叙述与评价，寄托自己的理想与愿望，一定程度上反映下层民众对历史及现实政治的看法，也折射出当时的社会矛盾斗争。如颂扬仁政爱民，谴责荒淫残暴等等。但由于作者受到正史的负面影响，正统观念，英雄史观，迷信色彩都比较常见。艺术上由于仅是说话提纲，大都简单粗糙，缺少小说话本那种细致真实的描绘，直接审美效果不强。不过，它们已经注意历史真实与艺术真实的结合，在尊重主要事实的基础上进行细节的虚构想象，为后来成熟的长篇历史小说的创作积累了经验。

（1991—1993 年，在新加坡国立大学中文系的讲义）

第四部分　元明清文学

一、谈马致远《秋思》的艺术构思

枯藤老树昏鸦，小桥流水人家，
古道西风瘦马，夕阳西下，
断肠人在天涯。

——《天净沙·秋思》

这首小令的作者是马致远（？—1321以后），元代戏剧家，散曲家，号东篱，今存作品有杂剧15种，最著名的是《汉宫秋》；散曲集有《东篱乐府》。这首《天净沙·秋思》历来广为传诵。

我国古典抒情诗歌有一个重要的艺术特点是情景交融。作家往往并不直接使用抽象的思辩，逻辑地讲述自己的思想观点，而总是借助具体的典型景物，描绘出带有某种感情色彩的生动画面，从而表达自己的生活感受。因而我国许多风景诗，实际上也就是抒情诗的一种。它们的艺术构思手法，常常和绘画很相似，古人评论诗词，往往爱用绘画作比，那不是没有理由的。

马致远的《天净沙·秋思》，便是充分体现这种特点的一篇作品。

这首一共只有二十八字的小令，整个作品可以看作是一幅图画。画的主题便是题目所标的"秋思"。全诗可分为几个组成部分，每一句分别描写主题的一定方面。全诗五句，又共同构成一个有机整体。而前三句中每一句，又由三个带有一定季节及感情特色的景物构成。

第一句"枯藤老树昏鸦"，刻画三种生物，表现深秋季候特点。一棵古老的大树，茂密的枝叶早就凋零了，在春天里，还有过一些蔓生植物缠绕着，而今它们也已枯干，老树就更显得苍老了。更巧的是，黄昏时刻，树上还停着一只乌鸦。如果在当年绿叶成荫的时光，人们也许并不会突出地感到它的存在吧。可是现在呢，它却兀地栖在那里，跟枯枝一样，一动也不动，死静昏沉，毫无生气，和春天里那些欢跳的鸟雀完全是两种姿态。

这一句三景所构成的画面，便是这样一幅万物凋零、一片枯槁的景象。其中同时也就包含了作者的特殊感受。他写藤特别强调它的"枯"，写树指明它的"老"，写鸦形容它用"昏"，显然都涂抹着一种凄凉的感情色彩。

再看第二句"小桥流水人家"，所描写的自然环境是：也许就在老树附近吧，一条小小的溪流，淌着潺潺的流水，河上有小桥，从桥上可通到人家去。画面朴素、清朗，在那肃杀萧条的寒秋里，颇给人一种生动而又安宁的情趣。看来在作者充满感伤的心境里，还是隐藏着对于田园生活的向往和怀恋的。

"古道西风瘦马"。——如果说前两句还只是间接地描绘背景的话，那么这一句就开始着意来烘托人物了。作者没有直接向我们介绍主人公的思想面貌，只是描绘他周围三件东西；在他来的（或去的）地方，是一条布满蹄痕车迹的古道，是无数游子旅人奔忙经过之所；迎着他（或背着）吹着萧瑟的西风；伴着他（或被他骑着）的是久经跋涉疲惫不堪的瘦马。看了这三样景物，即使我们还没有见到这个人的装佩衣着和脸面神情，但是可以想见，他一定是一个漂泊在外、穷困潦倒、久不得归的他乡的异客了。

在历来游子心目中，秋天是最能引起他们乡愁的季节，而黄昏又是最容易产生归巢回家的感触的时光。就在这时候，在这人面前，"夕阳西下"——一轮红日奄奄傍山了，啊，他该作怎样的感想呢？于是最后一句作者就来回答了："断肠人在天涯！"在此情此景之际，一个久辞家国、流落于天之涯海之角的人，他那满腔的离愁别恨，必然一齐涌上心头，这又该是怎样折磨得他肝肠寸断呢！

最后这一句方是直接提示主人公的内心世界。这一句乃是全诗的中心思想，也是全画的焦点。前面一系列的景物描写，都是为衬托这个中心思想服务的，它们像无数道光线，分别从各方面聚射到这个焦点之上，照透出他心灵深处的秘密。

这种艺术手法是极为高超的。语言特别精粹，每一个字都担负着特定的功用；形象异常深刻，每一个画面都包含着浓烈的感情色彩。尤其是这种构思手法，具有强烈的感染力和说服力，把秋景和乡情如此巧妙而自然地糅合起来，我们可以说它是"即景生情"，也可以说它是"因情感景"。总之，情与景在这里是水乳交融着的，很难截然分开的。

不过从思想感情看来，这首诗的调子却比较低沉，它的意境是孤独凄凉的，但也还不完全悲观颓废。联系马致远的时代环境看，作品虽然着重是描写游子悲秋怀乡的愁苦，但实际上却多少反映了封建社会一些知识分子找不到出路，奔波流离的悲哀，曲折地表现了他们对当时现实生活的怨愤情绪。这在旧社会里很能得到一些人的同情和共鸣，具有一定的批判意义。今天，我们的秋天是丰收和喜悦的季节，只要是正常的人，谁也不会产生像他这种感情了。我们读了这首诗，只会可怜前人命运的不幸，从而更加热爱我们今天广阔璨烂的生活。我们必须这样来理解《秋思》的思想意义。

对这篇作品，历来文人如元代的周德清，明代的王世贞，近代的吴梅等，都给予很高的评价，有所谓"枯藤老树写秋思，不许别人赘一辞"之赞。近人王国维说："《天净沙》小令，纯是天籁，仿佛唐人绝句"（见《宋元戏曲考·元剧之文章》）。今天看来，《秋思》的思想价值是不能过高估计的，但它在艺术上却有突出的贡献，尤其是那情景交融的构思手法，到今天也还可以使我们得到一些有益的启发。马致远还有《双调夜行船·秋思》套曲，包括八支小令，以抒情为主，流露出浓重而低沉的遁世情绪，文长不具引。

（1991年11月于新坡国立大学中文系）

二、谈于谦的《石灰吟》

千锤万凿出深山，烈火焚烧若等闲。
粉身碎骨浑不怕，要留清白在人间。

这首绝句，是明代民族英雄于谦写的托物咏志小诗。

于谦，字廷益，浙江钱塘（今杭州）人，生于明洪武三十一年（1398年）。祖父曾任兵部主事，父亲没有做官。于谦自幼聪敏好学，立志高远，刻苦自励。十五岁即中秀才，二十三岁中举人，二十四岁成进士。进入仕途后，曾任监察御史，巡按江西、湖广、川贵等地，严明公正，不徇私情，敢于冒犯权贵，压抑豪强，平反冤狱，以廉干著称。后来升任山西河南巡抚，注意体察下情，兴利除害，办了许多好事，深得两省民众爱戴，被称为"于青天"。

明英宗正统十四年（1449 年），蒙古瓦剌部帅也先入侵，英宗率领五十万大军亲征。由于准备仓促，指挥失当，连战连败，结果在土木堡（今河北怀来县东，官厅水库附近）被也先包围，全军覆没，连英宗皇帝也当了俘虏。史称"土木堡之变"。这时，明军精锐损失殆尽，京畿空虚，北京危急，朝廷内外，人心惶惶。有人主张迁都逃跑，有人不惜屈辱求和，明王朝眼看就要重演北宋"靖康之难"的悲剧。在这样民族存亡的紧要关头，于谦挺身而出，力排众议，坚决驳斥投降逃跑的谬论，与主战大臣一道，果断地拥立英宗弟弟郕王为皇帝（即景帝），于谦出任兵部尚书。他"毅然以社稷安危为己任"，积极调动各方面的力量，英勇地组织和指挥了历史上著名的北京保卫战。经过多次激烈战斗，终于打退了也先的进攻，使国家转危为安。也先被迫将英宗放回。

于谦有大功而不居，锐意改革积弊，刚正不阿，不与昏庸保守势力妥协，因此深为他们所嫉恨。景泰八年(1457 年)，景帝病重。反动官僚石亨、徐有贞等人乘机发动“东华门之变”，迎立已被幽禁八年的英宗复辟，并诬告于谦谋反叛逆。这位民族英雄竟以莫须有的罪名被无辜杀害，终年六十岁。

这首《石灰吟》，相传是于谦十七岁时在杭州吴山三茅观读书时所作。诗中通过歌咏石灰，寄托了于谦少年时代的伟大理想和抱负。如果和他后来的立身行事联系起来看，也可以说是他一生光辉业绩和崇高道德情操的自我写照。

“千锤万凿出深山”。这一句表面意思是说，石灰石经过无数工匠千万次锤打凿击，才从深山峻岭中开采出来。更深一层的寓意则是要表明，作者决心经受长期艰苦的锻炼，去培养自己的品德和才干，不希望走捷径图侥幸而青云直上。如前所述，于谦出身不算高贵，又没有特殊的关系，他从求学而应举而入仕，从中央到地方再到中央，所走的正是一条坎坷不平充满荆棘的道路。“千锤万凿”有的版本作“千锤百炼”，与下句意颇重叠。又本作“百击”，似不如“万凿”语气突出。

“烈火焚烧若等闲”。石灰石必须经过高温才能变成生石灰。“烈火焚烧”似实而虚，比喻严峻考验。石灰石是没有生命没有感情的，当然不怕烧。“若等闲”，既是虚拟，而又实指人的意志。在作者看来，任何艰难困苦他都无所谓。后来的事实证明确是如此。在天塌地陷般的灾变面前，在炽热的民族斗争烈火之中，于谦岿然屹立，敢于以疲惫之师对强悍之敌，坚定沉着，百折不挠。不正是“烈火焚烧若等闲”吗?

“粉身碎骨浑不怕”。生石灰经过浇水散热，变成熟石灰，分解成粉末状，坚硬的石头“粉身碎骨”了，这一句同样是以物比人，似实而虚。作者表示:他不但不怕烈火般的考验，还不惜牺牲自己的一切。意义较前句更进一步。于谦在保卫北京时，不顾个人安危。在后来的政治斗争中，不计个人得失。始终以国家利益为重，以致终于被害。临刑之前同难的大学士王文喊冤叫屈。于谦却笑着说:这是石亨等人有意搞的，争辩有什么用？从容就义。由此可见，他早已意识到自己平时的作为必将产生什么样的危险，然而他仍然在所不顾。“不怕”，或本作“不惜”、“不顾”，意均相近。

“要留清白在人间”。结句表面上还是写石灰：石灰石变成粉末，原来的形体虽不复存在，但仍然洁白无瑕。作者认为，做人也应该像石灰那样，一定要给人们留下清白公正的形象。这种高尚的志向，就是支持他“浑不怕”、“若等闲”的精神力量。这一句是前三句中的潜台词的进一步挖掘和总结，是对全部具体描写的抽象概括和升华。读了它，使人更加激昂振奋，凛然兴起，肃然起敬。“要留”或作“只留”，“只”似不如“要”更加显得坚决。

的确，于谦虽然牺牲了，他的功业和品德却流芳千古，深深铭刻在人们心里。他死后不久，北京就流传着这样一首民谣：

“京都老米贵，那里得饭广(指同时被害的爱国将领范广)？

鹭鸶冰上走，何处觅鱼嗛(指于谦)？”

曲折地表达了广大人民群众对民族英雄的深切怀念。于谦的墓在杭州西湖，与岳飞墓并列，经常有人去那里凭吊。

这首《石灰吟》，历来被人们传诵，赢得了千百万读者的喜爱。这首先是由于它高度的思想性。于谦是民族英雄。爱其人，必爱其诗；读其诗，更爱其人。于谦的事迹和诗歌中所表现的爱国思想和大无畏精神，为人民利益而坚毅不拔至死不渝的意志，不论过去和现在，都能给人们以巨大的鼓舞。民主革命时期，著名共产党人王若飞同志在狱中著文怒斥叛徒时，就曾引用过这一光辉诗篇。今天，它仍然是我们进行爱国主义气节教育，培养青年树立崇高理想的生动教材。

其次，还由于它具有比较完美的艺术性。作者善于巧妙地选择题材，把言志和咏物有机地结合起来，比喻贴切，寓意深远，毫无牵强附会之感。诗中每一句都扣住石灰的特点，同时每一句都在抒发自己的情怀，不露丝毫雕琢痕迹。托物咏志是我国古典诗歌的常用手法。像屈原的《桔颂》，曹植的《野田黄雀行》，黄巢的《不第后赋菊》，陆游的《咏梅》等等，历代都有佳作。不同的诗人运用不同的形象表现不同的性格，积累了宝贵的思想财富和艺术经验。于谦继承了这些优良传统，而又有所发扬创造。特别是在明初台阁体“雍容典雅”诗风弥漫，复古模拟之作正在酝酿的时候，他的诗以其平易真率的风格独树一帜，更显得不落俗套，难能可贵。

于谦还写过一首七律《咏煤炭》：

“凿开混沌得乌金，藏蓄阳和意最深。
爝火燃回春浩浩，洪炉照破夜沉沉。
鼎彝元赖生成力，铁石犹存死后心。
但愿苍生得温饱，不辞辛苦出山林。”

通过赞扬煤炭的作用，寄寓作者誓为人类造福不惜自我牺牲的献身精神。如果把这首诗和《石灰吟》联系起来读，对于谦的思想品格和艺术造诣都会有更深的体会。

附注：《石灰吟》是否于谦所作，明中叶以后，有不同说法。最近史洪权在《文学遗产》2006 年 5 期发表文章认为，该诗原创者为宋末元初高僧释信忠。元末明初姚广孝的文集《逃虚类稿》卷四《双莲忠禅师传》中记述了诗写作原委。原诗是“工夫打就出深山，烈火曾经煅一番。粉身碎骨都不问，要留明白在人间。”我认为，史说可信。从文字看，也许经于谦或其他人修饰；从思想上看，于谦修改或题写以明志，赋予原诗以更深刻的政治内涵和人格象征意义。于谦不一定是原创者，并不影响此诗的价值。

（原载《语文教学之友》1983 年 1 期，后来有补充）

三、《三国演义》人物新论

据《三国演义辞典》(沈伯俊、谭良啸编)统计,全书出场的人物有1240名。据毛崇岗《读〈三国志〉法》,有特长者91人。其中最突出的,毛氏称为"三绝":"奸绝"曹操、"义绝"关羽、"智绝"诸葛亮。此"绝"字可以理解为"绝妙",而不是"绝对"。《三国演义》在人物刻画方面的成就,不在于提供某种伦理道德的绝对典范,而在于艺术地呈现出丰富多彩的人物性格。

诸葛亮——智慧的化身

在《三国演义》所有人物中,作者罗贯中最喜爱最崇敬的是诸葛亮。与他有关的故事将近七十回,占全书一半以上。

历史上的诸葛亮,是一位卓越的政治家、军事家。罗贯中以历史事实为基础,吸收戏剧资料和民间传说,进行艺术夸张和适当虚构,把诸葛亮的形象塑造成具有高超才能和多方面优秀品德的理想人物,特别突出其"多智",使他简直成了智慧的化身。

在政治上,他高瞻远瞩,深谋远虑,善于在错综复杂的激烈斗争中,预测事态发展的趋势和后果,从而采取正确的对策。《三国演义》常常说他"料事如神"、"未卜先知",指的就是这种敏感性和预见性。例如和刘备的隆中对话,分析当时的政治格局:曹操实力最雄厚,是主要的敌人;孙权国险而民附,"可用为援而不可图";刘备应该取地饶主弱的荆、益两州作为根据地,与曹、孙形成鼎足三分之势;然后"西和诸戎,南抚百越，外结孙权，内修政治”，时机一到，两路出兵北伐中原，争王图霸。这项基本战略，尔后实践证明是符合实际，行之有效的。

在外交行动中，他识大体，顾大局，能够掌握原则而又随机应变。例如在联合东吴抗拒曹操南侵的过程中，他只身渡江，舌战群儒，抓住关键，剖析利害，义正辞严，据理力争，驳倒东吴投降派。对于孙权，则利用其自尊心和权势欲，进行反激，克服其动摇，坚定其信心。经过努力，终于使孙刘联盟得以建立。后来，在处理与周瑜的合作关系时，针对周瑜心地偏狭，自高自大的特点，采取又联合又斗争的方针，既不让东吴占便宜，又保持联盟不致破裂。

在军事活动方面，作者用笔最多，充分展示诸葛亮出神入化的指挥艺术。运筹帷幄之中，决胜千里之外。每一次战斗部署，他都充分掌握敌我双方的兵力位置，将帅的脾气禀性，以及战场的地形、气候、交通情况、后勤供应、友邻支援等等。根据敌我条件，采取不同对策，机动灵活地运用战略战术。尤其善于迷惑敌方，实者虚之，虚者实之，出奇制胜。赤壁之战阻击曹操，他利用曹操多疑的心理，在通常认为是虚张声势的地方布置了实力。在演空城计时，则利用司马懿行事稳重的特点，大胆地以虚为实，欺骗敌人。此计是建立在知己知彼基础上的。诸葛亮很清楚：自己的谨慎作风已为对方所熟知，一贯长于埋伏已为敌人所深畏。司马懿老谋深算，不肯轻易冒进，所以诸葛亮才决定制造假象，似有埋伏，暂时迷惑一阵。据《三国志》，此战役魏方主帅是曹真，攻占街亭的是张郃。罗贯中改成与诸葛亮地位相当的司马懿，也是看中了司马懿的性格。

在对诸葛亮军事活动的描写中，有时掺杂一些神怪成分。冥飞《古今小说评林》指出：“写孔明亦是极为推崇。然借东风，乞寿，袖占八卦，羽扇一挥，回风反火等事，实成为踏罡拜斗之道士行为，殊与贤相之身份不合矣。”鲁迅甚至批评“状诸葛之多智而近妖”。其实，有些描写属于夸张，也有一定的科学根据。如“借东风”，属于气象预测。据史书记载，当时确曾有东南风。“乞天出泉”，在高原打井，几十天不见水，过几天地下水慢渗透而有甘泉，这是地质勘探中常见现象，并不是“祈天”所致。南征时对木鹿大王的野兽战，把纸扎的猛兽一下变成真兽，这是杂技中的魔术，在东汉时的壁画和张衡赋中都有描写，南北朝时的《洛阳伽蓝记》有更精细的记述。还有些计策出自他人，被罗贯中移到诸葛亮身上。如“草船借箭”，据《三国志》，乃孙权所为。在《三国志平话》里则是周瑜。移花接木乃历史演义之惯技。

《三国演义》不遗余力突显诸葛亮的忠贞。他的出发点是感激刘备知遇之恩和托孤之义。刘备死后，他全心全意辅佐刘禅，刻画得尤为具体，感人至深。他知天命而不受制于天命，身处三国弱势仍不放弃恢复中原的斗争，面临多次失败，还继续保持战斗的勇气，感人至深的是临终之前数年，一幕幕苦苦支撑的场面，无不可歌可泣。书中通过大大小小的事件和细节描写，描绘诸葛亮处事谨慎，有大功而不居功，有高才而不高傲，用人公正，律己严肃，自奉节俭，执行正确的民族政策，重视科学技术等许多优秀品质，集中体现了古代知识分子的道德观和美学观。唐以后，许多文人赋诗赞颂，如杜甫、陆游等等。在明清历史小说和英雄传中，往往出现谋士形象，如吴用、刘伯温等，不难看出诸葛亮的影子。

然而，诸葛亮并非“完人”。罗贯中在赞扬的同时，记录了他的某些疏误和失策。李悔吾教授《中国小说史漫稿》(湖北人民出版社，1999年版)指出，有三事可议。

一是斩司谡。马谡是优秀的参谋人才，南征时曾建议“兵战为下，心战为上”；北伐时提出，用离间计使劲敌司马懿削权闲居。然而马谡从未带兵打仗，缺乏临阵指挥经验。诸葛亮派他守要地街亭，乃用其所短。马谡犯了本本主义的错误，罪不该杀。临刑之前蒋琬曾劝诸葛亮，吸取春秋时城濮之战后楚成王逼子玉自杀的教训，未被采纳。宋代苏轼即曾对斩马谡提出异议，近代人也有不同意见。

二是斩魏延。魏延追随刘备多年，出生入死，战功卓著。诸葛亮一直存有偏见，认为他脑后有反骨，并在身后留下锦囊妙计，让历史上确有反意的杨仪，杀了忠于蜀汉的魏延。李悔吾教授认为这是“诸葛亮一手制造的冤案”，“有损于他的品德”。

三是关羽失荆州，诸葛亮负有丞相失职之责。关羽一向骄傲轻敌，对内不能很好团结同僚和下属，对外不能正确对待孙权和吕蒙。而荆州乃蜀汉政权的半壁江山，作为统领军政全权的诸葛亮，既未采取预防阙漏措施于事前（以今拟古，最好派个得力的“副司令”或“参谋长”去），只是一味迁就与吹捧；又未在关羽全力进攻襄阳之际，及时提醒他提防孙权，稳住后方的至关重要性（应该速调精锐部队加强长江守备）。结果荆州被偷袭，西蜀一蹶不振。

罗贯中对上述三事的态度是支持和维护，没有批评之意。但他毕竟如实地反映了事件的经过，给后人留下了思考的余地。

曹操和刘备——奸雄和贤君的对比

对于三国时期魏蜀吴三个集团，罗贯中大体上是把曹操和刘备两个集团的斗争作为基本矛盾。对刘备给予尊重和肯定，对曹操采取贬斥和批判态度，把孙权集团作为陪衬。

历史上的曹操，是一位在许多方面大有作为的人物。文学不同于历史。《三国演义》不是把曹操当作历史人物来评价，而是作为体现封建统治者奸猾狡诈、阴险毒辣、损人利己这些本质特征的艺术典型来描写的。作品通过大大小小的事件，生动地展现了曹操性格的各个方面，尤其善于选取最有典型意义的情节，着力揭示他极端卑鄙丑恶的内心世界。使得曹操这个反面形象呼之欲出，成为几百年来家喻户晓的“奸雄”。

在《三国演义》里，欺诈和残忍贯穿曹操的全部行动。曹操一出场，作者就介绍他小时候伪装中风诬叔骗父的故事。后来，在政治、军事、外交，乃至日常生活中，他都处处使用诈术，玩弄各种骗人的手腕，达到自私自利的目的。为了掩饰缺粮的真相，他可以借仓官之头以安定军心。为了防人行刺,竟装出梦中杀人的把戏。明明军粮已尽,却在老朋友面前扮出彻底交心的样子,一连三次亮底,样子越装越真诚,可是始终没有讲实话。当他势力还不够巩固之时,可以把部下里通袁绍的信件全部烧掉,以稳定人心。当他在政治上大获全胜之时,竟把耿纪、韦晃等人发动政变火烧许昌时参加救火的三百多名官员全部斩首。明明是杀人不眨眼的刽子手,有时也装出一副爱民如子的样子。对于反对他的人,或明诛,或暗杀,或假手于他人。即使为他服务多年的人如荀攸、荀彧,只因为不赞成他称魏王,加九锡,就逼迫他们自尽。明明是他弄死的,事后却又假装后悔,发慈悲,下令厚葬,甚至痛哭流涕。直到临死,还要设七十二疑冢,以防盗墓。作者深刻揭示出,曹操全部行为的哲学,就是他在无辜杀害吕伯奢全家时说的:“宁叫我负天下人,不叫天下人负我。”这两句话,暴露了世上所有极端利己主义者的灵魂。

然而,罗贯中最高明之处,还不仅仅在于千方百计刻画出曹操之“奸”,更在于有血有肉地描绘出曹操之“雄”。在作者笔下,曹操雄才大略、多谋善断、精明干练、机敏狡狯,无论政治魄力、军事指挥艺术,乃至文学修养,谈吐风度,都属于第一流。他善于在群雄割据,错综复杂的局面中审时度势,抓住千载难逢的机会,利用汉献帝这块招牌,挟天子以令诸侯,发展自己的力量,打击最主要的敌人。在起兵初期和羽毛未丰之时,他致力于笼络人心,巩固地盘,蓄势待发。当力量虽已强大但天下未服之际,他甘当周文王,不急于称帝,以免坐到炉火之上,成为众矢之的。他得意时青梅煮酒,横槊赋诗,风流潇洒;倒霉时也不心慌意乱,总能在瞬息万变的紧急关头,保持清醒头脑,逃过难关,甚至杀回马枪,转败为胜。他一向致力于招贤纳士,真诚相待,不计前仇,许多敌对阵营的人后来都死心塌地地为他效忠,如张辽、徐晃、文聘、张郃、庞德……曹操集团人才之盛,远远超过西蜀和东吴。

毛宗岗指出:“历稽载籍,奸雄接踵。智足以揽人而欺天下者,莫如曹操。听荀彧勤王之说,而自比周文,则有似乎忠;黜袁术僭号之非,而愿为曹侯,有似乎顺;不杀陈琳而爱其材,则有似乎宽;不追关公以全其忠,则有似乎义。……是古今奸雄中第一奇人。"《三国演义》通过种种手法,对于曹操的"奸",无情揭露、批判、讽刺,甚至丑化;对于曹操之"雄",他不乏肯定、称许、赞赏甚至佩服之意。这两方面妙合无间,浑然一体。罗贯中不愧是中国小说史上的奇才。

20世纪50年代末,学术界曾经讨论为曹操翻案的问题。到八九十年代,经过冷静思考,许多学者认为,作为历史人物的曹操,从西晋到清末,一直褒贬不一,不必侈言翻案。作为文学典型,《三国演义》中的曹操是不朽的艺术创造,通过小说、戏剧和民间传说,早已为广大群众所接受,没有必要翻案。历史传记要求真实可信,文学作品可以夸张虚构。罗贯中的功绩不能否定。

曹操的对立面是刘备。罗贯中把他作为贤明有德之君的典型,加以讴歌。无论政治上道义上,刘备所作所为都和曹操相反。用刘备的话来说:"操以急,吾以宽;操以暴,吾以仁;操以谲,吾以忠;每与操相反,事乃可成。"作者极力把刘备描写成仁厚爱民,处处得到群众拥护的统治者。当阳撤退时,有十几万百姓跟随,尽管情况万分危急,他始终不肯把百姓抛弃。还特别突出他谦恭下士,求贤若渴的品格。对诸葛亮三顾茅庐,对庞统、徐庶礼敬有加,对关羽、张飞、赵云、黄忠……肝胆相照。针对曹操的奸诈,作者把刘备写成一位忠厚老实,从不损人利己的真君子。妨主的马,他不肯送给别人;陶谦三让徐州,他坚持不受。有人劝他乘刘表病危取荆州,他没有答应……尽管《三国演义》对刘备尽力赞美,但是这个形象并不十分成功;给人印象有些虚伪不真。像赵云长坂坡救阿斗,刘备当面摔孩子,显然是收买人心,做给旁人看的。后来人民群众把这件事作为成语,加以讽刺。刘备从刘璋手中夺取西川,明明是鸠占鹊巢,反客为主的军事吞并,而且蓄谋已久,偏偏装成出于无奈的样子。刘备的军事才能平庸,许多胜仗都是诸葛亮布置好了,并不是他直接指挥的。唯一没有诸葛亮帮助的大仗是伐吴之役,从战略到战术都犯了兵家之大忌,感情用事,结果一败涂地。对于这些错误，罗贯中只是轻描淡写地带过而已。

从《三国演义》对曹操和刘备的不同态度中，可以看出作者有浓厚的封建正统思想——那其实是为封建王朝的合理性作辩护的理论。《三国演义》的正统思想主要有两条，一是皇帝最好是一家一姓父子祖孙相传承；二是皇帝应该具备“仁厚”、“爱民”等道德品质。曹操不姓刘而且“缺德”，所以他夺汉室的权是非法的。刘备是汉景帝之后而且“有德”，所以他应该继承大统。作者所谓人君之德，基本上就是儒家所提倡的“王道”、“仁政”的政治理想。

在《三国演义》中，与曹操同样是奸雄的还有司马懿，与刘备同等地位的还有孙权。罗贯中对这两位仅作次要角色描述，没有像对曹操、刘备那样用浓墨重彩。

关羽的神勇与忠义

在陈寿的《三国志》中，关羽是一位战功卓著的将军，与他历史地位相当的三国人物至少有十几位。在罗贯中的《三国演义》里，作者对他格外崇敬，极力美化甚至神化，行文很少直呼其名，有时仅称其字“云长”，多数场合尊称“关公”。这是宋元以后民间长期流传的关羽崇拜风气在小说中的反映。正如美国学者夏志清《中国小说史论》(江西人民出版社 2001 年重版)所指出：“罗贯中写作时，关羽已成为民间崇拜的偶像，所以他赋予关羽作为‘圣人’应享有的一切尊敬。”

小说一开始就是桃园三结义。从此一个“义”字贯穿刘、关、张三人关系的始终，也贯穿关羽的一生。在以后陆续展开一幕幕轰轰烈烈的政治、军事斗争中，忠义与神勇在关羽身上总是紧密结合。《三国演义》所描写的众多武将，皆武艺超群，万夫莫挡，而关羽的勇更带有一种凛然正气，具有压倒一切的神威。首次表现就是“温酒斩华雄”。在正史中，斩华雄的是孙坚。小说却让华雄把孙坚打得大败而逃，并且连斩讨董联军数员大将，一再渲染华雄无人能敌，为关羽出场大肆铺垫。而这时的关羽不过是刘备身旁一名马弓手，刘备也不过是小小的县令。高贵的世家大族袁术、袁绍等不把他们放在眼里，甚至认为让无名小卒出战是联军的羞辱。只有曹操慧眼识英雄，给予支持，送给关羽一杯热酒，以壮军威。关羽居然夸口："酒且斟下，某去便来！"连个谢字都没有就上阵去了。他人的轻视与本人的自信形成强烈对照。接着作者并不正面描写如何拼杀，只写帐中期待者的反映：

"众诸侯听得关外鼓声大振，喊声大举，如天摧地塌，岳撼山崩，众皆失惊。正欲探听，鸾铃响处，马到中军，云长提华雄之头，掷于地上。其酒尚温。"

罗贯中这场绘声绘神的描写，备受后世点评家的赞赏，的确是精心结撰之作，虚写比实笔更能烘托出关羽的神威。

接下去多次叙写关羽跟随刘备东奔西走，历尽千难万险，生死与共。刘备由于参加反曹操的未遂政变而仓皇出逃。关羽被迫暂时归顺曹操，条件有三：首先是降汉不降曹，其次是得知刘备下落立刻投奔，三是礼待二嫂。第一条在曹操看来无所谓，曹即是汉，汉即是曹。在关羽看来，汉室诸臣并不都是曹操同党，有暗中反曹派，有观望派，有混世派……关羽初衷或许是后二者；但是，经不住曹操在物质上和感情上的再三拉拢收买，"有恩必报"的义气，超越效忠汉帝的忠心，于是有解白马之围，斩颜良、文丑之举。恰巧刘备正投袁绍，几乎惹来杀身之祸。关羽的忠与义发生了严重的冲突。对此，后人多有讥评。罗贯中采取维护态度，认为关羽尚不知情。第三条善待二嫂，实际上是防范曹操离间刘备与关羽的兄弟关系。第二条实践就是千里走单骑，过五关，斩六将，古城会。作者用工细笔墨，一一缕述，既大写特写关羽对刘备之忠，也或明或暗点染曹操对关羽之义。几经周折之后，关羽终于演出了华容放曹这场重头戏。后世歌颂者说"义薄云天"，批评者说是认敌为友。清人毛宗岗说："或疑关公之于操，何以欲杀之于许田，而不杀之于华容，曰：许田之欲杀，忠也；华容之不杀，义也。顺逆不分，不可以为忠；恩怨不明，不可以为义。如关公者，忠可干霄，义亦贯日，真千古一人。"

华容道上顺逆之分比许昌更清楚；不同的是更多了一副“恩公”的面具罢了。可见，关羽的“忠”早已被“义”盖过去了。毛宗岗接着又说：“怀惠者，小人之情；报德者，烈士之志。虽其人之大奸大恶，得罪朝廷，得罪天下，而彼能不害我而以国士遇我，是即我之知己也。我杀我之知己，此在无意气丈夫则然，岂血性男子所肯为乎？”这番话反映了江湖义气观。所谓义只是个人私义，而非天下公义，也就是知恩必报，士为知己者死，为朋友两肋插刀之类。所谓忠就是忠于君主，忠于某个集团，并不一定忠于正义事业，忠于国家，忠于民族。因此，《三国演义》对魏蜀吴三方面各为其主而死者都予以肯定。这种忠义观实质是市民或游民的伦理观，流行于农民起义军以及黑社会、帮派势力和死党，打手之间。与受儒家文化教育熏陶的上层精英的“大义天亲”、“良臣择主而事”的忠义观是有区别的。关羽在明清以后成为市民的财神爷和降魔大帝，到处顶礼膜拜，东南亚华人商店至今仍然家家设有关公神龛；而多数上层知识界并不供奉他。关羽在清代被彻底神圣化原因很多，与清朝统治者以关羽抵制岳飞的民族防范政策有一定关系。

《三国演义》用相当多的篇幅颂扬关羽的军事指挥才能，如水淹七军，擒于禁，斩庞德，威震中原；和他过人的胆略，如单刀赴会，(按正史，是鲁肃只身赴关羽之会)与他惊人的忍耐力，如刮骨疗毒(按史实，主刀者是无氏医生，而不是十一年前死去的华佗)。不惜利用神怪和迷信写关羽死后显灵，让劲敌吕蒙暴死偿命，高呼“还我头来”；这一切都是为关羽编织一圈又一圈不可一世的光环。

罗贯中在神化关羽的同时，并没有完全回避他的严重过失：高傲轻敌。他得知马超归蜀受封，竟要从荆州前线入川与之比试高低。刘备封五虎大将，关羽为首，黄忠居末。他居然耻“与老卒为伍，不肯受印”。由此可见，他和同僚的关系很难融洽和谐。“东和孙吴，北拒曹操”是西蜀的根本国策，他只执行后一半。孙权派人与关羽议结儿女亲家，以示友好，共谋破曹。本是巩固孙刘联盟的极好机会。关羽断然拒绝，甚至谩骂“虎女焉嫁犬子”。孙权摸透关羽脾气，让年青的陆逊接替老将吕蒙，并派人卑辞厚礼拜见关羽。使关羽轻视“孺子为将”，遂不防东吴，把荆州兵大半调往北部前线，而让傅士仁（谐音“弗是人”）守公安，糜芳守荆州首郡江陵。糜芳是刘备之妻糜夫人之弟，恃贵而骄。二人贪杯失火，关羽各杖四十，竟又委以留守荆州重任。毛宗岗批评说：“既轻待之，又重委之，此公之所以误也。”不久东吴偷袭，二人都成了叛徒。败走麦城之际，近邻刘封、孟达见死不救，荆州士卒纷纷逃归，最后只剩下三百人。刘封因私怨而不顾大义，吕蒙施小惠涣散军心，固然是主要原因；但关羽没有及早化解刘封心中的过结，平时待下威多恩少，未能团结队伍以致临危无助，也可以说自食其果。诸葛亮在得知麦城噩耗之后劝刘备时说：“关公刚而自矜，故今日有此祸。”“刚而自矜”出自陈寿《三国志》，也可以看成是罗贯中的意见。

夏志清说：“在罗贯中对一位为骄傲自大这一悲剧性的毛病所苦的英雄而作的构想中，傲慢与头脑简单是必不可少的因素，没有这个瑕疵，小说式的神武英雄就会使人难以忍受。通过逐步叙述细枝末节，罗贯中终于将历史和民间传说中对英雄的构想融合起来，把他塑造成一个真正令人难以忘怀的形象。”

有胆有识的赵云

罗贯中对赵云倾注了大量心血，几乎和对待诸葛亮一样钟爱，把他刻画达到近乎完美的程度。在《三国演义》里，赵云担任主角只有八回，担任配角不计其数，每当关键时刻，他就出场发挥作用。着墨不多不少，然而光彩夺目。

赵云的突出表现可以归纳为三点：

第一点是恪尽职守、忠贞不渝。

早在刘备依附公孙瓒之时，赵云即投奔帐下，倍受爱重。几经战乱，披肝沥胆，从未变心。并且不论职位高低，毫不计较。效劳时间之长，在蜀汉高级将领中无与伦比。

下面分析几个典型事例：

长坂坡单骑救阿斗。刘备一家被曹军冲散，赵云负责保护阿斗和二夫人，他四处拼命寻找而未得。作者采用反衬笔法，先写糜芳向刘备报告：赵子龙投曹操去了！刘备不信，张飞起疑。刘备还是不信，糜芳再次强调，我亲眼见他投西北去了。张飞大怒，要去寻他一枪刺死。这种多层铺垫，是为下文蓄势。毛宗岗批点说："大约文字之妙，多在逆翻处。不有糜芳之告，翼德之疑，则玄德之识不奇，子龙之忠不显。"接着写赵云连夜与曹军血战到天明，并用代言法详记他自言自语，以见其高度责任心。继而救出简雍，命其速报向刘备："如寻小主人不见，就死在沙场上。"这样从情节上破了糜芳之疑，从对话中再现赵云之忠。再下去，写救出甘夫人，送至长坂坡，正好碰上张飞。这时已得简雍汇报，所以误会自然冰释。罗贯中叙事针线之密，几乎滴水不漏。赵云翻身又投入战斗，在废墟中找到糜夫人和阿斗，"急下马而伏地拜"。糜夫人因伤重投井自尽，赵云推倒土墙掩盖，体现对主母的敬重，办事心细如发。然后把阿斗用肋甲绑在怀中，杀出重围。无心恋战，竟连斩曹营名将五十余员，"所到之处，威不可当。"倘若曹军放箭，十个赵云也完了。由于曹操下令要抓活的，才得幸免。赵云终于见到刘备，首先拜请罪，未能保全夫人，接着交代阿斗，见尚在睡觉未醒，才喜出望外。刘备当面摔孩子，是假作戏；赵云由泣而喜，又喜而泣拜，是真动情。长坂坡一幕，是《三国演义》中精彩篇章之一，也是后世舞台上最受欢迎的压轴戏。

解锦囊三计保刘备。孙权接受周瑜建议，以嫁妹为钓饵，引诱刘备自投陷阱，以便讨回荆州。诸葛亮将计就计，派赵云保驾，临行赠三锦囊。赵云依计而行。第一计是在东吴大肆宣传招亲，造成社会影响，又拜见乔国老，寻求保护伞。孙、刘会见时他在廊下巡视，发现埋伏刀斧手，立即报告乔国太，使刘备逃过一劫。诸葛亮有先见之明，赵云执行得力，观察细致，警惕性极高。第二计是刘备沉溺声色，不想回荆州。赵云假造情报，说曹操起兵报仇，催促刘备立即回营。东吴派兵追赶，赵云又按第三计，请孙夫人出面解危，叱退追兵；而蜀军早已在江边接应。结果使得周瑜"赔了夫人又折兵"。这个故事,表面上刘备是主角,赵云是配角;实际上诸葛亮是幕后导演,赵云是前后调度,刘备是提线傀儡。诸葛亮看中赵云细心认真,所以放心让刘备深入虎穴。如果派粗心大意的张飞或高傲的关羽,事情恐怕没那么顺利。

截江夺阿斗。刘备入川后,东吴派周善带兵潜入荆州,谎报吴国太病危,孙夫人慌忙带阿斗不告而行。东吴目的是拿阿斗作人质,逼刘备归还荆州。赵云巡哨得知,立即追赶,跳上东吴大船,与孙夫人唇枪舌战理论。特别强调"主公一生只有这点骨血,小将在当阳长坂坡百万军中抱出,今日夫人命欲抱将去,是何道理?"孙夫人蛮不讲理,反诬赵有反意。赵云没有被恶言吓住,推倒武装侍婢,夺过阿斗,一手仗剑保护,东吴兵不敢靠近。紧急之时,张飞驾船前来接应,砍死周善,使阿斗回到蜀营。这次事变来得突然,并没有孔明锦囊妙计的帮助。能够化险为夷,全靠赵云随机应变的主动性,非凡的胆略和辩才,以及张飞的及时协助支援。

第二点是智勇双全。

赵云武艺高强,刀枪剑戟,样样娴熟,箭法尤精,身经百战,很少失误。尤可贵者,能够巧用军事谋略。例如第七十一回,黄忠斩夏侯渊后,曹操发二十万兵报仇。黄忠自认为是主将,赵云是副将,颇有居功自傲之意。赵云并不计较,与黄相约,过午不回,定当相助。果然黄忠被围,赵云信守诺言,如期相助,突破曹操包围,救出黄忠。曹兵追赶,逼近本寨。敌众我寡,副将张翼主张闭上寨门,上敌楼防守。赵云下令,打开寨门,将弓弩手埋伏在寨外壕沟,营内偃旗息鼓,子龙单枪匹马立在门外。曹兵发动攻击,赵云全然不动。曹军不知底细,翻身就回。赵云把枪一挥,壕中弓弩齐发,寨内喊声大震,鼓角齐鸣,杀出寨门。曹兵吓得惊慌失措,自相践踏,落入汉水者不计其数,蜀兵反败为胜。战后刘备巡视战场,赞叹说:"子龙一身都是胆也。"这是中国战史上以少胜多的成功范例。罗贯中的描写与《三国志》裴松之注相符,基本上真实可信。毛宗岗分析说:"子龙以一身当数十万猝至之众,若闭寨而守,则必死；若弃寨而去，亦必死。乃不弃寨亦不闭寨，而偃旗息鼓，立马在外，以疑兵胜之。非独胆包身，真是智包身耳！”

第九十五回，孔明出兵祁山，马谡失守街亭，蜀兵被迫撤退，各路兵马伤亡甚多，损失惨重。唯赵云所率箕谷之兵安全撤回，“不曾折得一人一骑，辎重等器，亦无损失。”赵云亲自断后，步步设伏，多处出现“常山赵子龙”旗号，弄得敌方不辨真假，一再损兵折将。孔明回到汉中，赞赏不已，以五十金赐赵云，以万匹绢赐将士。赵云辞曰：三军无功，某等俱各有罪，不可受赏。请暂寄府库，候今冬赐与诸将不迟。孔明叹曰：“先帝在日，常称子龙之德，今果如此。”毛宗岗评点说：“为将之道，不独进兵难，退兵亦难。能进兵是十分本事，能退兵亦十分本事。”“冲锋陷阵，唯子龙首功也；班师整旅，亦唯子龙首功也。”是知兵之言。

赵云一生，战无不胜，攻无不克，唯一的失误在九十二回。孔明首次北伐，赵云年事已高，主动请缨，率五千精兵打先锋。敌方凉州守将韩德及其四子，精通战艺，弓马过人。赵云与他们交锋，力斩韩氏三将，威武不减当年。《三国演义》有诗赞曰：“忆昔常山赵子龙，年登七十建奇功。独诛三将来冲阵，犹似当年救主雄。”赵云乘胜追击，魏兵设伏以待。子龙被胜利冲昏头脑，视魏军统帅为“乳臭小儿”，不听副将邓芝之劝，孤军深入，中了四面埋伏，几乎丧命。幸亏孔明派张苞关兴及时赶来救援，才得脱险。此事史无记载，可见罗贯中对赵云并不全盘美化，也不讳言偶尔失误。

第三点是政见高明，品格高尚。

赵云虽是武将，却有政治头脑。刘备初得西川，拟将成都有名田宅赐给旧部。赵云谏曰：“益州人民累遭战火，田宅皆空。今当归还百姓，令安居复业，不宜夺之以为私赏也。”刘备从之。据《三国志》裴松之注，赵云还说：“霍去病以匈奴未灭，无用家为也。今国贼非匈奴，未可求安也。”足见他关心民众生活和国家长远利益，目光如炬。如果不是赵云谏阻，刘备很可能犯后来李自成进北京的错误。

东吴杀关羽，夺荆州。刘备大怒，发全蜀之兵报仇。赵云谏曰：“今曹丕篡位，神人共怒。陛下可早图关中，屯兵渭河上流，以讨凶逆……若舍魏以伐吴，兵势一交，岂能骤解？”“汉贼之仇，公也；兄弟之仇，私也。愿以天下为重。”这番话很有道理，符合当时形势和诸葛亮既定国策。可惜刘备不纳，结果惨败。毛宗岗评曰：“子龙见识有大臣谏臣之风，不当以战将目之。”

赤壁战后，赵云平定桂阳。桂阳太守赵范投降，与赵云结为兄弟，并拟将寡嫂樊氏嫁给赵云。樊氏乃国色。而赵云不允，挥拳打倒赵范，又粉碎赵将陈应、纪龙诈降之计，再次俘获赵范。孔明事后得知说：“此亦美事，何必拒绝？”赵云说：“以弟娶嫂，惹人唾骂；寡妇再嫁，失其大节；赵范初降，其心难测；主公新定江汉，枕席未安，云安敢以一妇人而废主公之大事？”玄德闻而叹曰：“子龙真丈夫也。”这件事充分展现赵云的高风亮节。不过，《三国演义》所持理由，乃宋元以后伦理观；而在三国时期，弟娶寡嫂和寡妇再嫁，并不成问题。

夏志清认为，在诸葛亮心目中，赵云比关羽、张飞更受喜爱。“他勇敢善战，头脑冷静，不易冲动，胸怀军事韬略，是最得力的战将。每次出征都把赵云带在身边，把最棘手或最艰难的任务交给他。赵云 生驰骋疆场，功劳卓著。最后年迈身故时，诸葛亮得知消息，跌足而哭曰：国家损失一栋梁，吾去一臂也。”这是符合事实的评论。

赵云形象历来受到群众的喜爱。他与刘关张并不曾结拜兄弟，可是民间却称他为“四弟”。京剧《甘露寺》即是一例。在明清时所建刘关张合供的庙堂里，往往有赵云的神像。海外亦然，在马来西亚怡保市，有民间组织名曰：“刘关张赵古城会。”马来西亚柔佛州麻坡县北莲花村建有赵云庙，称之为白马将军，至今香火不绝。

（2001—2003年，新加坡—马来西亚讲稿）

四、王夫之的杂剧《龙舟会》

王夫之(1619—1692),人称船山先生,湖南衡阳人,是我国明清之际著名的民族志士和杰出的唯物主义思想家。他不仅在哲学、史学、经学等方面有突出贡献,文学上也有很高的成就。他的诗词于当时文坛独具一格;其文学批评理论著作《薑斋诗话》在中国文学批评史上占有重要地位;戏剧方面,有《龙舟会》杂剧一卷。这部作品和王船山其他著作一样,贯穿着反抗民族压迫的强烈感情和批判现实的战斗精神,在当时具有深刻的社会意义。

(一)

《龙舟会》杂剧取材于唐人李公佐的传奇小说《谢小娥传》。原作主要描写青年女子谢小娥,随父亲、丈夫外出经商,在船上遇盗被害,唯小娥落水得脱,后得父、夫托梦暗示仇人姓名,一是"车中猴,门东草";一是"禾中走,一日夫"。小娥设法求人解谜,得知一为申兰,一为申春。乃女扮男妆,访至贼窟,在其家佣工三年,终于在端阳龙舟会后,手刃两盗,报仇雪恨。

唐末李复言作《续玄怪录》,也记录了这个故事,题为《尼妙寂》①。宋初欧阳修、宋祁修《新唐书》,曾采其事入《烈女传》。王象之《舆地纪胜》"江南西路临川军"条亦载有此事。明末凌蒙初又改编为拟话本小说,题为《李公佐巧解梦中言,谢小娥智擒船上盗》。②这些作品个别情节虽略有变异,但基本思想内容都差不太多。

王船山处在自己的时代，利用这个传统的题材，注入新的精神，进行了艺术的再创造。

明清之际，民族矛盾和阶级矛盾都空前尖锐。满族贵族以武力入据中原，实行残酷的掠夺和压榨，广大劳动人民处于被奴役、被宰割的地位，产生了深刻的仇恨。而明朝政权已经腐败到了极点，丧失了抵抗满族贵族保护人民的能力；所以各地群众纷纷揭竿而起，反抗的怒火到处燃烧。就在这样的历史条件下，作为一个具有深厚民族情感的思想家王船山，适应斗争形势的需要，选择《谢小娥传》这个古代英雄复仇的故事，热烈赞扬一个平凡的民间女子的不平凡的行动，借以打击民族敌人，鞭笞投降派，揭露当时社会的黑暗和腐败，激励人们，要坚决雪民族之恨。——这就是《龙舟会》的深刻寓意所在。

《龙舟会》究竟写于何时，《船山遗书》以及其他有关资料都没有明确记载。从作品内容和时代气息看，不可能产生得太早或太晚，而应在满族统治者已经基本上占领中原但尚未完全控制整个中国，即南明王朝的最后年代，人民抗清斗争仍在艰苦地支撑着的时刻。联系作品中中所涉及的一些史实来考查，我以为，当在船山从南明朝廷罢官归家之后，隐居湘西之时，即 1652 年前后所成。

杂剧第二折李公佐道白中曾提到：

“近者贞元皇帝，为逆贼所逼，驾幸梁州，四海无一隅之安，但倚江南为根本。”

这显然是有意借唐德宗避朱泚之乱跑到四川，比喻当时南明王朝为清兵所逼，退处西南，岌岌可危的形势。

又第四折李公佐白云：

“俺李十二，参判江南，淹留六载，只承望俺那族叔同心戮力，共匡王室。目今驾已回京，俺那族叔，却听奸人之言，生不轨之志。俺几度直言谏正，无奈谗口之高张，不得已密疏上闻，又被中涓之阻隔，既然无救于当时，怎肯陷身于逆党。告病归休，幸蒙许允，才离虎口，将返蚕丛。”

这里所谓“族叔”系指第二折中提过的江南观察使李锜，因割据称雄，素有“不轨”，于宪宗初年被诛。此人和李公佐并非叔侄关系。据鲁迅《唐宋传奇集》和《中国小说史略》考证，李公佐并无上述经历。王船山之所以要给他安排这样一个身份和境遇，我认为恰是为了比况自己当时的坎坷。1649年船山到达永历行在肇庆，次年受职行人司行人介子，正值朝廷吴楚党争方酣。内阁王化澄和太监夏国祥朋比为奸，弄权卖国，残害忠良，排斥异己，把金堡、丁时魁、刘湘客、蒙正发等人下狱，还要陷害较为正直的少傅严起恒。王船山为了国家利益，力主正义，坚决和王化澄等进行斗争，接连三次上疏参劾王、夏等结党误国。王化澄恼羞成怒，竟采用卑劣手段，伪造一篇王船山写的诗序，诬蔑他想造反，企图加以杀害。船山气得吐血，幸亏忠贞营高必正（原李自成部下）以武力营救，方免遭毒手。随后永历帝准他告病归休，他便离开肇庆去桂林，旋归衡阳。这段经历和李公佐上面的自述很是相似。王化澄和王船山同姓，所谓“族叔”云者，看来正是暗示着他，而所谓“中涓”则系指夏国祥之流。

（二）

唐人传奇小说《谢小娥传》的基本思想是歌颂贞节。作者李公佐在结尾的赞语中说得明白：

“誓志不舍，复父夫之仇，节也；佣保杂处，不知女人，贞也。女子之行唯贞与节能始终全之而已。如少娥，足以儆天下逆道乱常之心，足以观天下贞夫孝妇之节。”

原作主要是写报家仇。杂剧则处处以国家灾难为背景，事事与民族矛盾相联系，在贯注着强烈的反抗民族压迫的感情。这样，就使得谢小娥复仇这个古老的故事，获得了比原作更为深刻、广泛的社会意义。

小说中的故事发生在宪宗元和年间，《龙舟会》把剧情的时期稍微提前，安排在德宗兴元、贞元年间，并且多次联系到平息不久的安史之乱，这是有深刻寓意的。安禄山、史思明以胡人扰乱中原，正好影射明末清兵的入关。船山描写当时的情景道：

“凭高北望，极目中原，好伤感人也。……颤巍巍，卢龙塞，卖却田畴；去滔滔，清汴水，割断鸿沟；更那堪，响呜呜，古凉州，笛悲杨柳；只留得个石头城，二水分洲。”（第二折）

“眼看着江山江山如颤，似落叶依苔依苔藓。”（第四折）

“江山满目都是愁人处也，乾坤何处不烽烟。”（第四折）

这是对已经沦入满族贵族征服者铁蹄下的中原地区的凭吊。

对于民族敌人，作者充满了刻骨的仇恨。作品第一折借小孤山神女之口指出：“做贼称雄也枉然，不见安禄山建国号称天，到头只是刀头死，只羞杀王维与郑虔。”③王船山坚信，民族复兴有日，满族贵族统治者不管多么凶恶，终归是要失败的。

在很多地方作者时常即景生情，吊古伤今，怀念历史上主张抗敌御侮的英雄人物，抒发自己对时局的感慨：

“屈原江水子胥愁，自古难销，今日须销。”（第三折）

“由来楚国先贤留名青史，则今日呵！……问谁是吊北渚灵均哀郢，祝东风周郎顾曲，望长安王粲登楼。”（第二折）同时，对于那些丧失民族立场，投降变节的败类，则表示深恶痛绝，加以无情的鞭挞和辛辣的嘲讽。第一折中指出，谢小娥“虽巾帼之流，有丈夫之气，不似大唐国一伙骗纱帽的小乞儿，拼着他贞元皇帝走投无路”。这显然是借题发挥。第四折写到李公佐大赞小娥“走天涯不怕虎狼喧，洗残装忍耐娇羞面，入虎穴阁泪假殷勤，按龙泉抵死争鏖战”之后，立即矛头一转，直指那些士大夫夸文章节义的，却每每丧失节义：

“王右丞称觞在凝碧池，原少卿拜午在白华殿，破船儿没舵随风转，棘钩藤逢人便待牵，羞天花颜面愁人见，叩头虫腰肢软似绵，堪怜翻飞巷陌乌衣燕，依然富贵扬州跨鹤仙。”

原少卿即唐德宗时的光禄寺卿原体，朱泚乱时，他投降并在白华殿向朱“称述符命，劝其僭越”（《旧唐书·朱泚传》）。对这种失节投降的无耻之徒，王船山严加呵责，说他连“妆阁女流”也不如，真是“笑得人眼丝没缝呵！”这正是对当时的民族败类如洪承畴、钱谦益之流的斥骂。

在人物形象的刻画中，更集中地反映了王船山的民族思想。原传奇小说中谢小娥父亲名号不详，丈夫叫段居贞。杂剧则定名为“谢皇恩”，“段不降”。显然并非随意编派，而是鲜明地表现了王船山的政治态度：感载明朝的“恩德”，断然不投降清廷。虽然有浓厚的忠君色彩，但在当时的民族斗争中，却不失为两个富有鼓动性的口号。

特别是对谢小娥这个人物，作者把她作为主角（传奇小说的主角是李公佐），进行了精心的塑造。着重刻画她勇敢坚毅的可贵品质和不怕一切困难，顽强的复仇精神，突出地表现了她的机智和主动性。从第一折起，小娥得梦惊变之后，立即毫不犹豫，弃家觅仇。为解破仇家姓名之谜，她设法在经常有文人过往的晴川阁上，贴签求人测字。经李公佐指点明白后，便女扮男妆，走江闯湖，遍访仇人踪迹。觅得了贼窟，又不惜忍辱含垢，深入虎穴，潜伏三年之久，怀抱着牺牲的决心，埋藏着刻骨的冤仇，压抑着无比的悲愤，不得不以勉强的欢笑博取贼徒的信任，以便窥伺雪恨的时机。最后在端阳节里，龙舟会后，摆开擒贼宴，亲手割下强盗的首级，申报了父亲和丈夫的血海深仇。杂剧第三折前半部，着重描写杀贼一幕，是全剧最高潮。在这场你死我活的斗争中，小娥显得沉着、果断、胆大、心细、智勇双全。她事先找出了父亲的血衣和印记包袱以为证据，还藏好了倭刺快刀和应用女衣，准备工作周密、细致。贼人回来后，她设法唱曲助兴，用堆花烧酒把他们全部灌醉，一个个都躺倒了，她“恐怕还挣扎得，再唱个曲儿讥诮他，看知道不知道”。最后证明已经烂醉如死，她还不轻易下手，再“搙耳，捏鼻，喊叫醒来喝酒”，直到确认贼人完全不省人事，她才稳稳当当地动手。小娥复仇的胜利，就是这样，“也不烦雷部双轮，也不消天丁六甲”，全靠着自己的勇敢和智慧；显示出她坚强的反抗性格。

从作品对谢小娥斗争策略的描写中不难看出，对于如何进行民族复兴斗争，王船山是在提倡一种韧性的战斗精神，不怕困难，持久作战，必要时深入地下，隐蔽力量，窥测时机，待隙而起。这种策略正是王船山自己所身体力行的。南明王朝失败后，他曾经变姓名，易服束，诈称徭人，在梧溪、郴州、耒阳、常宁、宝庆和湘南、湘西及其他许多地方活动，这不能看成仅仅是躲避清朝的迫害，事实上也是在访求和联系各地抗清力量，寻找东山再起的机会。在清政权已经控制了中国绝大部分地区，反动势力相当强大的情况下，坚持民族斗争的志士们，很多人采用了这种斗争方式，像顾炎武、归庄等人都是如此。《龙舟会》通过古代历史故事的折光镜，在一定程度上反映了当时反抗民族压迫的这种斗争形势。

（三）

剧本对明末社会的黑暗，吏治的腐败，进行了有力的揭露。在情节安排、人物刻画以至一些细节的描写上，都渗透了作者锐利的批判锋芒。

王船山把剧情安排为小娥经神女指点，李公佐解谜，乔装入盗窟报仇，正是为了更好地揭露当时的社会现实——腐败的官府根本不能主持正义，无法替人民申冤，人民只有自己起来斗争。正如第一折小孤神女所说的："大唐国里忘忠孝，指点裙衩与报冤。"第三折，杀贼之后，当江州刺史钱为宝问小娥事先"如何不来告理"时，小娥回答得好：

"则怕呵！财爻暗动，变了空亡卦。因此上，投入蓼儿洼。"

最初李公佐也曾劝小娥去告状，但当他听到小娥说出："这使不得，如今做官长的，谁得似老爷清正，只寻那有想头无干系事去推敲，这没头盗案——况奴家是个单身妇人，谁待准你！风声张了，那贼人反断送奴家性命"的话之后，他也发出了无限的感慨：

"你道做官的，糊盆搅面稠，惭愧也，我也银鱼叨绿绶。也难怪你说，没金钱先输朝右，怎能够剖铜符，做裂土诸侯，咳！真个丑！"

第四折最后李公佐唱道："大唐家九叶圣神孙，只养得一伙烟花贱。"这正是对南明王朝弘光皇帝朱由崧之流的谴责和讽刺。

作者对当时社会的批判，突出地表现在对江州刺史钱为宝的描写上。原来传奇小说只写到"时浔阳太守张公，善其志行，为具其事上旌表，乃得免死"。似乎还算是个好官。在《龙舟会》中，"张公"变成了"钱为宝"，(这个名字就是极妙的嘲弄)。船山描写其丑态是："十载寒窗罢苦吟，辛勤博得带腰金，读书也识清廉好，待不爬来痒不禁。"这家伙只知道金钱是宝贝，对于"妇人杀贼报仇"之事，便觉得"没什么想头滋味"。小娥杀贼后向他申告，他竟装腔作势，极力刁难，只因为小娥执有李公佐事先写好的批照，同时也为了没贼人赃物以饱私囊，才马虎了事。

为官的既然如此，社会黑暗也就可想而知。作品描写道："做官的逞威风，做客的夸伶俐，榔头大板催常例，长夫书帕趋权贵，低银假货欺童稚。"官吏和土匪难以分开，剧中第三折李小乙(谢小娥佣工时的化名)模拟强盗的口气唱道："弓兵们是我小喽罗，捕盗官是我亲翁婿，大花押签几个擒拿字，纸甘当填一个全无弊，黄白米已送入在靴州里，有时露着一些些，只教那地邻保长臀皮替。"并且概括地总结一句说："李博士一句说分明，而今世上皆吾类"④。说当时统治者全是强盗一类，实在是一针见血。

尽管当时社会一片乌烟瘴气，但是王船山却敢于正视现实，从黑暗中看出并指明积极因素的火花。他借小孤神女和李公佐之口，热烈赞扬像谢小娥这样不怕困难，不畏权势，敢于斗争的人物，正由于这些英雄人物的存在，才"替大唐国留一点生人之气"。从这里可以看出，王船山对现实生活的态度，还不是消极的。

谢小娥复仇之前，不曾对官府抱有幻想；既报之后，也不受官府虚伪的旌奖。当钱为宝假惺惺地要为她的孝烈上奏皇帝讨旌表时，小娥一口回绝道："谢老爷费心，俺却不屑弄这虚牌，把性命换浮华。"并说，"虚名是假，反惹高人笑骂。"还指出：

“闹哄哄，闹哄哄，金字匾，絮叼叨，絮叨叨，烈女传；看将来，看将来，值甚钱，水牯牛，水牯牛，谁受鼻绳串。”把封建社会什么旌表节烈的把戏，看作不过是拴住人们鼻子的一根绳索。

杂剧最后一折，写小娥报仇之后，出家为尼，日诵金刚般若经，以报李公佐的恩德。三年后，李公佐进言不纳，辞官为民，路过江陵时，复遇小娥于瓦官寺。小娥恩仇俱报之后，就“打算不久恋人间”了。这样的结局固然显得比较低沉，不过我们应该看到，它一方面反映出，在当时的社会条件下，誓志报仇的英雄们，得不到官府的支持，确实难以找到光明的出路，即使他们某些个人的斗争达到了目的，也不等于社会矛盾的解决，不等于彻底的胜利。另一方面。这里正好暴露了作者世界观中的阶级局限性。王船山作为一个代表地主阶级反对派的知识分子，他深深感到南明政府已无济于事，可是，又不能真正认识和依靠人民的力量。所以，当个人斗争失败之后，他觉得有些无所适从。虽然他始终坚持民族复兴的信念，但这一天究竟怎样才能到来，是不甚了然的。他虽然深恶痛绝地批判了当时黑暗腐朽的现实，但却又提不出一个更理想的社会方案。这样的世界观中的矛盾，不能不在创作中有所反映。因而，对于谢小娥报仇以后的结局，他固然没有像世俗作家那样给予廉价的喜剧收场，也不能替她指明一条积极的生活道路。于是在最后一折里，他除了热情的赞扬和歌颂之外，就只有无限的惆怅和慨叹。这是谢小娥的悲尉，时代的悲剧，同时也是王船山的悲剧。

（四）

杂剧之体盛于元，明中叶以后，传奇兴起，大有取代之势；杂剧则成为强弩之末，不论思想水平和艺术技巧，都无复旧观。有些作品情节极为简略，仅仅借剧中人物写几段唱词，抒发个人淡淡的哀愁，表现作者的文笔诗才而已，往往只能放在案头欣赏，无法搬上舞台演出。《龙舟会》却大不然。不但思想上是积极、进步的，艺术上也相当成功。它既有曲折动人的故事情节，又有浓郁热烈的抒情气氛，在当时杂剧艺坛中，堪称是一部佼佼之作。

谢小娥的故事在小说家、历史家手里流传了几百年，从李公佐到凌蒙初，各种记述虽有简繁之别，然而主要人物和基本情节均无重大变化。王船山把小说改编成杂剧，付出了自己的心血，进行了艺术的再创造，表现了卓越的匠心。原小说中谢小娥是和父亲、丈夫一起在船上遇盗的，“小娥亦伤胸折足，漂流水中，为他船所获，经夕而活”，后又得梦云云。杂剧改为，小娥在家，思亲正切，经小孤神女指点冤魂托梦，才得知这场惨变。从结构上看，这样一改，就产生了戏剧性的悬念，比原先显得更加紧凑，更容易抓住观众的情绪。鬼魂托梦当然是不现实的，但在《龙舟会》里，王船山不过是利用旧有的情节作为展开戏剧冲突的契机而已，全剧的主要矛盾还是通过小娥自己的力量和斗争来解决的。所以，它和那些专门宣扬宗教迷信因果报应的鬼戏还是有着本质的区别。

擒贼一场，小说写得极为简括，杂剧则大大加以扩展，成为全剧的高潮，着力刻画小娥的机智和勇敢。尤其是中间加入唱曲劝酒一段，穿插极妙。在一场紧张的你死我活的决斗之前，却先来一段轻歌曼舞，一张一弛，张以继弛，弛以启张。这种安排，是富于舞台效果的。

在王船山的文艺理论中，十分强调文学对社会现实的讽喻作用和对群众的鼓动性。他曾经称赞《诗经》中的“齐诗”“能使人作，是故其夸也，一往有余而意不倦也。思而不能使人思，作而不能使人作，虽以正而国，罔与图功”(《诗广传》卷二)。所谓“使人作”，就是令人振兴。在风格上，他既重视含蓄，引喻设譬，旁敲侧击；同时又主张有时也可以直截了当，痛快淋漓。他说：“诗教虽之温厚，然光昭之志，无畏于天，揭日月而行，岂女子小人半含不吐之态乎？《离骚》虽多引喻，而直言处亦无所讳。”(《夕堂永日绪论内编》三十六)《龙舟会》的风格正是“直截”多于“含蓄”，“一往有余而意不倦”。《龙舟会》的创作意图正是为了“使人作”，“正而(尔)国”。因而剧中处处表现出强大的鼓动力量，饱含着忧国忧民的感情，读来令人激兴，发人深思。特别是李公佐的一些议论和感慨，实际上就是王船山自己在对群众讲话。从李公佐身上可以看到王船山自己的影子。

由于《龙舟会》是在历史传说的基础上改编的，它要把现实的思想情感和古老的人物故事糅合在一起，这种旧题材和新思想之间的矛盾，使作者在创作过程中不免受到一定的限制，因而在艺术上也表现出某些不足之处。那就是，作者的思想倾向并没有完全通过人物的行动和故事情节来体现，而是过多借助于独白、自我介绍乃至借题发挥等方式，故尔有时显得不够自然，个别地方甚至不免给人牵强附会之感。这种状况的形成，是有其特定的历史原因的。空前严重急切的民族危机，在作家胸臆中燃烧起炽热的报仇雪恨的怒火，强烈的战斗要求，使他来不及把自己的思想全部熔铸入艺术的形象，而是迫令他利用一切可以利用的机会（包括形象的和非形象的手段），来表现、抒发、倾吐自己的情感。形成一种如同长江大河不择平地行的粗犷风格，正是昂扬的战斗意志的表现。因而对于随之而来的某些缺陷，我们应该给予历史的客观的分析，而不可以过高的苛求和指责。

《龙舟会》写成之后，在当时是否演出过，我们已无从得知。解放后，1962 年纪念王船山逝世 270 周年时，湖南衡阳市湘剧团曾经整理重演出这个剧目，受到观众的好评。笔者曾有幸观看过这次演出，留下了深刻的印象。可见这部作品至今还有一定生命力。

注：①《太平广记》卷一百二十八。

②《初刻拍案惊奇》卷十九。

③安史乱时，诗人王维和郑虔都曾陷于贼中。据《旧唐书·王维传》，王维被俘后，“服药取痢，伪称瘖病，禄山素怜之，遣人迎置洛阳，拘于普救寺，迫以伪署。禄山宴其徒于凝碧池，其工皆梨园子弟，教坊工人。维闻之悲恻，潜为诗曰：‘万户伤心生野烟，百官何时再朝天，秋槐花落空宫里，凝碧池头奏管絃’”。《龙舟会》第四折提到的“王右丞称觞在凝碧池”，即是指此。郑虔并不曾接受安禄山的官职。这两个人都不能算是真正的投降派，王船山把他们当作失节分子加以讽刺，乃是一种借题发挥，与史实未必相合。

④“李博士”指唐朝诗人李涉。计有功《唐诗纪事》卷四十八：“涉尝过九江，至皖口迂盗。问何人，从者曰：‘博士也’。其豪首曰：‘若是李涉博士，不用剽夺，久闻诗名，愿题一篇足矣。’涉赠一绝云：‘春雨萧萧江上村，绿林豪客夜知闻。他时不用相回避，世上如今半是君。’”

（初稿于1963年，发表于《湖南师范学院学报》1979年3期）

五、读《说岳全传》和《镜花缘》

民族英雄的颂歌:《说岳全传》

关于民族英雄岳飞的故事,南宋以来就在民间盛传。人民群众为了纪念这位伟大的抗战斗士,把他的事迹编成各种各样的文艺创作,在口头和书面广泛讴歌和传诵。在这些创作中,人们根据自己的意愿进行加工、想象和创造,大大丰富发展了历史故事的人物和情节,它们是长篇小说《说岳全传》创作加工的基础。

元明时期的这类作品大都失传,现在保存下来的有:

一、民间小调,如《精忠八角鼓》、《岳飞五更调》、《精忠传四季歌》等。

二、弹词鼓子词,如《十二金钱弹词》(写岳云招亲)等。

三、戏剧,如元杂剧《东窗事犯》、明杂剧《精忠记》、传奇《如是观》、弋阳腔《夺秋魁》等。

现存的明代有关岳飞的小说,有以下几种:

一、《大宋中兴通俗演义》,明嘉靖年间熊大木编。

二、《岳武穆王精忠传》,明万历年间邹元标编。

三、《岳武穆精忠报国传》,明崇祯年间于华玉编。(以上二书皆根据熊本删节而成。)

还有一本《大宋中兴岳王传》,万历时余登鳌编次。此书内容与熊本相同。

现在通行的《说岳全传》题钱彩编次金丰增订,据初刻本年代推测,他们大约生活于清康熙年间,浙江人,生平事迹不可考。这本书综合了清以前各种有关岳飞的创作，是说岳故事中成就最高者。它是一个话本，带有很多民间文学色彩：

一、很多地方作者自称说话人，五十二回有“说话的，做小说的没有两张嘴”字样，两个称呼并提，可能演说者“说话的”与写定者“做小说的”是一个人。

二、有许多话本痕迹，每回都有诗词唱曲之类的开头，有时还有作入话的故事或说教，很像“三言”等的开头。

三、不采用士大夫文人乐道的典故和史实，连《满江红》词都没有引用，“莫须有”的典故用得不是地方.说明它的加工者不是上层文人而是民间艺人。

南宋以来，民族矛盾日益尖锐。元、清两朝，汉族人民遭受异族的残酷统治。有明一代，始终存在外敌压境，又连续出现奸臣祸国，忠义之士不断遭到陷害。人民群众处在这样的情况下，自然对民族英雄特别怀念、景慕和尊敬，对他们所受冤屈更加愤慨和不平，《说岳全传》就是在这样的社会历史条件下产生和逐渐创作成功的。

这本小说的中心思想是宣扬爱国主义。它通过岳飞的抗战武功和含冤被害的故事，热烈歌颂这位爱国主义民族英雄的壮烈事迹，控诉汉奸卖国贼的罪恶，同时也反映了赵宋统治者的腐败，表达了人民群众的情绪和意愿。

小说的主要人物是岳飞，所写事迹与历史人物有些不太符合，但其思想品质特征则基本上与历史事实一致。作者从岳飞出生和少年时期写起，描写他一生南征北战及其他许多生动的故事，刻画岳飞对祖国无限忠诚，对敌人无比痛恨，对抗战事业始终坚决勇敢，从不畏缩妥协。在和狡猾的敌人斗争中，表现了无穷的智慧，具有军事统帅的指挥天才，几乎每战必胜。金兵望风丧胆，视为天神。小说除了着重描写他的军事活动以外，还描写他对朋友、兄弟、亲属的感情，多方面揭示英雄的内心世界：孝顺母亲，珍重友谊，热爱部属……这一切又都统一在爱国主义这一崇高基础之上。

这里要说明一下岳飞的忠君思想问题，由于历史和阶级的限制，岳飞的爱国主义与忠君思想是结合在一起的。在当时民族矛盾尖锐的情况下，岳飞是把赵宋王朝当作民族政府的代表而效忠的。他并不是忠于个人。他之所以遭冤屈而不反抗，并不是什么“君要臣死，不得不死”。他知道是奸贼下毒手，但为了民族利益，他才坚决不让部下造反。他的“忠”和“节”，可以说是对祖国的忠心和民族气节，所以才能那样深远地感动千百年来千百万人。

在对岳飞全力赞颂的同时，小说用对比手法描写了一些汉奸卖国贼的反面形象，如刘豫、秦桧、张邦昌等。揭露他们极端卑鄙无耻、险毒残忍、贪婪自私的丑恶嘴脸，控诉他们背叛祖国、投敌求荣等令人发指的罪行，表现了人民对这些坏蛋的无比愤恨。如让张邦昌、王铎当猪羊，让张俊死于万人之口。对于遗臭万年的秦桧，小说不但全力揭露他如何认贼作父，卖身投靠，陷害忠良，而且还运用神话幻想的形式，作狠狠的惩罚。在当时现实社会里，罪大恶极如秦桧辈，不可能得到应有的裁判，作者只好假借虚构的情节，如灵隐寺疯僧的揭私，王能、李直的梦游，何立还魂，胡迪阴判等，一次又一次地对秦桧进行愤怒的揭发和严厉的谴责。这些地方不能当一般迷信看待，它是人民意愿在幻想中的满足，是人民对古来许多逍遥法外的汉奸卖国贼的愤恨的集中发泄。

对于外族侵略者，小说除了揭露他们残暴、贪婪、野蛮等兽性以外，也用了虚幻的方法，让岳飞的儿子岳雷打到五国城、灭了女真，迎回徽钦二帝。最后“气死金兀术，笑死牛皋”。这是不合历史真实的，但它也是在幻想中人民群众盼望民族胜利意愿的满足，表现了作者强烈的爱国主义理想。

在着重描写民族矛盾的同时，小说也表现了当时的阶级矛盾，描写了官吏们的贪赃枉法，揭露了皇帝贵族的苟且偷安、昏庸腐败。小说通过杨再兴之口说：“无奈当今皇帝，只图偏安一隅，全无大志，不听忠言，信任奸邪，将一座江山弄得粉碎。”对徽宗、钦宗、高宗都有所批评。

对待农民起义，作者态度和岳飞有所不同。由于阶级的局限性，历史上的岳飞是反对农民起义的。而作者则基本上肯定农民起义,总是规劝他们归顺朝廷,保国抗金,并非一味镇压。本书俨然以《水浒》续编自居。岳飞的师父周侗,也是林冲、卢俊义的师父。《水浒传》中五虎上将之一的呼延灼,最后战死在抗金的战场上。《说岳全传》所写英雄多系《水浒》后代,如关胜之子关铃,董平之子董芳,阮小二之子阮良……岳家军的力量,主要是农民起义者,多数将领,不是"强盗"的后人就是本人即"盗",而作者对他们都是肯定的。

这里着重谈谈牛皋的形象。牛皋是书中仅次于岳飞的中心人物,他基本上是一个在民族矛盾尖锐时与统治者暂时合作的农民起义者的形象。他身上有着农民的纯朴、直率、天真等可爱的性格,有李逵的义气和勇敢,有程咬金的诙谐和乐观,还有张飞的粗莽和机智,但与这三个人又不尽相同,如热爱士兵,爱听好话,喜欢吹牛,刚直而又和善等等。对民族敌人始终无比憎恨,对阶级敌人,一贯疾恶如仇,敢于藐视皇权,竟然扯碎皇帝的圣旨,动不动就要打倒赵官家,回到太行山去当"公道大王",他的立场始终是农民的立场。

总的来说,《说岳全传》的思想性是高的,但也有一定的局限性,如相信因果报应。由于作者对阶级斗争、民族矛盾的社会历史规律不能认识,他们便用宿命论来解释这些现象,认为金与宋、岳与秦的斗争都是前生注定的。虽然作者在具体描写中是忠于现实的,并没有让宿命思想笼罩全书,但这许多迷信的诠释,尤其是开头和结尾,那不能说不是对现实的一种曲解。

此外还有一些封建思想,如讲封建的孝道。曹宁杀了汉奸父亲来归降祖国,岳飞却责他不孝,迫得他自杀。对于农民起义,虽然基本态度是肯定的,但也表现了认识不足。如对洞庭"草寇"杨么等的丑化和否定,赞成岳飞对他们的镇压等,都反映了作者一定的局限性。

从写作艺术上看,《说岳全传》可以算是英雄传奇长篇小说中成功的作品。它克服了明代说岳小说普遍存在的生搬历史的毛病,广泛吸收元明戏曲和民间说唱文学中的故事,进行再创造。其基本倾向是现实主义的，它没有像其他传奇小说那样，把英雄写成超人的神。它的人物都是有血有肉的具体形象，很多故事和情节，写得非常真实、生动、具体，体现了恩格斯所说细节描写的真实性的要求。如《岳母刺字》一段：

安人取笔，先在岳飞背上正脊之中，写了精忠报国四字，然后将绣花针拿在手中，在他背上一刺，只见岳飞的肉一耸。安人道，“我儿疼么？”岳飞道：“母亲刺也不曾刺，怎么问孩儿痛不痛？”安人流泪道：“我儿！你恐怕做娘的手软，故说不疼。”就咬着牙根而刺，刺完将醋墨涂上了，便永不褪色的了。

其他英雄传奇描写战争场面常常大同小异，《说岳全传》却各具姿态，变化多端。同是水战，洞庭与太湖大不相同；同是山战，八盘山与爱华山迥然各异；一些大型战役如梁红玉擂鼓战金山，金兀术败走黄天荡，牛头山救主大会战，钩连枪大破连环马，众小将大破金龙阵等等，有声有色，十分精彩。

全书整个情调是严肃的，但其中却不乏浓烈的抒情，有趣的穿插。如“破潞安陆节度尽忠”、“李侍郎拼命骂番王”、“王佐断臂献图”、“送钦差汤怀自刎”、“牛皋醉破番兵”、“招亲藕塘关”、“岳云保家属”、“私走牛头山”等就是。在一些简单的情节上、作者也尽量腾挪跌宕。如王佐设计请岳飞赴宴，众将谏阻，牛皋不正面说，却问：

“小将俸银可有么？”岳爷道：“贤弟的俸银不曾支动，问他怎么？”牛皋道：“拿五十两出来！”岳爷道：“要他何用？”牛皋道：“待我备一桌好酒筵，请了元帅，劝元帅不必到王佐那边去吃罢！……”

小说还善于烘托场面。有的热闹如“枪挑小梁王”、有的紧张如“泥马渡夹江”、有的轻松欢快如“牛皋招亲”、有的沉重凄惨如“风波亭遇害”。特别是“风波亭”一节，很多人读到这里，都掉下了眼泪，不忍再睹，有人干脆跳过这节不读。足见艺术力量感人之深。

小说的语言是生动流畅的，运用不少俚语，如“偷鸡不着，反折了一把米”，“在山吃山，靠水吃水”，“单丝不成线，独木不成林”等等，体现了通俗话本的固有特色。

艺术上也有缺点。前面说过，后二十回是虚构的。表现了爱国主义理想，思想性上应予肯定，但艺术性却是大不如前，故事与人物均流入一般公式，且多迷信神怪之说。最后几回似乎落入类似《封神演义》末尾的神仙破阵的俗套。

《说岳全传》的影响深远。到过杭州的人，大概都要到矗立在美丽的西子湖畔的岳王庙去瞻仰，表示对这位伟大的民族英雄的敬意。当人们抬头看到那两颗茂密常青的大桂树时，脑海里就自然地怀念起《说岳全传》中所描写的英雄故事，引起我们无限崇敬的感情来。《说岳全传》就这样地千百年来教育着感动着千百万人民群众。人民把岳飞当作爱国主义精神的化身，而这本书实际上也就成了爱国主义的教科书。无数的人演说它、传诵它，据根他演绎出许许多多戏曲弹唱之作。尤其在抗日战争时期，这类戏曲最受群众欢迎。如《岳母刺字》、《牛皋扯旨》、《挑滑车》、《小商河》、《八大锤》等等不胜枚举。

《说岳全传》的高度人民性，引起了统治者的仇视。乾隆年间，清廷竟明令列为禁书。他们害怕这本书反抗外族的强烈斗争性，害怕人民被岳飞抗金精神激起反满，因为满族是女真的后代。可是人民的爱国主义，岂是律令所能禁止得了的？相反只能更证明这本书的价值，更促使人民认识这本书是自己的。

人民从《说岳全传》中不但受到了爱国主义教育，而且也认识了坏蛋的嘴脸，学到了和敌人斗争的方法。清代的《庸闲斋笔记》载：《岳传》载张俊陷岳武忠，后为诸将咬死，于是吴俗遂有"咬死人不偿命之说"。该书还记下一个百姓咬死恶商的故事。可见《说岳全传》也是人民对付敌人武器之一。

借海外以讽华夏：《镜花缘》

作者李汝珍（1763？—1830？）字松石，直隶大兴人，长期寓居海州。

“读书不屑章句帖括之学”，因而一生没有功名，只在河南作过小县丞，曾参与治理黄河水灾工程。多才多艺，“于学无所不窥”，特别对音韵学有研究。他的著作除《镜花缘》外还有《李氏音鉴》、《受子谱》（围棋书）等。尚有一些诗文，但多散失。他的不得意的身世是产生进步思想因素及对封建社会进行批判的思想基础；他的博学多识则是构成此书特别浩繁的内容的学术条件（李悔吾《中国小说史漫稿》说，据已失传的《案头随录》记载：李氏年轻时多次随舅兄漂洋过海，在海上讲述异闻，并拟著书。此说的可靠性待考）。

明末以来，随着封建经济中资本主义萌芽的出现，产生了以李贽和黄宗羲、顾炎武等为代表的初步的民主主义思想因素；在知识分子中有很大影响，反映在文学上便是吴敬梓、曹雪芹对封建制度的批判精神。

清代统治者为了镇压知识分子的反满民族意识及其他革命活动，在大兴文字狱的同时，大力提倡研究古书，形成了清初学术界各种特殊现象：一方面是朴学考据之风大盛，学者远离实际；一方面是新的理想和见解在各种曲折的方式中不断被寻找、探索。《镜花缘》便具有这两方面结合的特征。小说前半部分在象征和虚幻的形式中表露了作者对社会的讽刺批判和理想；后半部则流入万宝全书似的知识罗列。其精华在于前半部。

《镜花缘》共一百回，开头六回，写唐朝女皇武则天寒冬下诏要求百花齐放，众花神无奈遵命，结果受到玉帝天谴，贬谪下凡成为百位才女，其中十二位流落海外，是为楔子。百花之首名唐小山，其父唐敖，考中探花，因曾与反武则天的徐敬业结盟而被革去功名。唐敖看破红尘，与商人林之洋出海漫游。历经君子国、女儿国、大人国、两面国等三十余国。见识许多奇风异俗，奇形怪状的人类和动植物，并搭救了十几位落难女子。最后到了小蓬莱，入山不返。其女小山出海寻父，只得到父亲留下的书信。后五十回写小山与众才女参加武则天的女科考试，百女皆中。在宗师府宴席上，谈诗论文，述学说艺，各展才能。描写这次宴席竟用了二十五回。最后五回，写徐敬业的后人起兵破酒色财气四关，攻入长安，迫使武则天退位，唐中宗复辟。

《镜花缘》的思想内容丰富而庞杂，被视为“杂家小说”。其进步价值首先表现在妇女问题上。作者借百花仙子下凡描写了一大批女性，着重刻画她们卓越的才能和高尚的情操。在我国古典小说中，把妇女当作全书主角脱离开爱情主题来着重描写的，这还是第一次。

书中重点描写十多名才女，个个都才华出众，聪明能干，像黑齿国的两位十四五岁的少女，竟把“天朝大贤”博雅多闻的多久公，问得“汗如雨下”，“抓耳搔腮”，“满面青红，恨无地缝可钻”，最后只好心悦诚服地承认学问不如她们。海外女子队里还有潜水能人廉锦枫，善用连珠枪的魏紫樱，精通剑术的颜紫绡，纺织专家姚芷馨，以及为国捐躯的英雄宰玉蟾，善解难题的数学专家米兰芬，还有许多是琴棋书画专才、诗词歌赋高手……总之她们之中各种人才都有，这样就具体地否定了“女子无才即是德”的男尊女卑的封建观念。

作者还提出男女平等的思想，主张设女学，开女试，让女子与男子同样受教育。用赞扬的口吻描述女皇帝武则天的一场女试，认为她所颁布的照顾妇女的十二条恩诏是自古以来未有的旷典。

作者为了强调封建社会妇女地位的不合理，特意虚构一个“男子反穿衣裙作为妇人以治内事、女子反穿靴帽作为男人以治外事”的女儿国。在这里，中国封建社会男子加于妇女的种种压迫，反过来由女子加之于男人。作者的用意显然只是为了易地而处，反其道而行，为千百年受压迫妇女舒一口气。在女儿国里，作者还具体揭露了穿耳缠足等摧残妇女的恶俗，例如写宫人为林之洋缠足一段：

> 先把林之洋右足放在自己膝盖上，用些白矾酒在脚缝内，将五个脚指紧紧靠在一处，又将脚面用力曲作弯弓一般，即用白绫缠裹；才缠了两层，就有宫娥拿着针线上来密密缝口：一面狠缠，一面密缝。林之洋身旁既有四个宫娥紧紧靠定，又被两个宫娥把脚扶住，丝毫不能转动。及至缠完，只觉脚上如炭火烧的一般，阵阵疼痛。不觉一阵心酸，放声大哭道：“坑死俺了！”……

作者强烈反对男人纳妾。两面国大盗之捍妻竟然对丈夫说："你不讨妾则已；若要讨妾，必须替我先讨男妾，我才依哩！"这是站在妇女立场的大胆抗议。

李汝珍对妇女问题的看法在当时是进步的。与同时期的著名学者俞正燮在《癸巳类稿》中所表达的观点十分接近。但由于历史的原因，他的观点也还有明显的局限。关于妇女参加政治的问题，他就没有完全肯定，对女儿国王和女皇帝武则天，也不是当作正面人物来写的。所谓开女试并不是吸收妇女去做官，只是竖一块才女匾，顶多作个内廷供奉（俸禄还只半支）陪伴女皇帝罢了。

对于婚姻问题，作者反对算命合婚，但主张门第相对。黑齿国男女虽可同在大街上走，但要分别左右，而且"目不邪视，俯首而行"。书中所有女子的婚配，几乎都由父母包办，她们一个个毫无怨言，这些都反映了作者思想的复杂性。

作品的进步思想更多地表现在对当时社会许多腐朽丑恶现象的无情揭露和鞭挞上。这种揭露和鞭挞虽借助异域社会风俗进行象征性的影射，但矛头都是针对当时华夏社会的种种丑恶和不合理的现实。

作为一个学者，李汝珍特别反对陈腐透顶的学术空气。对不学无术假作斯文的儒者，如白民国那位念"幼吾幼以及人之幼"为"切吾切以反人之切"的学究，和淑士国的酒保"酒要一壶乎？两壶乎？菜要一碟乎？两碟乎？"的询问客人，和老儒生的解释："酒味淡之，故而贱之，醋味厚之，所以贵之。人皆买之，谁不知之。他今错之，必无心之。先生得之，乐何如之？"一句一个"之"的掉酸文，读来令人喷饭。这种风气，正是中国当时封建学术的缩影。与之相对，作者描写了黑齿国真正的博学之士，他们有新颖的见解和科学的研究态度。他借黑女之口，提出"学问从实地上用功，议论自然确有根据；若浮光掠影，中无成见，自然随波逐流，无所适从。"体现了中国当时进步学者的治学主张。

对于八股取士他深表不满，主张人人要读书明理，博古通今。希望举行按各种专业分类的考试，如经、史、诗、词、医、算、书画、音韵、乐律等等。

对于当时社会的世态人情和恶劣风习，书中有多方面的批判和讽刺。如会改变脸色的两面国，就是对口蜜腹剑的两面派的讽刺。再如借无肠国以反对富家对奴仆的残酷剥削；借靖人国以批判诡诈小人，借结胸国风俗以讽刺好吃懒做，借犬封国来嘲笑饮食过奢，借羽民国嘲笑爱戴高帽，喜欢奉承者，借长臂国批评到处伸手搜刮钱财者……还借君子国宰相之口直接反对中国的迷信，如信风水、讲属相、三姑六婆、风鉴卜筮等。对浪费、争讼、嫌贫爱富等许多恶习也进行了批判。

书中虚构一个君子国作为正面理想社会，国中民风淳朴，和平，安宁，幸福，“无论富贵贫贱，举止言谈，莫不恭而有礼”，“耕者让畔，行者让路”。虽有矫枉过正之处，如卖者争减价、买者争加价，正如鲁迅所说：“因让而争，矫伪已甚。”但所写该国宰辅，却是那样谦恭和蔼，简朴平易。国王也没有架子，有事到宰相家商议。这正是作者理想的政治领导人物的风度。

在对社会的批判上，比起妇女问题来，作者表现了更多的局限性。虽然他批判对象很广，但都只是一些表面弊病，没有揭示出社会根源，更没有触及制度问题。他的正面理想，是从儒家思想出发的，例如反八股而不反对科举，从提倡孝道而反对风水误葬。并且还有一些因果报应之说，如反对人吃牛肉，认为人有定数，从色空观念来反对酒色财气等等。所以他的批判，虽有很多令人发笑的地方，但却不能引人深思。比起略早的小说《儒林外史》来，就显得远远不够了。

小说的后半部，没有反映社会问题，其价值在于提供文化娱乐方面的知识。如他所讲述的古代各种游戏：双陆、马吊、射覆、斗草、投壶、酒令……以及其他文字、音韵、算术、医药等问题，都可以作我们今天了解古代风习的参考，有些还具有一定研究价值。据《冷庐杂识》记，有人用书中药方治好了多年积疾。

这部小说在艺术上有很多特殊之处。

在情节方面，他这种周游海外的虚构，或许受《西游记》的启发，但是他并不颂扬神仙佛法，而是间接用来讽刺现实社会，寄托自己的理想，因而这种海外奇谈就具有浓厚的现实生活气息。作者可能是因为在当时文字狱的高压之下，尖锐批评社会的内容，无法正面提出，同时为了加强作品的故事性，而采取奇幻的形式。这些虚构的材料主要来自《山海经》等古书，如君子国见《海外东经》、女儿国见《海外西经》、羽民国见《海外南经》、毛民国见《海外东经》。大人国见张华《博物志》。该国每人脚下有一块彩云能表其人之善恶，表现了作者对于揭露和改变社会道德问题的手段的天真幻想。

一些异国风物的描写，十分瑰丽多趣。如第九回记东口山的奇花异草，有如进了特种植物园。第二十回记麟凤山的珍禽怪兽和鸟兽相斗场面，简直是动物王国在表演。不但写得丰富多趣，异彩纷呈，而且很多还是言之有据。三寸宽五寸长的大米"木禾"出自《淮南子》，形如小人的"肉芝"出自《太平寰宇记》。人鱼见《异物志》，驳马和精卫鸟见《山海经》。（详见钱静方《镜花缘考》）展现了作者广博的学识和卓越的才能。像他这样用整整一回甚至两回来描写与故事情节无关的动物植物，在古代长篇小说中是十分罕见的。

在人物描写上，中心人物是唐敖，博学多识，诙谐多趣，热心助人，对社会有诸多不满，摒弃功名，最后走上求仙的不归之路。然而他并不是参与重大政治军事斗争的英雄，只是充当贯穿前半部的游客而已。配角如商人林之洋、舵工多久公也有一定个性，令人解颐，常发高论和谐语，但没有卷入重大的矛盾斗争，因而不够鲜明。作品的主题思想，多数场合并不通过人物性格及情节故事来充分体现，只是借他们的眼来展示一些现象，借他们的嘴来说明一些问题。因此，人物在这本小说中并不占重要地位。读了这本书，给人深刻印象的首先不是奇特人物而是奇异现象。

《镜花缘》的创作方法独树一帜，很难归属哪一类。作者充分利用古籍中神话素材和历史传说资料作为引子，生发开去，（武则天诏百花即出自《全唐诗话》），创造了一个既超越现实又不脱离现实的神话幻想世界。它不像《西游记》那样以神魔妖怪为主角，所有活动完全超现实。《镜花缘》中的奇人奇在外形，其思想行动与普通人并无不同。李汝珍的讽刺也有别于吴敬梓。《儒林外史》是严格的现实主义，属于工笔画式的手法。李汝珍大写美女而绝无色情，多处提到武艺高手却不渲染武侠，大谈学问却不宣扬道学（如《野叟曝言》那样），随时讥讽却不落庸俗油滑（如《何典》之类）。他呈现的是高雅的幽默氛围，显示出“戏而不谑”的学者风度。其审美趣味倾向于士大夫阶层，而不迎和小市民。《镜花缘》和《儒林外史》都脱离了话本小说的范畴，颇难用口头讲述，而比较适宜于案头阅读，这是中国小说史的另一条路数。

（本文原为北京大学中文系 1955 级文学专门化同学集体编写的由人民文学出版社 1958 年出版的两卷本《中国文学史》中的两节，主要由我执笔，收入本书前稍有补充修改）。

六、《儒林外史》简论

吴敬梓的生平和思想

《儒林外史》的作者吴敬梓，字敏轩，一字文木，安徽全椒人。出身于世代书香的官僚家庭。曾祖父吴国对是顺治探花，祖父吴旦作过州同知，叔祖吴昺是榜眼，吴晟是进士，正是："一门三鼎甲，四代六尚书，门生故吏，天下都期散满了。"(该书第30回)。父霖起，拔贡出身，做过一任县教谕，为人博雅耿介，安贫孝亲，不慕荣利。他对吴敬梓的学问和品行都有很大影响。

敬梓生于1701年，幼即颖异，善记诵，十四失慈，二十中秀才，二十三父亲去世，此后他就不事科举，平居豪举，广肆交游，不到十年，把祖传房地产都花光了。二十二岁搬到南京。二十六岁时，安徽巡抚赵国麟征辟他应博学鸿词科，托病不赴。晚年生活穷极潦倒，靠卖书售文及朋友救济为活，有时几天揭不开锅。冬天夜里冷得没有办法，便和朋友们在城外绕行数十里，直到天明才回来，夜夜如此，谓之"暖足"。1754年死于扬州。他有三个儿子，长子烺，是有名的数学家。

《儒林外史》的写作是在晚年，完成时大约五十岁左右。此外有诗文12卷，曰《文木山房集》；《诗说》七卷(已佚)，是他对《诗经》研究的成果。

他的思想性格，基本上和书中的杜少卿差不多，后面将着重分析。这里只谈谈生平境遇对于他的创作思想的影响。

他生长在那样一个名门望族的家庭里，从小接受儒家正统思想，又亲身经历家庭的盛衰，穷达的变化；从广肆交游的朋友身上，又接受了民主主义者顾炎武等的影响(通过樊南仲、程延祚、程晋芳等)，加上他到过的地方很多，接触的阶层很广，他看到的嘴脸，遭受的冷暖，经历的人事，体验的世情，是那样的丰富深刻，这就培养了他的富有正义感的敏锐感觉，和体察现实的清醒头脑，使他对于当时社会的上层建筑，有透彻的了解，使他看清了清延黑暗统治下士大夫阶层的堕落与无耻，看穿了封建政治的罪恶与社会风气的腐败，而倾心于落拓不得意的和出身微贱的下层人物。这一切是他的初步民主主义思想的基础，是他的批判现实主义精神的渊源。

一幅儒林败类的百丑图

《儒林外史》的主题思想是：通过众多的人物和复杂的情节，全面而深刻地揭露和批判了行将崩溃的封建制度的腐朽和罪恶，以反对科举为中心攻击了几乎全部的封建上层建筑，表现了初步的民主主义理想。

《儒林外史》是一部长篇讽刺小说，它的讽刺对象非常广泛，笔刃所指乃是整个封建社会。当时社会的各个角落、各色人物、各种问题，几乎无所逃匿，反映在作品里。就人物来说，有秀才、举人、进士、翰林、大官、小吏、衙役、书办、豪奴、大小地主、大小商人、手工业者、八股选家、斗方名士、江湖侠客、卜医星相、梨园戏子、市井无赖、妓女、骗子……无所不包，而其中以知识分子为主。就问题来说，主要是反对八股科举制度，由此而揭露当时的官僚政治制度、社会风气、人伦关系、学术活动、风俗习惯等等，它真是一部封建社会的百科全书，一幅儒林败类的百丑图。

书中对八股科举制度揭露得最为深刻，反对得最为激烈。八股取士是明清两代统治者进行思想统治的政治手段。顾炎武说它比秦始皇的焚书坑儒害人还深。吴敬梓用具体的形象，对这一点作了充分的证明和发挥。

小说一开始就借王冕的嘴，反对明太祖定八股，认为这是一代文人的厄难。接着就描写周进、范进这两个八股鸦片的受害者，解剖了他们升沉遭遇和思想变化，具体地告诉我们：科举制度怎样摧残了人的青春、精力、智慧和灵魂，使人的头脑变得怎样的麻木、浅鄙和愚昧，人与人之间关系怎样令人可怕可恨。周进的撞号板，范进的发疯，深刻说明了知识分子被八股毒蚀后的心灵、意志是多么可悲可怜，在封建社会里，知识分子真不知有多少枉死在那有形和无形的号板之下，不知有多少人这样或那样地在发疯！吴敬梓的嬉笑里，在掉着一滴滴的辛酸泪呵！

然而，吴敬梓最伤心的还是：许多人上了当，受了害还执迷不悟。他写了很多这样的人：他们是好人或者是下层的人，但是却拼命往上爬，完全不知道他所热衷的乃是要命的钓饵和销魂的鸦片。像忠厚老实的马二生先，满口竟是："就是夫子在而今，也要念文章，做举业，断不讲那'言寡尤，行寡悔'的话，何也？就日日讲究'言寡尤行寡悔'，那个给你官做？"简直迂腐到了极点！许多正直善良的青年，就是这样地被毒害了。作者痛心地写了匡超人这样一个青年，他出身农家，开始很单纯，对父母孝顺，对哥哥友爱，可是后来到了功名场中，就渐渐染上了各种恶习。在名利上他每 得势，都标志着他思想的进 步堕落。最后由于一味追求利禄，贪欲熏心，变成了一个不认亲友、忘恩负义、趋炎附势、吹牛拍马、毒辣刻薄的小人，浑身发出令人作呕的臭味，可耻可厌之至。而当时知识分子却以为这就是人生的正路。作者对这种人进行了最有力的鞭挞。

知识分子为什么这样热衷科举呢，作者在三十二回里，让一个八股迷自己做了回答：

杜少卿醉了，问着："臧三哥，我且问你：你一定要这廪生作什么？"臧蓼斋道："你那里知道！廪生一来中的多，中了就做官，就是不中，十几年贡了，朝廷试过，就是去做知县、推官，穿螺蛳结底的靴，坐堂，洒千，打人。像你这样的大老官来打秋风，把你关在一间房里，给一个月豆腐吃，蒸死了你。"杜少卿笑道："你这匪类，下流无耻极矣！"

这就是知识分子灵魂深处的秘密，那一群堂哉皇哉大颂其举业之功德的正人君子,其目的原来不过如此!

至于考试本身,更是丑恶之极。功名可以买卖,可以枪替,考试之场,俨如黑市交易之所,作品中几场描写,全是一出出最好的滑稽戏。

知识分子向上爬的目的和手段既是那样卑鄙无耻,那么当他侥幸爬上去了之后,其"作为"就可想而知了。因此,与科举相连的便是官僚制度的腐败。作品中的官吏,除了极个别的,都是贪赃枉法、作威作福、糊涂昏瞶的家伙。贫穷时也还老实的荀玫,作了官以后就变得唯利是图,最后因贪赃而被拿问。原来就是大地主的王惠,科举后当了南昌知府,一接任便问:"地方人情可还有什么出产?词讼里可略有些什么通融?"他的哲学是:"三年清知府,十万雪花银。"他的手段是"三声齐振"——戥子声,算盘声、板子声。结果却成了江西第一个能员,很快升了道台。此外像高要的汤知县,为了向上司表示自己的假清廉,在禁宰耕牛时,把向他行贿的老师傅活活枷死,惹得回民鸣锣罢市。盐船明明在彭泽县被抢,船家到县里去告,知县却混账地说:"本县法令严明,地方清肃,那里有这等事!"反把舵工打了二十大板,打得皮开肉绽。还有如无为州的受贿,万中书的冒官等等,不胜枚举。

小说中也有少数正直有作为的官吏,可是他们不是被贬就被参,站不住脚。萧云仙征剿生蕃,建筑青枫城,修农田水利,把塞北变成了江南,却落得个任意浮开的罪名,家庭被逼得破产。

作者没有像其他小说那样,直接描写官僚的政治斗争,他只是通过底层的片断的解剖,和各方面的具体的揭露,在实际上已是全部否定了封建官僚制度。而且否定得是那样彻底,连那种对"清官忠臣"的幻想也没有了,因为作者已经向我们揭示:那个社会制度下只能产生那种政治和那种官僚。因此,他特别反对做官,否定了效忠皇定的禄蠹,否定了封建道德的第一项——"忠",这里面包涵着初步的民主主义思想。

科举制度不但造成了官僚制度的腐败,而且也一批又一批地制造了地主恶霸,科举的师生同年关系,实际成了新老地主和地方政府之间进一步互相勾结的纽带。中了举就成了老爷,就是天上的星宿,就有人来送田产，送店房，当奴仆，老地主旧乡绅就忙着来相与，与知县知府也就拉上了关系，此后，他们就可以横行乡里，鱼肉百姓。稍有反抗，他就一个帖子送到县里，打你八十大板！张乡绅、严贡生就是这类的混蛋，冒着知县的名，吹牛讹诈，圈人的猪，夺人的田，强占寡妇的财产，没有借给人钱却问人家要利息，坐了人家的船却不给钱。他们还只是普通举人贡生，还不是知县的真相好；要是功名大些的真相好，像危素那样，还不知有多么无法无天呢。

在这样一个世界里，农民被逼得走投无路，像京城近郊的老夫妇，贫穷得相枕藉而死。虞育德遇见的那个投水自杀的农民是："替人家做着几块田，收些稻都被田主斛的去了，父亲得病死在家里，竟不能有钱买口棺木！"于是，这些人只好铤而走险，像山东道上的响马，扬子江边的小划子，以及木耐夫妇等都是。这就是乾隆盛世的"太平景象"！

在这个世界里，人心刁恶到了极点，人们看不到公正，到处横行的是强权、是欺诈、是吹牛，诚实善良被当作呆子。这里，善与恶，美与丑唯一的标准是功名富贵：

五河的风俗，说起那人有品行，他就歪着嘴笑；说起前几十年的世家大族，他就鼻子里笑；说那个人会做诗赋古文，他就眉毛都会笑。问五河县有什么山川风景，是有个彭乡绅；问五河县有什么出产稀奇之物，是有个彭乡绅；问五河县那个有品望，是奉承彭乡绅；问那个有德行，是奉承彭乡绅；问那个有才情，是专会奉承彭乡绅。却另外有件事人也还怕：是同徽州方家做亲家；还有件事人也还亲热：就是大捧的银子拿出来买田。

这个县还有什么"非方不心，非彭不口，非方不亲，非彭不友"的口头禅。这里，人与人之间关系完全被功名熏透了，中了举，连叔侄也不认了，什么兄弟呵！夫妇呵！叔侄呵！甥舅呵！几乎完全浸溺在金钱势利中，像二严家那样，根本没有什么道德廉耻了。

那冠冕堂皇的礼教，这时在士大夫那里，也是虚伪已极。范进装守孝，不肯拿象牙筷子，却夹着大虾元子往嘴里送。荀玫为了选官，母亲死了不报丧，为人师表的周进、范进意说可以酌量而行。这是一方面。另一方面，礼教对于下层人民，正张着血盆大口在吃人。王三姑娘丈夫死了她要跟着“殉节”，父亲还说她死得好。所谓礼教就这样的虚伪！这样的残酷！

这个社会的学术文化也堕落得可怕，八股之士只读四书五经，谈谈诗文就要被人嗤为杂学。于是所谓知识分子实际上无知到了极点。张、范二举人和汤知县大谈刘基的故事，完全是胡说八道，连眼前的历史知识也一点没有，做了通政的范进，连苏轼是什时代的人都不知道。这是一方面。另一方面文坛出现了一班假风雅的斗方“名士”，他们是一群极无聊的寄生虫，是那些别的玩腻了的老爷们的哈巴狗儿。他们什么也不懂，只看了一夜的《诗法入门》便作起诗来，“且夫”“尝谓”也成了诗句，巡商、医生、卖头巾的也自称诗人，冒死人之诗名以行骗，附奇货之骥尾以得利，无聊极矣！然而这时的真才实学，如杜少卿者却被社会所鄙夷，所歧视！人们说他们：“真要通了，何不中了去！”这个社会就是这样的是非颠倒，贤愚易位！

对于封建社会许多险恶的风俗习惯，作者也没有放松抨击。如信风水，讲地舆，他主张立一刑律，主迁葬之风水先生，须具有水蚁甘结，如挖开不合，就一刀砍下风水的狗头，子孙则立刻凌迟处死。对一夫多妻、玩戏子、好男色等等，作者都进行了有力的揭露和批判。

作者把封建社会鞭挞得真是体无完肤了，当时全部的上层建筑几乎都被他否定；虽然他没有直接大量的描写阶级矛盾斗争，但是这一切已在实际上宣判了封建社会必然灭亡的死刑。

作品到处都贯串着揭露与批判。在人物描写，在字里行间、都充满了愤世嫉俗与跟恶势力进行不妥协斗争的战斗精神，在当时文字狱高压之下，讽刺政治是大逆不道的，作者虽然把时代推到明朝，但读者知道，那实际是在影射当时社会，这需要多么大的勇敢和坚毅呵！还应指出，作者这种批判，是站得很高、看得非常远的，他所揭露的现象，富有极高的典型概括意义，因而就是在解放前，也还能大量地看得到。有一些问题几百年来，许多人都把它看作是合理的甚至是天经地义的，而他却作了那样大胆的嘲笑，坚决的否定，在当时，他实在是站在时代的最前列！

民主思想的萌芽

俄国批判现实主义作家谢德林说过："为了使讽刺成为真正的讽刺，并达到自己的目的：第一，讽刺必须使读者体会到讽刺的创造者赖以出发的理想；第二，讽刺必须十分明确地认清自己锋芒所指的对象。"吴敬梓讽刺的对象是十分清楚的，那就是封建制度。他的理想也很明确，那就是初步的民主思想。它表现在他所描写的正面人物身上，尤其集中地表现在作者自己的化身——杜少卿身上。

吴敬梓写《儒林外史》时，曹雪芹也在开始写他的《红楼梦》。由于社会历史条件以及作家个人经历有许多相同之外，这两部伟大的现实主义巨著中的正面主角——杜少卿和贾宝玉，竟是那样不谋而合，非常的相似。

和贾宝玉一样，杜少卿也出身一个大官僚家庭，绝顶的聪明，却极不谙世事。本来取功名如拾草芥，他却偏不愿去，"乡试也不应，岁科也不考，逍遥自在，作些自己的事"。大官来推荐他，他还躲开。对于逢迎接送一套礼俗，他非常讨厌，对于封建世俗风气，他大胆挑战。他眼里没有官长，没有本家。凡是统治者用以夸饰自己扩大势力的一切方法、工具和凭依，他都可能具有，但却全被他撕破、毁弃、视如粪土。在当时人眼里，他是呆子和叛徒。高翰林说他：

他这儿子（指杜少卿），就更胡说，混穿混吃，和尚、道士、工匠、花子，都拉着相与，却不肯相与一个正经人！不到十年内，把六七万银子弄的精光。天长县站不住，搬在南京城里，日日携着乃眷上酒馆吃酒，手里拿着一个铜盏子，就像讨饭的一般，不想他家竟出了这样的子弟！学生在家里，往常教子弟们读书，就以他为戒。每人读书的桌子上写一

纸条贴着，上面写道：'不可学天长杜仪'！（三十四回）

和贾宝玉喜欢接近丫头一样，杜少卿也没有等级观念，喜欢接近并帮助穷朋友，以致让一些坏蛋钻了他的空子，他自己并不后悔。对于妇女他很尊重，对爱情很诚笃，春天里和妻子手拉着手在雨花台吃酒游春，后面跟着一群人指手画脚，他也在所不顾。这显然是对礼教世俗的示威，显然是戴震的"体民之情，遂民之欲"的个性解放的民主主义因素的表现。

作为一个封建制度的逆子贰臣，杜少卿还具有以下一些突出的特征。

首先是自觉性。他是自己把家财花光，自觉地和自己的世家大族决裂，坚决不与世俗同流合污，后来安贫乐道而无怨言。而这种背叛乃是基于对封建制度的憎恨，和对自己美好的理想的坚持，并不是像许多人那样由于个人的功名得失或家庭不幸而发牢骚。

其次，他的人生观是旷达豪放的。虽然他所处的社会是那样黑暗和腐败，但他却毫不悲观颓丧。他有自己的理想，开始是寄托于知识分子，后来转向市民。虽然他以祀泰伯来救民风是不合实际的复古主义，但他讲"文行出处"的入世态度却是积极的。

有人认为，杜少卿思想基本上不脱儒家正统。我们觉得：杜对于儒家思想只取了它某些形式，而注入了新的实际内容。如他提倡的"孝"，却与"忠"相矛盾，其实质乃是提倡朴素的家庭关系，反对做官求名。他主张"悌"乃是提倡朋友和弟兄间真诚的情谊，反对虚伪的礼俗。他所赞扬的行"仁政"者，都是没有等级观念肯结交贫贱的新官吏。其他一些地方，他虽也提到孔孟之道，但仔细分析起来，都不过是召唤亡灵为自己服务罢了。

有人说，杜少卿并没有能彻底冲破封建束缚，最后还是妥协退让，寄情于自然了。我们认为，他在天长县的"平居豪举"就是反封建的实际开始，从天长来到南京，是第二步；不应征辟是第三步。此后他在南京的全部的社会的学术的活动及生活的表现，无一不是对封建制度的坚决挑战，在那样艰苦的条件下洁身自爱，最后让社会把他间接地逼死了。这样的一生，在当时知识分子来说，不能说不是战斗的一生。

总的来说，杜少卿虽然也不无缺点，但他确是一个光辉的形象，是一个具有初步民主思想的自觉的积极的战士。在某种程度上，他是当时我国许多初步民主思想家形象的概括反映。过去的研究没有对他加以重视，真是有些遗憾了。

沈琼枝的形象也很值得注意。她是新型的女性形象，某些方面像古代的女侠，但更多的地方像资本主义上升时期的民主个人主义者。她也是一个向封建势力大胆挑战的战士，有主张，有办法，敢于打破封建社会加在妇女身上的各种枷锁，什么礼教、法律、官府，她全不放在眼里，一巴掌打得差役跌好几丈远，在他们面前，口口声声"姑奶奶"。这还不出奇，重要的是她已经大胆，打破了妇女对于男人的依赖，置世俗社会的一切侮慢、迫害于不顾，坚决自食其力，靠刺绣卖文为活。这在封建社会里实在少见，只有在新兴资本主义社会里才经常碰到。对于这样一个女性，作者通过杜少卿对他的推崇，热烈地赞扬了她。后来还给了一个斗争胜利的结局，虽然这在当时是很不可能的。这个人物的出现，是《儒林外史》中的一颗彗星，也是我国文学史上一颗彗星。与稍后的《红楼梦》中的尤三姐、晴雯等形象又有所不同。

自食其力的下层市民、小手工业者、穷苦农民，也是作者的正面理想。才能、正义、道德、友谊和真诚，往往都表现在他们身上。如鲍文卿、倪老爹、牛老和卜老，以及最后一回中的擅长琴棋书画的四客等等都是。这种情况虽不能看作是作者对市民阶层的力量已有认识，但至少可以说明，他是开始注意并寄希望于下层民众了。

此外，知识分子中一些轻视功名贵富，讲究文行出处的人物，如王冕、虞育德、庄绍光等，也是作者所肯定的，但还不能说是最高的正面理想。作者写他们，并没有多少特色、用多少热情，而且还不无批评。

这里附带谈谈《儒林外史》的局限性。它主要体现在作者所写的正面人物身上。如凤四老爹，他所结交和帮助的都不是好人，这种侠客实在是无原则的。又如郭孝子，满口忠孝节义，劝人效忠朝廷，可是自己作的却是私访逃逋的不法行为，言行不一，实在是一个矛盾的性格。有人说这些可能是别人的窜改，这个怀疑是有理由的。此外杜少卿身上也有复古主义的儒家道德思想和公子少爷作风等局限性。其他的正面人物如世家旧族、真儒雅士等等，往往都有迂阔不合实际之感。这都是作家本人复古主义和民主主义思想矛盾的结果，这种情况正是作者的阶级的和时代的局限，不能真正摆脱儒家思想影响的表现。

《儒林外史》的讽刺艺术

《儒林外史》是一部讽刺小说，作者继承了中国古代史传文学家提倡的“皮里阳秋”的讽刺手法，在新的基础上创造并发展了文学创作中(尤其是小说)的讽刺艺术。鲁迅先生认为，它是我国讽刺小说的正式开始，“于是说部中乃始有足称讽刺之书”。(《中国小说史略》)《儒林外史》的讽刺主要具有下列特点：

第一，着重揭露人物言行的矛盾，让人物自己打自己的嘴巴。作者“无一贬词而情伪毕露”(鲁迅)，我们看书时一定要把人物的前后表现互相联系着比较着看。如严贡生和范进等见面时，自称知县如何赏识他，自己如何为人表率，从不占人便宜等，可是正在这时，别人来讨猪，他竟强占着别人的猪不给，接着那人去告状，知县竟准了而且说这贡生非常可恶。这样就把严贡生这个恶霸地主自吹自擂、恶劣无耻的面貌暴露无遗了。

第二，高度的现实主义手法。对于日常生活现象他有深刻的观察和细致的敏感，他善于从细小的具体的但又是典型的矛盾中来充分揭露和批判社会本质问题，具有高度的概括性。其细节描写委婉曲折而多寓讽刺，书中随便一个小节，都有深刻的含义，如范进吃饭、王义安戴帽子、成老爹穿衣服……细嚼起来都耐人寻味。

全书刻画基本上用白描方法，没有什么幻想夸张，不故意追求新奇的情节，或制造骇人听闻的奇事。尤其是全书没有玄虚的奇谈、神鬼的怪诞以及因果报应的迷信，没有色情描写，没有才子佳人恋爱的故事。在我国古典小说中是一个很特别的现象。这正说明作者是一个严肃的现实主义者。

第三，讽刺很有分寸，有一定原则而不是一味嬉笑怒骂。毛主席说："有几种讽刺，有对付敌人的，有对付同盟者的，有对付自己队伍的，态度各有不同。"(《在延安文艺座谈会上的讲话》)吴敬梓的讽刺就是这样的。他对于肯定人物也讽刺他们某些缺点，如马二先生的迂阔，余大先生的打秋风，但这种讽刺是善意的。对否定人物也分别对待，当他们不得意时，也给予一定的同情，如匡超人前期的好学孝亲，王惠后期的落难出家。而对那些提倡八股功名、作威作福、荒淫无聊、且专与不羁之士为难的上层官僚如高翰林、秦中书之流，作者则不遗余力的给予狠狠的打击。

《儒林外史》的语言特征。

第一，生动活泼流畅，全是通俗的口语，其中还大量采用市井歇后语。如第十三回："这个正合着古语'瞒天讨价、就地还钱'；我说二三百银子，你就说二三十两；'戴着斗笠亲嘴，差着一帽子'；怪不得人们说你们'诗云子曰'的人难讲话；这样看来你好象'老鼠尾巴上长癞子，出脓也不多'；倒是我多事，不该来惹这'婆子口舌'。"

第二，是准确深刻、丰富形象。人物语言几乎都来自他们的灵魂深处，每一个人的每一句话，都切合他的身份地位及当时的感情。秀才说话和举人不同，大官语言和小官不同，农民语言和市民不同，对上级说话与对下级不同，吹牛有吹牛的腔调，欺诈是欺诈的口吻，各人声音笑貌无不毕现。这样的例子到处都是。叙述语言更是极为简练，极为传神，每一个字都下在最适当的地方。如第二回："当下捺着姓荀的出了一半"，一个捺字十足的状出了地主之间的矛盾和姓荀的莫奈何心情。第四十七回："那元宝在桌上乱滚，成老爹的眼珠就跟这元宝滚"，把一个势利小人的内心刻画得入木三分。

《儒林外史》对我国文学语言的宝库提供了重要的财富，许久以来，都是我国白话文学的典范。

关于《儒林外史》的结构形式，过去有不少人提出了批评。鲁迅就曾说："惟全书无主干，仅驱使各种人物，行列而来，事与其来俱起，亦与其去俱讫，虽云长篇，颇同短制。"(《中国小说史略》)

于是有些人便认为《儒林外史》的艺术性不高。对这问题，我们觉得有重新估价的必要。

衡量任何艺术形式，首先应该看他是否有力地表达了内容。《儒林外史》所要表现的内容是广阔的生活面，是对封建社会各个角落、各色人物、各种事态，如果他只取一隅一人一事，那是很难达到全面鞭挞的效果的。而现在他这种长廊画的形式，就正好表现了那百丑图式的内容。从这点出发，我们认为这就是很合适的形式。由于这种新形式便于反映这种新内容，于是到了晚清它便得到了长足的发展。许多谴责小说家们，都广泛地运用它，学习它，如《官场现形记》、《文明小史》、《二十年目睹之怪现状》等就是，这种事实也就证明了它是成功的。

有人说，《儒林外史》简直不是长篇，什么是长篇？如此宏大的主题，丰富的内容，繁复的结构，难道不都是长篇小说的特征吗？至于主干，其实也是有的，那就是全面地对封建制度进行批判。结构也是有机的，全篇有很好的首尾，中间分出许多段落，都是很巧妙的联络。每一段落本身的情节结构，更是十分精密。这样看来，如果我们不存有长篇小说一定要从头到尾写一人一事的凝固的看法的话，那么，我们就不会那样非难《儒林外史》了！

又有人说，《儒林外史》没有塑造出人物，这其实也是从上一种看法来的。由于作品不是写一人一事，他确是没有写一个从头到尾的人物，但依然塑造了不少形象，前面所举杜少卿、沈琼枝等不就是么？不过他造型方法不同。

首先，他是把人物放在社会活动中，是在人与人之间的社会日常交往中，来刻画人物的思想性格的，很少孤立地描写、死板的介绍和静止的心理分析。他的一个场面，既写了这个人，也写了那个人，既是前一个矛盾的结束，又是后一个矛盾的开始，人物性格就是在这种矛盾的发展中逐渐成熟明确的。

其次，是在人物行动和极简练、极典型的语言中来刻画他最本质的思想面貌，很少全面的介绍，有很多所谓隐笔，留给读者去想象、体味。如写周进从当塾师开始，以前如何不提。写荀玖到奔丧为止，至于后来为什么会贪赃拿问，就不讲了。但这并不妨碍我们对人物性格的全面深刻把握，因为它已经向我们揭示了这些人物的基本特征和发展规律，他的过去将来，我们是可以推想得到的。

《儒林外史》对后世文学的影响十分深远。尤其是晚清小说和鲁迅杂文，从形式到内容都提供了许多宝贵的经验，促进了讽刺艺术的发展。从 20 世纪初期以来，就有的文学史和小说史，都把它与《三国演义》、《水浒传》、《西游记》和《红楼梦》，并列为五大长篇小说。1954 年，吴敬梓作为世界文化名人，在全世界范围举办了纪念活动。

80 年代以来，社会上流行所谓“四大小说”，把《儒林外史》排除在外，这是不公正的。目前的中国文学史中国小说史并没有采用“四大小说”的提法。

（本文原为北京大学中文系 1955 年文学专门化同学集体编写的由人民文学出版社 1958 年出版的两卷本《中国文学史》中的一章，主要由我执笔）

七、读《近代诗选》[1]

近代文学是在我国社会发生根本变化的近代现实的基础上产生的，它是我国旧民主主义革命的形象纪录，是古代文学发展的继续，是"五四"以后新文学的前奏，是整个中国文学史中的一个重要环节。进一步加强近代文学的研究，具有重要的现实意义。

目前，近代文学的研究工作，还是比较薄弱的，许多课题在等待我们去做，有些问题甚至还是空白点。这种情况显然不能满足现实的需要。不久前，北京大学中文系的一些同学们，在党组织的领导和支持下，用师生合作集体研究的方式，编选了这部《近代诗选》(以下简称《诗选》)，他们在这方面的努力，正是合乎时宜，值得欢迎的。

在我国古代丰富的文学遗产中，有许多民主性的精华，也有不少封建性的糟粕。在近代文学中，这种精华和糟粕杂糅的现象，比之古代文学显得更为严重。因此，研究近代文学，必须坚决贯彻马克思列宁主义的批判继承原则。《诗选》的选注者们，在本书中力求体现马克思列宁主义的批判精神，试图把科学性和革命性结合起来，这种作法，是值得我们重视的。

(一)

在《近代诗选》前言中，选注者以毛泽东同志关于中国近代社会发

① 《近代诗选》，北京大学中文系文学专门化 1955 级《近代诗选》小组选注，人民文学出版社 1963 年出版。

展的科学概括为依据，以马克思列宁主义的阶级观点为指导，分析了近代诗歌发展的面貌和特点，确认服务于反帝反封建斗争的进步的现实主义和积极浪漫主义诗歌，是近代诗歌的主流，批判了过去所谓“正统”诗坛的各种反动腐朽的诗歌逆流。界线清楚，旗帜鲜明，这是本书的一个特色。

中国社会到近代进入一个新的历史时代，即旧民主主义革命时代。在这个时期，“中国文化战线上的斗争，是资产阶级新文化和封建阶级旧文化的斗争”(《毛泽东选集》第2卷，第668页)。选注者依据毛泽东同志的这个指示，清楚地区别出近代诗坛上的两种基本潮流：以改良主义启蒙思想家、资产阶级改良派和革命派为代表的一系列诗人，构成了近代诗坛上的主流；以封建阶级、买办阶级的顽固保守派为代表的诗人，是近代诗坛上的反动逆流。这样两个阵营的对立，正是当时社会的阶级斗争在诗歌中的反映。

选注者在前言中概述了近代诗歌发展的面貌。他们把八十年的近代史，大致分为三个时期，即：鸦片战争和太平天国革命时期，资产阶级改良主义运动和义和团运动时期，资产阶级民主主义革命时期(当然，这样分法是否恰当还可以讨论)。认为近代诗歌的发展也相应地经历了这样三个不同阶段。在第一个时期的进步诗歌潮流中，龚自珍、魏源等改良主义启蒙思想家占有突出地位，此外还有一些开明的或爱国的地主阶级知识分子如张际亮、贝青乔、张维屏、林昌彝等人的作品以及太平天国领袖们的诗歌。他们的创作形成了当时进步诗坛的主流。在第二个时期，随着资产阶级改良运动的发展，出现了以黄遵宪为代表的一系列的改良派诗人或新派诗人，如谭嗣同、康有为、梁启超，以及蒋智由、丘逢甲等。以他们为主力，推进了进步诗歌的新潮流。到了本世纪初，进入了资产阶级民主革命时期，以秋瑾、章炳麟等和南社诗人柳亚子、高旭等为代表，就组成了这个时期进步诗歌的主力军。这些诗人的成就和他们所作的努力，为“五四”时代无产阶级领导的属于新文化运动的新诗歌运动，准备了一定的条件。

把这样一系列的反帝反封建的进步诗歌作为近代诗歌的主流，是正确的。首先，它符合毛泽东同志给我们的指示："无产阶级对于过去时代的文学艺术作品，也必须首先检查他们对待人民的态度如何，在历史上有无进步意义，而分别采取不同态度。"（《毛泽东选集》第3卷，第871页）。对于革命的进步的文学，毫无疑问，我们应该让他们在文学史上占首要地位，给予充分的估价。

其次，确认这样一个诗歌主流，也是合乎历史实际的。正是上述那些诗人，曾经站在当时斗争的前列，勇敢地抨击帝国主义的侵略罪行，大胆地批判封建统治下的黑暗现实。正是他们，开始睁开眼看世界，开始向西方寻找真理，探索祖国富强和民族解放的道路。他们是当时的先进的中国人的代表。同时，也正是在这些人的作品里，才真正继承了我国古典诗歌的优良传统，体现了现实主义和积极浪漫主义的新水平。在艺术上，他们也是那个时代的最高成就。因此，把他们当作近代诗歌的主流，完全是当之无愧的。

第三，只有确认了近代诗歌的主流，才能使近代文学的研究具有系统性，才能更好地清理近代诗歌发展的脉络线索，把握其承前启后的联系，从而恰如其分地估计各种流派的应有地位，而不致像过去有些人那样把近代诗坛看成一团乱麻或拘于宗派门户之见而不能自拔。

确认反帝反封建的进步诗歌作为近代诗歌的主流，最重要的意义还在于其战斗性和批判性。这一主流与封建文人和资产阶级学者所标榜的诗坛"正统"的反动逆流是正好针锋相对的。这一点只要我们把陈衍的《近代诗钞》拿来稍加比较就看得非常清楚。陈衍认为近代诗歌的主流是以大官僚祁寯藻和曾国藩等人为盟主的宋诗派，继后便是张之洞、沈曾植、郑孝胥之流的"同光体"居于正宗。上述这些人物，几乎全是一些封建阶级和买办阶级的顽固保守派的代表，其中许多人正是革命的死对头，也是进步诗歌的死对头。在这部《诗选》的前言中，一方面树立了进步诗歌的正气，与之对立；另一方面打击了反动诗坛的歪风，用阶级分析作为武器，联系当时的社会情况，分别对三个时期以宋诗派为代表的一些反动流派的来龙去脉、前因后果、表里内外，从政治上、思想上、艺术上、风格上，都作了比较深刻的揭露和批判。例如对于王闿运的汉魏六朝诗派，前言指出他的模拟古人诗，只是一种逃避现实自我麻醉的方法。这种方法，就是把自己的精神世界寄托于古人的诗境之中，句模字拟，自得其乐，修心养性。这是一个腐朽的诗派，纯粹的古董诗派。又如对于陈衍、赵熙等人在北京创立的"诗社"，选注者揭露了他们好像是为了欣赏良辰美景，品茶饮酒，似乎是无所为而为的假象：实际上起着为垂死的清王朝粉饰太平和以其腐朽影响引导诗歌脱离现实斗争的反动作用，恰巧和南社的革命活动遥遥相对。这样就把他们的底细给揭出来了。

确认反帝反封建诗歌的主流地位，决不意味着他们便没有缺点，可以全盘继承而不需要批判了。《诗选》对每个时期进步诗歌潮流的局限性也进行了一些分析批判。在指出他们产生的社会背景和历史条件，总结其思想和艺术成就的同时，也具体论述了他们的不同的阶级局限性和历史局限性和艺术上的某些缺点。既肯定他们一定时期的历史功绩，也指出他们后来逐渐落后以致反动的倾向。这就在一定程度上体现了即使是精华也要批判的精神。

（二）

文学选本是文学批评的一种形式。自古迄今，任何文学选本无不反映编选者的文学观点和批评标准，包含着一定时代一定阶级的继承观。

"文学批评有两个标准，一个是政治标准，一个是艺术标准"。"任何阶级社会中的任何阶级，总是以政治标准放在第一位，以艺术标准放在第二位的"。"我们的要求则是政治和艺术的统一，内容和形式的统一，革命的政治内容和尽可能完美的艺术形式的统一"（《毛泽东选集》第3卷，第890—891页）。可以看出，《诗选》的选注者们是力图把毛泽东同志这一经典指示，作为编选近代诗歌的最高准则的。

书中一共选了五十位作家，大致可以分为三类：第一类是从政治标准第一，艺术标准第二，政治和艺术相统一的原则考虑，在近代诗坛上有较高成就的重要诗人，如龚自珍、魏源、黄遵宪、谭嗣同、康有为、梁启超、柳亚子等。第二类是虽非诗人，诗作也不多，但在近代历史上有突出地位的，如林则徐、洪秀全、孙中山等。第三类是政治上并不突出反动，而其诗歌的内容也还有某些可取之处，选入他们对了解近代诗歌发展有一定意义的，如程恩泽、郑珍等是。从数量上看，第一、二部分所占比重最大，排列次序也以他们为首。而对于政治上反动透顶的顽固派，尽管对当时诗坛有着相当重要的影响，甚至是反动流派的首脑人物，如曾国藩、郑孝胥之流，则坚决排斥，决不入选。

入选诗歌共 327 篇，选录原则同样是政治标准第一、艺术标准第二，政治和艺术相统一。主要是那些深刻反映反帝反封建斗争而又具有高度艺术性的作品，对于一些思想性很强，但艺术上尚不十分成熟和思想性不太强，但并不反动，而又有较高艺术性，代表作家和流派的某种风格特点的诗篇也酌量选取。而于那些内容腐朽反动或对今天的革命现实有严重妨碍的作品，尽管艺术成就再高，在当时影响再大，或者甚至是出自当时第一流名作家之手，此书也决然割弃，没有选录。看来编选者的政治标准显然不但考虑到当时当地的条件，而且还注意了作品在今天的作用和影响，从现实斗争需要出发，力图贯彻古为今用的精神，这是很必要的。

这个选目和过去的若干选本大不相同，甚至是迥然异趣，尤其是和陈衍的《近代诗钞》的选目形成鲜明对立。陈衍主张以宋诗派为正宗，所以对于祁嶲藻、曾国藩等人的作品，大量抄载，并且迻录诗话评点，极力吹捧。对于以王闿运为首的汉魏六朝诗派，以樊增祥、易顺鼎等为首的中晚唐诗派的作品，也选录不少。而对于魏源以后一系列的进步诗人，则没有兴趣，有的人如蒋智由、丘逢甲、秋瑾、柳亚子等，连名字也没有，根本就不在他的眼下了。这种情况并不是偶然的。陈衍在政治上是一个封建阶级的顽固保守派，反对改良，敌视革命，民国以后还甘心以遗老自居。为了维护自己的垂死的阶级的利益，所以他才那样嗜痂逐臭，死死抱住宋诗不放，拼命和新诗派唱对台戏。陈衍的艺术观点和《近代诗钞》的出现，都是和当时的阶级斗争联系着的。该书刊行以后，曾经产生过相当大的影响，今天看来还有必要给予清算。

《诗选》的选目向人们展示了近代诗歌的成就，这就有力地驳倒了所谓"近代无诗"的错误观点，最具体地说明那种轻视或忽视近代文学的看法是毫无根据的。

选诗是不容易的，而选近代诗尤其不容易。近代诗歌远没有经过整理，既多且乱。有的诗人作品多到数以万计，少到只有一两首，许多人的作品散失情况十分严重。有些人自己编印成集时，由于思想观点的退化，往往把早期一些好诗删去。有的为了某种政治原因，用了假名或匿名，以致某些作品至今还找不到作者是谁。还有不少冒名诗、伪造诗，随意窜改别人的诗，……不一而足。在这样情况下选诗，就既需要广泛地收罗，尽可能把握全貌；又需要精确地考辨，仔细分别真伪，然后才有可能进行比较和选择。这个工作是十分艰巨的。本书的选注者们，在许多相关的图书、出版、编辑部门的协助下，依靠集体力量，探索了大量的原始材料。从书中可以看出，他们曾经查阅过当时许多报刊杂志，利用了某些手稿和抄本，因而能够有所发现，提供出一些新的情况，补足了某些空白点。据我所知，黄遵宪的《人境庐集外诗辑》，就是他们这次发现并整理出来的。本书中所选《邻妇叹》、《为小子履端寄翁翁》等诗即出自其中。同时他们还做了一些甄辨工作。例如蒋智由的《有感》、《卢骚》两首诗，近代许多刊物都转载过，均未署名，因为曾被邹容在《革命军》中引用，有人遂以为是邹氏所作。这次他们查阅了《清议报全编》和《新民丛报》，发现了原出处，才纠正了这个讹误。

为了帮助读者能够比较全面地了解入选的作家，《诗选》对每个入选的作家都一一撰写了小传，扼要介绍其生平、著作、思想和艺术特点，给他们以一定的评价。其中贯穿了以阶级分析为武器的批判继承的精神。如高旭小传指出:高旭的创作与他的革命活动是紧密联系着的,反对帝国主义的爱国主义思想和资产阶级革命思想是高诗中的两条主线。此外也还有一些残余的封建思想,消极的佛家思想,以及资产阶级个人英雄主义思想。由于他的思想复杂,再加上革命形势消长的影响,诗中表露出来的感情,也就有所起伏,时而豪放炽烈,时而悲凉感伤,而又常常是两方面交织在一起。高诗的风格有两种:抒发壮志,鼓吹革命的诗,抒情说理交融一体,气势澎湃,富有鼓动性和战斗性;慨叹革命的挫折和祖国的危亡的诗,则沉郁悲凉,感伤气氛很浓。这样的介绍,既肯定了进步面,也批评了落后面,从思想特点到艺术风格都扣紧了作者对革命的态度。

对有些诗人,小传还分别了他们创作的不同时期不同阶段,给予不同评价。如张际亮小传指出,在鸦片战争以前,其诗成就有限,对封建王朝还抱有较大幻想,对现实虽有不满,主要还是从个人出发,但也表现了爱国倾向。鸦片战争中,他和江浙人民一道流亡,一道经受外国侵略者所造成的苦难,因之后期诗作真实地记录了当时江浙一带人民的苦难与反抗,更深刻地揭露了统治阶级投降派的可耻面目,清王朝的腐败和侵略者的凶残,表现了强烈的批判精神,爱国主义思想和对人民的深厚同情。这样联系现实斗争进行分析,就把不同时期不同成就的原因揭示出来了。

(三)

注释是古典文学研究工作中的一个重要组成部分。它不仅要疏通音义,诠释词语,考释名物典故;而且还应该正确阐明作品内容的思想意义,帮助读者深入地把握作品的主题思想和了解作者的思想观点。严格说来,注释工作也是一项思想性很强的研究工作,而不仅仅是技术性问题。

《诗选》在注释方面的最显著的特色,就在于较好地贯彻了批判继承的精神，并且探索着在注释工作中采取一些新的方法。

选注者认为，虽然入选的作品都是近代诗歌的精华，但它们毕竟产生于过去的历史时代，其中不可避免地夹杂着某些糟粕。特别是联系当前革命现实来看，当时某些曾经是进步的东西，在今天也有可能具有不同程度的毒害作用。因此，他们在注释中，除了讲清词义、典故、历史事实之外，还作了简括的必要的分析批判。像第一个时期的启蒙思想家的作品中对最高统治者的幻想，对农民起义的敌视；资产阶级改良派和革命派诗人反帝反封建的妥协性和软弱性，以及他们的严重脱离群众，种族主义，个人主义等等，注释都作了批判。对于有些诗中夹杂的宗教迷信观念，对兄弟民族的侮辱性的称呼和用语，注释也注意加以澄清。尤其是一些资产阶级思想意识，有的在当时曾经是进步的，起过一定的积极作用。但是到了后来和今天，则已经成为落后或反动的东西。选注者通过注释，对它着重进行了批评。像黄遵宪的《纪事》诗，对资本主义制度进行了有力的揭露，但最后一段又流露了对资产阶级自由民主的幻想，把美国社会说成是"人人得自由，万物咸逐利，民智益发扬，国富乃倍蓰"等等。注释认为"这里表现了作者对资产阶级国家的憧憬，这在当时中国还处在封建统治的历史条件下，有其进步的意义，但作者的资产阶级改良派立场使他把资产阶级国家美化了。在资产阶级国家里，所谓自由只是资产阶级享有自由，人民并不能真正享有自由。资本主义虽比封建社会创造了更强大的生产力，但在资本主义制度下，由于阶级压迫的存在以及生产危机所造成的生产力的极大浪费，并不可能达到'万物咸逐利'，这是只有在社会主义制度下才能实现的。另外资本主义社会科学的发展虽然远远超过封建时代，但人民仍不可能广泛享受教育，所以对民智发扬亦必须以阶级观点看待。至于'富国'，实质上是意味着对人民的残酷剥削，意味着在血腥统治下大资本家的暴富。"这样注释本身是否精当，当然还可斟酌，但不管怎样，这里所表现的批判精神，这种对资产阶级思想泾渭分明，毫不含糊的革命态度，我认为是可贵的。

《诗选》在注释中进行批判的方式也是灵活多样的。主要手段是通过名词典故的训解，把解释字面意义和批判思想实质结合起来。如释“养气”，首先指出是“儒者主观唯心主义的修养功夫”，然后再注明出处。有些作品中夹杂着某些表现了错误观点和不良情调的句子，即使从文字上看并无生词僻典需要注释，但为了批判，也专门加注。像前面举过的黄遵宪的《纪事》诗就是。有些作品的局限性并不一定表现在哪一个词语或诗句上，而是体现于全诗的感情和态度中，这时注者便以解题的方式进行全面的批判。如金和的《双拜岗纪战》，这首诗暴露了清军的极度腐败和对人民的暴行。但作者又敌视太平天国革命，因此对于清军的批判是从维护其阶级利益出发的，带有很大的局限性。解题便着重说明了这种情况。这些方式看来都是比较适宜的。

《诗选》在注释中进行批判时，特别注意了实事求是的原则，具体问题具体分析，不论肯定或否定，都能注意到程度和分寸。尽量避免简单化。例如陆嵩的《赠龚兰生照琪大令》诗中有“船坚炮利皆妄言，累累悬桅假以木”两句。注释说：“作者藐视敌人是好的，但因为缺乏知识和观察失真，把敌人武器看得一无用处，认为炮是木做的，是只见其底座。”这样的批评，既站在今天的高度，又合乎当时实际情况。朱琦的《感事》诗中有“致衅诚有由，功罪要足抵”两句。注释写道：“林则徐禁烟是完全正确的，也是正义的，战事的发生完全由于英帝国主义的蓄意侵略，无所谓‘致衅’问题，‘致衅’完全是屈辱投降的统治阶级硬加在林则徐头上的罪名。作者这样讲有退一步说的意思。……是同情林则徐，为他辩解，但这种说法本身仍然反映了作者的软弱和是非不够分明。”能够这样体察作者的意图衷曲，故其分析判断就比较稳妥。

在近几年来出版的古典文学选本中，在注释时注意有所批判的不是没有过，但是像《近代诗选》这样大量地有意识地进行批判的还不多见。我认为，这是一种新的方法，虽然某些具体做法还可商榷，但是他们这种勇敢的尝试，应该给以支持。

近代诗的注释工作比之古代有更多的困难。第一，不像古代有大量的旧注可资参考，近代诗大部分都没有注释。第二，诗中用典往往古今中外，尤其外来新创词语，光怪陆离，一般工具书已无能为力。第三，由于某些历史的和政治的原因，近代诗人很喜欢用暗典，有些意思特别隐晦曲折，不了解当时历史背景，很难领会。本书选注者克服了上述困难。首先，他们借助于解放以来近代史研究的成果，并结合自己的钻研，把作品的历史背景和涉及的有关历史事件搞得比较清楚。由于联系到当时的具体事实，对许多诗的含义比过去有了更深入的了解。如张际亮《送云麓观察督粮粤东》诗中有"司空屡绌水衡钱"句，注释认为指当时各税关亏缺税银事，引用了《道光实录》卷 195 所录道光十一年八月二十七日"上谕"中的材料，颇能说明问题。有一些僻典和不易为人注意的化用前人诗意之处也能够解释清楚。如梁启超《澳亚归舟杂兴》诗有"此游也算人间福，敢道潮平意未平"句，乍看似乎是普通比兴手法，其实并不止此。注者引证了陆游《塔子矶》诗："古来拨乱非无策，夜半潮平意未平"，指出此处系反用其意，表面上说，岂敢说潮平意未平，实际上正是说自已满怀忧愤，意未能平。这就比较细致。有些地方较之别本亦有补充或新见。如严复《送沈涛园备兵淮扬》诗中有"流年已似手中蓍"句，过去注释只是说形容年纪老大。《诗选》认为这里作者是说当时他正值四十九岁，引征了《周易·系词》，苏轼《次韵曹九章见赠》和查慎行《东坡先生编年诗补注》等材料。其结论显然比过去有所发展。

当然，这本书也还有一些需要改进和尚可商榷之处。例如，入选作家作品是否还可以再广泛一些，以便更全面地反映近代诗歌的成就和特点；注释似乎稍嫌过烦，不必要的重复过多，注文有些地方不够精练；全书体例也不太统一；不应有的技术性错误和当注未注现象也还存在。总之，这本书显然还不能算是尽善尽美的。究竟如何全面地科学地给它以适当评价，还有待广大读者的检验和批评。本文只是从选注者的指导思想着眼，谈谈个人的一些不成熟的看法，别的方面就略而不论了。不妥之处，尚待读者指正。

（原载《江汉学报》1964 年第 4 期）

八、解读温家宝总理引诗三首

2003年3月至6月，温家宝总理在不同场合多次引用近代诗人林则徐、黄遵宪、龚自珍的名句名篇，意味深长，发人省思。

其一，林则徐的："苟利国家生死以，岂因祸福避趋之。"

这是民族英雄林则徐(1785—1850)的名句。2003年3月18日，第十届全国人民代表大会闭幕后，温家宝总理在北京会见记者时，曾引此二句以明志。4月29日，他在曼谷与记者谈话时，又重复其中第一句，说"不幸而言中"。意谓现在沙斯肆虐，考验的时候到了。只要对国家有利的事，他会不顾个人安危去做。

此诗原题为《赴戍登程口占示家人》，是七言律诗。鸦片战争失败后，林则徐被贬谪新疆，临行前作此诗示家人，坦示心迹，全诗共八句：

力微任重久神疲，再竭衰庸定不支。
苟利国家生死以，岂因祸福避趋之。
谪居正是君恩厚，养拙刚于戍卒宜。
戏与山妻谈故事，试吟断送老头皮。

第一句是说自己能力微薄而肩负重任，早已感到精神疲惫。第二句用《左传》语典。庄公十年，曹刿论战说："一鼓作气，再而衰，三而竭。"林氏用来说明自己再三冲锋陷阵，屡遭挫折，已经无法支撑。庸，庸碌。

第三句，是春秋时郑国政治家子产的话。《左传》昭公四年，子产作丘赋，使一丘之人按所耕田亩出车赋若干，是一项重要改革措施，却受到保守派反对，骂他是蝎子尾巴，太毒。子产表示："苟利社稷，生死以之。"意谓只要对国家有利，个人生死置之度外，改革决不动摇。苟：假如，利：有利。社稷：本指祭土地神和谷神之处，后来指国家。以：此处作动词用。以之，即置之，由之。（按：据杨伯俊《春秋左传注》，"生死以"有人解为拿生命去对付。）

第四句，意谓岂能因为个人利益而趋利避害。祸福：此处非指对国家或社会，而是对个人而言。"因祸福避趋之，"是交错句法，拆开来讲，就是说，因有利个人而趋就，因有害个人而躲避。岂：岂能，置于句首，表示否定。

三四句是对过去行为的自我评估，是全诗的核心——即诗眼所在。

第五句说，我现在被贬到新疆，乃是朝廷宽大处理，皇恩浩荡的体现。此为官场套话。

第六句说，我已安于养拙，承认自己愚笨，当个戍卒刚刚合适。是自谦自慰之辞。

第七句，山妻，谦称自己长于山野之妻。故事：古代之事。

第八句，为宋人典故。宋真宗时隐士杨朴之妻能诗，杨奉帝诏赴京，其妻以诗送之曰："更休落魄耽杯酒，且莫猖狂爱吟诗。今日捉将官里去，这回断送老头皮。"原意是叫他多加小心，不要贪杯吟诗，说不定会掉脑袋呢。后来苏轼因诗得祸被捕，其妻哭送。苏轼说：你能不能像杨朴之妻那样写诗送我呢，苏妻不禁失笑。两个典故皆属于戏谑之言。林则徐告诉妻子，要学杨妻之幽默心态，不必为贬谪而伤心。

综观全诗，表面上消极、谦损，实际上无怨无悔，坚信抗英爱国无罪，虽受打击，并不动摇，淡然处之，精神境界很高。诗句抑扬兼用，庄谐相济，柔中有刚。比起历代同类作品如韩愈《左迁至兰关示侄孙湘》，独具特色。其中第三四句，林则徐自己颇为得意，曾书为楹联。我在福州林则徐纪念馆曾见其手迹。

其二，黄遵宪《赠梁任父同年》。

2003年6月29日，温家宝总理在香港会见各界人士时，诵读此诗以勉励港人。

黄遵宪(1848—1905),广东梅县人,28岁中举后,进入外交界,历任驻日本、英国参赞,美国旧金山和新加坡总领事。在维护华侨权益和推动南洋华文教育方面有突出贡献。回国后参加维新变法运动,失败,解职归里。黄氏是近代"诗界革命"成就最高的诗人,杰出的爱国者。温总理所引诗为七言绝句,全文是:

寸寸河山寸寸金,侉离分裂力谁任?

杜鹃再拜忧天泪,精卫无穷填海心。

第一句,典出《金史·左企弓传》,企弓献太祖诗称:"君王莫听捐燕议,一寸河山一寸金。"作者借以形容祖国山河大地之宝贵,寸土不能让人。第二句大意是,痛呼国家被列强分割,是谁努力担当维护重任?意在期许对方。

侉离:钱仲联《人境庐诗草笺注》作"伛离"。伛音夸。瓜离,离绝,又作"华离"。黄遵宪《新加坡杂诗》有"华离不成国"之句。孙钦善、陈铁民、孙静选注《近代爱国诗选》(人民文学出版社1989年出版)亦作:"伛离,"并注曰:"伛(不正)邪离绝,指国土被分割,已不合规范。"《周礼·夏官·形方氏》:"掌制邦国之地域,而正其封疆,无有华离之地。"郑玄注:"华读为瓜哨之伛,正之使不瓜邪离绝。"贾公彦疏:"王者地有伛邪离绝,递相侵入,不正,故令正之。""伛离分裂"指祖国河山将被帝国主义瓜分。力谁任:"谁为国事操劳尽力。"

第二句,杜鹃,典出《华阳国志》。相传周末蜀王杜宇号望帝,禅位于其丞相开明(人名)。后有失国之悔而死去,其魂化为杜鹃鸟,日夜悲啼,泪尽继之以血。后世成语有"杜鹃啼血",形容极度悲痛。忧天,典出《列子》杞人忧天倾。第二句大意是,我像杜鹃那样因为国将亡天将倾而流尽了眼泪,并向你再拜致意了。第四句,精卫填海,典出《山海经》,炎帝之少女游东海。溺而不返,灵魂化为小鸟,自名精卫,常衔西山之木石填东海,后世常用以形容报仇者意志坚定。题中的梁任父,钱仲联解为梁启超(字任公)。但梁比黄小25岁,科举及第也不同年(黄在1876年,梁在1889年)。"同年"作何解,尚存疑。此诗气凌山海,笔力千钧，动人心魄。温总理引用意在以先辈之豪情壮志和香港被侵略的历史，启发港人更加爱国爱港。

其三，龚自珍《己亥杂诗》。

龚自珍（1792—1841）浙江杭州人，道光进士，曾任礼部主事，是林则徐的朋友，积极支持林氏禁烟，主张改革政治，抵制侵略，是晚清著名思想家、文学家。温总理在香港曾吟诵他的《己亥杂诗》中的第一百三十五首：

九州生气恃风雷，万马齐喑究可哀。

我劝天公重抖擞，不拘一格降人材。

题下有作者自注："过镇江，见赛玉皇及风神雷神等，祷词万数，道士乞青词。"1839年作者路过镇江，见民间赛会，祭祀玉皇大帝和风雷之神。道士请他做祷告神灵的表章——青词。作者乃借题发挥，内容形式都不是传统意义上的青词。

第一句，九州。古代地理学家把中原大地分为冀、兖、青、徐、扬、荆、豫、梁、雍九个区域，后世泛指中国。风雷，字面上指风神和雷神，深层含义为剧烈变革。句意是说，中国要有生气，全靠风雷激荡般的社会变革。第二句，万马齐喑，语出苏轼《三马图赞引》：说西域贡良驹，"振鬣长鸣，万马齐喑"。原意为一鸣惊人，众皆慑伏。龚氏盖因见祭时万人伏地祈祷不作声，反其意而用之，比喻当时社会人人都不敢大胆讲话的沉闷局面。喑，哑。究，毕竟。可哀，可悲。

第三句，天公，指当时所祀玉皇大帝。抖擞，通常注为奋发，振作。传说女娲造人，初以手抟土为人，力不暇给，乃以绳抖动泥浆落地即为人。重抖擞，意即重新造就人才。如此理解，方知第四句乃紧接前句。女娲手抟之人为圣贤，绳抖之人为凡人。龚氏希望天公不拘以往贤愚格局，造就社会所需各类人才。他竟敢与最高权威老天爷对话，提建议，可谓胆大包天。龚氏另有名文《病梅馆记》，借病梅盆景批评束缚人性，要求让人才顺其天性自然发展，可与此诗参看。

龚氏此诗先由香港岭南大学校长向总理提问时引述。温总理接着吟诗，而后讲话，强调要广招人才，善用人才，留住人才。随后不久，香港特区政府作出规定：放宽内地专业人士来港就业限制，改善待遇。龚氏此诗不仅对香港有启发，对内地同样具备现实意义。

（原载新加坡《联合早报》2003年5月19日，后来有补充修改。）

附注：2008年3月18日，第十一届全国人民代表大会闭幕后，温家宝总理接见记者，又重申了"苟利国家生死以，岂因祸福避趋之"这两句诗，以及王安石的名言："天变不足畏，祖宗不足法，人言不足恤。"以表示大力推进中国改革开放的决心。

附 录

一、古代诗文名作改写举隅

在中国文学史上，经常出现各种文体互相改写的现象。历代文人对某些名作很感兴趣，或改文为诗、为词、为曲；或改诗为词，改七言诗为五言诗……这种活动，现代叫做改编或改写；古代称为“和作”、“拟作”或“隐括”……实质是再创作，再阐释，再发挥；当然也有少数是游戏笔墨。

下面我们来看一些例子。

关于《桃花源记》的改写

东晋诗人陶渊明的著名散文《桃花源记》，是他所作五言诗《桃花源诗》前的小序，因为写得好，后来单独流行。唐宋元明清时期，改写成各种体裁者甚多。其中首先要数王维的七言歌行《桃源行》，曾选入《唐诗三百首》，人们比较熟悉。此诗据说是王维十九岁时所作，完全按《桃花源记》叙事顺序描述铺陈，笔调轻快，洋溢着少年意气。陶渊明只说洞中人“先世避秦时乱”，王维则说他们“直至成仙遂不还”。王诗倍受后人称赞，清沈德潜说：“顺文叙事，不须自出己见，而夷犹容与，令人味之无穷。”（《唐诗别裁》卷五）清张谦宜说：“此为设色山水，骨格少降，不得不爱其渲染之工。”（《絸斋诗谈》卷五）是再创作中不可多得之作。

中唐诗人刘禹锡，有七言歌行《桃源行》，思想倾向表现手法与王维相同，也认为是写神仙。刘氏另有《游桃源一百韵》，五言古体，写出游桃花源的感觉，不属于改写。中唐另一位诗人权德舆，有七言古诗《桃源篇》,乃观桃源图有感而作,也认为是写仙家。韩愈有七言古诗《桃源图》,开头就说:“神仙有无何渺茫,桃源之说诚荒唐。”最后说:“世俗宁知真与伪,至今传者武陵人。”这种观点与他力辟佛老的立场是一致的。

宋代,梅尧臣有七言古诗《桃花源诗并序》,客观转述《桃花源记》故事,没有明确说是神仙。苏轼有五言古诗《和桃花源并序》,提出,“世传桃源事,多言过其实。考渊明所记,止言先世避秦乱来此,则渔人所见,似其子孙,非秦人不死者也。”他认为是隐者生活的反映。而且说:“天壤之间若此者甚众,不独桃源。”王安石有七古《桃源行》,既不认为是仙境,也不仅看到避世成分,而着重发掘其批判社会黑暗,反对战乱,盼望和平安定的理想,尤其是“虽有父子无君臣”的无君论的萌芽。王氏的观点受到后人的重视。

南宋诗人把桃源避世与民族矛盾联系起来。汪藻的七古《桃源行》说:“中原别后无消息,闻说胡尘因感昔。谁教晋鼎判东西,却愧秦城限南北。”反映了南宋人民的情绪。方回的《桃源行》(七古),干脆看成是反抗异族统治的表现。其序说:“避秦之士非秦人也,乃楚人痛其君国之亡,不忍以其身为仇人役,力未足以诛秦,故去而隐于山中。”陆游的《书陶靖节桃源诗后》,认为陶诗的主题是表扬民族气节。

此外,楼钥的七古《桃源图》,萧立之的七绝《桃源》,观点与苏轼相同。王庭珪有《和刘美中尚书听宝月弹桃源春晓》(七古),可见当时已有人将陶诗谱成琴曲。

元人吴澄的七古《和桃源行效何判县钟作》,认为其中反映了民族矛盾。“仲连未即蹈东海,元亮至今尚东晋。桃源深处无腥尘,依然平日旧衣巾。拟学渔郎棹舟人,韩良宁忍终忘秦。”流露出宋遗民的爱国感情。刘因的七古《桃源行》,认为是避秦乱而与世隔绝,遂形成“少国寡民”“俗无君长”的乐土。刘因是北方人,其诗中看不出民族情绪。钱选有《题桃源图》,看不出民族情意。大画家赵孟頫有五古《题桃源图》,开始一段批判秦末战乱,鱼肉民众,最后歌颂元代统治者,“况兹太平世,尧舜方在御,干戈久已戢,老幼乐含哺,田畴毕耕耨,努力勤艺树。

毋为问迷津,穷探事高举。”后人批评赵孟頫丧失民族气节,言之不诬。赵氏还有七古《桃源春晓图》,是题画诗。王恽有《题桃源图后》(七古),认为王安石、韩愈的观点都不妥,“复仇宣力两不可,天运乃尔将无如”。王恽是北方人,其诗认为秦和元统一中国乃天意。

元代有位不大知名的作者凌云翰,将陶文改为《苏武慢》词,其思想无特色,其体裁在改写中罕见,兹录其上阕如下:“醉里闲吟,兴来独往,山静悄无人语。两岸桃花,一溪春水,似忆仙源无路。花上莺啼,云间犬吠,偶到洞仙琳宇。便留,闲话长生,嗟我委形非故。”

明代的许潮,把《桃花源记》改编成杂剧《武陵春》,节录如下:

[末迎生入问科]老夫荒山空寂,与世相绝久矣,客何缘辱贲至此?

[生]小人自少慕仙,遂假渔舟,寻访高踪。今泛武陵溪,见桃花满水,胡麻半瓢,因溯求仙源,果得胜境,愿勿相讶。

[末]动问客既是武陵人,今日之域中,是谁家之天下?

[生]今是晋朝。

[末]晋之天下,得自谁家?

[生]晋得之魏,魏得之汉,汉得之秦。

[末作掉泪科]噫!先世避秦之乱,举家来此隐处,已不知有汉矣,岂知汉又传魏,魏又传晋耶?……(见《盛明杂剧》)

明清时期咏桃源的诗,少见长篇,多为绝句或律诗。如明代文征明、沈周皆有《桃源图》七言绝句,岳正《桃源图》是七言律诗。艾南英的散文《踏花篇序》,是为王孟侯《桃花源诗》集所作的序,力辟神仙说,观点与苏轼相同。清代的乾隆皇帝有一篇《题赵伯驹桃源图》七律,竟以为是仙境,他批评“南阳刘子胡为者,却向丹台觅玉梯。”见解并不高明。林云铭作《古文析义评注》,在评《桃花源记》时附录他自己所作的《满江红》词,试图对该文的主题讨论进行小结。其词曰:“人世尘嚣,那里有桃源仙境?若现在武陵地区,何迷前径?本是渔郎寻鹿梦,因教太守询人并。古今来,疑隐又疑仙,徒争竞。前为记,词华胜。兹写照,丹青并。似蜃楼蛟室,幻成奇景。但欲游心方外趣,不妨寓目空中影。况浮生与事假和真，难拘定。”

关于《归去来兮辞》的改写

陶渊明的《归去来兮辞》，是后世文人关注的热点。据宋洪迈《容斋随笔》卷三《和归去来》一文记载，北宋时和作甚多。以苏轼所作最有名，说是“和”，其实是改写，采用词牌《哨遍》。全文如下：

为米折腰，因酒弃家，口体交相累。归去来，谁不遣君归。觉从前皆非今是。露未晞，征夫指予归路。门前笑语喧童稚。嗟旧菊都荒，新松暗老，吾年今已如此。但小窗容膝闭柴扉。策杖看孤云暮鸿飞。云出无心，鸟倦知还，本非有意。噫！归去来兮，我今忘我兼忘世，亲戚无浪语，琴书有真味。步翠麓崎岖，泛溪窈窕，涓涓暗谷流春水。观草木欣荣，幽人自感，吾生行且休矣。念寓形宇内复几时，不自觉惶惶欲何之，委吾心，去留谁计。神仙知在何处？富贵非吾志。但知归水登山啸咏，自引壶觞自醉。此生天命更何疑，且乘流，遇坎还止。

其思想和语句皆忠实于陶渊明原著，只是改辞赋体为词体。苏轼在海南岛时作《和归去来兮辞》，完全依照陶作句法用韵，如说：“归去来兮，吾方南迁安得归？……怀西南之归路，梦良是而觉非。悟此生之何常，犹寒暑之异衣。”苏轼又集《归去来兮辞》字为五言律诗十首，命儿童诵读。

南宋祖可有七律《题归去来图》。林正大作《酹江江月》，把《归去来辞》改为词。杨万里有《归去来兮辞引》，共十二曲，用陶渊明自述口气。请人王季烈《螾庐曲谈》主为是词。今人隋树森《全元散曲简编导言》认为属于散曲。节录如下：

偶然彭泽近邻圻，公秫流匙。葛巾劝我求为酒，黄菊怨冷落东篱。五斗折腰，谁能许事，归去去来兮。

老圃半榛茨，山田欲蒺藜。念身为形役，又奚悲？独惆怅前迷不谏后方追，觉今来是了，觉前来非。

扁舟轻风破朝霏，风细慢吹衣。试问征夫前路，晨光小恨熹微。

乃瞻衡宇载奔驰，迎候满荆扉。已荒三径存秋菊，喜诸幼入室相携。有酒盈尊，引觞自酌，庭树遣颜怡。

容膝易安栖，南窗寄傲倪。更小园日涉趣尤奇，尽虽设柴扉，长是闭斜晖。纵斜观峤首，短策扶持。

浮云出岫岂心思，鸟倦亦归飞。翳翳流光将入，孤松抚处凄其。……

金人李俊民有六言诗《渊明归去来图》："先生从来寄傲，肯向小儿鞠躬？笑指田园归去，门前五柳春风。"是一篇读后感。

元钱选有五言古体《归去来图》，赵孟頫有五古《题归去来图》。都表达了向往之情。

元张可久有散曲套数《点绛唇·翻归去来辞》，分为《混江龙》、《油胡芦》、《天下乐》、《哪吒令》、《鹊踏枝》、《寄生草》、《金盏儿》加开头和尾声，共九支曲子。

元李致用有散曲套数《中吕宫·粉蝶儿·拟渊明》，分为《醉春风》、《红绣鞋》、《满庭芳》、《上小楼》、《么》、《耍孩儿》、《么》和尾声，九支曲子，用了一些口语，比较通俗。

虞集的《苏武慢》词，比苏轼的《哨遍》更精彩，全文如下：

归去来兮，昨非今是，惆怅独悲奚语？迷途未远，晨景熹微。乃命导夫先路，风湮轻舟，候门童稚，此日载瞻衡宇。酒盈尊，三径虽荒，松菊宛然如故。聊寄傲，与世相违，旧交俱息。更复言驾焉取，琴书情话，寻壑经丘，倦鸟岫云容与。农人告我，有事西畴，孤棹赋诗春雨。但乐夫，天命何疑，乘化任渠留去。

基本上浓缩原句而成，技巧颇高明。

元代戏剧家尚仲贤把《归去来兮辞》改编为杂剧，其中残曲两首如下：

［正宫倘秀才］面对着青山故友，眼不见白衣送酒。我则怕明日黄花蝶也愁。好叫我情绪懒，意难酬，无言低首。

［灵寿杖］西风落叶山容瘦，呀呀的雁过南楼，霜满汀洲，水痕渐收。山泼黛层层险，水泛碧粼粼皱。记的是清明三月三，又觉又重阳九月九。

明吴太冲集《归去来辞》字而成五言律诗："飘风游子驾，扁舟赋衡门。依杖瞻飞鸟，何人载远尊。觉来松欲啸，欢向菊无言。南岫当窗翳，还云亦倦奔。"字字皆原作，句句新组成。

清人徐翔亦集《归去来辞》为五言律诗三首，最后一首是：不悟今日是，安知昨日非。泉飞还入壑，云化复成衣。引酒寄情远，抚琴得趣微。晨窗观去鸟，日尽自归飞。

总的看来，后人对《归去来辞》的思想理解没有出现像桃花源那样的分歧，而其改写形式比《桃花源记》更加多样化。

关于《醉翁亭记》的改写

陶渊明的作品在南北朝时期并不受重视，到了唐代才引起人们的注意。欧阳修则不同，他在北宋政坛、文坛都有很高地位。《醉翁亭记》一写成就产生巨大的反响，很快有人改写成诗、词、散曲和琴曲。也有些人从文体上进行评论，北宋宋祁、秦观皆以为是赋体，南宋黄震说他是以文为戏，金人王若虚说："宋人多以其文为滑稽，……不可为法。"清人方苞说他是以赋为文。该文确实在文章体裁上是个创新，历来赞扬，评点甚多。历代改写之作，基本倾向都是钦羡欧公的乐观态度和与民同乐的襟抱，而表现形式则各有千秋。

欧公的好朋友梅尧臣有五言古诗《题滁州醉翁亭》："琅琊谷口泉，分流漾山翠。使君爱清泉，每来泉上醉。醉缨濯潺湲，醉吟异憔醉。日暮使君归，野老纷纷至。但留山鸟啼，与伴松闻吹，借问结庐何？使君游息地。借问醉者何？使君闲适意。借问镌者何？使君自为记。使君能若此，吾诗不言刺。"此诗主要写人而不是写景。梅尧臣还有《醉翁吟》琴曲，用杂言歌辞体。同时人张方平五言古体《酬欧阳舍人步题醉翁亭诗》，既抒情，也写景。

苏轼非常喜爱《醉翁亭记》，亲笔题写碑石，先为音乐家沈遵作《醉翁操》琴曲，三十年后又为道士崔闲作《醉翁引》，如下：“琅然，清圆，谁弹？响空山，无言，惟醉翁中和其天。月明风露娟娟，人未眠，荷蒉过山前，曰有心也哉！此贤。（自注：泛声同此）醉翁啸咏，声和流泉；醉翁去后，空有朝吟夜怨。山有时而童颠，水有时而回川，思翁无岁年。翁今为飞仙，此意在人间，试听徽外三两弦。”主要表现对醉翁的赞扬和思念。

与苏轼同时的郭祥正有《醉翁操》，副题“效东坡”。他认为苏氏“未工也，倚其声作之。”“泠泠，潺潺，寒泉，泻云间，如弹。醉翁洗心逃区寰。自期猿鹤俱闲，情未阑。日暮造深原，异看谁与搴，忘还……”王令有《效醉翁吟》，是楚辞体。“山岩岩兮谷幽幽，水无人兮自流，始与谁兮乐此，昔之游者今非是……喜公有遗兮乐相道语，从人以游兮告以其处。高公所望兮卑公所游，公为庐兮燕笑以休。……来与我民兮不间以处，谁不留此兮公则遽去。花垂实兮树出枝，我公之去兮今忽几时，知来之不可望兮悔去而莫追。人皆可来兮公何不归，青山青兮谁为不思。”突出与民同乐和民众思公。

略后黄庭坚有《瑞鹤仙》词：“环滁皆山也，望蔚然深秀，琊琊山也。山行六七里，有亭翼然泉上，醉翁亭也。翁之乐也，得之心寓之酒也。更野芳嘉木，风高日出，景无穷也。游也，山肴野蔌，酒洌泉香，沸筹酬也，太异醉也。喧哗众宾欢也。况酣畅之际，非丝非竹，太守乐其乐也。问当时，太守为谁，醉翁是也。”此词摘集《醉翁亭记》名句成篇，散文意味很浓。欧文用了二十二个“也”字，后人激赏。黄词用了十二字“也”，读起来别扭，而且没有突出与民同乐的主题。词不像词，文不像文。

宋林正大有《贺新凉》词，其缺点与黄庭坚《瑞鹤仙》相似，散文化，用了十二个“也”字。但没有忘记“乐在乎山水之间也”。

南宋林漂知滁州，作七律《醉翁亭》：“烟障空村口末西，野禽唤客下桥迟。山行几曲复几曲，泉满一池仍一池。明月清风无处买，落花流水有谁知？城头尘起高千尺，正是溪翁烂醉时。”此诗不是改写，而是新创。

元虞集有《醉翁亭图》七绝：“醉翁四十谩称翁，宾客相随乐意同。前引朱幡垂白发，花开山谷几时风？”是纯题画诗。

元庾天锡有散曲《折桂令》，是《醉翁亭记》的缩写：“环滁秀列诸峰，山有名泉，泻出其中。泉上危亭，僧仙好事，缔构成功。四时朝暮不同，宴酣之乐无穷。酒饮千钟，能醉能文，太守欧翁。”概括过于笼统，原作描写精华多被删削。

明陈旅有七言古体《醉翁亭》。写他知滁州时游历所见所感。孙序有五律《醉翁亭宴集》，张楠有同题五律，薛瑞卿有《醉翁亭》七律。皆即兴有感而作。

清康熙年间，先后有余国晋《春日宴醉翁亭》五律，吕日初《醉翁次韵》，王魁《游醉翁亭》七律二首。稍后铁保有《醉翁亭记》五古，陈宝书有《游醉翁亭诗》七律。王芑孙有杂言歌行《醉翁吟》，节录如下：“滁山高，滁水深。醉翁吟处，当时写之以为《醉翁吟》。《醉翁吟》不在琴泠泠，所写翁之心。翁心牢落轩天地，醉翁住世无古今。迄今化去六百有余载，桑海迷茫几兴废。风月江山兴会同，文章气节精灵在。登堂謦咳俨如生，图像飘飘靓冠佩。滁州移命守扬州，扬州又见来乡辈。自古文人命不犹，相同惟是一清愁。……”此诗个性鲜明，不属于改写。

关于《钱神论》的改编

西晋鲁褒的《钱神论》，是一篇赋体杂文，在中国文学史和中国经济思想史上都有一定影响。他称钱为神，加以形象化，对货币的权力作用极力夸张描摹，对弥漫于社会生活各个角落的金钱崇拜进行批判。首次将钱称为“孔方兄”，这个戏称一直沿用，还流传到日本。

从南北朝到清代，不断有人对《钱神论》的观点加以发挥，用各种文学体裁进行改编和再创作。

唐代开元名相张说有杂文《钱本草》，把钱拟为药材，仿古代医书《神农本草》文体对货币的性质、作用和使用原则作全面分析，说："钱……善疗饥寒困厄之患，立验。能利邦国，行贤达，畏清廉。贪婪者服之，以均平为良。如不均平，则冷热相激，令人霍乱。其药采无时，采至非礼则伤人。此既流行，能役神灵，通鬼气。如积而不散，则有水火盗贼之灾生；如散而不积，则有饥寒困厄之患至……"持论公正理智，虽是游戏笔墨，却体现辩证法的货币观。

唐无名氏有《钱赋》(见《古今图书集成》经济汇典·食货典·钱钞部)，以韵文铺陈钱的产生，制造及历代贪爱钱、轻鄙钱、评论钱的许多典故，极力罗列而拙于理论分析。明代黄曾的《钱赋》，模仿荀子《赋篇》，故作谐隐，先问后答："有物于此，生于太昊，取诸流泉，非规非矩，里方外圆，非帛非粟，日用首先……好逐贪鄙，恒远圣贤。……臣愚不识，敢请大贤。"虽名为赋，实是讽刺小品。

唐宋以后诗歌，多引用鲁褒的观点。唐李峤《咏钱》诗："九代五铢世上珍，鲁褒曾咏道钱神。劝君觅得须知足，虽解荣人也辱人。"宋黄庭坚《戏呈孔毅父》说："管城子无食肉相，孔方兄有绝交书，文章功用不经世，何异丝窠缀露珠。"明画家沈周《咏钱》诗说"个许微躯万事任，似泉流动利源兴。平章市物无偏价，泛滥儿童有爱心。……可怜别号称赇赂，多少英雄就此沉"。明袁宏道《读钱神论》诗说："闲来偶读《钱神论》，始识人情今益古。古时孔方比阿兄，今日阿兄胜阿父。"清人张扩《读〈读钱神论〉偶成》诗也有类似感慨。

以散曲形式讥钱骂钱者有明人朱载育《商调·山坡羊·钱是好汉》："世间人眼睁观见，论英雄钱是好汉，有了他诸般趁意，没了他寸步也难。拐子有钱走歪步合欺，哑巴有钱打手势好看。如今人敬的是有钱。……"又《商调黄莺儿·骂钱》："孔圣人，怒气冲，骂钱财，狗畜生。朝廷王法被你弄，纲常伦理被你坏，杀人使你不偿命，有理事儿你反复，无理词讼赢上风。俱是你钱财当车，令吾门弟子受你压伏，忠良贤才没你不用，财帛神当道，任你们胡行。公道事儿你灭净，思想起，把钱财刀剁，斧砍，油煎，笼蒸。”把金钱拟人化而后数落之，语言浅白，诙谐，风趣至极。

还有人把《钱神论》改编为小说戏剧。如元末高则诚《乌宝传》，讽刺纸钞，仿韩愈的《毛颖传》，从纸钞的产生写到应。开头说，“宝裔本楮氏”，意谓纸产生于木器厂片。“世尚儒，务词藻……从墨氏游，尽得其神通之术。”意谓纸张为儒者所好，后来印止墨迹，成了钞票，就是具备黑子所信奉了鬼神的神通。“流俗惑之”，“凡达官贵人，无不原交”。“自公卿以下，莫不敬爱。”“田氏[地主]商氏[商人]皆竭诚与交”，“尤不喜儒，虽有暂相与往来者，亦终不能久留也。”对儒生淡薄，对穷人更不理会。“其瘘人贫户，有倾心相见，终不肯一往。”文章处处双关，语言诙谐，完全拟人化。明吴斋《孔元方传》，仿《史记》列传体，历述孔方氏的祖先，传主本人事迹和个性、经历，暗寓钱的作用。清汪懋麟《上士钱氏传》也是寓言小说。清人叶承宗把《钱神论》改编为杂剧《孔方兄》，只有一个角色，是钱神的自我表演。开场白说。“昨日偶读《晋书》列传，见南阳鲁褒所著《钱神论》，字曰孔方，亲为家兄，……我想往古来今，人情世态，再不能出孔方兄圈子里。便是小生，腹隐万卷，囊无分文，也只是与孔方兄无缘份也啊！”

鲁褒《钱神论》本是赋体杂文，偶有韵语。清代有人改为散体杂文，间用口语。如戴名世《钱神问对》，假设钱神与作者对话。钱神自夸：“吾之为质也，流传而不穷，历久而不坏。爱我者归之，不爱我者谢勿往。……官吏非吾不乐，商贾非吾不通，交游非吾不厚，文章非吾不贵，亲戚非吾不和。……有吾则生，无吾则死。”作者则对钱神进行谴责，而钱神并不服输。故意留下悬念，供人们思考。

诗词曲改写举隅

诗改词

唐人杜牧的名作《清明》：“清明时节雨纷纷，路上行人欲断魂。借问酒家何处有？牧童遥指杏花村。”

后来有人改此诗为词："清明时节雨，纷纷路上行人，欲断魂。借问酒家何处？有牧童，遥指杏花村。"仅仅移动句读，凑成长短句，读起来有词的味道。但人们还是觉得原诗比词好。改写之后，为了适应词的要求而重新断句，把原来的意境韵味破坏了。原诗"纷纷"属上句，形容阴雨绵绵不断。江南梅雨季节，连雨天可长达月余，令人心情压抑，郁闷，才有"路上行人欲断魂"之叹。前句是因，后句是果。"纷纷"改属下句，造成诗意不连贯。又，第三句末的"有"字，词改为属下句，"有牧童"，"有"字成为多余的赘字。明人谢榛曾将杜牧此诗后两句改作："酒家何处是？江上杏花村。"或"日斜人策马，酒肆杏花西"。他自称是"不用问答，情景自见。"其实，原诗中的问答，是生活化情趣化所在，删不得的。改为"日斜"，与"雨纷纷"显然矛盾，阴雨连天是看不见太阳的，原来烦闷的意境、心情体现不出来了。

唐人王之涣名作《凉州词》："黄河远上白云间，一片孤城万仞山。羌笛何须怨杨柳，春风不度玉门关。"据说后代某书法家为大贵人作书，无意中漏写"间"字。贵人大愠，书法家灵机一动，解释说，是改诗为词，故少写一个"间"字。词曰："黄河远上，白云一片，孤城万仞山。羌笛何须怨杨柳春风，不度玉门关。"实际上仅移动句逗，居然意脉贯通，声韵和谐，节奏鲜明，俨然一首流畅的小令。

七言诗改五言诗

唐人刘禹锡名作《乌衣巷》："朱雀桥边野草花，乌衣巷口夕阳斜。旧时王谢堂前燕，飞入寻常百姓家。"

谢榛把后二句改为五言："王谢堂前燕，今飞百姓家。"或七言："王谢豪华春草里，堂前燕子落谁家。"都改得不好。清人何文焕《历代诗话考索》指出，刘诗妙处全在"旧"字及"寻常"字，谢作"尤属恶劣。""旧时"意味着时代变化；"寻常"意味着地位变化，含蕴颇深，删后索然无味了。原诗已指出"旧时王谢堂前"，勿需另加形容词，其当年"豪华"可想而知。"落谁家"也可能有贵有贱，不如"寻常百姓家"直截了当。

五言诗改七言诗

流传甚广的无名氏诗:“久旱逢甘雨,他乡遇故知,洞房花烛夜,金榜题名时。”四句诗表明封建社会士人最快乐最高兴的四件事。有人改为七言:“十年久旱逢甘雨,万里他乡遇故知,和尚洞房花烛夜,监生金榜题名时。”(见明末国祯《涌幢小品》卷二十二,第四句“监生”作“教官”)其用意也许是强调最快乐之事得来最不平常。可是,加字之后,这种快乐变得极其个别,失去了普遍意义。难道久旱非得到十年?七年、八年逢甘雨不值得高兴么?遇故知非得万里之外?难道几千里、几百里不也一样高兴么?洞房花烛夜对每个人都是快乐的,不必限于和尚。和尚通常不能结婚,还俗之后方可。结婚是他大胆突破世俗束缚的结果,其心情想必比一般人更复杂。监生通常是富人花钱买的虚名,他们并不参加科举考试,也不求“金榜题名”,只有个别人例外。如《儒林外史》里周进,多年考秀才,屡战屡败,无缘进入贡院考场参加乡试(乡试得中才能金榜题名),以致在参观贡院时伤心痛哭得死去活来。好心的朋友出于同情,大家凑钱替周进捐个监生,让他碰碰运气。没想到一举得中,其快乐当然无可比拟。可是,这种情况极为罕见,小说家言,在现实生活中没有太多代表性。所以,这首七言诗,只能算打油诗。

词改词。

唐人张志和的词《渔歌子》,后世文人十分喜爱。宋黄庭坚把整首词纳入《鹧鸪天》词中,只是在中间和最后分别增补两句而已。增补后全词如下:“西塞山前白鹭飞,桃花流水鳜鱼肥。朝廷尚觅玄真子,何处如今更有诗。(引者按:此二句为黄氏所补,张志和号玄真了)青箬笠,绿蓑衣,斜风细雨不须归。人间底是无波处?一日风波十二时。”(引者按:最后二句黄氏所续)这首词在内容上比原作有所发挥,而手法近乎今人所谓抄袭。据说苏轼因张氏《渔歌子》曲调失传,不好唱,改为《浣溪沙》词:“西塞山前白鹭飞,散花洲外片帆微,桃花流水鳜鱼肥。自庇一身青箬笠,相随到处绿蓑衣,斜风细雨不须归。”(见吴曾《能改斋词话》卷一)虽改动稍多,仍不如原词自然。

散曲改诗

元人马致远的散曲《天净沙·秋思》:“枯藤老树昏鸦,小桥流水人家,古道西风瘦马,夕阳西下,断肠人在天涯。”

有人改为七言绝句:“枯藤老树栖昏鸦,小桥流水绕人家,古道西风伴瘦马,游子断肠在天涯。”

又有人改为五言绝句:“老树栖昏鸦,流水绕人家,瘦马卧古道,游子在天涯。”

又有人改为五言律诗:“枯藤缠老树,斜枝栖寒鸦,小桥跨流水,疏林掩人家。瘦马立古道,西风扫黄花。夕阳西垂处,游子在天涯。”

又有人改为《忆江南》词:“夕阳下,老树栖寒鸦,古道西风卧瘦马,小桥流水绕人家,断肠在天涯。”

改作虽符合原意,尚不能令人十分满意,不如原作之“自然浑成,纯是天籁”;似乎只是临摹而已。

南宋时将前代诗文名作改写为词者,颇不乏其人。林正大的《风雅遗音》一书,收词作 38 首,全部是古代诗文名篇的缩写。他称之为“括”即隐括、概括之括。原作为散文者,有刘伶《酒德颂》(改《沁园春》)、王羲之《兰亭集序》(改《贺新凉》)、陶渊明《归去来兮辞》(前已引)、王绩《醉乡记》(改《摸鱼儿》)、李白《春夜宴桃李園序》(改《临江仙》)、韩愈《送李愿归盘谷序》(改《水调歌》)、白居易《庐山草堂记》(改《沁园春》)、王禹偁《黄岗竹楼记》(改《水调歌》)、范仲淹《严先生词堂记》(改《沁园春》)、《岳阳楼记》(改《水调歌》)、欧阳修《醉翁亭记》(前已引)、《相州昼锦堂记》(改《水调歌》)、苏轼《赤壁赋》(改《酹江月》)、黄庭坚《煎茶赋》改(《意难忘》)。所改诗歌,有李白《将进酒》、《蜀道难》、《襄阳歌》、《清平调》,杜甫的《丽人行》、《饮中人仙歌》、《醉时歌》,刘禹锡的《武昌老人说笛歌》,李贺《高轩过》,以及北宋范仲淹、欧阳修、苏轼、黄庭坚的诗歌(诗题词牌不一一列举)。较原作没有补充发挥,仅仅浓缩为词,也许具有音乐意义。辛弃疾曾将《庄了·秋水》隐括为《哨遍·秋水观》,将庄子的话集成为《卜算子·用庄语》,是以词为戏之作,没有多大意思。

唐宋诗文名作改编为小说戏剧者甚多，如曹植《洛神赋》、北朝民歌《木兰辞》、王勃的骈文《滕王阁序》、白居易的诗《长恨歌》、陆游的词《钗头凤》等等，举不胜举。

在中国文学史上，改写和模仿古代诗文名篇是常见的现象。这种活动，首先是出于对名作思想内容喜爱，仿其文体而抒发自己的感悟；其次，在艺术形式方面是一种学习的途径，如同书法和绘画教育中的临摹，是有益的训练；再次，也是一种逞才献艺的文人雅事和争强好胜的文字游戏。今天似乎没有必要提倡。

(2003 年在新加坡"诗词学会"的讲演稿。修改补充后，发表于新加坡《新世纪学刊》2008 年第 8 期)

本文主要参考文献：

1.谭家健《桃花源记的背景及影响》，原载《陶渊明讨论集》，中华书局 1960，后收入谭家健著《六朝文章新论》，北京燕山出版社 2002。

2.北京大学中文系 1956 级同学编《中国古典文学研究资料汇编 · 陶渊明卷》，中华书局 1962。

3.钟优民编《陶渊明研究资料新编》，吉林教育出版社 2000。

4.洪本健编《欧阳修资料汇编》，中华书局 1995。

5.管笛《醉翁亭记研究》，黄山书社 2000。

6.谭家健《鲁褒的〈钱神论〉及其影响》，台北《国文天地》195 期、196 期，2001 年 8 月、9 月出版。后收入谭家健著《六朝文章新论》，北京燕山出版社 2002。

二、中国古典诗词曲总集举要

中国传统目录学把图书分为经、史、子、集四大类。集部之中又分为若干小类,其中主要有总集、别集两大类。总集综合许多人的作品,包括通代、断代的总汇和选集;别集只收某一个人的作品。有人认为,《诗经》、《楚辞》应为最早的两部诗歌总集。但是,按照目录学的传统,《诗经》属于经部,《楚辞》属于集部中的楚辞类。两书对后世影响甚巨,文学史都有专门论述。下面,按照诗、词和散曲几大类,分别介绍一些重要总集。为便于检索,版本仅举新近者。

历代诗歌总汇和著名选本举要

中国是诗的国度,诗歌作品浩如烟海。从唐代起,就不断有人加以汇总,形成各种不同特色的总集和选集。

《先秦汉魏晋南北朝诗》,今人逯钦立(1910—1973)纂辑。共135卷,1983年中华书局出版,全3册,此书在明人冯惟讷《诗纪》、近人丁福保《全汉三国晋南北朝诗》等书的基础上,进一步广泛收罗,除《诗经》、《楚辞》外,凡歌诗谣谚,悉数收入。出处详明,引书300余种,异文翔实,考订精审,依朝代及作者生卒先后分卷编次,虽有漏收、误收,但不失为同类书中最完善者。

《全唐诗》,清康熙年间彭定求、沈三曾等10人奉敕编校,凡900卷,目录12卷,收诗48900余首,唐五代作者2200余人。编排次序,先列帝王后妃之作,其次为乐章、乐府,再次为历朝作者,略按时代先后,并附作者小传。最后是联句、逸句、歌谣、谚语、酒令、占辞、蒙求等等。是目前收罗唐及五代诗歌最多的总集。最早刊印于康熙四十六年(1707),120册;有1960年中华书局排印本,精装12册。

《全唐诗》也有遗漏,补逸之作有中华书局1982年出版的《全唐诗外编》。1992年中华书局又出版陈尚君辑《全唐诗补编》,除包括《外编》并详加考辨外,搜罗遗佚,虽然稍有芜杂,但用功至巨。又,陈贻欣任主编,陈铁民、彭庆生等任副主编的《增订注释全唐诗》于2001年由文化艺术出版社出版,共1500万字,分装十六开本五大册,新增补诗歌二千多首。今人尚有新编《全唐五代诗》的计划,正由苏州大学、河南大学等单位合作进行中。

《全五代诗》,清人李调元辑,乾隆四十三年(1778)编成,共100卷。以五代十国朝代国别分卷,各朝各国之作者依官爵身份为序,同一作者之诗,按诗体分类排列,有小传及少量笺注。有1992年巴蜀书社排印本,全2册。

《宋诗钞》,清初吴之振、吕留良、吴自牧编选,共106卷,收诗12000余首,诗人100家(其中16家有目录而未刻出)。入选各家皆有小传,略述生平并简评诗作。在《全宋诗》出版之前,此书是一部规模较大的宋代诗歌总集。有1994年上海古籍出版社排印本。《宋诗钞》刊行后,管庭芳、蒋光煦有《宋诗钞补》,补选85家,有商务印书馆1915年排印本。

《全宋诗》,北京大学古籍研究所编辑,傅璇琮等主编,先后有20位教师40名研究生参加,从1991年开始,陆续由北京大学出版社以繁体字排印出版,已于1998年出齐,共72册。所收作品是《全唐诗》的6倍,作者是其5倍。除哀集现存600多种宋人别集外,还从历代选集、类书、史籍、方志、笔记、诗话、家乘、族谱、书录、石刻及佛道二藏、敦煌遗书中网罗单篇零句,悉按作者生卒年代编次,随文附小传,标注史料来源,校勘说明版本,辑佚详注出处。

《全宋诗订补》,陈新等辑补,大象出版社2005年出版,63万字。

《全金诗》,又名《御订全金诗增补中州集》,清康熙年间郭元钎编,以元好问《中州集》为基础大加增补,共74卷,收诗5544首,作者358人,基本上能反映现存金代诗歌的全貌。有清扬州书局刊本。

新编《全金诗》,薛瑞龙、郭明志编,1986年南开大学出版社出版,全4册,160卷,210万字,收金代120年间534位诗人全部传世诗作。较清人所辑《全金诗》增加176人。

《元诗选》,清人顾嗣立编选,分初、二、三、癸集,收作家2600余人,作品3万余首,是现今保存元诗最多的总集。有1994年上海古籍出版社印本。但也有遗漏。

《全元诗》,今人杨镰主编,参编者14人,2002年立项,2008年完成,2009年由中华书局出版。收诗14万余首,诗人5186位,全书约2000万字,将分装60册。编者查阅各种文献四千多种,其中别集300余种,三分之二的别集未曾有人征引。收录蒙古人色目人用汉语写作的诗歌集40余种,作家200余人,此为本书特点之一。

《明诗综》,清初朱彝尊(1629—1709)选录,汪森、朱端、张大受、钱炌等分卷辑评,共100卷,作者3400余人。有小传作客观介绍,并分载诸家评论,朱氏自评附于最后。朱长于史学,评诗较为持平,又多涉及一代掌故,可补史乘之不足,故后人颇为重视。有上海古籍出版社1994年排印本。

《全明诗》,今人章培恒、倪其心等主编,按作家时代先后排列,每家作品依诗体编次。上海古籍出版社1990年开始陆续出版,现已出版三册,估计将有200册。

《清诗铎》,原名《国朝诗铎》,清人张应昌(1790—1869)选编,共26卷,收清初至同治年间诗人911家,诗2000余首。有功名者以科举先后为次,其余以辈行先后为次,所收不限已故名家,生人及编者自己所作亦选入或附录。依题材内容分152类。其中关征、海塘、田家、蚕桑、木棉、丈量、催科、税敛、力役、科派、扰累、刑狱、灾荒、流民、差役、吏胥、岛夷等类中,有大量反映民生疾苦以及反抗帝国主义侵略的作品。有

1960 年中华书局排印本，分上下册。

《近代诗钞》，近人陈衍（1856—1931）编，收清末至民初犹存诗人 369 家，共 24 册，1923 年初版。

《晚晴簃诗汇》，清代诗歌总集。近人徐世昌（1855—1939）主编，门客幕僚多人助编，共 200 卷，收作品 27000 余首，诗人 610 余家。编次先帝王，再依科甲选录各时期诗人之作，无科甲者略依生卒年为序，起明末清初，迄清末民初，收罗较为全面，小传下所附各家诗话，选择颇精当。缺点是选诗标准不一，有些并非代表作，反映社会矛盾及反帝斗争之作入选较少，1929 年编成。有 1990 年中华书局排印本，精装 10 册。

《玉台新咏》，汉至梁代诗歌选集，梁徐陵（507—583）选编，收诗 769 首，共 10 卷。其中五言诗 8 卷，歌行 1 卷，五言四句诗 1 卷，主要收男女闺情之作，比较重视民间文学，名篇如《陌上桑》、《羽林郎》、《孔雀东南飞》等皆出此书。有 1985 年中华书局校点本。

《唐诗别裁集》，清初沈德潜（1673—1769）选编，共 20 卷，诗 1920 首，作家 270 余人。分体编排，除重点选录名家之作外，也选入小家佳作，题材风格较为丰富多彩，能注意不同时期不同流派不同体裁的作品，大致反映唐诗的基本面貌。每篇附有简要评注。有 1979 年上海古籍出版社排印本，全 2 册。

《宋诗别裁集》，原名《宋诗百一钞》，清初张景星、姚培谦、王永祺编选，收诗 645 首，不同流派的作家 173 人。按体裁不同依次编为八卷。有 1978 年上海古籍出版社点校本。

《元诗别裁集》，即《元诗百一钞》，清张景星等选编，选录作家 152 人，诗 619 首，依不同体裁编为八卷，另有补遗一卷，其中有相当数量的少数民族诗人的作品。有乾隆二十九年刊本，中华书局 1975 年影印本。

《明诗别裁集》，清初沈德潜、周准编选，收诗 1010 首，作家 340 人。基本上能反映明诗概貌，其中有不少出自明末遗民之手。这些作品关心民生疾苦和社会现实。有 1979 年上海古籍出版社排印本。

《清诗别裁集》,原名《国朝诗别裁集》,清前期诗歌选集,清人沈德潜编选,完成于乾隆二十二年(1757),收诗 3952 首,作家 996 人。此书以“温柔敦厚”为宗旨,凡“浮华”、“叫号”、“香奁”之作及明遗民之涛皆不入选。有 1984 年上海古籍出版社排印本。

以上五种别裁集,后人合称《五朝诗别裁集》,是旧时最有影响的历代诗歌系列选本。

历代诗歌评论资料举要

此类著作在传统的图书分类中属于总集中的诗文评类。

《历代诗话》,清初何文焕辑,录梁钟嵘《诗品》至唐宋元明诗话 27 种。有 1981 年中华书局标点本。

《历代诗话续编》,近人丁福保(1874—1952)辑,补何氏未收之诗话 28 种,有 1983 年中华书局排印本,全 3 册。

《全唐诗话》清尤袤编,6 卷,有中华书局 1985 年影印本。

《宋诗话全编》,吴文治主编,江苏古籍出版社 1998,共 10 册,730 万字。收诗话 562 家,其中已单独成书者 170 余种,其他散见者约 400 万字。

《辽金元诗话全编》,吴文治主编,凤凰出版社 2006,四册,约 300 万字,辑录诗话 420 余家。

《明诗话全编》,吴文治主编,江苏古籍出版社 1997,10 册,760 万字。收诗话 722 家,其中已单独成书者 120 余种,散见者 600 余家。

《全明诗话》周维德编校,齐鲁书社 2005,全六册,收明代独立成书的诗话 91 种,以作者为经,以时代先后为序,以完整诗话著作入录,书末有《明代诗话提要》。

《清诗话》,近人丁福保辑,收诗话 42 种,有 1978 年上海古籍出版社排印本。

《清诗话续编》,今人郭绍虞(1893—1984)辑,收书 34 种,详加校勘，有1983年上海古籍出版社排印本。

《中国诗话珍本丛书》，22册，蔡镇楚编，北京图书馆出版社2004年出版，收珍本诗话五十七种，从宋代至于民国，全部影印。

《唐诗纪事》，唐代诗人及作品评论资料集，南宋计有功编，81卷，录唐代诗人1150家。对每位诗人之作品，或录名篇，或存全璧，或记本事，兼采品评。其人可考者，则撮述世系爵里生平经历，俾读其诗知其人。此书目的主要是搜集资料，述而不作。是研究唐诗的重要参考书，对后世列朝诗纪事的编纂有直接影响。有1965年中华书局上海编辑所排印本。

《宋诗纪事》，清初厉鹗（1692－1752）辑，100卷，录诗人3812家，各系小传，以事存诗，以诗存人。诗人传记史料列于小传之后，诗歌史料附于该诗之后。无事可采之作者则选一首或数首诗为代表作，故本书亦兼有诗选性质。有1983年上海古籍出版社排印本。其后清末陆心源辑有《宋诗纪事补遗》100卷，增作者3000家。今人孔凡礼又有《宋诗纪事补编》（上下册），1987年北京大学出版社出版。

《辽诗纪事》，近人陈衍（1856－1931）编，12卷，体例与其所编辑《元诗纪事》相同。除收辽诗本事外，又附西夏、高丽两国诗作。

《金诗纪事》，近人陈衍编，16卷，收诗人180余家，“有事之诗”及无名氏作品。有1936年商务印书馆排印本。又，上海古籍出版社2003年出版王庆生增订《金诗纪事》，442页，较陈衍新辑增加作品一倍以上，增补作者240人。

《元诗纪事》，近人陈衍编，45卷，收有事可纪之诗近1000首，于每一诗人名下注明生平和著作，并对有些诗的真伪加以考证。陈氏所编三朝诗纪事，以是编为最早。有1987年上海古籍出版社排印本。

《明诗纪事》，近人陈田（1849－1921）编，录诗人200余家，分10签，前8签略依时代为次。每诗纪事，先录史传，次引诗评，常殿以陈氏评语。每签之前各有小序，概述当代诗史，撮要评论诗风及入选大家，贯穿起来即为一部明代诗史大纲。有1993年上海古籍出版社排印本，

6 册。

《清诗纪事》，今人钱仲联主编，苏州大学中文系多人参与编纂。收作家 5000 余人，引书 1 万余种。全部诗作以纪有清一代之事者为主，无事之诗不入选。纪事材料主要采自清人及近人诗话、词话、笔记小说、日记、尺牍、档案目录、史乘、方志等有关文献，抑或另找材料自加按语说明本事背景。卷次排列略依朝代先后，各朝先帝王，而后依进士举人科名先后为序，诸生、布衣及无科名可考者列于各朝之后。再次为妇女，释道。每条内容次序为：诗人姓名、字号、籍贯、科名、官职、谥号、著作、诗人生活故事及诗歌总论、诗题、原诗、纪事。1987—1989 年江苏古籍出版社——凤凰出版社陆续出版，共 22 册。

历代词总集和词学评论举要

《词综》，通代性词选集，清初朱彝尊、汪森编，共 36 卷。收唐五代宋金元词人 650 多家，作品 2250 余首，以时代为序，各家名下附注姓氏、籍贯、著作，间有宋元人评语，此书"以醇雅为宗"，极力崇南宋词，对清词发展有一定影响。有 1978 年上海古籍出版社校点本。

《全唐五代词》，今人张璋、黄畬编。在近人林大椿《唐五代词》基础上多方搜求，荟萃众长，增补成书。收录作者由 81 人增为 170 余人，词作由 1148 首增加到 2500 余首。分 8 卷：卷 1、2、3 为唐词，卷 4、5、6 为五代词，卷 7 敦煌曲子词，卷 8 无名氏词。并有笺评、词调考证、作者本事、词的评价及真伪辨析等，1986 年上海古籍出版社出版。

《全宋词》，今人唐圭璋（1901—1990）编。在明人毛晋《宋六十家词》等书基础上，广泛收罗，凡宋人文集、词选、笔记、类书、方志、金石、题跋、花木谱等书所录词作统加汇集，共得词 2 万余首，词人 1330 余家，引书凡 500 余种。1940 年初版体例同《全唐诗》，1965 年重编订补后由中华书局出版，一律以词人年代为次。并重考词人行实，改写小传，更臻精详。但尚有遗漏，今人孔凡礼有《全宋词补辑》，收作家 140

余人，词430余首，1981年中华书局出版。

《全金元词》，今人唐圭璋编，收录词人282家，词7293首。其中金70家，3572首；元212家，3721首。引书达200余种，体例与《全宋词》同。所录词作皆注明出处，文字以善本、足本为据，并详加考订。在校补缺文、校正误字、辨别真伪三方面用力尤多。1979年中华书局出版。

《明词汇刊》，近人赵尊岳辑，共349卷，收词集268种，是目前最大的明词总集。1992年上海古籍出版社排印出版，16开本两大册。

《全明词》，饶宗颐初纂，张璋总纂，中华书局2004年出版，共6册。收词人1396人，词作近二万首。

《清名家词》，今人陈乃乾辑，1936年开明书店排印，共10册。收清代著名词集100种，始于李雯《蓼斋集》，终于王国维《观堂长短句》，清词代表作大体可观，是目前最大的清词总集。编者原拟分批出版清代词集，此为第一辑，尚未见第二辑。

《全清词钞》，今人叶恭绰(1880—1965)主编，陆维钊襄助，40卷，收词8260余首，词人3196家。1952年完成，1982年中华书局出版，全2册。从中可以大致了解清初期、中期到后期词的变化及各种流派的发展轮廓。但编者崇尚清真、梦窗，强调音津，见解未免偏颇。

《全清词》，南京大学中文系多人编辑，实际主编为程千帆。计划分顺康、雍乾、嘉道、咸同、光宣5卷，每卷若干册。1994年至2002年由中华书局出版，顺康卷已出版20册。

《词话丛编》，今人唐圭璋编，1934年初刊，60种，后新增25种，1986年中华书局合并出版。所收词话，宋11种，元2种，明4种，清60种，民国时代8种，总字数达340多万，是一部丰富精审的词学理论批评参考资料。

《词林纪事》，清人张宗啸撰，共22卷，其中唐1卷、五代1卷、宋17卷、金1卷、元2卷。录词人凡422家，大体按词人时代先后排列，每家皆介绍其生平、事迹、佚闻，所录词皆附以本事及前人有关评论，间有考证。引书达400余种。有1957年古典文学出版社排印本。

《宋词纪事》,今人唐圭璋编,收词人278家,编排体例与其他"纪事"相同。1982年上海古籍出版社出版。

《历代词话》,张璋等编,上下册,150万字,大象出版社2002年出版。收录唐至清末词话著作120余种。某些篇幅巨大的著作节选收录。

《历代词话续编》,张璋等编,上下册,约120万字,大象出版社2005年出版,收民国时期(1911—1949)词论118篇。

历代散曲总集和选本举要

《全元散曲》,今人隋树森编。元代散曲总集、别集存世不多见,隋氏此书广泛收罗,力求完备,引书110余种,收自金代元好问至元末明初散曲作家213人、小令3853首、套曲457套,并辑录残句断语若干。大体以作者时代先后为序,人附小传,曲注出处。关于作者之异说,题目之差别,文句之不同等等,有较详细的说明或校勘,是一部比较全面地反映元代散曲概貌的总集。1964年中华书局出版,2册。为便于一般读者阅读,隋树森先生另编有《全元散曲简编》,选小令1080首,套数124套(未加注解),上海古籍出版社1984年出版。

《全明散曲》,今人谢伯阳编,1995年齐鲁书社出版。全5册,收作者406家,小令10606首,套曲2064套。其中有不少是前人未见的新资料。编排体例与《全清散曲》同。

《全清散曲》,今人凌景埏、谢伯阳编,1986年齐鲁书社出版,全3册,160万字。收明末清初至清末民初散曲作家342人,小令3414首,套曲1166套。以作者时代先后为序,无名氏附于编末,作品先列小令,后列套曲。有专集传世者,编次一仍其旧,宫调次第依《北凋广谱》与《南词新谱》。书末附有作家及曲牌两索引。

《元明清散曲选》,洪伯昭、谢伯阳选注,人民文学出版社1989年出版,37万字。选元明清三代散曲作家130人,作品354首,每位作家有小传，每首作品有注释和简说。

《历代名曲千首》，朱世滋等主编，北京燕山出版社 2000 年出版，909 页（两册）。从唐代曲子词选起至清末止。选作品一千余首，包括不同时期、不同题材、不同风格的各类作品，作家有简介、作品有简注。

《元曲观止》，冯文楼、张强主编，陕西人民教育出版社 1998 年出版，46 万字。入选作家 105 人（皆有小传），作品 394 首，每首有注释、今译、点评，有的还附录集说。

（原载谭家健主编《中国文化史概要》，1997 年高等教育出版社增订版，收入本书时有补充修改）。

关于《中国文史哲汇通》的写作经过

这本书名叫《中国文史哲汇通》，它包括：史学——即第一编《中国文化史专题》，哲学——即第二编《中国认识论述略》，文学——即第三编《中国文学史精读》。所谓“汇通”是汇集串通的意思。把有关文史哲三方面的论述汇集在一起，而三部分都是从先秦通论到近代。仅仅如此，实不敢侈言融会贯通也。

关于《中国文化史专题》

此编写作时间跨度约三十年。1978 年，中国社会科学院招收第一届硕士研究生，我被聘为导师。有关领导决定开设中国文化史系列讲座，我准备的题目有科举考试、历代官制、地理沿革等。分别于 1979、1980、1981 年讲授。讲稿不久发表。尔后，应邀在北京政治学院中文系开设系列讲座，除上述三题外，还讲过历代教育、古代称谓、历代兵制、古代岁时历法等。在东北师范大学中文系研究生班、福建师范大学中文系助教进修班分别讲过若干课题。1986 年初，辽宁教育学院中文系张化先生约我为辽宁函授大学主编《中国文史哲概要》教材，便将历年有关讲稿纳入其中，再约请有关专家撰写其他题目。一时找不到合适人选者，我自己便勉为其难。该书于 1986 年底出版，内部发行。1988 年，经过补充修改，更名为《中国文化史概要》，高等教育出版社正式出版。1989 年，此书被台湾明文书局购买版权，以繁体字排印，内容未作改动。同年，首都师范大学中文系邀我为该系四年级学生讲授中国文化史（一个学期）。1991－1993 年，我在新加坡国立大学中文系担任客座教授，为该系硕士班讲授中国文化史两遍（各一个学期）。1994

年，为北京的海军老干部大学讲授中国文化史十次，约为 20 余小时。1995、1996 年，为中国社会科学院研究生、进修生讲中国文化史课程两遍，每遍 20 余小时。1997 年，《中国文化史概要》经过补充修改，出版增订本，由原来 39 万字增加到 52 万字，约一半篇幅由我撰写。此书被教育部列为大学生文化素质教材和全国中小学教师进修教材，以及文科研究生入学考试参考书，迄今已累计印刷十九次。2000 年在马来西亚新纪元学院，2003 年在新加坡东方文化学院，分别以此书为教材，授课两个学期，每学期约 30 余小时。就这样，多次边讲边作补充修改。现在这部《中国文化史专题》是从《中国文化史概要》中挑选出来的，十几个题目均较 1997 年版有不同程度的扩充。并新增《历代俸禄》一章及附录二：《古代文化知识拾零》。

十多年前，一位学工科的朋友看到这本书的书名，就说，你好大胆！中国文化博大精深，你知道多少？竟敢写文化史？的确，我所知道的东西实在太少，书中几十个题目，每题皆不知有多少专史专著。这本小书，只能算是讲授提纲或读书笔记而已。我讲课时所坚持的原则是：知之为知之，不知为不知。知道多少，讲多少，没有把握就不讲。我自信，书中所讲的内容都是有根据的，而且经过权威专家审定；我决不敢信口开河，随意附会，哗众取宠。这也许是此书至今仍在不断重印的原因之一吧。

关于《中国认识论述略》

这个题目写作时间的跨度有三十多年。上世纪 50 年代后期，我在北京大学中文系上学时，就比较喜欢先秦诸子。1960 年毕业后，到《新建设》杂志社当编辑。头三年，负责处理哲学史方面的稿件。为应付工作需要，我恶补中国哲学史，认真读过侯外庐等的《中国思想通史》，冯友兰的《中国哲学史》及新编，吕振羽《中国政治思想史》，任继愈的主编的《中国哲学史》，以及《中国哲学史教学参考资料》和《历代哲学文选》等书。1964 年以后，我的工作回到中国文学史方面，但对哲学史仍有兴趣。“文化大革命”后期，毛泽东《我的一点意见》发表，其中提到：“人的知识(才能也属于知识范畴)是先天就有的,还是后天才有的,是唯心论的先验论,还是唯物论的反映论……这个马克思主义的认识论问题,我们自己还要研究,并不认为事情已经研究完结。”他是针对陈伯达的天才论而发。我从中萌发出要学习中国哲学史上的认识论的想法,于是又重新阅读哲学史,读了一批古代哲学原著和一些佛经和道教著作,一边读,一边写笔记。从 1973 年到 1976 年,三易其稿,得十余万字,名为《中国哲学史上的认识论》。“四人帮”垮台后,我到中国社会科学院文学研究所工作,全神贯注于中国古代散文研究,无暇顾及这本认识论的手稿。1991 年到 1993 年,我在新加坡担任客座教授,为新加坡国立大学中文系和新加坡东方文化学院分别讲授“中国哲学与宗教”课程,各约 30 余小时。2003 年在新加坡东方文化学院,2006 年在马来西亚新纪元学院,两度讲授中国哲学史,分别为 60 余小时和 30 余小时。在海外讲学,有机会参考台湾和香港出版的相关著作。开始将提纲中的认识论部分写成讲义。而 1976 年写的《中国哲学史上的认识论》中的若干资料,自然被吸纳于其中。从 2006 年 11 月到 2007 年 12 月,我把主要精力集中于这本讲义的写作,阅读了新近出版的一些相关著作。由于超星数字图书馆开办“百科名师讲坛”,约我讲课并录制音像专题片,按照他们的要求,定名为《中国认识论述略》,全书八章 39 节,约 20 万字,讲课 20 多小时。

我是中文系出身,多次讲中国哲学史甚至写书,倒没有人说我大胆。这是因为,第一,中国传统学术一向文史哲不分家,许多哲学名篇也是散文佳作;中文系出身而治哲学史者,大有人在,不算越轨。第二,多年来,我的主攻方向在中国散文史,以我写的《中国古代散文史稿》而论,其中涉及《中国认识论述略》中大多数哲学家。第三,我写中国哲学史方面的文章和著作并非始于近年。1988 年,我写了《中国哲学概要》(在《中国文化史概要》中),从先秦讲到近代。1995 年,出版《墨子研究》。尽管这样,我仍然一如既往,坚持知道多少讲多少的原则,认真备课和写作,丝毫不敢马虎,不敢随意离题发挥。

关于《中国文学史精读》

这一部分共43篇文章，分别属于学术论文、读书笔记、鉴赏文字、大型辞书条目、教材讲义和书刊评论，多数已发表。写作时间跨度约五十年。作于1958年、1959年各两篇，60年代初期三篇，作于70年代末至上本世纪初末者21篇。有15篇作于本世纪。如按文体分，关于古代诗歌17篇，关于古代散文17篇（皆为我的两本古代散文论集之外者），关于古典小说8篇，关于古代戏剧一篇。按作品时代先后排列，先秦12篇，汉魏六朝10篇，唐宋10篇，元明清8篇，附录2篇。串联起来，大致可以看出中国文学史的轮廓。而每一篇文章，皆对某部（或某类）作品作比较具体的分析解读，所以定名为《中国文学史精读》。

此编文章中的大多数，曾经作为教学参考资料使用。上世纪60年代初，我受聘兼任中央电视大学中文系义务辅导教师，为中国科学院哲学社会科学部的电大学员班讲课许多次，即以当时我所发表的若干篇文章为辅导材料。1991—1993年在新加坡，2000年至2006年马来西亚，曾多次讲授中国文学史，从先秦讲到近代，每一遍约四个学期，常常印发我的有关文章供学生参考。八篇关于古代小说的讲义，有五篇是在新加坡和马来西亚写的。70年代初，响应毛主席"读点小说史"的号召，我和杨天石同学打算合写一本中国小说史话。写了不到一半，评《红楼梦》、批《水浒》的运动开始了，摸不清形势，写不下去了，只好半途而废。上面提到的几篇讲义，有些就是在70年代初稿基础上改写的。

如果和第一编、第二编相比较，不难发现，第三编的系统性不如前两编，仅有点，而未成线。我虽然讲过几遍中国文学史课程，并没有想过把讲稿变成完整的书，只是将有关文章汇集、串通，希望能起到辅导材料的作用，作为学习文学史的补充。第三编的文章多数比较短浅，深度或许不如专题论文，但也不乏一得之见，少数文章或许抉剔他人之所未发，对研究者亦不无裨益。这就是我之所以敝帚自珍的原因所在。

第一编附录一：《九十年来中国文化史书目举要》，收中国大陆和台湾书目680余种；第三编附录一、《古代诗歌总集举要》，收书目60余种。这些资料,或许对研究者有所参考。

这本《中国文史哲汇通》,在某种程度上反映出我的学术追求:试图突破文史哲的界限,回归传统国学的理念。1999年,台湾《书目季刊》发表长篇文章,把拙著《先秦散艺术新探》、《墨子研究》、《中国文化史概要》综合评论,题为《融合文史哲的可贵尝试》,褒奖有加,愧不敢当。但是,毋庸讳言,综观我的著述,似乎显示出这种意向。在文学方面,有《中国古代散文史稿》(58万字)、《先秦散文艺术新探》(50万字),《六朝文章新论》(46万字)、《先秦文学史》(主编)、《历代骈文名篇注析》(主编);在哲学方面,有《墨子研究》(50万字)、《墨子选译》(《合著》)、《墨子全注全译》(合著)、《中国哲学概要》;在史学方面,有《中国文化史概要》(主编)、《左传研究》(部分发表)、《水经注选注》(合著)、《水经注风景名胜考释》(待刊)。而上述这些书中,也多数兼涉文史哲。此外,我和赵敏利教授共同主编的《中国文学通论》先秦两汉卷,其内容包括:先秦两汉文学与史学、与哲学、与经学、与宗教、与艺术、与语言文字、与考古文献等十几个专题,是以文学为中心的较大范围的汇通。这本《中国文史哲汇通》,是对上述各书的补充和发挥,是在大汇通基础上的小汇通。当然,不论汇通的范围是大是小,对中国文史哲来讲,都不过渺沧海之一粟。就我个人的学习和研究而言,不过是表层的视角的交叉,知识面的拓展;而不是内在的精神的融通,和跨学科大思维的观照。这是一个很大的题目,目前充其量只能算刚刚破题而已。今后我将继续努力尝试,学术之路漫漫其修远兮,吾将上下古今不断求索。

本书曾得到中国社会科学院老干部局的科研基金资助,承蒙杨天石教授和方克立教授审稿并提出宝贵意见,新加坡莫洁莹女士校阅了《中国认识论述略》,石昌渝教授审阅了《中国文学史精读》部分文章;齐鲁书社赵发国博士热情接纳,认真审稿,惠予出版。谨此一并致谢。

2008年9月

图书在版编目(CIP)数据

中国文史哲汇通/谭家健著. —济南：齐鲁书社，2009.1
ISBN 978-7-5333-2155-0

Ⅰ.中… Ⅱ.谭… Ⅲ.文中哲—研究—中国 Ⅳ.C53

中国版本图书馆 CIP 数据核字（2008）第 205808 号

中国文史哲汇通
谭家健 著

出版发行	齊魯書社
社　址	济南经九路胜利大街 39 号
邮　编	250001
网　址	www.qlss.com.cn
电子邮箱	qlss@sdpress.com.cn
印　刷	日照日报印务中心
开　本	880×1230mm 1/32
印　张	23.5
插　页	2
字　数	628 千
版　次	2009 年 1 月第 1 版
印　次	2009 年 1 月第 1 次印刷
标准书号	ISBN 978-7-5333-2155-0
定　价	59.00 元